U0636107

宋人總集叙録 （增訂本）

祝尚書 著

中華書局

圖書在版編目（CIP）數據

宋人總集叙録/祝尚書著.—增訂本.—北京：中華書局，
2019.12
ISBN 978-7-101-14270-9

Ⅰ.宋… Ⅱ.祝… Ⅲ.古典文學–版本–圖書目録–研究–中
國–宋代　Ⅳ.①G256.22②Z838

中國版本圖書館 CIP 數據核字（2019）第 271054 號

書　　名	宋人總集叙録（增訂本）
著　　者	祝尚書
責任編輯	樊玉蘭
出版發行	中華書局
	（北京市豐臺區太平橋西里 38 號　100073）
	http://www.zhbc.com.cn
	E-mail:zhbc@zhbc.com.cn
印　　刷	北京瑞古冠中印刷廠
版　　次	2019 年 12 月北京第 1 版
	2019 年 12 月北京第 1 次印刷
規　　格	開本/850×1168 毫米　1/32
	印張 23¾　插頁 2　字數 512 千字
印　　數	1-2000 册
國際書號	ISBN 978-7-101-14270-9
定　　價	128.00 元

目　録

前　言

　　《隋書》卷三五《經籍志四》（以下簡稱《隋志》）曰："總集者，以建安之後，辭賦轉繁，衆家之集，日以滋廣，晉代摯虞，苦覽者之勞倦，於是採摘孔翠，芟剪繁蕪，自詩賦下，各爲條貫，合而編之，謂爲《流別》。是後文集總鈔，作者繼軌，屬辭之士，以爲覃奥，而取則焉。"是以爲總集肇於摯虞的《文章流別集》，而稍晚於別集（同上書謂"別集之名，蓋漢東京之所創也"）。然而以後人的眼光，總集的出現其實早於別集。《詩經》是我國現存最早的詩歌總集，而《尚書》則是最早的文章總集，只是到漢代被尊之爲"經"，不再是一般的詩文集子罷了。劉向、劉歆父子校書，所編如《漢書·藝文志》著録的"雜賦十二家"、《周謡歌詩》七十五篇等，已具總集特徵。東漢王逸《楚辭章句》，則已是規範的總集，一直流傳至今。這些都遠在《流別》之前，唯其總體説來數量不大，故就晉以前文獻論，尚難自成一類。正如《四庫全書總目·總集類序》所説："《三百篇》既列爲經，王逸所裒，又僅《楚辭》一家，故體例所成，以摯虞《流別》爲始。"當然，《隋志》將"總集"定義爲"文集總鈔"，是先有"文集"然後才有"總鈔"，這與後人的理解有所不同。

　　自阮孝緒《七録》及《隋志》立"總集"一門後，後世目録書遂相沿不改，成爲集部書中的一大類。但後人對總集的理解和定義，較《隋志》又有所發展。《四庫全書總目·總集類序》曰："文籍日興，散無統紀，於是總集作焉。一則網羅放佚，使零章殘什，並有所歸；一則删汰繁蕪，使莠稗咸除，菁華皆出。是固文章之衡鑒、著作之淵藪矣。"這就大大突破了總集僅是"文集總鈔"的範疇，將其功能擴大到兩方面：一是删汰繁蕪，務存菁華，意在求"精"。這是總集的原始意義。二是收拾"零章殘什"，使散漫歸於"統紀"，而一代、一地、一時之作，也就在目録學上找到了自己的位置。這就不再是因作品繁夥"苦覽者之勞倦"了，而是儘量求"全"。此乃總集含義的新變。前者就是常説的"選本"，而後者人們往往冠以"全"字（如名其書爲"大全"，或如《全唐詩》《全唐文》之類）。求精則可爲"文章衡鑒"，代表某一文體、某一時代或某一流派創作的最高水平，以延續學統，規範文風，也就是《隋志》所説的屬辭之士從而"取則"，成爲體現某種主張或標志某一派别共同風格的"範本"。求全（固然只是相對的）的目的是使之成爲"著作淵藪"，往往以人繫文，或按體薈萃，精粗不遺，讀之者伐山披沙，各得其用。"精"、"全"兩途既立，總集體例遂備。

　　總集的出現，首先是大有功於保存文獻。如果没有《詩經》，先民們"饑者歌其食，勞者歌其事"的那些動人心魄的吟唱，我們就無從聽到了。如果没有像《昭明文選》《玉臺新詠》及《全唐詩》《全唐文》這類總集，又不知有多少華章秀句，我們將永遠無從讀到了。正因爲總集有"網羅放佚"的特殊功能，故在文獻保存方面，有着不可替代的作用。

　　總集的出現，還便於展示和認識一代、一地的整體歷史文化風貌。詩文皆史，誰也不能低估《詩經》在認識上古社會方面的獨特價值。從《全唐詩》《全唐文》中，我們不僅可以解讀有唐三百年的全部歷史，而且可以窺見那無比生動、豐富多彩的社會生活畫卷。正因爲總集收羅得相對“全”，它便將“點”連接成“面”，使我們能全方位地、多層面地聆聽和認識前人的音容笑貌，更真切地觸摸一個民族、一個時代跳動的脈膊。

總集的出現，對推動文學發展起了特別重大的作用。上引《隋志》所謂“屬辭之士，以爲覃奥，而取則焉”，正説明了它的典範效應。《詩經》《楚辭》在文學史上垂範兩千多年可不必説，就是蕭統所編《文選》，也對後世産生了深遠的影響，在唐代即已形成“文選學”，宋人每每效“《選》詩”。唐人所選唐詩總集，如殷璠《河岳英靈集》、高仲武《中興間氣集》等，促進了唐詩氣象和風格的形成。由於總集是“採摘孔翠，芟剪繁蕪”，聚異時之翹楚，集諸家之精華，具有經典性和權威性，故後學往往“取則”；又由於編選者有他自己的擇録標準，故容易形成流派，或爲某一流派推波助瀾。這在宋代尤爲明顯：“西崑派”以《西崑酬唱集》而得名，“江西派”因《江西宗派詩集》而再興，“江湖派”靠《江湖集》及其多種續編本形成陣勢，理學派以《文章正宗》《詩準　詩翼》《濂洛風雅》劃定畛域，等等。除此之外，宋人又大大拓寬了“網羅放佚”的範圍，諸如一時宴集、慶吊、遊覽之酬唱，一山一水、一亭一臺之歌詠，或郡邑往作，家族遺製，也常被裒爲一編。這不僅保存了一時、一地文獻，而且在提升人文品位、增加文學的豐富性和多樣性方面，都起過不可忽視的作用。

總集在宋以後還有一個重要用途，就是供舉子備考。官方爲了示範，時常將優秀程文彙編成册；而書坊出於射利，遂大量翻刻，再益之以前賢名篇，加之以評隲圈點，人稱“兔園册子"（《兔園册》出於唐代），而舉子揣摩仿傚，唯恐不及。這類場屋用書在南宋特別盛行，現存宋人總集中，不少是當時的舉子讀物，而目録書中著録的更夥，大多已歸亡佚。這類總集的學術含量固然不高，但有如今天的考試參考書，社會有此需求，必然應運而生，甚至長盛不衰。

　　當然，總集的影響並非都是積極的，比如一些傾向性不好的文學派別，也往往用編集的方式製造聲勢，甚至興風作浪，成爲逆流。"精"、"全"兩途中的"精"，各人理解不同，選手眼光利鈍、水平高下各異，入選者未必盡是"菁華"，也未必皆可"取則"或作"衡鑒"。尤其是士子修舉業用的"兔園册子"，雖然有學習名篇、推動教育的一面，但它一旦成爲揣摩的範本，必然束縛年輕人的手脚和思想，爲有識者所鄙。要之，總集作爲作品集結形式的一種，目録學上的一類，從其産生之日起，就表現出强大的生命力。但對具體總集的評價，則是另一回事了，需要看它自身的編纂質量及其在歷史上曾經發生過的影響，而分別論之。

　　宋人除編有大量詩文别集及詞集外，所編總集數量也遠逾前代。據我的不完全統計，見於宋、明目録書的宋人總集，就達三百多種；不見於著録、但有序跋流傳至今的則更多；既無序跋、亦未被著録的，尚不知其數。如周密《齊東野語》卷一○載："《混成集》，修内司所刊本，巨帙百餘。古今歌詞之譜，靡不備具，只大曲一類凡數百解，他可知矣。然有譜無詞者居半。"王國維《宋元戲曲史·宋之樂曲》謂此書全稱叫《樂府混成集》，南宋修内司所編。要不是周密的記載，後人對此書將一無所知。這雖是一部樂府歌曲集，但也相當於一部詩詞總集，就算有譜有詞者居半爲五十"巨帙"，那數量也够驚人的了。惜遭兵燹蟲齧之災，現存宋人總集僅九十餘種，還包括殘帙在内，連近人傅增湘曾著録過的《吕氏家塾增注三蘇文選》宋刻殘本、《聖宋名臣獻壽文集》及《群公四六》明寫本等，竟也蹤跡莫尋，蓋已永謝天壤。故宋人總集現猶傳世的雖不很多，却彌足珍貴，它是别集之外不可忽視的詩文淵藪，是一筆巨大的精神遺産。

　　與宋人别集一樣，由於現存宋人總集流傳年代久遠，不少版本複雜，精粗不齊，使用非便。我在此前著《宋人别集叙録》，目的在廣泛汲取前脩今賢已有的研究成果，並通過自己對宋人别集版本體系的摸索，爲以後的讀者提供方便。出於同樣的動機和目標，在搜集宋人别集版本資料的同時，也搜集了宋人總集的相關資料，遂在《宋人别集叙録》完成之後，接着撰寫了這部《宋人總集叙録》。

　　本書作法，與《宋人别集叙録》大體相似，而根據宋人總集的特點作了若干小更改，詳見《凡例》。但也有與《别集叙録》作法迥異之處。第一點不同，是《别集叙録》最初曾考慮將主要傳本序跋附於每集考述之後，這將大大方便讀者，朱彝尊《經義考》及清人的一些書目，就是這樣做的。但因宋人别集數量大，不少集子序跋多，附之不僅將使全書規模過巨，且有喧賓奪主之虞（《别集叙録》正文僅一百零幾萬字，而收到的序跋超過一百五十萬字），最後乃以“參考文獻”方式列目於後，將已收到的序跋另編爲《宋集序跋彙編》（中華書局已另出版）。而現存宋人總集數量大大少於别集，除個别集子外，序跋一般不多，於是將各主要傳本的序跋附後，便成爲可能，而序跋較多的如《草堂詩餘》等，則擇要採録。有的序跋因各種原因（如原書不藏於大陸等）一時尚未收到，則暫付闕如。作法與《別集叙録》的第二點不同，是增加了《散佚宋人總集考》《宋人總集館藏目録》兩個附録，前者提供考察部分亡佚總集的文獻綫索，後者則是爲了方便讀者查找圖書。

我計劃撰寫的宋人別集、總集兩《叙録》，至此算是完成了。蒙中華書局扶持學術之高誼，《宋人別集叙録》已於一九九九年十一月出版。本書則得到全國高等學校古籍整理工作委員會的研究資助，仍由中華書局出版，責編聶麗娟及劉尚榮兩先生在審稿中付出了辛勤的勞動，特表示由衷的謝意。儘管兩《叙録》的完成和出版使我如釋重負，但也深知主觀學力和客觀條件均不足，加之現存宋人別集、總集版本數量龐大，不可能全經手校目驗而後下筆，故疏誤闕漏定會不少，常有惕然若失之感。切盼專家、讀者不吝賜教，以便陸續撰文補正，並待將來再版時修訂，以期逐步完善。

祝尚書

二〇〇〇年八月三十日初稿，二〇〇三年七月廿日改定於四川大學竹林村之不毛齋

凡　例

　　一、本書著録並考述現存宋人總集（包括殘本）的版本源流，盡可能評述主要傳本之優劣得失。所謂版本源流，指各集歷代主要傳本（稿本、木刻本、活字本、影寫本、鈔本、影印本、排印本等）之編輯、刊行、流傳、收藏概況及沿革歷程。考述以究明版本系統爲主要目標，詳祖本、重要傳本，略一般翻刻本、傳鈔本。

　　二、所謂宋人總集，指宋人所編、收有宋人作品的總集，包括“斷代之屬”（宋）、“通代之屬”（前代至宋）。即該總集必須收有宋人作品，但上限可延伸到前代。通代至元者，或元以後人所編宋代總集，皆不在本書著録範圍之内。書目誤他朝爲宋人者（如《歐蘇手簡》編者杜仁傑乃入元的金遺民，而書目多誤署爲宋人），本書不收。

　　三、所謂宋人所編宋人作品總集，編者之“宋人”包括生於宋、長於元者，也包括外邦入宋者（如日本僧）。因是編書，與自著別集不同，故不以編者是否在宋成人爲限，也不以其政治態度（即入元後是否爲官，如方回之類）爲限。

　　四、宋人總集包括詩總集、文總集、詩文總集、詞總集。奏議、詔令總集依宋人著録例視爲文總集。某些“以文爲戲”如《文房四友除授集》之類，書目或入子部，本書參酌前人著録，視之爲文總集。

五、書目總集類中有所謂“叢編”，情況複雜。其中有人各一集、自爲起迄者（如《清江三孔集》《沈氏三先生集》之類），實乃合刊本，筆者已在《宋人別集叙録》中考述，本書不再著録。至於《江西宗派詩集》、《江湖集》及《江湖後集》《續集》等，乃各家選本，《宋人別集叙録》側重考述其中現存的各個單集，本書着重述其叢編總貌。叢編本由於有多集，書前目録從簡，只録叢編本總名或第一集書名，内文著録則詳列各集集名。

六、介於詩話、類書與總集之間而偏於總集者如《精選古今名賢叢話詩林廣記》《精選唐宋千家聯珠詩格》，本書參照前人意見，仍著之於録。至於《翰苑新書》《全芳備祖》《事文類聚》《翰墨大全》等，其中部分專載詩文詞，有如總集；然就全書而論，則應爲類書，本書不著録。

七、每集於篇首或適當位置撰寫編者小傳，内容儘量省約。歷代刊版者、序跋作者、鑒藏者等等，一般不作介紹，以節約篇幅。

八、引用頻率高的書名，首次出現時用全稱，括注“以下簡稱某某”，其後便徑用簡稱，如《郡齋讀書志》（以下簡稱《讀書志》）、《直齋書録解題》（以下簡稱《書録解題》）之類。有的書名簡稱之後，若據上下文仍不易確定是何書時，則適當加字，如傅增湘《藏園群書經眼録》可簡稱“《經眼録》”，或作“傅氏《經眼録》”之類。引文中的書名一依原文，不簡化。

九、考述中所涉古地名，僅編者籍貫在小傳中括注今地名，其餘一律不括注。

十、各朝年號及干支紀年，凡首見時括注干支年數及公元年代，如“熙寧庚戌”書爲“熙寧庚戌（三年，一〇七〇）”。

考述同一總集，若年號重見，必要時干支可括注年數，但不再注公元年代。年號改換，首見同上例，仍括注公元年代，重見不再注。

十一、版本考述中，引述古籍時卷數從簡，如"卷第一百三十五"簡寫爲"卷一三五"之類。但徵引古書及他人著作，原文一律不改，即原書敘述卷數時若有"十"、"百"等字，仍依舊照録。

十二、主要傳本之重要序跋，附録於每集叙録之後。正文中已完整引録者不再附。

十三、本書引用資料，包括徵引古今賢達已有的研究成果，一概注明出處。考述中凡謂某集某本今藏某圖書館，俱見該館藏書目録或《中國古籍善本書目》，行文中不一一注明，以避繁冗。

十四、本書原則上按各總集編者生年先後排列，不以詩文詞分體。不少宋人總集編者姓名不詳，編刻之準確年代無考，則編者署爲"佚名"，大致依該書行世先後排列。

十五、宋迄近代公私書目著録過的宋人總集，有不少散佚已久，但有部分或其編者、作者、序者事跡粗略可考，或其所收內容隱約可窺，或原著録已述明該書大概，今以"散佚宋人總集考"爲目，都爲一編，作爲"附録一"。雖從書名可判斷爲宋人總集，但編者、作者及所收內容皆不詳或待考者，則不之取，以無所知故也。書目以外的散佚總集，或當時流佈不廣，或在宋代即已亡失，或原未刊行，宜另行蒐録，姑不納入此考。大致以編者年代先後排列；編者不詳者，依已知之作者、序者年代；兩者皆不詳，則置於編末。

十六、爲給讀者查找各現存總集主要傳本的館藏情況提供便利，本書據國内（包括臺灣地區）、國外各重要館藏書目彙編成“宋人總集館藏目録”，作爲“附録二”。此目録只收舊刊單行本（包括舊鈔本）及叢書舊校本，其他叢書本，已有《中國叢書綜録》及其索引，本目録不再編入。新整理本不入此目。

　　十七、爲方便檢索，本書正文共釐爲十卷，並於書後附“《宋人總集叙録》四角號碼索引”。索引範圍，包括《宋人總集叙録》正文部分及附録一《散佚宋人總集考》著録之所有總集書名，編者、注者姓名，已附録的序跋作者姓名，以及附録二《宋人總集館藏目録》著録的總集書名。

宋人總集叙録卷第一

二李唱和集一卷

李　昉 編

李昉(九二五—九九六),字明遠,深州饒陽(今屬河北)人。仕後周爲翰林學士,入宋累官至同中書門下平章事。李至(九四七—一〇〇一),字言幾,真定(今河北正定)人。太平興國初進士,官至參知政事。是書編輯緣起,李昉淳化四年(九九三)有序,述之曰:

> 端拱戊子歲(元年,九八八)春二月,予罷知政事,蒙恩授尚書右僕射。宗人天官侍郎頃歲自給事中參知政事,上章謝病,拜尚書禮部侍郎,旋改吏部侍郎兼祕書監。……朝謁之暇,頗得自適,而篇章和答,僅無虚日。……淳化辛卯歲(二年)九月,余再承綸綍之命,復登廊廟之位。……昨發篋視之,除蠹朽殘缺之外,存者猶得一百二十三首,因編而録之。他人亦有和者,咸不取焉,目爲《二李唱和集》。

則兩人唱和前後持續達三年半之久,其間酬和者不止二李,所編唯取二李也。吴處厚《青箱雜記》卷一曰:"昉詩務淺切,效白樂天體。晚年與參政李公至爲唱和友，而李公詩格亦相類，今世傳《二李唱和集》是也。”所謂“今世傳”，當指吳處厚在世期間，考吳氏登仁宗皇祐五年（一〇五三）進士第，約卒哲宗元祐中，則其所見應即周起刊本（詳下）。宋人書目如晁公武《郡齋讀書志》（衢本，以袁本校，上海古籍出版社一九九〇年校點本，下同，簡稱《讀書志》）、陳振孫《直齋書録解題》（上海古籍出版社一九八七年校點本，下同，簡稱《書録解題》）等皆未著録，唯《宋史》卷二〇九《藝文志八》（以下簡稱《宋志》）載“《二李唱和詩》一卷，李昉、李至作”。

　　是書明以後公私書目罕見登録，當久已失傳。清光緒十五年（己丑，一八八九），貴陽陳榘奉使日本，在東京書肆得古本影寫殘本，遂重價購之，歸國後呕以付梓，時人以爲繕刻精審，惟惜原本缺葉不少。陳氏刻本，收入《貴陽陳氏所刻書》，今極罕見，唯上海圖書館著録一部。陳氏所刻板片，後歸德清傅氏，再歸羅振玉，而羅氏於宣統元年（一九〇九）游日本京都，於富岡謙藏處見所藏是書影宋舊刊本（江户時代刊本），陳刻本所缺之葉，大多可以據補（只差第十三葉），於是影寫以歸，次年據舊板補刻。一九一四年，又將其印入所輯《宸翰樓叢書》以傳（臺灣文華出版公司出版之《羅雪堂先生全集》，於《初編》有縮印本《宸翰樓叢書》）。

　　今按：《宸翰樓叢書》本卷末題“二李唱和詩畢”，知爲完本；又有“鄉貢進士毛蔚”、“祕書監知應天府兼留守司周起印行”二行，知爲周起所刊。每半葉十二行二十字，小字雙行同。考周起字萬卿，淄州鄒平（今山東鄒平）人。咸平元年（九九八）進士，歷仕諸軍州，真宗時嘗爲樞密副使，仁宗時官至禮部侍郎，卒年五十九，謐安惠，王安石作有《安惠周公神道碑》(《臨川先生文集》卷八九)。《神道碑》曰:"仁宗即位,稍遷祕書監,知杭、揚二州。晉公(丁謂)得罪去,還公禮部侍郎,留守南京(即應天府,今河南商丘)。"丁謂罷相在乾興元年(一〇二二)六月,七月貶崖州。此既署"祕書監",則當在仁宗即位之後、貶丁謂之前,即尚未"還公禮部侍郎"之時。要之,此書當刊於乾興元年初,吳處厚所謂"今傳世"之本,蓋即此本也。陳槼跋以爲原書爲"北宋槧本",當不謬。

又,羅振玉《二李唱和集跋》曰:"卷首李昉序稱得詩一百二十三首,今數之,除已佚之第十三葉外,尚得詩一百五十六首,序所記之數殆有誤也。"兹重核《宸翰樓叢書》本,李昉詩凡七十二首、李至八十五首,較羅氏所數尚多一首,共一百五十七首。羅氏疑李昉序記數有誤,恐非是。據上文所述二李卒年,李昉在爲唱和集作序之後,尚有三年時間可與李至唱和,況先前唱和之"蠹朽殘缺"篇什,當時未收入集中,而周起等刊板印行,李昉已過世二十餘年。刊書時補入以前未收及後來之作,乃是常事。考《宋史·李昉傳》,昉於淳化二年拜相,四年罷爲右僕射,爲唱和集作序。今李至唱和詩題中有"呈僕射相公"語,必作於罷相之後,即很可能不在原編本內。

陳槼、羅振玉在日本所得,分別爲影寫宋本、江户時代影宋刊本,而所由影寫之宋槧原本,《和刻本中國古逸書叢刊》金程宇《提要》稱該本已"亡於火災"。又據《提要》,富岡謙藏所藏江户時期刊本,今藏日本關西大學圖書館。與《宸翰樓叢書》本相校,後者有誤鈔及改動之處,未忠於原本,於是《和刻本中國古逸書叢刊》據《宸翰樓》本影印,另附録關西大學圖書館藏本(富岡謙藏桃華庵舊藏)之部分內容,以供參考。

今人所編《全宋詩》，李昉、李至詩俱以《宸翰樓叢書》本爲底本，再補入集外逸詩。

【附録】

二李唱和集序

（宋）李　　昉

　　端拱戊子歲春二月，予罷知政事，蒙恩授尚書右僕射。宗人天官侍郎頃歲自給事中參知政事，上章謝病，拜尚書禮部侍郎，旋改吏部侍郎兼祕書監。南宮師長之任，官重而身閑；内府圖書之司，地清而務簡。朝謁之暇，頗得自適，而篇章和答，僅無虛日，緣情遣興，何樂如之！貳卿，好古博雅之君子也，文章大手，名擅一時，睠我之情，於斯爲厚，凡得一篇一詠，未嘗不走家僮以示我。慵病之叟，頗蒙牽率；若抽之思，强以應命，所謂策疲兵而當大敵也。日往月來，遂盈篋笥。

　　淳化辛卯歲九月，余再承綸綍之命，復登廊廟之位，自兹厥後，無暇唱酬。昨發篋視之，除蠹朽殘缺之外，存者猶得一百二十三首，因編而録之。他人亦有和者，咸不取焉，目爲《二李唱和集》。昔樂天、夢得有《劉白唱和集》，流布海内，爲不朽之盛事。今之此詩，安知異日不爲人之傳寫乎！

　　淳化四年夏五月十有五日，右僕射、平章事、監修國史李昉序。（《宸翰樓叢書》本《二李唱和集》卷首。自“昔樂天”至署年數句，原無，據《和刻本中國古逸書叢刊》影印日本江户刊本補）

二李唱和集跋

（清）羅振玉

《二李唱和集》，中土久佚，貴陽陳氏始於日本得古本影寫村梓，首尾殘缺，存者自第五葉起至第二十五葉，中間復缺第十三一葉，繕刻至精。雕板後歸德清傅氏，復由傅氏歸於予，曩頗以殘缺不完爲憾。乃去歲游日本京都，忽於富岡氏桃華盦中見所藏彼邦影宋舊槧本，與陳刻款式悉同，而殘缺處則異。富岡氏本首尾俱完，但缺第九、第十三、第二十五三葉，陳本缺首尾，而第九、第二十五兩葉尚存。會合兩本，共得三十葉，僅脱第十三一紙耳。爲之驚喜，亟影寫以歸，授梓人補刊焉。

卷首李昉序稱得詩一百二十三首，今數之，除已佚之第十三葉外，尚得詩一百五十六首，序所記之數殆有誤也。又昉詩第一題爲《小園偶賦獨坐所懷》，語不可通，而至和章則題《奉和小園獨坐偶賦所懷》，知昉題"偶賦獨坐"四字，乃刊本倒誤也，今爲之改正。刊刻既竣，漫書卷尾，既以記古籍復完之可喜，且志富岡君假録之厚誼云。

宣統二年正月，上虞羅振玉記。（同上卷末）

二李唱和集跋

（清）陳　田

《二李倡和集》一卷，家弟榘隨蒓齋黎公奉使東國所得也。嘗見錢警石文集云："吾家子弟仕宦者，但以俸禄所餘購置書籍，佳子弟也。"吾弟足當斯言矣。余遍檢《兩宋群賢小集》,吴、曹《鈔》《存》,樊榭《紀事》,均未見此本,著録家亦罕及,可謂希如星鳳。覆刻精審,與《西崑酬唱》並行,談藝家所樂觀也。

光緒己丑,貴陽陳田序。(同上)

二李唱和集跋

（清）陳　榘

《二李唱和詩》一卷,趙宋文正明遠、侍中言幾所作也。首尾均有缺葉,何人所刊不可考,然爲北宋槧本,載日本森立之《訪古志》,中國佚此書久矣。光緒己丑春,余於東京書肆收穫,詫爲奇寶,重價購歸。讀其詩,體格並出香山,《青箱雜記》所論未謬也。余嘗謂二公當宋室,均以諫稱,尤服膺文正,每讀史傳至文正對太宗誦白香山“怨女三千放出宫,死囚四百來歸獄”句,輒嘆其膽識遠邁群臣,敢以諷詠折服君心,而以未讀遺詩爲恨。今獲是集,亟付良工鋟木,與北宋本毫髮無異。佚而不佚,讀者當同爲一快也。板式行款,均載傅懋元兵部跋中。

光緒十五年夏,貴陽陳榘。(同上)

九僧詩集一卷

陳　充　編

“宋初九僧”,皆宋太宗、仁宗時沙門,爲宋初詩壇“晚唐

體”頗具代表性之詩人群體。方回《送羅壽可詩序》曰：“宋劉
五代舊習，詩有白體、崑體、晚唐體。……晚唐體則九僧最逼
真。”(《桐江續集》卷三二)今存最早記録“九僧”籍貫的，是司馬
光《温公續詩話》，曰：“所謂九詩僧者：劍南希晝，金華保暹，
南越文兆，天台行肇，沃州簡長，青城惟鳳，淮南惠崇，江南宇
昭，峨眉懷古也。”則“九僧”多西蜀、江浙間人。蓋以其相互
酬唱，詩風大體一致，好事者輯其詩爲一集，遂有“九僧”之
號。各人事跡已多不詳(九僧可考之事跡及著作單行本，詳拙文
《論“宋初九僧”及其詩》，載拙著《宋代文學探討集》，大象出版社二〇〇
七年版，第三〇三頁)。

歐陽脩《六一詩話》曰：

> 國朝浮圖以詩鳴於世者九人，故時有集號《九僧
> 詩》，今不復傳矣。……其集已亡，今人多不知有所謂九
> 僧者矣。

則歐陽脩未嘗獲見《九僧詩》，然知有是集並曾傳世。《温公
續詩話》曰：

> 歐陽公云：《九僧詩集》已亡。元豐元年(一〇七八)
> 秋，余游萬安山玉泉寺，於進士閔交如舍得之。……直
> 昭文館陳充集而序之。其美者亦止於世人所稱數聯耳。

由此知傳世之本乃陳充所編，且有序(已佚)。按陳充(九四
四—一〇一三)，字若虛，自號中庸子，益州成都(今四川成
都)人，雍熙間進士，官至殿中丞。詞學典贍，有集二十卷，久
佚。從現存《九僧詩集》可知，陳充至少曾與“九僧”中的蜀僧
唱和。今可考知“九僧”之首惠崇約死於天聖元年(一〇二
三。考詳前揭拙文)，則陳充辭世在前，故其所編《九僧詩

集》，殆並非九僧之全部詩作。"九僧"詩宗大曆十才子及晚
唐，而無宋調，故此集頗爲諸大家所關注。南宋"四靈"繼其
餘響，在宋代影響久遠。

《讀書志》卷二〇著録道：

> 《九僧詩集》一卷。右皇朝僧希晝、保暹、文兆、行
> 肇、簡長、惟鳳、惠崇、宇昭、懷古也。陳充爲序。凡一百
> 十篇。……此本出李夷中家，其詩可稱者甚多。

馬端臨《文獻通考》(以下簡稱《通考》)卷二四八同。鄭樵《通
志》卷七〇《藝文略八》(以下簡稱《通志》)著録"《九僧選句圖》
一卷"，蓋摘編九僧詩佳句，非所謂《九僧詩集》也。《書録解
題》卷一五亦著録陳充本，然較晁氏所録本少詩三首：

> 《九僧詩》一卷，……凡一百七首。景德元年
> (一〇〇四)，直昭文館陳充序，目之曰"琢玉工"，以對姚
> 合"射雕手"。九人惟惠崇有別集(祝按：別集已久佚)。歐
> 公《詩話》乃云其集已亡，惟記惠崇一人，今不復知有"九
> 僧"者，未知何也。

宋代所傳除陳充本外，尚別有一本。周煇《清波雜志》卷
一一曰：

> 煇昔傳《九僧詩》，劍南希晝、金華保暹、南越文兆、
> 天台行肇、沃州簡長、青城惟鳳、江東宇昭、峨眉懷古，並
> 淮南惠崇其名也。《九僧詩》極不多，有景德五年
> (一〇〇八)直史館張亢所著序，引如崇《到長安》"人游
> 曲江少，草入未央深"之句皆不載，以是疑爲節本。

按：張亢(九九四——一〇五六)，字公壽，臨濮(今山東鄄城西

南)人。天禧三年(一○一九)進士,累遷徐州總管。此本有張亢序,周煇疑其爲節本,蓋即節編陳充本也。然景德無"五年",且其時張亢年尚少,當誤,其詳已不可考。

《宋志》著録"陳充《九僧詩集》一卷"。

無論陳充本抑或張亢序本,明人罕有著録,殆亡佚已久。後世所傳,乃毛氏汲古閣影宋本《九僧詩集》,《汲古閣珍藏秘本書目》著録道:"《九僧集》一本,影宋板精鈔。"毛扆《九僧詩跋》曰:

> 歐公當日以九僧詩不傳爲嘆。扆後公六百餘年,得宋本弄而讀之,一幸也;較之晁、陳二氏,皆多詩二十餘首,二幸也。(晁公武《郡齋讀書志·九僧詩》一卷,一百十篇,陳直齋《書録解題》一百七首。今扆所得一百三十四首,比晁多二十四首,比陳多二十七首。)此本但有僧名,而不著所産,又從周煇《清波雜志》各得其地名,三幸也。又從《瀛奎律髓》得宇昭《曉發山居》一首,並爲增入。但陳直齋所云"景德初,直昭文館陳充序,目之曰'琢玉工',以對姚合'射雕手'"者,此本無之,誠欠事也。

王士禎發現汲古閣所得《九僧詩集》,即陳氏書棚本《宋高僧詩選》之前集,疑即張亢本。《帶經堂詩話》卷二○《禪林類》一九道:

> 《宋高僧詩》前後二集,錢唐陳起宗之編,多近體五言。予按:前集即《六一詩話》所謂《九僧詩》也。所稱"春生桂嶺外,人在海門西",希晝句也;"馬放降來地,雕盤戰後雲",宇昭句也,今具載集中。當永叔時已云其集不傳,世多不知所謂九僧者。而此集更歷六七百年,完

好如此，殆不可曉。又按：周煇《清波雜志》云：昔傳九
僧：劍南希晝、金華保暹、南越文兆、天台行肇、沃洲簡
長、青城惟鳳、江東宇昭、峨眉懷古、淮南惠崇。名字與
今本悉合。又云：《九僧詩》極不多，有景德五年（祝按："景
德五年"有誤，上已辨）直史館張亢所著序，引惠崇"人游曲
江少，草入未央深"之句，皆不載，疑爲節本，或即此本是
也。今亢序亦不載。

書棚本雖收有《清波雜志》所引之詩，然張亢本既是節本，則
收詩量當少於陳充本。書棚本既比陳充本多二十七首，肯定
也多於張本。疑書棚本乃陳起據張本增補之本。但無論張
本或書棚本，當皆源於陳充本。

汲古閣影宋本，今中國國家圖書館（即原北京圖書館，以
下簡稱"國家圖書館"）、北京大學圖書館皆有庋藏。傅增湘
《藏園群書經眼録》（以下簡稱《經眼録》）卷一八著録道："《九僧
詩》一卷，宋釋希晝等撰。汲古閣影宋精鈔本，十行十八字。"
北大本爲汲古閣黑格鈔本，每半葉亦十行十八字，末有毛扆
季跋，鈐有"毛扆之印"、"席氏玉照"等印記，參《木犀軒藏書
書録》。《北京大學圖書館藏善本書録》有此本書影（北京大學
出版社一九九八年五月版）。是集清以後所傳，類皆出於汲古閣
本。陳起輯《增廣聖宋高僧詩選》，《前集》一卷、《後集》三卷、
《續集》一卷，今亦傳世，國家圖書館藏有毛氏汲古閣影宋鈔
本等（本書另行著録）。

黃丕烈曾藏有《九僧詩》，其《蕘圃藏書題識》卷一〇著録
道："《九僧詩》不分卷，校影宋鈔本。"黃氏又作《校影宋本九
僧詩跋》，曰：

　　吾郡詩人陸鐵簫先生向有《九僧詩》一帙，據毛本而

又加以各本校勘,故前題云"梅蕭閣校正"也。知余新收汲古閣影宋本《宋高僧詩選》,其前集即九僧詩,因屬爲校正。余手勘如右。自標題以至行款,一一註明,儻欲窺宋本面目,可即是以求矣。宋本之異同,悉爲校改一二。蓋此鈔出於傳鈔,非影宋可比,不能如舊時宋本點畫矣。

後來繆荃孫嘗據此本過録,其《藝風藏書續記》卷六記曰:"《九僧詩》一卷,余蕭客鈔本。余氏手跋曰……乙未(光緒二十一年,一八九五)冬初,假滋蘭堂(祝按:乾隆間朱文游堂名)藏本録畢,記之。"

丁丙所藏,則爲清吴嘉泰手鈔本,其《善本書室藏書志》卷三八著録道:

> 《九僧詩》一卷,舊鈔本。此書録宋僧詩希晝十八首,保暹二十五首,文兆十三首,行肇十六首,簡長十七首、補遺一首,惟鳳十三首,惠崇十一首、補遺一首並摘句,宇昭十二首,懷古九首。歐公《六一詩話》云"國朝浮圖以詩名於世者九人,故時有集號《九僧詩》,今不復得矣"。晁公武《郡齋讀書志·九僧詩》一卷,一百十篇;陳振孫《書録解題》一百七首,而汲古閣所得宋本多至一百三十四首,並據《清波雜志》九僧各載地里,又以《瀛奎律髓》一篇添入宇昭之下,似與宋本稍歧。余蕭客嘗題其後,黄蕘圃藏影宋本同。此則嘉慶庚申(五年,一八〇〇)吴氏嘉泰手寫,行楷極有妙致。

是集今傳清鈔本,尚有國家圖書館藏清乾隆四十一年(一七七六)張德榮鈔本,吴翌鳳、黄丕烈校並跋本等。臺北

“中央圖書館”則藏有清師竹友蘭室（海寧鄒氏藏書室名）鈔本，有光緒間鄒存淦手跋，稱“汲古閣影宋寫《九僧詩》，余從虞山席玉照家購得，歸於滋蘭堂朱氏，此本乃余蕭客從滋蘭本鈔出者，爲世名書。壬寅（光緒二十八年，一九〇二）秋，余得廣陵馬氏宋本《江湖小集》，内有《聖宋高僧》前後續四卷，其前集即九僧詩也，弃而對之，不獨詩數相符，行款亦不異，不知當時汲古主人宋本即此否？或爲書賈所欺，以《高僧詩》殘本作僞者？因爲校正四十餘字，甚精。復從《雲門志略》補入簡長詩一首，從《湘山野録》補入惠崇詩一首，並録摘句於後”。

　　清道光十六年（一八三六），石韞玉嘗校刊《九僧詩》，傅氏《經眼録》卷一八記曰：“《九僧詩》一卷，清道光丙申刊本。前有石韞玉序，云從周香巖藏毛鈔本出。”傅氏又作有《題趙聲伯手書九僧詩》（見《藏園群書題記》卷一九，上海古籍出版社一九八九年版，下引同），稱“近又有人取石本重刻之”，而同年趙聲伯寫本“言依鬱華館所藏移録，蓋亦源於毛本。然取石刻對勘，字句頗有差殊，互有得失。……今觀此帙，其溯源既古，可糾正時本之譌，而楷法精純，氣息深厚，雅與鍾王爲近。論其品第，可以上追叔寶，下耦枚庵，固不徒以師門之手澤爲可珍也”。趙氏寫本今未見著録。則是集雖云同出毛氏汲古閣本，然經輾轉傳鈔，文字已不一致。幸《聖宋高僧詩選》尚傳世，可以取校。

　　民國十年（一九二一），李之鼎將傳鈔本《聖宋九僧詩》一卷、《補遺》一卷刊入《宋人集》丙編。今人所編《全宋詩》，據《增廣聖宋高僧詩選》前集悉數收入九僧名下，另補入逸篇零句。要之，經後人陸續增補，今傳之《九僧詩》，且不論陳充本，較之陳氏書棚本亦差異不小。

【附録】

九僧詩集跋

（清）毛　扆

　　歐公當日以九僧詩不傳爲嘆。扆後公六百餘年，得宋本弄而讀之，一幸也；較之晁、陳二氏，皆多詩二十餘首，二幸也。（晁公武《郡齋讀書志・九僧詩》一卷，一百十篇，陳直齋《書録解題》一百七首。今扆所得一百三十四首，比晁多二十四首，比陳多二十七首。）此本但有僧名，而不著所産，又從周煇《清波雜志》各得其地名，三幸也。又從《瀛奎律髓》得宇昭《曉發山居》一首，並爲增入。但陳直齋所云“景德初，直昭文館陳充序，目之曰‘琢玉工’，以對姚合‘射雕手’”者，此本無之，誠欠事也。

　　方虚谷謂司馬〔温〕公得之以傳於世，則此書賴大賢而表章之，豈非千古幸事哉！《雜志》又謂序引崇《到長安》“人游曲江少，草入未央深”，此亦無之。且謂惠崇能畫，引荆公〔詩〕爲據。讀《瀛奎律髓》，有宋景文公《過惠崇舊居》詩；又讀《楊仲弘集》，有《題惠崇古木寒鴉》詩，並《歐公詩話》《清波雜志》二則，附録於左。

　　康熙壬辰三月望日，隱湖毛扆斧季識。（《鐵琴銅劍樓藏書題跋集録》卷四録自瞿氏藏傳録毛扆本，另據臺北“中央圖書館”藏舊鈔本校補二字）

九僧詩集序

（清）余蕭客

《九僧詩》在宋屢爲難得，汲古主人更六七百年得見，誠爲幸事，況所傳本視直齋、公武所見又多二三十首，宜跋語之色飛而神動也。

第汲古佳鈔，以謹守宋槧之舊推重士林，而此本首據《清波雜志》，九僧各冠地里；又以《瀛奎律髓》一篇添入宇昭之下，則與宋本稍齟齬矣。今謂《清波》一條既載跋後，則卷首地里自當刪去，而《瀛奎》一篇附入今跋，以還宋本舊觀，以裨汲古主人好古之萬一，或不至以此獲罪於當世諸君子也。

九僧詩入有唐中葉錢、劉、韋、柳之室，而浸淫輞川、襄陽之間，其視白蓮、抒山有過無不及。然山谷所稱"雲中下蔡邑，林際春申君"，此集不載，而惠崇自定《句圖》五字百聯，入此集者亦不及十之二三，使汲古主人聞之，則欣躍之餘，更當助我浩嘆矣。《瀛奎律髓》十四卷宇昭《曉發山居》詩曰："蓐食少人家，寒煙碎落花。鷄鳴窗半曉，路暗月西斜。世故欺懷抱，風霜近歲華。劇憐詩思苦，悽惻向長沙。"

乙未冬初，假滋蘭堂本録出。立春前一日，蕭客書。（臺北"中央圖書館"藏清師竹友蘭室鈔本）

西崑酬唱集二卷

楊　億編

楊億（九七四——一○二○），字大年，建州浦城（今屬福建）人。十一歲召試，授秘書省正字。淳化中賜進士第。累官至翰林學士、户部侍郎。嘗與王欽若同修《册府元龜》，所編《西崑酬唱集》，即收録此次修書期間與同僚唱和之作，有序曰（録自《四部叢刊初編》本，四庫本有誤文）：

予景德中忝佐修書之任，得接群公之游，時今紫微錢君希聖（惟演）、秘閣劉君子儀（筠），並負懿文，尤精雅道，雕章麗句，膾炙人口，予得以游其墻藩而窺其模楷。二君成人之美，不我遐棄，博約誘掖，置之同聲。因以歷覽遺編，研味前作，挹其芳潤，發於希慕，更迭唱和，互相切劘。而予以固陋之姿，參酬繼之末，入蘭游霧，雖獲益以居多；觀海學山，歎知量而中止。既恨其不至，又犯乎不韙；雖榮於托驥，亦愧乎續貂。間然於兹，顔厚何已。凡五、七言律詩二百四十七章，其屬而和者又十有五人，析爲二卷，取玉山策府之名，命之曰《西崑酬唱集》云爾。翰林學士、户部郎中、知制誥楊億述。

《西崑酬唱集》對當時文風影響甚大，“西崑體”之名由此成立。《儒林公議》卷上曰：“楊億在兩禁，變文章之體，劉筠、錢惟演輩從而效之，以新詩更相屬和。億復編叙之，題曰《西崑酬唱集》。”《六一詩話》曰：“蓋自楊、劉唱和，《西崑集》行，後進學者争效之，風雅一變，謂‘西崑體’。由是唐賢諸詩集

幾廢而不行。"劉攽《中山詩話》亦曰："祥符、天禧中，楊大年
（億）、錢文僖（惟演）、晏元獻（殊）、劉子儀（筠）以文章立朝，
爲詩皆宗尚李義山（商隱），號'西崑體'，後進多竊義山語句。
賜宴，優人有爲義山者，衣服敗敝，告人曰：'我爲諸館職撏撦
至此。'聞者歡笑。大年《漢武》詩曰：'力通青海求龍種，死諱
文成食馬肝。待詔先生齒編貝，忍令索米向長安。'義山不能
過也。……子儀畫義山像，寫其詩句列左右，貴重之如此。"
可見"西崑體"乃是學義山而過，然其矯宋初"白體"之弊，歷
史功績亦不可没。"西崑體"並非只是參與西崑酬唱者所專
有，《中山詩話》所舉晏殊（元獻），雖未預酬唱之數，所作亦
"西崑體"。《西崑酬唱集》初刊於何時，載籍無考，蓋大中祥
符間已經付梓，歐陽脩所謂"《西崑集》行"，當即指刊本也。

　　《通志》著録道："《西崑酬唱集》二卷。景德中，楊億與錢
惟演、劉筠等。"《讀書志》卷二○載：

　　　　《西崑酬唱集》二卷。右皇朝楊億、劉筠、李宗諤、晁
　　某（迥）、錢惟演及當時同館十五人唱和詩，凡二百四十
　　七章。前有楊億序。

《書録解題》卷一五、《玉海》卷五四、《通考》卷二四八、《宋
志》，皆著録爲二卷，殆别無他本。

　　由於石介作《怪説》批判楊億及"西崑體"，嗣後歐陽脩古
文運動取得勝利，"西崑"風氣被遏制，故是集在宋代蓋覆刻
次數甚少。《增訂四庫簡明目録標注》（以下簡稱《增訂四庫簡目
標注》）邵章《續録》稱"《天禄後目》有宋寶元二年（一○三九）
刊本二部，元本二部"，然檢《天禄琳琅書目》及《書目後編》，
皆無著録，恐是誤記。明《文淵閣書目》卷一○著録"《西崑酬
唱》一部三册，闕；塾本一册"，當是宋元舊槧，似有兩種版本。

《箓竹堂書目》卷四著録一册之本。又祁氏《澹生堂藏書目》卷一二登録"《西崑酬唱集》一册，二卷"，乃鈔本，何煌嘗借校馮班鈔本，詳後《鐵琴銅劍樓藏書目録》引。《汲古閣珍藏秘本書目》著録"《西崑酬唱集》一本，綿紙舊鈔"。汲古閣鈔本今存一部，詳下。

現存最早之刻本，乃明嘉靖丁酉（十六年，一五三七）玩珠堂刊本，有高郵張綖序，未述所用底本。玩珠堂本至近代已極罕見，現只有一部傳世，原爲傅增湘藏書，其《經眼録》卷一八著録道：

> 《西崑酬唱集》二卷，（宋楊億等撰。）明嘉靖十六年張綖玩珠堂刊本，十二行二十字，版心上方有"玩珠堂"三字。前有嘉靖丁酉張綖序，楊億自序，次詩人姓氏一葉。
>
> 此書去冬見於上海秦曼青（更年）許，頃由羅子經（振常）購到。（壬戌）

傅氏見此本後，"因展轉通詞，慨然割愛相付，數年夙願，一旦得償，爲之欣喜無已。其後涵芬樓徵書海内，余舉此本付之，今《四部叢刊》行世者是也"（《明玩珠堂本西崑酬唱集跋》，《藏園群書題記》卷一九）。此本今可據《四部叢刊初編》睹其真，原本藏國家圖書館。傅《跋》又稱："余取此本與顧千里校祝本（祝按：即《浦城叢書》本，詳下）對勘，顧氏所舉各條，其吻合者十得七八，……可爲此本出於宋本之明證，……雖梓於明代，要與天水遺刊同其罕秘也。"

是集清代刊本頗多，清初即有數本。馮武序康熙間朱俊升刊本道：

> 昔年西河毛季子從吳門拾得，鈔自舊本，狂喜而告

於徐司寇健庵先生，健庵遂以付梓，汲汲乎惟恐其書之
又亡也。刻成，而以剞劂未精，秘不以示人。吳門壹是
堂又以其傳之未廣，而更爲雕版。嗟乎，此書之不絶如
綫也，乃得好事之兩家，而無虞其不傳矣。今又得閩仙
朱子，從兩家之後而三梓之，豈不欲使騷壇吟社，無有不
睹是書之目而後愉快哉！

所謂“西河毛季子從吳門拾得，鈔自舊本”，《四庫提要》述爲
“毛奇齡初得舊本於江寧”；今人黄永年《釋西崑酬唱集作者
人數及篇章數》(上海古籍出版社影印周楨、王圖煒注本《西崑酬唱
集》附錄)，以爲“毛季子”實毛晉第五子毛扆，西河乃其郡望，
館臣誤。據朱俊升序(見下引)，黄先生之説是。馮武所述刻
本有三：

一、徐乾學(健庵)刻本。此爲清刻第一本，然不善。

二、壹是堂刻本，當亦出毛扆本。

三、朱俊升(閩仙朱子)刻本。

徐氏本、壹是堂本今皆未見著錄。蘇州朱俊升聽香樓本
刻成於康熙四十七年(戊子，一七〇八)，今尚傳世，國家圖書
館庋藏一部。朱氏序謂其底本出於汲古閣毛氏後裔：

> 虞山毛子，汲古後昆，雅善蒐羅，偏能弋獲。幾同拱
> 璧，珍諸貝錦奚囊；偶過高軒，出自芸籤鄴架。升不覺撫
> 書而歎也。……假令私之爲寶，秘不示人，有美弗傳，將
> 見嗤於大雅；微言欲絶，懼開罪於先民。爰選棗梨，亟爲
> 剞劂。

所謂“虞山毛子”即毛扆，有跋述其鈔本來歷道：

> 甲辰(康熙三年，一六六四)三月，同葉君林宗入郡，

朱卧庵之赤,其榻上亂書一堆,大都廢曆及潦草醫方。
殘帙中有繕整一册,抽視之乃《西崑酬唱》也,爲之一驚。
卷末行書一行云"萬曆乙丑(祝按:萬曆無乙丑,"丑"字當誤)
九月十七日書畢",下有功甫印,乃錢功甫(允治)手鈔
也。因與借歸。次日林宗入城,喧傳得此,最先匍匐而
來者,定遠馮先生(班)也。……揣當年原本,定係宋刻,
何子道林書法甚工,屬擬宋而精鈔之。今流傳轉寫遍滿
人寰。

《四庫全書總目》(以下簡稱《四庫總目》)著録汪如藻家藏本,即
朱俊升本。此本清人以爲是《西崑集》善本(顧廣圻《思適齋
書跋》卷四稱"世以朱本爲善"),後來各本,皆祖是刻。然其
中亦有訛誤,算不上特别精善。

　　嘉慶間,又有祝昌泰等輯《浦城叢書》本,祖之望有跋,稱
"東巖太守(即祝氏)繼《武夷新集》而並梓之",所用底本,即
朱氏聽香樓本。《思適齋書跋》卷四曰:"又有周楨注本。世
以朱本爲善,祝本依之,最後亦爲最精。"所謂"周楨注本",乃
周楨、王圖煒合注本,今尚傳世(詳下)。

　　除上述外,猶有趙執信本。傅氏《經眼録》卷一八記曰:

　　　《西崑酬唱集》二卷,(宋楊億等撰。)附《見山堂遺詩》
　　　一卷,(清益都趙作肅撰。)清趙秋谷(執信)刊本,十行十九
　　　字。有漁洋山人跋,封面題"重刊宋本,見山堂藏版"。
　　　又附《見山堂遺詩》一卷,據王易序,益都趙作肅遺稿,其
　　　從姪秋谷宫贊擇其什三存之,是知此本爲趙氏所刊也。
　　　(庚午)

此本今未見著録。咸豐間,南海伍崇曜將是編刻入《粤雅堂

叢書》，咸豐甲寅（四年，一八五四）伍崇曜爲之跋，當由朱刻本出。至光緒間，徐幹又將其刻入《邵武徐氏叢書》，國家圖書館藏有傅增湘校本，《北京圖書館古籍善本書目》著録道：“《西崑酬唱集》二卷，宋楊億等撰，清光緒徐幹刻《邵武徐氏叢書》本，傅增湘校並跋，一册。”

除刊本外，猶有下列重要鈔本。

一、馮班（定遠）鈔本。此本後爲瞿氏所得，《鐵琴銅劍樓藏書目録》卷二三著録道：

> 《西崑酬唱集》二卷，舊鈔本。宋楊億編，前有自序。此洞庭葉石君（萬）所藏馮定遠録本，卷末有馮記云：“梁有徐、庾，唐有温、李，宋有楊、劉，去其傾側，存其繁富，則爲盛世之音矣。”葉記云：“曾録净本，爲馮借失，以此見償。中黄筆校改者，借孫潜夫本勘定，潜夫用黄俞邰藏本改正。”卷上後有何煌記云：“康熙戊戌（祝按：康熙無戊戌，戊戌爲順治十五年，疑庚戌〔康熙九年，一六七○〕之誤）春仲，借得馬寒中所藏澹生堂鈔本校改二字。”又有顧廣圻記云：“驗其筆迹，蓋定遠手録者。案此書元明時不顯於世，國朝凡五刻，一刻於崑山徐司寇，再刻於吴門（求）〔壹〕是堂，三刻於長洲聽香樓，四刻於浦城祝氏，又有周楨注本。世以朱本爲善，祝本次之。”今核此本所校，有異於祝本者。……又此本每人名上皆有結衡，祝本無之，失其舊矣。

此本文字及格式，與毛扆本系統略有不同，甚善。今藏國家圖書館。《北京圖書館古籍善本書目》著録道：“《西崑酬唱集》二卷，明末馮班鈔本，馮班跋，葉萬、何煌、顧廣圻校並跋，一册。”

　　二、《楹書隅録》卷五著録"影宋精鈔本《西崑酬唱集》二册",有楊彦和《題識》:"此本先公得之江南,亦汲古閣影鈔之至佳者,筆精墨妙,雅可寶玩,誠稀世珍也。至是書乃子晉生前未見者,而卷有其名各印,當由斧季補鈐耳。彦合記。"今國家圖書館藏有毛氏汲古閣鈔本一册。

　　三、傅氏《經眼録》卷一八記故宫本:

　　　　《西崑酬唱集》二卷,(宋楊億等撰。)影宋精寫本,十二行二十字。有王蓮涇、季蒼葦藏印。(丁卯七月查點故宫藏書所見)

此本今未見著録。

　　近年以來,是編有新印三本傳世。

　　其一爲王仲犖注本。一九八〇年,中華書局出版王仲犖《西崑酬唱集注》。是書乃其年青在校讀書時所作,晚年整理補充而成。底本用朱俊升刊本,徵引群書,對唱和詩詳加注釋。有附録二,一爲《西崑酬唱詩人傳略》,其中《劉秉疑是張秉説》,以爲唱和詩人中不著姓只署"秉"者,清刻本題"劉秉"誤,"蓋即張秉而非劉秉也",其説可成定論;一爲《西崑酬唱集序跋》。

　　其二爲影印周楨、王圖煒注本。前引顧廣圻《思適齋書跋》,述及周楨注本。該書罕見著録,幸今陝西師大黄永年教授家藏一部,一九八五年上海古籍出版社據以影印,使讀者不致以未見爲憾。黄氏作《前言》,謂該本原書爲大黑口,單魚尾,單邊,半葉九行,行大二十字,小三十字,歐體寫刻,是清初精槧本書體式。序前及卷前均有"虞山周楨以寧、雲間王圖煒彤文注"雙行題款。内封面上方署"王儼齋先生鑒定",而别無注書刻書序跋。周、王二氏所用底本,黄永年在

《前言》中加以考證，以爲“當與鐵琴銅劍樓舊藏馮班鈔本之屬同源於宋刻善本，故得保存舊式，而迴異於玩珠”，並謂玩珠堂本所據底本實爲南宋麻沙坊肆俗本，故此本“有裨校勘，止亞於宋刻、馮鈔一等，而爲玩珠以下通行諸本之所弗及”。

其三爲鄭再時注本。一九八六年，齊魯書社影印出版鄭再時於二十世紀四十年代所作箋注稿本。此本資料蒐採豐富，雖時有錯誤，仍足資參考。

以上三本皆有注，綜而觀之，元好問《論詩絶句三十首》之十二所謂“詩家總愛西崑好，獨恨無人作鄭箋”，可釋恨矣。

述畢《西崑酬唱集》版本之後，尚有如下二事需作考辨。

一是西崑酬唱人數問題。

收入《西崑酬唱集》之詩人數，玩珠堂本及清刻各本皆十七人。《四庫提要》曰：“凡（楊）億及劉筠、錢惟演、李宗諤、陳越、李維、劉隲、刁衎、任隨、張詠、錢惟濟、丁謂、舒雅、晁迥、崔遵度、薛映、劉秉十七人之詩，而億序乃稱屬而和者十有五人，豈以錢、劉爲主，而億與李宗諤以下爲十五人歟？”館臣顯然對十七人之數有疑，然却別出一說以牽附之。宋刻原本久已失傳，單憑後世傳本（如玩珠堂本所附“西崑唱和詩人姓氏”等）以定酬唱人數，顯然不夠。楊億所作《西崑酬唱集序》，應是考察此問題之原始依據。據前引原序文意，錢惟演（希聖）、劉筠（子儀）爲原唱，加自己“參酬繼之末”，再加“屬而和者又十有五人”，則《酬唱集》所收作者總數，應爲十八人。王仲犖箋注《西崑酬唱集序》（載《西崑酬唱集注》）曰：“按億自謙，故序推錢、劉爲主，而自列於屬和之十五人數中，其實億固騷壇盟主也。”王氏以爲酬唱者除錢、劉外，楊億應包括在“屬而和者又十有五人”之內，共十七人。謂序推錢、劉爲主，楊億"自謙"，皆是，然謂"自列於屬和之十五人數中"，則與文意不符。既已自稱"參酬繼之末"，何必再入"又十有五人"之數？換言之，"屬而和者又十有五人"中，應不包括楊億本人，方合原序文意，否則序所謂"二君成人之美"、"而予以固陋之姿，參酬繼之末"云云，特別是"又十有五人"之"又"字，便爲贅文。

鄭再時注本留意稽考十七人以外之作者，爲試圖解決楊序與傳本人數牴牾問題探索新路。其於卷上《代意》第七首注道："嘉靖本詩人姓氏有'元闕'一名，即卷上《代意》詩第七首所署之'元闕'也。朱本無詩人姓氏，而於《代意》詩第七首署名處，只留一長形墨丁。疑此'元闕'别爲一人，共十八人，則於楊、劉、錢之外'屬而和者十五人'之數相符矣。"當今學者亦多認爲唱和者應十八人，惜乎仍襲鄭氏之説，以爲《代意》詩闕名一人，别無進展。然而署"元闕"或打墨丁處，未必别有一人。王仲犖注該詩道："按此首粤雅堂諸本别題作'闕題'，誤，今從明嘉靖玩珠堂本删去'闕題'二字。蓋楊億《代意》之作，本有二首，故劉筠慰和之作，亦是二首也。玩珠此詩及下首劉隲之作，並與楊億《代意》原作詩意一致，固不當别題'闕題'兩字也。"王氏據玩珠堂本删去二字，乃其疏誤，其實玩珠本之"詩人姓氏"及《代意》第七首均有"元闕"二字；但他所提出之理由却可成説：原唱既是二首，和作亦可爲二首，未必有闕名也。同時還可提出一反駁之理由：即便有"闕名"一人，焉知其人不在已知十七人之内，而必定是未知之第十八人耶？

事實上，宋代文獻中有關酬唱人數之記載，即可解決此問題，研究者們蓋偶而未見。按劉克莊《後村詩話續集》卷四

（《後村先生大全集》卷一八〇），在引述楊億序後寫道：

> 今考十五人者，丁謂、刁衎、張詠、晁迥、李宗諤、薛
> 映、陳越、李維、劉騭、舒雅、崔遵度、任隨、錢惟濟，有名
> 秉不着姓，王沂公只有一篇，在卷末。

劉克莊顯然將楊、劉、錢計在十五人之外，所列十五人名單中
無此三位，而加之則共爲十八人，與楊序正合。較之劉克莊
所見本，後世傳本少王沂公（即王曾）一人。清以後人稱傳本
《西崑酬唱集》"完整無闕"，恐不足信。

王仲犖《西崑酬唱集注前言》曰："這部唱和詩集開始於
宋真宗景德二年（一〇〇五）的秋天，結束於大中祥符元年
（一〇〇八）的秋天，前後剛有三年的時間。"他又在《西崑酬
唱集序注》中解釋所謂"西崑"即指秘閣，因"秘閣是帝王藏書
册之府，有似西北昆崙之玉山册府"；接着引《宋會要輯稿》職
官十八曰："太平興國二年（九七七），始建崇文院，昭文館、史
館、集賢院，皆總爲崇文院。及建秘閣，亦在崇文院中。"則當
時在崇文院諸館、閣任職，乃爲參與酬唱之重要條件。今考
王曾（九七八——一〇三八），真宗咸平五年（一〇〇二）狀元。
宋祁《王文正公曾墓誌銘》（《名臣碑傳琬琰之集》中集卷五）曰：
"通判濟陽。代還，試政事堂，以大著作直太史，服五品。判
三司戶部案，轉右正言、知制誥，服三品，充史館修撰。"又《續
資治通鑑長編》卷五九：景德二年三月己巳，"將作監丞王曾
爲著作郎直史館，賜緋。舊制：試文當屬學士舍人院，宰相寇
準雅知（王）曾，特召試政事堂"。則所謂王曾"以大著作直太
史（史館）"，正始於景德二年。王與楊、劉關係密切。楊億心
服王曾爲人有志，嘗記曰："王沂公曾，青州發解及南省庭試
皆爲首冠，中山劉子儀爲翰林學士，戲語之曰：'狀元試三場，

一生吃著不盡。'沂公正色答曰：'曾平生之志不在溫暖。'"
(《宋朝事實類苑》卷九引《楊文公談苑》)又以爲王曾是他三十年來
所聞文士中"能詩"者之一，特別贊賞其《李駙馬拜陵》詩中
"人畏軒臺久，春歸雨澤多"兩句(同上卷三七引《楊文公談苑》)。
則楊億等邀王曾參預秘閣唱和，主客觀條件完全具備。劉克
莊謂"王沂公只有一篇，在卷末"；考今本《酬唱集》卷下末爲
《螢》，劉筠首唱，和者楊億，殆猶有王曾和詩一首。

　　綜上所考，似可得出如下結論：劉克莊所見本，酬唱總數
爲十八人，有王曾，乃是集原本面貌，與楊億序文意亦正相
符。傳本《西崑酬唱集》脫王曾，故只十七人。後代學者以傳
本實有人數去解讀楊序，不免牽合誤會。從《代意》詩"元闕"
二字考尋，結論似是而非，因注"元闕"二字者爲後世傳本，絶
非楊編原本如此。查今人所編《全宋詩》，王曾存詩不多，無
和《螢》詩，也無與《酬唱集》中其他作品同題之作，蓋已無從
輯補矣。因王曾詩載《酬唱集》"卷末"，易於脫失，後世傳本
蓋正好源於脫失之本，既闕其詩，也就不列於目，王曾遂從
《酬唱集》中消失。幸有劉克莊之記載，或可了結十七、十八
人之爭的公案。

　　二是《西崑酬唱集》收詩數量問題。

　　《四部叢刊初編》影印明嘉靖高郵張綖玩珠堂刻本《西崑
酬唱集》，卷首有楊億原序，稱所收"凡五、七言律詩二百四十
七章"。劉克莊《後村詩話續集》卷四引楊序同。《讀書志》卷
二〇著錄是集，亦曰"凡二百四十七章"。錢曾《讀書敏求記》
卷四下《西崑酬唱集跋》、《帶經堂詩話》卷六等，皆謂酬唱詩
凡二百四十七首。

　　然而朱俊升聽香樓刻本卷首楊億序，謂"凡五七言律詩

二百五十章”，與上引諸多文獻所記異。朱氏刻本即《四庫全書》著録本，王仲犖《西崑酬唱集注》亦用作底本。《四庫提要》曰：“上卷凡一百二十三首，下卷凡一百二十五首，而億序稱二百有五十首，不知何時佚二首也。”王仲犖《西崑酬唱集序注》辨之曰：“按《西崑酬唱集》上卷收詩一百二十三首，下卷收詩一百二十七首，都凡二百五十首。《四庫全書總目》謂‘……（略，即上所引）不知何時佚二首也’，蓋計數偶誤，不可爲據。”

顯然，《酬唱集》有收詩二百四十七首、二百五十首兩本。《酬唱集》收詩，每題唱和數目清楚，當不是計算歧誤。據上引文獻，原本收詩二百四十七首，似無可疑。《西崑酬唱集》注本對此歧異多存而不論，有迴避矛盾之嫌。

上已考明，後世傳本脱王曾詩一首。原本既然收詩凡二百四十七首，脱一首後應只二百四十六首，則不難得出如下結論：後世收詩二百五十首之傳本，其中很可能有四首爲羼入之贗品。黄永年《釋西崑酬唱集作者人數及篇章數》曰：“或楊億撰序時止有此數，後又增添三首（祝按：黄先生不知脱王曾，故云三首），而序文未及改易，或此三首出後人附益，非楊編原集所有。”黄先生同時指出，他所藏另一軟體字本，即朱俊升刊本，“二百有五十”之“有五十”三字傾斜，剜改之迹顯然。“增添三首，序文未及改易”雖可成一説，然假設成份過重，似應將後人是否添入作爲研究重點。至少如下二首，有理由懷疑非楊編原本所有。

第一首是卷上錢惟演《夜意》。原詩道：

　　漏淺風微夜未勝，雨雲無迹火雲凝。簟鋪寒水頻移枕，帳卷輕煙更背燈。沃頂幾思金掌露，滌煩誰借玉壺冰。蘭臺知有披襟處，宋玉多才獨自登。

王仲犖《西崑酬唱集注》按曰：“此首諸本同上題《赤日》，次序亦在楊億詩後，劉筠詩前。獨明嘉靖玩珠堂本題作《夜意》，次序劉筠詩後。按此詩首句云‘漏淺風微夜未勝’，第三句及簟，第四句及帳及背燈，則題同‘赤日’，自非所安。故仍從玩珠堂本題作‘夜意’，且次於劉筠詩之後云。”王氏根據内容斷定是詩非前題《赤日》之和詩，甚是，可惜未能進一步深考：此詩其實殆非《西崑酬唱集》原本所應有。原書既題“酬唱集”，則有“唱”必有“酬”，即楊億序所謂“更迭唱和”是也。不獨此集，宋人所編其他酬唱集，如邵浩《坡門酬唱集》，以及《同文館唱和詩》等，皆有唱有和，絕無單題。《夜意》詩有唱無和，只此一首，不合是書體例。且玩珠堂本另題《夜意》，即已現添入痕迹，故此首基本可定爲贋品。

　　第二首是卷下楊億《因人話建溪舊居》，亦爲單獨一首，有唱無酬。依據上述之同樣理由，疑也非原本所有。況同卷載楊億《懷舊居》，錢、劉已有和作，似不應再出同類題材之詩要人屬和。

　　除以上二首外，當猶有竄入之僞作二首，尚待考。

　　楊億著述，現存除所編《西崑酬唱集》外，猶有詩文别集《武夷新集》二十卷，趙希弁《讀書附志》著録，謂“集凡五百七十五篇”。然而據統計，清代所傳《武夷新集》，有詩文共六百三十五篇，竟有六十篇溢出趙氏著録本。宋人著録應可信，溢出者恐亦非原集所有。筆者在拙著《宋人别集叙録》中分析出現這一現象的原因時寫道：“因楊億文集散佚甚多，獨《武夷新集》流傳後世，故他集散佚詩文容易竄入此集。如四庫本《武夷新集》卷五收有《受詔修書述懷感事三十韻》詩，即見於《西崑酬唱集》上卷之首。此詩是否《新集》所原有，尚值得研究（祝按：反觀之，亦可懷疑此首及劉筠和詩，即屏入《西崑酬唱集》之另二首，然文獻證據尚嫌不足）。因此，若專門整理《武夷新集》，不僅需求‘全’，尤需辨‘僞’，即剔除原非此集之詩文（其他佚詩文另輯，不能凡楊億作品皆補入）。”此分析似亦適合《西崑酬唱集》。蓋在長期流傳過程中，有人將西崑酬唱者之同題（或類似）佚詩鈔入此集，而後人不察，遂將其刻入本集，以致真贋難辨。玩珠堂本雖收詩數溢出原集，但楊億序尚保持原貌；而清刻本即據添補後的實有詩數，改“二百四十七章”爲“二百五十章”以牽合之，殊不知反弄巧成拙。

【附録】

玩珠堂刊西崑酬唱集序

（明）張　綖

　　論詩者，類知宗盛唐，黜晚唐。斯二體，信有辨矣。然詩道性情，古人采之觀風正樂，以在治忽者也。如不得作者之意，徒曰盛唐；盛唐予不知，直似盛唐，亦何以也。杜少陵，盛唐之祖也，李義山，晚唐之冠也，體相懸絶矣，荆國乃謂唐人學杜者，惟義山得其藩籬，此可以意會矣。

　　楊、劉諸公唱和《西崑集》，蓋學義山而過者。六一翁恐其流靡不返，故以優游坦夷之辭矯而變之，其功不可少，然亦未嘗不有取于崑體也。徂徠、冷齋著爲《怪説》、“詩厄”，和者又從而張之，崑體遂廢，其實何可廢也。夫子一嘆由瑟，門人不敬子路，信耳者難以言喻如此，故曰“游于藝”。夫誠以藝游,晚唐亦可也,不然,盛唐猶是物也,奚得于彼哉? 要必有爲之根深者耳。

子美云:"文章一小技,於道未必尊。"作者之言蓋如此。夫惟達宣聖"游藝"之旨,審杜老技道之序,味介甫藩籬之説,而得歐公變崑之意,詩道其庶幾乎!

嘉靖丁酉臘日,高郵張綖序。(中華書局《西崑酬唱集注》附録二)

鈔本西崑酬唱集跋

(清)毛　扆

宋初楊文公與錢、劉二公特創詩格,組織華麗,一變晚唐詩體,而效李義山,取玉山册府之名,名曰《西崑酬唱集》,人因目之曰"西崑體"。其《南朝》《漢武》等篇,僅見於《瀛奎律髓》,先君每以不得見此爲悵。

甲辰三月,同葉君林宗入郡,朱卧庵之赤,其榻上亂書一堆,大都廢曆及潦草醫方。殘帙中有繕整一册,抽視之乃《西崑酬唱》也,爲之一驚。卷末行書一行云"萬曆乙丑九月十七日書畢",下有功甫印,乃錢功甫手鈔也。因與借歸。次日林宗入城,喧傳得此,最先匍匐而來者,定遠馮先生也。倉茫索觀,陳書於案,叩頭無數,而後開卷,朗吟竟日,索酒痛飲而罷。使先君而在,得見此書,不知若何慰。言念及此,不禁淚下沾衣也。

案楊文公序云,景德中忝佐修書之任,紫微錢君希聖、秘閣劉君子儀,並負懿文,更相迭和,而以予參酬繼之末,其屬而和者又十有五人。今三公之外惟十一人,《代意》第七首下但名秉而無姓，其二人則闕如也。揣當年原本，定係宋刻，何子道林書法甚工，屬擬宋而精鈔之。今流傳轉寫遍滿人寰。（影印鄭再時《西崑酬唱集注》卷首）

西崑酬唱集跋

（清）陸貽典

　　此書出郡人錢功甫手鈔，余從毛倩斧季印録者也。功甫爲馨室先生子，富於藏書，兼多秘本。牧翁先生語余，嘗訪書於功甫，功甫自歎無子，許悉以藏書相贈，約以次日往。退而通夕無寐。凌辰過其家，晤對移日，都不理昨語。微叩之，詭辭相却，已無意贈書矣。乃悵然而返。後又詣之，時值嚴冬，方映窗手鈔《金人弔伐録》，且訊郵便，圖與曹能始覓粤西方志，始識其興復不淺，無惑乎前之食言，而求書之意亦遂絶望矣。

　　不逾年，功甫没，所藏俱雲烟散去，不謂此書尚流落人間也。牧翁絳雲未炬時，羽陵秘簡，甲於江南，生平慕此，獨未得見。頃斧季從郡友借，牧翁已卧病逾月，未浹旬而仙去。豈秘書出没固亦有數，而前後際終慳一見耶？緬懷疇昔，緒言如昨，典型徂謝。尚期於二三夙素，繕録一編，焚諸殯宫，以申掛劍之義也。撫卷爲之三歎。

　　甲辰六月十九日，常熟陸貽典敕先識。（同上）

重刻西崑酬唱集序

（清）馮　武

　　唐二百八十年，朝以詩取士，士以詩爲業，童而習焉，長而精焉，其法同也，其義同也，其所讀書同也，所不同者，時世先後，風氣淳薄而已，初未有各樹其説、自立墻户者也。歷來作家，或以清真勝，或以雅艷勝，門庭施設，各各不同，究於《三百》六義之旨，何嘗不同歸一轍哉。

自宋以來，試士易制，詩各一途，遂將李唐一代製作，四分五裂。若黄山谷、陳後山輩，雅好粗豪，尊昌黎爲鼻祖，而牽連杜工部徑直之作爲證，遂名黄、陳，號江西體。或無事夠狗衣冠，專事清永淡寂，以韋、孟、高、岑爲宗，謂之九僧、四靈體。有以李玉溪爲宗，而佐之以温飛卿、曹唐、羅鄴，若錢思公、楊大年諸公，一以細潤清麗爲貴，謂之西崑體。要皆自宋人分之，而唐初無是説焉。

元和、太和之代，李義山傑起中原，與太原温庭筠、南郡段成式，皆以格韻清拔，才藻優裕，爲西崑三十六，以三人俱行十六也。西崑者，取玉山册府之意云爾。趙宋之錢、楊、劉諸君子競效其體，互相唱酬，悉反江西之舊，製爲文錦之章，名曰《西崑酬唱集》。

不隔一朝，遽爾湮没，自勝國名人以逮牧齋老叟，皆以不得見爲嘆息，其所以殷殷於作者之口久矣。昔年西河毛季子從吴門拾得，鈔自舊本，狂喜而告於徐司寇健庵先生，健庵遂以付梓，汲汲乎惟恐其書之又亡也。刻成，而以剞劂未精，秘不以示人。吴門壹是堂又以其傳之不廣，而更爲雕板。嗟乎！此書之不絶如綫也，乃得好事之兩家，而無虞其不傳矣。今又得閬仙朱子，從兩家之後而三梓之，豈不欲使騷壇吟社，無有不睹是書之目而後愉快哉！夫三君之好是書者至矣，所以爲此書謀者亦無不盡矣，然而閬仙之意，亦良苦矣。

大凡人抱沈痼之疾，久服大黄甘遂，必至利削發狂而不可救。今江西之説，詩家之快利藥物也，深入肺腑，十牛不能挽，則其橫溢顛躓之禍，可憂也。苟不以是書整飭之，救正之，文焉而去其鄙野，典焉而去其樸樕，儒雅清越，以入乎《三百》六義之中，則風雅之道，其能無愧於有唐一代之文藻與！

刻成，而不以老耄舍我，屬題簡端如此。虞山簡緣馮武。

（中華書局《西崑酬唱集注》附錄二）

重刻西崑酬唱集序

（清）朱俊升

風雅可追，韻言斯富。才人搦管，欲拂拂以成雲；逸客微吟，咸颯颯乎入耳。何況詩場好事，仿前哲之體裁；藝圃名流，爲一時之酬唱。寧非勝致，自合流傳。乃經日月之幾何，已悼篇章之淪佚。將求石室，都無二酉之藏；欲問雞林，未有千金之購。遂使前朝宿學，蔑由睹此遺書；昭代耆儒，靡不嗟爲闕典。彼夫《荆南唱和》、《漢上題襟》，抑又退哉，宜其缺矣。

虞山毛子，汲古後昆，雅善蒐羅，偏能弋獲。幾同拱璧，珍諸貝錦奚囊；偶過高軒，出自芸笙鄴架。升不覺撫書而歎也。

嗟乎！西崑之製，昉於有唐，酬唱之篇，殷乎前宋。歌風詠雪，情宛轉以相關；刻玉雕金，句琳琅而可誦。無心契合，詩成應不讓元和；有意規隨，賦就亦能追正始。清新體格，俱流香艷於行間；細膩風流，一洗叫囂於腕下。樹五七言之壁壘，致足相當；追三十六之風流，真能學步。則此一集也，均屬前人之逸響，伊何昔也亡而今也存；緬惟數子之清才，恍若前者唱而後者和。假令私之爲寶，秘不示人，有美弗傳，將見嗤於大雅；微言欲絶，懼開罪於先民。爰選棗梨，亟爲剞劂。公諸同好，通韻海之津梁；贅以弁言，佐騷壇之鼓吹。絶而復續，非造物之無心；傳之其人，幸斯文之未喪。

時康熙戊子孟春之吉，長洲後學朱俊升閬仙氏謹序。（同上）

西崑酬唱集跋

（清）祖之望

自吾邑楊文公倡爲西崑體，當時即有異議，南宋之末，其書遂不絶如綫。元明以來，名儒老輩至有以不得見爲憾者，每讀虞山馮氏序，爲之悵然也。據馮序，稱此書凡經三梓，而傳世尚稀。

竊謂古今掊擊西崑之論，層見疊出，要皆便於空疏不學之人，不知其精工律切之處，實可自名一家。世人耳食者多，相與束之高閣，深可慨歎。梁芷鄰儀部撰吾邑詩話，謂“崑體特文公之一格，《武夷新集》具在，未嘗盡如西崑”云云，可謂善學古人者矣。

今東巖太守繼《武夷新集》而並梓之，庶幾留心風雅者，家有其書，知所津逮，則匪但吾邑之幸已也。

嘉慶庚午，同邑後學祖之望題後。（同上）

粵雅堂本西崑酬唱集跋

（清）伍崇曜

右《西崑酬唱集》二卷，宋楊億等撰。按億事跡具《宋史》

本傳,酬唱諸人名氏具集中。舊鮮傳本,國初徐健庵鋟版後,同時復再刻,具見馮武序。

考《蔡寬夫詩話》稱:"國初沿襲五代之餘,士大夫皆宗白樂天,故王黄州主盟一時。祥符、天禧之間,楊文公、劉中山、錢思公,專喜李義山,故崑體之作,翕然一變。"《隱居詩話》稱:"楊億、劉筠作詩務故實,而語意輕淺,一時慕之,號西崑體,識者病之。歐公云:楊大年詩有'峭帆横度官橋柳,疊鼓驚飛海岸鷗',此何害爲佳句。予見劉子儀詩句有'雨勢官城闊,秋聲禁樹多',亦不可誣也。"《古今詩話》稱:"楊大年、錢文僖、晏元獻、劉子儀爲詩皆宗義山,號西崑體。後進效之,多竊取義山詩句。嘗内宴,優人有爲義山者,衣服敗裂,告人曰:'吾爲諸館職撏撦至此。'聞者大噱。然大年詠《漢武》詩云:'力通青海求龍種,死諱文成食馬肝。待詔先生齒編貝,忍令乞米向長安。'義山不能過也。"《冷齋夜話》稱:"詩到義山,謂之文章一厄,以其用事僻澀,時稱西崑體。"然荆公晚年亦或喜之,宋時人議論不同如此。

善乎,元遺山《論詩絶句》云:"詩家總愛西崑好,獨恨無人作鄭箋。"又云:"古雅難將子美親,精純全失義山真。"蓋義山詩之佳者,直接杜陵之脈,此可爲知者道。集中不無利鈍互陳之處,讀者須分别觀之耳。至學崑體諸人,亦未必盡得義山真諦,故是集亦往往蘭艾齊列,而究非多閱古籍者不辨,遠勝於束書不觀,而自詡學王、孟,學白香山,學東坡、山谷,其流弊不可勝言,乃以嚴滄浪之説自解,曰"詩非關學也"。

咸豐甲寅百花生日後,南海伍崇曜跋。(同上)

名賢集選 二百卷

晏　殊　編

晏殊（九九一——一〇五五），字同叔，撫州臨川（今江西撫州）人。景德初以神童召試學士院，賜同進士出身。仕至同中書門下平章事、充集賢殿大學士兼樞密使，卒謚元獻。以文章得時譽，有文集二百四十卷（歐陽脩《晏公神道碑銘》，《歐陽文忠公集》卷二二），現僅存後人輯本《元獻遺稿》一卷、《補編》三卷，以及《珠玉詞》一卷。《晏公神道碑銘》又曰：“嘗奉敕修《上訓》及《真宗實錄》，又集類古今文章，爲《集選》二百卷。”吳處厚《青箱雜記》卷五謂其嘗“集梁《文選》以後迄於唐，別爲《集選》五卷，而詩之選尤精，凡格調猥俗而脂膩者皆不載也”。近人夏承燾《二晏年譜》繫晏殊編《集選》事於仁宗慶曆七年（一〇四七），年五十七歲：“時已着手撰《集選》。（《丞相魏公譚訓》卷四：“晏元獻編《類選》，由黃庠去取，晏公一手編定。”“類選”當是《集選》或《類要》之誤。）聖俞（梅堯臣）《途中寄上晏相公二十韻》有云：‘潁川相公秉道德，一見不以論高卑。久調元化費精神，猶且未倦删書詩。唐之文章別蕪穢，纖悉寧有差毫釐。’此當指同叔所撰之《集選》，此時已着手矣。”（《唐宋詞人年譜》，上海古籍出版社一九七九年新一版第二四七頁）

　　《東都事略》卷五六《晏殊傳》著錄“《集選》二百卷”，當依《神道碑》。《通志》著錄“《名賢集選》一百卷”，《宋志》、《宋史》卷三一一本傳同。按：《書錄解題》卷一五曰：

《集選目録》二卷，丞相元獻公晏殊集。《中興館閣書目》以爲不知名者，誤也。大略欲續《文選》，故亦及於庾信、何遜、陰鏗諸人，而云唐人文者，亦非也。莆田李氏有此書，凡一百卷。力不暇傳，姑存其目。

據上述諸家著録，《名賢集選》有二百卷本、五卷本、一百卷本三類。歐陽脩既將二百卷本寫入神道碑，當實有其書。吳處厚所記本止五卷，或是殘帙，或"五"字訛誤。據上引陳氏所言，南宋《中興館閣書目》所載僅誤在"不知名"，卷數應不誤，蓋與莆田李氏本同，亦爲百卷（按：《宋志》著録百卷本時，未署編纂者姓名，當即本於《中興書目》）。則南宋一代所傳，乃百卷之本。百卷本與二百卷本之關係，已不可考。又，歐陽脩謂"集類古今文章"，"今"自然指宋；而吳處厚稱"迄於唐"，孰是已無從辨正，然較以二者重輕，則寧可信神道碑。吳氏所言"迄於唐"，蓋僅就所見五卷本而已，未必是全書體例。

是集未見宋以後書目著録。今唯中國人民大學圖書館藏一明鈔殘本，存九册，凡二十四卷：卷一七（封禪、郊祭、廟樂），卷一八（明堂），卷一九（宗廟），卷二〇（祭祀），卷二一（選舉），卷二二、二三、二四（頌），卷三二（器用），卷三三（雜箴），卷三四、三五（傳），卷六二（謚議），卷六三、六四（誄），卷六五（封禪、封），卷六六（儒一），卷六七（儒二），卷六八（儒三），卷六九（釋一），卷七〇（釋二），卷七一（已被剜），卷八二（遺愛），卷八三（臺）。

每卷大題爲"名賢集選卷幾"，下署"宋彭城晏殊撰"。每卷卷首皆鈐有朱色藏印多枚，有"東閣大學士印"、"四明林氏大酉山房藏書之印"、"雲閑朱氏家藏圖書"、"武林高瑞南家藏書畫印"及"瑞南"等。鐵青色界格。每半葉十行，每行十幾字到二十幾字不等。卷一七有封禪，卷六五又有封禪，顯然重複。鈔手非一，錯字不少，如卷六二載王房威《贈太保于頔謐議》，唐人中似無"王房威"其人，核以《全唐文》，乃知爲"王彦威"之誤。卷中有夾行校語，多録異文。所校書有各家本集、《文粹》（即《唐文粹》）、《唐會要》、《通典》、《舊唐書》等。"舊唐書"乃相對歐陽脩、宋祁等所撰"新唐書"而名之，而歐陽脩乃晏殊門人，校語既稱"舊唐書"，則不出於晏殊之手可知。卷中偶有按語，如卷六八《陳留郡文宣王廟堂碑》，作者署陳兼，末有按語辨曰：

> 此篇見《獨孤及集》，而梁肅作及集《後序》，亦云"述聖德以揚儒風，則《陳留郡文宣王廟碑》"。而碑末乃云"命陳兼志之"。肅、及出門（祝按：當有誤字），必不誤書。擬（祝按：當是"疑"之誤）及命兼代作。目明言及作，而却並作陳兼，未詳。已删，今存於此。

檢《全唐文》卷三七三，此文亦收於陳兼名下。

從上述存卷可知，《集選》乃以類選文，蓋依《文選》成例，而並非按集繫文。上引《青箱雜記》謂其選詩尤精，則二百卷本或百卷本應收有詩。又歐陽脩《晏公神道碑銘》既稱是書"集類古今文章"，則當收有宋初人之文；然現存二十四卷之中，只有梁、隋、唐文（以唐文最多），而無宋文。雖文以類選，未必每類皆有宋文，而晏殊又值宋初，可選之"今集"不多，但二十四卷中俱無宋文，似與"集類古今文章"之體例不符。多達二百卷（或百卷）的"集選"原本，或有"前集"、"後集"之分，現存爲前集，故無宋文歟？

復旦大學陳尚君教授曾惠贈其論文《自選集》（廣西師範大學出版社二〇〇〇年十一月版），中有《晏殊〈類要〉研究》一文。

該文在介紹晏殊著作時言及《名賢集選》，稱據《現存宋人著述總録》記載，該書存卷一七至八三，凡六十七卷。"鈔本《名賢集選》未見清人著録和近人稱引，如即《集選》原本，當保存大量宋初以前人文章。筆者於一九九八年得檢該書，皆爲習見之文，印鑒多挖補之迹，信爲僞書。"筆者本人嘗於二○○一年十月三十日再到人大圖書館仔細檢核，原本雖如《總録》所載起於卷一七，止於卷八三，但中間多缺卷，現存實止二十四卷，而非六十七卷（《總録》編者未見原書）。印鑒有挖補，但挖補處並不多。所收文誠多習見者，但今日所習見，正賴前人輯録，況習見文往往是選家青睞的好文章。鈔本長期藏於私家，不見著録及稱引，似不足爲怪。因僅存二十餘卷，爲原本（二百卷）十分之一稍強，欲其中保存大量宋初以前之文，似近苛求。愚以爲該殘鈔本略有疑點（如上述各類中均無宋文之類），然遽定其爲"僞書"，恐嫌證據不足。

古今歲時雜詠四十六卷

宋　綬、蒲積中　編

是集初爲宋綬編，收宋以前吟詠歲時節令之作，稱《歲時雜詠》；蒲積中補輯宋人詩歌而擴編之，更名《古今歲時雜詠》，並刊板，有序曰：

　　《歲時雜詠》，宋宣獻公所集也，前世以詩雄者俱在選中，幾爲絶唱矣。然本朝如歐陽、蘇、黄與夫荆公、聖俞、文潛、無已之流，逢時感慨，發爲詞章，直造風雅藩閨，端不在古人下。予因暇時，乃取其卷目而擇今世之詩以附之，名曰《古今歲時雜詠》，鳩工鑱板，以廣其傳。非惟一披方册而四時節序具在目前，抑亦使學士大夫因以觀古今騷人用意工拙，豈小益哉！紹興丁卯（十七年，一一四七）仲冬日，眉山蒲積中致和序。

按：宋綬（九九一——一〇四〇），字公垂，趙州平棘（今河北趙縣）人。賜同進士出身，仕至參知政事，卒諡宣獻。著有《文館集》五十卷，久佚。蒲積中，字致和，眉山（今屬四川）人，紹興間進士，仕歷不詳。

《讀書志》卷二〇著録道：

《歲時雜詠》二十卷。右皇朝宋綬編。宣獻公昔在中書第三閣，手編古詩及魏、晉迄唐人歲時章什一千五百有六，釐爲十八卷，今溢爲二十卷云。

《通考》卷二四八同。晁氏所録乃宋綬原編本，久已失傳。《四庫總目》著録《古今歲時雜詠》四十六卷，《提要》曰："蓋所增惟宋人之詩，而目類則一仍其舊也。晁公武載綬原本詩一千五百六首，而此本二千七百四十九首，比綬所録增一千二百四十三首，則一代之詩，已敵古人五分之四，其蒐採亦可謂博矣。"然在蒲氏之前，宋綬之孫有剛叔者，已嘗蒐輯宋人篇什，編爲《續歲時雜詠》二十卷，今僅存畢仲游、晁補之兩序，畢稱"宣獻公之孫有剛叔者，復次本朝公卿大夫、高才名士，與其家內外先世之作，詩歌、賦頌、吟詞、篇曲三千三十有五，以續前編甚備"（《永樂大典》卷九〇八。晁序見《雞肋集》卷三四）。則宋剛叔所收比蒲氏輯補本更爲豐富，但除詩外猶包括賦頌，體例似不純。不詳何故失傳，或未嘗鋟板，燬於靖康兵燹歟。

前引蒲積中序稱將《古今歲時雜詠》"鳩工鑱板，以廣其傳"，所刊當即四十六卷之本。據蒲序，他蒐採詩歌作品時，"乃取其（原編本）卷目而擇今世之詩以附之"；但到刊板時，當如《四庫提要》所説："卷數則至倍而有贏，疑其於舊卷次第亦略有所分析也。其書自一卷至四十二卷爲'元日'至'除夜'二十八目，其後四卷則凡祇題月令而無節序之詩皆附焉。古来時令之詩摘録編類莫備于此，亦頗可以資採掇云。"就是説，將宋、蒲二氏所輯通編爲四十六卷，成爲一完整體系，乃蒲氏所爲。其説當是。

是書原槧已佚，清及近代有影宋鈔本流傳。《結一廬書目》卷四著録"《新刊古今歲時雜詠》四十六卷，宋蒲積中編，明萬曆二十三年（乙未，一五九五）影宋鈔本"。此本後爲彭元瑞所得，《知聖道齋讀書跋》卷二曰："《古今歲時雜詠》……所藏乃明神宗乙未影宋鈔本。"此本今未見著録，不詳尚傳世否。又傅氏《經眼録》卷一七著録一舊寫本，亦依宋式：

> 《古今歲時雜詠》四十六卷，（宋蒲積中編。）舊寫本，十行二十字。遇宋帝空格。題："翰林學士兼侍讀學士知制誥史館修撰上護軍常山郡開國侯食邑一千二百户宋綬公垂原編。"有紹興丁卯（十七年，一一四七）仲冬眉山蒲積中致和序。劉燕庭藏書。（帶經堂、會文堂見。壬子）

《四庫總目》著録江蘇巡撫採進本，即四十六卷本，底本疑亦是鈔帙。同一類中，大致以作者時代先後爲序。

除四十六卷本外，《宋志》嘗著録四十卷本。四十卷本明代猶存，陳揆《稽瑞樓書目》有之，後失傳，其編次情況不詳。

是書元、明以後似未重刊，所傳皆鈔帙。明代如《晁氏寶文堂書目》卷上、《趙定宇書目》、《脈望館書目》等皆嘗著録，不詳其版本。《汲古閣珍藏秘本書目》録有"十二本，竹紙舊鈔"。《愛日精廬藏書志》卷三五載"《新刊古今歲時雜詠》四十六卷，舊鈔本。宋蒲積中編，葉林宗藏書"。此本後爲陸心源所得，《䜱宋樓藏書志》卷一一三著録，並録葉石君手跋道：

> 此書從兄林宗所藏。書才摹竟，而林宗没，藏本隨散無餘，此書遂歸於我。行將聚宋元明作續之，未知其遂志不也。東洞庭山葉石君識。

此本現藏日本静嘉堂文庫。

丁氏藏有舊鈔本，原爲汪魚亭藏書，見《善本書室藏書志》卷三八，今藏南京圖書館。莫氏亦有舊鈔本，張紹仁舊藏，蓋亦影宋本者，見《邵亭知見傳本書目》卷一六。今人江澄波著《古刻名鈔經眼録》（江蘇人民出版社一九九七年版），著録何焯手校明鈔本，有何焯、黄丕烈題識，謂爲潘博山先生購去。今檢潘景鄭《著硯樓書跋》，正著録此本，道：

> 明藍格棉紙鈔本，每半頁十行，行二十字，經藏吾邑何氏語古小齋及黄氏士禮居，各有跋語。蕘翁復命長孫秉剛以他本勘對一過，朱墨爛然。義門先生跋，稱"是書去取不類，即唐以前諸詩，亦斷非宋宣獻公所集，蓋書坊委托耳。然尚多今日不見之本，如司空表聖一家，已有增多至十餘首，亦可備詩家之采獲"云云。蕘翁據錢遵王《讀書敏求記》，謂"此書除宋刻繕寫外，別無刊本流傳"，蓋數百年來未經剞劂之業，藏家每以兔園册子輕之，亦已過矣。己卯（一九三九）十月七日。

何焯以爲宋綬乃書坊托名，發前人所未發，然僅以"去取不類”斷之，而別無證據，恐難信從。

　　國家圖書館藏有明石城書屋鈔本六册，又明鈔本九册。臺北“中央圖書館”亦藏有舊鈔本。

　　今人徐敏霞有校點本《古今歲時雜詠》，用四庫本校以國家圖書館所藏明鈔本，遼寧教育出版社一九九八年收入《新世紀萬有文庫》。

錢唐西湖昭慶寺結浄社集一卷

丁　謂　編

　　宋紹興中所編《秘書省續編到四庫闕書目》，有“《西湖蓮社集》一卷”，蓋是集南渡後已罕見。又《通志》載：“《西湖蓮社詩》一卷。《續西湖蓮社集》一卷。”明《文淵閣書目》卷一〇著録“宋《蓮社詩盟》一部一册，闕。”按：西湖浄行社（又稱蓮社），乃杭州昭慶寺僧省常（九五九——一〇二〇）所結佛門詩社（按：省常結西湖浄行社始末，詳參拙文《宋初西湖白蓮社考論》〔載《文獻》一九九五年第三期〕，因當時未見其書，僅憑稽考文獻，故考述有得有失）。上海涵芬樓影印日本《續藏經》之《圓宗文類》卷二二載宋白《大宋杭州西湖昭慶寺結社碑銘》曾述其事，略曰：

　　　　太宗在宥之大寶，淳化紀號之元年（九九〇），……杭州昭慶寺僧曰省常，身樂明時，心發洪願，上延景祚，下報四恩，刺血和墨，書寫真經。書之者何？即《大方廣佛華嚴經·浄行》一品也。每書一字，必三作禮，三圍遠,三稱佛名。良工刊之,印成千卷,若僧若俗,分施千人。又以旃檀香造毗盧像,結八十僧同爲一社。……乃有朝廷縉紳之倫,泉石枕漱之士,猗頓豪右之族,生肇高潔之流,皆指正途,趨法會,如川赴海,如麟宗龍,賁然來思,其應如響。……昔慧遠當衰季之時,所結者半隱淪之士;今上人屬升平之世,所交者多有位之賢。方前則名氏且多,垂裕則津梁無已。

事又見釋智圓《白蓮社主碑文》(《閑居編》卷三三),稱"三十餘年,爲莫逆之交,預白蓮之侶者,凡一百二十三人"。真宗景德三年(一〇〇六)春,丁謂應省常之請,作《西湖結社詩序》,稱省常"貽詩京師,以招卿大夫。自是,貴有位者聞師之請,願入者十八九,……自相國向公(敏中)而降,凡得若干篇。……既作詩以貽之,又命予爲序"(《圓宗文類》卷二二),署銜爲"樞密直學士、權三司使、右諫議大夫"。按:丁謂(九六六——一〇三七),字謂之,蘇州長洲(今江蘇蘇州)人。淳化三年(九九二)登進士甲科。歷參知政事,拜同中書門下平章事。仁宗初貶崖州,卒。事又詳孫何《白蓮社記》(即《結社碑陰記》),謂"峽路運使、史館丁刑部(謂),頃歲將命甌閩,息肩鄉里,復又寫二林之幽勝,集群彦之歌詩,作爲冠篇,鼎崵蘭若"云云(《咸淳臨安志》卷七九)。是時蓋集已編成。近來辛德勇作《〈錢唐西湖昭慶寺結淨社集〉的發現及其在版刻史研究中的價值》一文,駁筆者以該書編者爲丁謂,稱"顯然不能成立",而論證編者是釋省常。但所引證據并無說服力,且似乎没有讀過孫《記》。上引《記》文稱丁謂"集群彦之歌詩,作爲冠篇",不正是編集、作序皆丁氏之直接證據麽? 如此輕率地下結論,似不足爲訓。

真宗大中祥符二年（一〇〇九）冬十一月五日，太常博士、通判信州、騎都尉錢易作《西湖昭慶寺結浄行社集總序》，略曰：

> 薦紳大夫争投文，以求爲社中人焉。上自丞相宥密，下及省閣名公。英衮聲詩，遠光江海。……今舊相、右丞河内向公（敏中）首綴風騷，相繼百數。……他年入社，願除陶、謝之俗情；今日序詩，聊助生、融之末簡。
>
> （《圓宗文類》卷二二）

蓋是時集已刊成，故有"末簡"之語。

《錢唐西湖昭慶寺結浄社集》國内藏本蓋傳至明代而亡。然不知何時，該書却傳至朝鮮。上世紀末，日本學者佐藤成順先生方重見是書刊本，并撰《省常の浄行社について——北宋公卿の仏教への関心》一文（發表於一九九七年《大正大學大學院研究論集》第二十一期）。後來，南京大學金程宇先生拜訪佐藤成順，得見該書複印本，於是著《韓國所藏〈杭州西湖昭慶寺結蓮社集〉及其文獻價值》一文（刊於高麗大學校中國學研究所《中國學論叢》第二十四輯〔二〇〇八年〕，後收入所著《稀見唐宋文獻叢考》〔中華書局二〇〇九年版〕），國人方知其詳。

據金程宇介紹，該書封面楷書"結浄社集"，行楷"蓮邨藏"，首葉欄上墨書"結社總序"，當爲收藏者"蓮邨"所書。"蓮邨藏"上鈐一圓印，内中爲八角蓮花型，當即收藏者"蓮邨"之印。該印又見於書之首葉欄内二行上方，下方另鈐一方印，惜頗爲模糊，不可辨識。半葉八行，行十六、七字不等。雙行小注。左右雙欄。版心有"集"、"詩"字樣，有葉數。開篇《錢唐西湖昭慶寺結浄社總序》字體爲柳體，此後篇章皆爲顔體。除上述外，又據上海師範大學方廣錩先生介紹，"全書首全尾殘。不計封面、封底，共存四十六葉九十二個半葉。每葉上下粗欄、左右子母欄、書口細欄。白口，較窄，無魚尾。……全書多敬提、敬空。若干版面有殘損”(《略談“卓德本”〈錢塘西湖昭慶寺結净社集〉——高麗義天印刷攜去本?》)。金程宇又介紹道，該書未見《紫薇舍人孫公結社碑陰》文，可知已殘損不全。但這一殘本仍使我們得窺全書之基本面貌，彌足珍貴。入社詩作者共九十人，除丁遜僅署“濟陽”外，其餘皆有官職銜名。筆者曾在拙文《宋初西湖白蓮社考論》中，據孫何《白蓮社記》“以王、謝之名位，慕宗、雷之風猷者，則有相國河内向公、貳卿長城錢公在密地日，參政太原王公、夕拜東平吕公在綸閣日，密諫潁川陳公、度支安定梁公任省倅日”云云一段文字，考其所述入社十九人人名，當時無考或誤考者，其姓氏今皆赫然在九十人名録中，令人喜愧交加。又，上引釋智圓《白蓮社主碑文》稱“預白蓮之侶者，凡一百二十三人”，此僅九十人，詩九十二首（宋白、薛映各二首，餘皆各一首），可知該本確爲原書殘本無疑。詩作者有四十餘人不見《全宋詩》，就文獻輯佚論，亦可謂豐矣。

　　金程宇先生將九十人入社詩整理爲《〈相國向公諸賢入社詩〉校録》，附於論文之後，爲國内目前唯一經整理之結净行社詩歌讀本。

　　北京卓德國際拍賣公司曾電話告知筆者，稱從韓國徵集到《結净社集》宋刻本，將在（二〇一五年）秋季拍賣會拍賣。流落鄰邦之古籍終歸故國，聞知後驚喜到將信將疑，及見書影，方信屬實。是書之徵集，據說已有數年，然對其刊板、刷印時間等問題學界尚有爭議，但爲宋刻本（多半爲北宋刻本）則已定讞。

【附録】

西湖昭慶寺結浄社集總序

（宋）錢　易

　　一切有爲，皆是塵妄，於塵妄了境，乃無爲也。大千法門，不離自性，於自性識本，乃菩提也。境泯則不著，本達則無惑。我三世諸佛以河沙衆生，演十二因緣，根於此也。其有精行洞識，化人無倦，立一心願，際諸十方，以有爲而至無爲，以利己而成利衆，吾聞之於華嚴浄社焉。

　　社建於錢唐昭慶寺主，於比丘省常上人。上人生錢唐，住昭慶。發無礙之心，依古佛之行，精進圓滿，諸戒具足。立大誓願而作是念，刺指取血，以血和墨，寫模法式，書《華嚴·浄行》一品。一字三作禮，一禮一圍繞，一圍繞一念佛名號，然後始刻之方板，畢一千本，以一本施一人。又以栴檀香林，造毗盧聖像。圓此誠感，得之天匠，以八十開士，爲一社焉。

　　白蓮之稱，始繼廬阜。況乎西湖之清音，昭慶之精屋，塵勞萬變，中有静境；群動紛濁，獨立戒定。如風煙歟雜，白雲無心，薦紳大夫爭投文，以求爲社中人焉。上自丞相宥密，下及省閣名公。英袞聲詩，遠光江海；鴻彦弄藻，咸著銘紀。而斯皆道契清尚，以龜綱自卑；夙緣堅牢，有香火之約。六塵灑落，升堂者悉入信門；三覺通明，會境諸（祝按：疑“者”之誤）盡躋滿教。故參知政事、禮部侍朗（“朗”疑“郎”）武功蘇公爲《浄行篇序》。今致仕吏部尚書廣平宋公，爲《結社碑銘》。故起居舍人、知制誥孫公，爲《結社碑（祝按：原誤“卑”，徑改）陰序》。今三司使、給事中丁公，爲群公《詩序》。墨妙筆精，金相玉振。

以春卿之妙詞，内庭輒潤色之暇；以天官之文伯，儒林爲人（祝按：當脱一字）之表。以西垣之才高，難可迴御於修塗；以計相之識廣，慧通外護於内典。今舊相、右丞河南向公，首綴風騷，相繼百數。以國輔之重，辭臣之望，非上人用大慈大悲之鴻願，以身以心之真懇，又何以拂當世之雲天，萃鉅儒之竹素？續之者如入三昧，捧之者若登四禪。

苟或總叙勝因，合歸大手。如易者，山陰人也。文謝頭陀，跡蓺都講。徒連叨於科第，而驟司於禮樂。猶且樞（祝按：疑"摳"之誤）衣法席，稽首禪扉。將飲醍醐，道映舟航。覺海懺三業之口舌，少贊大乘；殊軟賊（祝按：應爲五字，當有脱誤）之軒車，未親丈室。遠承高命，俾假微詞。公幹病多，江淹思澀。他年入社，願除陶、謝之俗情；今日序詩，聊助生、融之末簡。

時大中祥符二年冬十一月五日，信州翠微亭序。（《圓宗文類》卷二二，《續藏經》第二編第八套第五册）

西湖結社詩序

（宋）丁　謂

夫事不能自大，必因乎樹立；境不能自勝，必假乎指名。故世之人，觀其樹立而依歸之，隨其指名而趣嚮之。苟立事指境能如是，而爲衆所與者，所謂不可多得之人也。

錢塘山水，三吴、百越之極品，而西湖之勝又爲最。環水背山二百寺，據上游而控勝概者，今常師所棲之寺曰昭慶者也。開闢物表，出入空際，清光百會，野聲四來。雲木之狀奇，魚鳥之心樂，居處有遥觀，游者躊躇，豈非萬類之净界，達人之道場乎！師勵志學佛，而餘力于好事。嘗曰："廬山東林

由遠公蓮社而著稱，我今居是山，學是道，不力慕于前賢，是
無勇也。"繇是貽詩京師，以招卿大夫。自是，貴有位者聞師
之請，願入者十八九。故三公四輔，宥密禁林，西垣之辭人，
東觀之史官，洎臺省素有稱望之士，咸寄詩以爲結社之盟文。
自相國向公而降，凡得若干篇，悉置意空寂，投跡無何，雖軒
冕其身，而林泉其心。噫，作詩者其有意乎！觀其辭，皆若續
畫乎絶致，飛動乎高情。往心東南，如將傲富貴，趣遺逸，朝
夕思慕，飄飄然不知何許之爲東林也，孰氏之爲遠公也，宗、
雷之輩果何人也！遠公之道，常師之知，宗、雷之跡，群公悦
之；西湖之勝，天下尚之。則是結社之名，亦千載之美談也。

　　謂愛常師能樹立其事，指名其境，而爲當世名公鉅賢依
歸趣向之若是，真所謂不可多得之人也。既作詩以貽之，又
命予爲序，意若十八人中，使遺民著述爲多。

景德三年春三月十日序。（同上）

聖宋文選全集三十二卷

佚　名　編

　　是書不著編纂人姓名，亦無宋人序跋。按：李之儀《贈
人》曰："丙戌（徽宗崇寧五年，一一〇六）正月九日，過彥國，
明窗稍理，藴火取煖，焚香烹茶，翛然相向。欲歸，而德威遽
至，復坐笑語。徐視几上散帙，得老杜詩、《五代史》、《廬陵歐
公集》、《宋文選》，不覺駭愕，輒謂彥國曰：'子之膽過身矣。'
已而抵掌相顧，曰：'膽未足大，始我學屠龍爲有罪。'姑溪老

人。"(《姑溪居士文集》卷一五)所稱《宋文選》,學界以爲即《聖宋文選》,則其書當刊行於崇寧黨禁之前,很可能在元祐間。《通志》著録"《宋文選》二十卷",又《宋志》載"《聖宋文選》十六卷"。二十卷、十六卷兩種版本及與今傳《聖宋文選全集》之關係,已不可確考。

今傳《聖宋文選全集》存三十二卷。張邦基《墨莊漫録》卷一〇稱"崔伯易書嘗有《金華神記》,編入《聖宋文選·後集》中"。今本無此文,而張邦基乃南渡初人,故《四庫提要》謂三十二卷本乃其《前集》,所選皆北宋之文。

是書明人極少著録,唯見《江陰李氏得月樓書目摘録》有"《聖宋文選全集》三十二卷,照宋鈔"。然清代猶有宋本數帙傳世。《天禄琳琅書目》卷三《宋版集部》著録"《聖宋文選》二函十二册,三十二卷,無撰人姓氏"。黄丕烈嘗得一宋本,《百宋一廛賦》所謂"《宋選》則衆手",即指該本。黄氏注曰:

> 小字本《聖宋文選》三十二卷,每半葉十六行,每行廿八字。無序目並撰録人姓名。凡選十四家:歐陽永叔(修。人名乃引者補,下同)二卷,司馬君實(光)三卷,范希文(仲淹)一卷,王禹偁一卷,孫明復(復)二卷,王介甫(安石)二卷,余元度(靖)一卷,曾子固(鞏)二卷,石守道(介)三卷,李邦直(清臣)五卷,唐子西(庚)一卷,張文潜(耒)七卷,黄魯直(庭堅)一卷,陳瑩中(瓘)一卷。此書,徐立齋舊物也,近從武進趙司馬懷玉所歸於予。又嘗別得殘本,同此一刻,缺卷七至十一王禹偁、孫明復、王介甫三家,他日當影鈔補足之。

黄氏《百宋一廛書録》亦著録此本,詳述其從趙氏得書經過。《蕘圃藏書題識》卷一〇有跋。趙氏宋本後爲盛宣懷所

得，繆荃孫《藝風藏書再續記・宋刻本第一》著録，並録黃氏
各跋，繆氏亦有跋，稱倩人影補所缺之卷，並重爲裝治云云。

　　一九四一年（辛巳），王氏文録堂收得一殘宋巾箱本，亦
爲黃丕烈舊藏，傅增湘嘗從文禄堂取閱，於《經眼録》卷一八
記其板式、刻工及藏印道：

　　　　《聖宋文選全集》三十二卷，宋刊巾箱本，版高五寸，
　　闊三寸八分（半葉）。每半葉十六行，行二十八字，白口，
　　左右雙闌。版心下方記字數及刊工姓名，有周彦、李昌、
　　李珍、李忠、張佐、楊昌、陳章、陳彦、余政、吳正、黃中諸
　　人。蠅頭細楷，結搆精嚴，有歐陽率更意，較蘇文爲厚
　　重，當亦婺本之精者。

　　　　卷尾有嘉慶八年（一八〇三）黃蕘圃（丕烈）跋，已刊
　　行（祝按：指已刊之《蕘圃藏書題識》），不更録。鈐印有：“士
　　禮居”（白）、“蕘圃”（朱）、“恩福堂藏書印”（白）、“煦齋藏
　　弄”（朱）、“介文珍藏”（朱）諸印。近人則有蔣氏密韻樓、
　　張氏適園、擇是居、蔣祖詒各印。書衣有“愚齋圖書館
　　藏”朱文大印。

　　上述黃氏原藏兩宋本，今皆藏臺北“中央圖書館”，一本
十二冊，一本十六冊，其《善本書目》著録爲“宋乾道間刊鈔補
本，清黃丕烈及近人繆荃孫各手跋”；“宋乾道間刊巾箱本，清
嘉慶八年黃丕烈手跋”。

　　大陸今亦庋藏宋刊殘本兩部，一藏國家圖書館，一藏南
京圖書館。

　　《北京圖書館古籍善本書目》著録所藏殘本道：“《聖宋文
選全集》三十二卷，宋刻本（卷七至九配清影宋鈔本），二
冊。……存五卷（一至二，七至九）。”此即上述黃氏所稱得於

常熟蘇姓書賈之殘本，《蕘圃藏書題識》亦有數跋。該殘本有舊時鈔補，而仍缺卷七至十一，其中有可補趙氏本之闕葉者。此本後爲汪士鐘所得，其《藝芸書舍宋元本書目·宋版書目》所載之"《聖宋文選》，鈔補，三十二卷"是也。最後歸潘宗周，《寶禮堂宋本書録》著録道：

> 是本除標目外，存原刻第一、二卷，鈔配第七、八、九卷。筆法峻整，鑴工亦精。近刻《蕘圃藏書題識》，有宋刻二部，一得之常州趙味辛所，一得之常熟舊家，中有舊時鈔補，仍缺卷七至十一，當即此本，特此殘缺更多耳。卷端有汪士鐘藏印，而無黃氏印記，然可決爲士禮居舊物。《蕘圃題跋》謂墨敝紙渝，頗饒古趣，是本正如此，證一。又言得趙氏宋刻全本，缺卷有五，命工影寫足之。是本鈔配第七、八、九卷，紙墨均甚新潔，證二。……
>
> 版式：半葉十六行，行二十八字，左右雙闌，版心白口雙魚尾。書名署"文選幾"，記字數，上下無定，最下記刻工姓名。
>
> 刻工姓名：可辨者僅李珍、李昌、楊昌三人及彦、冲二單字。
>
> 宋諱：刻本二卷貞、讓、樹、勗、桓、完、慎等字缺筆。
>
> 藏印："汪厚齋藏書"、"汪印士鐘"、"民部尚書郎"、"宋本"、"自娱而已"。

潘氏後來將此本捐北京圖書館，今藏該館（國家圖書館）善本室。

南京圖書館所藏，乃丁氏故物，其《善本書室藏書志》卷三八著録道："《聖宋文選》三十二卷，南宋建陽小字本。……皆選有經術政治之文，凡詩賦碑記絶不登載。十四家中不及三蘇,當是徽宗時所選,魯直、文潛雖在黨籍,而仍列其文,豈文禁專重三蘇歟。"按所列十四家中猶有司馬光,皆徽宗時所嚴禁。據上引李之儀所述畏禍之狀,絶非徽宗時所選,丁氏説殆誤(按:《藝風藏書再續記》亦謂"所選皆北宋之文,而無三蘇,是在蘇文禁嚴之時",其誤同)。傅增湘嘗檢視此本,原槧只存四卷,餘乃鈔配。其《經眼録》卷一八記曰:

> 《聖宋文選》三十二卷,(存四卷,餘鈔配)。宋刊本,半葉十六行,行二十八字,細黑口,左右雙闌。字(撫)〔橅〕歐體,當是浙刻。其密行細字,與《三蘇文粹》相類,疑是婺本。(江南圖書館藏,丁氏故物。)

《四庫總目》著録浙江巡撫採進本三十二卷,殆爲鈔本,《提要》稱"宋人選宋文者,南宋所傳尚夥,北宋惟此集存耳。其賅備雖不及《文鑑》,然用意嚴慎,當爲能文之士所編,尤未可與南宋建陽坊本出於書賈雜鈔者一例視之也"。

清影寫本,今亦有數帙傳世。陸心源《皕宋樓藏書志》卷一一三著録兩部:"《聖宋文選全集》三十二卷,影寫宋刊本。涉園張氏舊藏。"又"《聖宋文選》三十二卷,影寫宋刊本,朱竹垞舊藏"。涉園張氏本今藏日本静嘉堂文庫,每半葉十六行,每行二十八字,後有吴騫觀書手識,曰:"《聖宋文選》,予昔訪之而曾覩。後晤鮑君以文,爲言海鹽張皜亭主政藏有影宋寫本,渴欲一見,日久未得如願。甲寅(乾隆五十九年,一七九四)秋季,偶至武原,偕陳君仲魚,訪張子謳舫於涉園,主人賢而好客,示以秘藏諸籍,獲觀是書,真生平大快事也。爰書數語,附於簡末,以識欣幸云。兔床吴騫拜觀並記。"卷中有"涉園主人鑒藏"朱文方印、"皜亭主人審定"朱文圓印、"古鹽張氏小白珍藏"朱文長印(詳參《静嘉堂秘籍志》卷四七、《日藏漢籍善本書録》）。朱彝尊舊藏本久已不見蹤跡。丁丙藏書中雖有竹垞舊本，然非陸氏書。《善本書室藏書志》卷三八著録"《聖宋文選全集》三十二卷，舊鈔本，朱竹垞藏書"。書前有無名氏序，稱"語溪吕氏收藏宋元人文集最富，復録所未備者數十種，屬余覓之，是書與焉。乙丑歲（康熙二十四年，一六八五）至京師，朱檢討竹垞過余寓舍，因以訪之，假此授余鈔録，爰記其事。是書藏自崑山徐立齋相國，原本宋刻，甚工，然無有序紀始末與撰録者姓氏"，云云，有"竹垞"一印。此本今藏南京圖書館。又傅氏《經眼録》卷一八記其自藏本道：

> 《聖宋文選全集》三十二卷，清初寫本，十六行二十八字，照宋本鈔，字略放大。前有康熙己巳（二十八年，一六八九）嘉善柯崇樸序，據序，爲石門吕晚村先生屬覓此書，乙丑歲至京都，從朱竹垞轉假得崑山徐相國家宋刻本鈔録二部，一以遺竹垞，一自携歸。鈐有"紅藥山房"、"馬寒中"及商丘陳濂藏印。（余藏）

嘉慶間黄氏百宋一廛有覆宋刊本，今臺北"故宫博物院"藏一部，共四册。光緒八年（一八八二），有郯城于氏影刊宋建陽本，今日本京都大學等有藏本。國家圖書館藏有清末鈔本，三册。又四川有仿宋刊本，今尚傳世。要之，是集宋槧及影宋寫本、仿宋刊本等皆傳於世，然相關史料却極爲匱乏，故其編者及刊板時、地仍迄無定説。

宋人總集叙録卷第二

會稽掇英總集二十卷續集五卷

孔延之、黄康弼 編

《會稽掇英總集》二十卷,孔延之編。延之(一○一四—一○七四)字長源,臨江新淦(今江西新干)人,孔子四十七代孫。慶曆二年(一○四二)進士,歷知封州、越州、宣州,以司封郎中知潤州。熙寧四年(一○七一)知越州時,嘗組織吏卒蒐採本州古來文獻,編爲一書,次年自爲序曰:

> 會稽稱名區,……自唐迄今,名卿碩才,毫起櫛比,碑銘頌志,長歌短引,究其所作,宜以萬計;而時移代變,風磨雨剥,見於今者,蓋亦僅有。……故自到官,申命吏卒,遍走巖穴,且擩之編蘊,詢之好事,自太史所載,到熙寧以來,其所謂銘志歌詠,得八百五篇,爲二十卷,命曰《會稽掇英總集》。詩則以古次律,自近而遠;文則一始於古,稍以歲月爲先後,無所異也。

《四庫提要》述二十卷編次情況道:"前十五卷爲詩,首曰州宅;次西園;次賀監;次山水,分蘭亭等八子目;次寺觀,分雲門寺等四子目,而以祠宇附之;次送别;次寄贈;次感興;次唱

和。後五卷爲文，首曰史辭；次頌；次碑銘；次記；次序；次雜
文。書中於作者皆標姓名，而獨稱王安石爲史館王相，蓋作
此書時正安石柄政之際，故有所避而不敢直書歟。"

《書録解題》卷一五著録孔延之、程師孟及南宋丁燧遞纂
之正、續集本：

> 《會稽掇英集》二十卷、《續集》四十五卷，熙寧中郡
> 守孔延之、程師孟相繼纂集。其《續集》則嘉定中汪綱俾
> 郡人丁燧爲之。

《通考》卷二四九同。按程師孟（一〇〇九——一〇八六），吳
（今江蘇蘇州）人，登景祐元年（一〇三四）進士甲科，嘗知洪、
福、廣、越、青等州，頗有治行，《宋史》卷三三一有傳。汪綱，字
仲舉，黟縣（今屬安徽）人，淳熙十四年（一一八七）中銓試，歷知
紹興府，守户部侍郎，《宋史》卷四〇八有傳。丁燧事跡不詳。
程師孟其實並未預編《掇英總集》（前集），唯熙寧末知越州時，
同僚有贈行詩，時人黃康弼輯爲一編（詳下）。《宋志》著録"孔
延之《會稽掇英集》二十卷"。

後世各家著録及傳本，孔延之所編《前集》二十卷俱同，
然《續集》獨存黃康弼編本（詳下），丁燧所編不見於著録，殆
已久佚。

明《文淵閣書目》卷一〇載"《會稽掇英集》一部十册，完
全。又一部三册"，其中蓋有宋槧，後失傳。葉盛《簶竹堂書
目》卷四著録十九册。《四庫總目》著録浙江鄭大節家藏本
《前集》二十卷，無《續集》，《提要》稱"其書世鮮流傳，藏弆家
多未著録。此本乃明山陰祁氏澹生堂舊鈔，在宋人總集之中
最爲珍笈"。澹生堂本尚流傳於世。瞿氏《鐵琴銅劍樓藏書
目録》卷二三著録鈔本《前集》二十卷，謂"此書傳本絶稀，從

澹生堂鈔本傳録"。張鈞衡後得澹生堂本,其《適園藏書志》
卷一五著録,今藏臺北"中央圖書館",其《善本書目》稱是"明
山陰祁氏澹生堂鈔本,清四庫館臣墨校"。《適園藏書志》以
爲澹生堂本爲"宋集原式",而四庫本則妄加改動。其曰:

> (澹生堂本)首卷首行官全銜,序後接目録,目録後
> 接詩。每卷有詩文題,題完即詩文,而無撰人名,此唐宋
> 之舊例。詩文題低四格,人名去末高三格,單名不空格,
> 次首注同前,同題亦注同前。"州宅"各目另爲一行,後
> 行出五言古、七言古,皆舊式也。館臣改序爲另篇,去總
> 目、去"同前"等字,改"州宅"、"五言古"爲一行,每卷添
> 撰人,升題目高二格,降名字去末二格,單名空一格,一
> 切從坊本詩文式,可謂膽大妄爲。留此原本,可見宋集
> 原式。

留見原式固佳,然《四庫全書》需格式相對統一,不可能盡從
原式。既去總目,固應"每卷添撰人",且大有益於讀者,實爲
善行。所言似涉吹求。清以來藏書家,多以古本秘籍自矜,
凡不合於古,便看不順眼,張氏可謂餘習未殄。

　除澹生堂本外,猶有另一明鈔傳世,即錢穀手寫本。此
本爲陸心源所得,其《皕宋樓藏書志》卷一一三著録:"《會稽
掇英集》二十卷、《續集》五卷,錢叔寶手鈔本。宋孔延之編。
《續集》五卷,將仕郎、試秘書省校書郎、守越州會稽縣主簿黄
康弼編次,將仕郎、守大理評事、簽書鎮東軍節度判官廳公事
徐鐸重校。"卷末有"隆慶戊辰(二年,一五六八)夏彭城錢穀
手録"一行,又有萬曆間文震孟題識,略曰:

> 吾吴叔寶錢先生游先太史門下,日取架上書讀之,

聞人有藏秘籍，必宛轉借鈔校勘，丙夜不置，故所藏充
棟。手纂《續吳都文粹》《南北史摭言》《三刺史詩》，惜未
登梨棗；若其繪畫，特餘事耳。此《會稽掇英録》，皆集唐
宋名賢詩文，宇内流傳絶少。是其早歲所鈔，無一惰筆，
乃從宋刻本而録者，爲世珍重可知矣。萬曆庚申（四十
八年，一六二〇）如月花誕，鴈門文震孟跋於青瑶嶼。

按：此本疑源於明内閣藏本。《内閣藏書目録》卷八著録道：
"《會稽掇英集》八册，又《續集》二册，全。宋熙寧間孔延之知
越州軍，蒐採晉、唐以來山川勝蹟名賢詩文，共爲十卷，又會
稽主簿王康弼編次名賢送行詩爲《續集》七卷。""十卷"當是
"二十卷"之脱。《續集》編者爲"王康弼"，疑"王"乃"黄"之音
訛。又，《内閣目録》所録《續集》爲七卷，錢鈔止五卷，然五卷
收詩數與李定序合（詳下引丁《志》），知無闕脱，不詳何故少
二卷。陸氏本今藏日本静嘉堂文庫，臺北"中央圖書館"藏有
影鈔錢氏本。

　　《善本書室藏書志》卷三八僅著録"《續會稽掇英總集》五
卷，影錢叔寶寫本"，文震孟跋後有嘉慶甲戌（十九年，一八一
四）華亭沈慈珍藏、長洲王芑孫題識，今藏南京圖書館。丁氏
記曰：

　　　　前有宣奉郎、太常丞充集賢殿修撰、前知明州軍州
　　事李定序："會稽瀕江岸大海，爲浙東大府。熙寧丁巳
　　（十年，一〇七七），朝廷以給事中、集賢殿修撰程公出領
　　牧事，於是中外鉅德、臺省諸英各賦詩以贈行，合一百二
　　十五篇，將刻石。州守馳書屬序"，云云。此五卷詩數相
　　合。考《嘉泰會稽志》，程名師孟，熙寧十年十月以給事
　　中充集賢殿修撰知，元豐二年（一〇七九）十二月替。熙

寧十年歲正丁巳，下即元豐改元戊午（一〇七八）。程公
守越，僅逾二年。當時賦詩餞行多至一百二十餘家，足
以瞻風氣之盛。……似當時本爲專集，後則附《掇英》以
傳，遂題《續集》耳。

可知所謂《續集》，並非嘉定中丁燧所編之本。前引《書録解
題》，稱“《會稽掇英集》二十卷、《續集》四十五卷，熙寧中郡守
孔延之、程師孟相繼纂集。其《續集》，則嘉定中汪綱俾郡人
丁燧爲之”，據此可肯定陳氏所見本有贈行詩，否則不會提到
程師孟；但似乎贈行詩在《前集》二十卷之内，恐是誤述。孔
延之所編前集二十卷久已定型，不可能有贈行詩，疑贈行詩
在《續集》四十五卷之中，即《續集》實由贈行詩及丁燧所編兩
部分組成，後世傳本闕丁編，故贈行詩遂爲“續集”。然而所
謂“中外鉅德、臺省諸英”所賦贈行詩，與會稽關係不大，不過
連帶而及，更與正集編纂體例不合，丁丙所謂本爲專集、後附
《掇英》之説是，只是宋時當已編入《續集》，非附前集而行也。
《增訂四庫簡目標注》卷一九《續録》謂“《續會稽掇英集》五
卷，亦（孔）延之編”，誤矣。

　　《前集》除上述諸本外，今國家圖書館著録道光元年（一
八二一）山陰杜氏浣花宗塾刊本，附杜丙杰撰《校正會稽掇
英總集雜記》一卷，有徐時棟批校並跋。該本底本爲傳鈔四
庫本，故《適園藏書志》批評“杜刻但憑閣本”，不及見澹生堂
鈔本原式。

　　《四庫提要》對《掇英總集》有如下評價：

　　　延之以會稽山水人物著美前世，而紀録賦詠，多所
　　散佚。因博加搜採，旁及碑版石刻，自漢迄宋，凡得銘志
　　歌詩等八百五篇，輯爲二十卷，各有類目。前十五卷爲

詩，……後五卷爲文。……所録詩文，大都爲搜巖剔藪
而得之，故多出名人集本之外，爲世所罕見。如大曆浙
東唱和五十餘人，今録唐詩者或不能舉其姓氏，實賴此
以獲傳。其於唐宋太守題名壁記，皆全録原文，以資考
證，裨益良多。其蒐訪之勤，可謂有功於文獻矣。……
其精博在《嚴陵》諸集上也。

館臣所論甚確。

　　二〇〇六年，人民出版社出版鄒志方校點本《會稽掇英
總集》。是本以道光元年所刻"山陰杜氏浣花宗塾藏板"本爲
底本，校以《四庫全書》本及其他總集。

【附録】

會稽掇英總集序

（宋）孔延之

　　予常恨詩書之闕亡，使善惡之戒不詳見於後代者，蓋編
脱簡落，不能即補之故也。後之爲文章，自非藏之名山，副在
緗帙，鏤在板，屋室有時而變；勒之石，岸谷有時而易。況火
於秦，莽、卓於漢，割裂於六朝、五代，則木石之能不散蕩者幾
矣。若元微之、白居易之吟詠撰述，汪洋富博，可謂才尤力敵
矣；而今完缺不同者，白能自爲之集，舉而置之二林之藏，元
則悠然不知所以爲計也。故題之板不如刊之石，刊之石不如
墨諸紙。苟欲誦前人之清芬，搜斯文之放逸而傳之久遠者，
則紙本尚矣。

會稽稱名區，自《周官》《國語》《史記》，其衣冠文物，紀録賦詠之盛，則自東晉而下，風亭月榭，僧藍道館，一雲一鳥，一草一木，覼縷而曲盡者。自唐迄今，名卿碩才，毫起櫛比，碑銘頌志，長歌短引，究其所作，宜以萬計；而時移代變，風摩雨剥，見於今者，蓋亦僅有。考之壁記，自唐武德至光啟，爲之守者幾百人，其間高情逸思，發爲篇詠者，豈無四五，而今所傳者，元、薛、李、孟數人而已。或失於自著，或怠於所承，此予之所以深惜也。故自到官，申命吏卒，遍走巖穴，且擴之編蘊，詢之好事，自太史所載，至熙寧以來，其所謂銘志歌詠，得八百五篇，爲二十卷，命曰《會稽掇英總集》。詩則以古次律，自近而之遠；文則一始於古，稍以歲月爲先後，無所異也。噫，隋珠和璞，流落乎冥昧久矣，一旦鈎索寶聚，夸示來世，神光靈氣，炯然在目，東南之美盡矣，闕亡之恨消矣。所以然者，庶幾無負作者之用心也。時熙寧壬子五月一日，越州清思堂。（《皕宋樓藏書志》卷一一三録自錢穀手鈔本。末句“越州清思堂”，《四庫全書》本作“孔延之序”）

續會稽掇英集序

（宋）李　定

會稽距濤江，岸大海，爲浙東大府，總治六州之軍政，朝廷常選高才碩望以爲鎮守。熙寧丁巳，天子以給事中、集賢殿修撰程公出領牧事，於是中外鉅德，臺省諸英，各賦詩以贈行，合一百二十五篇，將刻石於州舍，馳書屬定以序。定於公有世執之舊，故承命而不敢辭。

竊觀近世士大夫多不學詩，以爲空言無用之文。大抵文

章無古今之異，惟當於理而已。後世作者，雖多組織琢刻之
辭，然其箴規諷諫，褒贈刺譏，有足取者。及其陳時變之盛
衰，以見君臣之離合；述人情之喜怒，以明政事之廢興，使觀
者考古以驗今，鑒彼以誠此，其有補於世教，豈細也夫！今諸
公方以才業協濟興運，成就太平之功，而能推其餘以及此，諸
君子又能屬而繼之，蓋公以詩名天下者三十年，而今日之作，
抑從公所好也。公聰明練達，有政事之才，嘗爲洪、福、廣三
帥，所至皆著能績。朝廷修成百度，方圖任者賢舊德以共守
之，而公獨請一州自佚，此諸公所以尤惜其去，而見於詩者多
稱事訟之簡，登臨之勝，以慰公心，而又祝公無久於是而亟歸
也。斯可以鏤刻金石而傳詠於無窮矣！

　　元豐元年十一月己卯，謹序。宣奉郎、守太常丞、充集賢
殿修撰、前知明州軍州兼管内勸農事、騎都尉、賜緋魚袋借紫
李定序。（影鈔明隆慶二年錢穀手寫本）

同文館唱和詩十卷

佚　名　編

《四庫總目》著録鮑士恭家藏本，《提要》曰：

　　《同文館唱和詩》十卷。宋鄧忠臣等撰。同文館本
以待高麗使人，時忠臣等同考校，即其地爲試院，因録同
舍唱和之作，彙爲一編。按《宋史・藝文志》有蘇易簡
《禁林宴會集》、歐陽脩《禮部唱和詩集》，此書獨不著録。
《宋志》最爲舛漏，蓋偶遺之。

《增訂四庫簡目標注》謂"《四庫》著録係鈔本"。按：是集所收唱和詩，作者有張耒、蔡肇、鄧忠臣、晁補之、余幹、孔武仲、柳子文、李公麟、耿南仲等十餘人，乃後人從傳世之張耒集中鈔出别行，宋代似無單行本。余嘉錫《四庫提要辨證》卷二四考證所謂"同文館"，其地在開封延秋坊，所試乃吏部文武選人，而時間當在元祐二年（一〇八七）。余氏又曰：

> 此書《宋史·藝文志》固不著於録，然吾嘗考之尤袤、晁公武、趙希弁、陳振孫諸家書目，及《通志·藝文略》《通考·經籍考》，亦皆無其書。且不聞有元、明刻本，直至厲鶚作《宋詩紀事》，始選其詩，《四庫》據鮑士恭家藏本，始著於録。何以沈霾數百年，不爲一人所見，一旦忽流傳於世，豈壞壁發冢之所得歟？考張耒《柯山集》卷二十七至卷三十凡四卷，《右史集》卷三十七至四十一凡五卷，並題《同文唱和詩》，（《邵亭書目》卷十六已云，張文潛《柯山集》全載之。）所收之詩兩集相同，惟先後次序迥異。由是推之，此書之有單行本，必是雍、乾間好事之徒從《張右史集》內鈔出，而分一卷爲兩卷，貌爲舊本以給藏書家耳。《提要》不加深考，以爲宋時果有此書，遂以爲漏識《宋志》，豈其然乎？

余氏所言《同文館唱和詩》除載於張耒集外，别無傳本，其說是。當然，諸人唱和後必有彙集衆作之本，方能編入張集，但那只是私人手稿本，與傳世之本性質不同。余氏稱同文館所試乃吏部文武選人，則大誤。同事吕肖奐教授《元祐更化初〈同文館唱和詩〉考論》（載《四川大學學報》二〇一三年第三期）一文，對此作了仔細考察。吕肖奐指出，余氏認定此次爲吏部試之主要依據，是晁補之《鷄肋集》卷一五《試院次韻呈兵部

葉員外端禮並呈祠部陳員外元輿太學博士黃冕仲》"文武中
銓集，丹鉛百卷堆。豚魚聊可辨，皮弁不應恢"之自注："左選
試經義，右選試兵策。"但該詩並未收入《唱和詩》中，不能證
明此次同文館爲銓試。然後，作者從《唱和詩》中鄧忠臣"被
詔秋闈閱俊英"、"秋闈深鎖覺愁多"，張耒"秋闈何幸相握
手"，柳子文"秋闈得暫依"、"萬戶爭看榜，三年此一開"等句，
認爲"秋闈"專指解試，而"萬戶爭看榜，三年此一開"定非銓
試，故此次同文館考試乃開封府發解試，而非所謂吏部選試。
作者認爲，發解試都集中在州府治地舉行，"但在宋代，州府
却長期沒有專用的考試場所，多是臨時借學宮或佛寺爲之。
州郡貢院（又稱試院），到北宋末方才建立。既然是借用，國
子監或開封府的發解試，當然也可以借用學宮或佛寺以外的
同文館"。其説理據充足，此次同文館試實爲開封府發解試，
而非吏部銓試，當可定讞。

　　按：張耒（一〇五四——一一一四），字文潛，楚州淮陰（今
江蘇淮陰）人。熙寧六年（一〇七三）登進士第。工詩文，爲
"蘇門四學士"之一。紹聖時曾坐元祐黨籍。他辭世後文稿
四散，時人、後人輯爲多本，而以張表臣所編《張右史集》七十
卷、井度編《譙郡先生集》一百卷（包括《柯山集》十卷）爲全。
傳世之五十卷本《柯山集》（四庫本系統，非宋代流傳之十卷
本《柯山集》），所收唱和詩四卷，首唱者爲張耒。當日將唱和
詩附張耒集而行，蓋以張爲首唱之故。然四庫本《同文館唱
和詩》卷一第一首乃鄧忠臣詩，與四庫本《柯山集》編次異，故
《四庫全書》題"鄧忠臣等撰"。鄧忠臣，字慎思，長沙（今屬湖
南）人，熙寧三年（一〇七〇）進士。與張耒相似，紹聖時他也
曾坐元祐黨籍。唱和詩集是否鄧氏所編，已不可考，但張耒

編的可能性很小：他連自己的詩文稿也須他人收拾，何獨編有此集？故本書著録爲佚名編，或較穩妥。《同文館唱和詩》雖入張耒集而行，其最初當别爲一帙，故體例與單行總集同，後人鈔出即可别行。《張耒集》今以中華書局校點本爲善，其版本源流，詳參拙著《宋人别集叙録》。

古今絶句 三卷

吴　説　編

吴説，字傅朋，師禮子，王令（其妻爲王安石妻妹）外孫，杭州人。高宗時曾知信州、安豐軍等。所編《古今絶句》三卷，《書録解題》卷一五著録："《古今絶句》三卷，吴説傅朋所書杜子美、王介甫詩。"《通考》卷二四九同。《宋志》載："吴説編《古今絶句》三卷。"

是書現唯存宋刊本，歷清初徐乾學、曹溶收藏，最後爲瞿氏所得。瞿鏞《鐵琴銅劍樓藏書目録》卷二三著録道：

《古今絶句》三卷，宋刊本。宋吴説編。是書標目題"古今絶句"，所採止唐宋二人，曰"有唐絶句"，題"前左拾遺工部員外郎少陵杜子美"；曰"本朝絶句"，題"大丞相荆國文公臨川先生"。版心注"杜上"、"荆句上"、"荆句中"、"荆句下"等字，似分四卷，而以卷首目録、卷中、卷下核之，實三卷也。後有跋云："説少日嘗觀山谷老人爲同郡胡尚書（諱直孺）以研綾牋寫杜陵、臨川絶句，錯綜間見，參以行草。亦概聞其緒言，謂古今絶句造微入妙，無出二家之右。説近歲嘗以所聞質諸當代詩匠，咸謂斯言可信不疑。今二集行於世者凡一百二十卷，每欲檢尋絕句，如披沙揀金，徒勞繙閲。暇日掇拾，自爲一編，得杜陵五言、七言凡一百三十有二首，臨川五言、六言、七言，凡六百十有三首，目曰《古今絕句》，手寫一本，鋟木流傳，以與天下後世有志於斯文者共之。不敢輒爲序引，謹以所聞附之篇末。紹興二十三年歲在癸酉（一一五三）三月二十九日，錢塘吴説題。"每半葉十行，行十四字。其杜陵絕句末首《江南逢李龜年》後，採江季共辨正一條，有"此非杜詩。岐王範開元十四年（七二六）薨，崔九滌亦卒於開元，子美方十五歲，天寶後未嘗至江南"云云。其臨川絕句，以全集本核之，五言中無《泊雁》二首，蓋集本誤以五律編入者。六言中多《宮詞》一首，李雁湖《詩注》本亦有，注云："王建詩誤入。"七言中多四首，李注本亦無（以下録原詩，此略）。又五言集句中多一首《花下》云（録原詩，略）。……吴氏編此，是有意推崇荆公，而以杜陵配之也。書中驚、殷、讓、溝、廓字有闕筆，當爲寧宗時刻本。（卷首有"乾學"、"棟亭曹氏藏書"二朱記。）

此本今藏國家圖書館，卷中有鈔配。汪士鐘《藝芸書舍宋元本書目》著録爲《杜王絕句》，作四卷，蓋即以版心注著録也。《藏園訂補郘亭知見傳本書目》卷一六所記，亦即此本。然吴説跋作於紹興二十三年（一一五三），至寧宗登位尚有四十三年；吴氏既言"鋟木流傳"，當時必曾付梓，則今傳宋本當非初刻明矣。

梅　苑 十卷

黄大輿　編

是集專輯詠梅詞，南宋初黄大輿編，自序道：

> 己酉（建炎三年，一一二九）之冬，予抱疾山陽，三徑
> 掃迹。所居齋前，更植梅一株，晦朔未逾，略已粲然。於
> 是録唐以來詞人才士之作，以爲齋居之玩。目之曰《梅
> 苑》者，詩人之義，託物取興，屈原製《騷》，盛列芳草，今
> 之所録，蓋同一揆。

按：黄大輿，字載萬，蜀人（見周煇《清波雜志》卷一〇），自號岷山
耦耕，蓋今川西一帶人。活動於兩宋之交，事跡不詳，與王灼
友善。著有《韓柳文章譜》三卷（見趙希弁《讀書後志》卷二）及詞
集《樂府廣變風》（見《碧鷄漫志》卷二），皆久佚不傳。是集所收
詞作者，多不大知名，尤以蜀人爲夥。

　　是書宋、明書目極少著録，唯《文淵閣書目》卷一〇載
“《梅苑詞》一部一册，闕”，疑即其本。《皕宋樓藏書志》卷一
二〇著録“汲古影宋本”，今藏日本静嘉堂文庫。《四庫總目》
著録山東巡撫採進本《梅苑》十卷，《提要》曰：

> 王灼稱大輿歌詞與唐名輩相角，其樂府號《廣變
> 風》，有賦梅花數曲，亦自奇特。然樂府今不傳，惟此集
> 僅存，所録皆詠梅之詞，起於唐代，止於南北宋間。……
> 昔屈、宋遍陳香草，獨不及梅。六代及唐，篇什亦寥寥可
> 數。自宋人始重此花，人人吟咏。方回撰《瀛奎律髓》，

於"著題"之外，別出"梅花"一類，不使涵於群芳。大興
此集，亦是志也。

考周煇《清波雜志》卷一○，稱"紹興庚辰（三十年，一一
六○），在江東得蜀人黃大興《梅苑》四百餘闋，煇續以百餘
闋"。周煇受其啓發，於是採晉至宋代才士凡賦梅之詩，編成
《梅史》三十卷。"後在上饒，《梅苑》爲湯平甫借去，湯時以寓
客假居王顯道侍郎宅，不戒於火，厦屋百間一夕煨燼，尚何有
於《梅苑》哉！《梅史》隨亦散佚。"據知黃氏本紹興間當已付
梓流傳，而周煇所續、所編，不久即燬於火，應無傳本。

清康熙四十五年（一七○六），揚州詩局刊《棟亭（曹寅）藏
書十二種》，有《梅苑》十卷，目録爲五百零八闋，卷五、卷一○
有殘闕，實止存四百一十二闋。民國十年（一九二一），上海
古書流通處有影印棟亭本。《四庫全書》著録山東巡撫採進
本，亦止四百一十二闋，卷五、卷一○雖無殘闕痕迹，但卷五
有詞止十六闋，卷一○爲二十三闋，而其他卷一般都有四五
十闋，顯然兩卷不完。據饒宗頤《詞集考》，皕宋樓舊藏汲古
閣影宋本，兩卷脱文同。則清代所傳，當是同一殘脱祖本。

一九一九年，李祖年聖譯樓刊《群賢梅苑》十卷附校勘記
一卷，卷五、卷一○有輯補。曹元忠序稱其底本爲陳氏書棚
本，視棟亭本有過之而無不及。一九三一年，趙萬里據李本
卷五所補十一首、卷一○所補七首，共十八首，編爲《群賢梅
苑》一卷，刊入《校輯宋金元人詞》。所補佚詞，乃從《永樂大
典》"梅"字韻及《花艸粹編》輯得。上已説過，周煇稱《梅苑》
原本四百餘闋，他續輯百餘闋，然其本不傳；但曹寅（棟亭）本
目録凡五百零八闋，則已非黃氏原編之舊。蓋傳至後世之
本，曾經他人增補。今人吳熊和先生認爲書名冠以"群賢"二

字,與"群賢小集"類似,當出於南宋書棚本,其中建炎以後的詠梅詞,乃陳氏書坊所增(《唐宋詞通論》)。此説當是;但以爲《梅苑》下及王沂孫詞,恐非是。所謂王沂孫詞,蓋指卷四署王聖與之《望梅》("畫闌人寂"),《全宋詞》歸入無名氏,注謂乃《花艸粹編》卷一二"誤題"。

用後人的觀點審視,是書在編纂方法上長短兼具,如《四庫提要》所説:

> 雖一題哀至數百闋,或不免窠臼相因,而刻畫形容,亦往往各出新意,固倚聲者之所採擇也。集中兼採蠟梅,蓋二花別種同時,義可附見;至九卷兼及楊梅,則務博之失,不自知其泛濫矣。

又傳本多失作者名,《全宋詞》在"無名氏"下,據是集收詞二百五十六首(包括輯補詞)。但無論如何,其保存詞篇、特别是蜀人詞之功,仍不可没。

【附録】

梅苑自序

(宋)黄大輿

自瓊林琪樹、瑶華緑萼之異不列於人間,目所常玩,自予東園之梅,可以首衆芳矣。若夫呈妍月夕,奪霜雪之鮮;吐嗅風晨,聚椒蘭之酷。情涯殆絶,鑒賞斯在,莫不抽毫遺滯,劈彩舒衷,召楚雲以興歌,命燕玉以按節。然則"粧臺"之篇,"賓筵"之章,可得而述焉。

己酉之冬,予抱疾山陽,三徑掃迹。所居齋前,更植梅一株,晦朔未逾,略已粲然。於是録唐以來詞人才士之作,以爲齋居之玩。目之曰《梅苑》者,詩人之義,託物取興,屈原製《騷》,盛列芳草,今之所録,蓋同一揆。聊書卷目,以貽好事云。

岷山耦耕黄大輿載萬序。(《四庫全書》本《梅苑》卷首)

嚴陵集九卷

董　棻　編

嚴陵即睦州(今浙江建德)。是集爲地方總集,編成於紹興初,知軍州董棻主其事。按:董棻字令升,東平(今屬山東)人,居宜興。宣和中官鎮江府學教授,歷廣西提刑、禮部侍郎,知衢州、嚴州,著有《廣川家學》二十卷、《燕談》三卷,久佚,詳陸心源《嚴陵集跋》(《儀顧堂續跋》卷一四)。紹興九年(一一三九),董氏爲此集作序,述其編纂緣起、收文體例及命名之義道:

兹者棻與僚屬修是州圖經,搜訪境内斷殘碑版,及脱遺簡編,稽考訂正,既成書矣,因得逸文甚多。復得郡人喻君彦先悉家所藏書討閲相示,又屬州學教授沈君傃與諸生廣求備録,時以見遺,乃爲整比而詳擇。凡自隋以上在新安郡者,自唐以後迄國朝宣和以前在睦州者取之,其未嘗至而賦詠實及此土,如唐韓文公,近世司馬温公、蘇東坡、黄魯直,蓋不得而不録也。其有名非甚顯、嘗過而賦焉,一篇一詠膾炙人口者,蓋亦不得而遺也。……乃若釣臺雙峙,高風絶企,古今歌詩銘記居多,編之此集，有不容略，故總以州名而爲之標目云。

《景定嚴州續志》卷四著録《嚴陵集》《嚴陵別集》，皆未注卷數。《嚴陵別集》久佚，《嚴陵集》宋、明書目亦極少登録。《四庫總目》著録浙江范懋柱家天一閣藏本（范氏本乃宋刻，見下引鮑氏跋，現已失傳），《提要》評其得失道：

> 是集中如司馬光《獨樂園·釣魚庵詩》，本作於洛中，以首句用嚴子陵事，因牽而入於此集，未免假借附會，沿地志之陋習。然所録詩文，唐以前人雖尚多習見，至於宋人諸作，自有專集者數人外，他如曹輔、吕希純、陳瓘、朱彦、江公望、江公著、蔡肇、張伯玉、錢勰、李昉、扈蒙、劉昌言、丁謂、范師道、張保雕、章岷、阮逸、關詠、李師中、龐籍、孫沔、王存、馮京、刁約、元絳、張景修、岑象求、邵元、馬存、陳軒、吴可幾、葉棐恭、劉涇、賈青、王達、張綬、余闕、刁衎、倪天隱、周邦彦、羅汝楫、詹亢宗、陳公亮、錢聞詩諸人，今有不知其名者，有知名而不見其集者，借弇是編，尚存梗概，是亦談藝者所取資矣。

館臣所評允當，今人所編《全宋詩》《全宋文》，皆從是集中輯録詩文甚多。除四庫本外，《皕宋樓藏書志》卷一一三著録文瀾閣傳鈔本及知不足齋藏舊鈔本，今皆藏日本静嘉堂文庫。知不足齋本爲借天一閣宋刻對録之本，有鮑氏手跋：

> 乾隆三十八年（一七七三）六月，從浙江遺書局借天一閣宋刻本對録。廿八日，知不足齋記。凡一百七十四頁。
> 乾隆四十八年（一七八三）三月重録一過，初四日記。

《增訂四庫簡目標注》附録周星詒謂“鮑氏有宋本”，蓋即指此對録本。鮑氏本卷一至五爲詩；卷六，詩、賦；卷七至九，碑、銘、題記。

　　又，瞿氏亦嘗有鈔本，《鐵琴銅劍樓藏書目録》卷二三著録。

　　清光緒二十三年（一八九七），袁旭將此集刻入《漸西村舍彙刊》，《叢書集成初編》據以排印。

【附録】

嚴陵集序

（宋）董　棻

　　《詩》三百篇，大抵多本其土風而有作，聖人删取，各繫其國，如《二南》，皆正風也，周、召既分陝而治，則繫詩有不得而同。三國當變風之始，邶、鄘既並於衛，邶居衛北，而詩有《北門》，以興出門而北，歸於邶也；鄘居衛東，而詩有《載馳》，以興東徙渡河，而廬於漕也；衛在河之北，而詩有《河廣》，以興杭葦而南，適於宋也。是三者皆衛詩，而以土風之異，隨其國繫之。其它蓋可類見。使夫後世觀《詩》者，因土風而知國俗，則秦勇齒恕，鄭淫魏褊，皆自乎此而得之矣。近代有哀類一州古今文章叙次以傳者，其亦得聖人之遺意歟。

　　自東漢之末，孫氏據有吳粵之墟，始分歙縣之地，建爲新安郡，逮隋而更郡名新定，大業改爲睦州，唐初即桐廬縣別置嚴州，尋廢州，以縣來隸。至國朝宣和中，始復今名。蓋以子陵釣臺爲是邦重，故以名州。州境山水清絶，著稱自古。歷考前代，朱太守以文學備應對之臣於西京，後世則有皇甫持正雄飛、李德新、施肩吾、徐凝，咸以詞章名世，文爲世傳，而紀詠其鄉里爲多。今代如江民表，全名直節，見推於時，文采蓋其餘事。至於騷人名士過焉而賦者，晉則謝康樂，梁則沈隱侯，唐則李太白、孟浩然、白樂天、羅隱，國朝則梅聖俞、蘇子美、龐莊敏公、王文公。其守牧之有文，在梁則任彦升，唐則杜紫微，國朝則范文正公、趙清獻公，以至吕子進、蔡天啟。又如張伯玉、錢穆父，皆嘗官於此者，率多賦詠，邦人傳諷，迨今不絕，而獨未有彚類而爲集者。雖有《桐江集》，止載桐廬一邑之文，而又繁冗不倫，人不甚傳。

　　兹者棻與僚屬修是州圖經，搜訪境内斷殘碑版，及脱遺簡編，稽考訂正，既成書矣，因得逸文甚多。復得郡人喻君彦先悉家所藏書討閲相示，又屬州學教授沈君愫與諸生廣求備録，時以見遺，乃爲整比而詳擇。凡自隋以上在新安郡者，自唐以後迄國朝宣和以前在睦州者取之，其未嘗至而賦詠實及此土，如唐韓文公，近世司馬温公、蘇東坡、黄魯直，蓋不得而不録也。其有名非甚顯、嘗過而賦焉，一篇一詠膾炙人口者，蓋亦不得而遺也。嗚呼，其亦庶幾詩人本其土風之作，而聖人各繫其國之遺意乎！乃若釣臺雙峙，高風絕企，古今歌詩銘記居多，編之此集，有不容略，故總以州名而爲之標目云。

　　紹興九年夏四月壬申，知軍州事廣川董棻序。（《四庫全書》本《嚴陵集》卷首）

宋大詔令集二百四十卷

宋綬家子孫 編

　　此書據宋人著録，乃宋綬家子孫所編，而不著其名，蓋成於衆手。宋綬生平，已略見前《古今歲時雜詠》叙錄。《讀書附志》卷上曰："《皇朝大詔令》二百四十卷。右宋宣獻公家所編也。皆中興以前之典故。嘉定三年（一二一〇），李大異刻於建寧。"又《書錄解題》卷五："《本朝大詔令》二百四十卷，寶謨閣直學士豫章李大異伯珍刻於建寧，云紹興間宋宣獻公家子孫所編纂也，而不著其名。始自國初，迄於宣、政，分門別類，凡目至爲詳也。"《宋志》直謂"宋綬《本朝大詔令集》二百四十卷"，顯誤，宋綬卒於仁宗康定元年（一〇四〇），決不可能下採徽宗政和、宣和時詔令。

宋槧久已失傳，後世所傳皆鈔本，且鈔本亦寥寥，多殘缺不全，可謂命懸一綫。傅增湘《經眼錄》卷四嘗記一舊鈔本："《宋大詔令集》二百四十卷，舊寫本，緑格，板心有'讀經廬鈔本'五字，十二行二十六字。鈐有'當湖小重山館胡氏篆江珍藏'（朱文）。（文德堂韓佑送閱。戊辰）"此本不詳有闕卷否，今未見著錄。

瞿氏曾藏一舊鈔本，《鐵琴銅劍樓藏書目錄》卷九著錄，謂"原書二百四十卷，今闕宰相類卷七十一至九十三，武臣類卷一百六至一百十五，政事類卷一百六十七至一百七十七，凡四十四卷"。此本今藏國家圖書館。今北京大學圖書館亦藏一清鈔本，乃李盛鐸舊物，存卷二五至三二、九四至一〇五、一一六至一二五、二〇三至二一二，書中夾有勞季言校箋，見《木犀軒藏書書錄》。

《愛日精廬藏書志》卷一二著錄鈔本二百四十卷，"闕卷七十一至九十三，又一百六至一百十五，一百六十七至一百七十七，共四十卷。又闕目錄卷一至一百十五"。此本後爲陸心源所得，《皕宋樓藏書志》卷二五著錄，今藏日本靜嘉堂文庫。

一九六二年，中華書局出版校點本《宋大詔令集》。司義祖《校點前言》謂上述瞿、李二本所出底本不一樣，李本要好一些，絶大部分完好無損，國圖本剥蝕闕脱較嚴重。校點本"是就北圖（現名國圖）、北大兩本詳加校核，采取擇善而從的辦法，分别補訂付排的；兩本因形、聲相近而誤的字也作了改動。根據北大本訂正的，一律保有原字；北圖本不誤，北大本錯的，校記也逐一記録"。此書使用方便，近有一九九七年第二次印刷本。又，據司義祖《校點前言》介紹，中國科學院圖書館曾收得夢珠樓鈔本一部，卷帙殘脱同國圖、北大本，但有目録全不分卷，書首有"厲偶廉堂"、"小厲廉"和"朱頤年所藏法律典籍"三印。

樂府雅詞三卷拾遺二卷

曾　慥編

是集曾慥編。慥字端伯，又號至遊子，晉江（今屬福建）人（按晉江屬泉州，泉州又稱温陵，故曾氏又自稱温陵人）。紹興間官至尚書郎、直寶文閣。喜編書，尤以《宋百家詩選》《類説》著名。嘗作《樂府雅詞引》述是編纂輯體例道：

> 予所藏名公長短句，裒合成篇，或後或先，非有詮次。多是一家，難分優劣，涉諧謔則去之，名曰《樂府雅詞》。九重傳出，以冠於篇首。諸公《轉踏》次之。歐公一代儒宗，風流自命，詞章窈眇，世所矜式。當時小人或作艷曲，繆爲公詞，今悉刪除。凡三十有四家，雖女流亦

不廢。此外又有百餘闋，平日膾炙人口，咸不知姓名，則類於卷末，以俟詢訪，標目"拾遺"云。紹興丙寅（十六年，一一四六）上元日，温陵曾慥引。

《遂初堂書目·樂曲類》著録此集，無卷數。《書録解題》卷二一載："《樂府雅詞》三卷、《拾遺》二卷。"《通考》卷二四六《經籍考》則著録"《樂府雅詞》十二卷、《拾遺》二卷"，並引"陳氏曰"。據《通考·經籍考》體例，所考別集、總集基本皆是鈔録晁公武《郡齋讀書志》及陳振孫《書録解題》。此既引"陳氏曰"，則所録卷數應與《書録解題》相同，即正集當爲三卷，而作"十二卷"，令人意外。朱彝尊《樂府雅詞跋》稱"吳興陳伯玉《書録解題》載曾端伯所編《樂府雅詞》十二卷、《拾遺》二卷，予從藏書家遍訪之，未獲也"。又有跋謂三卷本"殆非足本"，後來又糾正説三卷"爲足本無疑"（詳下引）。秦恩復嘗作跋譏之，謂"竹垞老人誤以《文獻通考》爲《解題》，作十二卷，其實非也"。秦氏恐未悉《通考》體例，朱彝尊正是了解《通考》乃鈔録《書録解題》，故懷疑三卷爲"非足本"，不是没有道理。按明陳第《世善堂藏書書目》卷下載"《樂府雅詞》十四卷"，當即正集十二卷、《拾遺》二卷之本而通計之，證明明代尚有十二卷本傳世，《通考》又似不誤。一種可能的解釋是：十二卷本蓋是另一本，與三卷本内容完全相同，只是分卷不同，故《通考》著録十二卷本，卻又引陳振孫語。亦可解釋爲：清人所見《書録解題》乃輯録《永樂大典》本，已非原編舊貌，原本所録或正爲十二卷，輯録者不悉而疑其誤（或《大典》文字缺脱漫漶），遂改爲時下通行之三卷、《拾遺》二卷本。惜十二卷本久佚，只好懸測并存疑。

　　是書清以後所傳，已無宋、明舊槧。朱彝尊曾藏鈔本，後爲陸心源所得,《皕宋樓藏書志》卷一二〇著録道:"《樂府雅詞》三卷《拾遺》二卷,舊鈔本,朱竹垞舊藏。"並録朱氏康熙乙酉(四十四年,一七〇五)手跋,稱"此書鈔自上元焦氏(竑),止存三卷及《拾遺》,殆非足本"。此本今藏日本静嘉堂文庫。

《四庫總目》著録江蘇巡撫採進本,爲《樂府雅詞》五卷(按:包括《雅詞》上、中、下三卷,《拾遺》上、下二卷),蓋即由朱彝尊藏舊鈔本出,《提要》曰:

> 是編皆輯宋人之詞,前有朱彝尊題詞,謂陳氏《書録解題》載曾端伯《樂府雅詞》一十二卷、《拾遺》二卷,此本鈔自上元焦氏,止存三卷及《拾遺》,殆非足本。然彝尊《曝書亭集》又載此書跋云:"繹其自序,稱三十有四家,合三卷,爲足本無疑。"蓋此卷首所載爲彝尊初薰,集所載乃詳定之本也。

清嘉慶丙子(二十一年,一八一六)夏四月,秦恩復刻成《詞學叢書》,其中收有《樂府雅詞》三卷《拾遺》二卷,跋稱"傳寫既久,舛謬滋甚。原本書字不書名,略爲注明,以資尋覽"。則其底本當爲傳鈔本。秦氏石研齋鈔本,今藏南京圖書館,有秦恩復校並跋,翁同書跋並録秦恩復題識。曹元忠《秦刻樂府雅詞跋》(《箋經室遺集》卷一三)曰:"今世通行秦敦甫《詞學叢書》本,其書經光緒六年(一八八〇)重修,舛誤極多,以《粵雅堂叢書》本校之,乃知非復舊觀,顧秦刻亦未善也。去年見(馮氏)讀有用書齋所藏竹垞傳鈔本,今歲又從鶴廬(祝按:在杭州西泠印社)借得士禮居舊藏明鈔本,爲焦弱侯、毛子晉故物,先後互校,始恍然於兩本同是每半葉八行,每行十六字,必出宋槧。……(以下述所校兩本異同,略)秦刻即從此兩本出,而兩本除此數處顛倒錯誤外，尚是宋槧傳寫，秦刻轉多所臆改也哉。"曹氏又作《校本樂府雅詞跋》(同上)，記鶴廬明鈔本、讀有用書齋鈔本佳勝處。《詞學叢書》本及光緒六年重修本，今皆有著録，而曹氏所稱鶴廬明鈔本等，則不知尚在否也。

　　咸豐癸丑(三年，一八五三)，南海伍氏將是集刻入《粵雅堂叢書》，爲六卷，《拾遺》二卷。伍崇曜有跋，未言其本分卷何以與諸本異。《拾遺》補作者名五十餘人。各卷有校語，各家有小傳。《叢書集成初編》據此本排印。

　　《四部叢刊初編》據鮑氏校本影印，《四部叢刊書録》曰：

　　　　《樂府雅詞》三卷拾遺二卷，二册，上海涵芬樓藏鈔校本。宋曾慥撰。《樂府雅詞》向無傳本，嘉慶中江都秦氏以鮑氏知不足齋校本刊行。此本通體經淥飲詳校，並加圈點，乃石研之祖本也。字句與刊本有異同處。

涵芬樓藏鮑氏本，傅氏《經眼録》卷一九嘗著録，謂十行二十一字，鮑淥飲(廷博)手校，鈐有鮑氏藏印。

　　葉景葵《卷盦書跋·樂府雅詞跋》著録顧肇聲鈔藏本(該本今藏上海圖書館)，謂"檢涵芬樓印行鮑淥飲鈔校本，對校一過，凡此本訛脱處，鮑校原本十九相同，知其同出一源。孫氏(毓修)謂鮑本爲石研之祖本，其實不然。秦本與鮑本違異處甚多，並未悉遵鮑校也"。

　　除上述外，《木犀軒藏書書録》著録之清鈔本，今藏北大圖書館。臺北"中央圖書館"亦藏有舊鈔本一部。

　　關於是書價值，朱彝尊《樂府雅詞跋》謂"作長短句必曰'雅詞'，蓋詞以雅爲尚。得是編，《草堂詩餘》可廢矣"。《四庫提要》亦曰："慥自序謂涉諧謔則去之，當時艷曲謬託歐公者悉删除之。則命曰雅詞，具有風旨，非靡靡之音可比。至於《道宮薄媚》《西子詞》《排遍》之後有“入破”、“虛催”、“袞遍”、“催拍”、“歇拍”、“煞袞”諸名，皆他本所罕載，猶見宋人舊法，不獨《九張機》詞僅見於此，是又足資詞家之考證矣。”可知是編除存詞、存倚聲舊法外，還標志着南宋初詞論家“以雅爲尚”之風轉盛。

【附録】

樂府雅詞跋

（清）朱彝尊

吴興陳伯玉《書録解題》載曾端伯所編《樂府雅詞》十二卷、《拾遺》二卷，予從藏書家遍訪之，未獲也。既而鈔自上元焦氏，則僅上中下三卷，及《拾遺》二卷而已。繹其自序，稱三十有四家，合三卷，詞人止有此數，信爲足本無疑。

卷首冠以《調笑》絕句，云是九重傳出，此大晟樂之遺音矣。“轉踏”之義，《碧雞漫志》所未詳。《九張機》詞僅見於此，而《高麗史·樂志》：“文宗二十七年十一月，教坊女弟子楚英奏《新九張機》，用弟子十人。”則其節度猶具，所謂“禮失而求諸野”也。《道宮薄媚》《西子詞》《排遍》之後有《入破》《虛催》《袞遍》《催拍》《歇拍》《煞袞》，其音義不傳。《拾遺》則以調編次第。

曩見鷄澤殷伯岩、曲周王湛求永年、申和孟隨叔，言作長短句必曰雅詞，蓋詞以雅爲尚。得是編，《草堂詩餘》可廢矣。

秀水朱彝尊。（《粵雅堂叢書》本《樂府雅詞》卷末）

樂府雅詞跋

（清）秦恩復

宋曾慥，字端伯，自號至遊子，温陵人。丞相懷之從兄，官至太府卿，奉祠退居銀峰。多所撰述，有《類説》六十卷、《道樞》二十卷、《集仙傳》十二卷、《宋百家詩選》一百卷、《樂府雅詞》三卷《拾遺》二卷。存於今者，惟《類説》及《雅詞》而已。《雅詞》卷數與《直齋書録解題》合，竹垞老人誤以《文獻通考》爲《解題》，作十二卷，其實非也。

三卷計三十有四家，去取之意，未爲定論。《拾遺》所收並及李後主、毛秘監之作，則又不止於宋人矣。唯卷首載《轉踏》《調笑》《九張機》《道宫薄媚》諸詞，爲他選所未及，而南宋以後詞人，借此書十存其五六，即藏書家亦罕入著録。傳寫既久，舛謬滋甚。原本書字不書名，略爲注明，以資尋覽。《拾遺》内如張耒《滿庭芳》後段起句之添字且用短韻，沈唐《霜葉飛》句讀與諸家不同，俞秀老《阮郎歸》之減字，無名氏《瀟湘静》後段起句之不押韻，無名氏《卓牌兒》前後之減字少押韻，無名氏《燕歸梁》與各家句讀不同，皆詞家所當參考者也。刻成，爲質其疑義如此。

嘉慶丙子夏四月小滿後二日，小淮海居士秦恩復跋。

（《詞學叢書》本《樂府雅詞》卷末）

江西宗派詩集一百三十七卷

吕本中　編

江西續派詩集十三卷

雷朝宗　編

“江西詩社宗派”之名，首創於吕本中。吕本中（一〇八四——一一四五）字居仁，祖籍壽州（今安徽鳳臺），出生於開封名宦世家，學者稱東萊先生。少以蔭補承務郎，紹聖間以元祐黨人子弟免官。宣和六年（一一二四），除樞密院編修官。紹興六年（一一三六）賜進士出身，官至中書舍人兼侍講。詩學黄庭堅，而提出“活法”説。他約在北宋徽宗年間作《江西詩社宗派圖》，趙彦衛《雲麓漫鈔》卷一四節引其序曰：“歌詩至於豫章（黄庭堅），始大出而力振之，後學者同作並和，盡發千古之秘，亡餘藴矣。”《漫鈔》繼曰：

> 録其名字，曰江西宗派，其原流皆出豫章也。宗派之祖曰山谷，其次陳師道（無已）、潘大臨（邠老）、謝逸（無逸）、洪朋（龜父）、洪芻（駒父）、饒節（德操，乃如璧也）、祖可（正平）、徐俯（師川）、林敏修（子仁）、洪炎（玉父）、汪革（信民）、李錞（希聲）、韓駒（子蒼）、李彭（商老）、晁冲之（叔用）、江端本（子之）、楊符（信祖）、謝薖（幼槃）、夏倪（均父）、林敏功、潘大觀、王直方（立之）、善權（巽中）、高荷（子勉），凡二十五人，居仁其一也。

二十五人包括“宗派之祖”黄庭堅，若加吕本中則共二十六人。王應麟《小學紺珠》卷四所引人數同。然《苕溪漁隱叢話》前集卷四八胡仔引《宗派圖》，黄庭堅在二十五人之外，潘大觀之下有何顗，若加上黄、吕二氏，則共二十七人。劉克莊《江西詩派總序》（《後村先生大全集》卷九五、單行本《後村詩話》後集卷二）也是二十七人，何覬作"何人表顒"（按：既字"人表"，當以作"顒"爲是，"覬"蓋形訛）。所記次第，各書也有差異。《宗派圖》原本久佚，孰是孰非，已無從校核。

淳熙甲辰（十一年，一一八四）十月，楊萬里作《江西宗派詩序》曰：

> 秘閣修撰給事程公，以一世儒先，厭直而帥江西，……嘗試登滕王閣，望西山，俯章江，問雙井今無恙乎？因喟曰："《江西宗派圖》，呂居仁所譜，而豫章自出也。而是派之鼻祖雲仍，其詩往往放逸，非關歟？"於是以謝幼槃之孫源所刻石本，自山谷外，凡二十有五家，彙而刻之於學官。

所謂"程公"爲程叔達。據《誠齋集》卷一二五《特進程叔達墓誌銘》，程氏於淳熙十年八月"除秘閣修撰、知隆興府（今江西南昌）"，此即所謂"帥江西"也。序稱謝源所刻之"石本"，當指呂本中《宗派圖》，而非詩集。序又稱程氏有感於宗派詩"往往放逸"，故彙而刻之。據此可確認程氏刻本的著者名單，當全依《宗派圖》。但呂本中所提供的只是名録，而各人之詩集文本目録，當由程叔達擬定并搜集，故《江西宗派詩集》的編者，應以呂本中、程叔達二人更合實際。《宗派詩集》連山谷（黄庭堅）凡二十六家。時人陸九淵《與程帥》曰："伏蒙寵貺《江西詩派》一部二十家。"（中華書局校點本《陸九淵集》卷七）"程帥"即程叔達，然所贈僅二十家。是其所贈非完本，或當時僅存二十家，抑或經程氏之手尚未盡刻？八百餘年之後，已難確切回答。

南宋末所傳，爲三十五家之本，猶有所謂"續派"二家。《書録解題》卷一五著録道：

《江西詩派》一百三十七卷,《續派》十三卷。自山谷
而下三十五家,又曾紘、曾思父子詩。詳見“詩集類”。
詩派之説本出於吕居仁,前輩多有異論,觀者當自得之。

《通考》卷二四九從之。曾紘、曾思父子二家詩即“續派”(見
下),而用“又”字,表明在三十五家之外。所謂“詳見‘詩集
類’”,指《書録解題》卷二〇“詩集類下”自林敏功《高隱集》
起,至江端本《陳留集》止,皆入《詩派》者,凡二十一家,有詩
九十二卷。加黄庭堅内、外兩集凡四十一卷(《書録解題》著
録《山谷集》三十卷、《外集》十一卷、《别集》二卷,謂“江西所
刻《詩派》,即豫章前、後集中詩也。《别集》者,慶元中莆田黄
汝嘉增刻”)、陳師道六卷(《書録解題》稱“於正集中録出入
《詩派》”,其正集爲《後山集》六卷,而猶有《外集》五卷不與
焉)、釋祖可《瀑泉集》十二卷、釋善權《真隱集》三卷(以上四
人亦著録於《書録解題》卷二〇“詩集類下”,然不與上述二十
一人相接),凡二十五家(名單中缺潘大觀,蓋其時已無詩集
流傳)。各集之和爲一百五十四卷。然上引《書録解題》載三
十五家、一百三十七卷,家數、卷數皆差舛,不詳其故(疑“三
十五家”之“三”乃“二”之訛,然卷數仍不合)。

《宋志》著録“吕本中《江西宗派詩集》一百十五卷,曾紘
《江西續宗派詩集》二卷”。“一百十五卷”,是否爲“一百五十
卷”之倒誤? 若通計《書録解題》所録正集一百三十七卷、續
集十三卷,正爲一百五十卷。《書録解題》卷二〇著録曾紘
《臨漢居士集》七卷,曾思《懷嵁居士集》六卷,並稱“楊誠齋序
其詩,以附詩派之後”。則陳氏所録“續派”爲十三卷,與《宋
志》“二卷”相去甚遠。楊萬里爲二曾詩集所作序今存,題《江
西續派二曾居士詩集序》,謂“忽得故人尚書郎、江西漕使雷

公朝宗書，寄予以二曾詩集二編，屬予序之。欣然盥手，披讀三過，……因命之曰‘江西續派’，而書其右，以補呂居仁之遺云”，末署寧宗嘉泰癸亥（三年，一二〇三）四月（《誠齋集》卷八三）。疑《宋志》編者誤將曾紘父子詩“二編”著録爲“二卷”。則所謂“續派”之名，乃誠齋所命，蓋仍由黃汝嘉校刊；而《續派》編者，實爲江西轉運使雷朝宗（按：雷朝宗，名濼，見岳珂《桯史》卷一一《番禺海獠》。或以字行。其餘生平事跡不詳）。

《江西宗派詩集》，當日並非同時付梓，即近人沈曾植《重刊江西詩派韓饒二集叙》所謂“刻非一時，成非一手”（見附録），故文獻記載歧出，且絶大多數詩集亡佚已久，欲準確、完整地表述其完帙概貌，已十分困難。上引沈曾植繼論此道：

> 《詩派》有舊本，有增刻。諸家次第，見於宋人紀述者，各各不同。就其最可依據者，陳氏所録與後村所叙，亦不盡同。劉氏（祝按：指劉克莊《江西詩派》）明言舊本以呂紫薇居後山上，而陳氏所録乃在徐東湖之次；劉氏言紫薇以高荷殿諸公，而陳録高在陵陽之次。不知陳氏所録爲江西舊本耶？或即黃汝嘉所校刊耶？北宋詩家之有《江西詩派》，猶南宋詩家之有《江湖詩集》。《江湖詩集》留存於今者，諸家卷第種種不同，度《詩派》理亦宜然，七百年來，世間遂無流傳完帙釋兹疑竇，深可惜也。

《詩派》程叔達刊本（即所謂“舊本”）今不存，而僅存慶元間黃汝嘉所刊饒德操《倚松老人集》、韓駒《陵陽集》及《晁叔用集》、《謝幼槃集》、《呂東萊詩集》（正集卷一八、一九、二〇，共三卷；《外集》三卷），凡五家，皆有“慶元己未（五年，一一九九）校官黃汝嘉校刊”題記一行。而黃汝嘉之增刻本，如上述黃庭堅《別集》二卷及曾紘父子集即是。蓋黃汝嘉以重刻《江西宗派詩集》爲主，同時又有增刻，其增刻目的，當如楊萬里所説："以補吕居仁之遺。"

【附録】

江西宗派詩序

（宋）楊萬里

江西宗派詩者，詩江西也，人非皆江西也。人非皆江西，而詩曰"江西"者何？繫之也。繫之者何？以味不以形也。東坡云江瑶柱似荔子，又云杜詩似太史公書，不惟當時聞者嘸然陽應曰"諾"而已，今猶嘸然；非嘸然者之罪也，舍風味而論形似，故應嘸然也，形焉而已矣。高子勉不似二謝，二謝不似三洪，三洪不似徐師川，師川不似陳後山，而況似山谷乎？味焉而已矣。酸鹹異和，山海異珍，而調腼之妙，出乎一手也。似與不似，求之可也，遺之亦可也。大抵公侯之家有閥閲。豈惟公侯哉，詩家亦然。竃人子崛起委巷，一旦紆以銀黃，纓以端委，視之，言公侯也，貌公侯也，公侯則公侯乎爾，遇王、謝子弟，公侯乎？江西之詩，世俗之作，知味者當能別之矣。

昔者詩人之詩，其來遥遥也，然唐云李、杜，宋言蘇、黃，將四家之外，舉無其人乎？門固有伐，業故有承也。雖然，四家者流，一其形，二其味；二其味，一其法者也。盍嘗觀夫列禦寇、楚靈均之所以行天下者乎？行地以輿，行波以舟，古也；而子列子獨御風而行，十有五日而後反。彼其於舟車且烏乎待哉？然則舟車可廢乎？靈均則不然，飲蘭之露，餐菊之英，去食乎哉？芙蓉其裳，寶璐其佩，去飾乎哉？乘吾桂舟，駕吾玉車，去器乎哉？然朝閬風，夕不周，出入乎宇宙之間，忽然耳。蓋有待乎舟車，而未始有待乎舟車者也。今乎四家者流，蘇似李，黄似杜。蘇、李之詩，子列子之御風也；杜、黄之詩，靈均之乘桂舟、駕玉車也。無待者，神於詩者歟？有待而未嘗有待者，聖於詩者歟？嗟乎！離神與聖，蘇、李，蘇、李乎爾？杜、黄，杜、黄乎爾？合神與聖，蘇、李不杜、黄，杜、黄不蘇、李乎？然則詩可以易而言之哉！

　　秘閣修撰給事程公，以一世儒先，厭直而帥江西，以政新民，以學賦政，如春而肅，如秋而燠，蓋二年如一日也。追暇則把酒賦詩，以黼黻乎翼軫，而金玉乎落霞秋水。嘗試登滕王閣，望西山，俯章江，問雙井今無恙乎？因喟曰：“《江西宗派圖》，吕居仁所譜，而豫章自出也。而是派之鼻祖雲仍，其詩往往放逸，非闕歟？”於是以謝幼槃之孫源所刻石本，自山谷外，凡二十有五家，彙而刻之於學官。將以興發西山、章江之秀，激揚江西人物之美，鼓動騷人國風之盛。移書諗予曰：“子江西人也，非乎？序斯文者，不在子其將焉在？”予三辭不獲，則以所聞書之篇首云。

　　淳熙甲辰十月三日，廬陵楊萬里序。（《四部叢刊初編》本《誠齋集》卷七九）

江西續派二曾居士詩集序

（宋）楊萬里

　　古之君子，道充乎其中，必思施乎其外，故用於時者，施也，傳於後者，亦施也。然用於時或不傳於後，傳於後或不用於時，二者皆難並也，是有幸有不幸焉。生而用，没而傳，幸之幸也；生而用，没而不傳，幸之不幸也；生而不用，没而有傳，不幸之幸也。至有生既不用於時，没又不傳於後，豈非不幸之不幸也歟！

南豐先生之族子有二詩人焉，曰臨漢居士伯容者，南豐從兄弟曰子山名阜之子也；曰懷峴居士顯道者，伯容之子也。子山嘗位於朝，出漕湖南，後家於襄陽，遂爲襄陽人。伯容一世豪俊而能文，其詩源委山谷先生，然以不肯忨悅於世，有官而終身不就列。顯道得其父之句法，亦以氣節高簡，嘗宰祁陽，小不可其意，即棄去，隱於衡之常寧者三十年。此君子之一不幸也。伯容放浪江湖間，與夏均父諸詩人游從唱和，其題與韻見於均父集中者三十有二篇。予每誦均父之詩云“曾侯第一”，又云“五言類玄度”，又云“秀句無一塵”，想見其詩而恨不見也。行天下五十年，每見士大夫，必問伯容父子詩，皆無能傳之者。此又君子之一不幸也。兹非所謂生既不用於時，没又不傳於後，不幸之不幸者歟！今日忽得故人尚書郎、江西漕使雷公朝宗書，寄予以二曾詩集二編，屬予序之。欣然盥手，披讀三過，蔚乎若玉井之蓮敷月露之下也，沛乎若雪山之水寫灘瀨而東也，琅乎若岐山之鳳鳴梧竹之風也，望山谷之宫庭，蓋排闥而入，歷階而升者歟。昔人之詩，有詩傳而人逸者矣，“二南”是也；有人傳而詩逸者矣，《祈招》是也；有人與詩俱傳者矣，《載馳》是也。然祭公謀父之作，雖逸於《三百篇》之外，而“式金”、“式玉”之句，猶略見於檮杌之史者，以子革之誦也。二曾之詩昔無傳而今有傳，不以朝宗能誦之歟，不曰二曾不幸之幸歟，不曰後學大幸之幸歟！因命之曰“江西續派”，而書其右，以補吕居仁之遺云。

伯容名絃，顯道名思。朝宗之於顯道，如李漢之於退之，故二居士之詩，朝宗得之於德曜，德曜得之於懷峴，懷峴得之於臨漢。

嘉泰癸亥四月丙辰，通議大夫、寶文閣待制致仕廬陵楊萬里序。（同上卷八三）

重刊江西詩派韓饒二集叙

沈曾植

《江西詩派詩集》，《宋史·藝文志》著録爲一百十五卷，《續宗派詩》二卷。《書録解題》著録正集一百三十七卷，續集十三卷。《文獻通考》著録與《解題》同。據陳氏《詩派》解題下稱“詳詩集類”，則詩集類自林敏功《高隱集》起，至江端本《陳留集》止，所謂皆入《詩派》者，其次第當即《詩派》次第，綜其卷數，計林敏功《高隱集》七卷，林敏修《無思集》四卷，潘大臨《柯山集》二卷，謝逸《溪堂集》五卷、補遺二卷，謝薖《竹友集》七卷，李彭《日涉集》十卷，洪朋《清虛集》一卷，洪芻《老圃集》一卷，洪炎《西渡集》一卷，韓駒《陵陽集》四卷、別集二卷，高荷《還還集》二卷，徐俯《東湖集》三卷，呂本中《東萊集》二十卷、外集二卷，晁冲之《具茨集》十卷，汪革《清溪集》一卷，饒節《倚松集》二卷，夏倪《遠游堂集》二卷，王直方《歸叟集》一卷，李錞《李希聲集》一卷，楊符《楊信祖集》一卷，江端本《陳留集》一卷，凡二十一家，九十二卷。益以別出之《山谷集》三十卷、外集十一卷、別集二卷，《後山集》六卷、外集五卷，皆明言《詩派》者，已溢出一百三十七卷之外，尚有祖可

《瀑泉集》十三卷，善權《真隱集》三卷，都計合於後村《總叙》二十五家之數，而卷數則爲一百六十二卷矣。

《詩派》有舊本，有增刻。諸家次第，見於宋人紀述者，各各不同。就其最可依據者，陳氏所録與後村所叙，亦不盡同。劉氏明言舊本以吕紫薇居後山上，而陳氏所録乃在徐東湖之次；劉氏言紫薇以高荷殿諸公，而陳録高在陵陽之次。不知陳氏所録爲江西舊本耶？或即黃汝嘉所校刊耶？北宋詩家之有《江西詩派》，猶南宋詩家之有《江湖詩集》。《江湖詩集》留存於今者，諸家卷第種種不同，度《詩派》理亦宜然，七百年來，世間遂無流傳完帙釋兹疑竇，深可惜也。其零本單行者，如此之饒、韓二集、《晁叔用集》、《謝幼槃集》、《吕東萊詩集》，皆有“慶元己未校官黃汝嘉校刊”題記一行，得借知爲《詩派》刻本，而韓、饒兩集版式不同，晁集十行二十字，與饒同；“江西詩派”四字在第一行，又與饒集列第二行者不同。諸本皆自宋本傳模，而差互不齊乃爾，亦足推見原本之刻非一時、成非一手矣。

余少喜讀陵陽詩，嘗得倦圃所藏舊本；讀《紫薇詩話》《童蒙訓》，慕倚松之爲人，而詩集恨未得見。宣統己酉，藝風先生訪余皖署，談次謂有景宋本甚精，相與謀並《陵陽集》刻之，屬陶子琳開板武昌，工未竣而兵起，工停。越歲壬子，乃得見樣本於滬上，適會盛伯希祭酒家書散出，中有殘宋本《倚松老人集》，爲吳君昌綏所得。藝風通信津門，屬章式之就樣本校一過，行款字畫，纖悉不遺。余復從《嘉泰普燈録》中搜得《如璧大師傳》一篇，爲向來詩苑所未見者，録附卷後。自慶元己未迄今宣統癸丑，七百有餘歲，兩先生文字精神，僅借此《詩派》小集，再傳雕印，而其足本，若陳氏所録五十卷之《陵陽

集》，《宋志》所錄十四卷之《倚松集》，寂寥天壤，絶不可尋，而
同時諸公所推爲祭酒，若夏均父、高子勉諸君，僅存一二篇
章，乃並此數卷之小集留存而不可得。士君子高才邃學，托
傳文字，良甚足悲。而余與藝風諸君崎嶇轉徙之餘，猶復白
首編摩，出其所信好者，校刊流傳，斬以餉世變風移渺不相聞
之同志，其爲可悲，不滋甚乎！

　　癸丑五月，姚埭老民沈曾植記。（景宋刻本韓駒《陵陽先生
詩》卷首。參見錢仲聯輯《沈曾植海日樓文鈔佚序》，《文獻》一九九〇年
第四期）

重廣眉山三蘇先生文集八十卷

佚　名　編

　　是集不詳編者名氏，乃南宋饒州德興縣董應夢集古堂於
紹興三十年（一一六〇）所刊。今唯有宋槧殘本二帙傳世。
一帙存卷一至四、卷一五至八〇，凡七十卷。原爲李盛鐸藏
書，傅增湘據原題識稱“寫作大字”而實爲密行小字，疑其爲
南宋中葉翻本（詳下引）。《木犀軒藏書書錄》著錄，詳記刊工
名、卷後題識及現存各卷類目。刊工名有：劉宗、余松、曾文、
劉正、薛右、張用、曾乂、江彥、湯儀、湯賛、杜仁、杜太、葉秀、
葉青、郭世寧、郭祐、郭小五、張十二、郭小六、湯念八，等等。
傅氏《經眼錄》卷一八記之較簡明，逐錄於下：

　　　　《重廣眉山三蘇先生文集》□□卷（祝按：李盛鐸以今存
　　　止於卷八十，遂著錄原書爲八十卷），（宋蘇洵、蘇軾、蘇轍撰。存

卷一至四、十五至八十,計七十卷。)宋紹興三十年饒州德興縣銀山莊谿董應夢集古堂刊本,半葉十三行,行二十七字,白口,四周雙闌。字數人名在版心上中下不一律,遇宋帝空一格。合三蘇文分體載之,與《文粹》體例同,而卷數不同。有牌子,文曰:"饒州德興莊谿蔡龍應夢集古堂善本。"

各卷後多有題識,擇録一二:

"饒州德興縣莊谿書癡子董應夢重行校證,寫作大字,命工刊板,衡用皮紙印造,務在流通,使收書英俊得兹本板,端不負於收書矣。紹興庚辰(三十年)除日因筆以紀,志歲月云。"卷二十八末。

按:此書李木齋先生藏,丁巳(一九一七年)歲獲觀。卷中諸題識均稱"寫作大字",而實爲小字密行,頗疑爲南宋中葉翻本,安得取其刊工姓名一勘之。

此本今藏北京大學圖書館,有"李盛鐸"、"木齋"等印記,《北京大學圖書館藏善本書録》(北京大學出版社一九九八年五月版)有書影。

另一帙爲張鈞衡舊藏本,《適園藏書志》卷一五著録,僅存三卷(東坡先生御試制科策一卷、評史一卷、書一卷),謂"每卷挖去卷幾以充完帙","字畫紙張無不精妙,南宋刻本"。有陸樹聲光緒二十八年(一九〇二)七夕讀後跋,考"桓"、"購"均缺筆,"敦"不缺筆,故謂是"南宋孝宗時刻本"。蓋殘本無紹興庚辰題識,故誤斷。又有楊守敬手跋。此本今藏臺北"中央圖書館"。

三蘇先生文粹七十卷

佚　名　編

宋孝宗因喜三蘇文，故三蘇及其門人之各類詩文選集，乾道以後大量編行。《三蘇先生文粹》即其中之一種。原書七十卷，無序跋，編者不詳，亦不見於宋人書目。凡選蘇洵文六十八篇，蘇軾文二百七十九篇，蘇轍文三百一十二篇。明代唯《脈望館書目》著録“《三蘇文粹》十本，又四本”。清《天禄琳琅書目後編》卷六載有宋版《三蘇先生文粹》二函二十册，當已毀。今存宋槧四部（包括殘帙）。

第一部原爲海源閣藏書，楊紹和《宋存書室宋元秘本書目》卷四著録道：“宋本《三蘇文粹》七十卷，二十四册，四函。”又“宋本《三蘇文粹》七十卷，二十四册，四函”。不知是著録重複，抑或有兩套。傅氏《經眼録》卷一八詳記其中之一部道：

> 《三蘇先生文粹》七十卷，（宋蘇洵、蘇軾、蘇轍撰。）宋婺州吳宅桂堂刊本，版高五寸四分，半面闊三寸九分，是巾箱本。每半葉十四行，每行二十六字，白口，四周雙闌。版心下魚尾下記字數及刊工姓名，有吳正、劉正、翁彬、何昌等。避宋諱至慎字止。字體俊整，鐫工精湛。目後有牌子，文曰：

> 婺州義烏青口
> 吳宅桂堂刊行

> 首葉冠以御製蘇文忠文集叙贊，（十一行二十字。）第

一至十一卷老泉先生，十二至四十三卷東坡先生，四十四至七十卷潁濱先生。

　　卷首鈐有"忠孝"白文葫蘆印，甚古。海源閣舊藏，有楊紹和及宋存書室諸印。（辛巳十二月十三日文禄堂取閱）

此本今藏國家圖書館。孔凡禮先生校點《蘇軾文集》，曾用作校本。

　　第二、第三部爲殘宋本，今藏國家圖書館及上海圖書館。傅氏《經眼録》著録國圖本道：

　　《三蘇先生文粹》殘本，（宋蘇洵、蘇軾、蘇轍撰，存老泉先生十一卷。）宋刊本，十四行二十六字，中版式，白口，四周雙闌，寫刻精湛，與袁寒雲（克文）藏《南豐文粹》殆同時所刊也。目後牌子（按同上，略）。鈐有："天會"、"舊山樓藏"、"非昔珍藏"、"趙次公真賞"、"葉奕之印"、"林宗"各印。（丁卯）

莫伯驥《五十萬卷樓群書跋文》卷六有此本跋，據諱字定爲光宗前刻本。

　　第四部乃季振宜故物，經張金吾收藏，其《愛日精廬藏書志》卷三五著録："《三蘇先生文粹》七十卷，宋刊本。不著編輯者名氏。凡老泉十一卷，東坡三十二卷，潁濱二十七卷，合七十卷。闕卷十一至十八，二十二至二十四，二十九至三十五，四十八至五十，五十三至五十九，七十，共缺二十九卷，鈔補。"後歸陸心源，今藏日本静嘉堂文庫。此本版式與上述兩本不同，陸氏以爲是蜀刻本。《皕宋樓藏書志》卷一一二著録道：

　　《三蘇先生文粹》七十卷，宋蜀大字本，季滄葦舊藏。不著編輯者姓氏。……按：此北宋蜀中刊本，每葉二十四行，每行十八字，版心有字數及刊工姓名，語涉宋帝皆空格，“桓”字以下諱不缺避，蓋北宋刊本也。卷中有“季振宜藏書”朱文長印。

傅增湘到静嘉堂文庫檢視後，以爲仍是浙本，並於《經眼録》卷一八詳記其鈔補卷次並版式：

> 《三蘇文粹》七十卷，（宋蘇洵、蘇軾、蘇轍撰，卷十一至十八、二十二至二十四、二十九至三十五、四十八至五十、五十三至五十九、七十等卷鈔補，宋本存者凡四十一卷。）宋刊本，版匡高八寸二分，寬五寸六分，半葉十行，每行十八字，白口，左右雙闌，版心記字數及刊工姓名。避諱至擴字止，蓋寧宗時刊本也。季蒼葦、張金吾、張芙川遞藏。有李兆洛、邵淵耀、孫原湘跋，不具録。

> 按：《三蘇文粹》余生平所見者三本，皆密行小字巾箱本。此本版式寬展，大字精嚴，紙墨瑩潔，殊爲罕覯。且老泉文後附詩二十二首，爲明刊十四行本所無，尤爲足珍。陸氏定爲蜀本，余審其字畫方嚴峻整，恐仍是浙本耳。南渡以後蘇文解禁，上自九重，下迄士庶，咸嗜其文，風行一世。留都爲士大夫所萃止，或此時別開大版以供誦習，非如短書小帙徒備懷挾之用也。（日本静嘉堂文庫藏書，己巳十一月十三日閲。）

今人嚴紹璗《日藏漢籍善本書録》仍著録爲宋蜀大字刊本。謂静嘉堂藏本共三十二册，並詳録李兆洛、邵淵耀、孫原湘跋文及各家藏書印記，可參讀。嚴紹璗又在《日本藏漢籍珍本追蹤紀實》中稱“此本已被日本‘文化財審議委員會’確定爲‘日本重要文化財’”。

除宋本外，是書猶存明槧。《古今書刻》卷上謂明代建寧府書坊、蘇州府皆刻有《三蘇文粹》。今浙江圖書館及日本内閣文庫藏有明嘉靖十年(一五三一)金鰲刊本,版式與宋本同。瞿氏《藏書目録》著録所藏宋刊本時,謂"嘉靖中有重翻本,頗清整,訛字亦不多(下舉訛文例,此略),……亦足爲善本矣"。又有明刊十四行、行二十六字白口本,不詳刻書年代,國内各圖書館藏本甚豐,凡著録三十餘部。王重民《中國善本書提要》著録美國國會圖書館所藏此本,卷内有"師橋沈氏"、"耕心堂家藏"、"飛青閣藏書印"等印記。

　　此書雖是三蘇文選本,但篇章、字句皆可校補文集本,不可輕覷。《鐵琴銅劍樓藏書目録》卷二三著録宋刊本《三蘇文粹》時,瞿氏寫道:

　　　　老泉文有《洪範》三論及後序、《辨姦論》爲《嘉祐集》不載。東坡文有《邇英進讀》、評史、評文選等篇爲七集本不載,當取諸大全集本。穎濱文有諸論爲四集本不載者,皆取諸《古史》。文中字句,多與集本不同,亦互有得失,可資參校。

　　《四庫總目》據内府藏本著録此書於《總集類存目三》,《提要》謂"所録皆議論之文,蓋備場屋策論之用者也"。今《四庫全書存目叢書補編》已據北大圖書館藏明刊本影印。

標題三蘇文六十二卷

游孝恭　編

是編不見於宋、明書目,唯清宫藏有其本,《天禄琳琅書目後編》卷六著録道：

> 蜀本《標題三蘇文》二函十冊，不著編者姓名。書六十二卷，彙三蘇文，分門纂輯，曰上書、曰奏議、曰雜論、曰權書、曰衡論、曰程試策、曰進策、曰策問、曰幾策、曰策略、曰策別、曰策斷、曰進論、曰程試論、曰歷代論、曰南省講三傳、曰書、曰答書、曰雜文（雜説附）、曰記（贊附）、曰序、曰行狀、曰碑、曰墓誌、曰海外論。或加子目，或節全文。前有三蘇文叙録，標“歷陽狀元張孝祥編”。又三蘇年譜圖，標“左朝請大夫、權發遣成都府路提典刑獄事何棆編”（祝按：“棆”，當是“掄”之形訛）。卷一後有條記云：“武谿游孝恭德棻標題。此文集校正，復增叙録、圖譜於卷首，庶幾開卷則三公之議論灼見其肺腑矣。淳熙丙申（三年，一一七六）冬至日刊於登俊齋。”或即游孝恭所編也。

> 巾箱本。是書與《三蘇文粹》同一選刻蘇氏父子之文，而門目序次迥不相同。此書割並毫無體例，書首叙録、圖譜更爲蕪陋，乃坊賈嫁名便鬻之所爲耳。

又記其藏印有“滄江虹月”、“姜氏二酉家藏”、“謙牧堂藏書記”、“謙牧堂書畫記”。

今國家圖書館藏一殘宋本，存三十四卷（卷二九至六二），即天禄琳琅舊藏本之殘帙，除上述印記外，猶有“五福五代堂寶”、“八徵耄念之寶”、“太上皇帝之寶”，以及“天禄繼鑒”等。“天禄繼鑒”在卷二九之首。因疑在清宮時，前二十八卷即已散佚，故“天禄繼鑒”印記鈐在卷二九。書眉有批注。白口。上魚尾上有“標題三蘇文”五字，偶標“蜀本三蘇文”（如卷六〇）。卷六一、卷六二爲“續添海外史論”。既稱

"續添",似乎原本六十卷,此本乃宋時翻刻本,增刻蘇軾之海外史論,故標爲"續添"。

"標題"即類目,則是書編者應即游孝恭。游氏字德棻,武谿(今湖南瀘溪)人,餘不詳。蓋游氏先有標目,"登俊齋"書坊於淳熙三年依目彙刻耳。

重廣分門三蘇先生文粹—百卷

佚　名　編

《重廣分門三蘇先生文粹》一百卷,每半葉十四行,行二十四字。黑口,左右雙邊。板心有刻工姓名。遇敬、驚、懲、殷、桓、弘、恒、匡等字闕筆,乃南宋初刻本。原爲清天禄琳琅舊物,從清宮流出後,不詳何時東渡日本,今藏日本宮内廳書陵部。《天禄琳琅書目後編》卷六著録道(原未注各門起訖卷數,兹據嚴紹璗《日藏漢籍善本書録》及《日本藏宋人文集善本鈎沉》補):

> 《重廣分門三蘇先生文粹》四函,二十八册,不著編者姓名,彙三蘇文,分門纂輯,曰五經論(卷一。按《鈎沉》卷一爲六經論,卷二至三爲五經論,與此倒),曰六經論(卷二至三),曰書解(卷四),曰洪範論、曰中庸論(卷五),曰春秋論(卷六),曰南省講三傳(卷七,《鈎沉》作"南省講三傳十事"),曰論語解、曰論語拾遺(卷八),曰孟子解(卷九),曰太玄論(卷一〇),曰帝王君論(卷一一),曰帝王臣論(卷一二),曰聖賢論(卷一三至一四),

曰列國君論（卷一五至二〇），曰列國臣論（卷二一至二五），曰歷代君論（卷二六至二八。按《鈎沉》此兩門位置倒），曰歷代論（卷二九），曰歷代土風論、歷代夷狄論（卷三〇。按"歷代夷狄論"原無，蓋以違礙删，據《鈎沉》補），曰權書（卷三一），曰衡論（卷三二），曰史論（卷三三），曰謚法論（卷三四），曰論（卷三五至四〇），曰秘閣試論（卷四一至四二），曰幾策（卷四三），曰策略（卷四四），曰策别（卷四五至四七），曰策斷（卷四八），曰進策（卷四九至五三），曰策（卷五四至五七），曰策問、曰私試策問（卷五八至六〇。按《鈎沉》"私試策問"下猶有"程式"、"策問"二目），曰上書（卷六一至六三），曰奏議（卷六四至六七），曰表狀（卷六八至七二），曰書（卷七三至七八），曰啟（卷七九至八一），曰記（卷八二至八四），曰叙（卷八五至八六），曰引、曰字説、曰雜書（卷八七），曰雜説、曰邇英進講（卷八八），曰評史、曰評文選（卷八九），曰頌、曰贊（卷九〇），曰碑、曰銘、曰傳（卷九一），曰祭文（卷九二），曰行狀（卷九三），曰神道碑（卷九四），曰墓誌銘（卷九七至九九），而以潁濱遺老傳（卷一百）終焉。

　　巾箱本，末册尾行書"正統丙寅（十一年，一四四六）孟秋重裝於全谿義塾"。

　　《書目後編》記藏書印記有"琅邪"（朱文，卷末）、"石□□夫藏書"（朱文，卷首、卷三二、卷四五）、"陳氏鼻嚴寶玩"（朱文，卷一、卷三五、卷六九、卷八七）、"謙牧堂藏書記"（白文，每册首）、"謙牧堂書畫記"（朱文，每册末）。其中"陳氏鼻嚴"之"鼻"字，嚴紹璗《書録》作"齊"，又補充有"五福五代堂寶"、

“八徵耄念之寳”、“太上皇帝之寳”、“乾隆御覽之寳”、“天禄繼鑒”、“天禄琳琅”等印記，皆入清宫後所鈐。又曰每半葉十四行，每行二十四字。黑口，左右雙邊。版心有刻工姓名。卷中避宋諱，凡遇“敬”、“警”、“懲”、“殷”、“桓”、“弘”、“恒”、“匡”等皆闕筆。

　　上述同一版本之《重廣分門三蘇先生文粹》，今上海圖書館藏一殘帙，僅六卷（卷四五至卷四八，卷八三、卷八七），與宋義烏吴宝桂堂刻本《三蘇先生文粹》卷一三至卷一五、卷五〇，以及另一宋刻本《三蘇先生文粹》卷五〇至卷五一，合裝爲一册。

新雕聖宋文海一百二十卷

江　鈿　編

　　是書江鈿編。考宋熊克《中興小紀》卷九：高宗建炎四年（一一三〇）八月辛卯，建州民范汝爲等，每數百人負鹽横行州境，官不能捕。“有選人建陽江鈿，老矣，郡守謂鈿有謀，使攝令甌寧，以圖二范。未幾，果擒之。”事又見李心傳《建炎以來繫年要録》卷三六，謂江鈿時爲儒林郎。劉一止《苕溪集》卷三六收《左儒林郎前知劍州順昌縣江鈿獲賊改官制》一通，稱鈿“有捍寇執俘之勞”云云，即指擒范汝爲事。此江鈿疑即《新雕聖宋文海》編者，目前雖無直接證據，蓋大致不謬。江鈿曾兩任知縣，當出身文人，又生長於圖書業極發達的建陽，有較高的文學和文獻修養，具備編書的客觀條件。若果是其人，則編《文海》應在晚年改官之後的高宗紹興年間，編成後刻於臨安書坊。

晁氏《讀書志》卷二○著録《宋文海》一百二十卷：

> 右皇朝江鈿編。輯本朝諸公所著賦、詩、表、啓、書、論、説、述、議、記、序、傳、文、贊、頌、銘、碑、制、詔、疏、詞、志、挽、祭、禱文，凡三十八門。雖頗該博，而去取無法。

《通考》卷二四八同。

孝宗因觀此書，令臨安府刊行，周必大提出異議，於是更令吕祖謙因之重編，成書後賜名"皇朝文鑑"。吕喬年《太史成公編皇朝文鑑始末》曰：

> 淳熙丁酉（四年，一一七七），孝宗觀《文海》，下臨安府令委教官校正畢刊行。其年冬十一月，翰林學士周必大夜直奏事，語次及之，因奏曰："此書乃近時江鈿類編，殊無倫理，書坊刊行可耳。今降旨校正刻板，事體則重，恐難傳後。莫若委館閣别加詮次，以成一代之書。"上大以爲然。

到慶元初周必大校刊《歐陽文忠公集》時，在卷五九末有校語曰："江鈿《文海》，多以它人文爲公所作。其章章者，《筠州學記》，曾鞏文也（原注：綿本亦誤收），《察言論》，唐庚文也。甚至元豐以後暨徽宗朝所下制詔，亦有託公名者，自當删去。"其稱"殊無倫理"，由此可見一斑，蓋《文海》質量確有瑕疵。

雖周必大對《文海》有貶評，後來吕祖謙所編《皇朝文鑑》更爲權威，但《文海》畢竟是《文鑑》藍本，故仍流傳後世。明

《文淵閣書目》卷一〇著録"《文海》一部二十九册,完全"。王士禎《池北偶談》卷一三《文海》述曰:"予在淮安榷關日,有書賈携故書求售,内有寫本《文海》及徐夢莘《三朝北盟會編》二書,不果售,至今以爲憾。"不知其寫本《文海》全否。今僅存殘本,全帙已不復可睹矣。

　　《聖宋文海》殘本乃宋槧,爲季振宜故物,《季滄葦藏書目》著録道:"宋刻《聖宋文海》六本,不全。"此本後爲張金吾所得,《愛日精廬藏書志》卷三五著録:

　　　　《新雕聖宋文海》殘本六卷,宋淳熙刊本,季滄葦藏書。江鈿編。原一百二十卷,今存卷四至卷九,凡六卷。

張氏書後爲瞿氏所得,《鐵琴銅劍樓藏書目録》卷二三著録:

　　　　《新雕聖宋文海》(五)〔六〕卷,(宋刊殘本。)宋江鈿編。原書一百二十卷,今存卷四至卷九,二册。書中殷、警、驚、桓、構減筆。每半葉十行,行二十二字。辛夷館《季氏書目》藏有六册,惜更佚去四册矣。(每卷有"揚州季氏"、"御史振宜之印"、"季振宜藏書"諸朱記。)

此本今藏國家圖書館善本室。

　　除此殘本外,國家圖書館又藏有據瞿本影寫之本,傅氏《經眼録》卷一八著録,並述其内容道:

　　　　《新雕聖宋文海》一百二十卷,(宋江鈿輯,存卷四至九,計六卷。)影寫宋刊本,十三行二十二字,書名大字占雙行。卷四(古賦),卷五(賦),卷六(賦),卷七(記),卷八(銘),卷九(詔)。其文字多爲罕見者,如周美成之《續秋興賦》《足軒記》,張商英之《雲居山真如禪院三塔記》《賜門下詔》《崇經術詔》《配享詔》,皆不見他書。王子韶之

《六聖原廟賦》、崔伯易之《感山賦》，皆鴻篇鉅製，不可多得，宜録存之。（北京圖書館據瞿氏藏宋刊本影寫。甲戌）

瞿氏原書爲每半葉十行，此爲十三行，則所謂“影寫”，實已變其版式矣。

重廣草木魚蟲雜詠詩集十八卷

家求仁、龍　溪　編

傅增湘《經眼録》卷一七記此書道：

> 《重廣草木魚蟲雜詠詩集》□卷，（殘本，存十卷。）宋元間刊本，七行二十一字，黑口，四周雙闌。存卷六、七、十一、十二、十三、十四、十五、十六、十七、十八，共十卷。鈐有“朱彝尊印”（白）、“竹垞老人”（朱）兩印。（己巳五月閲）

按：明高儒《百川書志》卷一九載：“《增廣草木魚蟲雜詠》十八卷，宋眉山家求仁（祝按：原誤“人”，據下引家氏原序改）直夫編。集唐、宋人詩凡詠物者，長篇短章，細大不遺，效宋宣獻公《歲時雜詠》之例。編中草木鳥獸之名，有出《三百五篇》之外者，可助多識。乾道中龍溪增廣之。”又《千頃堂書目》卷三一：“家求（人）〔仁〕《增廣蟲魚褋詠》十八卷。字直夫，眉山人。”清倪燦《宋史藝文志補》：“家求仁《增廣魚蟲雜詠》十八卷。字直夫，眉山人。《宋志》有《草木昆蟲詩》六十八卷，此當在外。”檢《宋志》，著録“家求仁《名賢雜詠》五十卷，又《草木蟲魚詩》六十八卷”。值得注意的是，《宋志》著録的是兩部書，疑題《名賢雜詠》者爲家氏原刊本，凡五十卷，蓋亦分爲唐、宋二編，故其序稱"效宣獻公集爲二編"。《宋志》所録《草木蟲魚詩》六十八卷，當即乾道間龍溪所刊增補合刊本，前十八卷爲唐詩，後五十卷爲宋詩。如此理解，方合《宋志》原意，《宋志》作者殆不至於著録殘缺本。又，《百川書志》《千頃堂書目》《宋史藝文志補》著録時，書名有"增廣"二字，而現存明成化刊本，書名作"重廣"。"增廣"、"重廣"區別顯然：增廣之後再增廣，方可曰"重廣"，這在南宋刊本中頗常見，亦可引起注意。是否龍溪增廣之後，又曾有人"增廣"？限於文獻，姑存疑待考。

　　家氏爲宋代眉山大家族，人物甚多，然家求仁之年代事跡却無考。《百川書志》既謂"乾道中龍溪增廣之"，而龍溪序謂家氏本"士林傳播，籍甚東南"，其書蓋已流傳有年。要之，家求仁至少是孝宗以前人，或活動於北宋末南宋初。龍溪亦只知其爲乾道時人，序稱"吾鄉家先生"，則亦當爲眉山人。

　　傅氏《經眼録》所記之本，今藏國家圖書館，《中國古籍善本書目》著録爲"明刊本"。《經眼録》謂版式爲"七行二十一字"，實爲每半葉十行二十一字，"七"字誤。原本除朱竹垞印記外，每卷末猶有"馮公度印"。

　　近來，南京大學卜東波先生發現日本内閣文庫藏有鈔本《增廣草木蟲魚雜詠》十八卷，作《日藏〈重廣草木蟲魚雜詠詩集〉鈔本及其文學史意義》一文，介紹該鈔本道：

　　　　日藏本爲鈔本兩册，原爲昌平坂學問所藏書，書首鈐有"書籍館印"、"淺草文庫"、"日本政府圖書"三枚朱文印。第一册卷八、第二册卷十八尾葉，皆有"昌平坂學問所"之墨印，及紅色"享和癸亥"字樣。享和癸亥，即享和三年，公元一八〇三年。第一册卷八末葉有“文化元年甲子三月望佐父理希亮□□□□校”墨書，第二册卷十八末葉有“文化紀元春二月下澣加藤維藩校”墨書。文化元年，即公元一八〇四年。則此書在享和三年入藏昌平坂學問所，文化元年又對此書進行了校勘。

　　日本内閣文庫所藏鈔本兩册十八卷，前有明成化十八年（一四八二）賜進士出身前奉政大夫修正庶尹尚書户部郎中江陰卞榮序、宋家求仁原序、龍溪原序，後有十八卷目錄。非常慶幸日本鈔本保存了這些序文，其中透露的信息，對於還原此書在明代流傳與刊刻有非常大的幫助。

　　從三序可知，日本藏鈔本源於明成化十八年刻本，刊刻人爲四明（今浙江寧波）吳廷用，其底本鈔自晉陵儒士朱忞之家塾。朱氏家塾所藏無疑源自宋本，但該本是刊是鈔，則不得而知。卞東波對吳廷用其人作了考證，認爲明史上名吳廷用的有兩人，較早者名棟，以字行，福建政和人，永樂二年（一四〇四）進士。另一人即卞榮序所稱四明人吳廷用，亦即《重廣草木蟲魚雜詠詩集》的刊者，曾官“别駕”。

　　卞東波見此鈔本後，對它進行了深入研究，有很多重要收獲。如他説：“筆者比較了現存明刊本（祝按：指國家圖書館藏明刻殘存十卷本）和日本鈔本相關卷帙，發現兩者行款、行制、文字幾乎完全相同（現存明刊本首卷爲卷六，比較明刊本與日本鈔本卷六首葉，兩者完全相同），甚至明刊本有墨丁之處，日本鈔本也作闕字處理。”並舉例説明。又如他説：“筆者仔細比較了中國國家圖書館所藏的明刊本和日本鈔本，發現現存明刊本十卷殘本本身並非完本，其中仍有散佚之處。最明顯的是卷十七，明刊本僅到‘禽蟲’類爲止（以白居易《禽蟲十二章》結束），而日本鈔本在白詩後仍有‘蝦蟇’一類，收韓愈《答柳州食蝦蟇》、白居易《蝦蟇》二詩。中國國家圖書館所藏明刊本卷十七白詩結束後，不見其他文字，也没有其他卷結束時都有的‘重廣草木蟲魚雜詠詩集卷第Ｘ’的字樣，可能國圖明刊本現存卷帙中也有闕佚，日本鈔本所見的‘蝦蟇’類應該不是日本人鈔寫時加入的，而是所據完整的明刊本原有的内容。同時，現存明刊本還有不少錯誤，如卷十一羅隱《蝶》首句‘漢王刀筆精’，‘漢王’明刊本誤作‘漢工’，而日本鈔本則無誤。這説明，日本鈔本所鈔録的底本並非中國國家圖書館所藏的明刊本系統，可能另據他本。幸有日本鈔本傳世，讓我們得以知曉《重廣草木蟲魚雜詠詩集》的原貌和全貌，則日本鈔本價值善莫大焉。”他同時又指出，因現存《重廣草木蟲魚雜詠詩集》鈔本所收全爲唐詩，因此書爲宋人所編，故所録之文本保存了某種宋人所見之本，頗可資校勘，並發現有多於《全唐詩》的篇什，可利用進行補佚。當然，日本所藏乃鈔本，“也有一些鈔寫之誤”。感謝卜東波先生的重要發現，使這部宋編總集又多了一部完整的傳本，雖然其中龍溪增補的五十卷本《名賢雜詠》仍付闕如，不無遺憾，但那已是得隴望蜀了。

【附録】

重廣草木蟲魚雜詠序

（明）卞　榮

予常之别駕四明吴公廷用，邇者獲見《草木蟲魚雜詠》録本二編於晉陵儒士朱忞之家塾。既爲正其字之訛者，復鋟梓，用廣其傳，屬余叙之。

夫詩莫聖於杜少陵也，予觀其詠物諸篇，往往寓忠君愛國、閔時憂世之意於其間，蓋有關於風教不淺淺矣。詠草木如甘菊，若苦竹，若種萵苣，若海棕，若桃樹，若《古柏行》之類；詠蟲魚若雙燕，若百舌，若黃魚白小，若《打魚歌》之類是也。自唐以後，詩家非一，而示有假物寓意，可以興觀群怨，有關風教，仿佛於少陵者，蓋不徒嘲弄風月，流連光景而已。然則家直夫之所編，龍溪之所增廣，而吾賢別駕之爲之鋟梓，將垂於來永，其嘉惠後學之心，何其至哉！予無似，亦嘗有志於學詩，幸得新編，開卷有益，是亦別駕之教我也。因而書之。

成化十八年龍集壬寅三月清明日，賜進士出身、前奉政大夫、修正庶尹、尚書户部郎中江陰卞榮序。（卞東波録自日本内閣文庫藏鈔本《重廣草木蟲魚雜詠》卷首）

草木蟲魚雜詠序

（宋）家求仁

余昔過鄂渚，得《歲時雜詠》一編，讀之，蓋魏晉以來至唐所作，宋宣獻公集而成之也。歸至蜀，則見好事者益以本朝鉅公所作，合爲一編，而宣獻公之集亡矣。竊嘗謂自古以詩爲難，詩以詠物爲尤難，故論畫者亦謂鬼魅易，而狗馬難，詩之詠物殆如是也。余因取自唐以來至於本朝，凡詩之詠物有長篇短韻，細大不遺，效宣獻公集爲二編，目之曰《草木蟲魚雜詠》。宣尼有言：“詩可以興，可以觀，可以群，可以怨。邇之事父，遠之事君，多識於鳥獸草木之名。”今二編之中，其名有出於《三百篇》外者，抑云可以助多識乎！

家求仁題。（同上）

增廣草木蟲魚雜詠序

（宋）龍　溪

人之心畫與造物同巧，乃能極詠物之工，是詩豈苟然哉？吾鄉家先生沈酣斯文，深有自得，集古作者《草木蟲魚雜詠》二篇，以告諸往而求知來者。士林傳播，籍甚東南。夫善歌者使人繼其聲，余因縱觀增所未集，鍥木以廣其傳。將以繼其聲云。

乾道戊子中秋，龍溪書。（同上）

宋人總集叙録卷第三

南嶽倡酬集一卷

佚　名　編，林　果、鄧　淮重輯

此集彙集朱熹、張栻、林用中三人乾道中偕遊南嶽衡山之唱酬詩什，張栻、朱熹爲序（按：張栻《南軒先生文集》卷一五收序文，題作《南嶽倡酬序》，無"集"字；朱熹《朱文公文集》卷七七收序文，題作《南嶽遊山後記》，文字皆略有異同），後人或題"朱子撰"，或題"宋朱子、張栻、林用中同撰"。"撰"爲撰著，究竟孰爲集本編者，其實不詳。張序略曰：

> 乾道丁亥（三年，一一六七）秋，新安朱元晦來訪予湘水之上，留連既久，取道南山以歸，乃始偕爲此游，而古田林用中擇之亦與焉。……間亦發於吟詠，更迭倡酬，倒囊得百四十有九篇，雖一時之作，不能盡工，然亦可以見耳目所歷，與夫寄興所托，異日或有考焉，乃裒而録之。

朱熹序詳述遊山及由"戒"詩到作詩之經過。然此集不見宋人著録，亦未聞有宋元舊槧。張序既稱"裒而録之"，當時似有合鈔本，然三人分別時合鈔本落在誰手，後來曾否編次，則已無從考究。

　　是集或以爲有明天順刻本，然無傳本存世，唯南京圖書館藏丁丙舊藏清嘉慶時鈔本，由崇禎本出，而崇禎本有天順時人所作序跋，遂推測該本源自天順本。崇禎原刻本今亦未見著錄。《善本書室藏書志》卷三八著錄嘉慶鈔本道：“《南嶽倡酬集》一卷，舊鈔本。……有天順四年（一四六○）知襄陽府事吉水鄧淮序，襄陽同知（林用中）十一代孫（林）果希仲跋，崇禎壬申（五年，一六三二）四明楊德周孚先、邑人余文龍重鎸序。”有附錄一卷。余文龍序略曰：

　　　　所著唱酬詩百四十餘首，會中葉散軼，久失流傳，……崇禎辛未（四年），四明廣石楊明府（祝按：指楊德周），……得其遺藁於西河氏，殘斷蠹蝕，重加較次，付之剞劂，徵序於不佞文龍。

清鈔本卷首爲鄧淮序，略曰：

　　　　予韋布時聞《閩通志》，有宋大儒林擇之《倡酬集》行於世。慨生也晚，恒以不見是集爲歉。比出守襄陽，有寅友林君希仲（果）者，顧予視篆之餘，持出是集，求予毋靳一言爲序。……惜乎歷歲既久，而字畫爲蠹，所殘壞者尤多。不有賢子孫搜求考正於數世之下而表章之，則先生平日之所用心，所授受，不因是而遂泯乎！乃補其闕略，始克成編，圖鋟諸梓，以廣其傳。

末署“時天順四年歲在庚辰秋七月既望，賜進士出身、中順大夫、知湖廣襄陽府事吉水鄧淮序”。

　　同時又有林果（字希仲）跋，略曰：

　　　　東屏（祝按：林用中字擇之，號東屏。“屏”原誤“平”，徑改）

生於宋紹興，自少警敏，厭科舉業，遠從晦庵朱子游，講
論性理之學，朱子異之，稱爲畏友，而與蔡季通齊名。後
偕晦庵訪張南軒，同游南嶽之上，倡酬有稿，藏於家，不
幸屢遭兵燹，得其全集者蓋寡矣。乃簡諸舊譜，中間尤
殘缺過半，幸存什一於千百耳。……不肖承乏襄
陽，……裒而集之，重加校正，遂請寅長鄧公序之，而附
以《東歸亂稿》及序、説、書、跋，鋟梓以傳。

末署“天順四年歲在庚辰秋七月既望，奉政大夫、襄陽府同
知、十一代孫果希仲頓首百拜書”。則林氏“持出”求鄧淮作
序的，乃是從“舊譜”中輯出、而舊譜已“殘缺過半”的林用中
唱酬詩輯本，其跋並未言及朱、張二人詩，這點很明確。換言
之，即無論是鄧序，抑或林跋，皆與《南嶽倡酬集》全本無關。
明確此點後，似乎仍有問題，即鄧、林二人序跋是否作於天順
四年？筆者以爲未必。

　　按：鄧淮，字安濟，江西吉水人，生年待考。據明俞憲輯
訂《皇明進士登科考》卷八（臺北學生書局一九六九年影印嘉靖二
十七年刻本），他於成化十七年（一四八一）王華榜登進士第，上
距天順四年（一四六〇）達二十二年。二十餘年前已官至中
順大夫、知府，這幾乎没有可能。況鄧淮天順序署銜首爲“賜
進士出身”，這只有成化十七年登第後才有可能；又署“中順
大夫”，但四十年後作弘治本《後叙》仍署“中順大夫”，亦不合
常情。據雍正《浙江通志》卷一四九《名宦》，知鄧淮弘治二年
（一四八九）知富陽縣，上距天順四年凡三十年。三十年前已
是知府，三十年後却授縣令，這也有悖常理。因疑天順四年
鄧淮序之署年、署銜皆有誤，疑經崇禎本《南嶽倡酬集》刊者
楊德周等改竄。蓋稿本乃林果於天順間輯録，官襄陽時方請

鄧淮爲序，然後授梓。由於林果生年亦不詳，其跋署天順四年是否真實，也可存疑，但跋尾署襄陽時銜名，恐亦經改竄。崇禎刊本之底本，當即弘治本（此本詳下）。楊德周等去鄧、林不遠，應知悉二人時代，之所以改竄，當是有意爲之，蓋欲將底本年代提前，編者官位提高，遂致敗露僞跡。此種情況，在學術風氣大壞的明季並不罕見。質言之，林果所刊其遠祖林用中南嶽倡酬詩，並不在天順間。重輯林用中詩，乃重輯《南嶽倡酬集》之始，故弄清這點頗爲重要。

是編傳本，今以弘治刊本爲古，唯國家圖書館庋藏一部。該本首爲張栻序（手書），後有朱熹序、鄧淮《後叙》。鄧氏《後叙》署"弘治庚申（十三年，一五〇〇）春三月甲子，賜進士、中順大夫、守浙江溫州府吉水鄧淮書"。又據《後叙》，是本乃其"考績赴京，舟居無事，始得旁搜二先生之文集，摘其所謂酬唱贈答諸作，共成一帙"；又謂"同游林先生用中之詩，則皆二籍之所不載，今不可考矣"。傅增湘曾庋藏弘治本一部，記其版式道："九行二十五字，黑口，四周雙邊。"（《藏園訂補郘亭知見傳本書目》卷一六上）弘治本中朱熹、張栻倡酬詩，乃鄧淮據二人文集重輯之本，而林用中因無文集傳世，故稱"不可考"，理所當然即用林果輯本。顯然，鄧淮重輯朱、張倡酬詩，必是受林果啓發，因此有理由推測：鄧淮、林果官襄陽并刊林用中倡酬詩，大約在弘治初爲富陽縣令之後，下與鄧淮爲溫州知府相接，而決非天順四年。

《四庫總目》著録編修汪如藻家藏本《南嶽倡酬集》一卷、附録一卷。首爲朱熹序、張栻序，《提要》曰：

　　　　宋朱子與張栻、林用中同游南嶽倡和之詩也。……
　　　其游自甲戌至庚辰凡七日，朱子《東歸亂序》稱得詩百四

十餘首，栻序亦云百四十有九篇，今此本所録止五十七
題，以《朱子大全集》參校，所載又止五十題，亦有大全集
所有而此本失載者。又每題皆三人同賦，以五十七題計
之，亦不當云一百四十九篇，不知何以參錯不合。

正文後有附録一卷，爲朱熹《答林擇之》凡三十二書，遺事十
條，以及朱熹《林用中字序》《林允中字序》，最後附其《東歸亂
稿序》。文淵閣《四庫全書》本，民國時曾影印入《四庫全書珍
本初編》。今存弘治本無附録。不詳是該本已脱，抑或汪氏
家藏乃別本。

　　陸心源《皕宋樓藏書志》卷一一三著録鈔本《南嶽倡酬
集》一卷，署“宋大儒新安朱熹仲晦、廣漢張栻敬夫、古田林用
中擇之同著”，今藏日本静嘉堂文庫。邵懿辰《增訂四庫簡目
標注》有《朱張倡酬詩》一卷，明祝完刊本，今未見著録，情況
不詳。

　　關於《唱酬集》原編收詩數量問題，今人束景南先生《朱
熹南嶽唱酬詩考》有詳細考辨，謂“將朱熹、張栻文集與單行
本《南嶽唱酬集》比勘，大有差異，所收詩作及其篇數多不同，
有朱熹集中有而《南嶽唱酬集》中無者，也有朱熹集中無而
《南嶽唱酬集》中有者，篇數迥別，真僞莫辯”。“今本《南嶽唱
酬集》爲後人所編，已被竄僞，據此本獨附林擇之材料於後，
包括朱熹與林擇之書三十二篇，林擇之遺事十條，朱熹爲林
擇之兄弟作字序二首等，竟占全書篇幅太半，足証今本《南嶽
唱酬集》必是林擇之後裔所編。”（載《朱熹佚文輯考》，江蘇古籍出
版社一九九一年版）於是他利用朱、張二集對《唱酬集》列表進行
復原，計朱熹作詩五十三首，張栻五十首，林用中四十六首，
共一百四十九首；今本《唱酬集》有詩一百六十一首，其中十

五首爲僞作，而《朱文公文集》卷五《感尚子平事》《過高臺携信老詩集夜讀上封方丈次敬夫韻》兩首爲唱酬詩，爲今本《唱酬集》所無，張栻唱酬詩亦亡佚一首（《自上封登祝融峰絶頂》）。結論爲“是書乃林氏後人據家藏散亂殘缺稿本竄僞而成”，並推測竄僞時間“蓋或已在元時也”。

束先生的考辨很有意義，但他的推測似失精確，蓋未深究所謂天順本鄧序、林跋故也。其實附録中林擇之兄弟材料“竟占全書篇幅太半”，正説明鄧淮編《南嶽倡酬集》時，林用中即用林果輯本入編，林跋稱其本除輯詩外，猶“附以《東歸亂稿》及序、説、書、跋，鋟梓以傳。僭題數語（千）〔于〕末”。又，現傳之《唱酬集》不僅有僞作，且多張冠李戴，如林用中《游南嶽風雪未已決策登山用敬夫春風樓韻》（“人言南山巔”），乃張栻（敬夫）詩，見《南軒先生文集》卷一（詩題無“敬夫”二字）；而張栻《游南嶽風雪未已決策登山用春風樓韻》（“隆堂謹前規”），實是朱熹詩，見《晦庵先生文集》（浙本）卷五，題《奉題張敬夫春風樓》，且全詩内容無一句與登山有關，顯然爲誤收（連此首在内，《倡酬集》中猶有張栻《十五日再登祝融峰用臺字韻》等十四首爲今本《南軒集》所無，真贋待考）。

要之，南嶽倡酬其事不虚，詩亦多存，然而傳世之《南嶽倡酬集》，却絶非當日三人遊山結束時“哀而録之”的原本，故舛誤殊甚。舛誤原因，除林果所用舊譜有殘缺外，餘蓋由於鄧淮重輯、編纂時粗疏輕率所致。是書因原始編者不可考，而後代流傳之本乃明人林、鄧二氏從家譜、文集中重輯，總體情況似可這樣表述：林用中詩及附録，林果輯；朱熹、張栻詩，鄧淮輯，而總其成者乃鄧淮。因此，是書著録時，編者（即“哀而録之”

者）宜署“佚名”，同時署林果、鄧淮重輯，方合乎實際。

【附録】

南嶽倡酬集序

（宋）朱　熹

南嶽倡酬，訖於庚辰，敬夫既序其所以然者而藏之矣。癸未發勝業，伯崇亦别其羣從昆弟而來。始聞水簾之勝，將往一觀，以雨不果。而趙醇叟、胡廣仲、伯逢季立、甘可大來餞雲峰寺，酒五行，劇論所疑而别。丙戌至樝州，熹、伯崇、擇之取道東歸，而敬夫自此西還長沙矣。

自癸未至丙戌凡四日，自岳宫至樝州凡百有八十里，其間山川野林，風烟景物，視向所見，無非詩者。而前日既有約矣。然念夫别日之迫，而前日所講，蓋有既開其端而未竟者，方且相與思繹講論，以畢其説，則其於詩固有所未暇者焉。丙戌之暮，熹誦於衆曰：“詩之作，本非有不善也，而吾人之所以深懲而痛絶之者，懼其流而生患耳，初亦豈有咎於詩哉！然今遠别之期，近在朝夕，非言則無以寫難喻之懷。然則前日矯枉過甚之約，今亦可以罷矣。”皆應曰“諾”。既而敬夫以詩贈吾三人，亦各得答，賦以見意。熹又進而言曰：“前日之約已過矣，然其戒懼警省之意，則不可忘也。何則？詩本言志，則宜其宣暢湮鬱，優遊平中，而其流幾至於喪志。羣居有輔仁之益，則宜其義精理得，動中倫慮，而猶或不免於流；况乎離羣索居之後，事物之變無窮，幾微之間，毫忽之際，其可以熒惑耳目、感移心志者，又將何以禦之哉？故前日戒懼警省之意，雖亦小過，然亦當所遏也。由是擴充之，庶幾乎其寡過矣。"敬夫、擇之曰："子之言善，其遂書之，以詔毋怠。"於是盡録贈答諸詩於篇，而記其説如此。自今暇日，時出而觀焉，其亦足以當盤盂几杖之戒也夫！

　　丁亥，新安朱熹記。（《四庫全書》本《南嶽倡酬集》卷首）

南嶽倡酬集序

（宋）張　栻

　　栻來往湖湘踰二紀，夢寐衡岳之勝，亦嘗寄跡其間，獨未得登絶頂爲快也。乾道丁亥秋，新安朱元晦來訪予湘水之上，留連既久，取道南山以歸，乃始偕爲此游，而古田林用中擇之亦與焉。越十一月庚午，自潭城渡湘水，甲戌過石灘，始望岳頂，忽雲起四合，大雪紛集，須臾深尺許。予三人者飯道旁草舍，人酌十巨杯，上馬行三十里，投宿草衣巖。一時山川林壑之觀，已覺勝絶。乙亥抵岳後，丙子小憩，其日暮雨未已，從者皆有倦色。湘潭彪居正德美來會，亦意予之不能登也。予獨與元晦、擇之決策：明當冒風雪亟登。而夜半雨止，起視明星爛然；比曉，日生暘谷間矣。德美以怯寒辭歸。

　　予三人聯騎渡興樂江，宿霧盡卷，諸峰玉立，心目頓快。遂飯黄心，易竹輿，縣馬跡橋登山。始皆荒嶺，彌望杳無烟火。林壑巖邊，時有積雪，溪流甚駛，觸斷冰，其聲琅琅。日暮抵方廣，氣象深窈，八峰環立，所謂蓮花峰也。登閣四望，霜月皎皎。寺皆版屋，問老宿，云用瓦輒爲冰雪凍裂，自此如高臺、上封皆然也。

　　戊寅明發，穿小徑，入高臺。門外萬竹森然，間爲風雪所折，特清爽可愛。住山了信有詩聲，云良夜月明，窗牖間有猿嘯，清甚。出寺，即行古木寒藤中。陰崖積雪，厚幾數尺，望石凜如素錦屏。日影下照林間，冰墜鏘然有聲。雲陰驟起，飛霰交集，頃之乃止。出西嶺，過天柱，下福巖，望南臺，歷馬祖庵，緣寺背以登。路不甚狹，遇險輒有石磴可陟。踰二十里，過大明寺，有飛雪數點。自東嶺來，望見上封寺，猶縈迂數里許乃至。山高，草木堅瘦，門外寒松皆拳曲擁腫，樛枝下垂，冰雪凝綴，如蒼龍白鳳然。寺宇悉以版障蔽，否則雲氣噓吸其間，時不辨人物。有穸林閣，侍郎胡公題榜，蓋取韓子"雲壁潭潭，穸林攸擢"之語。予與二友始息肩，望祝融絕頂，褰裳徑往。頂上有石，可坐數十人。時烟霞未澄徹，羣峰峭立，遠近異態。其外四望渺然，不知所極，如大瀛海環之，真奇觀也。湘水環帶山下，五折乃北去。寺僧指蒼莽中云："洞庭在焉。"晚歸閣上，觀晴霞，橫帶千里。夜宿方丈，月照雪屋，寒光射人。泉聲隔窗，泠然通夕，恍不知此身踞千峰之上也。

己卯，武夷胡寔廣仲、范念德伯崇來會，同遊仙人橋。路並石，側足以入。前崖挺出，下臨萬仞之壑，凜凜不敢久駐。再上絕頂，風勁甚，望見遠岫次第呈露，比昨觀殊快。寒威薄人，呼酒，舉數酌猶不勝，擁氈坐乃可支。須臾雲氣出巖腹，騰湧如饋餾。過嶺南，爲風所飄，空闊杳靄，頃刻不復見。是夜風大作。庚辰未晚，雪擊窗有聲，驚覺。將下山，寺僧謂石磴冰結，不可步，遂迤由前嶺以下。路以滑甚，有跌者。下視白雲滃渟闞望，吞吐林谷，真有蕩胸之勢。欲訪李鄴侯書堂，則林深路絕，不可往矣。行十三里（祝按：張栻集本作"三十里許"）抵岳市，宿勝業寺勁節堂。

　　蓋自甲戌至庚辰，凡七日，經行上下數百里，風物之美，不可殫叙。間亦發於吟詠，更迭倡酬，倒囊得百四十有九篇，雖一時之作，不能盡工，然亦可以見耳目所歷，與夫寄興所托，異日或有考焉，乃哀而錄之。方己卯之夕，中夜凛然，撥殘火相對，念吾三人是數日間，亦荒於詩矣。大抵事無大小美惡，流而不返，皆足以喪志。於是始定約束，異日當止。蓋是後事雖有可歌者，亦不復見於詩矣。嗟呼！覽是編者，其亦以吾三人自儆乎哉！作《南嶽倡酬集序》。

　　廣漢郡張敬夫云。（同上）

南嶽倡酬集序

（明）鄧　淮

　　予韋布時聞《閩通志》，有宋大儒林擇之《倡酬集》行於世，慨生也晚，恒以不見是集爲歉。比出守襄陽，有寅友林君希仲者，顧予視篆之餘，持出是集，求予毋靳一言爲序。予喜而嘆曰：“吾慕是集蓋亦有年矣，今得見焉，則未畢之願，其遂償耳！”莊誦數日，乃知山川之明秀，與夫臺閣之峥嶸，其詳備具於張南軒、朱考亭之序，固不待言也；然獨念先生隱居學道，不干仕進，師晦庵而友羣彦，淵源之懿，有所自來。今見兹集，猶見三先生矣。

　　惜乎歷歲既久，而字畫爲蠹，所殘壞者尤多。不有賢子孫搜求考正於數世之下而表章之，則先生平日之所用心，所授受，不因是而遂泯乎！乃補其闕略，始克成編，圖鋟諸梓，以廣其傳。上以續斯文於不墜，下以承休德於無窮。庶後之觀是集者，得以集者得以知其家世源流之所自云。先生諱用中，字擇之，東屏其別號也。

時天順四年歲在庚辰秋七月既望，賜進士出身、中順大夫、知湖廣襄陽府事吉水鄧淮序。（清鈔本《南嶽倡酬集》卷首）

南嶽倡酬集跋

（明）林　果

嗚呼！此吾先祖東屏公之遺録也。東平生於宋紹興，自少警敏，厭科舉業，遠從晦庵朱子游，講論性理之學，朱子異之，稱爲畏友，而與蔡季通齊名。後偕晦庵訪張南軒，同游南嶽之上，倡酬有稿，藏於家，不幸屢遭兵燹，得其全集者蓋寡矣。乃簡諸舊譜，中間尤殘缺過半，幸存什一於千百耳。

《記》曰：“有善而不知，不明也；知而不傳，不仁也。”不肖承乏襄陽，瞻望衡岳，良用興懷，寧忍遺言泯没，而蹈不明不仁之咎哉！乃乘公暇，哀而集之，重加校正，遂請寅長鄧公序之，而附以《東歸亂稿》及序、説、書、跋，鋟梓以傳。僭題數語（千）〔于〕末，俾吾後人珍襲而敬承之，所以發潛闡幽，啓其志於無窮也。尚其懋哉！

天順四年歲在庚辰秋七月既望，奉政大夫、襄陽府同知、十一代孫果希仲頓首百拜書。（同上卷末）

南嶽倡酬集後叙

（明）鄧　淮

朱晦庵、張南軒二先生，其著書傳道，皆天下後世之所尊信者，南嶽之游，不過一時之寄興耳，初亦何關於世哉。然南軒《唱酬叙》云：自甲戌至庚辰，凡七日，倒囊得詩百四十有九篇。晦庵《游山後記》云：自丙辰至己未凡四日，盡録贈答諸詩於篇。夫以二先生之游如此其久也，唱酬贈答如此其多也，而衡之志未載，衡之人士未聞，豈非一闕典哉！今二先生之詩之文殆與南山爭雄，山川草木光彩猶存，而可使吾衡終於不聞哉？

余生也後，幸讀二先生之書，又幸宦遊二先生所經游之地，仰止高山，願爲執鞭，邈不可得。乃者考績赴京，舟居無事，始得旁搜二先生之文集，摘其所謂酬唱贈答諸作，共成一帙，以無忘其初，以備衡之故實，使吾衡人誦其詩、讀其文，如見二先生焉，亦千古之一快也。唯同游林先生用中之詩，則皆二籍之所不載，今不可考矣。若其游時大雪紛集，二先生決策登山，雪爲之霽，其事具載集中。吾既爲堂於岳廟之前，妄爲之記，以詔來世。後之游者登斯堂也，睹斯集也，南山殆亦若增而高也。

弘治庚申春三月甲子，賜進士、中順大夫、守浙江温州府吉水鄧淮書。（弘治本《南嶽倡酬集》卷末）

南嶽倡酬集序

（明）余文龍

東屏林先生，予鄉先達，理學名儒也。向從游於朱晦庵之門，與建安蔡元定齋齊驅並駕，晦翁至推爲畏友，甚敬禮之。通悟修謹，足不出户，偶偕晦庵走潭州，訪守張敬夫，因有南嶽之游。所著唱酬詩百四十餘首，會中葉散軼，久失流傳，遂不獲與《翠屏》《享帚》二集並行於世，識者衡之。即文龍燥髮以來，知有林先生，杳不聞有《唱酬集》也。

崇禎辛未，四明廣石楊明府，世胄名公，秘函宿學，甫下車即搜訪石英，表章逸德，得其遺藁於西河氏，殘斷蠹蝕，重加較次，付之剞劂，徵序於不佞文龍。文龍曰：文章顯晦，與仕途通塞，互相關者也。先生遁迹鹿門，忘情鼠嚇，身既隱矣，焉用文之？唱酬之作，無非借景寫懷，適鳴天籟，以志師友一時追隨之盛云爾。然言爲心聲，蘊必有洩，其一種靈睿之氣，陰爲鬼神所呵護，故歷今數百歲，而琰琬猶爛然星芒，膾炙人口也。行篤而文益燦，迹秘而名益彰，先生之謂耶？

予曩筮仕衡陽凡七年，所登眺南嶽諸峰者屢矣，愧無如椽之筆，堪探其奇。別去二十載，夢魂尚依依衡麓之側也。今讀先生諸詠，與往時所見，一一印符，赫赫山靈，且快先生爲知己矣。乃議者以宋不及唐爲病。夫詩本性情，《三百》皆情也。先生幽貞之趣，直以明新爲標的，則其闡發之詞，亦直以達意爲指歸。況唐工風格，宋宗理道，其分途舊矣，又何必生吞李、杜，死嚼白、劉，軋句敲字，螯牙噤齒，於清平世界作魑魅魍魎語哉？廣石之刻，實先生之功臣，九原有知，當不以予言爲盲瞽者。

邑人後學中拙余文龍撰。（清鈔本《南嶽倡酬集》卷首）

鐫南嶽倡酬集小引

（明）楊德周

古邑僻在萬山深處，名賢遞有衰旺。而宋紹興間，林東屏、草堂兩先生兄弟崛起，授業紫陽皋比，下與蔡季通齊名，道德淵源，沿流可遡已。縣北有書院，題曰"溪山第一"，是紫陽手蹟，今雖失其真者，筆法尚遒勁合法，此即當時諸友講學處，後人即地祠紫陽，二林先生配焉。

周幸臨涖茲土，竊嘗憑弔山川，寢寐耆舊，顧卒卒鮮以祀宋之餘應者。邇肇舉林劍溪先生死建文事，祀諸學官，其後人因示以《南嶽唱酬集》，則東屛先生偕紫陽、南軒兩先生歷覽衡嶽，凡於喎之作尚在。蓋劍溪先生即東屛先生九世孫，道學忠節，後先輝映。即茲集，亦天犀月蠏之一斑也。竊嘆大賢存神過化之遠，豪傑響答，共嘘斯道薪火之傳。且其時黨禁方嚴，從游諸公，始終無易操，而一時杖屨登臨，覺舞雩游詠之趣，儼焉未散。今觀南軒記云："吾三人數日間，亦荒於詩矣。事無大小美惡，流而不返，皆是喪志。"而朱子云："詩非不善，懼其流而生患。"夫詩猶懼其荒也，有如荒甚於詩者，可令諸先生見耶？蓋聖賢冰淵治心，了非後人學問能步趨萬一。惟是大道絕續，上爲主盟，次則羽翼，又次則表章。自昔流風遺韻，暫或式微，久必重朗。雖中經兵燹煨燼，煙蔓剝蝕，雨徙（祝按：原誤"陡"）露送，現定不終歸澌漫。

我國家右文闡幽，凡名賢遺編，忠節舊蹟，無不揭經天之曜，而玉田俎豆，鉅典已祀，劍溪先生又再鋟是集，綴姓氏，附聲施，夫何敢妄居表章。倘得聞風景行者，上之羽翼，又上之主盟，諸先生寔式靈之，而駑劣如周，自揣門外漢，非敢附弟子之列也。他若子武先生《蒙谷集》，擴之先生《華堂集》，邵景之先生《玉波集》，余占之先生《克齋集》，程寶石先生《盤澗集》，俱無從覓原本，所望後來同心，搜採幽緒。夫今日之不泯文獻者，即後日文獻之必不可泯者也。蓋周爲斯土斯文，昕夕望之矣。

崇禎壬申仲春，四明楊德周孚先敬譔。（同上）

皇朝文鑑一百五十卷

吕祖謙 編

吕祖謙(一一三七——一一八一),字伯恭,世稱東萊先生,婺州金華(今浙江金華)人,尚書右丞吕好問之曾孫。隆興元年(一一六三)進士,復中博學宏詞科。該博多識,累官至著作郎兼國史院編修官,今存《東萊吕太史文集》四十卷。其編《皇朝文鑑》,發端於淳熙四年(一一七七),原是因孝宗讀臨安書坊所刊江鈿《聖宋文海》,頗爲贊賞,因命臨安府校正刊板。時周必大輪直,奏言該書去取差謬,殊無倫理,莫若委館職官銓擇本朝文章,成一代大書。孝宗以爲然。後二日,吕祖謙轉對,孝宗遂命其編纂。淳熙六年正月,祖謙以書進,其《進編次文海劄子》略曰:

> 先於淳熙四年十一月內承尚書省劄子,勘會已降指揮,令臨安府校正開雕《聖宋文海》。十一月九日,三省同奉聖旨,委吕祖謙專一精加校證。祖謙竊見《文海》元係書坊一時刊行,去取未精,名賢高文大冊尚多遺落,遂具劄子乞一就增損,仍斷自中興以前銓次,庶幾可以行遠。十一月五日,三省同奉聖旨本依。祖謙尋將秘書省集庫所藏本朝諸家文集及於士大夫家宛轉假借,旁採傳記,它書雖不知名氏,擇其文可錄者,用《文選·古詩十九首》例,並行編纂。凡本門,爲百五十卷,目錄四卷。……今月二十四日,偶蒙具宣聖諭,緣祖謙已除外任,俯詢所編次第,自懼稽緩,不勝震懼,所有編次到

　　《聖宋文海》一部共一百五十四册，並臨安府元牒到御

　　前降下《聖宋文海》舊本一部計二十册，並用黃羅夾複，

　　封作七複，欲望特與敷奏繳進。（《四部叢刊初編》本《皇朝

　　文鑑》卷首）

所編仍名《聖宋文海》。上進之後，周必大奏改名爲《皇朝文鑑》。關於呂氏編纂此書經過，詳見李心傳《建炎以來朝野雜記》乙集卷五《文鑑》，以及《文獻通考》等。

　　由於此書係彙集有宋自開國迄北宋末凡百七十年間的朝野文章，故去取甚艱，當時頗招物議。孝宗以爲“采取精詳”，有益治道，因命周必大作序。序既成，將刻板，有近臣密奏，以爲“所採臣僚奏議，有詆及祖宗政事者，不可示後世”。孝宗於是命崔敦詩更定，增損去留凡數十篇，於是不果刻。理學家朱熹、張栻尤不以爲然（後來朱熹又謂是書“篇篇有意”，看法有所轉變）。關於此等事節，詳見呂喬年《太史成公編皇朝文鑑始末》，亦見《朝野雜記》及《通考》等。

　　此書既進之後，由於鑠於衆口，官府未刻，然不久即有刊本，《四庫提要》所謂“蓋官未刻而其後坊間私刻之”是也。最早刻於何時不詳，明人商輅及《南廱志》謂當時臨安府及書坊皆有刻版（詳後引）。臨安府刻本情況不詳，宋、明以來即無著録；今知有麻沙劉將仕宅本及所謂大、小二字本，皆流傳後世。

　　一、麻沙劉將仕宅本。

　　疑此爲《文鑑》初刻之本。李盛鐸曾藏有此本，其《木犀軒藏書書録》著録道：

　　　　《新雕皇朝文鑑》一百五十卷，宋刊本（宋麻沙劉將

　　　仕宅刊本）。半葉十三行，行二十一字。前有進表劄子。

宋諱桓、完、慎等均缺筆；敦、廓缺筆，外加墨圈。收藏有
"種玉樓藏書印"白文方印。

傅氏《經眼録》謂該本吕祖謙札子後有牌子，文曰：

> ┌─────────────┐
> │麻沙劉將仕宅刊行│
> └─────────────┘

除"種玉樓藏書印"外，猶有"古潭州袁卧雪廬收藏"白方印。
此本今藏北京大學圖書館。

二、太平府本。

此本刊於慶元六年（一二〇〇），即所謂小字本。世無傳
本，然其板明代猶藏南京國子監，天順嚴州府本即據以重修
（詳後）。

三、新安郡齋本。

嘉泰甲子（四年，一二〇四），沈有開作《刊皇朝文鑑
跋》，曰：

> 《皇朝文鑑》一書，諸處未見有刊行善本，惟建寧書
> 坊有之，而文字多脱誤，開卷不快人意。新安號出紙墨，
> 乃無佳書。因爲參校訂正，鋟板於郡齋。嘉泰甲子重陽
> 日，郡守梁溪沈有開。

所謂"建寧書坊有之"，當即指上述麻沙劉將仕宅刊本。沈氏
因不滿其本脱誤，故重刻於新安郡齋。此即所謂大字本。

嘉定十五年（一二二二），趙彦适爲新安郡守，又不滿沈
氏本，於是重修新安郡齋本。其《重修皇朝文鑑跋》曰：

> 新安郡齋舊有《文鑑》木本，余每惜其脱略謬誤，莫
> 研精華。……暨嘉定辛巳（十四年）冬，余領郡事，一日，
> 吏部喻君貽書，以東萊吕文公家本來寄。余喜而不寐，
> 悉並取袁君所校以相參考，易其謬誤，補其脱略，凡三萬

字，命工亟取舊板及漫裂者，刊而新之，遂爲全書。

至理宗端平元年（一二三四），劉炳守郡，對趙氏重修本仍不滿，於是再次重修。其《重修皇朝文鑑跋》道：

> 惜夫鋟木之始，一付之刀筆吏，欠補亡刊誤之功，後雖更定，訛缺猶未能免。思欲就正有道，恨吕成公之不可作也。近於東萊家塾得證誤續本，命郡録事劉君崇卿參以他集而訂正之，凡删改之字，又三千有奇，與刓缺不可讀者百餘板，並新之。

則沈氏初雖不滿麻沙本脱誤，然其所刊亦不免此病，未能稱善。經趙氏、劉氏兩次據吕氏家藏本重修，殆臻完善。

陳氏《書録解題》卷一五著録"《皇朝文鑑》一百五十卷"，據其活動年代，當即新安郡齋本。《通考》卷二四八從之。

新安郡齋本（包括遞修本），傳至後世者頗富。瞿氏鐵琴銅劍樓曾藏嘉泰原刊殘本一部，其《藏書目録》卷二三詳記之，新安郡齋原本面貌歷歷可睹，迻録於次：

> 《皇朝文鑑》一百五十卷，宋刊本。卷首跨行題"皇朝文鑑"四大字，次二行低三格題"朝奉郎行秘書省著作佐郎兼國史院編修官兼權禮部郎官臣吕祖謙奉聖旨銓次"，後接進書劄子、謝賜銀絹除直秘閣表及周必大序，又次爲總目，跨行題"新雕皇朝文鑑總目"八字。以下每門標目，如賦、律賦之類，皆跨行頂格題大字，其卷數皆别行低一格。總目後爲目録，分上中下，題曰"新雕皇朝目録"。每卷首題"皇朝文鑑卷第幾"。每半葉十行，行十九字，板心著字數及刊工人姓名（祝補：注文小字雙行同正文。有單魚尾，亦有雙魚尾。白口，左右雙邊），紙面俱鈐紙

鋪朱記。卷二十五至二十七紙背有字，審是星命家言，其中有寶慶二年(一二二六)云云，的是宋槧宋印也。

　　案是書嘉泰間新安郡齋刊行，嘉定間趙彦适修之，端平初劉炳又新之。此本"讓"、"署"、"桓"、"構"、"瑋"、"敦"、"擴"減筆，而理宗嫌諱"筠"、"均"、"馴"俱不減；又藝竹堂鈔本目録中有"端平重修"四字，此本無之，足知其爲嘉泰原本，非端平重修。太倉王顓庵據端平本補録趙、劉兩跋於卷首，考之殊不審也。

　　此本原闕卷一至四，卷二十八，卷四十八至六十八，卷七十五至七十七，卷一百五至一百三十五，卷一百四十二至一百五十，經邑中張氏蓉鏡鈔補完具。卷首謝表後有題識二行云："此尚是嘉泰時初印本，在未經重修前。宋刻致佳，絕無僅有，良足寶貴。盥手展讀，心目俱開。崇禎甲戌秋日，季仙王閶借觀。"(卷中有"葉盛"與"中原博"、"叢書堂"、"韓世能印"、"張丑"、"米盦"、"檇李項藥師藏"、"毛晉"、"汲古閣"諸印記。)

傅增湘《經眼録》卷一八亦曾著録此本，稱"是書摹印精善，紙背有宋時紙坊朱記，宋槧宋印無疑"，並用以校明五經堂刊本(此本詳後)，"改正甚多"。此本瞿氏後來捐贈北京圖書館，今藏該館(國家圖書館)善本室，有邵淵耀、錢天樹、方若蘅跋，孫雲鴻、程恩澤、徐康等題款(題款詳見《鐵琴銅劍樓藏書題跋集録》卷四)。

　　今按：瞿氏謂該本爲"嘉泰原本，非端平重修"，恐非是。既然紙背上有"寶慶二年"云云字樣，寶慶二年上距嘉定重修已四年，據時間邏輯即可推知，其本若非端平重修，必是嘉定重修矣，何能稱"嘉泰原本"？況兩次重修皆更定訛缺不少，嘉定重修本優於嘉泰本，後出轉精，何必以“嘉泰原本”爲貴！

　　據臺北《“中央圖書館”善本書目》，該館藏有嘉泰間新安郡齋刊殘本，存六卷三册。又有新安郡齋刊端平重修本，存六十一卷，三十四册。

　　陸心源亦曾藏有宋刊重修本一部，其《皕宋樓藏書志》卷一一三著錄道：“端平重修《皇朝文鑑》一百五十卷，宋刊大字本。宋朝奉郎行秘書省著作佐郎兼國史院編修吕祖謙奉聖旨銓次。……按此宋端平重修本，每葉二十行，每行十九字，版心有字數及刊工姓名。”此本今藏日本静嘉堂文庫，卷中有“張蓉鏡”、“芙川氏”、“瑯嬛福地張氏藏”、“蓉鏡珍藏”、“芙川張蓉鏡心賞”、“張寬德宏之藏”、“田耕堂藏”、“泰峰借讀”、“歸安陸樹聲藏書之記”、“歸安陸樹聲叔桐父印”等印記。

　　《滂喜齋宋元本書目》嘗載“宋板《皇朝文鑑》”。《適園藏書志》卷一五亦著錄“《皇朝文鑑》五十七卷，宋刊本。宋吕祖謙撰。……嘉泰間新安郡齋刊行，嘉定間趙彦适修之，端平又修之，目錄中有‘端平重修’字樣，然亦宋刻宋印，現只存五十七卷。取校小字本（祝按：指明天順本。天順本詳下），改正訛錯不可勝舉矣”。此本今未見著錄，不詳尚存世否。

　　宋新安郡齋所刊大字板，元代又曾修補，今國家圖書館藏有兩部宋新安郡齋刻宋元遞修殘本，一部存二十四卷，另一部存六十九卷。然至明代，此板已殘缺過甚，無法再印。明《南廱志》卷一八《經籍考》曰：“《文鑑》一百五十卷，大字板，缺者半，字亦模糊，難以校次。”

　　幾乎所有明人書目皆著錄有此書，然俱未注其版本，蓋其中宋、明本皆有之，惟《趙定宇書目》載“宋板大字《皇朝文鑑》”。

　　元代是書似有翻刻本，僅見《季滄葦藏書目》載"元板《宋文鑑》百五十卷"。又《增訂四庫簡目標注》卷一九曰："振綺堂有元刊本《唐文粹》《宋文鑑》。"今未見著録，不詳所謂"元板"是否即宋槧元修本。

　　《皇朝文鑑》明代翻刻本甚多，據《古今書刻》卷上，南京國子監、山西布政司、建寧府書坊、嚴州府等皆嘗刊行。主要有如下六本。

　　一、天順八年（一四六四）嚴州府翻刻本。此本改《皇朝文鑑》爲《新雕宋朝文鑑》或《宋文鑑》，凡一百五十卷。每半葉十三行，行二十一字，黑口。前有商輅序，略曰：

　　　　宋淳熙中，吕成公祖謙奉朝旨，裒輯建隆以後、建炎以前諸賢文集，精加校正，取其辭理之醇、有補治道者，以類編次，定爲一百五十卷。書成上之，命名《皇朝文鑑》，周益公必大爲序。當時臨安府及書坊皆有刻版，歲久散佚，其書傳於今者甚鮮。近時提督浙學憲副張和節之偶得是書，以示嚴郡太守張永邵齡，邵齡欣然命工重鋟諸梓，以廣其傳。其間題識仍舊，款目無改，則以摹本翻刻，弗別繕寫，懼謬誤也。

　　《絳雲樓書目》卷三、《結一廬書目》卷四、楊守敬《日本訪書志》卷一三等，皆著録天順本。丁丙曾弆藏此本，其《善本書室藏書志》卷三八著録道：

　　　　《新雕宋朝文鑑》一百五十卷，明天順嚴州翻宋刊本，拜經樓藏書。……此天順八年冬嚴州府張（紹）〔邵〕齡據宋本翻刊，後來鏟去"國朝"，改爲"宋朝"，痕迹未泯。是爲明代接宋最初之刻也。有"拜經樓"一印。紙墨古雅，不減宋刻。

此本今藏南京圖書館。臺北"故宫博物院"藏有天順本凡二部。美國國會圖書館亦庋藏一部。

後代藏書家，或將天順本著録爲"宋刻明修本"。《皕宋樓藏書志》卷一一三著録"宋刊明修本"，世學樓舊藏，今藏日本静嘉堂文庫，即天順本。又繆荃孫曾藏有天順本，《藝風藏書續記》卷六著録道：

> 《宋文鑑》一百五十卷，宋版元明修本。宋吕祖謙編。……凡作"皇朝文鑑"、"聖宋文鑑"，或鏟去"皇朝"二字空白不補，或斜補一"宋"字，皆舊板也。明補之葉尚少。天順商輅序以爲重刻，實則舊板重修也。

張氏亦藏有此本，《適園藏書志》卷一五著録道："《宋文鑑》一百五十卷，明補宋本。……凡作'皇朝文鑑'、'聖宋文鑑'，或剷去'皇朝'二字空白不補，或斜補一'宋'字，皆舊板也。明補之葉尚少。天順商輅序以爲重刻，實則舊板重修也。"

需要討論的問題是，天順本究竟是翻刻宋本，還是宋板"重修"？商序明言嚴州本是"以摹本翻刻，弗别繕寫，懼謬誤也"，則是翻刻無疑；而繆荃孫、張鈞衡等人以爲是據舊板修補，證據是書中凡作"皇朝文鑑"、"聖宋文鑑"，或剷去"皇朝"二字空白不補，或斜補一"宋"字，凡此"皆舊板也"。其實這是誤解。今檢天順嚴州本，除"皇朝文鑑"、"聖宋文鑑"有改字如繆氏等所述外，其他看不出有所謂新、舊板之分。商序謂"以摹本翻刻，弗别繕寫"，是符合事實的；而有改字，正如上引丁氏所説，是"據宋本翻刊，後來鏟去'國朝'，改爲'宋朝'"。《增訂四庫簡目標注》卷一九曰："明南監有大字、小字二板本。明天順間嚴州太守邵齡重刊宋本，有商輅序，即南雍小字本也。"此説是矣。

如果天順嚴州本爲修補宋板，其宋板從何而來？宋元舊板，明代多藏於南京國子監。按《南雍志》卷一八《經籍考》下篇《梓刻本末》曰："《（宋）文鑑》一百五十卷，小字，好板二千二百面完。……當時臨安府及書坊皆有刻板，歲久散佚。成化中（祝按：天順本刊竣於成化），浙江副使張和命嚴郡太守邵齡刻之，商輅序曰……"則宋板早已"散佚"，南雍（南京國子監）所藏小字板，並非宋槧，而即天順嚴州所刻板。其實天順所刻板，經弘治修補後才入藏南雍，見下引弘治本胡韶《書後》。如果以爲南雍藏有宋刻小字板，嚴州本即修補該本，試想張永當時遠在嚴州，又如何能利用？故稱天順本爲"宋刻明修本"，誤也。

臺北"中央圖書館"今藏有《新雕宋朝文鑑》一百五十卷六十四册，其《善本書目》著録道："明天順八年嚴州府翻刊宋慶元庚申（六年，一二〇〇）太平府學本。清蔣光煦手校。"疑所藏即適園本，而以爲是翻刻宋慶元間太平府學本，不詳何據。

二、弘治補刊天順本。此本仍名《新雕宋朝文鑑》，有弘治甲子（十七年，一五〇四）胡拱辰序。又同年胡韶《書後》，略曰：

> 天順甲申中，江西大方伯張公邵齡守嚴州時，浙江提學憲副張公節之偶得《文鑑》善本，以付邵齡重刻之，因以原本翻刻，弗別繕寫，無謬誤也。歷歲彌久，印摹益多，版刻字畫，益趨平乏。況以書帙浩繁，而有司紙札之費，艱於應酬，惟是人心厭忽，版籍廢棄。……弘治戊午（十一年），詔自西曹來知府事，……歷五六年，求梓鳩

工，漸次克舉，復賴郡中尚文之士相成之。書既成，尤懼版遺於郡，其爲將來應酬不逮而廢棄之舉，又有如前日者，遂□（謀？）以版籍入於南雍，用廣印傳。

丁氏嘗藏有弘治本，《善本書室藏書志》卷三八著録道：

> 《宋文鑑》一百五十卷，明弘治嚴州刊本，鈕氏世學樓藏書。……後有弘治甲子秋鄱陽胡韶識云……韶字大聲，甲辰（成化二十年，一四八四）進士，此有明第二刻也。

此本今藏南京圖書館，每半葉十三行，行二十一字，黑口。臺北“故宮博物院”著録一部。日本蓬左文庫亦藏有此本，見《日藏漢籍善本書録》。

三、正德本。正德十三年（一五一八）建陽劉洪慎獨齋刊本，改書名爲《大宋文鑑》。此本即翻刻弘治本，序跋皆同。國家圖書館、上海圖書館、南京圖書館等及臺北“中央圖書館”、“故宮博物院”著録此本凡十餘部，日本内閣文庫、京都大學文學部、大倉文化財團亦有藏本。

四、嘉靖晉藩本。改題《宋文鑑》。嘉靖五年（一五二六），晉王朱知烊養德書院所刊，每半葉十三行，行二十一字。朱氏有《重刻序》，稱《宋文鑑》“版本多在南雍，不廣，兹特命工刻之”云云。嘉靖八年（一五二九），晉王因進所刻書而得嘉靖皇帝褒獎，又製序一通。《天禄琳琅書目後編》卷二〇、《平津館鑒藏記書籍》卷二皆嘗著録晉藩本。丁氏曾藏有此本，《善本書室藏書志》卷三八著録道：“《宋文鑑》一百五十卷，嘉靖五年晉藩刊本。……有嘉靖五年晉藩志道堂重刊序，七年晉藩書於養德書院後序，嘉靖八年五月十三日皇帝書復一道，及知烊恭謝璽書序文一道。”該本今藏南京圖書館。傅氏《經眼録》卷一八亦有著録，謂“十三行二十一字。清沈欽韓硃筆校”。國家圖書館、北京大學圖書館等以及臺北“中央圖書館”、臺北“故宮博物院”共庋藏晉藩本達三十餘部之多。日本宮内廳書陵部、内閣文庫、大坂府立圖書館、御茶之水圖書館亦藏有是書。宮内廳書陵部所藏係男爵毛利元功所獻，首有“鎮守貴州總兵官關防”一大官印，並有“潁仙”、“尚友居”印記，每册首有“明倫館印”、“德藩藏書”印記，凡四十册（參見嚴紹璗《日藏漢籍善本書録》）。

楊守敬《日本訪書志》卷一三著録天順本時，認爲《文鑑》以宋刻爲第一，“其次則明天順嚴州刊本爲佳，又其次則胡公韶補刊嚴州本，至慎獨齋晉藩本，則訛謬不可讀矣”。

五、萬曆間官版。題《校正重刊官板宋朝文鑑》，明萬曆間文林閣刊，今北大圖書館及臺北“中央圖書館”等皆有藏本，日本尊經閣文庫、東京大學總合圖書館、陽明文庫亦有著録。

六、五經堂本。此乃坊刻，仍題“校正重刊官板宋朝文鑑”，一百五十卷目録三卷，十行二十字，白口，四周單邊。今國家圖書館庋藏一部，凡三十二册。傅增湘曾用宋嘉泰刊本校，有跋。復旦大學圖書館亦有著録。

除上述外，猶有不詳年代之明刻本《校正重刊官板宋朝文鑑》及明刻金陵唐錦池印本，《增訂四庫簡目標注》稱之爲“江蘇局本”，今藏本尚豐。

除上述明槧完本外，明末猶有選刊本《宋文鑑删》十二卷，張溥輯並評，明段君定刻本，六册，九行十九字，白口，左右雙邊。北京大學圖書館有藏本，《中國善本書提要》以書中

“學校”作“學較”，定爲啟、禎間刻本。又臺北“中央圖書館”亦藏有此本，其《善本書目》稱是“明末刊‘古文五删’本”。《增訂四庫簡目標注》稱此本“不佳”。

　　《宋文鑑》除刊本外，今猶存明鈔本一部。黄氏《蕘圃藏書題識》卷一〇曰：“《皇朝文鑑》一百五十卷，舊鈔本。此書向藏小讀書堆，今歸愛日精廬。”按：《愛日精廬藏書志》卷三五著録，謂“是書葉文莊公於正統、天順間從宋刊本傳録”。“葉文莊公”即葉盛，其《菉竹堂書目》卷三著録道：“《宋文鑑》五十册。”當即此本。此書爲瞿氏所得，《鐵琴銅劍樓藏書目録》卷二三著録：“《皇朝文鑑》一百五十卷，舊鈔本。此明菉竹堂鈔本，從端平刻本傳録者。……是本行款標題與嘉泰本大致符合，惟‘皇朝文鑑目録’一行嘉泰本頂格，此本上中下俱空三格，且目録中有‘端平重修’字，此其異也。”此本今藏國家圖書館，有顧之逵、黄丕烈跋。

　　《四庫總目》著録内府藏本，《提要》中言及商輅序，當爲天順本。

　　《四部叢刊初編》據瞿氏鐵琴銅劍樓藏宋本影印。

　　一九九二年，中華書局出版齊治平校點本《宋文鑑》。此本以《四部叢刊初編》本爲底本，校以國家圖書館所藏嘉泰四年刊元修本、明鈔本、晉藩養德書院本及五經堂刻本（有傅增湘校）等。《四部叢刊》影印瞿氏本雖善，然其中張蓉鏡鈔補部分錯訛頗多，空白處尤屢見，由此皆得以補正。此書附録有二。附録一爲吕喬年《太史成公編皇朝文鑑始末》，沈有開、趙彦适、劉炳三跋，吕祖謙《奉聖旨銓次札子》及《謝表》；附録二爲《宋史·吕祖謙本傳》，葉适《習學記言序目》卷四七、四八，《四庫提要》。書末附《宋文鑑篇目索引》及《作者索引》。是爲《文鑑》現存最佳善、使用最方便之本。

【附録】

皇朝文鑑序

（宋）周必大

　　臣聞文之盛衰主乎氣，辭之工拙存乎理。昔者帝王之世，人有所養，而教無異習。故其氣之盛也，如水載物，小大無不浮；其理之明也，如燭照物，幽隱無不通。國家一有殊功異德卓絕之迹，則公卿大夫下至於士民，皆能正列其義，緶飾而彰大之，載於書，詠於詩，略可考已。後世家異政，人殊俗，剛大之不充而委靡之習勝，道德之不明而非僻之説入。作之弗振也，索之易窮也。譬之盪舟於陸，終日馳驅，無以致遠；搏土爲像，丹青其外，而中奚取焉。此豈獨學者之罪哉，上之教化容有未至焉爾。

　　時不否則不泰，道不晦則不顯。天啟藝祖，生知文武，取五代破碎之天下而混一之，崇雅黜浮，汲汲乎以垂世立教爲事。列聖相承，治出於一，援毫者知尊周孔，游談者羞稱楊墨，是以二百年間英豪踵武，其大者固已羽翼六經，藻飾治具，而小者猶足以吟詠情性，自名一家。蓋建隆、雍熙之間其文偉，咸平、景德之際其文博，天聖、明道之辭古，熙寧、元祐之辭達。雖體制互異，源流間出，而氣全理正，其歸則同。嗟乎，此非唐之文也，非漢之文也，實我宋之文也，不其盛哉！

　　皇帝陛下天縱將聖如夫子，焕乎文章如帝堯，萬幾餘暇，猶玩意於衆作，謂篇帙繁夥，難於遍覽，思擇有補治道者表而出之。乃詔著作郎呂祖謙發三館四庫之所藏，裒緝紳故家之所錄，斷自中興以前，彙次來上。古賦詩騷，則欲主文而譎諫；典策詔誥，則欲溫厚而有體。奏疏表章，取其諒直而忠愛者；箴銘贊頌，取其精愨而詳明者。以至碑記論序，書啟雜著，大率事辭稱者爲先，事勝辭則次之；文質備者爲先，質勝文則次之。復謂律賦經義，國家取士之源，亦加采掇，略存一代之制，定爲一百五十卷。規模先後，多本聖心。承詔於淳熙四年之仲冬，奏御於六年之正月，賜名曰《皇朝文鑑》，而命臣爲之序。

臣待罪翰墨，才識駑下，固無以推原作者，闡繹隆指。抑嘗竊讀《大雅》之詩，而知祖宗所以化成天下者矣。《棫樸》官人也，《旱麓》受祖也，辭雖不同，而俱以“遐不作人”爲言。蓋“魚躍於淵”，氣使之也；“追琢其章”，理貫之也。況夫“雲漢”昭於上，“豈弟”施於下，濟濟多士，其有不觀感而化者乎？是則祖宗啟之，陛下繼焉，樂文王之壽考，申太王、王季之福祿，人才將至於不可勝用，豈止乎能文而已！臣雖不肖，尚當執筆以頌作成之效云。臣謹序。（《四部叢刊初編》影印宋刊本《皇朝文鑑》卷首）

端平重修皇朝文鑑跋

（宋）趙彥适

文以“鑑”名，非爲標題設也。以銅爲鑑，則可以別妍醜；以古爲鑑，則可以審興衰；以人爲鑑，則可以正得失。至於以文爲鑑，則又不可以別妍醜、審興衰、正得失盡之也。

新安郡齋舊有《文鑑》木本，余每惜其脫略謬誤，莫研精華。若涉蓬山而阻弱水，隔雲霧而索豹章。輒嘆曰：斯文之墜，越漢歷唐，至我皇宋，始還三代之舊。今牴牾訛舛若此，學者何賴焉？郡博袁君嘗加訂證。暨嘉定辛巳冬，余領郡事，一日，吏部喻君貽書，以東萊呂文公家本來寄。余喜而不寐，亟並取袁君所校以相參考，易其謬誤，補其脱略，凡三萬字，命工悉取舊板及漫裂者，刊而新之，遂爲全書。使學者覽表疏而思都俞吁咈之美，觀制册而得盤誥誓命之意，閱賦詠而追《國風》《雅》《頌》之音，續渾金璞玉之體，免覆瓿鏤冰之譏，藻飾皇猷，黼黻治具，俾斯文之作，歷千萬人如出一手，越千百載如在一日，則"文鑑"之名爲無負，《文鑑》之利爲甚博矣。

嘉定十五禩壬午夏五月上澣，郡守開封趙彥适跋。（同上）

端平重修皇朝文鑑跋

（宋）劉　炳

前輩之文，粹然出正，蓋累朝涵養之澤，而師友淵源之所漸也。此書會粹略盡，真足以鳴國家之盛。惜夫鋟木之始，一付之刀筆吏，欠補亡刊誤之功，後雖更定，訛缺猶未能免。思欲就正有道，恨呂成公之不可作也。近於東萊家塾得證誤續本，命郡録事劉君崇卿參以他集而訂正之，凡删改之字，又三千有奇，與刊缺不可讀者百餘板，並新之。其用心勤矣，其有補此書多矣。既迄役，將如京，因語之曰："夫校讎工夫，如拂几上塵，旋拂旋生。去後尋繹，當更有得，録以見寄，抑以觀子日進之學。"

端平初元清明，郡守四明劉炳書於黄山堂。（同上）

天順新雕宋朝文鑑序

（明）商　輅

　　宋淳熙中，呂成公祖謙奉朝旨，裒輯建隆以後、建炎以前諸賢文集，精加校正，取其辭理之醇、有補治道者，以類編次，定爲一百五十卷。書成上之，命名《皇朝文鑑》，周益公必大爲序。當時臨安府及書坊皆有刻版，歲久散佚，其書傳於今者甚鮮。近時提督浙學憲副張和節之偶得是書，以示嚴郡太守張永邵齡，邵齡欣然命工重鋟諸梓，以廣其傳。其間題識仍舊，款目無改，則以摹本翻刻，弗別繕寫，懼謬誤也。邵齡以序見屬，欲以識歲月云。

　　竊觀汴宋之時，光岳氣完，賢才衆多。周、程以理學顯，歐、蘇以古文侶，韓、范以相業著。其他文人才士，後先相望，諷詠之間，有規戒焉，議論之下，有褒貶焉，上足以格君心而扶人紀，下足以明善惡而別邪正，所謂文之有補於治道者如是。然則文以鑑名，豈徒辭章云乎哉？先是，太平興國中，嘗詔修《太平御覽》《册府元龜》《文苑英華》三書各千卷，太宗日覽二卷，因事有缺，則暇日追補，曰"開卷有益，朕不爲勞"。方孝宗銳志恢復之秋，干戈未息，而能留意文事若此，豈非克守家法者歟？雖功業未底於成，而國事自是益振，南渡以後稱賢君者必曰孝宗，是豈詰兵之力，要亦右文之效。

　　洪惟我朝混一區宇，於兹百年，涵養既深，大音斯振，羽翼聖經，鋪張鴻猷，著作之功，於是爲盛，必有彙次而傳於世者矣。予不敏，姑書此以俟。

天順八年歲次甲申冬十二月之吉，歸田前通議大夫、兵部左侍郎兼翰林院學士、知制誥、經筵官淳安商輅序。（正德建陽慎獨齋本《大宋文鑑》卷首）

弘治刊大宋文鑑序

（明）胡拱辰

　　嚴郡太守番易胡公補刻《宋文鑑》一部，爲卷百又五十，屬予一言。此即《皇朝文鑑》，孝宗命東萊呂成公所類編者也。始則周益公，繼則商文毅公序其前，今則太守公書其後。其間委任之專，選擇之精，標題之宜，與夫殘缺之復，工料之費，應酬之慮，言之詳矣。惟是成公平生大略未之及爾，予請續焉。

　　公居婺州，名祖謙，字伯恭。自其先代滎公從明道程純公游，以儒行名於世，其子孫並得中原文獻之傳，至公復從游於林公之奇、汪公應辰、胡公憲，而南軒張宣公、晦庵朱文公則又相友善。成公爲人心平氣和，不立崖異，一時英偉之士皆歸心焉。少性褊，因讀《論語》，至“躬自厚薄責於人”，忽覺忿懷釋然。文公嘗言學如伯恭，方是能變化氣質，其所講畫，將以開物成務。既病，而任重道遠之心不衰，達於家政，皆可爲後法。其他推美之辭，未易具陳。淳熙八年七月卒，得年四十五。嘉定八年賜謚。《皇朝文鑑》外，若《讀書記》《大事記》《考定古周易》《書說》《閫範》《官箴》《辨志錄》，皆所著也。

　　公嘗爲嚴郡博士，宣公爲郡太守，聲同氣合，莫逆無間，善政善教，猶存而未泯。今太守公來承其後，是則是效，雄名偉績，有所自也。公詔其名，大聲其字，成化甲辰進士，累官刑曹正郎。時今上命審刑兩浙，而敕諭有"廉明公恕"之云。所至平反者多，允稱好生之德，詳見建德王縣令春所輯《審刑録》。遷公今官，恪遵聖諭，而六邑群黎仰如父母，予恐臺省之遷，只在早晚間云。

　　弘治甲子七月丙辰，賜正統己未科同進士出身、南京工部尚書致仕、進階榮禄大夫淳安胡拱辰序，時年八十八。（同上）

弘治刊大宋文鑑書後

（明）胡　韶

　　右《文鑑》一部，爲宋著作郎吕成公祖謙奉朝旨彙集建炎以前文字，校正成書，凡一百五十卷。而詔誥表疏、詞賦詩騷、箴銘讚頌、碑記序文之屬□備焉。宋刻沿流，逮至於今，版刻幾存，馴至散佚。天順甲申中，江西大方伯張公邵齡守嚴州時，浙江提學憲副張公節之偶得《文鑑》善本，以付邵齡重刻之，因以原本翻刻，弗别繕寫，無謬誤也。歷歲彌久，印摹益多，版刻字畫，益趨平乏。況以書帙浩繁，而有司紙札之費，艱於應酬，惟是人心厭忽，版籍廢棄，而或者不能無人力於其間，不亦重可惜哉！

　　弘治戊午，韶自西曹來知府事，日接文流，每詢天下名刻，必先是書。且以右文舉墜，責成惟勤，顧惟才力綿薄，經費不易，籌畫久之，歷五六年，求梓鳩工，漸次克舉，復賴郡中尚文之士相成之。書既成，尤懼版遺於郡，其爲將來應酬不逮而廢棄之舉，又有如前日者，遂□（謀？）以版籍入於南雍，用廣印傳。使□□之士得公所惠，非特一□（郡？）一邑之圖

而已。因並書重刻之所自，以紀年月云爾。若曰附名置喙於
《文鑑》之□，夫豈敢哉！

　　弘治甲子秋七月望，後學鄱陽胡韶識。(同上卷末)

志道堂本宋文鑑刊板序

(明)朱知烊

　　《宋文鑑》爲宋名儒呂伯恭等編集。簡質雖不如漢，華藻
雖不如唐，然其間如周、程、張、朱之書，韓、范、富、馬之疏，皆
據經明道，即事切理，純粹精確，又非漢、唐人所能及也。顧
其板本多在南雍，不廣，茲特命工刻之。觀者取其所長，棄其
所短，於修身治民之用，無往不可。若乃因周、程之精義，以
尋孔、孟之墜緒，則又係人之志力如何耳。

　　嘉靖五年歲次丙戌仲夏上浣，晉藩志道堂書於敕賜養德
書院。(嘉靖五年晉藩志道堂本卷首)

古文關鍵二卷

呂祖謙　編

　　呂祖謙除編《皇朝文鑑》外，猶編有我國最早的評點文章
總集《古文關鍵》(或云此書非呂氏編，詳下)。今傳《關鍵》無
原編序跋，《書錄解題》卷一五著錄道：

　　　《古文關鍵》二卷，呂祖謙所取韓、柳、歐、蘇、曾諸家
　　文標抹注釋，以教初學。

《通考》卷二四九同。《宋志》載“吕祖謙《古文關鍵》二十卷”，卷數較《解題》多十倍。《四庫總目》著録明刻二卷本（詳下），《提要》曰：

> 考《宋史·藝文志》載是書作二十卷，今卷首載《看諸家文法》，凡王安石、蘇轍、李廌、秦觀、晁補之諸人具在論列，而其文無一篇録入，似此本非其全書。然《書録解題》所載亦只二卷，與今本卷數相合，所稱韓、柳、歐、蘇、曾諸家，亦與今本家數相合，知全書實止於此。《宋志》荒謬，誤增一“十”字也。

館臣真所謂“知其一不知其二”。流傳後世之宋刻本《古文關鍵》，正有二十卷者，乃蔡文子注本（本書別立目，詳後）。《宋志》著録不誤，蓋失在録之未詳耳。宋刻《古文關鍵》二卷本清初尚傳世，藏於徐乾學家，後散佚（詳下）。《增訂四庫簡明目録標注》卷一九載《慈孝堂目》有宋板，已久不見著録。

　　《古文關鍵》未聞有元槧。蓋其書利於科舉，而元代長期停舉，延祐後雖恢復，但考試方法與宋代不同，故是書不受重視。

　　明《文淵閣書目》卷一〇載：“《古文關鍵》一部二册，完全。”此當是宋刻本。後來明人翻刻極夥，《古今書刻》卷上載楚州、南昌府、蜀府皆有刻本。公私書目亦多見著録，如《晁氏寶文堂書目》卷上、《百川書志》卷一九、《萬卷堂書目》卷四、《脈望館書目》（二部）、《近古堂書目》卷下、《玄賞齋書目》卷七、《行人司重刻書目》、《內閣藏書目録》卷四、《澹生堂藏書目》卷一二、《絳雲樓書目》卷三等等，或僅載書名、本數，或録爲二卷，然不詳其版本，蓋宋本、明本皆有之，但流傳至今者甚少。

　　中山大學圖書館藏有《古文關鍵》,四册一函,有點抹,無蔡文子注。請吳承學教授代爲查核並攝書影,知該本已殘,無序跋,每半葉八行,行二十字,大黑口,四周雙邊。三魚尾,上魚尾下刊書名、卷數,下魚尾上刊葉數。鈐有“心翼”、“苦詣”、“陸驤”、“温印廷敬”、“補讀書廬珍藏”、“温氏石銘”、“丹銘”等印記。文章標題下行、文句點抹旁爲評。此本《中山大學圖書館善本書目》(一九八〇年鉛印本)著録爲明初本。又,傅增湘《藏園訂補郘亭知見傳本書目》卷一六上、國家圖書館、《鐵琴銅劍樓藏書目録》卷二三、《藝風藏書續記》卷六等猶著録明刻二卷本,刊刻年代不詳。

　　除明初本(或明刊本)外,今國家圖書館、北京師大圖書館藏有嘉靖十一年(一五三二)李成刊本。據刊者太學生李成跋,該本底本乃莆田人鄭鳳翔手鈔本,凡二卷,刊成後每半葉八行,每行二十字,白口,評注在右側。北師大本已殘,無序跋,多補鈔。日本静嘉堂文庫亦藏有此本,原爲陸心源十萬卷樓舊藏,《皕宋樓藏書志》卷一一三嘗著録,前有嘉靖壬辰(十一年)孫應鰲序。此序未見。嘉靖十九年(一五四〇),楚府崇本書院刊二卷本,今華中師大圖書館著録,當即上引《百川書志》所載楚府本。

　　入清,首爲崑山徐乾學季子樹屏冠山堂重刻是書,時當康熙間。其訂《凡例》六條,謂“家藏兩宋刻,刻有先後,評語悉同,皆以抹筆爲主,而疏密則殊。一本稍前者,每篇抹不過數處,皆綱目關鍵;其稍後一本,所抹較多,並及於句法之佳者。今將二本參酌互用,第恐抹多而泪其面目,大概從前本爲多。其接頭處用抹,則從後本”。徐樹屏有跋,略曰:“東萊吕子《古文關鍵》上下二卷,久乏雕本。余家自先公司寇藏有宋槧，其所評閱，抉摘心髓，開示來學，與世眼迥別。顧其間棗木失真，誤謬頗多。張君漢瞻寢食於古，向爲先公所亟賞，因請細加勘定。"所稱張漢瞻名雲章，有序，謂"舊跋云乃前賢所輯古今文之可爲法者，東萊先生批注詳明，審此則非東萊所選可知，然其手眼，實出諸家之上"。所刊爲每半葉九行，行二十一字。白口，四周單邊。上魚尾下刊名書，最下記葉數。點抹旁小字爲吕祖謙評；句下雙行小字，爲蔡子文注。張序所稱舊跋，在刊本之末，惜失作者名，全文曰：

> 余家舊藏《古文關鍵》一册，乃前賢所輯古今文字之可爲人法者，東萊先生批注詳明，觀其書，當與《文章軌範》並行於世。不敢自秘，因命繡諸梓，以廣其傳，爲學文者行遠升高之一助云爾。

按《文章軌範》乃宋季謝枋得編，此跋既已言及，則"繡梓"最早也應在元末，更可能在明代（《文章軌範》今存元刻本，刊刻年代不詳）。舊跋云"乃前賢所輯古今文字之可爲人法者，東萊先生批注詳明"，故張雲章謂原書"非東萊所選"，吕氏僅是批注而已。然在宋代文獻中，又有蛛絲馬跡表明吕氏頗有編《古文關鍵》之可能。朱熹嘗致吕祖謙書道："向令問（按：指令其長子朱塾問）選録古文之意，不知曾語之否？此間（按：指建寧）與時文皆已刊行，於鄙意殊未安也。近年文字姦巧之弊熟矣，正當以渾厚樸素矯之，不當崇長此等，推波以助瀾也。"（《答吕伯恭》〔三四〕，《朱文公文集》卷三三，《四部叢刊初編》本）祖謙回信道："揀擇時文、雜文之類，向者特爲舉子輩課試計耳。如去冬再擇四十篇，正是見作舉業者明白則少曲折，輕快則欠典重，故各舉其一，使之類爲耳，亦別無深意。今思稽其所敝，誠爲至論。此等文字自是以往，決不復再拈出，非特訒出也。"(《與朱侍講(熹)書》〔六〕,《東萊呂太史别集》卷八)往復所論,是否即指《古文關鍵》? 雖有可能,然别無確証。又,朱熹在與門人對答中,曾説到"伯恭所批文",認爲"文章流轉變化無窮,豈可限以如此?"(《朱子語類》卷一三九)所謂"伯恭所批文",是否指《古文關鍵》? 南宋書坊多托名呂氏刊書,《古文關鍵》若非呂氏選編,究竟出何人之手,已不可考。對此,目前學界仍在討論中,似乎集中在對是書選目與同爲呂氏所編《皇朝文鑑》選目之比較研究上。這種研究雖然必要,但愚以爲,選目不同,蓋因編選目的不同:《文鑑》重在"有補治道",而《關鍵》則在"以教初學",即授舉子以爲文之法。宋、元書目著録此書爲呂祖謙編,言之鑿鑿,當可從,不必以宋末或時代更晚的無名氏跋而徒滋紛擾。

　　徐樹屏康熙本對後來刻本影響很大。乾隆十八年(一七五三)浙西顧氏讀畫齋刊本、錫山華氏保元堂刻本,同治九年(一八七〇)古閩晏湖張氏勵志堂刻本,皆由康熙本出,版式相同,即九行二十一字,有點抹、評、注。勵志堂本卷首之末,有"古閩晏湖張氏勵志書屋重刻"二行。同治十年,胡氏退補齋刻《金華叢書》本,也出於康熙本,胡鳳丹序略曰:"是書原出於崑山徐氏,重刊於錫山華氏,蓋宋槧也。余家藏其本,檢授梓人,願與海内文章家共寶之。"上述各本,今大陸、臺灣皆有著録。各本多題"東萊呂祖謙(伯恭)評、建安蔡文子(行之)注、崑山後學徐樹屏(敬思)考異",唯讀畫齋本作呂祖謙"評"作"輯"。《叢書集成初編》據《金華叢書》本排印。《日藏漢籍善本書録》著録"日本光裕天皇文化元年(一八〇四)昌平坂學問所刊《古文關鍵》二卷。此本係蔡文子注本"。

　　《四庫總目》著録江蘇巡撫採進本《古文關鍵》二卷,乃明嘉靖刊本。《提要》曰：

> 取韓愈、柳宗元、歐陽脩、曾鞏、蘇洵、蘇軾、張耒之文凡六十餘篇，各標舉其命意布局之處，示學者以門徑，故謂之"關鍵"。卷首冠以總論看文、作文之法。……此本爲明嘉靖中所刊，前有鄭鳳翔序。又别一本所刻，旁有鈎抹之處，而評論則同(祝按：此當指上述不詳年代之明刊二卷本)。考陳振孫謂其標抹注釋，以教初學，則原本實有標抹，此本蓋刊版之時，不知宋人讀書於要處多以筆抹，不似今人之圈點，以爲無用而删之矣。

稱"凡六十餘篇"，只是大數，蓋一般爲六十二篇，各本略有出入，多寡約在兩三篇之間。

【附録】

重刊古文關鍵序

(明)鄭鳳翔

文以載道，無古今也。由溺於今者遠乎古也，有志於古者復矣。自東京以降，文體卑弱，昌黎諸君子倡之而復。後三百年又一壞矣，歐陽文忠公諸君子挽之再復。雖文章與時高下，然其所以救弊而還淳者，未嘗不以人是重也。但今之評韓文者，不過曰"奧衍宏深"。評柳文者曰"宏深"、"雅健"，評歐、蘇、南豐曰"雅粹"，曰"蒼勁"，曰"神俊"，曰"古淡"、"光潤"。均之以文名家，然其人品之高，勳業之著，道德行藝之充溢，夫豈操觚弄翰所得而知哉！況其體裁純正，法度森嚴，有一字而貫一篇之義，有數言而斷天下之是非，有終篇宏放而斂於一字之奇，且餘韻鏗鏘，曲終奏雅，終身咀嚼之而莫味其精華者，豈盡無耶！

東萊吕成公潛思詣極，正脈相承，幽者闡之，晦者彰之，標示其奧義，提挈其綱目，總以"關鍵"名之，凡若干卷，板行世久已。夫傳太學生李友成好學信古，行將赴銓曹，予以是書授之。讀而嗜，充然有得，乃命工升之梓，請序於予。予惟古人未嘗有意於爲文也，充實於中，流暢於外，有德造道之言，雖不镕意鑄詞，言出而道從之，自不能以不文。譬如風行水上，委蛇起伏，極天下之至文，果孰爲之耶？學者誠能覃思力踐，深造自得，一旦發爲文詞，識高則意廣，量高則格奇，蓄多則文富，地步高則局致不凡，涉歷深則才力清健，久當自化，吾莫吾知也。惜世風趨下，聲偶相高，間有效古文者，則曰忤時戾俗；踐古道者，則訕笑以爲狂。噫！古今一時，聖愚一性，塗人可以爲禹，孰謂古今人之不相及哉！愚因論文而及道，道一則文一矣。

嘉靖壬辰八月望，莆田鄭鳳翔于書。（嘉靖十一年李成刻本《古文關鍵》卷首）

重刊古文關鍵跋

（明）李　成

此吕成公《古文關鍵》也。公得中原文獻之傳，深于道也。以文示人，不分道德文章爲二也。是板有傳，魯魚亥豕，讀者病之。予遊鄭翔于先生門，見其手録二卷，楷書端方，校正明白，請而鋟梓。先生曰："公也予志也，制於力而有待，成之者子也。"予遂刻之。

嗚呼！盛衰時也，顯晦數也，彰其晦以還國家之盛，人也。予於篤道同志有望焉。

嘉靖十一年仲秋吉，邵武晚學生成成書。（同上卷末）

康熙本古文關鍵序

（清）張雲章

柳子厚嘗言：古今文章，得之爲難，知之愈難。豈不信哉！自昔集録之家，無慮什佰，往往淪逸不著。有宋一代，文章之事盛矣，而集録古今之作傳於今者，僅三四家，夫亦以得其當者鮮哉。真西山《正宗》、謝疊山《軌範》，其傳最顯，格製法律，或詳其體，或舉其要，可爲學者準則。而迂齋樓氏之標注其源流，亦軌於正，其傳已在隱顯之間。以余考之，是三書皆東萊先生開其宗者。

東萊吕子《關鍵》一編，當時多傳習之，今世見者或罕矣。使竟隱而弗彰，不重可惜邪？觀其標抹評釋，亦偶以是教學者，乃舉一反三之意。且後卷論策爲多，又取便於科舉，原非有意采輯成書，以傳久遠也。舊跋云："乃前賢所集古今文之可爲法者，東萊先生批注詳明。"審此則非東萊所選可知。然其手眼，實出諸家之上。西山、疊山、迂齋皆似得此意而通之者。作者之心源骨髓，一一抉出，不啻口講手畫，以指示學者。可謂知之深，而與得之者同其難矣。苟讀之而心解神會，則難者正無難耳。雖然，文以道爲歸，或言乖於義理，雖工無取焉。集中登載雖隘，揆之義理，未必盡合。朱子嘗因東萊詮次《文海》而告之曰："一種文勝而義理乖僻者不可取，其爲虛文而不説義理者，却不妨耳。”其言正爲此也。然於斯道有發明者爲多，在善學者分别觀之耳。

崑山徐君思敬，司寇先生季子，稟其家學，好古尤篤。舉是編而重加讎校，付之剞劂，以廣其傳。學者玩心於此而有得焉，徐季子之爲功於斯文爲不少矣。

嘉定張雲章漢瞻氏書。（《金華叢書》本《古文關鍵》卷首）

康熙本古文關鍵跋

（清）徐樹屛

右東萊吕子《古文關鍵》上下二卷，久乏雕本。余家自先公司寇藏有宋槧，其所評閲，抉摘心髓，開示來學，與世眼迥别。顧其間棗木失真，誤謬頗多。張君漢瞻寢食於古，向爲先公所亟賞，因請細加勘定。吕子之書，既可爲學文之準，則得張君而刮發幽翳，可以灼然無疑矣。余之無似，亦曾奉庭訓於先公，遍考宋元以來善本，較其同異，庶幾佐張君之商榷，以無負先公遺此簡篇焉爾。

崑山徐樹屛思敬氏謹跋。（同上卷末）

重刻古文關鍵序

（清）胡鳳丹

東萊先生曾裒宋一代文，爲《文鑑》一百五十卷。厥後樓氏沿之，而有《崇古文訣》之選；王氏因之，而有《古文集成》之編。近代則荆川《文編》，鹿門《八家文鈔》，咸播藝林，稱爲善本。顧其書率卷帙繁重，承學之士或艱誦習，不免望洋。至

若坊間讀本，指不勝僂，半皆去取弗審，評隲寡當。彼自於古
文未涉其樊，用以操選，祇誤來學。惟疊山謝氏《文章軌範》
與先生是編，最簡而要。雖所甄録，文僅數家，家僅數篇，而
構局造意，標舉靡遺，實能灼見作者之心源，而開示後人以奧
竅。由是推之，乾坤以闔闢爲關鍵，山川以脈絡爲關鍵，宮室
以門户爲關鍵，人身以筋骨爲關鍵，胥是道也。否則有文章
而無關鍵，譬諸枯樹之枝，死獸之鞹，軀殼雖存，而生氣已索
然盡矣。然則不知此法，無以作文；不讀先生是書，又何以知
古人作文之法之妙哉！

　　是書原出於崑山徐氏，重刊於錫山華氏，蓋宋槧也。余
家藏其本，檢授梓人，願與海内文章家共賞之。

　　同治十年夏五月，同郡後學胡鳳丹月樵謹序。（同上卷首）

增注東萊呂成公古文關鍵二十卷

呂祖謙　編　蔡文子　注

　　《古文關鍵》除上述無注二卷本外，猶有注釋本，題曰《增
注東萊呂成公古文關鍵》，蔡文子注，凡二十卷。蔡文子，字
行之，建安（今福建建甌）人，生平事跡不詳（按：永嘉人蔡幼
學亦字行之，非一人）。是書今僅存宋刊本，無序跋，《季滄葦
藏書目》嘗著録，曰："宋板《東萊古文關鍵》廿卷，又一部四
本。"則季氏所藏似有兩部。今國家圖書館藏有二十卷本，
《北京圖書館古籍善本書目》載："《增注東萊呂成公古文關
鍵》二十卷，宋呂祖謙輯，蔡文子注，宋刻本。"呂祖謙原編本

爲二卷,蔡文子作注,遂擴爲二十卷。傅增湘亦嘗得見二十卷本,其《經眼録》卷一七記曰:

> 《增注東萊吕成公古文關鍵》二十卷,宋吕祖謙撰。宋刊本。次行題"東萊吕祖謙伯恭譔,建安蔡文子(祝按:"子"原誤"字")行之注"。半葉十二行,行二十三字,白口,左右雙闌,注雙行同。版心上記字數,下記刊工姓名。宋諱恒、匡、桓、貞、敬均缺筆,"慎到"作"謹到","貞觀"作"正觀"。字體方整厚實,不似建本。每篇總評語在題目次行,詳評在本文每段或每句下。(辛未十一月廿八日文德堂韓左泉持示)

《續修四庫全書》據國家圖書館藏本影印,編入第一六〇二册。

東萊標注三蘇文集五十九卷

吕祖謙　編

《東萊標注三蘇文集》五十九卷,舊題吕祖謙輯。《天禄琳琅書目後編》卷一一《元版集部》著録二函十册:

> 三蘇人各爲編,凡蘇洵十一卷,蘇軾二十六卷,蘇轍二十二卷,各分體加以點抹,於題下標注本意,與蜀本(祝按:指《標題三蘇文》,前已著録)及《文粹》篇目並異。
>
> "吴氏家藏"(朱文,三家集各首末)、"謙牧堂藏書記"(白文,每册首)、"謙牧堂書畫記"(朱文,每册末)。

　　民國間，潘宗周收得《東萊標注老泉先生文集》二卷，其餘爲傅增湘所藏。後由羅振常"作緣"，傅書歸潘氏（見蟫隱廬本《經進三蘇文集事略》之羅振常《重校郎注老泉文集序》）。《寶禮堂宋本書録》著録《東萊標注老泉先生文集》十二卷，與天禄本書名相同，但卷數異，編排、收文數量略有不同（詳下）。《寶禮堂宋本書録》以爲皆書坊托名以謀利，並不出吕祖謙之手，可資參考（本書姑依舊題）。其曰：

> 　　蓋南渡之後，文禁大開，蘇氏父子文字爲一時所矜尚，坊肆爭相編刻以謀錐刀之利，有所謂《三蘇文粹》者，最爲流行，其後又有"重廣"、"分門"之輯，益趨蕪陋。此蓋不滿於其所爲，而別樹一幟者也。東萊久負盛名，坊間刊本每相引重，以增聲價。……以意推之，此亦必托名之作，而非真出吕氏之手。天禄琳琅有《東萊標注三蘇文集》，編各分體，加以點抹，題下標注本意。據吳炎咨啟測之，此亦必三蘇合刻，版心有署"泉幾"者，亦其一證。然天禄本洵文十一卷，此爲十二卷，又有不同。

其版式爲"半葉十四行，行二十五字（按：羅振常《重校郎注老泉文集序》謂"間有二十四、二十六字者"），小注雙行字數同。左右雙闌。版心有若干葉細黑口，雙魚尾。書名署'泉幾'，闌下有標題，關鍵處旁加黑擲"，鈐有"棟亭曹氏藏印"。王晉卿《文禄堂訪書記》卷四亦嘗著録此本。所云吳炎咨啟，全文如下：

> 　　先生父子文體不同，世多混亂無別。書肆久亡善本，前後編節刊行，非繁簡失宜，則取舍不當，魚魯亥豕，無所是正，觀者病焉。頃在上庠，得吕東萊手抄凡五百

餘篇，皆可誦習爲矜式者，因與同舍校勘訛謬，擬爲三集，逐篇指摘關鍵，標題以發明主意。其有事跡隱晦，又從而注釋之，誠使一見，本末不遺，義理昭晰，豈曰小補之哉！鼎新作大字鋟木，與天下共之。收書賢士，伏幸垂鑒。紹熙癸丑八月既望，從事郎、桂陽軍軍學教授吳炎濟之咨。

“紹熙癸丑”爲紹熙四年（一一九三）。桂陽軍，治今湖南郴縣。

《東萊標注三蘇文集》今僅存宋刻本，存五十一卷（《老泉先生文集》十一卷全，《東坡先生文集》一至二十五，《潁濱先生文集》一至十五），藏國家圖書館，即天禄琳琅舊藏本之殘帙（原著録爲元版，已見上），有“兼牧堂書畫記”、“五福五代堂寶”、“八徵耄念之寶”、“太上皇帝之寶”諸印記。潘氏所藏宋刻十二卷本《老泉先生文集》，今亦藏國家圖書館。民國時羅振常考其注當出於郎曄，其《重校郎注老泉文集序》曰：“蓋其書標點爲東萊，注則晦之（郎曄字晦之）。”因將其輯入《經進三蘇文集事略》，今從蟫隱廬刊本尚可略睹其舊，詳後《經進三蘇文集事略》叙録。

以十一卷本、十二卷本（蟫隱廬刊本）《老泉先生文集》目録相校，十一卷本卷六爲“衡論十篇”，十二卷本將此十篇分爲兩卷（每卷各五篇），爲卷六、卷七，故兩本卷次不同。其他篇目次序亦有小異，如十一卷本《太玄論》（上、中、下）在卷二，十二卷本此三論在卷四。十一卷本卷四有《明論》《辨姦論》，而十二卷本《明論》在卷二，《辨姦論》在卷三。十一卷本卷八至卷十（十二卷本爲卷九至卷一一）爲“書”，兩本次序亦異，且十二卷本卷十之《上富丞相書》、卷一一之《答雷太簡書》《與雷太簡書》，爲十一卷本所無。十一卷本卷一一、十二卷本卷一二“記”類共收四篇，頭兩篇，十一卷本爲《蘇氏族譜亭記》、《張益州畫像記》，十二卷本次序相反，《張益州畫像記》在前（第三篇《木假山記》、第四篇《彭州圓覺院記》，兩本次序相同）。從總體看，《東萊標注三蘇文集》之《老泉先生文集》十一卷、十二卷兩本，不僅書名相同，選文篇目也相近（十二卷本稍多），疑屬同一書而版本不同，故編次略異耳。

東萊集注類編觀瀾文集七十卷

林之奇 編　　呂祖謙 集注

　　呂祖謙除編有《皇朝文鑑》、評點《古文關鍵》等書外，又嘗集注林之奇所編《觀瀾文選》。林之奇（一一一二—一一七六），字少穎，號拙齋，學者稱三山先生，侯官（今福建閩侯）人，紹興二十一年（一一五一）進士，歷校書郎，參閩帥，遂以祠禄家居，呂祖謙嘗受學焉。《宋志》著録“林少穎《觀瀾文集》六十三卷”。明以後所傳，多殘闕不全。《文淵閣書目》卷一〇載“《觀瀾文選》一部九册，殘闕”。《趙定宇書目》著録“宋板大字《觀瀾文集》”，不詳卷數。《脉望館書目》則載“宋板《觀瀾文集》四本”，亦未録卷數。恐皆非全編。

　　季振宜曾藏有是書宋槧殘闕本，《季滄葦藏書目》著録道：“宋板《古文觀瀾》八卷，二本。”後經汪士鐘收藏，其《藝芸書舍宋元本書目·宋版書目》著録“《觀瀾集》八卷”。全書原有甲、乙、丙三集，季氏所藏八卷屬丙集。

　　八卷本最後爲瞿氏所得，其《鐵琴銅劍樓藏書目録》卷二三著録道：

　　《東萊集注觀瀾文丙集》八卷，宋刊本。宋林之奇編，呂祖謙集注。全詩(祝按："詩"疑"書"之誤)六十三卷，見《宋史·藝文志》。其甲集二十五卷，屈子以下六十五人；乙集五卷，揚子雲以下十九人。阮文達以鈔本進呈，見其所著《外集》(祝按：指《揅經室外集》)。此則丙集八卷，前四卷皆賦，計張衡以下十五人，五卷以後爲説、論、記，計韓文公以下十三人。惟其間或稱名，或稱字，體例殊不畫一；注則采取舊説，最爲簡明。每半葉十行，行十九字，注雙行，行二十四字。書中"桓"作"亘"，"慎"作"真"，貞、禎、恒、遘有闕，而敦、廓字不闕，光宗前刻本也。(卷首有"季振宜藏書"、"周秀實"二朱記。)

　　國家圖書館今藏有宋刻甲、乙、丙三集，甲集全，另兩集皆殘本。《北京圖書館古籍善本書目》著録道："《東萊集注類編觀瀾文集》甲集二十五卷、乙集二十五卷，宋呂祖謙輯，宋刻本，十二册。……存三十二卷(甲集全，乙集一至七)。"又："《東萊集注類編觀瀾文集》丙集□卷(祝按：《中國古籍善本書目》作"二十卷")，宋呂祖謙輯，宋刻本，二册。……存八卷(一至八)。"《丙集》即瞿氏本。

　　此書《四庫全書》未收，阮元以影宋本三十二卷進呈，《揅經室外集》卷三謂其本"從宋本依樣影寫，僅及其半。甲集凡二十五卷，自屈平以下六十五人，乙集五卷，自揚雄以下凡十九人"。進呈本已影印入《宛委別藏》。今檢影印《宛委別藏》本，乙集乃七卷，而非五卷。原本今藏臺北"故宮博物院"，其《善本舊籍總目》著録爲"影宋舊鈔本，八册"。

　　《增訂四庫簡目標注》卷一九稱"舊有大小二板"。又《續録》謂是書有"清刊本，甲二十五卷，乙二十五卷，丙二十卷"。
清刊本今各大圖書館未見著録，近浙江師範大學黃靈庚教授
主持編《呂祖謙全集》時，在義烏圖書館訪得一部，三集凡七
十卷完整，蓋即所謂"清刊本"。該本無序跋，有"光緒甲申
（十年，一八八四）季春碧琳琅館重刊"牌子，當是方氏所刊。
後來又知武漢大學圖書館亦藏有此本。三集久無完帙，不詳
所用底本從何而出。其《凡例》第一條曰："是集係從宋本影
刊。當時坊刻各書多用減筆俗字，……悉未敢輕改，以存宋
本之舊。"第五條曰："集中所録唐、宋文，有避唐諱缺筆者，有
避宋諱缺筆者，均仍其舊。至遇國朝應避各字，亦敬缺末
筆。"故書中俗字、避諱字、缺筆一依舊式，版式也與宋刊本相
同，但又新增清人避諱字，故所謂"影刊"當打折扣。乙集目
録前有牌記，應是宋槧原本所有，文曰：

> 三山林少穎先生精選古今雜文數百篇，凡賦、詩、
> 歌、行、序、引、論、記、書、啟、表、疏、傳、贊、箴、頌、碑、
> 銘，逐篇分類，以惠後學。呂東萊先生爲之集注，作前、
> 後集刊行，盛傳於時，已三鏤板矣。今再謄作大字，鼎新
> 刻梓，重加校正，並無舛訛，開卷幸詳鑒。

由此知當日先刊行前、後（即甲、乙）兩集，到兩集刻第四版
時，乃作大字（前引《趙定宇書目》著録"宋板大字《觀瀾文
集》"，當即第四版），但仍未提到第三集，也就是丙集。甲集
署"朝散郎、前秘書省校書郎、差充福建路安撫司參議林之奇
少穎編"。乙集署衔略同，只是無"朝散郎"，"秘書省校書郎"
上無"前"字。而丙集則署爲"秘書先生林公少穎類編，大著
先生呂公伯恭集注"。考林之奇於紹興三十一年（一一六一）
十二月由秘書省校書郎出爲提舉福建市舶（見呂祖儉《東萊呂太

史年譜》），稍後“參帥議，遂以祠禄家居”（《宋史》卷四三三本傳），
至淳熙三年（一説四年）卒。又據《東萊吕太史年譜》，吕祖謙
於淳熙五年（一一七八）四月二十三日除著作佐郎，同年十月
十七日除著作郎，皆在林氏逝世之後，而吕氏亦於淳熙八年
七月卒。故前兩集應編行於紹興末至淳熙初的十多年間，而
丙集既稱吕祖謙爲“大著”，必刊行於林氏身後，很可能也在
吕氏身後。

《宋志》著録是書爲“六十三卷”，與實際傳本不符，不詳
何故。蓋因多次刊板，遞有增補歟。

三集所選詩文，自先秦迄於北宋末。唐以前多習見者，
宋人如《丙集》所載馬存文多篇，他處殆不經見。所集舊注，
如《凡例》第六條所説，“均經東萊先生筆削，多與原書不符”。

麗澤集詩三十五卷

吕祖謙　編

明《文淵閣書目》卷一〇曾著録“《麗澤詩集》一部七册，
闕”。汪氏《藝芸書舍宋元本書目·宋板書目》著録《麗澤集
詩》三十五卷。一稱“詩集”，一稱“集詩”，稱謂不同，當實即
一書，應以“集詩”爲正。曹彦約《跋壺山詩集》（《昌谷集》卷一
七）曰：“宋謙甫（祝按：名自遜，别號壺山居士，金華人）講書生遠
業，發詩人巧思，放達於古體，而韞藉於唐律，是區區詞章者，
豈將以取重於世哉！昔東萊先生作《麗澤編》，詩中含深意，
爲儒道立正理，爲國是立公論，爲賢士大夫立壯志，爲山林立

逸氣，非胸中有是四者，不足與議此。謙甫乃西園（祝按：宋姓）賢嗣，西園入麗澤，闃奥源流知所自來，其必有造乎此矣。嘉定壬午（十五年，一二二二）冬十月癸未，東滙澤曹某書于湖莊所性堂。”《麗澤編》疑即《麗澤集詩》，“作”即“編”也，則曹氏謂是集乃呂祖謙編。又方回《跋劉光詩》曰：

> 回最愛《麗澤詩選》，或云東萊呂成公（祖謙）所選也。《三百五篇》，經聖人選矣。成公所選，第一卷郭茂倩古樂府，選焉。第二卷昭明太子《文選》詩，再選焉。第三卷陶淵明詩，專選焉，徐、庾諸人詩不選。第四卷至第十四卷，唐人王無功至許用晦四十二家選焉，杜子美甫詩最多，李太白、元次山、韋應物亞之，韓、柳、元、白又亞之。第十五卷王荆公《唐百家詩選》再選焉，凡二十八家。第十六卷至三十五卷始選宋人詩，分爲九體。回謂後人學爲詩者，讀此足矣。（《桐江集》卷四）

既謂“或云”，則是書編者，宋末元初人方回已不能肯定。然曹彥約去呂祖謙較近，而宋謙甫（自遜）之父宋姓乃呂祖謙門人（宋姓事跡，見楊簡《慈湖遺書》卷五《宋母墓銘》、真德秀《西山先生文集》卷四二《宋文林郎墓誌銘》），當有所據，兹據曹彥約引宋氏并參考方回之説，著録爲呂祖謙編選，但南宋書坊及麗澤書院托名呂氏之書甚夥，又不必深信。

現僅存宋槧孤本，原爲瞿氏舊藏，今藏國家圖書館。《鐵琴銅劍樓藏書目録》卷二三著録道：

> 《麗澤集詩》三十五卷，宋刊本。不著編輯姓氏，亦無序跋，方虚谷謂呂成公所纂，蓋因成公有《麗澤集説》也。凡樂府一卷，文選一卷，陶靖節一卷，王無功、沈佺

期、陳伯玉、孟浩然、王摩詰、張説之、高達夫、儲光羲一卷，杜子美四卷，李太白、元次山、韋應物一卷，錢起、李嘉祐、劉長卿、武元衡、韓退之一卷，孟東野、張文昌、盧仝、劉叉、李長吉、賈島一卷，柳子厚、劉夢得、吕化光、李益一卷，元微之、白樂天一卷，杜牧之、王建、李文饒、張祜、李義山、温庭筠、姚合、方干、鮑溶、陸魯望、鄭谷、羅隱、許用晦一卷，王荆公《唐百家詩選》一卷，本朝四言古詩一卷，樂府歌行附雜言二卷，五言古詩六卷，七言古詩一卷，五言律詩二卷，七言律詩三卷，五言絶句一卷，七言絶句三卷，雜體詩一卷。每半葉十二行，行廿二字。朗、匡、恒、貞、徵、完、遘、慎等字闕筆。

據諱字，書當刊於孝宗朝。

《中國古籍善本書目録》著録是編爲“□□卷”，謂“存三十五卷（詩一至三十五）”，蓋以爲非完帙。然據上引方回《跋劉光詩》所述，與今存本一一符合，則當爲完編。

又，除《麗澤集詩》外，猶有《麗澤集文》。宋刻本《麗澤集文》二十卷，清代猶傳世（《季滄葦藏書目》嘗著録，詳本書附録），後散佚。汪氏《藝芸書舍宋元本書目·宋板書目》著録《續麗澤集》十卷附《關鍵》、《增廣麗澤集文》一卷。瞿氏鐵琴銅劍樓曾藏有宋刊本《續增歷代奏議麗澤集文》十卷附《關鍵》一卷，今亦藏國家圖書館，《鐵琴銅劍樓藏書目録》卷二三著録道：“不著撰人名氏。案卷末附《關鍵》，乃成公所作，則此亦成公編集也。凡西漢五卷、東漢二卷、三國一卷、晉一卷、唐五代一卷，後附《關鍵》《總論看文字》及《作文法》一卷，行數字數同上，匡、貞、桓、構、慎等字闕筆，而敦、廓、擴俱不闕，當是光宗以前刊本。又全書皆經硃筆點勘，遇宋帝諱並加圓圍，至茂陵嫌諱而止，蓋寧宗時手筆也。（卷中有“毛表”、“季振宜”、“留與軒浦氏珍藏”諸朱記。）”則此本收文未及宋，故本書不另著録。

《宋史·吕祖謙傳》：“晚年會友之地曰麗澤書院，在金華城中。既歿，郡人即而祠之。”既有《續麗澤集》，又有“增廣”、“續增”，蓋吕祖謙卒後，因其祠在麗澤書院中，當時撰著遂以“麗澤”命名，成爲系列書，今多已失傳矣。

經進三蘇文集事略一百卷

郎　　曄　編注

《宋志》在總集類著録“《三蘇文集》一百卷，郎曄進”。學界一致認爲現存之《經進東坡文集事略》，即所謂郎曄《三蘇文集》之蘇軾文部分，蓋原本題《經進三蘇文集事略》，“三蘇文集”乃其簡稱。按：郎曄，字晦之，杭州人。早從張九成學，累舉不第，晚以特奏名得官。其生平及注三蘇文等事，周煇《清波别志》卷二略記曰：“煇友人郎曄晦之，亦杭人。……晦之嘗注三蘇文及《陸宣公奏議》投進，未報，其用心亦勤矣。以累舉得官，不沾一日禄而卒，可哀也已。”

明人書目如《濮陽蒲汀李先生家藏書目》《行人司重刻書目·文部三》等嘗著録《三蘇文集》，《古今書刻》卷上謂建寧府書坊、眉州等刻有《三蘇文集》，蓋皆指三蘇全集，非郎注本也。全本《經進三蘇文集事略》已不可得，今僅存宋刻殘本《經進東坡文集事略》二部，版式全同，爲每半葉十二行，行二十一字,注雙行,黑口,左右雙闌。一部嘗流至日本,爲田滑(字復侯)所得。清末田氏歸國後,在湖北付陶子麟影刻。辛亥革命爆發,分寫分校諸人携書星散,遂致殘佚不全,僅存宋槧三十二卷(卷一至二五、三四至三九、四六),田滑鈔補卷四六至末。殘帙後爲南海潘氏所收,其《寶禮堂宋本書録》著録,今藏國家圖書館。另一部爲烏程張氏本,《適園藏書志》卷一一著録,今藏臺北“中央圖書館”,其《善本書目》著録爲五十五卷凡八册,有近人袁克文及日本内藤虎各手書題記,又羅振玉觀款,缺卷四一至四五(卷四六至末爲鈔補本)。

　　按:原書目録及各卷卷首大題次行均署“迪功郎新紹興府嵊縣主簿臣郎曄上進”。考卷一首篇《前赤壁賦》之首句“壬戌之秋”下,有小字注曰:“時元豐五年(一○八二)也,公方四十七歲,距紹熙辛亥(二年,一一九一)已一百十年矣。”據知此板刊於紹熙二年。據《咸淳臨安志》卷六七《人物》,郎曄於“淳熙十四年(一一八七)特奏得官”,爲嵊縣主簿。其初得官到紹熙二年,已歷五年之久,上引周煇《清波别志》謂其“不沾一日禄而卒”,蓋得官後並未赴任。署“迪功郎新紹興府嵊縣主簿”者,當是他向朝廷“投進”書稿時的職銜,故書有“經進”之名,並非紹熙二年仍爲此官。再考書中諱改之字,最晚爲“慎”(改作“填”或“謹”),乃孝宗諱,未諱光宗。則大約是書開雕於淳熙之末,疑紹熙二年業已刻成,僅注文偶有修改補刻耳。

　　《四部叢刊初編》曾用烏程張氏、南海潘氏所藏兩宋刊殘本拼合影印,《四部叢刊書録》曰:“坡集今唯烏程張氏藏上半部,南海潘氏藏下半部,皆宋槧本,兩本凑合,尚缺五卷。六十卷末亦缺數葉,然亦僅有之秘本矣。……缺卷以成化本補其白文。”一九五七年，文學古籍刊行社出版龐石帚先生校點本《經進東坡文集事略》，以《四部叢刊》影印宋本爲底本，校以蟫隱廬本、寶華庵本及大全集本等。

民國年間，上海蟫隱廬刊羅振常輯本《經進三蘇文集事略》，包括《老泉先生文集》十二卷《考異》一卷（考異乃録存所校各本之異文，下同）、《經進嘉祐文集事略》一卷《考異》一卷、《老泉先生文集補遺》二卷（以上民國十七年〔一九二八〕刊）；《經進東坡文集事略》六十卷《考異》四卷、補遺一卷、續補一卷（以上民國九年〔一九二〇〕刊）；《經進欒城文集事略》一卷《考異》一卷，最後爲《郎氏事輯》一卷，亦民國九年刊。

所謂《老泉先生文集》，即《東萊標注老泉先生文集》（乃《東萊標注三蘇文集》之一種。《東萊標注三蘇文集》，本書前已著録），羅振常發現其注即取郎注，故以爲可補《經進三蘇文集事略》之闕。羅氏《重校郎注老泉文集序》略曰：

> 念東萊（呂祖謙）於三蘇，向取郎注，姑檢其中之《漢高論》一篇與《古文關鍵》相校，果若合符，不禁拍案叫絶。蓋其書標點爲東萊，注則晦之。

羅氏又立《校例》十一條，其二曰：“此本爲曹楝亭（寅）藏書，各家皆未見著録，每半葉十四行，每行二十五字，注字相同，但横不成列，故亦間有二十四、二十六字者。單框，雙魚尾，白口（間作綫口，但甚少），口之上方記字數。”另一條曰：“原輯之《嘉祐文注》一卷，……輯本所注各條，此中有節去者，至輯本無注而此本有者，……則輯本未可廢除，故此一卷，仍附全書之後。”又曰：“尚有三十餘首，輯爲《補遺》二卷，與此本無涉，無注。”蟫隱廬本影刊原書書影一葉，餘依統一版式。十二卷宋刊本《老泉先生文集》今藏國家圖書館，另一部宋本

《東萊標注三蘇文集》之《老泉先生文集》爲十一卷，兩本編次異同，詳參《東萊標注三蘇文集》叙録，此不贅。

《經進東坡文集事略》，據羅氏所立《校例》，乃以上述張氏、田氏所藏兩殘宋本校印合爲一書，另補所闕五卷，無注。

《經進欒城文集事略》一卷，僅輯文十篇：《黄樓賦並序》，見《觀瀾文甲集》卷四（按：所謂《觀瀾文》，即今存之宋刻本《東萊集注類編觀瀾文集》，本書前已著録）；《三宗論》，見《觀瀾文乙集》卷七；《三國論》，見同上，又見《古文關鍵》卷下；《君術第二》，見《古文關鍵》卷下；《上樞密韓太尉書》，見《觀瀾文乙集》卷一一；《上劉長安書》，見《觀瀾文乙集》卷一二；《吳氏浩然亭記》，見《觀瀾文丙集》卷八；《王氏清虚堂記》，見《觀瀾文丙集》卷九；《藏書室記》，見同上；《古今家誡叙》，見《觀瀾文丙集》卷一一。

從上述可知，羅氏輯本《經進三蘇文集事略》，並未能真正恢復郎注百卷本之舊，且篇帙取於他書，文字也未必盡是郎注全文。況傳世之宋刊本《東萊標注三蘇文集》猶存《潁濱先生文集》十五卷（卷一至一五，今藏國家圖書館），羅氏尚未利用。宜乎此輯本不大爲學界所重。

宋人總集叙録卷第四

聲畫集 八卷

孫紹遠 編

此書孫紹遠編。紹遠字稽仲,姑蘇(今江蘇蘇州)人,淳熙時嘗供職廣南西路(見《粤西金石略》卷九)。著有《谷橋愚稿》十卷(《宋史·藝文志七》),久佚。淳熙丁未(十四年,一一八七)十月,自序所編《聲畫集》道:

> 入廣之明年,因以所携行前賢詩及借之同官,擇其爲畫而作者編成一集,分二十六門,爲八卷,名之曰《聲畫》,因有聲畫、無聲詩之意也。

宋尤袤《遂初堂書目》、明《晁氏寶文堂書目》卷上著録是書,未載卷數。莫友芝曾弆藏朱彝尊舊寫本八卷,有漁洋假觀題語,見王士禎《漁洋書跋》、《邵亭知見傳本書目》卷一六,其書不詳流轉何所。傅增湘《藏園訂補邵亭知見傳本書目》補録宋刊本,稱"日本有一帙,已影印。余己巳(一九二九)東游曾見於肆中,匆匆未遑記録"。所述日本所藏是書宋刊本及影印本,今未見著録,情況不詳。

傅增湘嘗見天一閣舊藏明鈔本及海源閣藏舊鈔本,《經眼録》卷一七記曰：

> 《聲畫集》八卷，（宋孫紹遠撰。）明寫本，棉紙藍格，十
> 行二十字。取《楝亭十二種》本一勘，改訂四百三十七
> 字，別爲跋詳之。此書日本有宋刊本，惜未能一校。（天
> 一閣佚書，得於金誦清肆中）

> 《聲畫集》八卷，（宋孫紹遠編。）舊寫本，九行十七字。
> 有淳熙丁未谷橋孫紹遠稽仲序。鈐有“曹溶私印”（白）、
> “潔躬”（朱）、“曹震甲私印”（白）、“明善堂覽書畫印記”
> （白）、“安樂堂藏書記”（朱）各印。

> 　　按：此本卷八末至東坡《題李伯時畫》、趙景仁《琴鶴
> 圖》二首以下缺詩八首。余曾收得天一閣寫本，此下二
> 葉損壞葉之下半，可知此本正出於天一閣本，以兩葉殘
> 缺，故删去不鈔耳。沅叔手記。（海源閣書。庚午八月）

兩本參見《藏園訂補郘亭知見傳本書目》卷一六傅氏補，謂是
“海源閣佚出書”，今亦未見著録，存佚不詳。

清康熙四十五年（一七〇六），揚州詩局刊曹寅所輯《楝
亭藏書十二種》，其中有《聲畫集》八卷，今存。民國十年（一
九二一），上海古書流通處曾據揚州詩局本影印。傅增湘曾
以明鈔本校曹刻本，以爲“舛誤甚多”，有跋（見附録）。

臺北“中央圖書館”藏有清康熙間鈔本。

《四庫總目》著録山東巡撫採進本，《提要》稱“所録皆唐
宋人題畫之句，曰古賢，曰故事，曰佛像，曰神仙，曰仙女，曰
鬼神，曰人物，曰美人，曰蠻夷，曰贈寫真者，曰風雲雪月，曰
州郡山川，曰四時，曰山水，曰林木，曰竹，曰梅，曰窠石，曰花
卉，曰屋舍器用，曰屏扇，曰畜獸，曰翎毛，曰蟲魚，曰觀畫題
畫，曰畫壁雜畫，分作二十六門”。又謂“其編次頗爲瑣屑，如

卷五‘梅’爲一門，卷六‘花卉’門中又有早梅、墨梅諸詩，殊少倫緒。然序稱‘畫有遠近，詩有先後，其他參差不齊甚多，故不得而次第之’，則紹遠已自言之矣。其所録如劉莘老、李廌、折中古、夏均父……諸人，其集皆不傳，且有不知其名字者，頗賴是書存其一二，則非惟有資於畫，且有資於詩矣”。要之，古今題畫之什，咸採聚焉，不僅可由覽詩以賞畫，且文獻價值亦甚高。

【附録】

聲畫集自序

（宋）孫紹遠

　　畫之益於人也多矣。居今之世而識古之人、知古之事，生長人間而睹碧落之真容、净土之慈相，市朝而見山林氣象，晷刻而觀四時變化，佳花異卉，無一日而不開；珍禽奇獸，不籠檻而常存：凡宇宙之内，苟有形者皆能藏吾室中，世豈可廢此哉！

　　第古今畫手，不能一律。如論文章，班、馬固高矣，韓、柳、歐、蘇何歉乎？如論書法，鍾、王固奇矣，虞、褚、顔、柳何愧乎？學藝精到率可貴，而無古今也。俗士於畫，但取煙顔塵容，故暗舊物，至稍新潔者，則以爲無足採。竊嘗譬之：如見八九十歲人，其老雖可敬，奈愚不解事者何？不滿十歲許，而有所謂神童、有所謂奇童者，其可不敬愛乎？此新舊畫之別也。

　　夫玩物喪志，先聖格言，誰敢不知警，而假書畫以銷憂？

昔嘗有德於紹遠，今雖不暇留意，未能與之絶也。入廣之明年，因以所携行前賢詩及借之同官，擇其爲畫而作者編成一集，分二十六門，爲八卷，名之曰《聲畫》，用有聲畫、無聲詩之意也。惟畫有久近，詩有先後，其他參差不齊甚多，故不得而次第之。然士大夫因詩而知畫，因畫以知詩，此集與有力焉。

　　淳熙丁未十月，谷橋孫紹遠稽仲序。（《棟亭藏書十二種》本《聲畫集》卷首）

明鈔聲畫集跋

傅增湘

　　余昔年游上海，從金誦清肆中收得鈔本《聲畫集》八卷，棉紙，藍格，十行二十字，蓋天一閣所藏書也，扃置笥中近十年矣。頃緣檢閱覆印《棟亭十二種》，其中手校者過半，因發興勘讀。城居已得二卷，携之山中，三日而藏事。

　　曹刻舛誤甚多，其最甚者，卷四潘邠老《題趙大年畫》，本爲二首同韻，曹刻前首脱後三句，後首脱前一句，於是二首並爲一首矣。卷六蘇子由《題李公麟山莊圖序》，言賦詩二十章，曹刻脱去《雨花岩》一首，只存十九首矣。卷八東坡《題趙令晏崔白大圖》後脱失《題黄荃毛翎花蝶圖》二首，吕居仁《題范才元畫軸》詩後脱失汪彦章《題賀水部書畫》斷句五首。其餘改訂之處，每卷少者三十餘字，多者百許字，通八卷中凡改訂四百三十七字，可謂夥矣。篇中“構”字注“太上御名”，或注“廟諱”，是從宋本鈔出之據。曹刻似亦出於寫本，第其源不若天一閣本之舊耳。

　　都門入冬以來大風時作，作輒三數日不止，氣候嚴冽，至不敢出户。來山數日，天宇清明，微颶不興，畫則策杖行山，夜則然燭展卷，心舒夢適，萬慮皆忘。兵戈擾攘中乃獲此清緣勝福，殊非意料所及，然此趣正在松嵐澗雪中，惜無人共相領會耳。乙丑十一月二十二日，記於清泉吟社。是日尋村東溪泉，往返行十許里。

　　前歲海源閣藏書散出，文友堂書坊收得明鈔本《聲畫集》一帙，其卷八尾兩葉自黄山谷《題鄭防畫筴》以下皆缺佚。及取余此帙核之，此兩葉僅存半截，乃悟海源閣之書實出於此本，其末兩葉因惡其不完而撤去之耳。然則此帙固各本之祖，良足珍矣。壬申二月既望，藏園再識。(《藏園群書題記》卷一八)

百家詞

佚　名　編

《書録解題》卷二一《歌詞類》著録"《笑笑詞集》一卷，臨江郭應祥承禧撰"時，有注曰：

> 自《南唐二主詞》而下，皆長沙書坊所刻，號《百家詞》。其前數十家皆名公之作，其末亦多有濫吹者。市人射利，欲富其部帙，不暇擇也。

檢李璟、李煜《南唐二主詞》一卷、馮延巳《陽春詞》一卷，至《笑笑詞集》，凡九十九家，一百二十八卷。《彊村叢書》本《笑笑詞》，據毛斧季校紫芝鈔本，卷首有詹傅《笑笑詞序》，末署"時太歲庚午嘉定三祀(一二一〇)仲春既望"；卷末有滕仲因

《笑笑詞跋》，曰：

> 詞章之派，端有自來，溯源徂流，蓋可考也。昔聞張于湖一傳而得吳敬齋，再傳而得郭遁齋，源深流長，故其詞或如驚濤出壑，或如縐縠紋江，或如淨練赴海，可謂冰生於水而寒於水矣。長沙劉氏書坊既以二公之詞鋟諸木，而遁齋《笑笑詞》獨家塾有本。一日，予叩遁齋，願並刊之，庶幾來者知其氣脈，且以成湘中一段奇事。況三公俱嘗從宦是邦，則珍詞妙句，豈容有其二而闕其一？遁齋笑而可之，於是並書於後云。

> 嘉定元年立春日，宋人滕仲因謹書。

按：郭應祥（一一五八—？），字承禧，號遁齋，臨江軍（今江西清江）人。淳熙八年（一一八一）進士，官於楚、越間。所謂“長沙劉氏書坊既以二公之詞鋟諸木”，指張孝祥《于湖詞》、吳鎰《敬齋詞》，皆在陳氏所著録的《百家詞》之中。由此可以斷定，“長沙書坊”主人姓劉，而《彊村叢書》所據之毛斧季校紫芝鈔本《笑笑詞》，必出於《百家詞》本。嘉定三年既是《笑笑詞》刊竣之時，而《笑笑詞》列於《百家詞》之末，故也是《百家詞》刊畢之時。

　　除《笑笑詞》可斷定出《百家詞》外，《百家詞》所收其他各家，今傳本都沒有直接的文獻證據，説明它必由《百家詞》出。但《百家詞》所收九十九家之大多數，今都有詞集傳世，此點又不能不引起研究者注意：它們中可能有不少即是《百家詞》本。如《四庫提要》盧炳《哄堂詞提要》曰：“其（《百家詞》）最末一家爲郭應祥，（陳）振孫稱嘉定間人，則諸人皆在寧宗以前。（盧）炳詞次序尚在侯寘詞後，寘紹興中知建康，則炳亦南渡後人。集中有‘庚戌正月’字，庚戌爲建炎四年（一一三〇），故集中諸詞，多用周邦彥韻，其時代適相接也。"又曹元忠《龍洲詞跋》："（劉過）《龍洲詞》，陳直齋著録一卷，乃長沙書坊所刻《百家詞》本，疑即汲古閣所據（按：指毛氏所刻《宋六十名家詞》本），卷末無《長相思》詞者也。"這類可引起推測的詞集還有不少。尤其是明吴訥所輯《百家詞》，固然絶非長沙書坊本（收有金、元甚至明人詞集），但其中不少與長沙本集名卷數相同，也有《笑笑詞》《哄堂詞》等，似乎兩者又多少有些關聯。故《百家詞》刊者雖出於"射利"而"不暇擇"，但對於保存宋人詞集，仍可謂其功甚偉。

天台集三卷天台集別編一卷天台續集三卷天台續集別編六卷

李　庚、林師蒧、林表民　編

《天台集》《天台續集》，皆李庚原編、林師蒧等補編；而《天台集別編》《天台續集別編》，則是林師蒧之子表民所裒輯。按：是書彙聚晉、唐至有宋題詠台州（主要爲天台山，山在今浙江天台縣）詩賦。李庚，字子長，臨江（今江西清江）人，流寓臨海（台州古屬臨海郡）。紹興十五年（一一四五）進士，歷官監察御史、兵部郎中，嘗知南劍州。有文集，久佚。林師蒧，字詠道，號竹村，臨海人，爲州學諭，博雅好古。其子表民，字逢吉，號玉溪，亦博物洽聞。嘉定元年（一二〇八）五月，郡守李兼作《天台集序》，略曰：

　　一日，州士李榮昆仲出其先公御史（祝按：指李庚）所

哀文集四帙以爲貺，已而州學論林師葴又示唐宋詩三百
餘篇，於是撮取前代之作，删重補佚，而增其未備，爲賦
三，詩、歌行合二百，梓而刻之。自餘《續集》傳焉。

據知《天台集》稿源有二：一是李庚所貺文集四篋，二是林師
葴所示唐宋詩三百餘篇。李兼於是從中撮取前代（指宋以
前）之作，删重補佚，增其未備，合而刻之，“自餘《續集》傳
焉”。所謂“自餘”，指林氏所輯唐以後即宋人作品。據宋人
著録及今存原書（詳下），《天台集》凡三卷。

同年九月，李兼又跋《續集》道：

> 《續集》二卷，昔者寓公李公子長（李庚）所編，今因
> 其成，無一敢增削，粗加次第而已。後一卷，州士林師
> 葴、林登洎穉子次謨所彙次，大氐皆國初至政、宣間諸公
> 人士之詩什，雖緇徒不廢，然而近世作者不預焉。

據所述，《續集》前二卷，即正集所收李庚文稿後“餘”下
之篇什，李兼未加增削，只是“粗加次第而已”。《續集》亦三
卷，其第三卷乃林師葴、林登、林次謨所輯。初版篇首述“《天
台集》《天台續集》皆李庚原編、林師葴等補編”，乃筆者概括
《四庫提要》之説。《提要》曰：“《天台前集》三卷、《前集別編》
一卷，《續集》三卷、《續集別編》六卷，皆哀集天台題詠。《前
集》，宋李庚原本，林師葴等增修，皆録唐以前詩，成于寧宗嘉
定元年戊辰，……《續集》前二卷亦李庚原本，後一卷則師葴、
林登、李次謨等所彙録，皆宋初迄宣、政間人之詩，亦成于嘉
定元年。”這是符合實際的。今人辛德勇先生《題天一閣舊藏
明刻本〈天台集〉》（載《燕京學報》第二十九期，二〇一〇年十一月）
曾狠批《四庫提要》，認爲上引表述存在“嚴重謬誤”，而正確

的應該如四庫本《前集》標注"林師蒧編",《續集》標注"林師蒧等編"。據他説,關於兩集編者的問題,《提要》之後"許多人"都跟着搞錯了,筆者篇首所述數語自不能幸免,稱是"盲從",忝在"許多人"之末。然而兩集及原序、跋俱在,成書原委清楚,孰是孰非,一目了然。要之,正、續二集編者署李兼、林氏父子三人,乃是從輯録的角度總括(即不按集)而言,意在簡易,如果説《提要》及拙文所述尚可修正的話,從釐定編彙的角度出發,據上引序、跋所提供的信息,署李兼編其實更恰當。但無論如何,決不可如四庫本署林師蒧一人,因爲没有依據。

　　林表民發現兩集刻成後有不少舛訛缺漏,於是輯編《天台集拾遺》(在《天台集别編》後),跋曰:

> 《天台集》,舊所刊本(祝按:指嘉定初李兼刊本)頗多舛訛,或者妄有增入,予甚病之。因再輯晉、唐以來詩爲《别編》,郡守齊公(碩)喜而鋟諸木,遂復釐正舊集闕誤四十有五處,及削去沈約《沈道士館》、《玉盤樟林》、皮日休《天竺桂子》三詩,以李巨仁《登台山》、李端《贈衡岳禪師》、皮日休《夏日即事》三詩補入。刊既訖,又得二詩,姑附載於此。嘉定癸未(十六年,一二二三)小至日,林表民記。

又編《天台續集拾遺》(在《天台續集》後),亦有跋,曰:

> 予得此七詩於會稽鬻書者,十年矣,今偶在篋中,刻之《天台續集》後。楊、梁二公詩雖已載集中……(闕)

兩《拾遺》完成并補缺正訛後,林表民並未停止是書的補編工作,接續又編《天台集别編》一卷、《續集别編》六卷。在《天台集別編》末，有陳耆卿跋曰：

> 《天台集》，林君師蒇編也。先是，李侯（兼）刊之郡
> 齋，令其子表民又會粹得百篇，搜奥擢奇，殆無遺恨，可
> 謂能廣其父志者。會齊侯好古如李，乃續刊焉，今而後
> 遂成完書矣。

《續集別編》前五卷先編成並付梓，在卷五末林表民又跋曰：

> 表民曩爲《天台前集別編》，而唐賢題賦始粗備，棘
> 卿青社齊侯刊之矣。凡皇朝群公所作，雖已見諸《續
> 集》，然渡江以來及前朝散佚未纂輯者反過之，歷年於
> 兹，僅克就緒。府丞餘不沈侯樂善成嫩，亟爲鳩工，幸遂
> 訖事。荆溪公併於《赤城集序》詳著矣。或以爲見聞甚
> 淺，蒐集尚闕，實不敢自恕。若見在詩人之詩，則力所未
> 逮，悉有望好事該洽之士以成之。淳祐戊申（八年，一二
> 四八）中秋，玉溪林表民書。

兩年後，林表民再將所得編爲第六卷，淳祐十年（庚戌）於卷
末跋曰：

> 郡帑既刊《續集別編》五卷矣，逾年復得若干首，儲
> 爲第六卷。凡前修題賦天台，見於策牘、得之傳聞者，即
> 收採靡遺。因告諸太守宗丞吏部嘉禾張侯，忻然命工，
> 並《赤城集》末後三卷接續刊刻，於是二書皆得行世，實
> 侯力也。庚戌夏五，林表民書。

至此，《天台》正、續兩集及《拾遺》、兩《別編》，方告最後編成
並刊竣。《四庫提要》曰："《續集別編》則表民以所得南渡後
諸人之詩，及《續集》內闕載者次第衰次而成，前五卷末有表

民自跋，題戊申中秋，乃理宗淳祐八年；後一卷末題庚戌夏五，則淳祐十年。蓋父子相繼甄輯，歷四十年而後成書也。"

陳氏《書錄解題》卷一五著錄道：

> 《天台集》二（祝按：當爲"三"之形訛）卷、《別編》一卷、《續集》三卷。初，李庚子長集本朝人詩爲二卷，未行，太守李兼孟達得之，又得郡士林師蒧所輯前代之作，爲賦二（祝按：亦當爲"三"之形訛）、詩二百，乃以本朝人詩爲《續集》而並刻焉。《別編》則師蒧之子表民所補也。

《通考》卷二四九同。陳振孫未言《續集別編》六卷，蓋《解題》著錄是書在淳祐十年之前，其時尚未刊成行世也。

宋槧久已失傳。《四庫總目》著錄浙江范懋柱家天一閣藏本，乃明刻本。《提要》稱"此爲明初刊本，而《前集》後題'台州州學教授姚宜中校勘'一行，《前集別編》後題'台州州學教授姜一容點檢'一行，蓋原從宋刻翻雕，故尚仍舊式"。天一閣本今存，然已流落在外。數年前，寶德公司徵得其本，進入拍賣。觀其書影，版式爲每半葉十行，每行二十二字，白口。四周單欄。前引辛德勇文，即爲寶德公司作。據辛氏文，該本封皮鈐有"乾隆三十八年十一月浙江巡撫送至范懋柱家藏天台集一部計書肆本"朱文木記，另附書簽，有"總辦處閱定，擬抄錄"字樣。書中首葉復鈐蓋滿漢合璧翰林院官印，且有數方天一閣主人范欽的圖章。辛氏認爲該本字跡行款皆典型的嘉靖本，最早不會早於正德時期，可資參考。筆者亦以爲其版式不似明初，蓋在明中葉之後，年代難以確定。

是書除上述明刊完本外，今僅有明槧殘帙流傳，亦稀若晨星。中國社科院文學研究所著錄明刊殘本一部。上海圖書館著錄明正德二年（一五〇七）刊《天台續集》《續集拾遺》

及《續集別編》。除刊本外，猶有鈔本多部傳世。陸心源嘗見影寫明刊本，作《影宋天台集跋》（載《儀顧堂續跋》卷一四），今不詳何在。丁氏《善本書室藏書志》卷三八著録精鈔本，謂“天一閣藏有刊本，似從宋出，此其影寫者”。此本今藏南京圖書館。又《木犀軒藏書書録》著録清鈔本，有“文林郎台州州學教授姚宜中校勘”一行，今藏北大圖書館。上海圖書館、海鹽縣博物館及臺北“中央圖書館”藏有清鈔本。

　　清末，楊晨輯《續台州叢書》，有光緒二十四年（一八九八）翁長森刊本，收有《天台集》。辛德勇文以爲寶德公司本鈐有楊晨印章，推測該本乃楊晨（台州黄巖人）光緒間司職翰林院時攜出者，《續台州叢書》當即以該本爲底本，其説殆是。

【附録】

天台集序

（宋）李　兼

　　州爲一集，在昔有之。近歲東南郡皆有集，凡域内文什，彙次悉備，非特夸好事、資博聞也，於其山川土宇、民風士習，互可考見。然則州集，其地志之遺乎。

　　天台以山名州，自孫興公賦行江左，迨今千禩，大篇春容，短章寂寥，未聞省録之者。予來經年，思會粹爲一編書，顧無其暇。方延諸儒議修圖牒，謂兹尤所先急。一日，州士李榮昆仲出其先公御史所裒文集四帙以爲貺，已而州學諭林師葳又示唐宋詩三百餘篇，於是摭取前代之作，刪重補佚，而增其未備，爲賦三，詩、歌行合二百，梓而刻之，自餘《續集》傳焉。嗚呼，亦可以爲富矣！不出户庭而盡睹海山之勝，不費探討而坐獲巾笥之藏，天下之事成於有志，其理固然，未有若是之捷且速也。圖牒雖未丞就，觀此集，斯過半矣。

　　嘉定改元重五後一日，宣城李兼序。（《四庫全書》本《天台集》卷首）

天台續集跋

（宋）李　兼

　　《續集》二卷，昔者寓公李公子長所編，今因其成，無一敢增削，粗加次第而已。後一卷，州士林師箴、林登洎禪子次謨所彙次，大氐皆國初至政、宣間諸公人士之詩什，雖緇徒不廢，然而近世作者不預焉。蓋遵前人已立凡例，亦會解秩匆匆，力僅及此。後之博雅君子，續之又續之，正自佳耳。

　　戊辰重九前一日，假守臨海郡李兼題。（同上《天台續集》卷末）

蘇門六君子文粹七十卷

佚　名編

　　蘇軾門人之著名者有"四學士"，指黄庭堅、秦觀、張耒、晁補之；又有所謂"六君子"，即"四學士"而益以陳師道、李廌。是集編者不詳，明末謙益謂是"宋人所緝"（見附録序文），然未見宋人書目登録，亦未聞有宋槧傳世。《四庫提要》

曰：“卷首凡例稱，或傳爲陳亮所輯。然亮輯《歐陽文粹》，序載《龍川集》，而此書之序無考，則未必出於亮也。”明《晁氏寶文堂書目》卷上著錄，不詳何本。明末毛氏汲古閣曾有刻本，《汲古閣校刻書目》曰：

> 《蘇門六君子集》，《豫章》四卷，五十六葉；《淮海》十四卷，一百五十九葉；《宛丘》二十二卷，三百八葉；《濟南》五卷，八十葉；《濟北》二十一卷，三百八十一葉；《後山集》四卷，四十九葉。共一千三十三葉，序例、雜著三十九葉。

《增訂四庫簡目標注》卷一九《續錄》謂“傅沅叔（增湘）有吳兔床（騫）舊藏汲古閣刊本”，今未見著錄，不詳尚存否。

明崇禎六年（一六三三），有新安胡潛武林（今浙江杭州）刊本，錢謙益爲之序，稱“崇禎六年冬，新安胡仲修氏訪予苦次，得宋人所緝《蘇門六君子文粹》以歸，刻之武林，而余爲其序”。錢序雖肯定該書爲“宋人所緝”，但所藏爲何版本則未説明，很可能是鈔帙。書目或著錄爲胡仲修輯，誤矣。《絳雲樓書目》卷三嘗著錄此本。今大陸及臺北“中央圖書館”藏本尚富，計二十餘部。日本内閣文庫、尊經閣文庫、愛知大學簡齋文庫、静嘉堂文庫、東京大學總合圖書館皆有著錄，詳參嚴紹璗《日藏漢籍善本書錄》。美國國會圖書館亦庋藏一部，每半葉九行十九字，見《中國善本書提要》。

《四庫總目》著錄原任工部侍郎李友棠家藏本，《提要》曰：

> 不著編輯者名氏。……其文皆從諸家集中錄出，凡《淮海集》十四卷，《宛邱集》二十二卷，《濟北集》二十一

卷,《濟南集》五卷,《豫章集》四卷,《後山集》四卷,頗有一篇之中刊去首尾繁文,僅存其要語者。觀其所取,大抵議論之文居多,蓋坊肆所刊,以備程試之用也。陸游《老學庵筆記》曰:"建炎以來,尚蘇氏文章,學者翕然從之,而蜀士尤盛。有語曰:'蘇文熟,吃羊肉;蘇文生,吃菜根。'"云云。蓋風會所趨,並其從游之士亦爲當代所摹擬矣。然其去取謹嚴,猶工文之士所輯。且李廌集世無傳本,今始從《永樂大典》裒輯成帙,頗借此書相補苴。又張耒集寫本僅存,字多舛誤;陳師道集刊本,較詩差詳,較文則略,亦頗借此書以勘正云。

國家圖書館藏有明鈔本一部,僅存二十一卷(三至六,一五至二五,五四至五九)。

【附錄】

崇禎本蘇門六君子文粹叙

(明)陳繼儒

古今第一好士者,無如蘇子瞻長公。子由曰少公。當時稱"蘇門四學士"者,黃、秦、張、晁也。黃云:"東坡文章妙一世,乃謂效庭堅體,正如退之效孟郊、盧仝耳。"蘇云:"讀魯直詩,如見魯仲連、李太白,使人不敢譚鄙事。"兩公互相引重,聲價亦相當,魯直何嘗以弟子禮薦乎?即文潛,少公客,非長公客也。少游、无咎游長公門久,皆先文潛没。其後文潛教人作文,必以理爲先,士子載酒問奇者甚衆,則居然一蘇門先覺矣。履常學奧行卓，不肯游傅欽之、章子厚之門，長公待之絕席，欲參諸門弟子間，履常曰：“吾此一瓣香，敬上曾南豐。”長公亦未之强也。李方叔三世喪不葬，雖其文有飛砂走石之才，錦衣玉食之氣，而世鮮物色之者。長公不忍以履常之高介例責方叔之孤貧，贈之上賜玉鼻騂，贈之帛，作詩以勸四方風義者，不數年，盡累世之二十餘柩歸窆華山下。及其躁於求薦，則正言告之曰：“進退之際不甚慎静，於定命不能以毫髮增益，而於道德有丘山之損矣。”蓋長公非獨憐才，又酷知人情之死生痛癢；非獨酷知人死生痛癢，又能相勉於道，而不務相引於利。若稍有伐異之心，則陳履常皈依南豐者，將移兵相攻；李方叔之求薦者，將唯唯俯從之不暇，而敢似教似諫，攖健少年之鼻息乎？獨長公不必履常之出門下，而後謂之吾黨；亦不必方叔之介介如履常，而後謂之名流。磨礱追琢，畢竟使兩君子與四學士齊名並響於廣大教化之中，其成就後學乃如此，此履常之願爲越境以見，方叔直走許、汝間，相地卜兆以授其子，豈特舉哀行服之文潛而已哉！

　　少公每勸兄簡言斷客，而長公出自性生，雖投荒涉險而終不悔。若孫莘老、畢公叔、劉貢父兄弟，畏友也；米元章、王晉卿、文與可、李公麟，詩畫友也；張子野、廖明略，詞賦友也；陳伯修，患難友也。其它如曇秀、妙總之句，仲殊之曲，惠聰之琴，皆誘掖而獎借之。驂駿坂，則價增十倍；登龍門，則名附千秋。蘇門六子之外，又不知其幾名家矣。

　　惜其集或以避黨禁而毀，或以遇兵燹歲久而亡。胡仲修具擇法眼，其購訪海内藏書之家而續行之，可乎？則請先質諸牧齋太史氏。

　　雲間白石山七十七老人陳繼儒叙。（崇禎六年新安胡潛武

林刊本《蘇門六君子文粹》卷首）

崇禎本蘇門六君子文粹序

（明）錢謙益

　　崇禎六年冬，新安胡仲修氏訪予苦次，得宋人所輯《蘇門六君子文粹》以歸，刻之武林，而余爲其序。曰：

　　六君子者，張耒文潛、秦觀少游、陳師道履常、晁補之无咎、黃庭堅魯直、李廌方叔也。史稱黃、張、晁、秦俱游於蘇門，天下稱爲四學士，而此益陳、李。蓋履常元祐初以文忠薦起官，晚欲參諸弟子間；方叔少而求知，事師之勤，渠生死不間，其繫於蘇門宜也。當是時，天下之學盡趨金陵，所謂黃茅白葦、斥卤彌望者。六君子者以雄駿出群之才，連鑣於眉山之門，奮筆而與之爲異。如履常者，心非王氏之學，熙寧中遂絕意進取，可謂特立不懼者矣。方黨論之再熾也，自方叔外，五君子皆坐黨，履常坐越境出見，文潛坐舉哀行服，牽連貶謫，其擊排蘇門之學，可謂至矣。至於今，文忠與六君子之文如江河之行地，而依附金陵之徒，所謂黃茅白葦者，果安在哉？

　　吾嘗觀王氏之學，高談無王，援據《周官》，其稱名甚高，而文忠則深嘆賈誼、陸贄之學不傳於世，老病且死，獨欲以教其子弟而已。夫食期於適口，不必其取陳羹也；藥期於療病，不必其求古方也。是故爲周公而僞，不若爲賈誼、陸贄而真也。真陸、賈足以救世，而僞周公足以禍世，此眉山、金陵異同之大端也。觀六君子之文者，其亦有持擇於斯乎？

　　十二月癸亥，虞鄉老民錢謙益撰。（同上）

國朝諸臣奏議一百五十卷

趙汝愚　編

趙汝愚（一一四〇——一一九六），字子直，漢恭憲王元佐七世孫，寓居饒州餘干（今屬江西）。乾道二年（一一六六）擢進士第一，官至右丞相。爲韓侂冑所攻，謫永州安置，至衡州暴死。侂冑誅，賜諡忠定。《宋史》卷三九二本傳稱其“類《宋朝諸臣奏議》三百卷”。按傳本《諸臣奏議》一百五十卷，附有趙汝愚守成都時所上《乞進皇朝名臣奏議札子》，略曰：

> 備數三館，獲睹秘府四庫所藏，及累朝史氏所載忠臣良士便宜章奏，……收拾編綴，歷時寖久，篋中所藏，殆千餘卷。……自昨蒙恩假守閩郡，輒因政事之暇，與數僚友因事爲目，以類分次，而去其複重與不合者，猶餘數百卷，釐爲百餘門，始自建隆，迄於靖康，推尋歲月，初見本末。……臣欲更於其間擇其至精至要尤切於治道者，每繕寫成十卷，即作一次投進。

《札子》末記曰：“淳熙十三年（一一八六）正月一日，三省同奉聖旨依。”則趙汝愚編是書，肇於爲館職時。據《宋史》本傳，汝愚擢進士第一後，授簽書寧國軍節度判官。召試館職，除秘書省正字，遷校書郎，又遷著作郎知信州。易台州，除江西轉運判官。入爲吏部郎兼太子侍講，遷秘書少監、兼權給事中。累權吏部侍郎、兼太子右庶子。以集英殿修撰帥福建，進直學士、制置四川兼知成都府。至成都後，方上此札子，其間歷時約十七八年，可謂勤矣。所蒐輯之奏議原本，多達千餘卷，在福州分類初編，"去其複重與不合者"後仍有"數百卷"。而編定爲一百五十卷，當是在成都時從"數百卷"中再"擇其至精至要尤切於治道者"，然後上進。《宋史》本傳所稱"三百卷"，蓋其家所藏初編原稿。

《四庫提要》述是書編次道："其大旨以備史氏之闕遺，非夸飾也。凡分君道、帝係、天道、百官、儒學、禮樂、賞刑、財賦、兵制、方域、邊防、總議十二門，子目一百一十四。每篇之末，各附注其人所居之官，與奏進之年月，亦極詳核。"比如卷一《君道門·君道一》第一篇，爲司馬光《上仁宗論人君之大德有三》，末注曰："嘉祐六年（一〇六一）七月初除諫官，上殿進。有旨留中。"可謂簡明扼要。對於衆多無集（或有集而後不傳）作者之奏疏，附注尤顯重要。就文獻而論，是書保存了大量宋人奏議及背景資料，多他書所不載，爲研究宋代政治、經濟、文化等諸多領域提供了難得的第一手史料，價值極高。

是書有宋嘗兩次鋟板。史季温跋淳祐本（此本詳下）道："蜀舊鋟木，已毀於兵。公之孫尚書閣學必愿繩武出鎮，嘗命工刊刻而未就。適季温以臬事攝郡，捐金命郡文學掾朱君貔孫繼成之。"據此知在趙必愿命工重刊之前，已有蜀刻本，蓋四川制司所刊。上引汝愚《札子》所謂"每繕寫成十卷，即作一次投進"，所刻底本，當即投進稿本之副册也。

史季温跋所謂"繩武出鎮"，指趙必愿守閩。然刻未畢功，幸史季温繼之，方於淳祐庚戌（十年，一二五〇）雕成，具體主其事者爲郡文學掾朱貔孫。是年九月，宗室趙希瀞作《國朝諸臣奏議序》，略曰：

> 聞孫必愿繇常伯接踵是邦，祗承先志，思永其傳，屬泮宫以繡梓，久而未就。繡衣使者史季温念其先世同纂

> 輯之勤，克相其事。郡文學朱麑孫遂鳩攻木之工而墨
> 之，使前賢憂愛之盛心炳炳如丹，抑亦學爲忠定者也。
> 希瀟來此，鋟板始畢，得遂披閱，竊有志焉。

所謂"史季溫念其先世同纂輯之勤"，參以季溫跋，知指其大父史容，趙汝愚在成都編是集時，嘗"預討論之列"。史容作有《山谷外集詩注》，季溫嘗於閩憲刊其修訂本（參拙著《宋人別集叙録》），當與續刊《諸臣奏議》同時。

《讀書附志》卷下《總集類》著録蜀刻本：

> 《皇朝名臣經濟奏議》一百五十卷。右淳熙中趙忠定帥蜀時所進也。一君道，二帝繫，三天道，四百官，五儒學，六禮樂，七賞刑，八財賦，九兵政，十方域，十一邊防，十二總議。自建隆迄靖康，推尋歲月，槩見本末，忠定自序於前。

《書録解題》卷一五、《通考》卷二四九所録卷數同，書名則爲《皇朝名臣奏議》，無"經濟"二字，與《附志》異，而與後世傳本同，當即福州本。蜀刻本宋以後未見著録。

是書明人書目多有登録。《文淵閣書目》卷四載有三部："《宋名臣奏議》一部四十册，完全。""《宋名臣奏議》一部四十册，殘闕。""《宋名臣奏議》一部三十二册，完全。"當是宋季舊槧或元修本。《內閣藏書目録》卷五除有三部與上述册數相同、應是原藏本外，又有一部二十八册不全本。私家所藏，唯《近古堂書目》卷下著録"宋板《宋諸臣奏議》"，其他如《脈望館書目》、《趙定宇書目》、《萬卷堂書目》卷二等，有其目而皆未注明版本。

清王士禎《居易録》卷八曰："《皇朝名臣奏議》，……溫陵

黃氏所藏宋刊本。"不詳所謂"宋刊本"是否宋印。近人羅振常嘗見宋刊本，原爲汪士鐘舊物，其《善本書所見録》卷二記曰："《國朝諸臣奏議》一百五十卷，宋趙汝愚編，宋刊本。每半葉十一行，行二十三字。有'汪士鐘字春霆號閬源書畫印'，單框，雙魚尾，上字數，下刻工。"按《藝芸書舍宋元本書目·宋版書目》載"《諸臣奏議》，百五十卷"，即此本，亦不詳是宋印否。

是書傳之至今者，皆宋淳祐閩刻元、明印本。美國國會圖書館庋藏一部，王重民《中國善本書提要》著録爲"宋刻元印本"，凡一百五十卷，四十二册，每半葉十一行二十三字。王氏曰：

> 按是書初刻於蜀，旋以兵毀；淳祐間史季温重刻於閩，即此本也。張氏愛日精廬、陸氏皕宋樓並著録宋刻元印本；天一閣、鐵琴銅劍樓並有宋刻，不言何時所印。宋印或元印本甚少，其版明代入南雍，故今所存多是明印。……此本紙質如練，明潔如玉，輕瑩若素，且版心無"大德"、"至大"等年月，疑爲大德以前印本。惟全書稍有殘缺，闕卷爲：一至四、十二至二十二、四十五至七十六、一百四十八至一百五十，又目録一册（卷三十六至七十七）。其卷一百四十八至一百五十已鈔補。卷前又有鈔補序文及進書劄子。

王重民所言張氏本，著録於《愛日精廬藏書志》卷一二，謂"板心内間有注大德、至大刊補者，蓋宋刊元印之本。闕卷一、卷一百九、卷一百四十四至一百五十，共九卷，鈔補"。陸氏本見《皕宋樓藏書志》卷二五，案曰："此南宋刊本，每半葉十一行，每行二十三字，較之會通館所據（祝按：指明銅活字本底本，詳後）缺葉較少，當是宋季元初印本。卷中有'隆慶壬申（六年，一五七二）夏提學副使邵曬理書籍關防'朱文長印。"此本今藏日本静嘉堂文庫。

《結一廬書目》卷二嘗著録元印本："《國朝諸臣奏議》一百五十卷，宋趙汝愚編，宋淳祐十年刊、元至大間印本。"《滂喜齋宋元本書目》嘗載"元板《宋名臣奏議》，八套"。所謂"元板"，疑亦是宋刊元修本。《中國古籍善本書目録》著録國家圖書館藏有福州刻元修本，其中卷一、一百九、一四四至一五〇配清鈔本，有瞿熙邦校並跋。此即上述張金吾愛日精廬本，後歸鐵琴銅劍樓，瞿氏《藏書目録》卷九著録爲"宋刊本"。此外猶有兩殘帙。今北大圖書館、中國科學院圖書館、上海圖書館，以及日本京都大學等，藏有宋刻元修本殘帙多部。

宋刊元明遞修本，傅增湘曾藏一殘帙，其《經眼録》卷四記曰：

　　《國朝諸臣奏議》一百五十卷，（宋趙汝愚輯，存卷十四至十九、二十七至三十三、四十四至四十七、一百三至一百七、一百十二至一百十六，共二十七卷。）宋淳祐十年史季温福州刊元明遞修本，半葉十一行，每行二十三字，白口，左右雙闌，版心上記字數，下記刊工姓名。間有元大德四年（一三〇〇）補刊葉，記於版心。

《中國善本書提要》著録國家圖書館藏宋刻明印本五十册時，曰："北京圖書館（祝按：現國家圖書館）藏是書殘本六，蓋皆爲版入南雍以後所刷印。其第一殘本存一百三十八卷，第二殘本存一百二十五卷，兩本相補，適可成爲一全本。然闕葉均與張、陸二本同。……明代南雍印本，無一無闕葉者，此宋印元印之所以可貴也（祝按：《南廱志》未著録此書板片）。"除國家圖書館外，今上海圖書館、北京市文物局、浙江天一閣等均著録有宋刻元明遞修殘本。

是書明、清兩代皆未覆刻，僅明人印有銅活字本。《古今書刻》卷上載"《名臣奏議》，明會通館活字本"。會通館本即錫山華燧會通館於弘治三年（一四九〇）所刊銅活字本。此本錯訛甚多，藏書家頗病之。前引《愛日精廬藏書志》著録淳祐本時，嘗曰："是書除此本外，有明會通館活字本，謬誤不可枚舉（下舉例，略）。"邵恩多跋校宋本《諸臣奏議》，被校之本即會通館本，謂其"中間訛謬舛蹐，幾不可讀，如《愛日精廬藏書志》所載者，尚有未盡也"（跋見《鐵琴銅劍樓藏書題跋集録》卷二）。知會通館本非善本。今國家圖書館、天津圖書館藏有會通館全本，中國科學院圖書館、中國社科院文學研究所及上海圖書館藏有殘本。

《四庫總目》著録浙江巡撫採進本《諸臣奏議》一百五十卷，蓋淳祐本之遞修本，《提要》謂"其奏札、自序及史季溫序，皆稱'名臣奏議'，而此本題曰'諸臣奏議'，豈以中有丁謂、秦檜諸人而改其名歟"？按是書書名，趙汝愚《札子》及陳氏《書録解題》著録皆稱"皇朝"，蜀刻本亦作"皇朝"，而傳世遞修宋本爲"國朝"，疑是元人所改。前引《讀書附志》及《書録解題》作"名臣"，而《宋史》本傳作"諸臣"，疑題"諸臣"亦是元人所改。至於後世書目或作"名臣"，或作"諸臣"，則是習慣稱謂不同而已。館臣所謂"以中有丁謂、秦檜諸人而改其名"，恐是臆測，蓋宋社既屋，仍稱"皇朝名臣"已不合時宜，元人不得不改也。

一九二七年，上海東方學會有鉛印本。臺灣文海出版社嘗編行《宋史資料萃編》，第二輯收有《諸臣奏議》，乃影印宋刻明印本。一九九九年十二月，上海古籍出版社出版鄧廣銘

等校點本《宋朝諸臣奏議》，以複製美國國會圖書館藏宋刻宋
印本（王重民以爲繫元印）爲底本，校補以各本及有關文集、
總集，後附索引。是爲此書唯一校點本，亦最精善。

【附錄】

國朝諸臣奏議序

（宋）趙汝愚

　　臣竊惟國家治亂之原，係乎言路通塞而已。蓋言路既
通，則人之邪正，事之利害，皆得以其實上聞，人君以之用捨
廢置，罔有不當，故其國無不治。言路不通，則人之邪正，事
之利害，皆壅於上聞，雖或聞之，亦莫得其實，人君以之用捨
廢置，不得其當，故其國無不亂。臣嘗以是歷觀前古，上自周
秦，下及五季，相望數千載間，或治或亂，俱同一轍。然則天
地之至理，古今之常道，無易於是矣。

　　恭惟我宋藝祖開基，累聖嗣業，深仁厚澤，相傳一道。若
夫崇建三館，增置諫員，許給舍以封還，責侍從以獻納，復唐
轉對之制，設漢方正之科，凡以開廣聰明，容受讜直，海涵天
覆，日新月益，得人之盛，高掩前古。逮至王安石爲相，務行
新法，違衆自用，而患人之莫己從也，於是指老成爲流俗，謂
公論爲浮言，屏棄忠良，一時殆盡。自是而後，詭諛之風盛，
而朋黨之禍起矣。臣伏睹建隆以來諸臣奏章，考尋歲月，蓋
最盛於慶曆、元祐之際，而莫弊於熙寧、紹聖之時。方其盛
也，朝廷庶事微有過差，則上自公卿大夫，下及郡縣小吏，皆
得盡言極諫，無所諱忌。其議論不已，則至於舉國之士咸出

死力而争之。當是時也，豈無不利於言者？謂其强聒取名，植黨干利，期以摇動上心。然而聖君賢相卒善遇而優容之，故其治效卓然，士以增氣。及其弊也，朝廷有大黜陟，大政令，至無一人敢議論者；縱或有之，其言委曲畏避，終無以感悟人主之意，而獻諛者遂以爲内外安静，若無一事可言者矣。殊不知禍亂之機發於所伏，今尚忍言哉！

　　臣仰惟陛下天資睿明，聖學淵懿，顧非群臣所能仰望，而若稽古訓，虛受直言，二紀於兹，積勤不倦。嘗命館閣儒臣編類《國朝文鑑》，奏疏百五十六篇，猶病其太略。兹不以臣既愚且陋，復許之盡獻其書，萬機餘閒，幸賜紬繹。推觀慶曆、元祐諸臣其詞直，其計從，而見效如此；熙寧、紹聖諸臣其言切，其人放逐，而致禍如彼。然則國家之治亂，言路之通塞，蓋可以鑒矣。臣不任惓惓之誠。

　　龍圖閣直學士、朝散大夫、成都潼川府夔州利州路安撫制置使、兼知成都軍府事、兼管内勸農使、充成都府路兵馬都鈐轄、祥符縣開國伯、食邑九百户臣趙汝愚謹上。(《國朝諸臣奏議》卷首，宋刊元印本)

國朝諸臣奏議序

(宋)趙希瀞

　　福國忠定趙公以宗臣帥長樂，政成多暇，輯我朝之群公先正忠言嘉謀粹爲一編，彙分臚列，冠君道，跗邊防，而以總論脈絡之。凡天人之感通，邪正之區别，内外之修攘，刑賞之懲勸，利害之罷行，官民兵財之機括，禮樂刑政之綱目，靡所不載。至蜀書成，上之乙覽。英莖律吕之相宣，奎璧光芒之胥映，蓋與皋、益、伊、傅之所陳者，閎宇宙，同關鍵。於以見群賢之納約自牖，知無不言；列聖之大度無我，從諫如流者也。猗歟休哉！

忠定尚友古人，胸中有全奏議，美在其中，發於其外，砥天棟國，雲八荒，霖四海，其相業之赫，實本諸此。聞孫必愿繇常伯接踵是邦，祇承先志，思永其傳，屬泮宮以繡梓，久而未就。繡衣使者史季溫念其先世同纂輯之勤，克相其事。郡文學朱貔孫遂鳩攻木之工而墨之，使前賢憂愛之盛心炳炳如丹，抑亦學爲忠定者也。希瀞來此，鋟板始畢，得遂披閱，竊有志焉。

淳祐庚戌九月既望，諸王孫希瀞拜手敬書。（同上）

國朝諸臣奏議跋

（宋）史季溫

古之人臣所以告其君者，不可得而詳矣。考之於《書》，皋陶之矢厥《謨》，伊尹之作《伊訓》，傅說之作《説命》，周公之作《無逸》，大抵皆後之諫疏也。至於《君奭》之篇所以告召公者，既歷舉商之諸臣，而又曰若虢叔、閎夭，有若散宜生、大顚，有若南宫括，並及乎周之賢臣而申言之。蓋古聖賢之相告相勉者，無非以前聞人爲法。雖五臣之謀謨不可見，以周公之言推之，則遺風餘烈，尚可想也。

漢興，將相名臣議論務在寬厚，意其當時蘭臺石室之所藏，金匱玉版之所載，一時名臣奏陳，未必不萃此書。降武、宣以後，博士議郎備中朝顧問應對者，未聞舉一言以告其主，宜乎武、宣之治，不能守高、文之舊。若魏相條漢興以來賢臣賈誼、晁錯、董仲舒所言奏請施行，雖曰得國家之大體，然考其時，濫趙、蓋、韓、楊之誅，開金、張、許、史之漸。宣帝雖以中興之君，而爲基禍之主，烏在其爲條陳故事也。

惟我國朝淳化懿綱，遠接三代。小臣不佞，竊窺累朝國論，則淳厚見於立國之初，中正作於慶曆之際，矯激起於熙寧之後。方其淳厚也，如大羹玄酒，淡乎其味；朱弦疏越，純如其音。及其中正也，則朝陽鳴鳳，而見者歌舞；法筵龍象，而聞者作興。至其矯激也，則大冬嚴霜，而松柏不雕；驚湍駭浪，而巨石不轉。即諸臣之言，以考一代之治，雖醫者用藥，各有不同，而參苓烏喙，皆足以收藥石之效。故當時公道大行，盡言無隱，忠言極諫，皆萃於朝，流芳簡册，足以垂萬世之宏規。逮夫紹聖以後，議論一反一覆，鉗天下以一人之口，掩天下以一人之目，而祖宗良法美意，無復一存。夫以先朝名公鉅卿章疏聯篇累牘，未易管窺，然要其大綱，則畏天命也，法祖宗也，恤人言也。而或者乃以“三不足”之説反之，遂使小人祖述其説，以禍天下。始作俑者，未嘗不痛恨於荆舒也。明鑒之垂，前車之戒，凡有志於國家者，其可捨是而他求哉！

先正丞相忠定福王趙公，曩嘗編類《國朝名臣奏議》，開端於閩郡，奏書於錦城，亦已上徹乙覽。淳熙至今，逾六十年矣，蜀舊鋟木已毀於兵。公之孫尚書閣學必愿繩武出鎮，嘗命工刊刻而未就。適季温以臬事攝郡，捐金命郡文學掾朱君貔孫繼成之。念昔先大父蘌室容受忠定之知，嘗同蜀之名流預討論之列。今既遂尚書之志，亦可發揚先祖舊事。自兹家藏此書，舉以告君，推以治國，以復我宋純懿之治，猶有望焉。《詩》云：“子子孫孫，勿替引之。”尚二家臣子拳拳繼世之忠云。

淳祐庚戌立秋日，朝請大夫、權福建路提點刑獄公事、兼本路勸農提舉河渠公事、提舉弓手寨兵、借紫眉山史季温百拜謹跋。（同上卷末）

坡門酬唱集二十三卷

邵　浩編

是集乃邵浩集蘇軾兄弟及門從同題唱和之作。紹熙庚戌（元年，一一九○）四月，邵浩作《蘇門酬唱引》，略曰：

> 取兩蘇公之詩讀之，……爲之諷誦諦繹，至忘寢食者幾年。……既又念兩公之門下士黄魯直、秦少游、晁无咎、張文潛、陳無己、李方叔，所謂六君子者，凡其片言隻字，既皆足以名世，則其平日屬和兩公之詩，與其自相往復，決非苟然者。因盡摭而録之，曰《蘇門酬唱》。

按：邵浩，字叔義，金華（今屬浙江）人，孝宗隆興元年（一一六三）登進士第，嘗爲豫章（潭州，今江西南昌）機幕。據《引》，知他輯録《蘇門酬唱》在登第之後的乾道、淳熙間。因孝宗喜三蘇詩文，朝野一時成風，與三蘇有關的各種圖書盛行，故是書之編，亦風會所致也。《引》最後謂其以此編出示臨江謝公，謝爲之作序，且建議改“蘇門酬唱”爲“坡門酬唱”，以突出蘇軾。

同年五月，永嘉張叔椿作序，謂其已“命工鋟木”：

> 歲在己酉（淳熙十六年，一一八九），揭來豫章，機幕

邵君叔義，實隆興同升，出示鉅編，目曰《坡門酬唱》，乃蘇文忠公與其弟黄門偕魯直而下六君子者，迭爲往復，總成六百六十篇。幸矣，余之嗜鄉偶與叔義同，而精敏不逮遠矣。……遂命工鋟木，以廣其傳。

此書宋、明人極少著録，惟《宋志》載有"邵浩《坡門酬唱》二十三卷"。紹熙元年豫章原刊本今尚傳世，凡二十三卷十二册，藏臺北"中央圖書館"。清宣統間，貴池劉氏玉海堂嘗將紹熙本景刊，爲《玉海堂景宋叢書》之八。景刊宋本每半葉九行，每行十六字。有格，白口，單魚尾，開本闊大。共收酬唱詩六百六十首。

《四庫總目》著録江蘇巡撫採進本。蓋底本邵浩《引》"紹熙庚戌"誤作"紹興庚戌"，《提要》特爲之辨"紹興"乃"紹熙"之訛；又謂"特據浩《引》所言，叔椿序當先成，乃浩《引》題四月，叔椿序反題五月，亦爲舛錯未合。殆傳寫既久，或經後人所妄改歟"。據知四庫底本爲傳寫本。"紹興"乃"紹熙"之訛，確定無疑，臺灣所藏宋本正作"紹熙"。然謂張叔椿序當先成，"反題五月"爲"妄改"，則是館臣之妄論。按邵浩《引》並未言及張序，止言"臨江謝公自中丞遷尚書，均逸未歸，浩出此編，公喜甚，爲作序"。今謝序已佚。館臣蓋誤"謝公"序爲張序，故謂"先成"。考所謂"臨江謝公"當是謝諤（一一二一——一九四），臨江軍新喻人，光宗時除御史中丞，權工部尚書（謝氏事跡，見周必大《周文忠公集》卷六八《謝諤神道碑》及《宋史》卷三八九本傳），與邵《引》"臨江謝公自中丞遷尚書"正合。

此書内容，《提要》繼曰：

前十六卷爲軾詩，而轍及諸人和之者。次轍詩四卷，次黄庭堅、秦觀、晁補之、張耒、陳師道等詩三卷，亦

録載及諸人和作。惟李鷹闕焉，其不在八人之數。而別
有繼和者，亦皆附入，爲注以別之。其詩大抵同題共韻
之作，比而觀之，可以知其才力之强弱，與意旨之異同，
較之散見諸集，易於互勘，談藝者亦深有裨也。至於本
集所有，《山谷外集》所載《次韻子瞻書黃庭經尾》、《付寒
道士》、次韻晁補之、廖正一贈答詩，補之又有《和子瞻種
松》《贈杜輿秀才》三首，今坡集載坡詩止二首，而此集均
未編入。小小掛漏，在所不免，亦不必爲之苛責矣。

　　是集清代所傳，多爲影宋鈔本，《結一廬書目》卷四、《天
禄琳琅書目後編》卷八等皆有著録。國家圖書館今藏清影宋
鈔本一部六册，每半葉九行十六字，與前述景刊宋本同。又
藏有清鈔本一部八册。臺北"中央圖書館"除上述原刻本外，
亦庋藏影宋鈔本一部，有光緒間惲毓鼎手書題記。

【附録】

蘇門酬唱引

（宋）邵　浩

　　紹興戊寅，浩年未冠，乃何幸得肄業於成均，朝霽暮豁，
知有科舉計耳，古文詩章未暇也。隆興癸未，始得第以歸，有
以詩篇來求和者，則藐不知所向。於是取兩蘇公之詩讀之，
因得竊窺兩公少年時交遊未甚廣，往往自爲師友，兄唱則弟
和、弟作則兄酬，用事趁韻，莫不字字穩律，或隱去題目讀之，
則不知其孰爲唱、孰爲酬，蓋無纖毫斧鑿痕迹，其妙如此。浩

心焉好之，爲之諷誦諦繹，至忘寢食者幾年，始僅能與人相應和爲韻語。

　　既又念兩公之門下士黄魯直、秦少游、晁无咎、張文潛、陳無己、李方叔，所謂六君子者，凡其片言隻字，既皆足以名世，則其平日屬和兩公之詩，與其自相往復，決非苟然者。因盡摭而録之，曰《蘇門酬唱》。獨恨方叔有酬無唱，蓋其晚出，相與游從之日淺也。無事展卷，則兩公六君子怡怡偲偲氣象，宛然在目，神交意往，直若與之承顔接辭於元祐盛際，豈特爲賡和助耶！

　　淳熙己酉，浩官於豫章，臨江謝公自中丞遷尚書，均逸未歸，浩出此編，公喜甚，爲作序，且曰："謂之'蘇門酬唱'，則兩公並立，不如俾老僊專之，更曰《坡門酬唱》，何如？"浩曰"唯唯"。

　　紹熙庚戌四月一日，金華邵浩引。(《坡門酬唱集》卷首，劉氏玉海堂景刊宋本)

坡門酬唱集序

(宋)張叔椿

　　詩人酬唱盛於元祐間，自魯直、後山宗主二蘇，旁與秦少游、晁无咎、張文潛、李方叔馳騖相先後，萃一時名流，悉出蘇公門下，嘻，其盛歟！余少喜學詩，嘗汎觀衆作，因之泝流尋源，竊恨坡詩有唱而無和，或和而不知其唱，每開卷雖凝思遐想，茫無依據，至蒐取他集，纔互見一二，復恨不獲睹其全也。將類聚俾成一家，輒局於官守且未暇。

　　歲在己酉，揭來豫章，機幕邵君叔義，實隆興同升，出示鉅編，目曰《坡門酬唱》，乃蘇文忠公與其弟黃門偕魯直而下六君子者，迭爲往復，總成六百六十篇。幸矣，余之嗜鄉偶與叔義同，而精敏不逮遠矣。夫以數十年玩味之餘，與欲爲而未即遂者，一旦欣快所遇，若可矜而振之也，烏知無復有同志者興不可得見之嘆？遂命工鋟木，以廣其傳。

　　紹熙元年五月二十四日，永嘉張叔椿書於觀風堂。（同上）

聖宋名賢五百家播芳大全文粹
一百五十卷

魏齊賢、葉　棻　編

　　紹熙元年庚戌（一一九〇）八月，南徐許開爲是書作序，略曰：

> 今夫墨莊□有天下之書，……故家有藏書之富。鉅鹿魏君仲賢、南陽葉君子實實徜徉其間，儲藏之豐，奚啻插架三萬軸而已。一日合併，且欲集本朝名公雜著之文，以惠同志。於是各出所有，闢館以居之，巨篇奧帙，奇書秘字，充衍其中，……旁搜遠紹，類以成帙，凡世用之文，靡所不備。

據此序，知《播芳大全》乃魏仲賢、葉子實合編。又據今國家圖書館所藏宋刊本（詳下），仲賢名齊賢，子實名棻（“棻”字後代書目或作“芬”、“弅”，本書依宋本定爲“棻”）。魏氏自署鉅鹿（今河北邢台）人，葉氏自署南陽（今屬河南）人，蓋皆郡望或祖籍。生平事跡不詳。是書編選標準乃“世用之文”，即以四六駢體寫作的應用文。

二十年後，即嘉定三年（一二一○）夏，唐山宋均跋曰：

> 去歲之冬，於苕溪得交王君者香，者香出其舅葉子
> 實先生所編《播芳文粹大全》見示，因言是書初編一百
> 卷，刊行後一時紙貴。既思書以四六爲宗，宜多採表啟
> 諸作，乃復廣蒐旁輯，成百五十卷，未及梓而卒。然則是
> 書世無刻本，彌足貴也。急假歸，偕同志友人分寫，六閱
> 月而畢，因書以志。（《播芳大全文粹》一百五十卷本《名賢總
> 目》卷末）

據此跋，知魏、葉所編原爲一百卷，刊後盛行，於是又補編爲
一百五十卷，當時尚未付梓。宋均假歸鈔寫，不詳是否雕板，
後世未見刊本流傳，然有鈔本傳世。根據一般情況，鈔本很
難傳到數百年之後，況宋均假鈔，乃因百卷本盛行，目的蓋欲
付梓，疑當時別有刊本，後失傳。

此書後人或嫌其冗雜，然保存宋人文章之功不可没。朱
彝尊《播芳文粹跋》曰：“具列姓氏凡五百二十家，富哉言矣，
然其所録不盡皆醇。”（《曝書亭集》卷五二）《四庫提要》亦曰：“是
編皆録宋代之文，駢體居十之六七。雖題曰五百家，而卷首
所列姓氏實五百二十家，網羅可云極富。中間多採宦途應酬
之作，取充卷數，不能一一精純。又仿《文選》之例，於作者止
書其字，人遠年湮，亦往往難以考見。疑爲書肆刊本，本無鑒
裁，故買菜求益，不免失於冗濫。朱彝尊嘗跋此書，惜無人爲
之删繁舉要，則亦病其冗雜矣。然渣滓雖多，精華亦寓，宋人
專集不傳於今者，實賴是書略存梗概，亦鍾嶸所謂‘披沙揀
金，往往見寶’者矣，故彝尊雖恨其蕪，終賞其博也。”

是編不見於宋人書目。明《文淵閣書目》卷一○著録

“《大全文粹》一部十五册，闕”，當即此書，或爲宋槧。至《秘閣書目・文集》只載九册。《脈望館書目》有其目，無卷數。《江陰李氏得月樓書目摘錄》載一百十卷之帙，凡十五本，缺，不詳其版本。唯《晁氏寶文堂書目》卷上登錄“《五百家名賢播芳文粹》（宋刻欠二册）”。

上引朱彝尊《播芳文粹跋》，又謂“《五百家播芳文粹大全》二百卷，曩在都下，曾從友人借觀，患其卷帙混淆，兼多闕文誤字，因置不錄。歸田後，見江浙儲藏家間有之，類皆鈔寫。丙戌三月，留徐學使章仲（祝按：名炯，徐乾學子）花谿別業，觀宋槧本，始快於心，若風庭之葉盡埽而老眼豁然也”云云。朱氏之説，有兩點值得注意：一是他在北京所見爲二百卷本，二是徐氏有是書宋槧本。對所謂二百卷本，後人或以爲是“誤記”或“筆誤”（《四庫提要》等），或以爲是“竹垞並所析之卷計之”（錢大昕《十駕齋養新錄》卷一四《宋名賢五百家播芳文粹》），總之不可能有二百卷之本。徐氏宋槧本後爲季振宜所得，《季滄葦藏書目》著錄道：“宋刻《播芳文粹》，十九本，不全。案：此書今歸眠琴山館。”

季氏本今猶傳世。一九二二年，天津文焕齋書坊曾送傅增湘鑒定，因卷次多被書賈剜改，故原書卷數卷次已不可究，其《經眼錄》卷一八詳記之：

　　《聖宋名賢五百家播芳大全文粹》□□卷目錄□卷，（宋葉棻編，魏齊賢校正。存一百卷，目錄七卷。）宋刊宋印本，半葉十四行，行二十五字，白口，左右雙闌，版心上方記字數。有紹熙改元庚戌八月朔南徐許開仲啟序（行書八行）。次本朝名賢總目，計五百家，每家標舉謚法或名字，次播芳大全雜文之目，（此葉大字六行。）自表啟至題跋，爲類三十有三。次目録七卷。目二三行題云：“衢山精舍葉棻子實編”，“富學堂魏齊賢仲賢校正”。

鈐有“吳江徐氏記事”、“季振宜藏書”、“石川張氏崇古樓珍藏印”、“方岩”、“劉桐珍藏”、“烏程劉桐一字秋崖祕玩”、“花笑廎藏”、“王專”、“□香樓藏”、“陶庵”（圓印）、“芳洲”、“虞山許氏圖書之印”。

壬戌（一九二二年）十一月廿九日天津文焕齋書坊送閲。目録及每卷卷首均有挖補痕迹，蓋爲惡估剜改，欲以殘書充完本也。可惜之至！書計四十册，余代蔣孟蘋（汝藻）收之。

此本爲蔣氏所購，後藏上海涵芬樓，幸免未燬於日寇戰火，張元濟著録於《涵芬樓燼餘書録》。輾轉歸北京圖書館（今國家圖書館）。《北京圖書館古籍善本書目》著録道：“《聖宋名賢五百家播芳大全文粹》□□卷目録□卷，宋魏齊賢、葉棻輯，宋刻本，四十册，……存一百七卷（《文粹》一百卷目録七卷，卷次多經剜改）。”

傅增湘又曾收得一殘宋本，僅存四卷，其《經眼録》亦著録，謂“存卷二十八至三十一，共四卷。……共文一百二十一首”；“癸亥（一九二三年）春南游，見此殘本，因亟收之”云云。此殘本今藏北京大學圖書館。又，上海圖書館藏有另一殘宋本，僅二卷（卷三二至三三）。

是編元以後未嘗覆刻，今除上述殘宋本外，只有鈔帙。鈔本甚夥，計有一百卷、一百十卷及一百二十六卷、一百五十卷三類。兹分別述之。

一、百卷本。

傅增湘曾見明鈔百卷本兩帙。第一帙，其《經眼録》卷一八著録：

　　《聖宋名賢五百家播芳大全文粹》一百卷目録七卷，
宋葉菜編，魏齊賢校正，明藍格寫本，十行二十至二十四
字不等。前有紹熙改元庚戌八月朔南徐許開仲啟序，次
名賢總目，（計五百。）次目録七卷。題：“衢山精舍葉菜子
實編”，“富學堂魏齊賢仲賢校正”。鈐有“重光”（白）、“子
宣”（朱）、“存素堂珍藏印”、“詩龕墨緣”、“時颿珍玩”
諸印。

傅氏《明鈔本播芳大全文粹跋》（所跋爲下述第二帙），謂此鈔
本挖改卷第與季氏宋本同。按此本《陶廬雜録》卷三嘗著録，
然是一百十卷：“《五百家播芳大全文粹》一百十卷，宋鉅鹿魏
齊賢、南陽葉弅同編。所録皆宋代之文，凡五百二十家。余
所藏鈔本，前有紹熙元年庚戌八月南徐許開仲啟序，卷端鈐
印二：重光、子宣，殆筥江上先生所珍録與。”此本今不詳何
在。臺北“中央圖書館”藏有明藍格鈔本一百十卷（缺卷二、
卷三），不詳是否即此本。

　　第二帙爲傅氏友人邢贊庭於書肆所得，傅氏作《明鈔本
播芳大全文粹跋》詳述道：

　　《聖宋名賢五百家播芳大全文粹》一百卷，明鈔本，
黑格，棉紙，半葉十行，行二十二字，語涉宋帝空格，是從
宋板鈔出者。前有紹熙改元庚戌南徐許開仲啟序。書
爲鉅鹿魏仲賢、南陽葉子實所編，卷首爲名賢總目，次門
類，即文目也，凡爲卷七。各卷內卷一至七又分上、中、
下三卷，卷八分上、下卷。

　　按：此書《四庫總目》著録爲一百十卷，此只一百卷，

實屬殘帙，賈人挖改卷第成一百卷，以充完帙耳。今逐卷檢閱，知所缺者爲卷四十九上、卷七十三、七十四、七十五、卷九十四、九十五、九十六、九十七、九十八、九十九、一百，凡缺十卷，又子卷一，取各卷標題一行視之，其粘補之迹猶可尋也。（《藏園群書題記》卷一九）

此本今藏國家圖書館。

二、一百十卷、一百二十六卷本。

此兩本，皆出於宋刊百卷本，之所以卷數異，乃將子卷改作正卷之數不同故也。一百十卷本，若連子目記之，則爲一百二十六卷；而百卷如何變爲一百十卷，前人以爲是“强分”（如丁國鈞跋瞿氏藏一百五十卷本，即持是説，見《鐵琴銅劍樓藏書題跋集錄》卷四），而兩本皆佚卷二十，又卷六二與卷五五重複，實佚二卷。傅增湘曾用季氏宋本細校三年，作《影宋鈔本播芳大全文粹一百二十六卷跋》（《藏園群書題記》卷一九），謂此書卷數最爲分歧，有二百卷者（疑是朱彝尊誤記），有一百五十卷者（此爲另一系統之本，詳下），有一百二十六卷者，有一百卷者。宋刊本之一百卷，“實殘缺不完之本，（《季目》即注不全）。爲書賈挖改卷第，以充完帙，而明以來傳鈔本遂沿襲而下。如邢氏本自七十三卷以後逐卷補綴之痕猶顯然可按也。（慈谿李氏本亦經挖改。）其題一百二十六卷（或作一百二十五卷。）者，詳檢之，實即一百一十卷，不過將子卷改作正卷耳。今以王炎宗本考之（祝按：王氏舊鈔本，今藏臺北“中央圖書館”，一九六四年臺北學生書局曾將該本影印），如卷一至卷七原本分上、中、下子卷，兹本遂展爲二十二卷。其卷二之中卷，自趙德莊《賀太上皇后箋》起，至《賀皇太子受册箋》止，凡三十五篇，兹本析爲卷第五。自汪彥章《北郊青城起居表》起，至

《上皇帝勸進表》，凡十三篇，兹本析爲卷第六。又卷四十九原本分上下卷，兹本亦分爲二卷。通計溢出者凡一十六卷，遂成爲今本之一百二十六矣”。

　　私家書目著録一百十卷本者甚多，如《結一廬書目》卷四、《愛日精廬藏書志》卷三五、《善本書室藏書志》卷三八皆著録舊鈔一百十卷本。今國家圖書館藏有清孔廣陶岳雪樓鈔本（傅增湘校補並跋），北大圖書館庋藏明鈔本，浙江圖書館藏清鈔本等，皆一百十卷。臺北“中央圖書館”藏明藍格鈔本，已見上述；又有紫格舊鈔本、清顧氏藝海樓鈔本，皆一百十卷。《四庫總目》著録江蘇巡撫採進本，亦爲一百十卷，《提要》稱“今鈔本止一百十卷，尋檢首尾，似無闕佚”云云，則採進本爲鈔帙。

　　陸氏《皕宋樓藏書志》卷一一四嘗著録是書精鈔一百二十六卷本，今藏日本静嘉堂文庫。嚴紹璗《日藏漢籍善本書録》謂該本係明人寫本，共二十册，並詳列其卷目。

　　三、一百五十卷本。

　　此本原爲瞿氏藏書，乃海内孤本，今藏國家圖書館。《鐵琴銅劍樓藏書目録》卷二三著録道：

> 《聖宋名賢五百家播芳大全文粹》一百五十卷，舊鈔本。宋魏齊賢、葉棻同編。前有紹熙庚戌南徐許開仲啟序，序後列類目，又次爲五百二十家名賢總目，卷末有嘉定三年（一二一〇）唐山宋均跋。案秀水朱氏跋此書，謂所見徐章仲家宋槧本二百卷。考宋跋，謂是書葉子實初編一百卷刊行後，一時紙貴，既思書以四六爲宗，宜多採表啟諸作，乃復廣蒐旁輯，成百五十卷，未及梓而卒云云，則此書刊行在光宗時，僅有百卷，朱氏所云二百卷，

乃訛一爲二也。此本又有孫氏均、姚氏椿手跋，姚氏謂
今彭南昌選《宋四六集》盛行於世，即取諸是書。又《四
庫全書總目》作一百十卷，疑偶脱五字，非有二本云云。
然盧氏《宋史藝文志補》及張氏《藏書志》著録亦皆作一
百十卷，此本或是最後續增足本，尤可貴也。

繆荃孫曾借瞿氏本過録一部，《藝風藏書續記》卷六著録道：
"《聖宋名賢五百家播芳大全文粹》一百五十卷，目十卷。傳
寫足本。前有紹熙庚戌許開序，類目四葉。次名賢總目十七
葉，次目十卷。後有嘉定三年宋均記。……荃孫先得兩舊鈔
本配合，闕卷借丁氏八千卷樓補足，吾友羅架臣校之。丁氏
藏本闕第二十、第六十二兩卷，再屬常熟門人丁君（國鈞）秉
衡鈔之瞿氏鐵琴銅劍樓，秉衡復書言兩本不同，方知瞿氏所
藏爲海内孤本，因請録副，瞿君慨然允之。年餘鈔成，珍藏藝
風堂。海内孤本，從前亦無人論及。"（按：其詳可參丁國鈞
跋，見《鐵琴銅劍樓藏書題跋集録》卷四。）此鈔本今不詳何
在。一百五十卷本較之一百十卷或一百二十六卷本，不僅收
文溢出許多，而且編次差異也很大。丁國鈞跋曰："編次卷
第，無一相合，且各類篇目，爲繆本所無者，幾十之四，即《賀
表》一類計之，此本凡五百五十一篇，繆本只二百九篇，餘可
類推矣。"

　　除上述外，今猶存朝鮮古活字殘本，乃李盛鐸遺書，傅氏
《經眼録》卷一八著録道：

　　　　《聖宋名賢五百家播芳大全文粹》，（宋葉棻編，魏齊賢校
正。存卷一至四，每卷皆分上中下子目。）朝鮮古活字印本，十
行十七字。題目大字，文字首尾及文中關鍵處亦用大字，
餘皆夾行小字。文中提行空格一存宋式。鈐有"宣賜之

記”朱文大印，又“□川氏圖書記”、“晚翠亭”鐘式印。

此本今藏北京大學圖書館，乃明正德、嘉靖間朝鮮中宗朝“乙亥字”之排印本。

筆者曾使用過國家圖書館所藏是書殘宋本及部分鈔本（包括一百五十卷本），除卷數、收文異同已如上述外，最令人頭痛者莫過於作品歸屬。作者只署其字號，往往難以恢復真名，已如《四庫提要》所述。此問題尚可考之宋代文獻，實在無考或待考者，亦只能依舊。而歸屬則關係到作品真贋，不可不慎。各鈔本有一共同情況，即往往隔若干篇才有署名。古書慣例，未署名之篇從前人。然而細考之却不盡然：根據内容，有的明顯非前人所作，若從前人則爲僞作或誤收。這顯然是鈔本脱鈔作者名所致。但今日欲一一考定未署名之篇的原作者，絶非易事，大多數幾乎不可考，於是歸屬遂成難題。宋刻本文字佳，可糾正鈔本許多謬誤，署名固不成問題，所惜殘闕不全，且無一百五十卷本。總之，此書情況極爲複雜。若能以現存瞿氏一百五十卷本爲基礎，彙校各殘宋本、鈔本爲一善本以傳世，乃功德無量之舉。

【附録】

聖宋名賢五百家播芳大全文粹序

（宋）許　開

昔吾從縉紳先生游，而得其論寶之説。夫所謂寶者，焜燿瑰奇，鏗鏘温潤，世之美瑞，國之重鎮，周傳漢佩，虞求罕醨，易連城，照十二乘，曾未得其仿佛也。然必聚於沆瀣之巨浸，蘊於不可測識之深淵，元圃(祝按：原作“甫”，據《皕宋樓藏書志》卷一一四所録改)之邃，崑山之巔，元氣鍾之，造物蓄之，然後芒寒色正，爍爍乎斗牛之間，豈蹄涔之所能□，培塿之所能有哉！

今夫墨莊□有天下之書，雖三閣四庫之儲、道家蓬萊之所藏者相埒也，故家有藏書之富。鉅鹿魏君仲賢、南陽葉君子寶，實徜徉其間，儲藏之豐，奚啻插架三萬軸而已。一日合併，且欲集本朝名公雜著之文，以惠同志。於是各出所有，關館(祝按：原作“錧”，據上引改)以居之，巨篇奧帙(祝按：原作“帖”，據上引改)，奇書秘字，充衍其中。以我聖朝之文卓(祝按：原作“章”，據上引改)冠前古，而二君八窗玲瓏，旁搜遠紹，類以成帙，凡世用之文，靡所不備。燦燦珠璣，炳炳(祝按：原作“煙煙”，據上引改)瑚璉，如淵海之藏，如府庫之羡。吾昔所聞縉紳先生所謂寶者，此焉當之矣。蓋將披襲以冰蠶繭之光，薦之以漆仍几之安，寧不貴哉！予往者守官□陽，於書市經從爲款，二君走書言其大概，屬余序之。余不得醨。

紹熙改元庚戌八月朔，南徐許開仲啟序。(《五百家播芳大全文粹》卷首，影印文淵閣《四庫全書》本)

播芳文粹跋

(清)朱彝尊

《五百家播芳文粹大全》二百卷，曩在都下，曾從友人借觀，患其卷帙混淆，兼多闕文誤字，因置不録。歸田後，見江浙儲藏家間有之，類皆鈔寫。丙戌三月，留徐學使章仲花谿別業，觀宋槧本，始快於心，若風庭之葉盡埽，而老眼豁然也。卷首有紹熙庚戌序，南徐許開作，稱係鉅鹿魏齊賢仲賢、南陽葉棻子實所集，具列姓氏凡五百二十家，富哉言矣，然其所錄不盡皆醇。惜吾友宜興陳維崧其年、華亭錢芳標葆馚、吳江葉舒崇元禮、錢唐陸繁弨拒石、嘉興李符分虎，皆以駢體名家，諸君悉逝，莫爲削其繁而舉其要也。

開字仲啟，以中奉大夫提舉武夷冲祐觀，著有《志隱類蘽》，見趙希弁《讀書附志》。（《曝書亭集》卷五二，《四部叢刊初編》本）

聖宋名賢五百家播芳大全文粹跋

（清）孫　均

右舊鈔《五百家播芳大全文粹》一百五十卷。國朝朱竹垞太史嘗見徐章仲家宋槧本，卷首有紹熙庚戌許開序，以爲魏仲賢、葉子實所集。此鈔本卷首序同，列家五百二十亦同，獨卷末有嘉定三年唐山宋均記苕溪王者香言其舅葉子實爲是書，初編一百卷，刊行後一時紙貴，既思書以四六爲宗，宜多採表啟諸作，乃復廣蒐旁輯，成百五十卷，未及梓而卒。然則此書世無刻本，彌足貴也云云。案宋均跋語，則此書初次刊行應在光宗時，至寧宗時又復增加，尚未授梓。竹垞所見宋槧，今未之觀，亦不言有宋均此記，其書之刻或在光宗時，或經增加在寧宗晚年或理宗時，未可知也。惟竹垞言二百卷，則與此鈔不符。謹案《四庫全書總目》，以竹垞爲記憶未審，或偶然筆誤，觀宋均此跋益信。且云是書雖嫌繁冗，而宋人專集之不傳於今者，實賴此編略存梗概，則固好古者所宜珍惜，不徒供文人漁獵之資矣。又按《四庫書目》云一百十卷,而此鈔一百五十卷,又多宋鈔一跋,蓋是最後續增足本,尤可寶也。校勘一過,爲志數語,以諗後人。

大清嘉慶二十五年六月,遂初居士孫均跋。(《鐵琴銅劍樓藏書題跋集錄》卷四)

名臣碑傳琬琰之集上集二十七卷中集五十五卷下集二十五卷

杜大珪 編

本書編者杜大珪,眉州眉山(今屬四川)人,紹熙間進士,仕歷不詳。所輯《名臣碑傳琬琰之集》(初印本冠“新刊”二字),分上、中、下三集,上集二十七卷,中集五十五卷,下集二十五卷,凡一百七卷。據統計,該書共收文二百五十四篇,傳主二百二十一人。前有不署名者於紹熙(按:“熙”,文獻或誤作“興”,徑改。下同)甲寅(五年,一一九四)暮春三月所作序,後人或謂是自序,稱“好事者因集神道、志銘、家傳之著者爲一編”云云。“好事者”未必不是其本人,難以定奪,今姑仍以作者佚名。

《四庫提要》評其書道:

> 起自建隆、乾德,訖於建炎、紹興,大約隨得隨編,不甚拘時代體製。要其梗概,則上集神道碑,中集志銘、行狀,下集別傳爲多。多採諸家別集,而亦間及於實錄、國史,一代鉅公之始末,亦約略具是矣。中如丁謂、王欽若、呂惠卿、章惇、曾布之類,皆當時所謂姦邪,而並得預

於名臣，其去取殊爲未當。然朱子《名臣言行録》、趙汝
愚《名臣奏議》亦濫及於丁謂、王安石、呂惠卿諸人，蓋時
代既近，恩怨猶存，其所甄別，自不及後世之公。此亦事
理之恒，賢者有所不免，固不能獨爲大珪責矣。

館臣所謂去取"未當"，雖爲之辯解，仍失偏頗。且不説一代
名相王安石，即如過惡較大的丁謂，其人與真宗朝歷史息息
相關，若碑傳皆廢，如何能知人論世？杜氏蒐輯保存衆多宋
代著名人物碑傳資料，大有功於文獻。誠如潘景鄭先生所
説："余讀杜大珪《名臣碑傳琬琰集》，竊有慕乎其薈萃之功。
開往古未有之宏業，啟後來踵述之規範，雖甄別未必盡是，而
椎輪大輅，昭茲來許，抑亦不朽之盛事矣。"（《明覆宋本名臣碑傳
琬琰集》，《著硯齋書跋》，古典文學出版社一九五七年版）

　　是書宋人書目未著録，明代私家書目多有登載，如《江陰
李氏得月樓書目》《會稽鈕氏世學樓珍藏圖書目》《脈望館書
目》並著録宋板，其他如《晁氏寶文堂書目·子雜》卷中、《近
古堂書目》卷上、《濮陽蒲汀李先生家藏書目》、《玄賞齋書目》
卷二、《趙定宇書目》、《徐氏家藏書目》卷二等亦有其目，不詳
版本。清《結一廬書目》卷二著録宋刊本。《季滄葦藏書目》
有十六本。

　　宋槧今猶傳世。《四庫總目》著録浙江孫仰曾家藏本，即
紹熙原刊本，今藏浙江圖書館。潘景鄭《明覆宋本名臣碑傳
琬琰集》謂"曩歲聞浙江圖書館得孫氏壽松堂所藏一帙，詫爲
壓庫之秘，撰文詳考，蔚爲盛事。洎後涵芬樓蓄意影印，經亂
中輟"，即指該本。羅振常《善本書所見録》卷二謂該本"半葉
十五行，行二十五字，單框，雙魚尾。前有紹熙甲寅不著名
序，序後有俞曲園（樾）題識，翰林院印（朱方）、楊鼎（朱長方）、

重遠書樓（同上）印”。今人童正倫《浙江圖書館古籍善本概述》介紹道：

> 《新刊名臣碑傳琬琰之集》，上集二十七卷，中集五十五卷，下集二十五卷，南宋紹熙間刻印（間有配明鈔），（每半葉）十五行二十五字，左右雙邊，白口雙魚尾。此書爲“四庫底本”，由杭州藏書家壽松堂主孫仰曾進呈。序頁鈐“翰林院”滿漢文大印，封面有長方木印：“乾隆三十八年（一七七三）十一月浙江巡撫三寶送到孫仰曾家藏琬琰録一部計書十六本。”此當是清廷退還之書，一直爲壽松堂後人珍藏，一九三三年孫峻割愛以三千圓售與浙圖。書仍如故，保存完好。俞曲園有手題“光緒丙申（二十二年，一八九六）中麴園俞樾觀於右臺山館並記”款並印。（《書品》二〇〇〇年第二期）

但該本實爲殘宋鈔補本，只是大部分尚完好，謂“間有配明鈔”，未免有點輕描淡寫。由四庫館退還孫氏後，裝爲三十二册，其中原刻僅九册，其餘各册皆有鈔葉，而全鈔配多達六册。除浙圖外，今國家圖書館（存七十六卷）、上海博物館（存八十三卷）、浙江天一閣、遼寧省圖書館均著録宋刻殘本。曾檢視國家圖書館藏本微縮膠卷，每半葉十五行，每行字數不規範，或二十五字，或二十六七字，當與浙圖藏本同版次。

除宋刻本外，猶存宋槧遞修本。傅增湘《經眼録》卷四著録宋刊明修殘本、宋刊元明修本兩部，皆題《新刊名臣碑傳琬琰之集》。宋刊明修本“半葉十五行，行二十五字，白口，（間有黑口。）版心間記字數及人名。缺上集第十一卷及第十二卷第一、二兩葉。鈐有‘乙酉年收藏圖書記’一印”。《華東師範大學校報》第一四八三期（二〇一一年四月六日）載韓進《宋刻本〈新刊名臣碑傳琬琰之集〉〉一文，介紹該校圖書館所藏宋刊明修本，稱據版式、缺葉、藏印等，該本即傅氏著録之宋刊明修殘本。傅氏所録宋刊元明修本，爲己未歲（一九一九）所收，版式同上，謂其“密行細字，刻工甚精。世傳以爲宋本。……《邵亭書目》云：陽湖孫氏有宋刊，今此書正有‘伯淵宋元秘籍’、‘孫星衍伯淵氏’二印，蓋即五松園舊物，確爲宋本者也。……前有大字序，題‘紹熙甲寅暮春之初謹書’，不著撰人”。又記其藏印有：“‘棟亭曹氏藏書’（朱）、‘長白敷槎氏菫齋昌齡圖書印’（朱）、‘曹仁虎印’（白）、‘來應習庵’、‘林元潤印’（白）、‘字巖’、‘得心子章’、‘頤煊審定’、‘伯淵宋元秘籍’、‘孫星衍伯淵氏’（白）、‘小學齋’、‘辛卯’、‘黃鈞’（朱白）、‘次歐’、‘當湖小重山館胡氏笈江珍藏’。”此本今藏國家圖書館，凡二十四册。此外上海圖書館（三部）、南京圖書館及湖南、四川兩省圖書館亦藏有宋刻元明遞修本。

　　是書臺北“中央圖書館”藏有“宋建刊本”一部，存五十六卷，凡十一册，爲上集卷五至一三、一九至二七；中集卷一至一七、五三至五五；下集卷一至一二、二〇至二五。有鈔補，計三十八葉。莫友芝《宋元舊本書經眼録》、劉承幹《嘉業堂藏書志》嘗著録。臺北“故宮博物院”藏有二部，其一亦著録爲“宋建刊本”，中集缺卷二十五，爲沈仲濤研易樓所捐，乃李盛鐸木犀軒舊藏書。另一部著録爲“明復宋刊本”。又臺北“中央研究院”歷史語言研究所傅斯年圖書館藏有“南宋末刻本”三十二册，上集缺卷一一，中集缺卷二五，有鄧邦述題記，曰：“此宋本，余於光緒丁未（三十三年，一九〇七）得之都中，世頗希遘，而缺頁尚多，須求佳本補寫，方爲完璧。天假以年，此志不難副也。甲寅（民國三年，一九一四）十月正闇。”

是本《群碧樓書志》著録爲"宋紹熙間刻本"。

日本静嘉堂文庫藏有宋刊本，乃陸心源舊藏本，《皕宋樓藏書志》卷二七著録。美國哈佛大學哈佛燕京圖書館藏有宋刻元明遞修本一部，凡三十二册，見《美國哈佛大學哈佛燕京圖書館中文善本書志》。

除上述宋槧及其遞修本外，《滂喜齋宋元本書目》嘗著録"元板《名臣碑傳琬琰集》一套"。傅增湘《經眼録》卷四在著録《新刊名臣碑傳琬琰之集》各本時，嘗記其壬子歲（一九一二）所見杜大珪編《皇朝名臣續碑傳琬琰録》，疑是元翻本："前集八卷、後集八卷。宋刊本，（疑元翻本。）十二行二十三字。有鮑廷博跋，並録孫星衍跋。又徐渭仁跋。（顧鶴逸藏書）"此本又見《藏園訂補郘亭知見傳本書目》卷五上，謂是顧麐士怡園藏書，"號爲宋刊"。今未見著録，各圖書館亦別無元本或《續碑傳琬琰録》登録。若《琬琰集》真有續編本，無疑爲學界大事。考明徐紘嘗編《明名臣琬琰録》二十四卷、續録二十二卷，今存。頗疑傅氏所見即此書之不全本，而誤屬宋人杜大珪也。

上引潘景鄭《明覆宋本名臣碑傳琬琰集》，以爲此書"流傳藏家，沿稱宋槧，就余目睹，未敢置信，實皆明代覆本而已"。向稱宋槧的傳本何以爲明代覆本，潘氏未説明依據。上述陽湖孫氏所藏宋刊本，莫友芝亦謂"稱宋本，實明初刊本"（《郘亭知見傳本書目》卷五）。羅振常認爲是書有明初覆本，其《善本書所見録》卷二曰：《新刊名臣碑傳琬琰集》一百七卷，"明初覆宋本。前有紹熙甲寅自序、目録"。三人皆未具體指出何以爲明槧。今各圖書館未見以"明覆本"著録者，所謂宋槧"皆明代覆本"之説，尚需進一步研究。

　　國家圖書館除庋藏前述宋刻及宋刻元明遞修本外，又有清經鉬堂鈔本一部，八册。一九三〇年（庚午）北京翰文齋將此本送傅增湘審閲，傅氏記之於《經眼録》卷四，謂“半葉十五行，行二十五字，竹紙緑格本，左闌右下方有‘經鉬堂重録宋本’七字，前有序文，半葉七行。……鈐有‘苕溪漫士之印’朱文印”。南京圖書館藏有影宋鈔本，乃丁氏書，原爲馬二槎藏書，《善本書室藏書志》卷九著録，謂有“二槎秘笈”、“海昌馬氏”、“漢晉齋鑒藏”諸印。臺北“中央圖書館”藏有清鈔本，臺灣文海出版社將其影印入《宋史資料萃編第二輯》。

　　民國時，上海涵芬樓欲借浙江圖書館所藏宋本影印入《四部叢刊》續編而未果。今若欲影印是書，仍可以浙圖藏本爲主，統合各圖書館所藏，盡可能以宋本補足該本闕卷闕葉。

【附録】

名臣碑傳琬琰集序

（宋）佚　名

　　國朝人物之盛，遠追唐虞三代之英，秦漢以來鮮儷矣。自建隆、乾德之肇造，暨建炎、紹興之中天，因時輩出，豐功偉烈，焜耀方册，雖埋光鑴採、位不稱其德者，亦各有紀於時。欲求之記事之書，則灝灝噩噩，未易單究，雜出於野史見聞者，其事又裂而不全，未足以觀其人之出處本末。好事者因集神道、志銘、家傳之著者爲一編，以便後學之有志於前言往行者。韓退之《韓洪碑》，杜牧之《譚忠傳》，今質諸正史而皆合。學者將階此以考信於得失之迹，不爲無助云。

紹熙甲寅暮春之初謹書。（《名臣碑傳琬琰之集》卷首，宋刊元明遞修本）

成都文類五十卷

程遇孫 等編

是集乃袁説友慶元間知成都府時，組織僚士程遇孫等多人編成，故此書編者，或題袁説友，或題程遇孫。《四庫提要》曰：“案《成都文類》諸家著録皆稱宋袁説友編，……卷首別有題名一頁，稱‘迪功郎、監永康軍崇德廟扈仲榮，迪功郎、新差充利州州學教授楊汝明，從事郎、廣安軍軍學教授費士威，從事郎、前成都府府學教授何惪固，文林郎、山南西道節度掌書記宋德之，文林郎、前利州東路安撫司幹辦公事趙震，宣教郎、新奏辟知綿州魏城縣、主管勸農公事徐景望，奉議郎、新雲安軍使兼知夔州雲安縣、主管勸農公事、借緋程遇孫編集’。然則此集之編，出説友之意，此集之成，則出八人之手。當時舊本題識本明，後人以序出説友，遂並此書而歸之，非其實也。”不過古人編書，以組織者領銜，亦是常事。按袁説友（一一四〇一—一二〇四），字起巖，號東塘居士，建安（今福建建甌）人，流寓湖州（今屬浙江）。隆興元年（一一六三）進士，累官參知政事。著有《東塘集》，久佚。程遇孫，字叔達，仁壽（今屬四川）人。少雄於文，淳熙間第進士，累官太常寺丞、潼川轉運判官、權府事。

袁説友於慶元五年（一一九九）二月爲是集作序，述編纂體例道：

> 由漢以來，其文以益而作者，今獨無傳，可乎？有益都斯有此文，此文傳，益都亦傳矣。爰屬僚士，摭諸方策，裒諸碑識，流傳之所膾炙，士友之所見聞，大篇雄章，英詞綺語，折法度，極眩耀，其以益而文者，悉登載而彙輯焉。斷自漢以下，迄於淳熙，其文篇凡一千有奇，類爲十一目，釐爲五十卷。

所謂“類爲十一目”，其目爲：卷一，賦；卷二至一五，詩；卷一六至一七，詔策制；卷一八，表疏簡記；卷一九至二一，書；卷二二至二三，序；卷二四至四六，記；卷四七，雜記（檄、難、牒）；卷四八，箴銘讚頌；卷四九，雜著；卷五○，誄、哀辭、祭文。無疑，是書之纂輯，大有功於成都地區古代文獻的保存與流傳。

《文類》編成之後，殆即於慶元中付梓，宋人惟見《遂初堂書目·總集類》著録。明《文淵閣書目》卷九著録“一部十五册，殘闕”，當是宋槧。《内閣藏書目録》卷四則曰“十五册，全”，疑是明刊本。其他如《萬卷堂書目》卷二、《趙定宇書目》、《徐氏家藏書目》卷五及《季滄葦藏書目》等皆有著録，版本不詳。

是書宋刻久佚，今以明槧爲早，然傳本甚稀。國家圖書館藏明刻殘本一册，存三卷（一六至一八）。臺北“故宮博物院”藏明槧一部完整，其《善本舊籍總目》著録爲“明初刊黑口十行本”，凡二十四册。所謂“明初刊”，年代蓋亦出於估計。日本静嘉堂文庫藏明刻一部，爲陸氏十萬卷樓藏本，著録於《皕宋樓藏書志》卷一一四，乃吴枚庵（翌鳳）舊物。傅增湘《經眼録》卷一八嘗著録明刊本，“每半葉十行十八字，黑口，四周雙邊”，稱“此書無刻書序跋，似嘉、萬間風氣”。該本後不詳流轉何所。對於傅氏謂明刻“似嘉、萬間風氣”，屈守元先生以趙用賢已將此書著録於《趙定宇書目》，楊慎曾謂其父楊廷和“在館閣日，……嘗取袁説友所著《成都文類》……上下旁搜，左右采獲，欲纂爲《全蜀藝文志》”推之，認爲刊行“當在嘉靖初年”（《〈成都文類〉序言》，載《覽初閣論文輯録》，電子科技大學出版社二〇〇二年一月版）。屈先生生前嘗托日本京都大學興膳宏教授攝製到静嘉堂文庫藏本膠卷，據複原件，知陸氏本原爲明翻宋刻鈔補本，總目、卷一至卷三一爲原刻，卷三二至卷五〇爲鈔補。原刻每半葉十行，每行十八字，小字雙行同，大黑口。遇“天子”、“陛下”、“朝廷”等詞均空格，仍遵宋式，但無宋人諱字。序及正文皆有缺字作墨丁（如袁説友序“由巴蜀”下有長墨丁，與各本缺三字同）。卷一、卷六等首葉書題下有“枚庵”、“吴翌鳳印”、“執經堂藏善本”及“静嘉堂珍藏”等印記。鈔補部分每半葉十行，行二十二字，僅有“静嘉堂珍藏”印記。因疑鈔補在吴氏之後。鈔手不苟，頗清整。據正在校理該書的四川師範大學趙曉蘭教授介紹，此本文字與四庫本差別很小。

　　《四庫總目》著録兩淮鹽政採進本。《增訂四庫簡目標注》卷一九謂“《四庫》著録係曝書亭藏刊本”。朱彝尊《曝書亭集》卷四四載有是書《書後》，稱“予從海鹽陳氏得刊本，重裝而藏之”。所謂“刊本”，當即明槧，莫氏《邵亭知見傳本書目》卷一六嘗著録，袁序缺字與上述陸氏本同。刊本外，今四川省圖書館藏有鈔文津閣四庫本一部（上引屈守元《〈成都文類〉序言》謂“據聞鈔寫者爲余中英先生”），然訛誤甚多。上海圖書館亦著録清初鈔本一部。

　　二〇一一年，中華書局出版趙曉蘭校點本《成都文類》，即以複印静嘉堂本爲底本。

【附録】

成都文類序

（宋）袁説友

　　天地之秘藏，發而爲名山大川；山川之秀靈，斂而爲文章華藻。二者相爲頡頏而光明焉也。《兩京》《三都》之賦，摹寫天地，繪繡山川，絢道德，扢天庭，潤金石，諧韶濩，與乾坤造化周流盛大於宇宙之間，千百萬世下而知有兩京、三都者，以此文也。然則天地山川而可無此文哉！而可以不傳此文哉！

　　益，古大都會也，有山川之雄，有文物之盛，奇觀絶景，仙遊神迹，一草一木，一丘一壑，名公才士，騷人墨客，窺奇吐芳，聲流文暢，散落人間，何可一二數也。凡此者，予來三年，亦既略睹矣。或曰：兩京、三都以賦而傳，使無傳焉，斯文泯矣。然則由漢以來，其文以益而作者，今獨無傳，可乎？有益都斯有此文，此文傳，益都亦傳矣。爰屬僚士，撼諸方策，裒諸碑識，流傳之所膾炙，士友之所見聞，大篇雄章，英詞綺語，折法度，極眩耀，其以益而文者，悉登載而彙輯焉。斷自漢以下，迄於淳熙，其文篇凡一千有奇，類爲十一目，釐爲五十卷。益之文兹備矣。

　　嗟乎！後世之士，豈無浮湘沅，由巴蜀，□□□如司馬子長者乎？豈無上瞿唐，過夔梓，賦雪錦如杜少陵者乎？又豈無自西蜀，歷荆楚，棲遲山水間如田游巖者乎？倘復得如二三公者，而訪斯益，肇斯文焉，則知清寧闓闢、至大至廣之内，而有所謂蜀；蜀六十州，亘五千里之内，而有所謂益；益都無量、江漢炳靈之内，而有所謂文者，其不在此書乎！此無負於益。

慶元五年二月望日，寶文閣學士、通議大夫、四川安撫制(度)〔置〕使兼知成都軍府事建安袁説友謹序。(《成都文類》卷首，影印文淵閣《四庫全書》本，明刻本闕字同)

書成都文類後

（清）朱彝尊

安吉袁説友起巖，中木待問榜進士，除祕書丞，歷寶文閣學士、通議大夫、四川安撫制(度)〔置〕使兼知成都軍府事。輯漢以下迄宋淳熙蜀人詩文，彙爲五十卷，目曰《成都文類》。書成於慶元五年，自爲之序，分門十一，頗爲詳整，楊文憲公慎《全蜀藝文志》所由本也。自楊氏《志》行，而袁氏之《文類》庋之高閣矣。予從海鹽陳氏得刊本，重裝而藏之。

説友官於蜀，後入爲吏部尚書，嘉泰二年八月同知樞密院事，三年正月參知政事，九月罷相，見《宰輔編年録》。(《四部叢刊初編》本《曝書亭集》卷四四)

赤城集 十八卷

林表民　編

此集乃林表民於陳耆卿(字壽老，號篔窗)修《赤城志》

時，取《天台集》不載、《赤城志》不盡載之記、序、書、傳等文，與《天台集》中詠赤城之詩併之爲一，類編而成。林表民嘗纂輯《天台集別編》《天台續集別編》等，前（卷四）已述。淳祐間太守沈塈爲之鋟梓，淳祐八年（一二四八）吳子良序之，略曰：

> 初，康吉林君詠道（師蔵）類《天台集》，子逢吉（表民）續之，而詩之屬天台者無遺矣。簣窗陳公壽老修《赤城志》，逢吉又續之，而事之屬天台者無遺矣。獨記、序、書、傳、銘、誄、贊、頌之文，《天台集》不暇載、《赤城志》載不盡者，逢吉復分門會粹，併詩爲一，號《赤城集》，凡若干卷，而前後太守丁侯璹、沈侯塈爲鋟之梓。

是書刊於宋季，故宋人不及著録，而元、明人亦極少著録，唯見葉氏《篆竹堂書目》卷三載有“《赤城集》”，未録卷數，另見謝鐸《赤城新志》，見下引。宋本久佚，《中國古籍善本書目》著録國家圖書館藏明弘治十年（一四九七）謝鐸刻本，凡十八卷，四册。前往檢視，實只有瞿氏舊藏本，曾著録於《鐵琴銅劍樓藏書目録》卷二三，稱“此嘉靖中重刻。卷首有‘陸時化印’朱記”。該本每半葉八行十八字，黑口，首爲吳子良序，無其他人序跋。

《四庫總目》著録鮑士恭家藏本《赤城集》十八卷，《提要》曰：

> 宋林表民編。……前有淳祐八年吳子良序，稱分門薈粹，併詩爲一。今此集僅有文一百八十二首，而無詩。又明謝鐸《赤城新志》載《赤城集》二十八卷，有刻本在内閣，而此本亦只十八卷。疑原本尚有詩十卷，爲傳鈔者

所佚去，已非完本矣。

《增訂四庫簡目標注》卷一九謂“《四庫》著録係鈔本”。又《續録》曰：“董綏經（康）藏明刊《赤城詩集》六卷，首有成化己亥（十五年，一四七九）李東陽序，末有成化甲寅（十八年）謝鐸跋，云凡爲詩三百六十一首。”按：李東陽《懷麓堂集》卷二四載《赤城詩集序》，略曰：“台，古赤城郡地也。吏部郎中黄君世顯、翰林侍講謝君鳴治（鐸）誦其遺篇，而胥嘆曰：‘此吾邦文獻之懿，其不可以廢。’乃輯宋宣和至我朝洪武、永樂間，得數十人若干篇，爲六卷，名之曰《赤城詩集》。初，宋理宗時有林詠道者，嘗輯爲《天台集》，今刻本不傳。天順初，國子學録張存粹輯《黄巖英氣集》，而不及旁縣，至是始粹然成編。”則六卷本《赤城詩集》並非林表民所編《赤城集》中詩卷，而是黄、謝二人所輯宋宣和至明永樂間詠赤城之詩。館臣“疑原本尚有詩十卷，爲傳鈔者所佚去，已非完本矣”，其説蓋是。換言之，林表民所編《赤城集》中的詩歌部分，明人已不可得，故爲之重輯。據《千頃堂書目》卷三一著録，謝鐸重輯《赤城詩集》六卷後，猶有《詩集補遺》五卷、《續編》八卷。

清嘉慶間，臨海宋世犖刊《台州叢書》，收《赤城集》十八卷，前有嘉慶二十三年（一八一八）宋氏序，未叙所用底本，當由明槧出。

除上述外，是集今尚存清鈔本數部。《善本書室藏書志》卷三八著録舊鈔本，原爲汪魚亭藏書，今藏南京圖書館。《木犀軒藏書書録》亦著録清鈔本，今藏北大圖書館。《皕宋樓藏書志》卷一一四著録安樂堂舊藏鈔本，今藏日本静嘉堂文庫。所有鈔本皆十八卷。

二〇〇七年，中國文史出版社出版徐三見點校本《赤城集‧赤城後集》，爲“台臨歷史文獻要集叢編”之一。是書將林表民《赤城集》、謝鐸《赤城後集》合爲一册，收錄兩宋至明代台州各縣的記、序、傳、銘及行狀、墓誌等共計四百三十餘篇。

【附錄】

赤城集序

（宋）吳子良

　　天台山至晉孫興公始傳，晉以前不知幾千年矣，何傳之晚也！自晉以來，歷宋、齊、梁、陳、隋、唐，天台人物見簡册落落才數十人。本朝始漸盛，南渡迄今始益盛，而距晉亦且千年矣，又何盛之晚哉！得非發露之驟者盤鬱淺，韜晦之久者培養深，氣脈俟時數而轉旋，文獻由風化而薰灼，倘會至而機動，自有不容掩遏者邪？由今視之，履行者、勳業者、風節者、文學者，或旁睨其藩，或深入其奧，往往而不乏矣。而又官守者、寓游者，於此多瑰傑焉；紀興建者，寫光景者，於此多膏馥焉。今而往，不更洋洋乎哉！

　　夫有所待而發者時也，風化之所召也；有所萃而存者書也，亦風化之所關也。初，康吉林君詠道類《天台集》，子逢吉續之，而詩之屬天台者無遺矣。箕窗陳公壽老修《赤城志》，逢吉又續之，而事之屬天台者無遺矣。獨記、序、書、傳、銘、誄、贊、頌之文，《天台集》不暇載、《赤城志》載不盡者，逢吉復分門會粹，併詩爲一，號《赤城集》，凡若干卷，而前後太守丁侯璹、沈侯塈爲鋟之梓。於是，前所謂履行者、勳業者、風節者、文學者、官守者、寓游者、紀興建而寫光景者，一啟卷咸彰彰焉。蓋自有宇宙至晉不知幾千年，自晉迄今亦且千年，而天台人物之盛，才得萃於此書。君子推本之，以爲是本朝風化之所召。台之士大夫讀是書而知其故，必將慨然奮厲，期無負君師，以自昭於不朽，孰謂於風化無關乎！逢吉名表民。

　　淳祐八年八月既望，朝散大夫、新除直敷文閣、江南西路轉運判官兼權隆興府吳子良序。（《皕宋樓藏書志》卷一一四）

宋人總集叙録卷第五

回文類聚三卷

桑世昌　編

桑世昌，字澤卿，號莫庵，高郵（今屬江蘇）人，居天台，陸游外甥。著有《蘭亭考》（存）、《莫庵詩集》（明李日華《六研齋二筆》卷三："宋高郵桑世昌，號莫庵，有文集三十卷。"）等。所編《回文類聚》三卷，嘗自爲序。《書録解題》卷一五著録道：

> 《回文類聚》三卷，桑世昌澤卿集。以《璇璣圖》爲本初，而並及近世詩詞，且以至道御製冠於篇首。

《通考》卷二四九從之。《宋志》著録"西湖寓隱《回文類聚》一卷"。"西湖寓隱"不詳爲誰，此本後世不傳。

宋本久已散佚。是書明人鮮見著録。萬曆四十四年（一六一六），張之象將三卷改編爲四卷，並輯《補遺》一卷刻之，今國家圖書館有藏本。入清，康熙戊子（四十七年，一七〇八）朱存孝增輯《補遺》一卷，再付之梓，序曰：

> 《回文類聚》四卷，乃宋臣桑世昌澤卿所纂，後明人張之象玄超復加增訂。披閱之次，似覺玄超之所增訂者

雜亂無緒，是以將彼舊增並予所習見之什纂爲續集，附
於卷後，重鋟諸木。

他是説，因張之象所輯《補遺》一卷"雜亂無緒"，於是將其與
自己所輯合併，重編爲一卷，附於卷後，再重新鋟梓。按：朱
存孝，本名朱行先，仕名象賢，一名存孝，長洲（今江蘇蘇州）
人，號清溪，別號玉山仙史（見朱象賢《印典》卷末其兄朱珖跋）。所
刻首爲朱存孝、桑世昌二序。前四卷署"宋桑世昌撰"。卷一
爲《璇璣圖》，前有武則天叙，後爲讀例、讀法之類，有宋人跋
多首。卷二爲《盤中詩》，有王勃叙、令狐楚跋，以及《酒盤銘》
等多首。卷三、卷四爲南朝至宋人所作回文詩、詞。最後爲
《回文類聚補遺》，題"長洲朱存孝續補"，即所謂"續集"。前
無《書録解題》所稱"冠於篇首"之"至道（宋太宗年號）御製"。
《四庫總目》著録汪如藻家藏本《回文類聚》四卷、《補遺》一
卷，即康熙本，《提要》述其編纂得失道：

> 宋桑世昌編。……考《文心雕龍》曰："回文所興，則
> 道原爲始。"梅庚注謂"原"當作"慶"，宋賀道慶也。蓋其
> 時《璇璣圖詩》未出，故緫云然。世昌以蘇蕙時代在前，
> 故用爲托始，且繪像於前卷首，以明創造之功，其説良
> 是。然《藝文類聚》載曹植《鏡銘》八字，迴環讀之，無不
> 成文，實在蘇蕙以前，乃不標以爲始，是亦稍疏。又蘇伯
> 玉妻《盤中詩》，據《滄浪詩話》，自《玉臺新詠》以外，別無
> 出典，舊本具在，不聞有圖。此書繪一圓圖，莫知所本。
> 考原詩末句稱"當從中央周四角"，則實方盤而非圓盤，
> 所圖殆亦妄也。唯是詠歌漸盛，工巧日增，詩家既開此
> 一途，不可竟廢，録而存之，亦足以資博洽。是書之末有
> 世昌自跋，稱至道御製登載此卷，此本無之，殆傳寫佚脱

歟。其《補遺》一卷,則國朝康熙中蘇州朱存孝所採,兼及明人。然於《明典故》中所載御製回文三十圖在耳目前者,即已不收,則所漏亦多矣。姑附存以備參考云爾。

四庫本卷首載乾隆撤出《補遺》中《美人八詠》敕令,略曰:"乾隆四十六年(一七八一)十一月初六日,内閣奉上諭:昨閲四庫館進呈書,有朱存孝編輯《回文類聚補遺》一種,内載《美人八詠詩》,詞意媟狎,有乖雅正。……朕輯《四庫全書》,當採詩文之有關世道人心者,若此等詩句,豈可以體近香奩,概行採録? 所有《美人八詠詩》著即行撤出。至此外各種詩集内有似此者,亦著該總裁督同總校、分校等詳細檢查,一併撤去,以示朕釐正詩體、崇尚雅醇之至意。欽此!"故四庫本《回文類聚》已無《美人八詠詩》。

由於"回文"這種體裁近乎文字遊戲,雅俗共賞,深合小市民口味,故清乾隆後各地書坊刊本甚夥,而桑氏原編《回文類聚》往往猶如招碑,纂集後世作品成爲主打,尤重其圖。此可以朱象賢編《正續合鐫回文類聚》爲代表。該本凡正集四卷,題"淮海桑世昌澤卿纂次";《續集》十卷、《織錦回文圖》一卷,題"江南朱象賢輯"。自序稱其内子胡氏篋中,"藏有鈔本回文圖二帙,素未經見者頗多,名氏鮮存,似係勝國名流著作。予又留心訪求,雅而合體者録之,俗而尋常者置之,共得圖八十九副、詩三十二首、詩餘二十二闋、賦一篇,集爲續編,並以五彩璿璣及織錦故事畫圖另爲一卷,冠於編首,不特是體篇章得備,而舊編新續亦不敢混淆矣"。《續編》卷七末有青霞居士尤某跋,稱"玉山仙史搜羅收拾,集爲《續編》,嗣君將次鏤板",則合鐫本乃朱象賢子(嗣君)所刊。兄朱珖卷末跋,題"壬申嘉平月",據蔣遠翔先生考證當爲乾隆十七年(一七五二），其説殆是。刊本書名葉題"麟玉堂藏版"。總目第一葉版心下刻"朱氏正本"四字。由於《續集》有大量繪畫，畫作質量較高，且刊印精美，雖爲時人所喜，然距本書所録宋人總集愈遠矣，故不再述説。

因《回文類聚》中輯有南朝至宋人詩詞，多無集作家作品，後遂有人裁篇别出，編爲《回文詩聚》一卷、《回文詞聚》一卷，離集另行。明葉盛《菉竹堂書目》卷四曾著録"《回文詩聚》一册"，今未見傳本。近人周泳先輯《唐宋金元詞鈎沉》（民國二十六年商務印書館本），載有《回文詞聚》一卷，凡收詞五十五首。

二〇一二年，國家圖書館出版社出版丁勝源、周漢芳編《回文集》六十四卷，上自晉代，下迄民國，且涵蓋域外，凡作者一千三餘家，圖七百八十五幅，集回文詩、詞、圖之大成。

【附録】

回文類聚序

（宋）桑世昌

《詩苑》云："回文始於竇滔妻，反復皆可成章。舊爲二體，今合爲一，止兩韻者謂之回文，而舉一字皆成讀者謂之反覆。"又上官儀曰："凡詩對有八，其七曰回文對，'情親因得意，得意遂情親'是也。"自爾或四言，或六言，或唐律，或短語，既極其工，且流而爲樂章。蓋情詞交通，妙均造化，此文之所以爲無窮也。

淮海桑世昌。（康熙本《回文類聚》卷首）

回文類聚序

（清）朱存孝

《回文類聚》四卷，乃宋臣桑世昌澤卿所纂，後明人張之象玄超復加增訂。披閱之次，似覺玄超之所增訂者雜亂無緒，是以將彼舊增並予所習見之什纂爲續集，附於卷後，重鋟諸木，因題於簡端曰：

靖節陶公有云：“奇文共欣賞。”蓋以文字之奇者不忍獨得，故必期其人欣賞而後快。如《璇璣》一圖，非文之奇者乎？字如棋置，按誦成章，字不數百，詩幾千首。何物女郎，以錦心織成錦字，令千古騷流不能卒讀，天才耶？仙才耶？雖仿其製者代不乏人，類不能出其規範。然集中所録諸圖及其餘詩詞，皆各有其妙，足以並傳。間有瑕瑜不掩，亦存之，以俟大方鑒別可也。存孝稚魯無文，與騷雅之道相遠，其偶涉及於此者，亦陶公“共欣賞”之意夫！

康熙戊子五月望日，玉山牧豎朱存孝。（同上）

回文詞聚題記

周泳先

《回文詞聚》一卷，乃據桑世昌《回文類聚》卷四裁篇別出者。《類聚》凡四卷，卷一至卷三爲圖譜及詩，卷四全爲宋人詞，計載詞五十五首，作者十三家。其中大抵爲世未經見或遺佚之作，如東坡《西江月》二首，山谷《西江月》一首，王安中《菩薩蠻》四首，均未見今本三家詞集；而伯山、鑒堂、梅窗諸家，則不唯宋以來詞選、詞話及齒及，且並其姓字、年代亦不易考矣。王公明、劉無言、王文甫、郭世謨諸家詞，《樂府雅詞》《陽春白雪》《花艸粹編》雖曾選及，但此卷内羡出者多首。近世海寧趙斐雲、金陵唐圭璋二子，搜輯宋人詞用力最勤，而亦未及此書。因仿毛氏汲古閣别裁《天下同文》例，校録爲一卷，並易以今名。其詞下作者，或題字，或題别號，均仍其舊，未加更改。

　　按：世昌字澤卿，淮南人，世居天台，陸游之甥。除《回文類聚》一書外，其著作傳於今世者，尚有《蘭亭考》一種。葉適《水心集·蘭亭博議跋》稱其“事事精習，詩尤工。其《即事》云：‘翠添鄰墅竹，紅照屋上花。’蓋著色畫也”。

　　《類聚》載有世昌原序、跋各一，但均未著年代，故此書纂輯於何時，亦不可詳。又卷中所載趙伯山詞，向伯恭《酒邊詞》“江北舊詞”《水調歌頭》“天公深藏巧”闋題云：“趙伯山席上見梅。”同卷《更漏子》“竹孤青”闋題云：“題趙伯山青白軒，時王豐父、劉長因同賦。”伯恭江北舊詞均爲南渡前所作，是北山當亦此時人也。劉辰翁《須溪集·黄純甫墓誌銘》云：“黄父應辰，字梅窗，臨川人。”此卷所載梅窗，或即黄應辰。唯鑒堂一家無考，但其詞下題云“答伯山四時四首”，當與趙伯山同時也。

　　泳先録竟記。（《唐宋金元詞鈎沉》，一九三七年綫裝本）

新刊國朝二百家名賢文粹三百卷

佚　名　編

　　此書乃慶元三年（丁巳，一一九七）眉山書隱齋所刊，有

"咸陽書隱齋"手書跋，編者姓氏失載。王偁於慶元丙辰（二年）六月既望於凌雲（嘉州，今樂山）舟次作序，稱"鄉人有欲集國朝文人勝士之文刊爲一集者，屬予爲序。予以被旨造朝，未暇閲其所集之多寡"云云。按：王偁眉州人，嘗撰《東都事略》一百三十卷。其既稱"鄉人"，則此書乃眉山人所編。"書隱齋"不詳爲何人，《中國版刻圖録》（圖版二二三）解題曰："據慶元二年眉山王稱序（祝按：今存宋刻序文作"王偁"，見附録，實爲一人），知此書爲慶元間咸陽書隱齋刻本。書隱齋乃眉山書坊主人齋名，咸陽是其原籍。"楊紹和《楹書隅録初編》著録此書時，以爲書隱齋跋"即編輯者之自序"（引詳下）。今詳味其文，似尚難遽斷。又據跋文，是書編纂宗旨在彙聚所謂"經緯天人、發明道學、該貫今古"之文，則編者乃理學之士。慶元間正黨禁最酷之時，其編是書，蓋有意乎。

《遂初堂書目·總集類》載"《本朝二百家文粹》"，當即此書。又《讀書附志》卷下著録道：

> 《國朝二百家名臣文粹》三百卷。右論著二十二門，策四門，書十門，碑記十二門，序六門，雜文八門，總目六，分門六十二。所謂二百家者……（以下録作者名，略）

明《文淵閣書目》卷一〇著録"《二百家文粹》，一部六十册，完全"。《内閣藏書目録》卷四曰："《二百家文粹》五十六册，不全。宋慶元間蜀中編集宋朝名公著述議論，凡三百卷，眉山王偁爲序。莫詳編次姓名。"據此知《文淵閣書目》著録之本，亦當爲三百卷，與《讀書附志》合，蓋別無他本。

此書今存宋刻殘本六帙，版本相同，卷數皆去"三百"甚遠。

一爲海源閣舊藏本，《楹書隅録初編》卷五著録道：

> 宋本《新刊國朝二百家名賢文粹》一百九十七卷，六
> 十册六函。每半葉十四行，行二十四字。不著編輯者姓
> 名。首載慶元丙辰朝散大夫、直秘閣、知邛州軍州兼管
> 内勸農事眉山王偁季平父序云……，次列二百家名賢世
> 次，僅一百九十九人。共分六類，曰論著，曰策，曰書，曰
> 記，曰序，曰雜文。每類之中又各分子目。末有慶元丁
> 巳咸陽書隱齋跋，稱“文章莫盛於國朝，近歲傳於世者，
> 詩有《選》，經濟有《録》，《播芳》《琬琰》皆有集，獨其著述
> 論議所以經緯天人、發明道學、該貫今古者或罕其傳。
> 此書旁搜類聚，總括精華”云云，當即編輯者之自序，其
> 體例已可概見。《秘閣書目》（作三百卷，似誤）、《國史經籍
> 志》、《菉竹堂書目》皆著録。卷首有“鼎元”、“伯雅”兩
> 印，及“普福常住藏書之記”、“筠生”各印，蓋王弇州（世
> 貞）先生藏本也。

此本今藏國家圖書館。所稱《秘閣書目》“作三百卷，似誤”，
非也，現存宋刊殘本中有卷二八五至二八六者（見下），足證
原書爲三百卷無疑。在現存諸殘本中，以此帙卷數最多（其
中有的卷次曾經人剜改）。

殘宋本第二帙，傅氏《經眼録》卷一八著録：

> 《新刊國朝二百家名賢文粹》三百卷，（存卷十五、十八
> 至二十、九十至九十三、一百六十四至一百六十八、一百七十至一
> 百七十六、一百八十四至一百九十、二百五至二百八、二百七十二
> 至二百七十七、二百八十五至二百八十六，計存四十一卷。）宋慶
> 元三年書隱齋刊本，半葉十四行，每行二十四字，白口，
> 左右雙闌。缺宋諱至敦字止。審其雕工，當是蜀中刊

本。各卷鈐有"覽社書院文籍"楷書木記。（内卷一百七十至七十六計七卷余藏。）（壬戌）

　　後又見海源閣舊藏一百九十七卷，（卷次均經剜改。）諧價未成。

此本今亦藏國家圖書館。其與一百九十七卷本所標卷次相同者，收文不全同，可證前本卷次經人剜改。

　　第三帙亦藏國家圖書館，乃南海潘氏所捐，即《寶禮堂宋本書録》著録之殘本，凡九卷（卷六八至七二、一六五至一六八），版式與海源閣本同。《北京圖書館古籍善本書目》著録該本有"袁克文跋，七册。……存十九卷"，比《寶禮堂宋本書録》多卷一七〇至一七六、一八八至一九〇。

　　第四帙凡存十卷：卷二〇、卷二〇六至二〇七、卷二七二至二七七、卷二八五。又卷二〇五存九至十三葉，卷二〇八存一葉半，卷二八六存二葉。此殘本今藏上海圖書館。

　　第五帙今藏北大圖書館，僅存六卷（一三五至一四〇）。

　　第六帙僅存一卷，係散出之零簡，今藏臺北"中央圖書館"。

　　今存《二百家名賢文粹》各帙雖皆殘闕不全，但它保存了大量無集作家之文，可稱宋人文章淵藪，異常珍貴，《全宋文》即從中輯文甚夥。如种放，在一百九十七卷本之卷一四有《述孟志二篇》，卷一六有《辯學》，卷七八有《謝石太尉書》，卷一〇五有《答劉格書》，卷一六四有《送任明遠東還序》《送張生赴舉序》，對研究种放生平、思想十分重要。又，因是書今存皆宋本，頗富校勘價值，文集本之脱訛衍倒，往往可據以校正。如柳開《河東先生集》卷一〇首篇缺半葉，現存各本皆然，唯《國朝二百家名賢文粹》一百九十七卷本之卷六八尚存完璧，題爲《上皇帝陳情書》。不過其自身亦時有訛誤。字形多用簡體，可觀當時俗書。尤可喜者，國圖所藏一百九十七卷本，已影印編入《續修四庫全書》第一六五二至一六五四册中，頗便查閲。

【附録】

國朝二百家名賢文粹序

（宋）王　偁

文章在天地間，古今無盡藏也。前人之作既如彼，後人之作又如此，大篇短章，千態萬狀，而曾不能以相一，非文章之至於極不爾也。《傳》曰："人心之不同，如其面焉。"而後之論者遂以爲文章如面，良有以哉！然予嘗論之：文者載道之器，不可須臾離；可離，非文也。善乎蘇老泉之論曰："至今以往，文章其日工，而道將散矣。"烏虖，道散而文勝，烏足貴哉！蓋文章至唐而盛，至國朝而尤盛也。韓、柳、李、杜擅其宗，楊、劉、歐、蘇嗣其統，外此者文非不工，而求其不離於道者，未易多得焉。則文章固盛矣，而亦戞戞乎其難哉！

吾鄉抑文章之所自出。鄉人有欲集國朝文人勝士之文刊爲一集者，屬予爲序。予以被旨造朝，未暇閲其所集之多寡，而敢以此意告之，庶乎非載道之文，則不與此集也。

慶元丙辰六月既望，眉山王偁季平父書於凌雲之舟次。

（宋刊一百九十七卷本《新刊國朝二百家名賢文粹》卷首）

國朝二百家名賢文粹跋

（宋）書隱齋

　　文章莫盛於國朝，而得見其全者或寡。自近歲傳於世者，詩有《選》，經濟有《錄》，《播芳》《琬琰》皆有集，凡前輩大老鉅工名儒風騷翰墨，與夫抗奏發潛之文，亦略備矣。獨其著述論議所以經緯天人、發明道學、該貫今古者，或罕其傳，脫或有傳，則散而未一。此書旁搜類聚，總括精華，會眾作如匯百川，氣象渾大，誠足以補前人缺典。觀者不特可以識斯文正宗，抑見巍巍皇宋文物之盛如此云。

　　慶元丁巳孟春中澣日，咸陽書隱齋識。（同上卷末）

草堂詩餘二卷

佚　名　編

　　《草堂詩餘》二卷，以及《類分樂章》《群公詩餘》等，《書錄解題》卷二一著錄，謂"皆書坊編輯者"。《通考》卷二四六從之。是陳振孫所見本無編纂人名氏，而後世惟《草堂詩餘》僅存。《四庫提要》曰："考王楙《野客叢書》作於慶元間，已引《草堂詩餘》張仲宗《滿江紅》詞證'蝶粉蜂黃'之語（祝按：見《野客叢書》卷二四），則此書在慶元以前矣。"據王國維考，該詞乃周邦彥作，作張仲宗（元幹）誤（見《讀草堂詩餘記》，《觀堂外集·庚辛之間讀書記》），然這並不妨礙《草堂詩餘》編於慶元前之說。

　　宋本久佚，傳世以元槧爲古。元槧現存兩本，一爲至正三年癸未(一三四三)刊本，一爲至正十一年辛卯(一三五一)刊本。

　　至正三年本分前後二集，每集又各分卷上、卷下。目錄後題"類選群英詩餘總目"，有"至正癸未新刊、廬陵泰宇書堂"二行木記，半葉十二行。前集下有洪武本所脱落之柳永《望梅》一闋。後集半葉十三行，乃以洪武刊本配補者。日本狩野直喜氏舊藏，京都大學《漢籍善本叢書》第九卷有影印本，有清水茂《解説》(參趙萬里《元刻元印本〈箋注妙選草堂詩餘〉提要》、饒宗頤《詞集考》)。

　　至正十一年辛卯刊本，首行題"妙選箋注群英詩餘"，次行低五格有"建安古梅何士信君實編選"一行。半葉十三行，行大二十三字，小二十九字，黑框，左右雙闌。首總目，分春景、夏景、秋景、冬景、節序、天文、地理、人物、人事、飲饌、器用、花禽十二類，不記調名。目後有"至正辛卯孟夏雙璧陳氏刊行"牌子。前後集又各具細目。卷首有"季蒼葦藏書"一印。《季滄葦書目》載"《類選群英詩餘》二本"，即此書也。此本已影刊入《校輯宋金元人詞》(參趙萬里《校輯宋金元人詞》)，原本現藏國家圖書館。前集卷上收詞九十九首，卷下九十七首；後集卷上八十五首，卷下八十六首。其中注"新添"者，前集卷上三十一首，卷下二十二首；後集卷上十三首，卷下十一首。注"新增"者，前集卷上二首，卷下二首；後集唯卷下十七首。計之全書凡收詞三百六十七首，而初編僅二百六十九首，後經兩次補編，首次"新添"七十七首，第二次"新增"二十一首。所署"建安古梅何士信君實編選"，爲《書錄解題》所無，亦爲至正三年泰宇書堂本所無。何氏除知其爲建安(今福建建甌)人、字君實外，生平事跡不詳。第一次"新添"者已不可考，"新增"當出箋注者何士信之手。"新增"慶元以後人詞，最遲至黃升，所引詞話亦以黃氏《絶妙詞選》爲多。《絶妙詞選》胡德芳序及黃升自序，皆題"淳祐己酉"(九年，一二四九)，則何士信增修本最早刊於是年，何氏蓋宋末元初人也。今人著錄，多題"何士信編"(或"輯")，其實不確，何氏只是"增修箋注"而已；而所謂"箋注"，不過是在部分詞調下增以詞題，或在句下注以故實，或於詞後附以詞話。

是編明代公私書目多有著錄，然不詳版本，可不論，而明槧本極夥，版本亦極複雜。蓋此選雅俗適度，故明中葉以後各書坊爭相炒作刻售，或加評注，或重新改編，或增輯附益，一時成熱門書。對明、清各主要傳本及分類，王國維《讀草堂詩餘記》述之頗詳：

> 《新刊古今名賢草堂詩餘》(此疑宋人舊題)四卷，前有嘉靖己酉(二十八年，一五四九)李謹序。序後有總目。……按《草堂詩餘》行世者以毛氏《詞苑英華》本爲廣，次則沈際飛本，次則烏程閔氏朱墨本。近四印齋刻天一閣舊鈔明嘉靖間閩沙太學生陳鍾秀校刊本，世已驚爲秘笈。余所見此書別本獨多：一嘉靖庚戌(二十九年)顧從敬刊本，一嘉靖末安肅荆聚刊本，一萬曆李廷機刊本，一嘉靖己酉李謹刊本，即此本也。荆聚本在唐風樓羅氏，餘三本在敝篋。
>
> 綜而觀之，可分爲二類：一，分調編次者，以顧從敬本爲首，李廷機、閔□□(祝按：今大陸及臺北"中央圖書館"藏此書，作"閔映璧")、沈際飛、毛晉諸本祖之；二，分類編次者，此本與陳鍾秀本、荆聚本皆是。然此三本又自不同。

陳鍾秀本二卷,而此本與荆聚本則俱四卷。陳本分時令、節序、懷古、人物、人事、雜詠六類,而此本則首天時,次地理,次人物,次人事,次器用,次花鳥,亦爲六類。次第亦復不同。陳本故有注,王氏重刊時已删去大半。荆聚本亦有注,訛脱殊甚。唯此本正文注文首尾完具。故分調編次之本,以顧本爲最善;分類編次之本,當以此本爲最善矣。

以王氏所分兩大類補充現存明人刊本,略以年代先後爲次,凡有如下版本:

分類編次本

一、嘉靖己酉李謹刊本,王國維已述其分天時、地理、人物、人事、器用、花鳥六類,非元本之舊。今南京圖書館、浙江天一閣有藏本。

二、陳鍾秀本。題《精選名賢詞話草堂詩餘》上下卷,宋何士信增修箋注。明刊本,十行二十二字,天一閣藏書,刻工草草。第二行題"閩沙太學生陳鍾秀校刊"。前有嘉靖十七年戊戌(一五三八)仲冬月南京國子監監丞陳宗譔序(傅氏《經眼録》卷一九)。王國維謂此本分時令、節序、懷古、人物、人事、雜詠六類,與李謹本類目數同而類别不同。今唯國家圖書館庋藏一部。四印齋本之底本,即陳鍾秀本。

三、嘉靖末安肅荆聚刊本。半葉九行,行大小均十八字,由洪武本出。傅氏《經眼録》卷一九著録道:"《增修箋注妙選草堂詩餘》上下卷,宋何士信輯,明刊本,(似萬曆本。)九行十八字,黑口四周雙闌。安肅荆聚校刊。"此本今上海圖書館藏一部,山西省文物局有殘本。《四部叢刊初編》影印明刊本,即此本,卷下末有"安肅荆聚校刊"一行。

　　除上述王國維所舉外，是書猶有如下三種重要的分類刊本：

　　一、明洪武壬申（二十五年，一三九二）遵正書堂刻本《增修箋注妙選群英草堂詩餘》前集二卷後集二卷，曹元忠曾在清宫内閣大庫發現一部，行款與至正十一年辛卯刊本同，當即據該本重雕。曹氏授吴縣吴昌綬，吴氏刊入《雙照樓影刻宋元人詞》。今北京大學圖書館、上海圖書館各藏遵正書堂本一部。一九五八年，中華書局上海編輯所曾據雙照樓刻本斷句排印。

　　二、《增修箋注妙選群英草堂詩餘》前集二卷後集二卷，明成化庚子（十六年，一四八〇）劉氏日新書堂刊本。此本今國家圖書館、臺北“中央圖書館”各藏一部。

　　三、《草堂詩餘》前集二卷後集二卷，明嘉靖三十三年（一五五四）楊金刻本。此本今國家圖書館藏有二部，其中一部有江藩跋。南京圖書館亦著録一部。

　　分調編次本

　　一、嘉靖庚戌（二十九年，一五五〇）顧從敬刊本。題《類編草堂詩餘》，凡四卷。以小令、中調、長調分編，間採詞話。有何良俊序，稱“是編乃其（指顧從敬）家藏宋刻本，比世所行本多七十餘闋”。《孫氏祠堂書目内編》卷四曾著録：“《類編草堂詩餘》四卷，題武陵逸史編，明顧氏刊本。”國家圖書館藏有此本，《北京圖書館古籍善本書目》著録道：“《類編草堂詩餘》四卷，宋何士信輯，明武陵逸史編次，明嘉靖二十九年顧汝所刻本，二册。”所謂“武陵逸史”，疑即顧從敬别號。是本既據顧氏“家藏宋刻本”，不知所謂“編次”有何變動也。此外北大圖書館、南京圖書館及日本静嘉堂文庫皆有庋藏，分别見《木犀軒藏書書録》、《善本書室藏書志》卷四〇、《皕宋樓藏書志》卷一二〇。又上海圖書館、南京博物院、浙江天一閣、安徽省圖書館、湖北省圖書館等亦有著録。趙萬里《明嘉靖本類編草堂詩餘四卷提要》曰：“自分調本行，而分類本漸微，嘉靖後所刻《草堂詩餘》，如李廷機本、閔映璧本、《詞苑英華》本，皆直接間接從此本出。”

　　直接間接出於顧從敬本者，王國維只舉了李廷機、閔映璧、沈際飛、毛晉四本，其實此類刻本明末極夥，主要還有（包括上述四本）：

　　（一）唐順之解注、田一雋輯《類編草堂詩餘》四卷，萬曆十二年（一五八四）書林張東川刻本，今國家圖書館、上海圖書館著録。

　　（二）唐順之解注、田一雋輯、李廷機評《重刻類編草堂詩餘評林》六卷，明萬曆十六年（一五八八）書林詹聖學刻本，今上海圖書館、中山大學圖書館著録。

　　（三）顧從敬編次、昆石山人校輯《類編草堂詩餘》四卷，萬曆本及致和堂印本（據顧本而增注故實），今上海圖書館、天津圖書館等共著録十餘部。

　　（四）李廷機《新刻注釋草堂詩餘評林》六卷，據顧本而略有評語。萬曆二十三年（一五九五）書林鄭世豪宗文書堂刻本、李良臣東壁軒刻本、天啟五年（一六二五）周文耀刻朱墨套印本等皆此種。各本今皆有著録。

　　（五）顧從敬編次、胡桂芳重輯《類編草堂詩餘》三卷，萬曆三十五年（一六〇七）黄作霖等刻本，今止國家圖書館有藏本。

　　（六）顧從敬輯、錢允治續補本《類選箋釋草堂詩餘》六卷《續》二卷《國朝詩餘》五卷，萬曆甲寅（四十二年，一六一四）

刊本，今國內（包括臺灣）各圖書館藏本甚豐，共著録二十餘部。

（七）顧從敬編次、一真子輯《類編草堂詩餘》四卷《續》四卷，明末刻本，今止山東省圖書館庋藏一部。

（八）顧從敬編次、韓俞臣校正《類編草堂詩餘》四卷，博雅堂刻本，今上海圖書館、遼寧省圖書館各藏一部。

（九）沈際飛評注《古香岑草堂詩餘》六卷，據顧本而增附別、續、新集，新集乃選明人詞。是書現存明末刻本、明末刻翁少麓印本、明末刻童湧泉印本，傳世甚夥，共著録五十餘部。

（十）毛氏汲古閣《詞苑英華》本，用顧刻而刪去詞話。《四部備要》用此本校刊。

二、烏程閔氏（映璧）朱墨套印本，用楊慎硃批本，析爲五卷，詞話、注釋，一概刪去。光緒《懺花庵叢書》本即由此本出。大陸、臺灣所藏此本甚富，共三十餘部。

《四庫總目》著録通行本《類編草堂詩餘》四卷，據《提要》即顧從敬本。

明末所刊，上述尚非其全。應當指出，明末刊本雖夥而質量不高，就筆者所見數種，皆評點膚淺，刻工草率，錯訛迭出。其中唯顧從敬本，公認爲善本。上而觀之，至正十一年本、洪武本固佳，嘉靖安肅荆聚本較次（王國維謂荆聚本“訛脱殊甚”，似稍過）。

關於分類、分調兩個版本系統，前人以爲分類乃宋時原本，分調爲明人竄亂之本（參見吴昌綬《草堂詩餘跋》引江藩跋、四印齋本王鵬運跋等）。王國維不以爲然，認爲兩本皆傳自有宋，而分調本實出於分類本。其《讀草堂詩餘記》曰：“顧本出宋本之説（祝按：指何良俊序所謂顧刻出"家藏宋刻本"），自尚可信。"
又曰："宋時此書必多別本，故顧本與此本（祝按：指李謹刊分調
本）編次絶殊，不礙其爲皆出宋本。然在宋本之中，則此先彼
後，自有確證。顧本每詞必有一題，勘以宋文集，往往不合。
然細考之，則顧本之題，如'春景'、'夏景'、'秋景'、'冬景'、
'春恨'、'春閨'、'立春'、'元宵'之屬，皆此本六大目之子目，
是分調之時，必據分類本，而以其子目冠於詞上，蹤迹甚明。
此實先有分類、後有分調本之鐵案也。"趙萬里《明嘉靖本（顧
刻本）草堂詩餘四卷提要》亦以爲分調本必據分類本，而分調
本署名多誤。其曰："古樂府及元、明戲曲之佳者，其撰人姓
名多不能確知，宋詞亦然。故分類本於詞之撰人不能詳者，
輒空缺不注。……而分調時不明斯例，悉以前一闋所記撰人
當之，於是宋世名家詞，憑空又添出贋作若干首，而明以後人
無摘其謬者，以訛傳訛，實此書作之始。如分類本前集上《浣
溪沙》'水漲魚天拍柳橋'一闋，與周邦彦《渡江雲》銜接，分調
時以爲周作，毛子晉補輯《片玉詞》據以録入，即其例也。"分
類乃宋時原本，其説蓋是。若與《夢粱録》所載節慶游樂比
勘，則可知是編之小類，實多與宋代節日及民間慶賀之俗相
應，蓋即當日坊間所編節慶歌本也（此説詳參今人楊萬里《論〈草
堂詩餘〉成書的原因》，《文學遺産》二〇〇一年第五期）。清宋翔鳳
《樂府餘論・論令引近慢》曰："《草堂》一集，蓋以徵歌而設，
故別題春景、夏景等名，使隨時即景，歌以娱客；題吉席、慶
壽，更是此意。其中詞語，間與集本不同，其不同恒平俗，亦
以便歌。以文人觀之，適當一笑，而當時歌伎，則必需此也。"
吴世昌先生以爲"其爲宋代説話人而編之專業手册，非爲詞
人之選讀課本"（《草堂詩餘跋》，載《中國古典文學研究論叢》第一輯，

吉林人民出版社一九八〇年版），亦可備一説。由此看來，分類本乃宋代社會習俗之反映，應優於分調本。

對於《草堂詩餘》選詞之評價，歷代學者亦持論不一。明何良俊《草堂詩餘序》曰：“余家有宋人詩餘六十餘種，求其精絶者要皆不出此編矣。他日有心者上探元聲，下採衆説，是編或大有裨焉，觀者勿謂其文句之工，但足以備歌曲之用，爲賓燕之娱耳也。”又毛晉《草堂詩餘跋》曰：“宋、元間詞林選幾屈百指，惟《草堂》一編，飛馳幾百年來，凡歌欄酒榭，絲而竹之者，無不拊髀雀躍。及至寒窗腐儒，挑燈閑看，亦未嘗欠伸魚睨，不知何以動人一至此也。”清譚獻《復堂詞話》亦曰：“村舍點閲《草堂詩餘》，擁鼻微吟，竟忘身作催租吏也。《草堂》所録，但芟去柳耆卿、黄山谷、胡浩然、康伯可、僧仲殊諸人惡札，則兩宋名章迴句、傳誦人間者略具，宜其與《花間》並傳，未可廢也。《詩餘續編》二卷，不知出何人，擇言雅矣。然原選正不諱俗，蓋以盡收當時傳唱歌曲耳。《續》採及元人，疑出明代，然卷中録稼軒、白石諸篇，陳義甚高，不隨流俗，明世難得此識曲聽真之人。”然朱彝尊《詞綜·發凡》則不以爲然，曰：“填詞最雅無過石帚（姜夔），《草堂詩餘》不登其隻字，……可謂無目者也。”（按：是書既編於慶元以前，時姜夔尚不知名，責其不收姜詞似太苛。）汪森《詞綜序》以爲其影響不好：“世之論詞者，惟《草堂》是規，白石、梅溪諸家，或未窺其集，輒高自矜許，予嘗病焉。”由於是集所選以周邦彦詞最多，其次則柳永、蘇軾、秦觀，而姜夔無一首入編，遂引起以姜白石爲宗的“浙西詞派”不滿。其實此乃門户之見。《四庫提要》論其短長，持論較公允：

　　詞家小令、中調、長調之分自此書始。……朱彝尊作

《詞綜》，稱草堂選詞可謂無目，其詬之甚至。今觀所録，雖未免雜而不純，不及《花間》諸集之精善，然利鈍互陳，瑕瑜不掩，名章俊句，亦錯出其間，一概詆排，亦未爲公論。

【附録】

草堂詩餘序

（明）陳宗夔

《草堂詩餘》，詩之餘也。説者疵其慢要俚俗，流連光景，故其弊也，至使語言顛復，首尾混淆。西渠子曰：詩訖《三百》，是後流爲二十有四：賦、頌、銘、贊、文、誄、箴、詩、行、詠、吟、題、怨、嘆、章、篇、操、引、謡、謳、歌、曲、詞、調。皆其六義之餘，而古人作之，豈贅也耶？《南陔》《白華》《華黍》，有聲無詞，音之至也。周、漢而下，古樂府補樂歌，節以調應，詞以樂定，題號雖不同，所以宣暢其一唱而三嘆，詩餘樂府，蓋相爲表裏者也。卜子夏云："雖小道，必有可觀。"其在兹乎？

吕舉子偕其外君子仙洲，方將極意於詩者也，因予言，遂録以序之，梓而達諸天下也。

時嘉靖十有七年歲次戊戌仲冬三月哉生明，南京國子監監丞陳宗夔書。（四印齋刻陳鍾秀本《草堂詩餘》卷首）

草堂詩餘序

（明）楊　慎

詩詞同工而異曲，共源而分派。在六朝，若陶宏景之《寒夜怨》,梁武帝之《江南弄》,陸瓊之《飲酒樂》,隋煬帝之《望江南》,填詞之體已具矣。若唐人之七言律,即填辭之《瑞鷓鴣》也;七言之以韻,即填詞之《玉樓春》也。若韋應物之《三臺曲》《調笑令》,劉禹錫之《竹枝辭》《浪陶沙》,新聲迭出。吾蜀之《花間》,南唐之《蘭畹》,則其體大備矣。豈非共源同工乎?然詩聖如杜子美,而填辭若不聞之,《憶秦娥》《菩薩蠻》者,集中絶無。宋人如秦少游、辛稼軒,辭極工矣,而詩殊不强人意,疑若獨藝然者。豈非異曲分派之説乎?

宋人選填辭曰《草堂詩餘》,其曰“草堂”者,太白詩名《草堂集》,見鄭樵書目。太白本蜀人,而草堂在蜀,懷故國之意也。曰“詩餘”者,《憶秦娥》《菩薩蠻》二首爲詩之餘,而百代辭曲之祖也。今士林多傳其書,而昧其名,余故爲之批騭,而首著之云。

洞天真逸升庵楊慎撰。(閔映璧朱墨套印本《草堂詩餘》卷首)

類選箋釋草堂詩餘序

(明)陳仁錫

詩者,餘也。無餘無詩。詩曷餘哉?東海何子曰:“詩餘者,古樂府之流別,而後世歌曲之濫觴也。元聲在則爲法省而易諧,人氣乖則用法嚴而難叶。”余讀而韙之。及又曰:“詩亡而後有樂府,樂府闕而後有詩餘,詩餘廢而後有歌曲。”由斯以談,成周列國爲一盛,而暴秦樂闕爲一衰。漢興,郊祭、房中、鐃鼓暨蘇、李爲一盛,而魏、晉、六朝,秦(祝按:此字疑“陳”之誤)、隋爲一衰。太宗以下,李白、王維、昌齡輩爲一盛,而天寶爲一衰。宋有十二律,篇目增至二百餘調,爲一盛,而金、元爲一衰。其盛也,途巷被弦管,出湯火,揚清謳,甚則太、玄、寧王,天子審音,《清平》《鬱輪袍》相繼作。而《憶秦娥》《菩薩蠻》二詞,遂開宋待制、柳屯田領樂創調之繁。其衰也,如秦如玄(祝按:疑當作"元"),主暴民愁,律吕道絶。乃若子建《怨歌》七解,暨《横吹》《和平》諸調,六代陳、隋並用之。而金、元歌曲,激響千代。可謂歌曲亡詩餘,詩餘亡樂府,樂府亡詩耶?則是盪然無餘,其何詩之有!人亦有言:有能不能。余謂審音不爾。夫聲音之道,一葉而知天下秋,豈櫛比哉?凡詩皆餘,凡餘皆詩。

余與陳、錢二先生重訂行世。余何知詩,蓋言其餘而已矣。

甲寅中秋,古吴陳仁錫書於堯峰之青莎塢。(萬曆甲寅刊本《類選箋釋草堂詩餘》卷首)

類選箋釋草堂詩餘序

(明)何良俊

顧子汝所刻《草堂詩餘》成,問序於東海何良俊。何良俊曰:夫詩餘者,古樂府之流别,而後世歌曲之濫觴也。爰自上古鴻荒之世,禮教未興,而樂音已具。蓋樂者由人心生者也。方其淳和未散,下有元聲,則凡里巷歌謡之辭,不假繩削而自應宫徵,即成周列國之風,皆可被之管絃是也。迨周政迹熄,繼以强秦暴悍,由是詩亡而樂闕。漢興,郊祀、房中之外,别有鐃歌辭,如《雉子班》《朱鷺》《芳樹》《臨高臺》等篇,其他蘇、李雖創爲五言詩,當時非無繼作者,然不聞領於樂官,則樂與詩分爲二明矣。魏、晉以來,曹子建《怨歌行》七解爲晉曲所

奏,他如横吹、相和、平調、清調、清商、楚調諸曲,六朝並用
之。陳、隋作者,猶擬樂府歌辭,體物緣情,屬詠雖工,聲律乖
矣。唐太宗以文教開國,又玄宗與寧王輩皆審音,海内清宴,
歌曲繁興,一時如李太白《清平調》、王維《鬱輪袍》,及王昌
齡、王之涣諸人略占小詞,率爲伎人傳習,可謂極盛。迨天寶
末,民多怨思,遂無復貞觀、開元之舊矣。宋初,因李太白《憶
秦娥》《菩薩蠻》二辭以漸創製,至周待制領大晟府樂,比切聲
調,十二律各有篇目,柳屯田加增至二百餘調,一時文士復相
擬作,而詩餘爲極盛。然作者既多,中間不無昧於音節如蘇
長公者,人猶以“鐵綽板唱‘大江東去’”譏之,他復何言耶?
由是詩餘復不行,而金、元人始爲歌曲。蓋北人之曲以九宫
統之,九宫之外,別有道宫、高平、般涉三調,總一十二調。南
人之歌亦有南九宫,然南歌或多與絲竹不叶。豈所謂土氣偏
詖,鐘律不得調平者耶?

　　總而核之,則詩亡而後有樂府,樂府闕而後有詩餘,詩餘
廢而後有歌曲。大抵創自盛朝,廢於叔世。元聲在則爲法省
而易諧,人氣乖則用法嚴而難叶。兹蓋其興革之大較也。然
樂府以曒逕揚厲爲工,詩餘以婉麗流暢爲美,即《草堂詩餘》
所載,如周清真、張子野、秦少游、晁叔原諸人之作,柔情曼
聲,摹寫殆盡,正辭家所謂“當行”、所謂“本色”者也,第恐曹、
劉不肯爲之耳。假使曹、劉降格爲之,又詎必能遠過之耶?
是以後人即其舊辭,稍加檃括,便成名曲,至今歌之,猶聳心
動聽。嗚呼,是可不謂工哉!

　　余家有宋人詩餘六十餘種,求其精絶者,要皆不出此編
矣。顧子上海名家,家富詩書,代傳禮樂。尊公東川先生博
物洽聞,著稱朝列;諸子清修好學,綽有門風。故伯叔並以能

詩供奉清朝，仲季將漸以賢科起矣。是編乃其家藏宋刻本，比世所行本多七十餘調，是不可以不傳。今聖天子建中興之治，文章之盛幾與兩漢同風，獨聲律之學，識者不無歉焉。然是編於聲律家，其可少哉？他日天翊昌運，篤生異人，爲聖天子制功成之樂，上探元聲，下採衆説，是編或大有裨焉，觀者勿謂其文句之工，但足以備歌曲之用，爲賓燕之娛耳也。

嘉靖庚戌七月既望，東海何良俊撰。（同上）

古香岑草堂詩餘序

（明）秦士奇

夫詩亡而餘騷賦，騷賦變而餘樂府，樂府缺而餘辭曲。粵古之樂章、樂歌、樂曲皆出於雅正，即《昔昔鹽》《夜夜曲》，已乖辭名。自隋、唐以來，聲詩間爲長短句，如《穆護砂》《阿鞞回》《鷄爛堆》等曲，至新曲楚妃、蹭歌、風華，必泝六朝。唐則有《尊前》《花間》而成調，至集名《蘭畹》《金荃》，取其逆風聞薰芳而弱也。則辭寧爲大雅罪人，必不尚豪爽磊落明矣。迄宋崇寧立大晟府，命周美成諸人討論古音，少得存者。由此八十四調之聲稍傳，後增演慢曲，引、近爲三犯、四犯，領樂創調之繁，有六十家，辭至二百餘調。其間可歌可誦如李、晏、柳五、秦七、“雲破月來花弄影”郎中、“紅杏枝頭春意鬧”尚書，閨彦若易安居士，詞之正也。至温、韋艷而促，黄九精而刻，長公騷而壯，幼安辨而奇，又辭之變體也。至高竹屋、姜白石、史梅溪、吳夢窗諸人，格調迥出清新。故辭流於唐而盛於宋。乃選填辭曰《草堂詩餘》，而楊用修以青蓮詩名《草堂集》，詩餘者，青蓮《憶秦娥》《菩薩蠻》二首爲開山辭祖。殊

不知辭不始於唐，如陶弘景之《寒夜怨》、梁武帝之《江南弄》、
陸瓊之《飲酒樂》、隋煬帝之《望江南》，六朝君臣頌酒虞色，務
裁艷語，宛轉儇佻，蔚發詞華，又開青蓮之先。若唐宣宗所稱
"牡丹帶露珍珠顆"《菩薩蠻》一曲，又不知誰氏所爲，則又《花
間集》之先聲已。然《花間》皆小語致巧，猶傷促碎，至《草堂》
以綿麗取妍六朝，故以宋人爲詩之餘，至金、元漸流爲歌曲。
若我明如劉伯温、楊用修、吳純叔、文徵仲、王元美兄弟輩，激
響千代，移宫換羽，蟬緩而就之，詩若濫然無餘，而不知即餘
亦詩也。自《三百》而後，凡詩皆餘也。即謂騷賦爲詩之餘，
樂府爲騷賦之餘，填辭爲樂府之餘，聲歌爲填辭之餘。遞屬
而下，其聲歌亦詩之餘；轉屬而上，亦詩而餘聲歌。即以聲
歌、填詞、樂府，謂凡餘皆詩可也。

　　然歷朝近代，皆有一種古隽不可磨滅處，余故商之沈天
羽氏，以正、續兩集並我明新集，爲之正次訂訛，抉媺擷芳，先
識古今體製，雅俗脱出宿生塵腐氣，大約取其命意遠、造語
鮮、煉字響、用字便，典麗清圓，一一拈出。至於別集，則歷朝
近代中所逸，辭意穎拔，風韻秀上，騷不雄，麗不儉，質不率，
工不刻，天然無雕飾，且語不經人道，皆如新脱手，讀之使人
神越色飛，令斸字逞俠者退舍。大約辭婉變而近情，燕昕鶯
吭，寵柳嬌花，原爲本色，但屏浮艷，不鄰鄭、衛爲佳。至離情
則銷魂腸斷，其辭多哀，但調感滄於南浦、渭陽之外。詠節叙
要，措辭精粹，見時節風物、聚會晏樂景況。然率俚豈可歌於
坐花醉月之間？若詠物恐摹寫稍遠，又恐體認太真，要收縱
聯密、用事合題爲妙。又難於壽辭，説富貴近俗，功名近諛，
神仙近迂闊虛誕。總此三意，而無松、椿、龜、鶴字爲佳。人
知辭難於長調，而不知難於令曲，一句一字閑不得，亦一字一

句着不得，即淡語、淺語、恒語，極不易工，末句要留有餘，不盡意思，如近代《絶妙辭選》，名公調脞，多以此爲射雕手。

余才不甚穎浩，癖於詞章，亦知辭平仄斷句皆有定數，但不能斷髯枯毫，句敲字推，故耽二十年，未見其進。不知詩，烏知其餘？余特言其餘，海内詞人韻士，得毋以擊缶《韶》外爲不足觀也耶！

東魯尼山樵秦士奇書於玉峰署中。（《古香岑草堂詩餘》卷首）

古香岑草堂詩餘序

（明）來行學

經官緯羽，艷隻字於色飛；角緑鬭紅，瞥片辭而魂絶。是以“雲謡”、“黄澤”，響遏清風；“寶鼎”、“芝房”，價高《白雪》。樂府争傳“楊柳大堤”之句，大晟曾填“魚遊春水”之腔。娱耳陶匏，並收金石；玩目黼黻，誰問玄黄。則有文姬墨卿，殢柔條於韶景；亦寫離懷愁緒，悲落葉於勁秋。“雲破月來花弄影”郎中，扣扉將命；“紅杏枝頭春意鬧”尚書，倒屣屏呼。少長河陽，由來能舞；兄弟協律，生小學歌。笙篋非關曹植之章，琵琶何待石崇之曲。若乃皺水夢回，焉取君臣嘲謔；荷香桂子，那知金亮投鞭。

《詩餘》一編，彙連千首。織綃製錦，非唯芳藥之花；鳳律鸞歌，寧止蒲萄之樹。向來剞劂，不無雌黄，郙架可登，奚囊未便。於是五松主人然脂暝縹，弄墨晨書，新定魯魚，前仍甲乙。珠簾以玟瑶爲押，玉樹用珊瑚作枝。永對玩於床帷，長披拭乎繹手。因使詩盟酒社，月夕花朝，馬上頻開玉函，枕畔輕搖檀拍。肘懸丹檢，豪哲聊供捧腹之歡；帳鎖紅樓，嬋娟更唱蓮舟之引。

西陵來行學顏叔書。（同上）

古香岑草堂詩餘四集序

（明）沈際飛

　　説者曰：周人制爲樂章，漢世則有樂府，晉、宋之際有古樂府，與漢人之樂府不可同日語也。再變而爲隋、唐五代之樂歌，又變而爲宋、元之長短句，愈降愈下矣。此以風氣貶詞者也。或曰：曰風、曰雅、曰頌，三代之音；曰歌、曰吟、曰行、曰操、曰辭、曰曲、曰謠、曰諺，兩漢之音；曰律、曰排律、曰絕句，唐人之音。詩至於唐而格備，至於絕而體窮，宋不得不變而之詞，元不得不變而之曲。此以體裁貶詞者也。或曰：風雅本歌舞之具，漢不能歌風雅，則爲樂府歌之。風雅但可作格，而不可言調。唐用絕句爲歌，則樂府但可爲格，而不可言調。由兹而下，詩變爲詞，詞變爲曲，代代如之。蓋古今之音，大半不相通，則什九失其調。此以音義言詞而爲詞解嘲者也。而不知詞吸三唐以前之液，孕勝國以後之胎，斟量推按，有爲古歌謠辭者焉，有爲騷賦樂府者焉，有爲五七言古者焉，有爲近體歌行者焉，有爲五七言律者焉，有爲五七言絕者焉。而元人之曲，則大都吞剥之。故説者又曰：通乎詞者，言詩則真詩，言曲則真曲。斯爲平等觀歟。而又有似文者焉，有似論者焉，有似序記者焉，有似箴頌者焉。於戲！文章殆莫備於是矣。

　　非體備也，情至也。情生文，文生情，何文非情？而以參差不齊之句，寫鬱勃難狀之情，則尤至也。彼瓊玉高寒，量移

有地；花鈿殘醉，釋褐自天。甚而桂子荷香，流播金人，動念
投鞭，一時治忽因之。甚而遠方女子，讀《淮海詞》亦解膾炙，
繼之以死。非針石芥珀之投，曷縣至是？雖其鏤鏤脂粉，意
專閨襜，安在乎好色而不淫？而我師尼氏删《國風》，逮《仲
子》《狡童》之作，則不忍抹去，曰：“人之情，至男女乃極。”未
有不篤於男女之情，而君臣父子、兄弟朋友間反有鍾吾情者。
况借美人以喻君，借佳人以喻友，其旨遠，其諷微，豈僅如歐
陽舍人所云“葉葉花牋，文抽麗錦；纖纖玉指，拍按香檀。不
無清絶之詞，用助嬌嬈之態”而已哉！或又曰：辛稼軒以詩詞
謁蔡光，蔡云：“子之詩未也，當以詞名。”馬鶴窗與陸清溪皆
出菊莊之門，而清溪得詩律，鶴窗得詞調，詩與詞幾不可强
同。而楊用修亦曰：“詩聖如子美，不作填詞；宋人如秦、辛，
詞極工矣，而詩不强人意。”則不見夫李白之《憶秦娥》《菩薩
蠻》，王建之《調笑令》，白居易之《憶江南》，昔日以爲詩而非
詞，今日以爲詞而非詩。讀者自作歧觀，而作之者夫何歧乎？
故《詩餘》之傳，非傳詩也，傳情也。傳其縱古横今，體莫備於
斯也。余之津津焉評之而訂之，釋且廣之，情所不自已也。
嵇康曰：“著書妨人作樂耳。”其然，豈其然？

吴門鷗客沈際飛天羽父自題。（同上）

古香岑草堂詩餘跋

（明）沈　瓚

　　古詩三千篇有奇，删十而存一，非聖於詩者能之乎？終
不舉翼《易》之筆以評詩，其故何也？古詩之變爲五七言古
風，爲近體，爲長短句，變愈甚，評者滋多，其故又何也？譬之

兩間煙雲川岳，以至林莽飛走之屬，無不有象有情，繪者以三寸管，收之尺幅間，能令觀者即其象，會其精，復有人焉從旁而指其用意用筆之妙，將觀者躍然，別有悟入，而繪者亦默默，意爲之消。

有友張連叔氏精繪事，能以數百尺絹繪四時風雨晦明之狀爲一巨卷，而過脈處了無痕迹。一時出所繪示吾家天羽，天羽從旁指其用意用筆之妙，余爲躍然，連叔亦默默首肯，以爲得心之同。夫古詩如虞廷之繪日月星辰，山龍藻火，樸而雅，玩之而弗盡，當以不評評之。下此如唐、宋、元名家之畫，不評固無減，評之而趣乃益露。詩餘以參差頓錯爲奇，殆米顛父子及近日陳白陽筆院畫之外，別有一種機法，若其近而遠，淡而雋，艷而真，又與近體以上相似，以評評之，固無不可。吾家天羽夙具靈心慧眼，以評連叔畫者評詩餘，又何所不可。

東山秦明府涖昆，從臾是舉，俾公海內簿書之餘，不輟吟詠，是誠仙令也哉！余喜繪事而不知詩，竊以評繪者評詩。夫亦曰以古詩還古詩，以近體還近體，以詩餘還詩餘，評與不評，聽人自會。評者之旨有當於觀者可知，設觀者之見更有加於評者，評者亦俛首聽焉。

鹿城沈瓚馨孺氏書。（同上卷末）

崑山雜詠 三卷

龔　昱　編

是書乃嘉定初龔昱所編。龔昱字立道，崑山（今屬江蘇）

人。其父龔明之，著有《中吴紀聞》。民國初趙詒琛刊《峭帆樓叢書》，收有是集（詳下），跋稱嘗查《崑新合志·隱逸傳》，知龔昱少游侍御李衡之門，蔚有文學，安貧樂道，人稱龔山長。所居曰棲閑堂，陸游、劉過皆爲賦詩。蓋一時名士也。開禧丁卯（三年，一二○七）秋，儀真徐挺之爲崑山縣令，將龔昱所編《雜詠》刊於縣齋，有跋，略曰：“棲閑主人龔君昱，字立道，崑山佳士也。講學之暇，刻意爲詩，裒所藏今昔名公之什，總成此編。”次年（嘉定元年，一二○八）十二月，龔氏友人范之柔爲序，略曰：“友人龔君立道裒次古今詩，分爲三帙，目之曰《崑山雜詠》，又得百篇，號《續編》。”並評其書“兼收並蓄，細大不遺，可以代圖經之作”。“三帙”當即三卷，另有《續編》，乃當時刻成之數。宋人書目未著録，明代僅《内閣藏書目録》卷八有載：“《崑山雜詠》二册，全。宋嘉定間龔立道裒集自唐以來名勝題詠。”

　　宋開禧刊本今尚傳世，藏國家圖書館。該本原爲汪士鐘家藏舊物，有“三十五峰園主人”、“三十五峰園主人所藏”、“汪印士鐘”、“汪印振勳”等印記，《藝芸書舍宋元本書目》嘗著録。汪氏書散後，此本爲瞿氏所得，鈐有“恬裕齋”、“鐵琴銅劍樓”等印記。《鐵琴銅劍樓藏書目録》卷二三著録，謂“前有嘉定改元朝散郎、監察御史范之柔序，後有開禧丁卯儀真徐挺之跋。詩編上、中、下爲三卷，首張祜《慧聚寺》，終陳世守《詠枇杷綠橘》。寫刻俱精。每半葉八行，行十五字。構、慎、敦字俱注廟諱”，“卷首有‘遜敏齋’、‘龔朝美氏’、‘養壽書齋’諸木記”。傅增湘嘗往觀之，其《經眼録》卷一八詳記道：

　　　　《崑山雜詠》三卷，宋龔昱輯。宋開禧丁卯刊本，半葉八行，行十四至十八字不等，白口，左右雙闌，版心上魚尾下記"崑山雜詠上"，下魚尾下記葉數。字大如錢，約五分見方，結構疏古，略帶行體。版匡高七寸，闊四寸九分。白皮紙濃墨初印。惜邊闌描補。黃氏褙爲蝴蝶裝。（常熟瞿氏鐵琴銅劍樓藏，乙丑〔一九二五年〕訪書觀於邑里。）

建國初，瞿氏後人將鐵琴銅劍樓藏書捐國家圖書館，包括此本在内。一九八六年，中華書局將其影印入《古逸叢書三編》。前引范之柔序稱原本"分爲三帙"之外，猶有《續編》百篇。《續編》佚之已久，不可復得矣。

除宋本外，是書《四庫全書》未收，阮元也未進呈，似也別無單刻本。一九一四年，趙詒琛將其刊入《峭帆樓叢書》。卷末趙氏跋稱，崑山邑士方惟一在瞿氏書樓鈎摹一本，摹寫絕精，"甌録一本，付諸手民"。則所用底本爲影寫瞿氏宋本之再鈔本。

明人有補輯、重編補輯本《崑山雜詠》。嘉靖初，王理之輯元、明人詠崑山詩百篇，附於龔氏本卷末，孟紹曾爲之刊板。隆慶間，俞允文再次補輯，範圍上推到晉唐以前，分類編爲《崑山雜詠》二十八卷，孟氏再爲鋟板，隆慶庚午（四年，一五七〇）秋九月，作《書後》，曰：

> 龔立道所纂緝是書，僅見宋刻殘本，罕有行世者。嘉靖初，王君理之復集近代詩百篇以附卷末，太常方公爲之序引其端，先大父西園公已加鋟板，值寇亂板毁，而王君所集兼有未該，乃重謀諸俞仲蔚氏，更爲搜採晉、唐、宋、元以來諸名家集，復得詩數百篇，以類編次，勒成二十八卷，較倍前書。其撰人姓氏，邑里事行，各爲分注其下。庶既誦其詩，又知其人，此固立道之所未備也。

所謂“太常方公”，指方鵬，其序今存，作於嘉靖十年（一五三一）三月，稱“王秋堂隱君（即王理之）復集元人及我明人之作而附益焉，間出示予，讀之累日，有可喜者一，有可慨者二”云云。王理之補輯本《崑山雜詠》六卷，刊於嘉靖二十年，今有著録。隆慶本有方鵬序，即王氏補輯本序，俞氏已將王氏補輯詩匯入類編本。明《萬卷堂書目》卷二所載即俞氏補輯類編本：“《崑山雜詠》二十八卷，俞允文。”此本今大陸圖書館及臺北“中央圖書館”皆有庋藏。瞿氏嘗以宋本校俞氏重輯本，謂“足訂訛奪不少”，並將校語詳記於《藏書目録》，可資參考。

【附録】

崑山雜詠序

（宋）范之柔

　　崑山雖處海隅，素號壯縣，古蹟今事搊於聞見者不一，若人物、習俗、文章、論議，係治亂、關風教者，蓋有志焉。此書既闕，遂使一邑之事湮没無傳，予每以爲恨。友人龔君立道哀次古今詩，分爲三帙，目之曰《崑山雜詠》，又得百篇，號《續編》。

　　嘗取而讀之，非徒記其吟詠而已，如陳令公云“縣民遥喜行春至”，則知郡守嘗省耕於外邑；張文定云“我時行近郊”，則知邑宰每巡野而觀稼；荆公云“萬家藏水村”，則知陂澤未圍，所在有潴水之地；冲邈云“江塞妙决除”，則知開江有營，河塘無淤漲之患。因“群公薦口”之句，則知龔期頤之著鄉行；因“聞健收身”之句，則知李樂庵之挺忠節。稱王逸野傳

《春秋》,而知經學之可以名家;招范石湖入詩社,而知句法之可以垂世。其他如記惠嚮之運鬼力,僧鬷之畫神龍,諸矩羅之興雲致雨:此特其次者爾。至於石峰之奇巧,軒亭之敞快,緇流之能禪能律,又特其小者爾。

立道刻意問學,其於暇日乃能兼收並蓄,細大不遺,可以代圖經之作矣。繼自今或有所得,當陸續書之,亦可使後人之後人祖其意而有述也。予嘉立道之志,故爲書之篇首云。

嘉定改元十二月初吉,朝散郎、監察御史范之柔。(隆慶四年孟紹曾刻本《崑山雜詠》卷首)

崑山雜詠跋

(宋)徐挺之

樓閑主人龔君昱,字立道,崑山佳士也。講學之暇,刻意爲詩,裒所藏今昔名公之什,總成此編,以示交承金華潘文叔。文叔迫去,不克廣其傳。挺之來試邑,刊置縣齋,不惟嘉立道之好,尚抒以全文叔之志云。

開禧丁卯中秋,儀真徐挺之識。(同上卷末)

崑山雜詠序

(明)方　鵬

昔龔立道氏嘗集唐宋諸名家詩若干什,曰《崑山雜詠》,其友范清憲公序之詳矣。王秋堂隱君復集元人及我明人之作而附益焉,間出示予,讀之累日,有可喜者一,有可慨者二。夫有唐迄元,代崇異教,蕞爾昆丘,僧房百十,其他可知也。

國家崇正闢邪,吾昆緇黄者流零落殆盡,而文獻之盛獨邁往古,誠足多已。然宋元之時,邑人庶富,斥其餘財,助成兹邑之勝。今則賦重役繁,謀生是急,弗遑義舉,名區傑構,盪然爲荆棘瓦礫之場,過者興嘆。且龍洲、蓮峰諸老祠墓,往往爲强禦所蝕,樵牧所據,不亦重可念哉! 讀是詩者,必能感發向慕,訪前朝之遺址,復兹邑之舊觀,則秋堂博採兼收之勞,不爲無益也。姑序其端以俟。

嘉靖十年三月,後學方鵬撰。(同上卷末)

崑山雜詠書後

(明)孟紹曾

龔立道所纂緝是書,僅見宋刻殘本,罕有行世者。嘉靖初,王君理之復集近代詩百篇以附卷末,太常方公爲之序引其端,先大父西園公已加鋟板,值寇亂板毁,而王君所集兼有未該,乃重謀諸俞仲蔚氏,更爲搜採晉、唐、宋、元以來諸名家集,復得詩數百篇,以類編次,勒成二十八卷,較倍前書。其撰人姓氏,邑里事行,各爲分注其下,庶既誦其詩,又知其人,此固立道之所未備也。且書雖專於一邑,而四方名賢之往復題贈,其流風餘韻,真足以徵一時政治之興衰,此又圖經之所未備者也。

是書仲蔚多病,已更十餘年,余頃以乞假家居,始克成書。由是知萃狐白之裘者,非一狐之腋,其爲功良不易矣。因亟鋟板,以繼先志,存一邑之典籍,而謹識其始末於後,亦以俟夫采詩者。

隆慶庚午秋九月,後學孟紹曾謹識。(同上卷末)

迂齋標注諸家文集五卷

樓　昉　編

樓昉，字暘叔，號迂齋，鄞（今浙江寧波）人。少從呂祖謙學，登紹熙四年（一一九三）進士第，仕至朝奉郎守興化軍。爲文汪洋浩博，從學者數百人。嘗編纂《迂齋古文標注》，《書録解題》卷一五著録道：

> 《迂齋古文標注》五卷，宗正寺簿四明樓昉暘叔撰。大略如呂氏《關鍵》，而所取自《史》《漢》而下至於本朝，篇目增多，發明尤精當，學者便之。

《通考》卷二四九同。

陳氏所謂《迂齋古文標注》，前人以爲即後世所傳之《迂齋標注諸家文集》，明、清人皆嘗著録。明《文淵閣書目》卷一〇載："《迂齋標注諸家文集》，一部十二册，完全。"《季滄葦藏書目》則登録"宋板宋人樓昉《標注諸家文集選》十本"。季氏藏本，幸被保存至今。傅增湘於一九一七年（丁巳）及次年（戊午）分別詳記之，並録"某君"跋語，以爲"此編即《崇古文訣》之初稿"。《經眼録》卷一七曰：

> 《迂齋標注諸家文集》五卷，（宋樓昉輯。不標卷次，先秦兩漢文爲一集，九十四葉，唐文爲一集，一百一葉，宋文爲一集，三十八葉，存三集。）宋刊本，半葉九行，行十九字，白口，左右雙闌。版心上記大小字數，中記"古文"二字，下刻刻工名一二字，有黃雲、李林、岳元、吳瑞、李珍、王信、王昭、

林挑、朱浩、行、文、拱、印、仁、雲、士、共、李、吳、林、金、浩、信、珍、用、王、永等。宋諱玄、郎、殷、匡、恒、貞、徵、勗、桓、完、構、慎、惇、敦、廓、讓皆爲字不成。行間有圈有點有撇，批評語小字在行之右，每篇題下有總評數行。有寶慶丙戌（二年，一二二六）嘉平月既望永嘉陳振孫序（行書七行）。卷首次行低六格題“鄞人樓昉暘叔”，三行頂格標“先秦文”，四行頂格標“樂毅”，五行低二格標“答燕惠王書”。

先秦文四首，兩漢文十七首，昌黎文二十二首，河東文十四首，（《崇古文訣》視此增多昌黎文三首，河東後加李習之一家。）宋文二十首。

按：宋文當不止此，疑已缺失矣。（丁巳）

某君跋云：

“此編即《崇古文訣》之初稿，《文訣》本之排編修益而成，不若此之簡當精確矣。姚珤序《文訣》云‘廣文陳君鋟諸梓’，時寶慶丁亥（三年）。此編陳振孫序爲寶慶丙戌，蓋先成《文訣》一年。明正德二年（一五〇七）《文訣》重刊於廣西，未述先有此編，天祿、四庫亦莫蒐及，後世幾無聞焉。獨直齋書目傳之，《延令書目》收之耳。”

鈐印有：“項靖之印”（白）、“檇李項藥師藏”（朱）、“萬卷堂藏書記”（朱）、“寶墨齋記”（朱）、“季振宜印”（朱）、“滄葦”（朱）、“御史之章”（白）、“櫹櫚客印”（白）、“兼海樓藏書印”（白）。（戊午）

此本後爲潘宗周所得，詳著於《寶禮堂宋本書録》，今藏國家圖書館。《北京圖書館古籍善本書目》著録道：“《迂齋標注諸家文集》五卷，宋樓昉輯，宋刻本，六册。……存三卷。”“三卷”即傅氏《經眼録》所謂“三集”。

　　是編除宋槧外，别無他本。

迂齋先生標注崇古文訣二十卷

樓　昉　編

　　是編亦有陳振孫序，與《迂齋標注諸家文集》所載同，略曰：

> 　　迂齋樓□文名於時，士之從其游者，一□□授，皆有師法。間嘗采集先□□以來迄於今世之文，得一百六十有八篇，爲之標注，以詒學者。

序署寶慶丙戌（二年，一二二六）。又有陳森、姚珤兩跋，姚跋稱“四明樓公假守莆邦，積其平時苦學之力，紬繹古作，抽其關鍵，以惠後學，廣文陳君鋟諸梓以傳之”云云。末署寶慶丁亥（一二二七）。則是編爲陳振孫刊布。

　　然陳氏《書録解題》卷一五所録，乃《迂齋古文標注》五卷（即《迂齋標注諸家文集》），而非《崇古文訣》。故今存宋本《迂齋標注諸家文集》某氏跋以爲《崇古文訣》後成一年，《迂齋標注諸家文集》“即《崇文古訣》之初稿”。此説是否，不得而知。余嘉錫《四庫提要辨證》卷二四曰：“樓選之卷數，乃多寡迥異，豈其書固非一本，五卷者其初稿，二十卷者其後定之本歟？抑亦兩本初無不同，而其卷數之增多，特是陳森鋟板時之所分析歟？未可知也。……《天禄琳瑯書目後編》卷十一《元版集部》有是書三十五卷，其解題云：‘凡文百九十三首。……'蓋宋末元初人又有所附益，故較樓昉原本多出文二十（六）〔五〕篇。"然《迂齋標注諸家文集》收文僅七十七篇，不及此編之半，非止卷數增多而已，故"兩本初無不同"，蓋僅就體例而言。以常理測之，或頭年僅有標注稿七十七篇，刻爲五卷；次年已增多，遂盡其所有而刻焉，即《崇古文訣》是也。

陳氏之後，又有鄭次申刻本，劉克莊序之，略曰：

> 《迂齋標注》者一百六十有八篇，……今大漕寶謨匠監鄭公次時（祝按："時"當爲"申"之誤），亦當時升堂室者也，既刊《標注》十首，貽書余曰："子莆東人也，非迂齋昔所下榻設醴者乎？其爲我序此書。"余曰："謹受教。"

則所刻篇數與陳刻同。

明《文淵閣書目》卷一〇著錄"《崇古文訣》一部二册，闕"。《內閣藏書目錄》卷四則載"《迂齋古文》十二册，全。宋紹熙間鄞人樓昉評選古今詩文凡二十四卷，又《續集》四卷"。書名"迂齋古文"，蓋書寫從簡，當即《崇古文訣》；然謂所選評者爲"詩文"，顯與只選"古文"不合，疑"詩"字爲誤書。此本既不如宋槧作二十卷，亦與元刻三十五卷本（元刻詳後）異，且有《續集》，乃是書第三本，不詳爲何時何人所刻，已久佚。除秘閣外，明代私家書目多見《崇古文訣》，然皆不記版本，如《萬卷堂書目》卷四、《澹生堂藏書目》卷一二、《絳雲樓書目》卷三著錄三十五卷本，《徐氏家藏書目》卷五載三十二卷本（疑不全本），其他則僅登錄若干册、若干本而已。

是書今存宋、元舊槧。宋槧皆陳刻本系統之本。黃丕烈嘗跋一宋刻本道：

　　《崇古文訣》二十卷，宋刻本。《迂齋標注崇古文訣》，非世間不經見之書也，即舊刻亦非希有。余癸酉（嘉慶十八年，一八一三）游京師，見殘宋刻而補鈔者，卷有吾郡西崦朱叔英圖記，因遂收之，入之《百宋一廛賦》中，其所存宋刻卷數注載瞭然也。適書友又携一宋刻殘本來，係葉石君舊藏，中可配前缺卷，因遂命工重裝，竟成全璧。

顧廣圻《百宋一廛賦》所謂"《文訣》變其從同"，即指該本，黃氏注曰：

　　殘本《迂齋先生標注崇古文訣》，每半葉十二行，每行廿三字，所存首至卷八，又卷十五至末，又鈔補四卷。元二十卷之中，仍少十二、十四兩卷。有一印，文曰"吳郡西崦朱叔榮書畫印"（祝按：朱叔榮，上引黃跋"榮"作"英"），又有"叔榮"、"西崦"各一印。吾郡明初之藏書者也。

黃氏又將此本著録於《百宋一廛書録》。

黃丕烈又跋另一宋本道：

　　丁卯（嘉慶十二年，一八〇七），余友夏方米之尊人容庵丈出其舊藏《崇古文訣》屬爲裝潢，檢視之，知亦係諸宋本湊合而成，卷端有序無目，因從宋本原有序之存者影寫，置余本首。其中更有奇者，多與葉石君舊藏本合，而與周九松舊藏本間有失葉在余本内，即如卷十六末葉是也。彼所錯出，又係余本之失葉。顛倒錯亂，雖遇之而不能仍正之，是可嘆已。……（此及前引跋，俱見《蕘圃藏書題識》卷一〇）

夏氏本後不詳流落何所，黃氏本則歸汪氏，《藝芸書舍宋元本書目·宋版書目》著録。後又爲陸心源所得，其《皕宋樓藏書志》卷一一四著録，謂是"宋刊本，周九峰（祝按："峰"當作"松"）、朱叔英舊藏"，又按曰：

> 此宋刊宋印本，每葉二十四行，每行二十三字。卷中有"吴郡西崦朱叔英書畫印"朱文長印，"西崦"朱文長印，"叔英"朱文方印，"士禮居"朱文方印，"丕烈"、"蕘夫"朱文二方印。

此本今藏日本静嘉堂文庫，傅增湘嘗檢視之，《經眼録》卷一七記曰：

> 《迂齋先生標注崇古文訣》二十卷，（宋樓昉輯。）宋刊本，半葉十二行，每行二十三字，白口，左右雙闌。有黄丕烈手跋。按：此本密行細字，建本也。（日本静嘉堂文庫藏書，己巳十一月十三日閲。）

《藏園訂補邵亭知見傳本書目》卷一六上定該本爲"宋建本"，又改"白口"爲"細黑口"。

《日藏漢籍善本書録》記其藏印有："存齋四十五歲小像戊寅二月某石並刊"、"四十以後號再巳翁"、"楚姓後裔"、"三品風憲一品天民"、"吴郡西崦朱叔英書畫印"、"叔英"、"西崦"、"毗陵周氏九松迂叟藏"、"周良金印"、"汪士鐘印"、"閬源真賞"、"金匱蔡氏醉經軒考藏章"、"葉樹廉印"、"石君"、"南葉"、"士禮居"、"丕烈"、"蕘夫"、"卓如"、"楨廷"、"翰墨緣"、"宋本"、"陸心源"、"十萬卷樓"、"歸安陸樹聲叔桐父印"等。

國家圖書館藏有宋刊殘本。《北京圖書館古籍善本書目》著録道："《迂齋先生標注崇古文訣》二十卷，宋樓昉輯，宋刻本，鄧邦述跋，三册。⋯⋯存十卷（四至十一，十九至二十）。"此本乃潘宗周所捐，實即上述黃氏本之散册，《寶禮堂宋本書錄》曰："黃氏所得殘本爲周九松舊藏，此僅存卷四至十一、卷十九、卷二十，亦鈐有九松印記，則是書之離散蓋已久矣。"並記藏印有："毗陵周氏九松迁叟藏書記"、"周印良金"、"新安程氏信古堂文房之記"、"信古堂藏書"、"金華"、"廷佐"。

除宋刊本外，是書又有元槧，擴編爲三十五卷。《天禄琳琅書目後編》卷一一《元版集部》著錄元本（有缺補）道：

> 《迂齋先生標注崇古文訣》一函五册，宋樓昉編。⋯⋯書三十五卷，凡文百九十三首。先秦三家，兩漢十家，三國一家，六朝二家，唐四家，宋二十九家，而韓、歐之文爲多。後有寶慶丁亥姚珤跋。麻沙袖珍本。

此本較原編溢出之二十五篇是誰所增補，以及刊刻時間等，皆待考。

今國家圖書館藏元刻本三十五卷，凡十二册，每半葉十一行，每行二十一字，白口，單黑魚尾，單欄，注文小字擠刻於行中；又有元刻明修本七册，存十七卷（一至一七）。臺北"中央圖書館"亦藏有元刊巾箱本，存八卷四册，未見。

是書現存明槧凡三種，皆三十五卷，屬元本系統。

一、正德二年（一五〇七）廣西按察司僉事慈谿姚鏌刊於桂林，序稱"其板舊刻閩中，歲久磨滅，已不可辨。予至桂之四年，乃爲嗣刻於桂林學宫"云云。所謂"其板舊刻閩中"，當指元刊麻沙巾箱本，則正德本蓋由麻沙本出。此刻今上海圖書館著錄。

二、嘉靖癸巳（十二年，一五三三），廬州知府王鴻漸重刻之，前有聞人詮序，後有王鴻漸後序及跋，猶有聶曼跋。聶跋稱“顧其板舊有行者，久而漸殘，艱於披閱，淯南王公守廬之明年，乃重刻之郡齋，將盡俾廬之士讀而取則焉”云云。王鴻漸跋稱“予刻此書，屬聶教授校正，刻成，覺差訛尚多，遂躬閱一過，改正增減殆數百字，亦似未精善也”。則其對校刻質量不滿意。其書前有姚鎮序，當即據桂林本翻刻。此本今北京師範大學圖書館、天津圖書館等共著録十部，臺北“中央圖書館”藏一部，凡四册。

　　三、嘉靖中松陵吳邦禎等校正大字重雕本。卷前有“松陵後學吳邦楨、吳邦杰校正”一條，每半葉九行十九字。不詳刻於何年。《天禄琳琅書目後編》卷二〇《明版集部》即録此本：“《迂齋先生標注崇古文訣》二函十六册，……此本明人以大字重雕，故帙分較廣。末有寶慶三年（一二二七）陳森後序。”王重民《中國善本書提要》著録美國國會圖書館藏本道：“邦禎、邦杰事跡無考，檢《吳江縣志》卷二十五《選舉表·例仕》有吳邦寀、吳邦模，皆嘉靖人，當與邦禎為同族兄弟行。”此説僅可參考。此本或著録為明刻大字本、明仿宋大字本，又因無確切刊刻年代，故或著録為明刻本。《皕宋樓藏書志》卷一一四、《鐵琴銅劍樓藏書目録》卷二三、《善本書室藏書志》卷三八、《藝風藏書續記》卷六等皆著録此本。《鐵琴銅劍樓藏書目録》曰：“《迂齋先生崇古文訣》三十五卷，明刊本。宋樓昉撰。旁有標抹注釋，與《古文關鍵》同。寶慶間刻本有姚珤序，明嘉靖中松陵吳氏重刊。”莫友芝《宋元舊本書經眼録》卷二著録元、明間覆宋板一部，“半葉九行，行十九字，有‘沈瀚’、‘世貞’、‘兑明’諸印，王弇州題籤猶存”，疑亦此種。是刻傳本尚富，今國家圖書館、北大圖書館等共藏有二十餘部。臺北“中央圖書館”藏本凡十六册，有明萬曆間毛肇明手書題記；臺北“故宫博物院”藏本二十册。日本静嘉堂文庫藏一部，凡十册，原爲陸心源十萬卷樓等舊藏。日本仁孝天皇文政三年（一八二〇）江户昌平坂學問所刊印《新刊迂齋先生標注崇古文訣》三十五卷，亦屬元本系統。

《四庫總目》著録内府藏三十五卷本，《提要》曰：

> 是集乃所選古文凡二百餘首，陳振孫《書録解題》稱其大略如吕氏《關鍵》，而所録自秦、漢而下至於宋朝，篇目增多，發明尤精，學者便之。所言與今本相合。惟《書録解題》作五卷，《文獻通考》亦同，篇帙多寡迥異，疑傳寫者誤脱“三十”二字也。

《增訂四庫簡目標注》卷一九謂“《浙採遺目》此書係宋刊本，十七卷”，蓋因其不全，故改用内府本。關於《解題》著録之五卷本，前人已論其爲《崇古文訣》初稿（已詳前），雖可再探討，然可斷定非脱“三十”二字。至於所謂是集“所選古文凡二百餘首”，余氏《四庫提要辨證》卷二四曰：

> 《天禄琳瑯書目後編》卷十一《元版集部》有是書三十五卷，其解題云：“凡文百九十三首。……”蓋宋末元初人又有所附益，故較樓昉原本多出文二十（六）〔五〕篇。其後明人重刻者，有吴邦楨本，正德二年姚鏌本，大字本，皆與元刻本同。《四庫》所著録内府藏本，當亦明刻，《提要》乃云：“所選古文凡二百餘首。”恐是匆匆未暇細數，姑略言之云爾。

余氏所辨當是。

【附錄】

迂齋先生標注崇古文訣序

（宋）陳振孫

（上缺）則又何足以爲文。迂齋樓□文名於時，士之從其游者，一□□授，皆有師法。間嘗采集先□□以來迄於今世之文，得一百六十有八篇，爲之標注，以諗學者。凡其用意之精深，立言之警拔，皆探索而表章之，蓋昔人所謂爲文之法備矣。

振觀公之去取，至於伊川先生講筵二疏，與夫致堂、淡齋、二胡公所上高廟書，彼皆非蘄以文著者也，而顧有取焉。毋亦道統之傳接續孔孟，忠義之氣貫通神明，殆所謂有本者非耶！然則公之是編，豈徒文而已哉。昔之論文者曰文以氣爲主，又曰文者貫道之器也，學者其亦以是觀之，則得所以爲文之法矣。公名昉，字暘叔，鄞人，迂齋其自謂也。

寶慶丙戌嘉平月既望，永嘉陳振孫序。（《皕宋樓藏書志》卷一一四，原錄自宋本）

崇古文訣跋

（宋）姚　珤

文者載道之器，古之君子非有意於爲文，而不能不盡心於明道，故曰辭達而已矣。夫能達其辭，於道非深切著明，則道不見也，此文之有關鍵，非深於文者，安能發揮其蘊奧，而探古人之用心哉？

四明樓公假守莆邦，積其平時苦學之力，紬繹古作，抽其關鍵，以惠後學。廣文陳君鋟諸梓以傳之，使世之學者優遊而深求，饜飫而自得，豈惟文章之能事可畢，古人之用心於是乎可推也。

寶慶丁亥端月既望，延平姚鵠敬跋。（元刊巾箱本《崇古文訣》卷末。又見同上）

崇古文訣後序

（宋）陳　森

迂齋先生深於古文，嘗掇取菁華，以惠四明學者。迨分教金華，橫經璧水，傳授浸廣，天下始知所宗師。森曩偕先生季弟爲館下生，就得繕本，玩味不釋，恨未鋟梓。適先生守莆，幸備冷官，因間叩請，盡得所藏，自先秦迄於我宋，上下千餘年間，其穎出者網羅無遺軼。竊謂古今文章浩無津涯，學者窮日之力，不翅河伯之望海若。此編鉤玄而提要，抉幽而洩庾，波詭濤譎，星回漢翻，眩晃萬狀，一經指摘，關鍵瞭然，其幸後學宏矣。子曰：“人莫不飲食也，鮮能知味也。”先生之於文，其知味也歟！

寶慶三禩，合沙陳森跋。（同上）

迂齋標注古文序

（宋）劉克莊

本朝文治雖盛，諸老先生率崇性理，卑藝文。朱主程而抑蘇，呂氏《文鑑》去取多朱氏意。水心葉氏又謂洛學興而文字壞。二論相反,後學殆不知所適從矣。

《迂齋標注》者一百六十有八篇,千變萬態,不主一(休)〔體〕,有簡質者,有葩麗者,有高虛者,有切實者,有峻厲者,有微婉者。夫大匠誨規矩而不誨巧,老將傳兵法而不傳妙,自昔學者病焉。至迂齋則逐章逐句,原其意脈,發其秘藏,與天下後世共之。惟其學之博,心之平,故所采掇尊先秦而不陋漢、唐,尚歐、曾而並取伊洛,矯諸儒相(友)〔反〕之論,萃歷代能言之作,可以掃去《粹》《選》而與《文鑑》並行矣。

迂齋樓氏,名昉,字暘叔,以古文倡莆東。經指授成進士名者甚衆,其高弟爲帝者師、天下宰,而迂齋已不及見。今大漕寶謨匠監鄭公次(時)〔申〕,亦當時升堂室者也,既刊《標注》十首,貽書余曰:"子莆人也,非迂齋昔所下榻設醴者乎,其爲我序此書。"余曰:謹受教。(《四部叢刊初編》本《後村先生大全集》卷九六)

迂齋標注古文序

(明)姚　鏌

昔鄉先正迂齋樓公昉,嘗取諸《史》《漢》以來所謂古文辭者,銓釋爲書,名爲《崇古文訣》若干卷,而評品標抹,視東萊《關鍵》等集加詳焉,信亦類書之奇也,以故世爭誦之。顧其板舊刻閩中,歲久磨滅,已不可辨。予至桂之四年,乃爲嗣刻於桂林學宮。書成,諸生目揖而請曰:願一言爲序。

夫文莫先於六經《語》《孟》。六經《語》《孟》之於文,豈必有意而爲之?蓋言出道從,而片語隻詞,爲世大訓,邈乎不可及矣。然先秦西漢之作,其言簡而深,淮而不肆,絕去斧鑿,有渾厚碩大之風，故獨號爲近古。東京以降，則其體漸俳，其氣亦日益衰弱而不振，而文之弊極矣。唐貞元、元和間，韓昌黎諸君子始出而相與力挽之，而文始古。其後又再變，而弊益甚。宋嘉祐、治平間，歐廬陵諸君子又出而相與力挽之，而文亦始再古。方其弊也，更千餘年或數百年而後有以復；其復也，卒亦各備一代之體格。宋之文不必盡同於唐，唐之文不必盡同於秦與漢，雖秦與漢，亦豈敢遽爲三代之望哉？夫其不同，而均稱爲古，何也？蓋洞庭之奏，窈眇希聲，而清廟之瑟，乃一唱而三嘆；土階之儉，曾不逾尺，而明堂之建，至爲九堂十二室之規。山罍與犧象，而並陳於廟薦。弘璧琬琰，非兌戈和弓垂竹矢類也，而中國皆世寶焉。而所謂古，豈必期於盡同哉？故觀公此書，其概可得而識，而世之稱故物者，亦略具是矣。

　　或不察此，乃曰文章必屈曲不可句讀，如岣嶁之刻之爲者，而後爲古，非也。抑斯録也，其詞誠已古，要不能皆純於道。至夫正言竑議，時有以語治亂興衰之故，得失可否之原，炳焉與《詩》《書》相出入者，則亦忠臣智士所宜熟讀，反覆而不能遽已也，豈徒曰操觚者之利而已乎？

　　雖然，自世變之降也，往往徇耳目以爲好，文失而弊，禮失而僞，樂失而乖，風俗失而卑下，有志於世者，皆知憂之矣。然在此者既嘗衰而幸其或復，而在彼者乃河爛隄決而莫知所底止也。嗚呼！其亦有出而相與力挽之，以共登於古，以爲憂世者之一快否乎？

　　正德二年正月望日，賜進士出身、奉議大夫、奉敕提督學政、廣西按察司僉事慈谿姚鏌書。（明王鴻漸刊本《迂齋先生標注崇古文訣》卷首）

迂齋標注古文序

（明）聞人詮

　　聞人子曰：文者道之器，形而下也；道者性之德，形而上也。是故德成而言謂之文，性動而和謂之道，行道有得謂之德，繼善有成謂之性，修辭立誠謂之器。器非有也，性非無也，德非内也，道非外也。有無一，内外合，言不期文而自文矣，是故無古今聖愚之别也。以古言文，文斯散矣；以訣崇古，散斯極矣。性，天命也；道，率性也；教，修道也，非由外鑠我也。道者萬世無散，修道也者，率性者之有過不及，聖人緣以設教，而致之中焉爾矣，不得已也。古今聖愚本同一性，而曰聖人能致其中，則夫崇古人之文以爲今之訣也，有以哉！

　　於夫！今之文散也極矣。文之散，德之衰也，道之所由以失中也，猶之爲虚器也。示文以訣而求諸古，反求乎道以入於聖，固修道之教也已。古今人不甚相遠，兹其爲聖功也夫哉！若專求之文字之間，末矣！

　　王子守廬之明年，刻兹文以淑郡弟子，意則勤也。聞人子閲而係之以言，夫亦求吾教之有所歸焉已乎！

　　奉敕提督南畿學政、山西道監察御史餘姚聞人詮撰。（同上）

迂齋標注古文後序

（明）王鴻漸

　　古今集文章者，自梁《昭明文選》而下，無慮十餘家，往往決擇不精，取去欠當，讀者病之。至真西山《文章正宗》，可謂集大成矣，然其間如王斗之對，殆類滑稽，李皋之碑，幾不可讀，且例收其辭，不加訂論，後進之士何所折衷乎？君子猶不能無遺憾也。

予少讀迂齋先生所選《文訣》，愛其質樸而不戾時，藻麗而不傷雅，且始於先秦，終於有宋，上下千百餘年，作者非一人，而體裁機杼如出一手，加以批抹發其關鍵，評點示其肯綮，誠初學之指南，纂文之楷範也。

比承乏廬陽，於諸生實有相長之責，循省庸虚，愧無所益，因諉聶教授校正，刻真郡齋，以爲諸生資，且諗之曰：《易》曰“修辭立其誠”，子曰“辭達而已矣”，然則聖人之於辭，固未嘗不修，而修之又貴於達也明矣。自或者以小技視文章，而謂文不必刻意求工，夫豈知要之言哉？蓋辭必貴於修且達，而立誠適用，其樞要也。修而不立誠，達而不適用，乃無用之空言耳，如《莊》《列》之荒唐，揚、馬之麗靡是已。律之以聖賢之學，則罪人也。諸生其尚致慎於斯哉！刻成，予適有姑蘇之調，因識數語於卷末，用致丁寧之意云。

嘉靖癸巳季秋重陽日，廬州府知府王鴻漸謹書。（同上卷末）

迂齋標注古文跋

（明）王鴻漸

昔人謂校書如拂塵，隨拂隨生，信然。予刻此書，屬聶教授校正，刻成，覺差訛尚多，遂躬閱一過，改正增減殆數百字，亦似未精善也。因憶邢子才言，謂天下書至死讀不可遍，焉能復校？且誤書思之，更是一適。予謂此言頗亦有理喻，如“三豕渡河”之類，果無明證，固不如仍舊之爲善也。脱明者

自思得之，豈非一適乎？故今遇無考證，不敢輒據臆見改易，姑仍其舊云。王鴻漸又書。（同上）

重刻迂齋標注古文後跋

（明）聶　曼

迂齋先生選輯是編既已精嚴，而批點亦復詳盡，學者得之，真如標的。顧其板舊有行者，久而漸殘，艱於披閱，淯南王公守廬之明年，乃重刻之郡齋，將盡俾廬之士讀而取則焉，惠至渥也。間弗以曼也不肖，而委諸校讎。曼觀天下之文，至於今日，蓋極勝矣，而公獨遠取於是編，何哉？夫文固病於弗工，而有意於工以戕其真，文斯敝矣。夫文敝則道晦，道晦則心溺，如是而學，得其正乎？握其機而導之貞，斯固敦風教者之所爲慮焉而不敢忽也，斯固公今日意也。公學深德崇，裦然人表，好古遵道，無事不然。觀是舉也，可以知其餘矣。

廬州府儒學教授金谿聶曼書。（同上）

宋人總集叙録卷第六

圈點龍川水心二先生文粹四十一卷

佚　名　編

　　此書今臺北"中央圖書館"藏一宋刊本，乃世間孤本（側聞日本慶應義塾附屬研究所亦藏有此書，尚待證實），其《善本書目》著録道："《圈點龍川水心二先生文粹》四十一卷十二册，宋饒輝編，宋嘉定間刊本，清趙穉農手校。"

　　一九八七年，中華書局出版鄧廣銘先生增訂本《陳亮集》，前附是書書影，其《出版說明》道："一九八三年春，由美國友人田浩教授協助，我得到了一部《圈點龍川水心二先生文粹》的影印本。"又據前附鄧廣銘《陳龍川文集版本考》，知該書分前、後二集，前集二十卷，後集二十一卷，而總四十一卷之中，"陳、葉二人的文章參互錯出於其間：前集卷一至卷三爲陳亮文，卷四卷五爲葉適文，卷六至卷八爲陳亮文，卷九至卷十六爲葉適文，卷十七至卷二十爲陳亮文；後集卷一至卷七爲陳亮文，卷八爲葉適文，卷九至卷十六爲陳亮文，卷十七、十八爲葉適文，卷十九至卷二十一爲陳亮文"。"每半葉十二行，行二十一字，不但宋代各皇帝的本名及嫌名一律避

諱（但也間有不嚴格處），凡遇‘本朝’、‘祖宗’一類字樣亦一
律空一格或提行，知其爲南宋刻本。”

鄧廣銘據此本對成化本《龍川集》作了大量增補和校訂，
其《陳亮集增訂本出版説明》稱“其爲成化本所未收而爲今次
增入者，則爲《文粹》中之《策問》三卷、《漢論》五卷、《任子宮
觀牒試之弊》及《人法》兩文，和《永樂大典》殘卷中的《代妻父
祭弟茂恭》、《代妻祭弟何少嘉》兩文”。其後，鄧先生又將此
本再複印給四川大學古籍研究所，以校葉適集入《全宋文》。
《文粹》所收除可資校勘外，有論、策問若干篇，爲葉氏《文集》
《別集》所無，因採編爲“論”一卷、“策問”二卷。可見此本版
本價值極大。

原書書首有嘉定壬申（五年，一二一二）孟秋建安饒輝晦伯
序，前半已闕。鄧廣銘《陳龍川文集版本考》以爲是書成書約在
理宗後期，編者非饒輝，在書首刻印饒序是“張冠李戴”，據其署
年定是書刊行於嘉定間亦誤。其文曰：

> 在《文粹》的書名標題之後和前後集各卷目録之前
> 的牌子上，刻有如下四行文字：
>
> 二先生文，精練雄偉，工文家所快睹。是
> 編又出　名公選校，壹是粹作，篇加圈
> 點，辭意明粲。本齋得之，不欲私閟，繡梓
> 公傳，與天下　識者共讀，伏幸精鑒。
>
> 在這裏，既不著選校者的姓名，也未説明刊行於何
> 年月，這反映出：此書實爲書肆中人自行編刻的一個選
> 本而已。而在《文粹》卷首的扉葉之後，却還冠有饒輝的
> 一篇序文，序文的開首處已經殘闕，現僅保存了如下一
> 大段（録原文，見附録，此略）。這段文章，和刊於目録之

前的牌子上那四行文字全然不相應合。而且，它忽而言
道，忽而説文，撲朔迷離，真可謂不知所云。然而有一點
却極爲明確：這是爲某一位"先生"的文集而作的，而斷
非爲《龍川水心二先生文粹》而作的序言。其刻印在《文
粹》的書首，必然是張冠李戴了的（雖然也可能是書肆中
人有意這樣做的），實際上是與陳、葉二人毫不相干的。
既然如此，則文後所署"嘉定壬申孟秋"諸字，也必然與
《文粹》之刊行年月全無關係。

對鄧先生的考辨，學術界有人不以爲然，認爲饒序即爲
本書而作。問題的關鍵，是序文前闕部分之内容無由得知，
説是説非，有類瞎子摸象（若日本慶應義塾真有此本，且其序
文完整，則有望旅日學者補正）。雖坊本多有差錯，但將序文
"張冠李戴"的可能性似乎不大。要之，是書編者目前難以論
定，本書姑題佚名編，以俟再考。

【附録】

圈點龍川水心二先生文粹序

（宋）饒　輝

（前缺）汪洋閎肆，挽回天地之大全，剖抉聖賢之底蘊，蓋
將使天下之人徹藩籬而趨堂奥，豈不爲吾道大助！然則先生
之文，是當以道言，未易以文言也。其視昌黎公起八代之衰，
濟天下之溺，殆未必多愧。而今之士大夫，翕然歆慕之，且未
聞有怪之者，則今日文章之盛，又非唐世所可並言矣。雖然，
先生之文，蓋自其涵養緼借中發之，而非可以外求也，故其措

辭立意，無非洞然貫穿經傳，錯綜子史，雖諄諄百千萬言，無一窒礙，學者有志於斯文，又當知在此而不在彼也。不然，捧心效西，折角慕郭，則連篇摛月露，積案寫風雲，竟何補於吾文之萬一耶？予故卒言之，而不敢憚於僭。

　　時嘉定壬申孟秋，建安饒輝晦伯序。（複印宋刻本《圈點龍川水心二先生文粹》卷首）

新刻諸儒批點古文集成前集
七十八卷

王霆震　編

　　《古文集成》未見宋、明書目著錄，現存最早登錄是書者爲《季滄葦藏書目》：“宋刻《諸儒批點古文集成》四十一本，不全。”季氏本後不詳流轉何所，恐已失傳。《四庫總目》著錄浙江汪啟淑家藏本《古文集成前集》七十八卷，《提要》曰：

　　　　舊本題廬陵王霆震亨福編，不著時代。觀其標識名字，魏徵猶作魏證，而宋人奏議於“朝廷”、“國家”諸字皆空一格，蓋南宋書肆本也。卷端題“新刊諸儒評點”字，凡呂祖謙之《古文關鍵》，真德秀之《文章正宗》，樓昉之《迂齋古文標注》，一圈一點，無不具載，其理宗時所刊乎。集以十干爲紀，而自甲至癸皆稱曰前某集，則有後集而佚之矣。凡甲集六卷、乙集八卷、丙集七卷、丁集九卷、戊集八卷、己集八卷、庚集八卷、辛集七卷、壬集八卷、癸集九卷。所錄自春秋以逮南宋，計文五百二十二首，其中宋文居十之八。雖多習見之作，而當日名流，其集不傳於今者，如馬存、程大昌、陳謙、方恬、鄭景望諸人，亦頗賴以存。所引諸評，如槐城、松齋、戆齋、郎學士、《戴溪筆議》、《東塾燕談》之類，今亦罕見其書，且有未知其名者。宋人選本，傳世者稀，錄而存之，亦足以資循覽也。

按：王霆震，只知其爲廬陵（今江西吉安）人，字亨福，別無考。《增訂四庫簡目標注》曰：“《四庫》著錄宋刊本，今在袁漱六（芳瑛）處，即《浙採遺目》所進也。高宗屢旨將原書發還，館中仍不能如詔，蓋以備繕本覆對之用，而中飽乾没者亦不少矣。”四庫底本經袁漱六收藏後，又歸江標等，最後爲傅增湘所得。其《經眼錄》卷一七詳記道：

《新刊諸儒批點古文集成前集》七十八卷，（宋王霆震輯。）題“宋廬陵王霆震亨福選編”。分甲至癸十集：甲集六卷（序），乙集八卷（記），丙集七卷（書），丁集八卷（表札，“丁集”字已挖去），戊集八卷（論），己集八卷（論），庚集六卷（銘），辛集七卷（封事、疏狀。“辛集”字有挖補），壬集八卷（圖、解、辯、原），癸集九卷（辭、議、問答、設喻。）

宋刊本，半葉十三行，每行二十五字，黑口（祝按：今觀原書，應爲白口，單黑魚尾），左右雙闌，每卷標“前甲集”等字，以陰文別之。鈐有“翰林院典籍廳關防”滿漢篆文朱印，又“建霞秘篋”朱文印。

按：此書選周秦以迄唐宋名家之文，分類輯錄，每文標題行錄各家評語，篇中加圈點擲，或每段間以批語，爲初學便誦計。然宋人之文已佚者多賴此以傳，如馬默齋（子才）、曾摶齋（豐）諸集，亦殊足矜秘也。是書先入四庫館，即四庫底本，館臣於書中避忌處刪落極多，賴此以明。又卷中丁集之表劄，辛集之封事等，於前後卷爲不類,其陰文所標某集字已挖去,當是後集配入以足之者。館臣不查,以爲完書,而謂後集已失,亦賴此以發其覆。據翰林院印知後入翰林院,不知何時又入袁漱六家,自袁氏轉歸江建霞(標)、費屺懷(念慈),余得之費氏,蓋生平手收宋本之第一部也。後有楊守敬、繆荃孫、莫棠、張元濟四公跋語。

此本今藏國家圖書館,《北京圖書館古籍善本書目》謂甲集卷六、乙集卷一、丁集卷九配清鈔本,存七十六卷。傅氏另有跋,詳述此書流傳之緒,及與四庫本逐卷核對,知館臣當日不僅改字,且稍有指斥之文,即逐段刊落,自數十言及至數百言(詳附録)。除宋本及四庫本外,別無他本,故使用庫本時當明乎此。是書頗有輯佚價值,《全宋文》即從中輯文不少。

【附録】

宋本新刊諸儒批點古文集成跋

傅增湘

此書自元明以來未嘗覆刻,世間所存亦不聞有第二本,《四庫》著録據浙江汪啟淑家所藏,定爲南宋書肆本。今此本目録鈐有"翰林院典籍廳關防",則當日進呈正屬此帙,是此書爲宋刊孤本矣。余辛亥歲暮,以南北議和,奉使留滯滬上,獲此於蘇佶陳金和手。生平收宋刻書至二千餘卷,以此爲發軔之始。出手得雋,頗用自憙,因挾以走謁楊惺吾、沈子培、繆藝風、莫楚生、張菊生諸公，咸相贊賞，各加跋語於卷尾，今録之左方，可覆視也。

書爲廬陵王霆震所編，分十集，凡七十八卷。每集以十干爲紀。甲集六卷，序；乙集八卷，記；丙集七卷，書；丁集九卷，表、奏、劄子；戊集八卷，論；己集八卷，論；庚集八卷，銘；辛集七卷，封事；壬集八卷，圖、解、辨、原；癸集九卷，辭、議、問答、雜文。半葉十三行，每行二十五字，注雙行同，細黑口，左右雙闌。每集書名下題“前甲”、“前乙”白文小字，次行題“廬陵王霆震亨福選編”，文類上加黑蓋子，所採批注人名、書名悉用白文别之。篇中有批有注，行間有點有擲，有大小黑圓圈。所引批注有西山、迂齋、東萊、松齋、槐堂、毅齋、郎學士諸家，有《古文標準》《戴溪筆談》《復齋謾録》《東塾燕談》《漁隱叢話》諸書。刻工明湛，點畫圍擲悉臻精妙，宋諱雖不缺筆，然語涉宋帝猶空一格，且以刀法精勁觀之，與元版圓渾者迥異，其爲宋刊固無可疑也。惟乙集卷一、丁集卷九係舊鈔補入，又前丁、前辛兩集細審標題下及版心書名下，皆有補綴痕，余意此兩字必爲“後集”，賈人剜去以彌此闕。《提要》謂後集佚去者，蓋視之未諦耳。更可異者，各集皆序、記、書、論之文，此兩卷忽以章奏之文插入，要爲不倫。此又可斷爲取後集屬補之一證也。中録宋文不傳諸人，《提要》所舉外，又有楊東山、蕭大山、羅畸、鄭諟、葉肅、郭雍、盛均、程晏、韋籌，亦爲罕覯。獨惜入選諸人多有著字及别號者，以致無由考知其人，此亦坊間流行之習，不足深論耳。

至此書流傳之緒，可考見者，初藏汪啟淑家，繼進入四庫館。書成，移歸翰林院。同治時，湘潭袁漱六在清秘堂竊之以出。光緒間，江建霞督湖南學政時得之於袁氏，遂携還吳中，人始有見之者。建霞殂逝，復爲費屺懷所獲。自入余行篋後，訽其蹤迹，知實由桃花塢宅中佚出。此皆會集諸先輩之説，而著其大略如此。若本書可考者，惟建霞一印及屺懷手寫目録半葉而已。嗟夫！清秘舊聞，渺如天上，嬛環福地，猶在人間，此書出自翰苑衹數十年，已歷三氏，其人又皆玉堂舊侣，風流儒雅，照映一時，乃吟賞未終，倐焉易主，摩挲編帙，感愴彌襟，今入余篋笥又二十餘年矣。

前歲曝書，手理及此，爰屬寫官録存副本，因檢《四庫》所修，逐卷詳核，乃知館臣執筆竄易删落之處，殆更僕難終。凡篇中酋、虜、夷、狄、犬、羊等字顯然刺目者，固在所屏除；即稍指斥之文，宋賢章奏，煌煌鉅篇，亦逐段刊落，自數十言及至數百言。如真西山《召除禮侍上殿劄子》删“冠裳禽犢”以下三百二十六字。胡銓《戊申論和劄子》删“犬戎之天下”一段、“被髮左衽”一段，一百八十三字。夫違礙字句去之可也，而忠耿義憤之詞亦鏟滅無復留遺，亦已過矣！余乃爲一一董理，改遵原本，俾恢復其舊觀。其每集仍各自爲卷，以矯《四庫》通改次第之失。

余嘗謂《四庫全書》爲吾國典籍之淵海，而編輯之疏失與竄改之謬戾，爲有識所同譏。倘異時重事繕録，要當博採舊刊，訪求原帙，闕者補之，删者復之，妄改者糾正之，庶足垂爲定本。故余之鈔録是書也，不憚煩勞，悉依原槧，盡改官本，亦猶循此志也。方聞宏達，幸亮斯言。

壬申十一月朔，書於長春室中。（《藏園群書題記》卷一八。按此跋下原録諸家題識觀款，此略）

文章正宗二十四卷 續文章正宗二十卷

真德秀 編

《文章正宗》分正、續兩集，正集二十四卷（或刊作二十卷，詳下），收宋以前詩文；續集二十卷，收宋人作品，皆真德秀所編。德秀（一一七八—一二三五）字希元，號西山，浦城（今屬福建）人。慶元五年（一一九九）進士，仕至參知政事，卒諡文忠。正集有紹定執徐之歲（五年，一二三二）正月自序，謂"'正宗'云者，以後世文辭之多變，欲學者識其源流之正也"。他不滿意《昭明文選》及姚鉉《唐文粹》，以爲兩書未得"源流之正"，接着述其編纂思想及體例道：

> 夫士之於學，所以窮理而臻用也。文雖學之一事，要亦不外乎此。故今所輯，以明義理、切世用爲主。其體本乎古，其指近乎經者，然後取焉；否則辭雖工亦不録。其目凡四：曰辭命，曰議論，曰叙事，曰詩賦。今凡二十餘卷云。

以下對四目的編選原則作了具體説明，稱《綱目》。如"詩賦"一目之詩歌部分，真氏寫道：

> 按古者有詩，自虞《賡歌》、夏《五子之歌》始，而備於孔子所定《三百五篇》。若《楚辭》，則又詩之變，而賦之祖也。朱文公嘗言："古今之詩，凡有三變。蓋自《書》傳所記虞夏以來，下及漢、魏，自爲一等；自晉、宋間顏、謝以後，下及唐初，自爲一等；自沈、宋以後，定著律詩，下及今日，

又爲一等。然自唐初以前，其爲詩者固有高下，而法猶未變，至律詩出，而後詩之古法，始皆大變矣。……故嘗欲抄取經史諸書所載韻語，下及《文選》古詩，以盡乎郭景純、陶淵明之作，自爲一編，而附于《三百篇》、《楚辭》之後，以爲詩之根本準則；又於其下二等之中擇其近於古者，各爲一編，以爲之羽翼輿衛。其不合者則悉去之，不使其接於胸次，要使方寸之中無一字世俗語言意思，則其爲詩，不期於高遠而自高遠矣。"（祝按：見朱熹《答鞏仲至書》，《朱文公文集》卷六四，文字略有出入）今惟虞夏二歌與《三百五篇》不録外，自餘皆以文公之言爲準，而拔其尤者列之此編。律詩雖工，亦不得與。若箴、銘、頌、贊、郊廟樂歌、琴操，皆詩之屬，間亦採摘一二，以附其間。

由此可見，是書詩歌部分的編纂方法，全依朱熹之意。

《續集》乃真氏晚年所編。真氏去世後，梁椅從其子處僅録得篇目及評語，且闕辭命、詩歌二門，遂與倪澄從諸集中類其文，刻之學官。梁氏於咸淳丙寅（二年，一二六六）序之，略曰：

> 椅曩從事江閫，真文忠公之子今度支少監爲參議官，公餘扣異聞，得《國朝文章正宗》，蓋公晚年所纂輯也。甫受筆，少監别去，僅録篇目與公批點評論處。携歸山中，友朋爭傳寫，郡博士倪君淵道見而悦之，乃謀諸鄭君瑞卿裒全文刊之學官，字字鈎校，幾無毫髮遺恨。

倪澄序謂"門目次叙，間有未的，必反覆繹公初意，稍加整比，皆取正於梁公，窮日夜力繙校，鄭君（圭）亦分其勞。凡三月而藁具，又四月而工畢，釐爲二十卷。僅有其目者，則虚實於末，一代之粲然略備”。則傳世之《續集》雖題真氏編，實由梁、倪等人最後完成。若真氏果有原稿，尚不知與此符合否也。

此書以理學家標準選詩文，即所謂以“明義理、切世用爲主”，故宋末至明人奉爲圭臬，楊士奇《文章正宗跋》稱“録文章未有謹嚴若此者。學者用志於此，斯識趣正而言不倍矣”（《東里續集》卷一八）；而清人批判理學，則指其不懂文學，矯枉過正。《四庫提要》綜論道：

> 其持論甚嚴，大意主於論理而不論文。劉克莊集有《贈鄭寧文》詩曰：“昔侍西山講讀時，頗於函丈得精微。書如《逐客》猶遭黜，辭取‘橫汾’亦恐非。笋笛焉能諧雅樂，綺羅原未識深衣。嗟予老矣君方少，好向師門識指歸。”其宗旨具於是矣。然克莊《後村詩話》又曰：“《文章正宗》初萌芽，以詩歌一門屬予編類，且約以世教民彝爲主，如仙釋、閨情、宮怨之類皆弗取。余取漢武帝《秋風辭》，西山曰：‘文中子亦以此辭爲悔心之萌，豈其然乎？’意不欲收，其嚴如此。然所謂‘懷佳人兮不能忘’，蓋指公卿扈從者，似非爲後宮而設。凡余所取，而西山去之者大半，又增入陶詩甚多，如三謝之類多不收。”詳其詞意，又若有所不滿於德秀者。蓋道學之儒與文章之士各明一義，固不可得而强同也。顧炎武《日知録》亦曰：“真希元《文章正宗》所選詩，一掃千古之陋，歸之正旨。然病其以理爲宗，不得詩人之趣。且如《古詩十九首》，雖非一人之作，而漢代之風略具乎此。……十九作中，無甚優劣。正以坊淫正俗之旨嚴爲繩削，雖矯昭明之枉，恐失《國風》之義。六代浮華，固當刊落，必使徐、庾不得

爲人，陳、隋不得爲代，毋乃太甚，豈非執理之過乎？"所
論至爲平允，深中其失。故德秀雖號名儒，其説亦卓然
成理，而四五百年以來，自講學家以外，未有尊而用之
者，豈非不近人情之事，終不能强行於天下歟。然專執
其法以論文，固矯枉過直；兼存其理以救浮華冶蕩之弊，
則亦未嘗無裨。藏弄之家，至今著録，厥亦有由矣。

　　由於宋、明重理學，故兩集刻本極多。正集在宋時已有
多本。劉克莊《文章正宗跋》曰："西山先生真文忠公遺書曰
《西山讀書説》、曰《諸老集略》者，綱目常篇帙多，其間或未脱
藁；曰《文章正宗》者，最爲全書。既成，以授湯巾仲能、（湯）
漢伯紀，某與焉。晚使嶺外，與常平使者李鑒汝明協力鋟梓，
以淑後學。是書行，《選》《粹》而下，皆可束之高閣。猶恨南
中無監書，而湯在遠，不及精校也。"（《後村先生大全集》卷一
○○）則是本爲劉克莊與湯巾、湯漢兄弟等所刊。劉克莊又嘗
作《郡學刊文章正宗跋》（同上卷一○六）曰：

　　　　頃，余刻此書於番禺，委同官盧方春置局刊誤，屬以
召去，去時書猶未成。後得其本，殆不可讀，有漏數行
者，有闕一二句者，有顛倒文義者，如魯魚亥豕之類，則
不可勝數。意諸人爲官事分奪，未之過目耶？抑南中無
善本參校耶？每一開卷，常敗人意。其後乃有越本，亦
多誤。莆泮他書差備，今（君）〔郡〕文學王君謂朱先生《易
本義》精於理者也，謂真先生此書邃於文者也，既刻《本
義》，遂及《正宗》。……吾里藏書多善本，游泮多英才，
傍考互校，它日莆本當優於廣、越矣。……君名庚，字景
長，温陵人。

番禺本即"廣本"，亦即前跋所謂"某與焉"之本，據所述，該本訛脱甚多，乃劣本；又有越本、莆本，越本亦不佳。

真德秀當日編成正集後，似曾自爲校刊。《天禄琳琅書目》卷三《宋版集部》著録"《文章正宗》四函三十二册，宋真德秀撰。二十四卷，前德秀自序"；又謂"是書寬行大字，用筆整肅，刻手印工亦皆精好，前後無他人序，似即德秀纂輯成書時自爲校刊之本"。孫星衍著録宋本時，稱與天禄宋本不同（詳下）。《增訂四庫簡目標注》卷一九邵章《續録》曰："《天禄目》有真德秀自刊本，寬行大字。"瞿氏《鐵琴銅劍樓藏書目録》嘗著録自刊宋本（詳下引），不知今存否。

《書録解題》卷一五著録"《文章正宗》二十卷"，乃正集，是何版本不詳，據其卷數可斷定非自刊本（自刊本二十四卷）。《通考》卷二四九從陳氏。按：前引真氏自序稱"今凡二十餘卷"，則正集原編非二十卷明矣，分爲二十卷，不詳是誰合併。

以下分宋版（包括宋版元、明遞修本）、元版（包括明修本）、明版三類叙述傳世之本，清刻本略及之。

一、宋版及宋版元明遞修本

明《文淵閣書目》卷一〇著録"《文章正宗》一部二十册，闕。一部十册，殘闕。《續文章正宗》一部八册，完全。一部八册，闕，塾本補"，其中當有宋本，久已散佚，唯其中元末本《文章正宗》一部今尚傳世，詳下。

《天禄琳琅書目》卷三《宋版集部》除上述正集宋刊（即所謂真氏自刊本）外，又有"《續文章正宗》二函十八册，真德秀撰，二十卷，前宋倪澄、鄭圭序"。又《天禄琳琅書目後編》卷七《宋版集部》亦著録"《真文忠公續文章正宗》二函十二册，宋真德秀撰。書二十卷”。

　　清私家書目，往往亦有宋版。《季滄葦藏書目》著録“宋板《文章正宗》十卷六本”，又“宋板《續文章正宗》十三卷。又一部二十卷十六本，宋板”。《孫氏祠堂書目内編》卷四著録“《文章正宗》二十卷，宋真德秀撰，宋刊本”。孫氏《平津館鑒藏記書籍》卷一《宋版》載“《西山先生真文忠公文章正宗》二十四卷目録一卷，前當有序文，此本已失。……黑口板，每葉廿行，行廿一字，旁有句讀圈點，與天禄琳瑯寬行大字宋本不同”。

　　瞿氏鐵琴銅劍樓曾藏宋刊本，其《藏書目録》卷二三著録道：

> 　　《文章正宗》二十四卷，宋刊本。宋真德秀撰。案劉後村集有跋此書云……（祝按：即上引書成“以授湯巾仲能、漢伯紀，某與焉”之跋，此略），則爲最初刻本。此本文忠自序已佚，亦無劉跋，目録前後雜入倪澄、鄭圭《續文章正宗》二跋，作於咸淳丙寅。考丙寅爲度宗咸淳二年（一二六六），疑當時合刻本，非劉本也。每半葉十行，行二十字，注字同。板心著大小字數及刊工人姓名，筐、桓、完、樹、購字有減筆。板刻清朗，《天禄琳瑯》所謂“寬行大字，用筆整肅”者是也。（卷首有“雲谷山房圖書”朱記。）

　　今遼寧省圖書館著録宋刻殘本《真文忠公續文章正宗》二十卷（存四卷，五至八）。臺北“中央圖書館”藏有咸淳間刊本《正宗》殘本一部，《續正宗》兩部，其《善本書目》著録道：“《西山先生真文忠公文章正宗》存六卷（按：卷一五、一九至二二、二四）又目録一卷八册，宋真德秀編，南宋末年刊本，清汪泰基手書題記。”又：“《真文忠公續文章正宗》二十卷十册，宋真德秀編，宋咸淳間刊本。"又："《真文忠公續文章正宗》二十卷十册，宋真德秀編，宋咸淳間刊本。"

《正宗》及《續正宗》宋板，元、明兩代有修補本。今國家圖書館藏有宋刻元修本《真文忠公續文章正宗》二十卷一部；又有宋刻元大德七年（一三〇三）處州路儒學馮德秀重修本一册，存二卷（一〇至一一），見《北京圖書館古籍善本書目》。此種中國科學院圖書館亦藏有殘帙。陸心源《儀顧堂續跋》卷一四有《宋槧文章正宗跋》，所記亦元修本：

> 《文章正宗》二十四卷，宋槧本。每葉二十行，每行二十字，版心有字數及刊工姓名，宋諱有缺有不缺，蓋宋季坊刊也。間有元修之葉，則無字數及刊工姓名矣。

《中國善本書提要》著録美國國會圖書館藏宋刻元修殘本，王重民按曰：

> 全書凡二十四卷，此本僅存卷四、卷十、卷十三、卷十五。……每葉均有字數及刊工姓名，然實有元修者，其字數爲楷寫，刊工姓名似亦照原姓名重刊。豈此本之刷印，又在陸本之前歟？卷內有"朱筠"、"朱印錫庚"等印記。

明代，宋雕板存南京國子監，《南廱志》卷一八《經籍考》曰："《文章正宗》二十四卷，存者一千一百二十八面，壞者六十五面。宋參知政事西山真德秀編纂，分爲四類，曰詞命，曰議論，曰叙事，曰詩歌。"又曰："《續文章正宗》二十卷，存者五百二十三面，壞者四十六面。宋參知政事西山真德秀輯本朝諸儒述作，以續《文章正宗》也。咸淳丙寅金華倪澄刊。"因此有宋刻明修本。《鐵琴銅劍樓藏書目録》卷二三嘗著録"《續文章正宗》二十卷，明刊本。……至明弘治間，舊板殘闕，此爲南雍修補本，祭酒章某命監丞戴鏞校補者，卷末有倪澄、梁椅、鄭圭跋，又戴鏞修板跋"。此種臺北"中央圖書館"亦藏有一部，其《善本書目》著録道："《真文忠公續文章正宗》二十卷六册，宋真德秀編，宋咸淳間刊明弘治十七年（一五〇四）南京國子監修補本。"

二、元版及元版明修本

《天禄琳琅書目》卷六《元版集部》著録《續文章正宗》一函十册，二十卷，原爲徐達藏本，後歸禮部，有"禮部官書"朱文長印，嘗被嚴嵩竊爲己有，以私印鈐蓋官印之上。此本久無著録，當已燬於火。

《季滄葦藏書目》嘗著録"元板《文章正宗》廿四卷"。此本後歸天禄琳琅，《天禄琳琅書目後編》卷一一《元版集部》著録，並録其藏印有："季印振宜"（朱文，卷首）、"季滄葦圖書記"（朱文，卷首）、"御史之章"（白文，卷首）、"季印振宜"（朱文，卷首、卷一）、"滄葦"（朱文，卷首）。是書後流出宮外，已殘，傅增湘於一九一三年（癸丑）得見，其《經眼録》卷一七記曰：

> 《西山先生真文忠公文章正宗》二十四卷，（宋真德秀撰，殘本。）元刊本，半葉十行，行二十字，黑口，左右雙闌，版心上記字數，下記刊工姓名。鈐有"乾隆御覽之寶"及"天禄繼鑒"印。

此殘本現存佚不詳，未見著録。

一九三一年（辛未），傅增湘又在上海見一元刊殘本，《經眼録》卷一七記曰：

> 《西山先生真文忠公文章正宗》二十四卷，（宋真德秀

撰,存卷十五、十九、二十、二十一上、二十二下、二十四。)元刊本,十行二十字,綫黑口,左右雙闌,注雙行同。卷中皆加句讀。每卷後有"國學正奏名蔡公亮校正"一行。收藏鈐有"士禮居藏"(隸書印)、"黄丕烈印"、"梧桐鄉汪嵐坡藏"、"馬氏家藏圖書世世子孫永保"各印。(辛未二月初一見於蟫隱廬,索四百元。)

瞿氏亦藏有元刊本一部,《鐵琴銅劍樓藏書目録》卷二三著録道:

> 《西山先生真文忠公文章正宗》二十四卷,元刊本。是本標目有"西山先生"四字,前有紹定執徐之歲自序及《正宗綱目》一卷。文中標抹圈點具存,尚出自序本也。明刻有《正宗綱目》而無自序。(卷首有"璜川吴氏收藏圖書"朱記。)

張氏《適園藏書志》卷一五亦著録元版一部:"《文章正宗》二十四卷,元刊本。題本標目有'西山先生'四字,標注圈點俱存,當是元刻。"此本今藏臺北"中央圖書館"。

《皕宋樓藏書志》卷一一四著録"《西山先生真文忠公文章正宗》二十一卷,元刊本",今藏日本静嘉堂文庫。陸心源嘗斷該本爲宋槧,有跋曰:

> 《文章正宗》二十四卷,宋槧本。每葉二十四行,每行二十字,版心有字數及刊工姓名。宋諱有缺有不缺,蓋宋季坊刊也。間有元修之頁,則無字數及刊工姓名矣。《提要》云"總集之選録《左傳》《國語》自是編始,遂爲後來坊刊古文之例"。誠齋是言!豈知變本加厲,有以典謨訓誥與後世文人并選者乎,是又西山所不料也。

（《儀顧堂續跋》卷一四）

刊工有日正、光遠、潘仲、君壽、章德甫、葉玉、葉義等。卷中
有“月湖俞熙圖書”、“宋嘉之印”、“宋嘉”、“馮孟”、“綠野印
信”、“歸安陸樹聲叔桐父印”、“歸安陸樹聲藏書之印”等印
記。又，静嘉堂文庫除上述本外，猶藏有原陸氏䀋宋樓藏元
刻明修《文章正宗》二十一卷本一部（參見《日藏漢籍善本書録》）。

　　今國家圖書館藏有元至正元年（一三四一）高仲文刊《文
章正宗》兩殘本，各止存一卷，《北京圖書館古籍善本書目》著
録道：“《文章正宗》二十四卷，宋真德秀輯，元刻本，一册。存
一卷（四）。”又：“《文章正宗》二十四卷，宋真德秀輯，元刻本，
一册。存一卷（七）。”國家圖書館猶藏有元刻明修本《文章正
宗》一部，《北京圖書館古籍善本書目》著録道：“《文章正宗》
二十四卷，宋真德秀輯，元刻明修本，二十八册。”上海圖書
館、吉林大學圖書館亦有明修本，南京博物院、揚州市圖書
館、成都杜甫草堂藏有元刻明修本殘帙。

　　臺北“故宫博物院”有元刊本二部，皆沈仲濤所贈。據日
人阿部隆一《“故宫博物院”藏沈氏研易樓捐贈宋元版本志
（下）》（魏美月譯自《增訂中國訪書志》一九八三年三月版，載臺北《中
央圖書館“館刊”》新二十卷第一期，一九八七年六月）介紹，此兩部應
爲元末明初所刊，皆爲覆宋本。書題爲《西山先生真文忠公
文章正宗》。第一部二十四册，首有《西山先生真文忠公文章
正宗綱目》《西山先生真文忠公文章正宗凡例》《西山先生真
文忠公文章正宗目録》。左右雙邊，有界十行，行廿一字，注
小字雙行。附有句點、聲點、圈點、傍綫等。版心細黑口，雙
黑魚尾。下象鼻有平安、翁壽、官永茂等刻工姓名，與元末明
初所刊之《唐文粹》《古史》《慈谿黄氏日鈔》《古今紀要》等完

全相同，爲元末明初之建安刊本。筐、恒、貞、桓等字往往缺末筆。有"文淵閣印"等印，知爲明秘閣舊藏本（按：當即《文淵閣書目》著錄之本，見上）。卷廿四末有"天啟元年（一六二一）上巳後二日宛委山人郭宗昌觀（印）"、"淮陰張弨力臣曾觀（印）"之識語。臺灣商務印書館將其影印入《四部叢刊》中。另一部二十六册，亦同一版本，缺卷首之《綱目》，較上述本印刷稍差。臺北"故宫博物院"楊氏觀海堂、臺灣大學藏有與此同一版本之殘本。又，阿部氏認爲，向來著錄爲元刊本的瞿氏鐵琴銅劍樓本、静嘉堂文庫藏本、臺北"中央圖書館"藏本（按：上皆已述及），實際上是明前期覆刻的上述元末明初本。此姑作一家之説，尚待研究。不過元末、明初，若無文字説明，往往難有確切界限。

三、明刊本

明人私家書目，如《世善堂藏書書目》卷下、《萬卷堂書目》卷四、《晁氏寳文堂書目》卷上等等，皆著錄是書，或有正、續二集，或止其中一集，除個别注明爲明本外，其餘皆未注版本。

明代以理學爲官學，故是書刊本極夥。據《古今書刻》卷上，山西按察司、雲南府、建寧府書坊等皆刻有《文章正宗》，但實際上遠不止上述諸地。兹據現存傳本，簡述主要明槧如下：

（一）明初刊黑口十行本。森立之《經籍訪古志·別集類》曰："《文章正宗》二十四卷，九册，初明刊本，求古樓藏。此本蓋翻刻宋本者。"翻刻年代不詳。今國家圖書館藏有一部，《北京圖書館古籍善本書目》著錄道："《西山先生真文忠公文章正宗》二十四卷，宋真德秀輯，明初刻本，二十四册。"此外北京大學圖書館、遼寧省圖書館、山東省博物館、上海圖書館等亦有庋藏，臺北"故宫博物院"藏有殘本（存卷一、二、

二三、二四）。日本松本圖書館藏有《文章正宗》殘本二十卷，凡七冊。每半葉有界十行，行二十一字，小黑口，左右雙邊，版心有刻工姓名。著錄爲明洪武間刊本。

（二）正德十五年（一五二〇）馬卿山西刊本。此本所刊止正集，凡二十四卷，今首都圖書館、南京圖書館（參《善本書室藏書志》卷三八）、上海圖書館等共有藏本十餘部（包括殘本）。日本國會圖書館、宮城教育大學圖書館亦各藏一部。森立之《經籍訪古志》卷六著錄原寶素堂藏明刊本，記其版式道：首有正德庚辰（十五年）崔銑序及《綱目》《目錄》，每半版十行，行二十一字，注雙行。左右雙邊，版心有刻手名氏。版式古雅，當依宋本重雕者。按：正德庚辰春二月，翰林院侍讀安陽崔銑序略曰：

> 隆廬馬君敬臣，以按察副使督學山西，既用六經教士，……又刻是編以振時文之陋，白於都御史張君汝言，御史孫君節之、周君彥通、甯君堯，咸是之。按察使張君汝器、副使秦君世觀、吳君從岷、僉事田君勤父、劉君天常、尹君兆之、潘君玉選、金君時耀咸贊其工，兩閱歲而梓人告成事。

臺北“中央圖書館”藏有明覆正德本一部。

（三）嘉靖十五年（一五三六）朱鴻刊本《西山先生真文忠公文章正宗》二十四卷。此本今復旦大學圖書館、浙江圖書館（殘）、廣東省圖書館及臺北“故宮博物院”有藏本。

（四）嘉靖二十一年晉藩刻本《真文忠公續文章正宗》二十卷，今國家圖書館、揚州大學圖書館等有藏本。

（五）嘉靖二十三年（一五四四）孔天胤浙江刊本。此本題《集錄真西山文章正宗》，只刊正集，分爲三十卷，每半葉九行十八字。中國人民大學圖書館、上海圖書館、南京圖書館等共著錄十餘部。臺北"中央圖書館"藏有配補本,其《善本書目》道:"《集錄真西山文章正宗》三十卷四十册,宋真德秀編,明孔天胤重編,明嘉靖二十三年孔氏浙江刊本配補嘉靖甲子(四十三年,一五六四)山東刊本。"日本國會圖書館、東京大學總合圖書館(存卷一至一五)、美國國會圖書館亦有著錄。美國國會圖書館藏本爲一部二十册,見《中國善本書提要》,王重民按曰:

> 此本爲明孔天胤雕印於杭州,孔序後刻編校人杭州府通判楊嘉慶等題名十三行。卷末記寫刻工,曰:"吳門沈恒、周慈、吳應龍、章仕、何倫、徐冕寫,袁電等雕。"然則若非從吳招寫刻工至杭,則應送編校本至吳雕板於吳者。眉端有日本人石信道者朱藍兩筆校語。

按孔天胤序曰:"《文章正宗》三十卷,予既選工雕印,布令學徒與舉業兼資習之,……經自嘉靖甲辰(二十三年)孟夏,而於仲秋之望落成。"又曹三暘校刻序曰:"江右谷南高公,以侍御史來按兹土,……出是編詔誦法之,且檄藩司校刻,以廣其傳。……維時藩伯李君直卿、李君伯固承檄惟謹,遴屬德州崔同知吉正訛補脱,其篇章前後、注釋詳略,一仍西山舊本。"所謂"一仍西山舊本",僅限於"篇章前後"不變而已,此本實經孔氏重編,故卷數增至三十。同時杭人江曉序曰:"重王言則仍其類而先之,章世緒則考其籍而繫之,辯文體則析其卷而彙之,省繁文則裁其注而約之。"此即其重編原則,可知較原本變動不少。

明代又有翻刻孔氏本,今北大圖書館、湖南省圖書館、長春市圖書館及美國國會圖書館皆有藏本。《中國善本書提要》著録北大本道：“此本行款與孔本同，然無刻書牌記，不知爲何時所翻，以紙墨觀之，猶當在萬曆間也。卷内有‘巴陵方氏藏書印’、‘巴陵方氏功惠柳橋甫印’、‘芸聲室珍藏善本之章’等印記。”美國國會圖書館藏本有“邵印廷赤”、“渠梁邵氏雪樵藏本”、“此書畫曾在邵雪樵家”等印記。按：邵廷杰，字雪樵，清康熙、雍正時古籍書畫收藏家。

（六）嘉靖三十九年（一五六〇）范惟一重修孔天胤本。今南開大學圖書館、遼寧省圖書館等共著録九部，臺北“中央圖書館”亦有藏本，其《善本書目》著録道：“《集録真西山文章正宗》三十卷四十册，宋真德秀編，明孔天胤重編，明嘉靖庚申（三十九年）范惟一浙江刊本。”有范惟一刊板序曰：

> 太原孔君往視浙學時，刻布學宫，令生徒與舉業兼習之。歲久，板毁蝕過半。余至，閔而恚焉，欲舉之，未能也。會督府梅翁胡公（松）諮問士所爲文，余對曰：“文多便辭曲説，敝矣。”公曰：“盍亟反之？”因出贖金若干緡，命余復校刻《正宗》，以督示諸生，俾咸知所宗云。

（七）嘉靖四十三年（一五六四）李旻、李磐刻本《西山先生真文忠公文章正宗》二十四卷。此本國内各圖書館藏本甚富，著録多達三十餘部（包括殘本）。

（八）嘉靖四十三年（一五六四）蔣氏家塾刻本《西山先生真文忠公文章正宗》二十四卷《續》二十卷。此本國内（包括臺灣）各圖書館亦著録三十餘部。國家圖書館庋藏一部，《北京圖書館古籍善本書目》著録道：“《西山先生真文忠公文章正宗》二十四卷《續》二十卷，宋真德秀輯，明嘉靖四十三年蔣氏家塾刻本，十八册。”

（九）明嘉靖四十四年鍾沂刻本《西山先生真文忠公文章

正宗》二十四卷《續》二十卷，今南京師大圖書館著録，山東、江蘇鎮江、浙江、四川、重慶等省市圖書館藏有殘本。

（十）安正書堂刻本《西山先生真文忠公文章正宗》二十四卷，今首都圖書館、中國科學院圖書館（殘）有藏本。

（十一）唐順之批點本《西山先生真文忠公文章正宗》二十六卷（或作二十五卷）。楊守敬《日本訪書志》卷一三曰：

> 《唐荆川批點文章正宗》二十五卷，明刊本。此本不記刊行年月，望其字體，蓋即在嘉、隆間。亦無荆川序跋。每卷第二行題“荆川唐順之批點”，中縫亦題“唐荆川批點文章正宗”。目録每篇上或作“。”，或作“，”，或作直竪，或並“。”“，”無之。書中每篇題上或著一二字，如第一卷第一篇批“轉折”二字，第二篇批一“轉”字，第三、四篇批一“直”字。欄外眉上間批數字。文中著圈點處甚少，皆批却導竅，要言不煩。明代書賈好假託名人批評以射利，（閔齊汲所刊朱墨本大抵多僞託。）此則的出荆川之手，故閻百詩《潛邱劄記》極稱之。……所圈點至二十二卷止，其二十三卷後詩歌則無一字之評。荆川本以古文名世，故只論文筆，而韻語非所長，遂不置一辭。

楊守敬手書題識本，今藏臺北“故宮博物院”。

唐氏批點本明末刻本甚多，計有歸仁齋刻本，今北京師大圖書館、復旦大學圖書館等共著録六部。唐順之批點、俞思冲補訂、明萬曆四十六年（一六一八）野計齋刻本《集古評釋西山真先生文章正宗》二十四卷，今湖南省圖書館、廣東省社科院及嘉興市圖書館有藏本。此種又有容與堂刻本，今浙江天一閣、安徽省博物館、華僑大學圖書館有著録。

除上述外，猶有所謂明刻小字本正集二十卷、續集二十卷，不詳刊刻年代，今國家圖書館、臺北"中央圖書館"、"故宮博物院"（其《善本書籍總目》著錄爲萬曆間刻本）及日本静嘉堂文庫皆有藏本。又有明末刻本《西山先生真文忠公文章正宗》二十四卷《續》二十卷，今山東省圖書館有藏本，清華大學圖書館等有殘本。

　　除上述完本外，明人又刊有選錄本。萬曆三年（一五七五）懷慶府刻胡汝嘉選本《文章正宗鈔》四卷，今吉林省圖書館等有著錄，美國國會圖書館亦藏一部，《中國善本書提要》著錄爲明萬曆間刻本，每半葉十行二十一字，有萬曆三年（一五七五）胡汝嘉、衷貞吉序，衷貞吉序略曰："《文章正宗》者，宋真希元氏所選也。顧篇帙浩瀚，而用有緩急，後學或苦其多而甘自棄，則希元氏之微意荒矣。建業胡懋禮氏憂之，故又擇其最要者得百篇，梓之以嘉惠多士。"此外猶有李時成輯《文章正宗選要》四卷，萬曆七年（一五七九）刻本，今南京圖書館、南開大學圖書館著錄。又有連標輯本《文章正宗鈔》四卷，萬曆十八年（一五九〇）刻本，今湖南省圖書館等著錄。

　　入清，有乾隆十三年（一七四八）楊仲興刊本等。又康熙中真氏家祠重刊《真西山全集》，今武漢大學圖書館等藏有同治甲子（三年，一八六四）印本，乃大全集即叢書體例，其中收有《文章正宗復刻》三十卷《續》十二卷，每半葉十行二十一字，白口，四周雙邊，單魚尾。

　　《四庫總目》著錄內府藏本，正、續兩集皆二十卷。然錄入庫本者却不同：正集爲二十四卷。四庫本續集除署真德秀原本、倪澄重編外，又題"明胡松增訂"，當即嘉靖時范惟一浙江刊本。

　　綜上所述，《文章正宗》正、續兩集之宋、元舊槧及遞修本今尚傳世，明初翻宋本亦佳，善本不乏，然尚未聞有新整理本問世，可謂缺憾。

【附録】

文章正宗序

（宋）真德秀

“正宗”云者，以後世文辭之多變，欲學者識其源流之正也。自昔集録文章者衆矣，若杜預、摯虞諸家，往往堙没弗傳。今行於世者，惟梁《昭明文選》，姚鉉《文粹》而已。由今視之，二書所録，果皆得源流之正乎？夫士之於學，所以窮理而臻用也。文雖學之一事，要亦不外乎此。故今所輯，以明義理、切世用爲主。其體本乎古，其指近乎經者，然後取焉；否則辭雖工亦不録。其目凡四：曰辭命，曰議論，曰叙事，曰詩賦。今凡二十餘卷云。

紹定執徐之歲正月甲申，學易齋書。（《文章正宗》卷首）

續文章正宗序

（宋）倪　澄

右《國朝文章正宗》，西山真文忠公晚歲所續也。宗簿梁公親見公手澤本，而録其目及文之經標識者。澄倚席栝山，與增教鄭君嗇費哀贏，議刊書以惠後學。梁公出示此編，如獲拱璧，遂定議，索諸集類入之，門目次叙，間有未的，必反覆繹公初意，稍加整比，皆取正於梁公，窮日夜力繙校，鄭君亦分其勞。凡三月而薰具，又四月而工畢，釐爲二十卷。僅有其目者，則虛寘於末，一代之文，粲然略備。或乃病其非全書。夫《讀書記》實同出公手，今已流佈天下，果全歟？朱子嘗修《儀禮》而弗克就，迨勉齋黄先生、信齋楊先生，然後舊典禮經，靡所不載，安知後之君子無成西山之志者邪？

　　咸淳丙寅正月上日，後學金華倪澄拜手謹識。（《皕宋樓藏書志》卷一一四録自明刻本，校以明正德馬卿刻本）

續文章正宗序

（宋）梁　椅

　　椅曩從事江閫，真文忠公之子今度支少監爲參議官，公餘扣異聞，得《國朝文章正宗》，蓋公晚年所纂輯也。甫受筆，少監别去，僅録篇目與公批點評論處。携歸山中，友朋争傳寫。郡博士倪君淵道見而悦之，乃謀諸鄭君瑞卿，裒全文刊之學官，字字鈎校，幾無毫髮遺恨。

　　或疑是編未脱藁，不得爲全書。椅解之曰：文以理爲準，理到則辭達。公於論理一門最所留意，學者沉潜翫索而有得焉，則凡著其目而未録其辭，與它名家有當録而未既者，可概推也。

　　二君俾椅志所從受，謹拜手書於左方。後學梁椅。（同上）

續文章正宗序

（宋）鄭　圭

　　國朝東都之盛，諸儒述作實經緯之，此西山先生輯之成書，以續《文章正宗》也。比弘齋梁公得於先生家庭之親授，圭分教栝山，偕聯事倪君得於梁公，而快所未睹，將以鋟諸梓，以壽其傳。

嗚呼，性命、文章豈二途哉，六經亦文耳。七篇之後以文鳴者，莫善於韓子，《原道》等作，性命具焉，其由文之道乎。先生心周、程、張、朱之學，觀《正宗》筆削，可以概見。故其所次，論理爲先，叙事繼之，論事又繼之。夫叙事、論事而不先於理，則舍本根而事枝葉，非我朝諸儒之所謂文也，非先生名書之本旨也。惜未脱藁，天弗憗遺，然大綱則備矣。

昔嘉定間，圭大父定庵公謁先生於著庭，先生見其文，亟稱之，自是知遇最深，古心先生志大父墓，所謂“疆艾之季，以文字締交”者也。今是書之傳，既樂與朋友共，又私竊自幸有以慰大父之志於九原云。

後學天台鄭圭百拜敬書。（同上）

文章正宗刻序

（明）崔　銑

《文章正宗》者，宋真希元氏之編也。芟蕪屏異，將以翼經而正術，其亦聖人之志與！夫物生而有情，情而思宣之，斯生言矣。訥者弗達，陋者亡採，則亡以敷事而喻物，斯生文矣。文，言之善者也，而貴於正其情。夫幽賾之理彰於顯詞，遼逖之懷發於堂序，雍遜之談驗於暇歲，非邃於道者，其孰能之？而徒以模襲之勤，記問之富，億中暗投，吾未見其可也。

夫獻忠之謂疏，恤隱之謂詔，申彼此之意、質問遺之蘊之謂對、之謂序、之謂書，紀故永賢之謂記、之謂銘，引思暢和之謂詩。言斷而意續，發凡以該目，或婉或著，或喻或質，或因乎人，或就其時，出之至真，而發之當物。及乎教息而學渝，質衰而詞是工，是故久漸美化，動憑典刑，以摧强枉而稽成敗，此《左氏》之文也。捭闔飛箝，亡問邪正，而主於售其術，此戰國之文也。援經議制，夷厥藻繢，此漢之文也。綜倚群言，辯而委辭，此韓愈氏、柳宗元氏之文也。君子於是焉考變而徵實，《左》取其禮，漢取其樸，韓取其昌，而因以見先王之教之遠且該也。今夫登者必陟其巔，行者必自其家，非可以息趾於巖麓，而發軔於旅次。苟未崇志於先王之術，以參伍夫歷代之變，予恐其不特謬於其言焉而已。

　　隆慮馬君敬臣，以按察副使督學山西，既用六經教士，凡禮之凶、詩書之變、俗之所廢而急於求仕者，一切復之。又刻是編以振時文之陋，白於都御史張君汝言，御史孫君節之、周君彦通、甯君堯，咸是之。按察使張君汝器、副使秦君世觀、吳君從岷、僉事田君勤父、劉君天常、尹君兆之、潘君玉選、金君時耀，咸贊其工。兩閱歲，而梓人告成事。

　　明正德庚辰春二月朔旦，翰林院侍讀安陽崔銑序。（正德馬卿刻本《西山先生真文忠公文章正宗》卷首）

集録真西山文章正宗校刻序

（明）曹三暘

　　文以載道，道歷萬世以敝，而文之變也恒與時爲汙隆。昔三五之際，淳龐醖釀，溢爲芳潤。於時不特廟廊之佐、膠庠之士陳謨賡歌，屬詞引類，炳蔚可觀；雖其田夫野老擊壤康衢，亦莫不攄其所欲言之意，音中律吕，道協玄黄，有非後世能言之徒所能仿佛其萬一，而亦未嘗見其以文名世也，何其盛哉！

　　風氣日啟，枝葉漸繁，聖人懼其博而非、辨而僞也，養之以德藝，訓之以極言，稽之以敷奏郊語，而其弗率弗迪者，則又重有造言之刑，輕有郊遂之徙。士生是時，雖欲逞其剽幻，以自蹈於離經畔正之途，亦已難矣。迨其衰也，政教不立，趨舍失真，往往各治其猖狂怪誕之説，以震師而矜俗，眇視先王仁義禮樂，奚啻糠粃桎梏，而不知其自溺於詖淫邪遁之歸也。蓋道之明也，則文爲天下之公器，而村謳巷語，亦足以闡揚斯道，而無媿於文；道之不明也，則文爲一人一家之私説，即其窮奇極遐，非不絢然，而去道日遠，焉用文之？是不免於畫脂鏤冰爾矣。此世道升降之機，學術邪正之辨，而君子不能不重有感於斯文也。

　　西山真文忠公所編《文章正宗》一書，其類凡四，一曰辭命，二曰議論，三曰叙事，四曰詩賦，起周末造，迄唐中葉，上下千有餘載，其人無慮數十餘家，語其尤者，則有若左氏、司馬遷氏、賈誼氏、董仲舒氏、班固氏、徐幹氏、韓愈氏、柳宗元氏之數君子者，雖不及生三五之世，與康衢擊壤並鳴其盛，去聖漸遠，教法靡存，而獨能述仁義，道禮樂，上規謨訓，下擬風騷，長篇短章，皆足以達其心之所欲言，求其自詭於道者，蓋亦鮮矣。視六經《語》《孟》，殆日月而星辰之、滄海而江河之者與！以故七略四庫，古今纂輯，磨滅無算，而是編所衰，三百年來迄無異議，則以其能自拔於詖淫邪遁之中，而粹然一出於正，爲獨得其宗也。

　　當今政教畢修，育士作人，品式備具。且東省爲齊魯之疆，聲華文物，自昔獨盛，諸生所遭，視數君子實爲過之。而或守陋習偏，鮮究理要，支辭漫語，罔即用世，寧不有負於時耶？惜無以是編示之者。江右谷南高公，以侍御史來按兹土，獨持風裁，又以其暇，進諸生湖南書院，親爲指授，亦既稍知趨向矣，猶慮久之或叛去也，因出是編詔誦法之，且檄藩司校刻，以廣其傳。庶幾人挾一册，爲則不遠，若大匠之誨人以巧，而惓惓焉繩墨之示也，意亦勤哉！維時藩伯李君直卿、李君伯固承檄惟謹，遴屬德州崔同知吉正訛補脱，其篇章前後、注釋詳略，一仍西山舊本。乃繕乃梓，凡七閲月，而告厥成於谷南公，遂以序屬三暘。三暘非知道者，而敢與知文？顧谷南公嘉惠後學之意，不容無述也，爲之序曰：

唐承六朝，詞多浮靡，摧陷廓清，至韓子而始定。宋承五季，句多鉤棘，崇雅黜浮，至歐陽子而始定。今公宣明聖之德，當文獻之邦，建標設的，示諸生趨而赴之，溯流及源，達諸《詩》《書》，異日操觚擺藻，鳴國家之盛，蓋將與三五學士大夫相爲後先，又豈特數君子所至云爾也。俾文與道俱公諸天下者，必自兹刻始矣。

嘉靖甲子夏五月朔日，賜進士、中憲大夫、山東按察司副使、奉敕督視學政宜興曹三暘撰。（嘉靖二十三年孔氏浙江刊本《集録真西山文章正宗》卷首）

集録真西山文章正宗題後

（明）浦南金

是書也，編之者宋大儒西山真氏，集録而刻之者我宗師晉陽文谷孔公。公天朗秀拔，體道謙冲，日煦霜嚴，化行南土。愍士習之弗振，而文日以漓也，乃刻是書，迪我多士。南金以職業濫司校讎，刻成，始作而言曰：

嗚呼！古文之復，其在兹乎！古文亡過於六經，其言皆聖賢道德之緒餘，故謂之經。經生莫得而窺其奧也，是故得見《左氏》可矣，《左氏》吾取其委而中；得見《國策》可矣，《國策》吾取其肆而微；得見遷《紀》可矣，遷《紀》吾取其奇而則；得見班《史》可矣，班《史》吾取其華而腴。然就四家之文，極其所至，僅成一良史知德之言耳，六經可及哉？學者先之以孟軻氏知言養氣之學，而又本之《左氏》以正其始，博之《國策》以盡其變，參之遷《紀》以發其藻，要之班《史》以定其趣。如是而著爲文辭，吾知其前無古人也已！古文之復不在兹乎！又曰：今日如公倡之，諸士子應之，南金雖不肖，願爲之執鞭，駸駸乎三代之途矣。或曰：韓、柳文别録之者，何也？曰：夫子删《書》而存《秦誓》，其意亦猶此耳。然則由韓、柳以求四家，固行遠升高之階梯也與？

嘉靖甲辰秋七月，歸安縣學教諭、遷國子助教門生浦南金頓首拜書。（同上卷末）

集録真西山文章正宗序

（明）江　曉

夫教者以迪士也。迪士以文而正用式焉，則蔑不正矣。故教以博文爲先，而文以體要爲尚，否則好異而離經，其若正何？何文之爲也？君子章志貞教，其亦文是用迪乎？

惟晉文谷孔公以憲伯董教於浙，誕崇正學，以稽古訓，謂文滋敝矣，吾得《正宗》焉，其文之式乎！乃俾庠士誦而習之，且重梓以傳，固將迪士習而變之正也，兹維休哉！昔宋真文忠公之萃是編也，博採群籍，自《春秋》内外傳，越秦漢以迄於唐，艾繁而摭實，哀雅而黜浮，先之以辭命，其次議論及序事，而詩賦終焉。夫辭命所以詔諭也，取其直而溫；議論所以詔猷也，取其閎而辯；序事所以詔載也，取其詳而核；詩賦所以詔志也，取其諧而邃。典章儀則，於是乎具；謨弼啟沃，於是乎存；始終淑愿，於是乎備；愉鬱美刺，於是乎宣。言體必師古，言指必近經，言辭必明理，言義必達用。亶哉，其文之正乎！故貽世以滋永。

第梓於晉，而浙之士未之盡覿也，弗覿將焉式之？是以文谷公表而傳焉。曰：尚矣哉！《易》象與《書》，詩文之祖，道之源也。若《春秋》內外傳，猶有三代之遺軌焉。先秦與漢，其幾之矣，東漢猶未可倫，況唐之韓、柳乎？故重王言則仍其類而先之，章世緒則考其籍而繫之，辯文體則析其卷而彙之，省繁文則裁其注而約之。其鑒別也精，其類次也切，君子謂於原編有裨焉，學者盍亦是宗乎？故蘊而畜之以修德，思而繹之以修意，敷而賁之以修辭，舉而措之以修業，則習以古式，文以宗經，以敷納必有正言，以獻替必有正誨，以彌綸必有正道，以賡歌必有正音，匪直藝焉而已，尚永孚於休。

斯議也，侍御雲川舒公、瀛山高公、小江陳公、南山高公，先後按治，肅紀崇文，咸嘉而允焉。以經用則稽取學役餼餘，以校訂則慎簡學博及髦士，以書鏤則鳩諸吳，俾精類宋籍，惟杭牧陳君魯得實贊襄焉。誕昭文武，以垂不朽，君子以是知文谷公之所以爲文也，可無紀乎！曉弗斐，爰敬述而識於編端，若正則未之逮也，而有志焉。

於時歲次甲辰嘉靖二十三年八月朔旦，杭瑞石江曉序。

（明覆嘉靖三十九年范惟一浙江刊本卷首）

集録真西山文章正宗序

（明）孔天胤

　　《文章正宗》三十卷，予既選工雕印，布令學徒與舉業兼資習之，乃復告語其意。夫文章爲教，自六籍已然。蓋聖人之道本神，其所顯設，故自皆成文。一天之垂象，而三辰曜如也，故六籍所載，皆聖人之道。道者，正宗之謂也，惟學者以道求之，則凡文章皆聖學；若止以文求之，則必支離乎道，將亡羊多歧，喪珠赤水，遂使神理微滅，聽聽焉日見虛華而悦之。夫虛華者，無宗之文也。凡物無宗，猶之乎不繫之舟與行潦之水，易爲飄盪，故學者悦之，無不飄盪其心志者，直欲假之以要紆青紫耳。即兹意已不成章，尚奚復他文有耶？昔子貢以文章學聖人，而謂聖人者多聞人也，多知識人也。及見其與顔子而默之，則知聖人非多聞而無弗聞也，非多知識而無弗知識也。乃有宗焉，而舉物不能出之，於是乎反之而貫於一，故曰“夫子之文章，可得而聞也；夫子之言性與天道，不可得而聞也”。是言可得而聞者，正不可得而聞者也，合一語也，是爲得聖人之宗。惟其得宗，則載籍之間皆性道，性道之外無文章也。西山曰：“士之於學，所以窮理而致用也。文雖學之一事，要亦不外乎此。故今所輯，以明義理、切世用爲主，其體本乎古，其指近乎經者然後取焉，否則，辭雖工亦不録。”其義蓋辨乎此。若學者徒以文之體指與其本古而近經者求之，則謬倍甚矣！故有《正宗》焉，不可以不察也。

　　經自嘉靖甲辰孟夏，而於仲秋之望落成，諸所督校，咸識名左方。

太原孔天胤記。（同上）

重刻集録真西山文章正宗後序

（明）范惟一

夫自六籍以來，能言之士代有撰述，多翩然閎博，號稱作者。然參觀其間，或高者騖玄虛，卑者溺流俗，總之違離道本，無裨世用，自詭於聖人之教，學者安所宗哉？蓋自昔而已然矣，故宋西山先生裒録文之雅馴者，題爲“正宗”，行於世，其説甚具。

太原孔君往視浙學時，刻布學宫，令生徒與舉業兼習之。歲久，板毁蝕過半。余至，閱而悬焉，欲舉之，未能也。會督府梅翁胡公諸問士所爲文，余對曰：“文多便辭曲説，敝矣。”公曰：“盍亟反之？”因出贖金若干緡，命余復校刻《正宗》，以督示諸生，俾咸知所宗云。夫往昔哲誼之士，攄所素蓄，發爲文章，施於朝廷，布之天下，固非經略之具；至其詩歌詞賦，亦皆宣達性靈，關諸心術，非徒作者，蓋所謂實中其聲者也。今之經生，或採華不食其實，涉流不問其源，一旦遭逢時命，起而應世，授之以政，則懵無所見，彼其心寧無面墙之悔哉！

余頃巡校諸郡，既數進諸生詔告之，茲復申胡公之命，而並論作者之志如此。嗟乎！公文武兼資，中外倚重，固非以翰墨爲勳業者；且戎事方殷，乃留神文教，嘉惠諸生，德意至勤懇矣，諸生其無忘公之訓哉！

嘉靖庚申二月既望，浙江按察司提督學校副使吳郡范惟一撰。（同上卷末）

琴趣外篇四卷

佚　名　編

　　以"琴趣外篇"命名的詞集,最早見於《書録解題》卷二一:"《注琴趣外篇》三卷,江陰曹鴻注葉石林(夢得)詞。"明《文淵閣書目》卷一○曾著録"《琴趣外篇》一部一册,闕"。清曹寅《楝亭書目》卷四著録《醉翁琴趣》六卷二册、《淮海琴趣》三卷一册、《山谷琴趣》三卷一册、《无咎琴趣》六卷一册,均爲鈔本。又《季滄葦書目》:"歐文忠、秦淮海、真西山《琴趣》四本,宋刻。"近年已故之吴熊和先生《唐宋詞通論》又稽得一出處:"《永樂大典》卷三○○六人字韻《丑奴兒》(夜來酒醒清無夢)詞,注出《小山琴趣外篇》。"(浙江古籍出版社一九八九年版,第六章第一節)《四庫總目·晁无咎詞提要》曰:"此本爲毛晉所刊,題曰'琴趣外篇',其跋語稱詩餘不入集中,故曰'外篇'。""《琴趣外篇》,宋人中如歐陽脩、黄庭堅、晁端禮、葉夢得四家詞皆有此名,並補之此集爲五。"蓋"XX琴趣外篇",亦宋時書坊之叢刻本,選題自北宋前期至南宋末,年代跨度極大,規模應當不小,編者不詳,當年究竟刊有多少種,已不可確考。

　　民國初,吴昌綬《景刊宋金元明本詞》以董康所得汲古閣影宋鈔本歐陽脩《醉翁琴趣外篇》六卷、晁端禮《閑齋琴趣外篇》六卷、晁補之《晁氏琴趣外篇》六卷三種入梓。《彊村叢書》刊有兩種:《山谷琴趣外篇》三卷、趙彦端《介庵琴趣外篇》六卷。張元濟以其家舊藏黄庭堅《山谷琴趣外篇》三卷刊於《續古逸叢書》,影印入《四部叢刊三編》,陶湘又刻入《續刊景

宋金元本詞》，跋曰："意當時欲彙爲總集，而搜采名流，頗爲
甄擇，非如長沙《百家詞》欲富其部帙，多有濫吹者。"以上凡
五種（唯《淮海琴趣》已佚），皆半葉十行，行十八字。《四部叢
刊三編》影印宋本《山谷琴趣外篇》張元濟跋曰：

> 《四庫全書總目》録晁无咎詞曰"琴趣外篇"。宋人中
> 如歐陽脩、黄庭堅、晁端禮、葉夢得四家詞，皆有此名，並補
> 之此集而五，殊爲混淆。蓋館臣僅見毛氏所刊晁詞，實則
> "琴趣"爲當時詞之別名，曰"某某詞"者，亦可稱曰"某某
> 琴趣"。今其書皆已復出，歐陽曰《醉翁琴趣》，黄曰《山
> 谷琴趣》，二晁曰《閑齋》、曰《晁氏琴趣》，可證也。

宋本《山谷琴趣外篇》今藏臺北"中央圖書館"。國家圖
書館藏有清初影宋鈔本《醉翁琴趣外篇》六卷，清初毛氏汲古
閣影宋鈔本《閑齋琴趣外篇》六卷（另有清鈔本一部，目録、卷
六配鈔），清初影宋鈔本《晁氏琴趣外篇》六卷（影宋鈔本三
種，即前述董康所得本，參傅氏《經眼録》卷一九），清鈔本《介
庵琴趣外篇》六卷，凡四種。上海圖書館藏一種：清鈔本《山
谷琴趣外篇》三卷，有沈曾植校並跋。

　　諸家之"琴趣外篇"，字多訛誤，且有誤以他人之詞入編
者。朱孝臧《山谷琴趣外篇跋》曰："宋詞稱'琴趣'，傳於今
者，醉翁、二晁、介庵諸家，皆擴摭繁備，甚或闌入他人之作，
惟山谷此編，較別本僅得其半。卷中訛文脱字，往往而有，題
尤乖節太甚，或乖本恉。"他又在《介庵琴趣外篇跋》中説："毛
子晉刊《介庵詞》一卷，爲《琴趣》所不載者三十三首，而《琴
趣》增多之四十首，則三十六首見趙師俠《坦庵詞》。子晉跋
稱'曾見《琴趣外篇》，章次顛倒，贗作頗多'，殆以雜見《坦庵
詞》中，故爲此語。介庵宦遊多在湘中暨閩山贛水間，坦庵蹤

迹頗同，編者於二家詞未能一一抉别，似未可遽以贋作擯之。子晉又言介庵‘席上贈人’《清平樂》，昔人稱爲集中之冠，《琴趣》逸去，以爲坊本亂真，而是編載之，則又非子晉所見矣。”既承認“琴趣外篇”疏於考訂的缺陷，又不一概詆排。

　　至於“琴趣外篇”之刊地及年代，今人饒宗頤《詞籍考·總集類》卷九曰：“南宋閩刻，蓋彙各名家詞而别立《琴趣外篇》之名。……於其刻中有真西山《琴趣》(祝按：見前引《季滄葦書目》)，及陳直齋已著録注《石林詞》即《注琴趣外篇》兩事，可推知彙刻時殆在理宗朝，比長沙《百家詞》稍後。”其説殆是。

妙絶古今文選 四卷

湯　漢　編

　　湯漢(一二〇二——一二七二)，字伯紀，號東澗，饒州安仁(今屬湖南)人。淳祐四年(一二四四)進士，充國史實録院檢勘。歷太學博士、秘書郎，度宗時以端明殿學士致仕。卒，年七十一，謚文靖。有文集六十卷，久佚。《宋史》卷四三八有傳，評其人“介潔有守，恬於進取”，學、行、文皆有譽於時，人稱“第一流”。早在登進士第之前，即已編成《妙絶古今》四卷，選文二十一家七十九篇，淳祐壬寅(二年)春自序道：

　　　　文章之精絶者，一代不數人，而一人不數篇。余自《春秋傳》迄蘇、歐氏，拔其尤，得七十有九首，蓋千載之英華萃矣，時同子弟朋友吟諷之。善哉，今而後，有過予陋巷而聞軒縣者，必是編也夫。淳祐壬寅春，東澗書。

元人趙汸《題妙絶古今篇目後》評此書道：

> 右起《春秋傳》，止眉山蘇氏，凡七十九篇，宋故端明
> 殿學士致仕湯文靖公漢伯紀所編。始，余卝角讀書家
> 塾，得諸兄所録鄱陽馬公文，有《妙絶古今序》，已知世有
> 是書。然觀馬公辭意，若無取焉者。……暇日登吳山，
> 望海門，嘆其宗社爲墟，稍求遺文逸事，得失衰微之迹，
> 與湯公出處大概，而後乃識其意思。……是編所録，如
> 鄭子産、樂毅、諸葛武侯、范文正公，類非以文詞名世者。
> 當宋之季世，内修不立，外攘無策，生民重困，疆場日蹙，
> 天下所願見者，四君子而已。……觀是編者，惟以其文
> 取之，可乎？

趙氏以爲是書蓋有感時事而輯。後人是其説，如《四庫提
要》曰：

> 書中所録，代不數人，人不數首，似不足概古今作
> 者，故趙汸稱觀馬公（廷鸞）詞意，若無取焉者。獨汸以
> 宋代衰微之故與漢出處大概推闡其旨，以爲南渡忍耻事
> 讎，理宗容姦亂政，故取《左氏》、《國策》所載之事以昭諷
> 勸，而並及於漢、唐二代興亡之由，又取屈原、樂毅、韓愈
> 《孟東野序》、歐陽脩、蘇子美諸篇，有感於士之不遇，而
> 復進之於道，以庶幾乎知所自反，其去取之間，篇篇具有
> 深義，因作爲題後以發明之，凡一千四百餘言，而漢著書
> 之意始明。乃知以闕略議之者，由未論平其世矣。

上引趙汸《題篇目後》謂嘗見是書於書肆。又曰：“吳興
唐君棣宰吾邑，聞余言，既歸，訪諸好事者，則已刻梓行後，
其家以板質錢於富人，故傳之者鮮；唐君從富人摹本以寄，

余始得之。"書坊及"好事者"所刻,至此似已有兩本。今存紫霞老人趙汝騰《題詞》,末署寶祐丁巳(五年,一二五七),疑即爲所謂"好事者"刊板而作,故《增訂四庫簡目標注·續録》稱有"宋寶祐丁巳刊本"。

是編葉氏《菉竹堂書目》卷三著録二册,《秘閣書目·文集》亦載二册,《行人司書目》有四本,皆不詳其版本。《季滄葦藏書目》著録"宋板《妙絶古今》四本",《天禄琳琅書目後編》卷七《宋版集部》著録一函六册不分卷,皆散佚不傳。陳揆《稽瑞樓書目》、丁日昌《持静齋書目》卷四著録四卷本。《增訂四庫簡目標注》謂"《存寸堂目》有宋板,題《東澗妙絶古今文選》",亦久無著録。

傅增湘早年在天津見一元刊本,其《經眼録》卷一七記曰:

> 《東澗先生妙絶古今文選》四卷,宋湯漢輯。元刊本,十行十八字,注雙行同,細黑口,左右雙闌。版心上記字數,下間記人名,口上作古文一二等字。宋諱貞、恒皆缺末筆。卷中間有圈點評注,評注有取西山者。鈐有"李氏文通"、"香河李氏家藏書畫印"朱文二印。
>
> 己未(一九一九)十月二十日到津,在東門内文林閣王茂齋處見,印本尚佳,亦有補板,書雖不足貴,而元刊則殊罕見,故詳記之。……後余代蔣孟蘋收之。

此本後入上海涵芬樓,《涵芬樓燼餘書録》著録道:

> 《東澗先生妙絶古今文選》四卷,宋刊本,四册。《四庫提要》據趙汸《東山存稿》,定爲湯漢所編。卷首有淳祐壬寅東澗自序、寶祐丁巳趙汝騰序,序題紫霞老人者,

汝騰別號也。所採爲《春秋左氏》、《國語》、《孫子》、《列
子》、《莊子》、《荀子》、《淮南子》、《國策》、《史記》、揚雄、
劉歆、諸葛亮、韓愈、柳宗元、杜牧之、范仲淹、歐陽脩、王
安石、曾鞏、蘇洵、蘇軾，凡二十一家，七十九篇。趙汸謂
其去取之間，篇篇具有深義，因作爲題後以發明
之。……半葉十行，行十八字，宋諱朗、貞、徵、桓、慎等
字，偶闕末筆。卷首二序，以明刻配補。

　　　藏印："李氏文通"，"香河李氏家藏書畫印"，"金溪
曹氏"，"二酉齋"。

今藏國家圖書館善本室，依傅氏著録爲元刊本。二〇〇四
年，原北京圖書館出版社曾據該本影印，綫裝爲一函四册。

　　上引《天禄後目》謂宋板不分卷，而《季滄葦藏書目》著録
宋板有四本，不詳是否分卷。疑宋槧有不分卷及四卷兩本，
元刊因之。蓋坊本與所謂"好事者"刻本編次不同。

　　是書明槧有兩個版本系統：一不分卷，一分四卷，當各源
於宋之一本。

　　不分卷本，有明嘉靖間贛郡蕭氏古翰樓刻本，今首都圖
書館著録。臺北"中央圖書館"亦有藏本，其《善本書目》述
曰："《妙絶古今》不分卷四册，宋湯漢編，明嘉靖間贛郡蕭氏
古翰樓刊本。"該館猶藏有嘉靖四十二年（一五六三）衢州府
重刻贛郡本，每半葉八行，行十七字，左右雙欄，白口。上述
外，猶有明顧氏英賢堂刻本、大雅堂刻本等。大雅堂本，今中
國社科院文學研究所藏一部，前有湯漢自序、趙汝騰題詞，無
刊版序跋，亦爲每半葉八行，行十七字，四周單邊，白口。序
文題下及卷末有"忠貞堂"橢圓印。目録末有"咸淳丁卯歲高
榻垒（齋）藏板"二行。咸淳丁卯爲咸淳三年（一二六七），則

該本底本當是宋槧，疑一卷各本皆源於此本。另有明刻不分卷（即一卷）、不詳年代之大字本，今藏本尚富，北大圖書館等及臺北"故宮博物院"凡著錄十餘部。

四卷本除上述元板外，猶有明嘉靖乙卯（三十四年，一五五五）蕭蘭刻本，南贛巡撫談愷爲之序，稱"虔（祝按：即虔州，今江西贛縣、信豐以東，興國、寧都以南地區）之蕭蘭氏得善本授之梓焉，請予序之"云云，又有江西南安知府王廷幹跋。瞿氏嘗有此本，《鐵琴銅劍樓藏書目錄》卷二三著錄道："《妙絕古今》四卷，明刊本。不著編輯名氏。……此明嘉靖中虔州重刻本。"該本今藏國家圖書館。此外北京師大圖書館、重慶市圖書館亦藏有蕭蘭刻本。《皕宋樓藏書志》卷一一四、《藝風藏書續記》卷六、《木犀軒藏書書錄》等著錄明刊四卷本，不詳具體刊版年代。李盛鐸木犀軒本今藏北大圖書館，其《書錄》稱卷四有缺葉，亦爲每半葉八行，每行十七字。日本内閣文庫、静嘉堂文庫藏有明嘉靖年間所刊四卷本。内閣文庫本係九華山林氏大學頭家舊藏本。該文庫猶有相同刊本一部，爲原楓山官庫等舊藏本。静嘉堂本爲陸心源十萬卷樓等舊藏本。參見《日藏漢籍善本書錄》。

《四庫總目》著錄内府藏本，即上述嘉靖乙卯刻本。《提要》曰："不著編輯者名氏。前有嘉靖乙卯南贛巡撫談愷刊書序，後有南安知府王廷幹跋，但稱爲宋人所選，而不得其本末。《宋史·藝文志》亦無此書之名。今以元趙汸《東山存藁》考之，蓋湯漢所編也。"考《東山存藁》方知爲湯漢編，似内府本無湯序，然文淵閣《四庫全書》本湯漢自序、趙氏題詞俱在，不詳其故。

《豫章叢書》有此書之目，然未刻。

日本内閣文庫、静嘉堂文庫藏有明嘉靖年間所刊四卷本，未見，疑即嘉靖乙卯蕭蘭刊本，前者係九華山林氏大學頭家舊藏，後者原爲陸心源十萬卷樓舊藏。内閣文庫猶藏有相同刊本一部，爲原楓山官庫等舊藏，見《日藏漢籍善本書録》。

【附録】

題妙絶古今

（宋）趙汝騰

伯紀負奇材，游諸公間，秘監柴公敬其行，西山真公取其學，南塘趙公奇其文。昔余爲江東憲，公餘屈致館舍，論辯終日，因得是編，皆諸老之緒言也。銖兩之必較，毫髮之不差，軼梁統之《選》而過之，精矣。雖然，言之精者道之寄，六經其元氣也，學者又當亹亹，毋但求言語句讀之工而已。

寶祐丁巳三月，紫霞老人題。（嘉靖蕭氏古翰樓刊本《妙絶古今》卷首）

題妙絶古今篇目後

（元）趙　汸

右起《春秋傳》，止眉山蘇氏，凡七十九篇，宋故端明殿學士致仕湯文靖公漢伯紀所編。始，余丱角讀書家塾，得諸兄所録鄱陽馬公文，有《妙絶古今序》，已知世有是書。然觀馬公辭意，若無取焉者，因忽不復求。其後於書肆中見之，卷首不載馬公之序，自書謂"千載英華萃矣"，馬公蓋不喻；然後題稱"紫霞老人"者，趙公汝騰也，頗言其擇之精。然自春秋、戰國而後，能言之類衆矣，七十九篇之外，夫豈他無可取者？雖反復細玩其篇目，而終莫知采擇之由，因置不取。

暇日登吳山，望海門，嘆其宗社爲墟，稍求遺文逸事，得失衰微之迹，與湯公出處大概，而後乃識其意思，往書肆求之，則已爲人取去矣。自是嘗往來於懷，每遇藏書家必詢之。吳興唐君棣宰吾邑，聞余言，既歸，訪諸好事者，則已刻梓行後，其家以板質錢於富人，故傳之者鮮；唐君從富人摹本以寄，余始得之。

是編所録，如鄭子産、樂毅、諸葛武侯、范文正公，類非以文詞名世者。當宋之季世，内修不立，外攘無策，生民重困，疆場日蹙，下天所願見者，四君子而已。彌遠、清之、嵩之，大姦相繼擅國，貪權黷貨，與中外爲市，而又有進聚財之説於其君者。於是以萬乘之主而納私貢，豐内帑，近習女謁，濁亂朝政。觀范匄重幣，韓起求玉，郤至以富、魏舒以賄、囊瓦以貨見譏於識者，而左氏亦以懲肆去貪爲《春秋》法。豈非迷途之疾呼也邪？端平諸鉅公，學術足以匡君，才猷足以定國，而厄於權臣，志弗克遂。竊觀國勢日蹙，亡形畢具，與晏平仲、叔向兩賢深語交論齊、晉之衰而莫能振起者，同一喟也。

然而本原始禍，則理宗德彌遠立己，而舉國以聽焉，視周襄王不以私勞變舊章，有慚色矣。於是自天子、公卿、大夫而下，盡失其職，曠其官，若季氏之婦所以誨其子，左史倚相論魏武，公子産諫子皮，郤無正諫趙簡子者，乃其君臣之龜鑒邪！又究而論之，則自高宗忍耻事仇，稱臣割地，使三綱不正，國威不立，以至於斯。當時士大夫非無申胥、魯仲連、公子無忌、虞卿之忠讜，而楚以六十里爲雛人役，卒以愧於論弋之夫。此南渡以來志士仁人没世不忘之遺恨也。觀是編者，惟以其文取之，可乎？楚靈王聞祈招之詩，不能自克，以及於難；襄王用莊辛之計，而國復强：勸戒昭矣。賈誼之論秦所以亡，韓信之對，酈生之説，漢所以興。《出漢中》《出散關》二疏，不以炎祚垂亡而廢天討也。《唐高祖紀贊》，唐所以興；《平淮西碑》，中衰而能復振。《（首）〔守〕論》，藩鎮之癰疽以成；《王進傳贊》，則其潰裂壞爛之餘殃也。二代之興亡具矣。讀《屈原傳》《答燕惠王書》《客難》《獲麟解》《送孟東野序》《蘇子美文集序》，士之不遇，可勝言哉！然聞東郭先生之論，淮南之訓，王承福之言，伯夷、嚴光、徐孺子之高風者，遇不遇曾何足動其心也。考莊生論方術，《太史公自序》，劉歆《移太常博士書》，韓退之《送文暢序》，《目録序》，則道學之散久矣。然孫子戰地之説，術也，而通乎微；泰豆氏之御，庖丁之解牛，輪扁之斲，技也，而進於道。列禦寇論無爲之無不爲，莊生本陰陽動静以明内聖外王之道，又皆古聖人之微言也。蓋嘗聞之，湯氏家學祖朱宗陸，而且有取於莊氏之書，其以斯歟？

　　荀卿之學長於禮，其論之精者，與戴氏《記》當並傳，亦不可以文論也。夫以文爲學者，若唐韓、柳，宋歐、曾、王、蘇氏其人歟。然觀其《答李翱書》《送徐無黨序》《答吳充書》《齊書目録序》《文甫字説》，雖皆以文爲學，而能探其本；《潭州新學詩》《書洪範傳後》《吳職方赴闕序》《思堂記》，則又閔學之陋，而稍知反諸身；《豐樂亭記》，政成而歸美於上；《隴岡阡表》，身達而能顯其親。《族譜引》則知尊祖敬宗矣，《梓人傳》言爲相之有體，《雲峰院記》閔土俗之好事，皆非無實之空言也。雖然，當宋室盛時，有若王元之、范文正公、張方平，又皆人材之出於學術者，而歐陽公足繼昌黎伯，蘇子瞻以其雄文直氣叙而贊之，可以廉頑立懦矣。此七十九篇者，所以爲“妙絶古今”，而非他作可及也歟。

然而自序但以爲千載英華萃是者，時上方好文學，君臣尚相以虛文，而危亡之恤，不因其所好而啟迪之，庶幾乎知所自反也哉。後其賈似道專國，湯公以從官一再去位，五辭召命不起，則天下事不可爲矣。而馬公終身受其軒輊，於國亡而後止，則其觀是編而不悟，無足言者。若趙公者，亦惟以言語句讀取之，而且欲進之於經。豈當時賓主間偶未之及邪？抑未知其意而不欲斥言也？不然，則六經固家傳而人誦者，苟不踐其實，其不爲言語句文者幾希。

余嘗考宋季之事，而深悲其賢人君子不遇，以湯公是編之作，猶且不見知於當時、而未白於後世如此，而况於他乎！故爲發其微意，以眎觀者。（影印文淵閣《四庫全書》本《東山存稿》卷六）

妙絶古今序

（明）談　愷

文以載道也。孔子曰：“文不在兹乎？”言道也。周末文勝，於是有離道而爲文者。秦以上書、漢以對策、唐以詩賦取士，於是學者以文爲進取計，而離道益遠矣。梁蕭統《文選》，(唐)〔宋〕姚鉉《文粹》，自謂時更七代，理貫六籍，略蕪集英，掇菁擷華，後有作者，不可爲已。由今觀之，其皆載道之文乎？抑否乎？考之聖門，游、夏以文學名，而列之四科之末，故子貢曰：“夫子之文章，可得而聞也；夫子之言性與天道，不可得而聞也。”豈游、夏從於陳、蔡之間，性與天道尚未得聞之與？要之，文而離道，藝焉而已。

柳柳州言：少爲文章，以辭爲工，及長乃知文以明道。是故抑之欲其奥，揚之欲其明，疏之（無）〔欲〕其通，（應）〔廉〕之欲其節，激而發之欲其清，固而存之欲其重：此吾所以羽翼乎道也。本之《易》《詩》《書》《禮》《春秋》，以取道之原；參之《孟》《荀》《莊》《老》《穀梁》《國語》《離騷》《太史》，旁推交通，而以之爲文。其文似矣，其果合於道乎？後之論柳州者，謂其於道何如也？

余昔以文舉於有司，蓋學而未能者。歷仕三十年，尚未聞道。竊見今之名家如後渠、荆川，嘗選擇古人之文以嘉惠學者。是編蓋宋人所選，真西山亦稱許之。其曰“妙絶”，以文言，抑以道言也？無乃資新進末學以爲干名應試之階乎？虔之蕭蘭氏得善本授之梓焉，請予序之，其載道與否，當有具眼於驪黄牝牡之外者。

嘉靖乙卯春正月既望，賜進士出身、通議大夫、都察院右副都御史、奉敕巡撫南贛汀漳等處地方、提督軍務錫山談愷書。
（影印文淵閣《四庫全書》本《妙絶古今》卷首）

刊妙絶古今跋

（明）王廷幹

夫理道載於六籍，文學著於四科，聖人教人以文，欲其因文以入道也。然教以博文爲先，而文以體要爲尚，若畔經而離道，文雖工而弗庸矣。自秦以後，士多有離道而爲文者，雖求古文於孔壁，收竹書於汲冢，家握鉛素，採嘗不勤，求其發明理道而羽翼聖經者，蓋未多見其人焉。即梁昭明《文選》、姚鉉《文粹》二書所録傳者，果皆理道之正乎？

　　茲《妙絶古今》一書，蓋宋人所選，謂文章之精絶者一代不數人，而一人不數篇，自《春秋》而迄歐、蘇氏，得七十有九首，蓋千載之英華萃矣。觀其所載多《左氏》、《國語》、《莊》、《列》、《荀》、揚、韓、柳之詞，其體近乎古，而其義切於用者，然後取之，其與後之騁虛詞而亡實用者異矣。

　　夫吾道本中庸，而聖人無絶德，其云"妙絶古今"者，謂文章必有法程，而凡操觚染翰者，固當究必乎體要歟！宋真西山集《文章正宗》，學者宗焉，當時亟稱此書，則在宋已爭傳矣。虔之蕭蘭氏得善本梓之，今中丞十山談公序於簡首，謂觀者當求於驪黃牝牡之外，誠嘉惠後學之盛心也，故題其跋焉。

　　嘉靖乙卯夏五月既望，賜進士第、中憲大夫、江西南安府知府陵陽王廷幹書。（同上卷末）

文　髓九卷

周應龍　編注

　　周應龍，字澤之，號磻洲先生，吉水（今屬江西）人。紹定辛卯（四年，一二三一）進士，繼登博學宏詞科，見明洪熙元年（一四二五）曾棨所作《文髓序》（范邦甸《天一閣書目》卷四）。明解縉《元鄉貢進士周君（聞孫）墓表》（載明賀復微編《文章辨體彙選》卷六八八）曰："公諱聞孫，字以立，世家吉水之泥田。……曾祖澤之，擢宏詞科，號磻洲先生，當時之稱大儒，若郭湜溪（正表）、羅澗谷（椅），皆門人也，爲建書樓，時稱書樓下周家。

磻洲年八十餘乃卒。"所編《文髓》，宋人書目未著録。《百川
書目》卷一九載："《文髓》九卷，宋進士磻洲周應龍標注韓、
柳、歐、蘇五家文，七十四篇。"未註明版本。《玄賞齋書目》卷
七亦有登録，無卷數。清倪燦《宋史藝文志補》著録時，謂周
應龍爲紹定進士。

　　今江西省圖書館藏有明宣德三年（一四二八）周岐鳳刻
本《文髓》九卷附録一卷。臺北"中央圖書館"亦藏有此本，其
《善本書目》著録道："《文髓》九卷附録一卷，二册，宋周應龍
編注，明宣德三年周岐鳳刊本。"臺北"故宮博物院"亦藏一
部。按：是刻卷末有宣德三年周岐鳳跋，稱"先生之曾孫以
立，嘗什襲藏於石溪洞，迨今二百年，而紙墨如新，亦造物者
有以愛護之邪！岐鳳自幼嘗竊諷誦，學之而未能，因懼其久
遠散失，欲廣其傳，復得應天府通判李大用捐梓爲助，而子叙
又托金川謝良翰繕寫以成之"。

　　周岐鳳所刻板片，後入南京國子監。《南廱志》卷一八
《經籍考》於"雜書類"著録道："《文髓》五卷，存者一百一十六
面，欠者二十一面，未終。澤之六世孫岐鳳爲國子博士，嘗以
其祖讀書處請記於司業吳溥爲記，時永樂壬寅（二十年，一四
二二）夏五月，則是板當刻於是時。"考楊榮《楊文敏公集》卷
一四《周氏櫟陽八詠詩序》、卷一九《周君（岐鳳）墓碑》、《國朝
徵獻録》卷四一劉球《周先生岐鳳行狀》，周岐鳳名鳴，以字
行，江西吉水人。永樂二年（一四〇四）徵爲國子監學正，升
漢府紀善，屢遷兵部職方員外郎，宣德十年（一四三五）致仕。
其跋署宣德三年，官兵部職方員外郎，與仕履合。《南廱志》
謂板當刻於永樂時，蓋板已缺（僅五卷），未見原跋而誤。又
據上述文獻，知周應龍字澤之，號磻洲先生，紹定進士。磻洲

乃其吉水居所附近地名。

　　楊萬里《胡英彦(公武)墓誌銘》(《誠齋集》卷一二八)，稱墓主有“《集音》二卷，《文髓》十卷”。此本周岐鳳跋，謂《文髓》乃磻洲先生(周應龍)編注，以教授其二子及門人，似乎與胡氏所撰《文髓》無涉。楊萬里既將《文髓》書入墓誌，當非妄語。胡公武爲廬陵人，與周應龍同鄉郡，而所撰書名相同，僅是偶然巧合抑或其中別有緣故？不得而知。

【附録】

刊文髓跋

(明)周岐鳳

　　右《文髓》九卷，先六世祖宋進士磻洲先生所取韓、柳、歐、蘇四家文章之精粹者，探其旨奥，發其關鍵，詳加標注，以教學者也。當時唯先生二子世國、鎮國及門人澗谷羅椅、湜溪郭正表得其傳，遠近慕學之士，亦往往有傳録之者。先生平生著述極多，今存者有《史》《漢書》詳解，歷代係年譜，並此書，及爲弟子改削所修《文章蹊隧》，皆其手筆之稿也。先生之曾孫以立，嘗什襲藏於石溪洞，迨今二百年，而紙墨如新，亦造物者有以愛護之邪！

　　岐鳳自幼嘗竊諷誦，學之而未能，因懼其久遠散失，欲廣其傳，復得應天府通判李大用捐梓爲助，而子叙又托金川謝良翰繕寫以成之。於戲！是書之傳，亦豈非以其時哉，用敢録其故於後，以見先世之用心耳。

　　宣德三年歲在戊申秋九月望日，兵部職方員外郎六世孫

岐鳳百拜謹識。（明宣德三年刻本《文髓》卷末）

江湖風月集二卷

（日本）松坡宗憩 編

　　釋宗憩，宋末虎丘派禪僧，生平事跡待考。所編《江湖風月集》二卷，中土久已散佚，唯日本尚有多種傳本，而各本卷末皆有釋如琬跋，稱“松坡前嘉熙末出峽，遍遊諸老門庭，造詣深遠。嘗侍香冷泉，掌教龍淵、大明，更化雪竇，以寓半檐”云云，知所收詩爲“嘉熙（一二三七——一二四〇）末”出峽後遊歷數寺期間所搜採之作品，作者既有尊宿大德，亦有“陸沈於衆者”、“掩息不輝者”。朱剛、陳玨編著之《宋代禪僧詩輯考》附録二《江湖風月集》解題曰：“（是書）爲‘濟南七書’之一，傳鈔、版刻、注釋之本極夥，柳田聖山、椎名宏雄編《禪學典籍叢刊》（第十一卷，臨川書店，二〇〇〇年）嘗影印數種。但諸本多析爲上、下卷，其下卷并收宗憩、如琬本人作品，故學者多認爲下卷乃後人續鈔，其中當有元僧詩作。大抵上卷録三十三人詩一百三十四首，下卷録四十一人詩一百三十首。”（復旦大學出版社二〇一二年版，第七〇一頁）按如琬跋署“戊子夏”，“戊子”爲元至元二十五年（一二八八），是時距宋亡不遠，故本書仍視其爲宋人總集，而予以著録。

　　關於《宋代禪僧詩輯考》所附録之《江湖風月集》，解題曰：“（日本）京都花園大學芳澤勝宏教授匯校多種傳本，編成《江湖風月集譯注》（京都：禪文化研究所，二〇〇三年）。今即據此鈔録詩歌白文,而以東洋文庫藏五山版《江湖風月集》、蓬左文庫藏《江湖風月集鈔》續校焉。"

【附録】

江湖風月集跋

（元）釋如琬

　　松坡前嘉熙末出峽,遍遊諸老門庭,造詣深遠。嘗侍香冷泉,掌教龍淵、大明,更化雪竇,以寓半檐。偶染風疾,無出世意,養疴十餘年。以從前所見聞尊宿雷霆於一世者,唯唯然陸沈於衆底者,掩息而不輝者,平時著述語,或二篇三篇至數篇,皆採摭而論,編而成策,目之曰《江湖集》。如試大羹載,可知鼎味。以此見松坡雖忘江湖,猶未忘江湖也。

　　戊子夏,千峰如琬謹跋。（《江湖風月集》卷末）

宋人總集叙録卷第七

陽春白雪八卷外集一卷

趙聞禮 編

趙聞禮，字立之，一字粹夫，號釣月，臨濮（今山東鄄城西南）人。南宋末曾官胥口監徵，生平事跡不甚詳。著有《釣月軒詞》，久佚，趙萬里輯得十四首，題《釣月詞》，刊入《校輯宋金元人詞》，唐圭璋《全宋詞》據以入編。聞禮所編《陽春白雪》五卷，頗爲學界推譽，張炎《詞源》卷下曰："近代詞人用功者多，如《陽春白雪集》，如《絕妙詞選》，亦自可觀，但所取不精一。"對"所取不精一"，後人不以爲然，阮元《四庫未收書目提要》曰："所選凡二百餘家，宋代不傳之作，多萃於是。去取亦復謹嚴，絕無猥濫之習。"伍崇曜《陽春白雪跋》亦曰："樂笑翁（張炎）稱《絕妙詞選》與是書亦有可觀，但所取不甚精一，亦原非確論耳。"

《通考》卷二四六引陳振孫《解題》："《陽春白雪》五卷，趙粹夫編。取《草堂詩餘》所遺及近人之作。"明《文淵閣書目》卷一〇載"陽春白雪一部一册"。《四庫簡目標注》邵章《續録》謂有元刊本，徐乃昌影元刊本五卷，陸敕先鈔校元本，今

俱未見著録。明有刻本，《北京圖書館古籍善本書目》著録
“《陽春白雪》□卷，明刻本，二册，……存一卷（一）”。有明既
曾付梓，不詳何故傳本極稀。伍崇曜《陽春白雪跋》曰：“顧久
不傳，朱竹垞《詞綜·發凡》，稱是集見李開先《小山樂府後
序》，則嘉、隆間猶未散佚（祝按：李開先《閑居集》卷九《陽春白雪集
後序》，所指爲元楊朝英所編《樂府新編陽春白雪》，乃曲集，非趙氏所編
詞集本，朱彝尊誤）。高江村（士奇）《絶妙好詞序》稱是書與《樂
府雅詞》名存書佚，殆均未之見也。彭甘亭（兆蓀）《小謨觴館
集》有《徵刻宋人詞學四書啟》，稱是書與《樂府雅詞》斥哇去
鄭，歸於雅音，宋代選家，此其職志。推崇已極，而徵刻一事，
迄未舉行也。”

　　是編不至失傳者，特賴天一閣舊藏元趙孟頫草書寫本。
徐楙《清吟閣本陽春白雪跋》曰：

　　　　趙聞禮所選《陽春白雪》八卷《外集》一卷，爲趙氏星
　　鳳閣寫本，其原本藏范氏天一閣，元趙松雪手寫草書，真
　　球璧也。長塘鮑氏渌飲（廷博）先生借繕正書，始有傳本
　　在世。第草書有不可識者，時奚鐵生岡工草書，渌飲相
　　與質疑，兼證以宋人詞集，粗可句讀，尚多闕疑，故《知不
　　足齋叢書》中遷延未刻。松雪寫本後被吳春林携去。渌
　　飲之子清溪士恭爲予言之如此。

鮑氏借繕之本，李氏《木犀軒藏書書録》嘗著録：

　　　　《陽春白雪》八卷《外集》一卷，知不足齋鈔本。黑格
　　鈔本。板心下刻“知不足齋正本”六字。有鮑渌飲朱墨
　　筆校，又戈順卿（載）墨筆校。末題：“道光乙巳（二十五
　　年，一八四五）九月上旬五日舟過揚州，於骨董鋪買得是

書，歡喜無量，即於水窗校讀三日，已抵里門矣。又以秦
敦翁（恩復）所刻本復勘一過，中有異同之處，乃知敦翁
未見此書也，所刻尚多誤舛，而是册亦有訛處。安再得
善本而校之！中吴戈載順卿識。"……

　　前後有"半樹齋戈氏藏書記"朱文方印，"戈載手校"
白文、"臣印戈載"白文、"順卿"朱文三方印。

此本今藏上海圖書館。

　　今國家圖書館藏有清鈔配本《陽春白雪》八卷《外集》一
卷（卷一至四配清黄丕烈士禮居鈔本），有黄丕烈校並跋，凡二
册。臺北"中央圖書館"藏舊鈔本，卷數同，有清浣花氏朱校
並跋，又徐棨墨校並跋。

　　是書因後世傳本爲八卷，又有《外集》一卷，與《解題》著
録五卷本不同，故引起人們諸多猜測。秦恩復跋所刊本（刊
本詳後），稱五卷本"非完書也"。瞿世瑛跋清吟閣刊本（亦
詳後），則謂"《文獻通考》載《陽春白雪》五卷，趙粹夫編，以
爲取《草堂詩餘》所遺及近人之詞，而此選兼取《草堂》諸作，
殆別一本歟"？今人饒宗頤《詞集考》曰："以傳本證之，無編
時序跋，且體例不劃一，甚至有誤以他人詞爲己作者，疑結
集非出趙氏之手，早已經人竄亂也。""非完書"之説無根據。
瞿氏以"此選兼取《草堂》諸作"，與陳振孫所云"取《草堂詩
餘》所遺"體例乖違，以爲"殆別一本"近是。蓋趙氏原編本
爲五卷，後嘗經人增補擴編。頗怪徐乃昌既有影元刊五卷
本，清代猶有陸敕先鈔校元本，當兩本尚傳世時竟無人與八
卷本一校，以白別其異同。

　　《四庫全書》未收此書，阮元遂進呈，《揅經室外集》卷三
《提要》曰："《陽春白雪》八卷、《外集》一卷，宋趙聞禮

編。……此從舊鈔依樣仿寫。"進呈本已影印入《宛委别藏》。

道光己丑（九年，一八二九），江都秦恩復刊《詞學叢書》，收有此編，跋曰：

> 世鮮傳本，魚魯之訛，在所不免，又無善本可校。尋訪數年，雖有鈔借，得失互見，未可據依爲斷。其餘名家詞，句讀押韻不同者，條注於每句之下；錯誤不能强通者，空格以俟考補。

饒宗頤《詞集考》以爲此本"似與阮元寫本同出"。

道光十年（一八三〇），瞿世瑛清吟閣又刊是編，瞿氏跋曰：

> 所選詞，北宋少而南宋多，共計六百六十八闋。是書爲趙氏素門星鳳閣鈔本，復假佘氏浣花所藏何氏澂懷堂正本參校，疑者闕之。唯是原本姓氏、名號、謚法錯雜不一，覽之棼如。因此，專標其名，統歸一例，另編詞人姓氏爵里，弁於卷首，未詳者嗣補。

秦、瞿兩刻本，趙萬里《校輯宋金元人詞》以爲"瞿本較善，附校記三通"。國家圖書館等藏有瞿刻本。

咸豐癸丑（三年，一八五三），南海伍氏將此集刻入《粤雅堂叢書》，伍崇曜有跋。

一九九五年，春風文藝出版社出版王祥注本《陽春白雪》，以伍氏本爲底本，據他本或宋人選集、别集校補。

【附録】

陽春白雪跋

（清）秦恩復

《陽春白雪》八卷，又外集一卷，宋趙聞禮編次宋時名人之詞，附以己作。聞禮字立之，又號鈞月。《書録解題》云："五卷，趙粹夫編。"非完書也。世鮮傳本，魚魯之訛，在所不免，又無善本可校。尋訪數年，雖有鈔借，得失互見，未可據依爲斷。其餘名家詞，句讀押韻不同者，條注於每句之下；錯誤不能强通者，空格以俟考補。

詞至南北宋而極盛，自《草堂詩餘》《絶妙好詞》《花艸粹編》而外，此選亦可繼響。自揣聞見未廣，聲律未諧，質之當代諸公精音律而工於詞者，糾正審定，匡所不逮，余雖不敏，有厚望焉。刻既竣，略述數語於後。

道光歲次己丑春三月既望穀雨日，江都秦恩復跋。（《詞學叢書》本《陽春白雪》卷末）

清吟閣本陽春白雪跋

（清）徐　楙

趙聞禮所選《陽春白雪》八卷《外集》一卷，爲趙氏星鳳閣寫本，其原本藏范氏天一閣，元趙松雪手寫草書，真球璧也。長塘鮑氏渌飲先生借繕正書，始有傳本在世。第草書有不可識者，時奚鐵生岡工草書，渌飲相與質疑，兼證以宋人詞集，粗可句讀，尚多闕疑，故《知不足齋叢書》中遷延未刻。松雪寫本後被吳春林携去。渌飲之子清溪士恭爲予言之如此。
春林名純,仁和貢生,居湖市,其侄少卿,予姻婭也,屢詢之,
卒不可得,惜哉。竹垞、紅友、樊榭諸先生,於是書皆未寓目,
今項君杏野惄恩潁山付梓,屬予參校畢,聊爲識其緣起。

　　道光十年夏六月望日,向蘧徐棪書於符氏秋聲舊館。(清
吟閣本《陽春白雪》卷末)

清吟閣本陽春白雪跋

(清)瞿世瑛

　　《陽春白雪》八卷《外集》一卷,宋趙聞禮選。聞禮字立
之,臨濮人,著有《釣月集》,周公謹《浩然齋雅談》嘗稱之。所
選詞,北宋少而南宋多,共計六百六十八闋。是書爲趙氏素
門星鳳閣鈔本,復假佘氏浣花所藏何氏澂懷堂正本參校,疑
者闕之。唯是原本姓氏、名號、謚法錯雜不一,覽之棼如。因
此,專標其名,統歸一例,另編詞人姓氏爵里,弁於卷首,未詳
者嗣補。

　　《文獻通考》載《陽春白雪》五卷,趙粹夫編,以爲取《草堂
詩餘》所遺及近人之詞,而此選兼取《草堂》諸作,殆別一
本歟?

　　道光庚寅中秋,潁山瞿世瑛良玉甫識。(同上)

《粵雅堂叢書》本陽春白雪跋

(清)伍崇曜

　　右《陽春白雪》八卷《外集》一卷,宋趙聞禮撰。聞禮字立

之，一字粹夫，號釣月。周草窗《浩然齋雅談》作“約月”，恐誤。臨濮人。《浩然齋雅談》録粹夫詞二闋。《謁金門》云：“人病酒。生怕日高催繡。昨夜新翻花樣瘦，旋描雙蝶湊。

慵傍繡床呵手，却説新愁還又。門外東風吹綻柳，海棠花厮勾。”《踏莎行》云：“照眼菱花，剪晴菇葉，夢雲吹散無蹤迹。聽郎言語識郎心，當時一點誰消得。　柳暗花明，螢飛月黑，臨窗滴淚研殘墨。合歡帶上舊題詩，如今化作相思碧。”俱工。然又謂集中大半皆妻君亮、施仲山所作，安知非他人者。豈集久經竄亂，故《絶妙好詞》未録之，而余秋室《續鈔》仍未之及耶？

是書録自作《玉漏遲》《法曲獻仙音》《瑞鶴仙》等數闋，朱竹垞《詞綜》則録其《水龍吟（水仙）》一闋，俱工。蓋粹夫原以倚聲擅長，其所甄録，自有針芥相投之妙。樂笑翁稱《絶妙好詞》與是書亦有可觀，但所取不甚精一，亦原非確論耳。

顧信不傳。朱竹垞《詞綜·發凡》稱是集見李開先《小山樂府後序》，則嘉、隆間猶未散軼。高江村《絶妙好詞序》稱是書與《樂府雅詞》名存書佚，殆均未之見也。彭甘亭《小謨觴館集》有《徵刻宋人詞學四書啟》，稱是書與《樂府雅詞》斥哇去鄭，歸於雅音，宋代選家，此其職志。推崇已極，而徵刻一事，迄未行也。又馮延巳詞亦名《陽春集》，蓋同取曲高和寡云。

咸豐癸丑送秋前一日，南海伍崇曜跋。（《粵雅堂叢書》本《陽春白雪》卷末）

四靈詩四卷

葉　適編

　　所謂"四靈"，即徐照（？——一二一一），字道暉，又字靈暉，號山民，終身布衣。徐璣（一一六二——一二一四），字致中，又字文淵，號靈淵，以父致仕恩歷任建安主簿、永州司理、龍溪丞等。翁卷，字續古，又字靈舒，預淳熙十年（一一八三）鄉薦，嘗供職帥幕。趙師秀（一一七〇——一二二〇），字紫芝，又字靈秀，號天樂，宋宗室，紹熙元年（一一九〇）進士，仕至筠州推官。四人皆永嘉（今浙江温州）人，字號中皆帶"靈"字，又作詩同師晚唐，故世稱"永嘉四靈"。四靈詩集，分總集與合刻別集本兩種，收詩數量各不相同。合刻本已在拙著《宋人別集叙錄》中著錄，本書著錄總集本，然因今人之新整理本實是總集、合刻別集兩本之合流，故後者亦不得不略及之。

　　總集乃葉適選編，稱《四靈詩》或《四靈詩選》。適（一一五〇——一二二三）字正則，亦永嘉人，淳熙進士，官至寶文閣待制兼江淮制置使，著有《水心文集》等。許棐《跋四靈詩選》（影印汲古閣《南宋群賢六十家小集》本《融春小緻》）曰：

　　　　蘭田種種玉，檐林片片香。然玉不擇則不純，香不簡則不妙，水心所以選四靈詩也。選非不多，文伯猶以爲略，復有加焉。嗚呼，斯五百篇出自天成，歸於神識，多而不濫，玉之純、香之妙者歟。芸居不私寶，刊遺天下，後世學者，愛之重之。

許氏所稱水心選詩"五百篇"，陳起（芸居）刊以行世（是單獨刊行抑或刊入《江湖》諸編之某集，不得而知），故跋謂"芸居不私寶，刊遺天下"云云。《讀書附志》卷下著録"《四靈詩》四卷"，當即此本。

明《文淵閣書目》卷一〇著録"《四靈詩》一部一册，闕"，《内閣書目》已無其目。《江陰李氏得月樓書目摘録》有《趙師秀詩》四卷、《翁卷詩》四卷、《徐幾詩集》四卷，卷數與萬曆潘氏本同（此本詳下），當皆爲總集本。

總集《四靈詩》原本（陳起刊本）久已失傳。明萬曆中潘是仁（訒叔）輯刊《宋元四十三家集》，其中徐照《芳蘭軒詩集》五卷、徐璣《二薇亭詩集》四卷、翁卷《葦碧軒詩集》四卷、趙師秀《清苑齋詩集》四卷，一般認爲即取自《江湖集》，而卷數蓋潘氏所重釐。嘉慶六年（一八〇一）石門顧修重輯《南宋群賢小集》，鮑廷博知不足齋影寫《南宋八家集》（一九二二年上海古書流通處影印本），以及樂清鄭見田息末園刊《四靈詩集》、冒廣生永嘉詩人祠堂叢刻《永嘉四靈詩集》等，皆源於潘刻《宋元四十三家集》本。顧修《讀畫齋重刻群賢小集例》曰："永嘉四靈詩，當時行都坊（祝按：指杭州棚北大街睦親坊陳氏書籍鋪）亦有刻本，今不可得見矣。幸明末潘訒叔《宋詩選》中尚存五百首之舊，亦附梓以傳，俟得陳刻，再爲刊定。"《永嘉詩人祠堂叢刻》本乃翻刻《群賢小集》本，冒廣生《永嘉詩人祠堂叢刻四靈詩集跋語》曰："《四靈詩》，錢牧齋藏有宋本，絳雲燼後，僅存前半部，歸汲古閣毛氏。瑞安孫氏有影宋鈔本，余從其後人假之，經年不獲（祝按：所稱錢氏本及孫氏影宋本，指合刊别集本），因假吾友張菊生（元濟）參議《群賢小集》本重刻之。"

《四庫全書》著録鮑士恭家藏本，其中《二薇亭詩集》之四庫底本今藏國家圖書館，當由潘氏本出。以上諸本，包括鮑、顧本之補遺，收四人詩凡五百零四首（徐照一百十七首、徐璣一百零八首、翁卷一百三十八首、趙師秀一百四十一首），與葉適所選"五百篇"（當言其整數）之數大致相合。

　　合刊別集本凡八卷（《徐照集》三卷、《徐璣集》二卷、《翁卷集》一卷、《趙師秀集》二卷），即陳氏《解題》卷二〇、《通考》卷二四五著錄之本。其中《徐照集》《徐璣集》宋刻殘本，康熙間忽從錢氏絳雲樓散出，歸毛氏汲古閣，遂傳於後世。孫詒讓《影鈔殘宋本四靈詩集跋》曰："世所傳四靈詩（按指總集本）皆選本，此集爲宋刊全集之舊。"總集因是選本，故收詩少於別集合刊本。陸心源曾藏有毛氏汲古閣舊藏影寫宋刊本，並作《影宋鈔永嘉四靈詩跋》（《儀顧堂續跋》卷一二）曰："《直齋書錄解題》載《徐照集》三卷，《徐幾集》二卷，與此合，惜幾集只存上卷耳。照集存詩二百六十七首，較石門顧修群賢小集本名《芳蘭軒集》者多詩一百六十二首（祝按：顧氏本《芳蘭軒集》收詩一百十七首，所多應爲一百五十首）。……璣集存詩一百零兩首，其六十四首爲顧刻名《二薇齋集》者所無。"（陸氏本今藏日本静嘉堂文庫，卷中有"宋本"朱文圓腰印，"稀世之珍"朱文方印，"毛晉私印"、"子晉"、"汲古主人"三枚朱文方印，詳參《皕宋樓藏書志》卷八八、《日藏漢籍善本書錄》。）有關合刊別集本流傳情況，可參拙著《宋人別集叙錄》。

　　一九八五年，浙江古籍出版社出版陳增傑校點本《永嘉四靈詩集》，二徐詩以一九二八年永嘉黃群所刻《敬鄉樓叢書》之《芳蘭軒詩集》《二薇亭詩集》本（皆據孫氏玉海樓鈔本校刻）爲底本，翁、趙詩以潘刻本爲底本，校以諸本，並有補遺及附錄。校點本實爲別集本、總集本之拼合本，而現存四靈詩，以是本較爲完備。

江湖集　江湖前集　江湖後集
江湖續集　中興江湖集

陳　起　編

　　是書爲以“江湖”命名的系列叢編。原有多少集，每集又有多少種，現都難以確考。所收各家皆有集名，而且各自獨立。由於《江湖》諸集編刻中的許多情況現仍不明，而諸集舊題編者、刊刻者皆陳起，故本書一並著録。

　　陳起，字宗之，號芸居，人稱陳道人，錢塘（今浙江杭州）人。開書肆於臨安府棚北大街睦親坊，所刊書偶有“臨安府棚北大街睦親坊陳解元書籍鋪刊行”木記，故後人將其書統稱爲“書棚本”。理宗寶慶初刊《江湖集》（一説寶慶、紹定間刊《中興江湖集》），因陳起有“秋雨梧桐皇子府，春風楊柳相公橋”之句（或嫁爲敖陶孫詩），劉克莊有“不是朱三能跋扈，只緣鄭五欠經綸”，以及曾極“九十日春晴景少，一千年事亂時多”等句，被史彌遠之黨定爲“哀濟邸而誚彌遠”，即諷刺史氏廢黜寧宗法定繼承人趙竑（濟王）而另立趙昀（理宗），陳起等坐罪流配，《江湖集》被劈板，並詔禁士大夫作詩（江湖詩禍事，詳參羅大經《鶴林玉露》乙編卷四《詩禍》、周密《齊東野語》卷一六《詩道否泰》、《瀛奎律髓》卷二〇劉克莊《落梅》詩方回記事等）。史彌遠死後，詩禁解，陳起遇赦，又重操舊業，約卒於寶祐四、五年（一二五六—一二五七）間，享年七十餘。元韋居安《梅磵詩話》卷中曰："陳起宗之，杭州人，鬻書以自給，刊唐宋以來諸家詩，頗詳備，亦有《芸居吟稿》板行。"

但是，《江湖》諸集是否皆爲陳起刊，學術界頗有争議。筆者在拙著《宋人別集叙録》著録《南宋六十家小集》時，已注意到此點，但該處側重考述叢鈔本中的各個單集，故維持舊説，此再略述之。

已故學者胡念貽在《南宋〈江湖前、後、續集〉的編纂和流傳》（載《文史》第十六輯）文中認爲"陳解元書籍鋪"的"陳解元"不一定就是陳起，並辨舊以陳起之子爲陳思（續芸），或以陳思、陳起爲一人等説皆非是，但"陳起和陳思可能有一些關係，……他們當然不是父子，但他們是否是兄弟或其他親屬呢？如果‘陳解元’是陳起的先世，陳思又是‘陳解元’的什麽人？這些問題由於書缺有間，可能無法解決"。今人費君清作《論〈江湖小集〉非陳刻〈江湖集〉》（載《文學遺産》一九八九年第四期）等論文多篇，對《江湖》諸集的編者、流傳等問題進行了深入探討，認爲陳起只編刻過《江湖集》，不能因此就説《江湖》前、後、續集等都是陳起所刊。《江湖小集》中有些詩集收有哀挽陳起的作品，必然作於陳起身後，它們的刊刻者顯然不是陳起。而且，今存《永樂大典》殘本中除四庫館臣在《提要》中所列《江湖集》《江湖前集》《江湖後集》《江湖續集》《中興江湖集》五種（見下引）外，還可找到《江湖詩集》《江湖前賢小集》《江湖前賢小集拾遺》三種。等等。陳思非陳起之子，現已成定論（可能爲同開書籍鋪的另一陳姓人家）。南宋臨安府棚北大街睦親坊陳氏，也許是個書林世家，《江湖》諸集當不出一人之手，但可能同爲陳起家族編刻。由於問題的複雜和文獻匱乏，當日《江湖》諸集的編刻情況，一時仍難徹底弄清,故本書著録依然沿用舊説(如編者仍題陳起等)。

《江湖集》見於宋人書目者,唯《書録解題》卷一五:

> 《江湖集》九卷,臨安書坊所刻本。取中興以來江湖
> 之士以詩馳譽者。而方惟深子通承平人物,晁公武子止
> 嘗爲從官,乃亦在其中。其餘亦未免玉石蘭艾,混淆雜
> 遝。然而士之不能自暴白於世者,或賴此以有傳。書坊
> 巧爲射利,未可以責備也。

《通考》卷二四九從之。清吳焯《南宋群賢小集序》謂"審陳振
孫跋語,其非此集(指群賢小集)可知"。或以爲此九卷即招
致"江湖詩禍"者。然《解題》一語不及詩禍,而稱"取中興以
來"云云,疑所録乃《中興江湖集》。明初,《中興江湖集》傳本
尚夥,《文淵閣書目》卷一〇著録達三部之多:"《宋中興江湖
集》一部十册,殘闕。""《宋中興江湖集》一部十五册,闕。"
"《宋中興江湖集》一部五十二册,闕。"秘閣所藏竟有一部五
十二册仍闕者,顯然非陳振孫所録九卷之本。疑九卷本乃陳
氏著録時所見,並非《中興江湖集》完帙。

明代所傳,尚不止《中興江湖集》。《晁氏寶文堂書目》卷
上《詩詞》著録"《江湖》前、後、續集,宋刻",且有"《中興江湖
集》"。此爲同時著録集數最多之目,至少前三集爲宋槧。
《四庫總目》在著録館臣從《永樂大典》輯出之《江湖後集》時,
《提要》述曰:

> 《江湖後集》二十四卷,《永樂大典》本。宋陳起
> 編。……今檢《永樂大典》所載,有《江湖集》,有《江湖前
> 集》,有《江湖後集》,有《江湖續集》,有《中興江湖集》諸
> 名,其接次刊刻之蹟,略可考見。以世傳《江湖集》本互

校，其人爲前集所未有者……凡四十八人。……謹校驗前集，刪除重複，其餘諸集，悉以人標目，以詩繫人，合爲一編，統名之曰《江湖後集》，庶條理分明，篇目完具。

所述五集，每集各有多少家，現已無法考定。除五集外，費君清稱今存殘本《永樂大典》中猶有《江湖詩集》等三種，見上引。彭元瑞《知聖道齋讀書跋》卷二曰：“陳起芸居於臨安府大街睦親坊設陳解元書鋪，收刻海内詩人小集，雖數什亦名一家，命曰《江湖集》。蓋一時舉場遊客炫名之資，併名公貴人小卷，間及北宋所遺，皆登梨棗，本無一定家數卷數。後以‘月夜梧桐皇子府，春風楊柳相公橋’之句爲史彌遠羅織，起從遣戍，書亦官毀，而零落之餘，彌形珍貴，好事者各就所得，掇拾成書，彼此出入不同。”此説大體不錯，只是“官毀”並非所刊書“零落”的原因，“江湖詩案”後陳氏書鋪仍在營業，且《江湖》諸集殆大多刻於詩禍之後。

“江湖”小集宋槧本，清代相繼爲曹寅（棟亭）、郎温勤、吳允嘉、厲鶚收藏，後歸維揚馬氏小玲瓏山館，爲書商錢景開所得。錢氏售與汪雪礓，汪氏死後遂“不可蹤跡”（見後附鮑廷博《南宋群賢小集目録跋》）。所幸該本今猶傳世，臺北《“中央圖書館”善本書目》著録爲：“宋嘉定至景定間臨安書棚本《南宋群賢小集》九十五卷六十册。”筆者未見，因嘗疑之。友人王兆鵬教授在臺北講學時，曾往“中央圖書館”檢視，并録朱彝尊、楊彭齡二跋（見附録），謂其爲宋本無疑。該宋本朱彝尊跋（楊彭齡謂出錢景開之手，見所作跋）稱“外間俱從此本傳寫”。一九七二年，臺北藝文印書館有影印本，其目爲：

1、皇荂曲一卷，鄧林撰　2、竹莊小藁一卷，胡仲參撰　3、疏寮小集一卷,高似孫撰　4、菊澗小集一卷,高九萬撰　5、端隱吟藁一卷,林尚仁撰　6、小山集一卷,劉翰撰　7、雪窗小集一卷,張良臣撰　8、漁溪詩藁二卷,俞桂撰　9、秋江煙草一卷,張弋撰　10、靖逸小集一卷,葉紹翁撰　11、山居存藁一卷,陳必復撰　12、巽齋小集一卷,危稹撰　13、檜庭吟藁一卷,葛起耕撰　14、蒙泉詩藁一卷,李濤撰　15、漁溪乙藁一卷,俞桂撰　16、北窗詩藁一卷,余觀復撰　17、采芝集一卷,續藁一卷,(釋)斯植撰　18、庸齋小集一卷,沈説撰　19、東齋小集一卷,陳鑒之撰　20、招山小集一卷,劉仙倫撰　21、癖齋小集一卷,杜旃撰　22、玥隱横舟藁一卷、勔游藁一卷,施樞撰　23、雲卧詩集一卷,吴汝一撰　24、吾竹小藁一卷,毛珝撰　25、梅屋詩藁一卷、融春小綴一卷、梅屋第三藁一卷、梅屋第四藁一卷,許棐撰　26、學詩初藁一卷,王同祖撰　27、白石道人詩集一卷,附詩説一卷,姜夔撰　28、葛無懷小集一卷,葛天民撰　29、斗野藁支卷一卷,張藴撰　30、菊潭詩集一卷,吴惟信撰　31、石屏續集四卷,戴復古撰　32、竹溪十一藁詩選一卷,林希逸撰　33、臞翁詩集二卷,附詩評一卷,敖陶孫撰　34、梅屋吟一卷,鄒登龍撰　35、抱拙小藁一卷,趙希(木路)撰　36、靜佳龍尋藁一卷、靜佳乙藁一卷,朱繼芳撰　37、雲泉詩一卷,薛嵎撰　38、龍洲道人詩集一卷,劉過撰　39、心游摘藁一卷,劉翼撰　40、看雲小集一卷,黄文雷撰　41、順適堂吟藁甲集一卷、順適堂吟藁乙集一卷、順適堂吟藁丙集一卷、順適堂吟藁丁集一卷、順適堂吟藁戊集一卷,葉茵撰　42、鷗渚微吟一卷,趙崇鉌撰　43、露香拾藁一卷,

黄大受撰　44、適安藏拙餘藁一卷、乙卷一卷,武衍撰
45、剪綃集二卷,李龏撰　46、梅花衲一卷,李龏撰　47、
西麓詩稿一卷,陳允平撰　48、林同孝詩一卷,林同撰
49、雅林小藁一卷,王琮撰　50、學吟一卷,朱南杰撰
51、骳藁一卷,利登撰　52、竹所吟藁一卷,徐集孫撰
53、雪蓬藁一卷,姚鏞撰　54、橘潭詩藁一卷,何應龍撰
　55、方泉先生詩集三卷,周文璞撰　56、玥居乙藁一
卷,陳起撰　57、雲泉詩集一卷,(釋)永頤撰　58、亞愚
江浙紀行集句詩七卷,(釋)紹嵩撰　59、增廣聖宋高僧
詩選前集一卷、增廣聖宋高僧詩選後集一卷、增廣聖宋
高僧詩選三集一卷、增廣聖宋高僧詩選續集一卷,陳起
輯　60、前賢小集拾遺五卷,陳起輯

　清代學者稱當時流散的衆多"江湖小集"爲"宋人小集"(語見
《瀛奎律髓》卷二〇劉克莊《落梅》詩查慎行詩評),藏書家每有收藏。
丁丙《善本書室藏書志》卷三八著録所藏清周松靄(春)原藏
舊鈔本《群賢小集》八十八卷時,曰:"錢塘吳志上允嘉得宋槧
本,珍秘倍至,同人稍稍傳寫,王漁洋(士禎)得二十八家,吳
尺鳧(焯)彙爲六十四家,馬秋玉得六十家,卷各不同。"所述
周、王、吳、馬凡四家。其中吳焯所彙六十四家集本,嘉慶初
由顧修刊爲《南宋群賢小集》。民國初,鄧邦述購得毛氏汲古
閣景鈔宋人小集本,民國十一年(一九二二)影印爲《南宋六
十家小集》,次年又續印鮑氏知不足齋所藏宋人小集八種爲
《南宋八家集》。以上兩書流傳廣,影響大,爲陳起所刊"江
湖"諸集鈔本的匯編本,下作簡要介紹。

　一、《南宋群賢小集》。此書乃石門顧修讀畫齋以吳焯所
輯六十四家小集爲基礎重編而成。嘉慶六年(一八〇一)七

月朔，顧氏擬《讀畫齋重刊群賢小集例》，略曰：

南宋寶慶、紹定間，錢塘陳起設書肆於臨安府棚北大街，一時士大夫多與往還，起爲刻群賢小集行於世。龍尾山人查昌岐跋云“時稱‘國寶新編’，又稱‘江湖集’，共百十六家”，其説未知所本。今傳鈔本多寡不一，惟錢塘吳氏瓶花齋彙萃諸家鈔本，定爲六十四家，又據宋本增入六家，花山馬氏本增入二家，秀水朱氏本增入二家，頗稱完備。知不足齋主人（祝按：指鮑廷博）鈔自汪氏振綺堂，又得宋刻校正，最爲完善，因以付梓。

……（有三條言刪僞集洪邁《野處類稿》，置樂雷發《雪磯叢稿》、吳淵《退庵遺稿》於附編，此略）

《中興江湖吟稿》四十八卷，作者一百五十三人，見晁氏《讀書志》（祝按：著録於趙希弁《讀書附志》），不著編輯姓名，知不足齋有宋刻戊集七卷，其版式與群賢小集無異，亦爲陳起所刻無疑。今取殘本附刊卷末，庶以存其梗概耳。

永嘉四靈詩，當時行都坊亦有刻本，今不可得見矣。幸明末潘訒叔《宋詩選》（祝按：指潘氏《宋元四十三家集》之宋詩部分）中尚存五百首之舊，亦附梓以傳，俟得陳刻，再爲刊定。

諸家鈔本，前後次序不同。今略以瓶花齋本爲準，而綴集句於諸家之後，僧詩次之，陳起《芸居乙稿》又次之，而殿以起所編《增廣高僧詩選》《前賢小集拾遺》，庶幾位置稍得宜爾。

諸家詩有見於他書者，廣爲搜輯，雖單詞片語，不忍棄去，刊爲一卷。嗣有所得，當續補云。

據顧氏所述，其讀畫齋付刊時所用底本，主體爲吳焯輯本，而吳本源於題名相同的宋刻本《南宋群賢小集》，但又有所增補，並調整編次。費君清先生《南宋群賢小集匯集流傳經過揭秘》（載《紹興文理學院學報》，一九九九年第四期）一文，對顧刻的相關問題有詳盡研究，可參讀。讀畫齋本凡三十二冊，今有傳本。

二、《南宋六十家小集》。清宣統己酉（元年，一九〇九），江寧群碧樓主人鄧邦述購得毛氏汲古閣影鈔本宋人小集凡六十家五十冊。民國十一年（一九二二年，壬戌），上海古書流通處據以影印爲《南宋群賢六十家小集》。影印本有鄧邦述、陳乃乾序。鄧序謂鈔本“內有‘陳解元書鋪印行’木記者約十四五處，亦有版式疏闊，或原有缺葉至十葉者，悉仍其舊，無竄改臆斷之習，乃至序後圖印亦俱摹寫酷肖，令人一見輒疑爲原板初印”；“意當時得一家即刻一家，本無定數。刻本既不易得，鈔時每有參差，此五十冊未可遽云完帙”。又謂其書爲海內孤本，“論其精絶，殆將駕宋本而上之焉。此書毛氏鈔成，其前後所鈐諸印亦皆精美，且每卷俱有，可謂不憚煩者”。清初毛氏汲古閣影宋鈔本《南宋六十家小集》九十七卷，今藏上海圖書館。

一九二三年，上海古書流通處將陳立炎所得知不足齋另一宋人小集鈔帙凡八家九種（李龏爲二種），續印爲《南宋八家集》。陳乃乾序稱鮑氏本爲“影鈔”，恐不盡然，如其中陳起《芸居遺詩》即輯自《永樂大典》。四庫本《江湖小集》（此本詳下）、顧氏讀畫齋本《南宋群賢小集》所收，亦有在此八家之中者。

影印汲古閣本《南宋六十家小集》，近年已由國家圖書館出版社製作爲《中華再造善本》，十分精美。

　　題“陳起編”的舊鈔本，除上述外，今尚有多帙傳世，計有：國家圖書館藏鈔本《宋四十名家小集》，有胡重跋，稱是“朱氏（彝尊）曝書亭故物”。該館猶藏有清冰蓮閣鈔本《六十家名賢小集》七十八卷，清彭元瑞校補並跋。北京大學圖書館藏有清仁和趙氏小山堂鈔本《南宋群賢小集》（其中《汶陽端平詩雋》配清金氏文瑞樓鈔本），左欄下方有“小山堂鈔本”五字，書中有朱墨筆點校，鈐有“南齋讀書處”、“臣璐私印”、“半查”、“秦伯敦父”、“石研齋秦氏印”等印記。該館所藏李氏書中，有乾隆四十七年（一七八二）鮑氏知不足齋黑格鈔本《江湖小集》一部，有鮑廷博校並題字。此本乃李盛鐸光緒甲申（十年，一八八四）得之於醉經堂書坊，鈐有“鷗寄室王氏珍藏”、“蓮盦”兩朱文方印。詳參《木犀軒藏書題記及書錄》。此外該館猶藏有清初鈔本《江湖小集》六十五卷，清彭元瑞校補並跋。南京圖書館藏清鈔本《南宋群賢小集》九十一卷，有清周春批校，丁丙跋（按：此本《善本書室藏書志》卷三八著錄爲八十八卷，六十四家）。臺北“中央圖書館”除上述宋本外，猶有舊鈔本三部：《宋名家小集》九十九卷，清乾隆四十五年查岐昌手書題記；《宋人小集》七十卷；《江湖小集》九十六卷，有清四庫館臣墨筆校訂。

　　《四庫總目》著錄浙江採進本《江湖小集》，凡六十二家九十五卷。《提要》曰：“舊本題宋陳起編。……洪邁、姜夔皆孝宗時人，而邁及吳淵位皆通顯，尤不應列之江湖。疑原本殘闕，後人掇拾補綴，已非陳起之舊矣。”館臣所言殆是，唯洪邁《野處類稿》二卷，乃鈔朱松《韋齋集》，實爲僞書，顧氏讀畫齋編《南宋群賢小集》時，即將其刪去（後陸心源《儀顧堂集》有跋詳辨之），惜館臣當時未能深考。上述臺北所藏有四庫館臣墨校之舊鈔本，不知是否即四庫底本。採進本《江湖小集》源於何本，今不詳，殆亦爲後人搜輯。以四庫本《江湖小集》與影印汲古閣本對校，四庫本多洪邁、林同、釋紹嵩、嚴粲、吴淵、薛師石、樂雷發、李龏凡八家，而又比汲古閣本少趙汝鐩（《四庫全書》據馬裕家藏本單獨著録其《野谷詩稿》）、鄭清之、釋永頤、岳珂、周弼、林希逸凡六家。兩本文字略有差異，四庫本訛誤較多。

《四庫全書》除著録《江湖小集》外，又著録四庫館臣所輯《江湖後集》二十四卷六十六家（《四庫提要》列有各家姓名，此略），許多不成卷帙，然原皆有集，不少人且不止一集。宋季江湖詩人之作，頗賴此本得以保存一二，吉光片羽，彌足珍貴，故讀畫齋本《南宋群賢小集》亦從文瀾閣《四庫全書》中鈔出附刊。

由於書棚本多爲選帙，故在小集之外，又往往有逸詩。鮑氏知不足齋有十五家詩補遺，顧刻本附於小集之後，上海古書流通處影印汲古閣本時，亦據知不足齋鈔本將其中十一家影印於小集之末。

除上述外，今大陸、臺灣各圖書館尚存清鈔本宋人小集若干種，家數、卷數各不相同，雖不題“陳起編”，然其中不少集子亦見《南宋六十家小集》及顧刻本，此略。要之，陳氏書籍鋪當日所刊江湖小集，原有面貌已很難恢復。上述無論宋本、汲古閣影鈔本或讀畫齋本，其中每種各屬《江湖》諸集之何集，甚至是否屬江湖小集，皆無法分別。正如《四庫提要·江湖後集提要》所云：“其書刻非一時，版非一律，……輾轉傳鈔，真贋錯雜，莫詳孰爲原本。”故總述之如上。還可指出，上述傳世之各種宋人小集雖數量衆多，但内容也大量重複，不便使用。若能匯校兩岸及中外各本，以"江湖"爲名重編爲一書，將很有意義。

【附録】

宋刻本南宋群賢小集跋

（清）朱彝尊

宋陳思父子編《群賢小集》於寶慶、紹定間，又稱《江湖集》。陳氏《書録解題》、馬氏《經籍考》止云九卷，《國寶新編》云所刻甚夥。余所見寫本多寡不一，然無過如此。今計六十家，外間俱從此本傳寫者，爲全書，刻手精好。今計六十家，古香襲人，是書棚本之精者，絳雲晚年懸價求之不得。續編《群賢小集拾遺》《高僧詩選》猶世罕有。《高僧詩》甲集，即《九僧詩》也。余曾見汲古閣影宋寫本《九僧詩》一册，毛斧季自爲跋語，珍爲壓庫之書，六七百年失傳之秘册，余急録一本，今與甲集校之，不獨詩數相符，行間行款亦不異，爲正四十餘字，眉目一爽。内如《白石集》，與今本不同，後附《詩説》。洵知宋刻之佳也，使毛氏父子見之，能不下拜？ 宋南渡後，山林湮没之士賴此以傳，非書林射利之書可比。嘉禾兵火，巋然獨存，所謂有神佛護持者，因録其目於後。

康熙庚子春仲，彝尊書於梅里之荷花池上。（王兆鵬録自臺北"國家圖書館"藏宋本《南宋群賢六十家小集》）

宋刻本南宋群賢小集跋

楊彭齡

　　宋槧宋印《南宋群賢小集》六十家，内中《漁溪詩稿》二卷、《漁溪乙稿》一卷，隔離篇目，分裂爲二，而李龏《翦綃集》與《梅花衲》，亦裂爲二家。至於《高僧詩》及《前賢小集拾遺》，則皆非一家之言。是名爲六十家者，實只五十八種也。自宋迄明，未有藏印，清代則先有“曝書亭”及“棟亭曹氏藏書”二家藏印，另有“潘印焕宸”，則未審定時址者也（潘君藏書三處，爲《漁溪詩稿》《東齋小集》《梅屋吟》，三印篆法不同）。其最可貴者，《前賢小集》末頁之後有“白堤錢聽默經眼”及“吳越王孫”二印。聽默印鑒，世不多見，《藏書（原作詩）紀事》卷七詠錢氏詩云：“不須括目用金鎞，脚跟題簽望不迷。此調書林今絶響，空煩重訪白公隄（隄，錢印原作堤）。”其小傳云：“萃古齋主人錢景開，名時霽，湖之書估也。寓於蘇州，能詩，善鑒别宋元刻板，工法帖書畫。”又云：“天禄琳琅《盤洲集》毛鈔本有‘白隄錢聽默經眼’一印。”此書陳氏書棚刻之於前，聽默錢君經眼於後，書林佳話，永爲世珍矣。

　　竊疑錢與蕘翁交游甚久，何以蕘翁生平未見此書？及讀鮑渌飲先生跋語（顧刻巾箱本《南宋群賢小集》目次第八頁），知鮑君於乾隆壬辰（三十七年）仲冬曾向錢氏借校，僅三之一，匆匆索去，以售汪君雪礓。不數年，汪客死金閶，所藏盡化雲煙，而此書遂不可蹤跡矣。在錢君經眼之時，蕘翁才十齡，無怪其不得見之也。

　　此書後附朱彝尊氏跋語，及編寫目録，其所記録康熙庚子爲五十九年，而垞翁則萎謝於康熙四十八年己丑，相去已十一年矣。然所用之紙係宋制，非錢氏鮮能辦此者，亦彌足可貴也。鮑跋又云："宋刻實六十家，裝二十八册。"跋中并無提及垞翁之語，是此書之裝成六十册以及垞翁跋語藏印，謂其盡出錢氏之手可也。

全書行款格式，凡屬陳氏書棚所刻者，其尺度與鄧氏影印之毛鈔本毫無二致，僅板心字數在《竹溪十一稿詩選》上，則鄧本略有微誤耳。至如《雪蓬稿》末頁之缺字，則由於原書紙張之損爛。《芸隱横舟稿》施氏自題云：存詩百二十題，今僅七十三題（計詩七十七首），自第十頁後即緊接廿一頁（書刻二十一作廿一），而《卧雲詩集》只有三葉，則鄧、顧二本皆相符合也（《朧翁詩集》後附之詩評二葉，書口均作"敖上"，亦與鄧本相同）。紙色有白麻紙、黄麻紙、竹紙、粗黄紙等，刻印均非一時，陸續付刊，陸續印刷，十之八九爲陳氏書棚刻本，十之一二則非其所刻也。録《方泉詩集》之字大悦目。《學詩初稿》之寫刻精妙，與袁寒雲氏影印之《友林乙稿》，仿佛若出一手。此二種在鄧氏影印之時均將板框縮小，與棚本相同，我人已無從識别之矣。而《亞愚江浙紀行集句詩》與"師孫奉直命工刊行"，爲鄧本之所無，而字體奇古樸質，尤世所未見者也。至若《朧翁詩集》之刻於嘉定八年乙亥，《皇荂曲》刻於淳祐十一年辛亥，二者相去已三十六年矣（按《白石詩説》序首有淳熙丙午之語，較嘉定乙亥尚早三十年，但此乃回憶，非當時也）。然而全書印工均甚精良者，是蓋當時宋人集腋而成，非一時一地所有也。七百餘年來轉移隱現者，惟此一書耳。鄧君在清季購得清初鈔本，即已詫爲奇書。袁氏僅藏《友林乙稿》一册（按甲稿已久佚），亦已視若拱璧，引《百宋一麈賦》“躋《友林》之逸品，儷聲價於吉光”二語，以自珍異。此則在錢氏經眼之時，決無人尚信世間有此奇書者，乃竟巍然獨存於天壤之間，較之二君所藏，莫可比擬矣。

今者因張先生溥泉、蔣先生慰堂、徐先生森玉、鄭先生西諦之力，將由中央圖書館購而藏之，南渡以後群賢遺著得以登於金匱石室，蔚然巨帙永爲國寶，誠盛事也。壽祺自先大父雲溪公以來，世業舊書，性質疏散，不識書畫碑帖，更不能詩，不足以比錢氏。所見宋元善本甚多，亦無記載可考，惟是志行純潔，八年之内，始終確認國家之永在。蟄居滬上，雖鄉土吳門瞬息可達，當珍物委遺之際，倍蓰之利俯拾即是，立定脚跟，未嘗折腰一往，今跋此書，可無愧怍矣。

中華民國三十五年十一月，吳縣楊彭齡壽祺精選明紙，以五日之力，謹書此自跋語於上海之來青閣。（同上）

南宋群賢小集序

（清）吳　焯

南宋錢唐人陳起，以鬻書爲業，頗精雕板，當時稱行都坊陳解元書肆。所刻江湖群賢小集，曹棟亭所藏宋印，後歸郎温勤，今見於家石倉書舍，僅有其半，並無序目可考，板樣亦參差不齊。蓋陳氏所刻詩行於江淮之間，作者往往以已刻者附入，後竟以名取禍。此其平生未竟之緒，是以無編定卷帙，但從後來藏書家簿録中紀爲《宋人小集》，六十四家而已。余所見秀水朱氏本，花溪徐氏本，花山馬氏本，各不相同。大抵此集多不全，後人間取北宋人集之小者如陶弼、蔣堂等以傅儷之，以實六十四家之數耳。至《文獻通考》所載《江湖集》九卷,亦陳氏刻,審陳振孫跋語,其非此集可知。

　　余搜求不下十年,始彙其全。近日與趙谷林校勘此集,因書其端委示之。惜乎竹垞已往,不及見余本之完善。憶曩日落帆亭舟中對語,老人深嘆曹氏藏本之佳,而不知其不全。余生行都舊地,遥遥白雲,懷古何深,實甚快焉。

　　雍正乙巳除夕,南華堂燃歲燭書,吴焯。(顧氏讀畫齋本《南宋群賢小集》第一册卷首)

南宋群賢小集目録跋

(清)鮑廷博

　　右南宋陳起編刻江湖群賢小集,借鈔於汪氏振綺堂。(主人諱憲,字千波,號漁亭,錢塘人。)汪本傳自瓶花齋吴氏,(主人諱焯,字尺鳧,號繡谷,又號鵜籠生,錢塘人。)其傳録始末,繡谷述之詳矣。其云"曹楝亭所得宋刻,歸之郎温勤,今見於家石倉書舍"者,温勤爲三韓郎中丞廷極,石倉則錢塘吴允嘉志上也。宋刻最爲温勤寶愛,常置座右,朝夕把玩。郎卒於官署,家人將並其平生服御爐之以殉。時石倉在郎幕,倉卒間手百餘金賄其家僮出之烈焰中,携歸秘藏,非至好不得一見也。石倉没,家人不之貴,持以求售。厲徵君鶚得之,以歸維揚馬氏小玲瓏山館。乾隆壬辰仲冬,予於吴門錢君景開書肆見之,驚喜,與以百金,不肯售,許借校讎。才及三之一,匆匆索去,以售汪君雪礓。不數年,雪礓客死金閶,平生所藏書畫化爲雲烟,而是書遂不可蹤跡矣。宋刻實六十家,裝二十八册。繡谷云僅得其半,蓋爾時石倉老人不肯全出示之耳。

　　予鈔是書,在乾隆辛巳之春。維時亟於成書,友人二嚴昆季、（兄果字敏達，弟誠字力暗。）姚君竹似、（家賢，字官之。）潘君德園、（庭筠，字蘭垞。）郁君潛亭，（禮，字佩之。）俱踴躍助予手鈔。録成，思請善書者人書一卷，重梓以行。事重費煩，時作時輟，因循迄今，汗青未就，彈指遂四十餘年矣。

　　一日，石門顧君松泉在予案頭見之，力任開雕，其年藏事。其鏤刻之工，較宋刻爲尤勝。復就文瀾閣恭録《欽定四庫全書》中《江湖後集》附焉，而是書更無遺憾矣。所惜敏達、力暗、潛亭俱先後謝世，不及快睹其成，而予猶得與竹似、德園諸君舊雨重聽，新編共讀，晚年樂境，何以逾兹！嘆息之餘，又不覺掀髯自慰也。

　　嘉慶辛酉七夕，歙鮑廷博識於知不足齋。（同上總目録後）

南宋六十家小集序

鄧邦述

　　隱湖毛子晉父子，當明季鼎革之際，獨以好書馳聲於東南間。其所刻書極多，雖讎校不盡精審，而世競寶之，然猶不及其景鈔之美善，爲千秋絶業也。此五十鉅册，皆據南宋書棚本影鈔，內有陳解元書鋪印行木記者約十四五處，亦有版式疏闊，或原有缺葉至十葉者。悉仍其舊，無竄改臆斷之習，乃至序後圖印，亦俱摹寫酷肖，令人一見輒疑爲原板初印，不知出於寫官技能。工巧至此而極，後人雖雅慕深思，苦難企及，於是毛鈔乃成一種版本之學。足見一藝之成，卓爾千古，未可目爲小道而忽視之也。

　　宋賢小集，傳本至夥，皆是傳鈔者，其多寡均不一致，要託始於陳氏。意當時得一家即刻一家，本無定數，刻本既不易得，鈔時每有參差，此五十册未可遽云完帙。但塙從刻本迻寫，不失廬山真面，與宋本只隔一塵，與他家著録傳鈔之本不可同年而語矣。余向藏兩宋小集十二册，内亦有鄭清之《安晚堂集》，與此編次大殊。此爲十二卷，而前五卷闕佚，僅存六之十二，凡七卷。彼則編爲六卷，而五卷前所缺古體諸作無由蹤跡，幾疑《安晚集》中無古體矣。蓋《安晚集》所佚之五卷，後遂不復再見。《四庫》著録亦用七卷本，則猶賴此不完之宋本以爲據，安晚古體佚而不佚者以此。載籍之幸存，其有益於古昔先民，信非細耳。抑余更有言者。宋本之在天壤，故已珍如星鳳，然一本刊成，流布不止數册，獨鈔本則用功特勤，成功特少。此五十册，海内決無第二，是孤本也。論其精絶，殆將駕宋本而上之焉。此書毛氏鈔成，其前後所鈐諸印亦皆精美，且每卷俱有，可謂不憚煩者。

宣統紀元，余在瀋陽，書友譚篤生貽書告余，勸余收之。余時未見此書，但嫌書價太昂。篤生乃親齎出關，舉以相眎。及余亦既觀止，遂不復問價，唯恐其不爲我有矣。世間尤物，何必南威、西子，然後足以移情而動魄哉！後有覽者，其必不以余言爲過分也。

辛酉六月初歸吴門。正闇居士鄧邦述。（影印汲古閣景宋鈔本《南宋六十家小集》首册卷首）

宋八家詩序

陳乃乾

陳君立炎既景印毛鈔《六十家集》，復得鮑氏知不足齋景鈔瓜廬、靈暉等八家之詩，將續印而附儷焉。吾聞昔之論詩者云：宋季作者厭棄唐風，至謂纖碎害道，淫肆亂雅。永嘉諸人力起而矯之，寄精整於淡樸，藏刻畫於渾成。其琢思尤奇者，則橫絕歘起，冰懸雪跨，使讀者變掉慄慄，肯首吟嘆，不能自已。葉水心謂已廢之學，至是復興。而貶之者病其取徑太狹，不免破碎尖酸之病。然卑靡者在此，清雋者亦在此，風氣升降之際，固有不能自知者矣。欲求當時詩派源流者，未可顧此而遺彼也。

　　毛鈔六十家，僅就耳目所及，未足以概南渡之精英，得此補之，允爲聯璧。歐陽子曰：物常聚於所好。好莫如一。立炎好之，等而求之顒，其必有繼此而得者，我拭目候之矣。

　　壬戌冬十月一日，海寧陳乃乾序。（影印汲古閣景宋鈔本《南宋六十家小集》續印《宋八家詩》卷首）

中興群公吟稿戊集七卷

陳　起　編

　　趙希弁《郡齋讀書附志》卷下著録道：“《中興群公吟稿》四十八卷。右中興以來一百五十三人之詩也。”四十八卷本久佚，而清鮑氏知不足齋藏有宋槧本《中興群公吟稿戊集》七卷，石門顧氏讀畫齋刊《南宋群賢小集》時，曾將其附刻之。黃丕烈曾得宋刻殘帙，亦止七卷（不詳是否即鮑氏本），丁卯（嘉慶十二年，一八〇七）季冬有跋曰：

　　　　《中興群公吟稿戊集》七卷，近始見讀畫齋所刻，其跋云此書見趙希弁《讀書附志》。今檢《趙志》云（略，已

見上引），據此則卷帙甚多，所存已殘缺之至矣。然自後
諸家書目皆不載，則此宋刻可珍。余從顧千里手得之。
（潘祖蔭輯《士禮居藏書題跋記》卷六）

此殘宋本今藏天津圖書館。一九二○年，印鑄書局曾將其影
印，今有著錄。

陸心源嘗得舊鈔本，原亦爲黄丕烈藏書，陸氏有題識曰
（參《皕宋樓藏書志》卷一一四）：

《中興群公吟稿》凡四十八卷、百五十三家，見趙希
弁《郡齋讀書附志》。今僅存戊集殘帙七卷。嘉慶中，石
門顧氏彙刻《南宋小集》，見知不足齋藏宋槧本，謂其版
式與《群賢小集》無異，定爲陳起所刊，取附集後，今所列
三十册、三十一册是也。顧槧以目錄經書商翦割，未以
付梓。此從鮑本轉錄，目之末葉有“中興江湖吟稿”字。
按《四庫提要》云：考《永樂大典》所載，有《江湖集》《前
集》《後集》《續集》《中興江湖集》諸名。則此爲《江湖中
興集》之一無疑。《讀書志》雖未著編輯者之名，而顧氏
定爲陳起，似可信也。

此本今藏日本静嘉堂文庫，四册，每半葉九行，每行十八字。
凡收宋詩家四人：戴石屏（復古）三卷、高菊磵（耆）二卷、姜白
石（夔）一卷、嚴坦叔（粲）一卷。卷中有“海寧陳氏向山閣圖
書”朱文長印，“程氏易田”白文方印，“易田”朱文方印。詳參
嚴紹璗《日藏漢籍善本書錄》。

除上述兩本外，今國家圖書館猶藏有清鈔本一部。

今按：前述《江湖》諸集時，嘗引《文淵閣書目》《晁氏寶文
堂書目》，皆著錄有《中興江湖集》，而此本趙氏著錄爲“中興

群公吟稿”，原書目録末注“中興江湖吟稿”，皆爲“吟稿”而不
作“集”。陸心源以爲即“《江湖中興集》之一無疑”，恐難遽
斷，故本書另行著録，以俟再考。是集所收四家，雖亦見於
《南宋六十家小集》，然兩本不完全相同。如《六十家小集》中
有戴復古《石屏續集》四卷，此本有“石屏戴式之”三卷（卷一
至三），收詩反比四卷本多，且有十二首不見於通行十卷本
《石屏詩集》。又如《六十家小集》有高翥《菊磵小集》一卷，
《吟稿》卷四、卷五爲高翥詩，剔除《信天巢遺稿》（《菊磵小集》
包括在内）已有之外，尚可輯詩五十八首（參《全宋詩》）。於
此可見《吟稿》價值不菲。

增廣聖宋高僧詩選一卷後集
三卷續集一卷

陳　起　編

　　是書題陳起編，無序跋，編刊情況不詳。其爲僧詩總集，
與江湖小集並非同類，故特另行著録。臺北“中央圖書館”所
藏宋刊本《南宋群賢小集》中有其本。顧修讀畫齋於嘉慶六
年（一八〇一）所刊《南宋群賢小集》中亦有之。除此兩本外，
傳世皆鈔帙。國家圖書館藏有清初毛氏汲古閣影宋本二册，
原爲黃丕烈舊藏，後歸汪氏藝芸書舍；該館又藏有清張德榮
鈔、黃丕烈校跋本二册。

　　瞿氏鐵琴銅劍樓亦曾庋藏黃丕烈舊藏影鈔宋本，其《藏
書目録》卷二三著録道：

　　　　《增廣聖宋高僧詩選》前集一卷《後集》三卷《續集》

一卷，影鈔宋本。題錢唐陳起編，無序跋。其前集一卷
即九僧詩也。《後集》爲贊寧三首，智仁三首，鑒微二首，
尚能六首，子熙四首，用文六首，文瑩二首，秀登三首，惠
璉七首，惠嚴四首，顯萬九首（按：以上卷上），延壽、智圓各
三首，遵式九首，重顯一首，契嵩三首，寶廜一首，惟政二
首，仲休、顯忠、清晦、南越、楚巒各一首，道潛三十二首
（按：以上卷中），善權十五首，梵崇十七首，曇穎一首，清順
二首，元照、曉瑩各一首，曇瑩五首，仲皎、希雅各一首
（按：以上卷下）。《續集》爲秘演七首，擇鄰、清外各一首，
蘊常七首，正勤、昭符各一首，法具四首，如璧六首，惠洪
八首，道全、守璋、希顏、守銓各一首，正宗四首，繼興、遇
昌、益各一首，法平、慧梵各二首。每半葉十行，行二十
八字，徵、懸、樹字有闕筆，猶從宋刻影鈔者。舊爲士禮
居藏本。（卷首有“歸安丁寶書鑒藏”朱記。）

此本今亦藏國家圖書館，有黃丕烈跋並題詩，參《士禮居藏書
題跋記》卷六、《鐵琴銅劍樓藏書題跋集錄》卷四。

　除上述外，國家圖書館猶藏有清趙氏亦有生齋鈔本
一册。

　丁氏曾弆藏此書舊鈔本兩部，一部爲《聖宋高僧詩選》一
卷《後集》三卷《續集》一卷，另一部爲《增廣聖宋高僧詩選》三
卷《後集》三卷《續集》一卷及元陳世隆輯《宋僧詩選補》三卷。
其《善本書室藏書志》卷三八著錄，今皆藏南京圖書館。後者
（第二部）前集作三卷，實仍爲九僧詩，與作一卷無異。

十家宫詞 十二卷

佚　名　編

宋代嘗有《五家宫詞》刊行，編者不詳，《書録解題》卷一五著録：

> 《五家宫詞》五卷，石晉宰相和凝、本朝學士宋白、中大夫張公庠、直秘閣周彦質及王仲修，共五人，各百首。仲修當是王珪之子。

《五家宫詞》及唐王建、蜀花蕊夫人、宋王珪三家《宫詞》三卷，益以《宣和御製》三卷、胡偉《集句》一卷，凡十二卷，稱《十家宫詞》，南宋末臨安府棚北大街陳氏書籍鋪有刊本，即所謂"書棚本"，然不詳是否陳起編。清康熙間，倪燦得宋書棚原刻本，朱彝尊見而録副，托胡介祉刊之，朱氏序曰：

> 上元倪檢討闇公（燦）得《十家宫詞》於肆市中，……蓋猶是宋時雕本。予見而亟録副。會山東布政司參議胡君茨村（介祉）以轉運至潞河，屬其復鋟諸木。鋟未竟，而闇公殁於官，其仲子亦夭，求宋本不再得。籍胡君之力，而是書以存，誠厚幸也。

時在康熙二十八年（一六八九）。王士禎《居易録》卷一曰："朱檢討（彝尊）……所刻《十家宫詞》，爲倪檢討（燦）雁園家宋刻本。唐陝州司馬王建、蜀花蘂夫人、石晉丞相和凝、宋宣和御製、丞相王珪、珪子仲修、學士宋白、中大夫張公庠、直秘閣周彦質，又胡偉集句，凡十家。"傅增湘嘗得胡刻重修本，作

《十家宫词跋》,謂"嗣胡氏旋京師,仍以刊板歸之竹垞(朱彝尊),卷首有康熙二十八年竹垞自序。至乾隆初年(祝按:乃乾隆八年,一七四三),史開基得其版於外舅家,又補其殘蝕以行世,即此本也"。又稱所得本鈐有"鮑氏知不足齋藏書"、"天都鮑氏困學齋圖籍"、"袁簡齋書畫印"各印,書衣有勞季言(格)題字一行云:"道光乙巳(二十五年,一八四五)五月購於知不足齋,丹鉛精舍主人記。"《宣和宫詞》後勞氏手寫緑君亭本(即毛氏本)十首,又補録渌飲(鮑廷博)跋五行。《王建宫詞》後録楊升庵所補七首,緑君亭本三首(《藏園群書題記》卷一八)。傅氏於是用宋四家書棚本(此本詳後)校胡刻重修本,謂胡刻多有誤字。其《宋書棚本四家宫詞跋》(同上)曰:

> 取朱刊本校之,標題銜名行款悉仍舊式,然誤字時復不免。如《張公庠詞》,開卷第一句"學士經筵論古今",朱刊本誤作"經綸"矣。通勘各卷,凡《宣和宫詞》改正二十四字,《張公庠宫詞》改正五字,《王仲修宫詞》改正十一字,《周彦質宫詞》改正十五字,通計改正得五十五字。

今北京大學、清華大學圖書館藏有胡刻本;國家圖書館、南京圖書館藏有胡刻史開基重修本,國家圖書館所藏即傅增湘本,有傅校並跋。

康熙三十四年(一六九五),胡介祉又於谷園重刻《十家宫詞》,今唯南京圖書館著録一部。

毛氏汲古閣有影鈔書棚本,今藏國家圖書館。南京圖書館藏有清孔氏藤梧館鈔本,有孔繼涵跋。

王文進《文禄堂訪書記》卷五曾著録宋槧全帙,曰:"宋陳氏書棚刻本,存《宣和御製詞》三卷,王建、花蕊夫人、王珪、和

凝、宋白、張公庠、周彦直、王仲修、胡偉集句各一卷。"一九
三〇年(庚午),周叔弢得書棚本《十家宫詞》之四家,爲宋徽
宗三卷、張公庠一卷、王仲修一卷、周彦質一卷,凡六卷。前
述傅增湘用以校胡刻重修本者,即此本。傅氏《宋書棚本四
家宫詞跋》以胡刻本《宣和宫詞》第六十一首"嬌怯畫船推俯"
句下空缺一格,而此本作"岸",不缺,證明周氏所得非倪燦
本,而是另一宋本。宋四家書棚本今藏國家圖書館。周氏嘗
將其影印爲《四家宫詞》,影印本今傳世。

　　民國間,田中玉以周叔弢影書棚本《四家宫詞》,配傅氏
所藏胡刻本中之另六家,模摹上版,影刊爲《十家宫詞》。傅
增湘《影宋本十家宫詞跋》曰:"蘊山田君(中玉)見而愛之
(按:指影印宋本《四家宫詞》),深恐其流播之未廣也,爰取影
本以覆諸木。其宋文安等六家,則依余所藏朱本(按:即胡刻
重修本)模摹,以足十家之數。惟《王建宫詞》内標舉各則及
卷尾增入諸首咸勞巽卿(格)親筆校録,朱氏原本所無也。"
(《藏園群書題記》卷一八)田中玉刊本因有四家直接由影印宋本
出,故較康熙胡刊本更爲精善。田氏影印本《十家宫詞》今有
傳本,近年北京中國書店嘗將其影印,較易得。《十家宫詞》
中宋人各家,參拙著《宋人别集叙録》。

【附録】

十家宫詞序

（清）朱彝尊

宫詞不著録於隋、唐《經籍》,唐、宋《藝文志》,惟陳氏《書

録解題》有《三家宮詞》三卷，唐陜州司馬王建、蜀花蕊夫人、宋丞相王珪作也。又《五家宮詞》五卷，石晉宰相和凝、宋學士宋白、中大夫張公庠、直秘閣周彦質，及王珪之子仲修五人，詩各百首。馬氏《通考》取焉。

上元倪檢討闇公得《十家宮詞》於肆中，益以《宣和御製》三卷、《胡偉（絶）〔集〕句》一卷，蓋猶是宋時雕本。予見而亟録其副。會山東布政司參議胡君茨村以轉運至潞河，屬其復鋟諸木。鋟未竟，而闇公没於官，其仲子亦夭，求宋本不再得。借胡君之力，而是書以存，誠厚幸也。

鄱陽洪佽稱宮詞古無有，至唐人始爲之。不知《周南》十一篇，皆以寫宮壺之情，即謂之宮詞也，奚而不可？然則《鷄鳴》，齊之宮詞也；《柏舟》《緑衣》《燕燕》《日月》《終風》《泉水》《君子偕老》《載馳》《碩人》《竹竿》《河廣》，邶、鄘、衛之宮詞也。下而秦之《壽人》，漢之《安世》，隋之《地厚天高》，皆房中之樂。凡此，其宮詞所自始乎。闇公嘗言之矣："花蕊，春女之思也，可以怨；王建而下，詞人之賦也，可以觀；至道君以天子自爲之，風人之旨遠矣。"可謂善言詩者也。

闇公没已二年，胡君持母喪還京師，鏤板歸於予所，乃序其本末而印行之。（《四部叢刊初編》本《曝書亭集》卷三六）

宋書棚本四家宮詞跋

傅增湘

《宣和御製宮詞》三卷、《張公庠宮詞》一卷、《王仲脩宮詞》一卷、《周彦質宮詞》一卷，宋刊本，半葉十行，每行十八字，白口，左右雙闌，版心記宣和一、二、三，及張詞、王詞、周詞幾。宋諱慎、敦字缺末筆。以版式、行格、字體審之,決爲書棚本。昔年曾見錢新甫前輩所藏《棠湖詩稿》正是此式,惟卷末有"臨安府棚北大街陳宅書籍鋪印行"小字二行,此本無之,或刊之他卷末,兹帙以殘缺故不及見耳。

考《十家宫詞》十二卷,内王建、花蕊夫人、王珪各一卷,爲《三家宫詞》,和凝、宋白、張公庠、周彦質、王仲脩各一卷,爲《五家宫詞》,益以《宣和御製》三卷、《胡偉集句》一卷,合爲十家。朱竹垞曾據上元倪闇公所得宋時雕本録副而刊行之。後其版爲史開基得之,又補其殘缺以傳之,即今通行本是也。兹帙所存只四家,其中張公庠詞題"卷第二",周彦質詞題"卷第三",王仲脩詞題"卷第四",蓋卷第一爲和凝也。取朱刊本校之,標題、銜名、行款悉仍舊式,然誤字時復不免。如《張公庠詞》,開卷第一句"學士經筵論古今",朱刊本誤作"經綸"矣。通勘各卷,凡《宣和宫詞》改正二十四字,《張公庠宫詞》改正五字,《王仲脩宫詞》改正十一字,《周彦質宫詞》改正十五字,通計改正得五十五字。

此書各家書目不見著録,倪氏藏本身後旋即散佚,當時竹垞求之已不可得。此本無收藏家印,或疑即闇公故物。然細檢朱刊本空缺之字,如《宣和宫詞》第六十一首"嬌怯畫船推俯","俯"下空缺一格,可知闇公本必此處斷爛,故缺文不敢臆補。此本字畫清朗,明明爲"岸"字,則非闇公所藏審矣。其餘別有空格數字,宋本乃以墨筆填寫,於考證無關,可不置論。

此帙初見於廠市,蹤迹隱秘,不知出自誰家,一瞥遂不可再睹。其後展轉爲秋浦周君叔弢所獲,議值至千六百金,縢以岳刻《春秋名號歸一圖》《春秋年表》二册,初印精善,紙色如玉,墨光如漆,蓋相臺《左傳》之首帙也。叔弢嗜書如命,頻年采獲,插架琳瑯。今又收此秘笈，異時撰爲賦詠，殆可與華氏真賞、黃氏宋塵後先競美。爰舉校勘所得，詳志顛末，俾後來者得以取資焉。

庚午五月二十五日，藏園居士手記。（《藏園羣書題記》卷一八）

典雅詞

陳　起　編

叢編本《典雅詞》，最早引起注意的學者，當是清初朱彝尊，其《跋典雅詞》曰：

《典雅詞》，不知必幾十册。予未通籍時，得一册於慈仁寺，集、箋皆羅紋，惟書法潦草，蓋宋日胥吏所鈔南渡以後諸公詞也。後予分纂《一統志》，崑山徐尚書請於朝，權發明文淵閣書，用資考證。大學士令中書舍人六員編所存書目，中亦有《典雅詞》一册。予亟借鈔其副，以原書還庫，始知是書爲中秘所儲也。既而工部郎靈壽傅君，以家藏鈔本四册貽予，則尺度題箋，與予曩所購無異。考正統中《文淵閣書目》，止著“諸家詞三十九册”，而無“典雅”之名，疑即是書，著録者未之詳爾。予所得不及十之二，然合離聚散之故，可以感已。（《曝書亭集》卷四三）

所謂“止著‘諸家詞三十九册’”，當指《文淵閣書目》卷一〇著録之“諸家燕宴詞，一部三十册”，略有不同，蓋行文時記憶之誤。

倪燦《宋史藝文志補》著録“《典雅詞》三卷：姚述堯《簫臺

公餘詞》、倪儷《綺川詞》、邱寀《文定詞》，各一卷”。倪氏與朱
彝尊爲同時代人。又繆荃孫《藝風堂藏書續記》著録《典雅
詞》五册十四家：

> 傳鈔汲古閣本。首册陳允平《西麓繼周集》；二册曹
> 冠《燕喜詞》、趙磻老《拙庵詞》、李好古《碎錦詞》；三册馮
> 取洽《雙溪詞》、袁去華《宣卿詞》、程大昌《文簡公詞》；四
> 册胡銓《澹庵長短句》《章華詞》、劉子寰《篁嵊詞》、阮閲
> 《户部詞》；五册黄公度《知稼翁詞》、陳亮《龍川詞》、侯寘
> 《孏窟詞》。如《燕喜》《澹庵長短句》，皆無單行之本，亦
> 罕見之秘笈也。

陸心源《皕宋樓藏書志》卷一一九至一二〇著録汲古閣
影宋本十三家，當即《典雅詞》本：《巢令君阮户部詞》一卷（阮
閲）、《澹庵長短句》一卷（胡銓）、《燕喜詞》一卷（曹冠）、《拙庵
詞》一卷（趙磻老）、《雙溪詞》一卷（馮取洽）、《文簡詞》一卷
（程大昌）、《章華詞》一卷（撰人無考）、《篁嵊詞》一卷（劉子
寰）、《知稼翁詞》一卷（黄公度）、《龍川詞》一卷（陳亮）、《西麓
繼周集》一卷（陳允平）、《孏窟詞》一卷（侯寘）、《碎錦詞》一卷
（李好古）。以上今藏日本静嘉堂文庫。較之藝風所藏十四
家，缺袁去華《宣卿詞》。

國家圖書館現存勞權借知不足齋所藏曝書亭傳録宋鈔
本影寫《典雅詞》三册十卷，《中國古籍善本書目》著録，子目
爲：“《丞相李忠定公長短句》一卷，宋李綱撰。《撫掌詞》一
卷，宋歐良撰。《東澤綺語》一卷，宋張輯撰。《清江漁歌》一
卷，宋張輯撰。《雙溪詞》一卷，宋馮取洽撰。《宣卿詞》一卷，
宋袁去華撰。《文簡公詞》一卷，宋程大昌撰。《燕喜詞》一
卷，宋曹冠撰。《拙庵詞》一卷，宋趙磻老撰。《碎錦詞》一卷，

宋李好古撰。"後録朱彝尊跋及勞權題識，參傅氏《經眼録》卷一九。

　　南京圖書館所藏丁氏書中，亦有《典雅詞》本。《善本書室藏書志》卷四〇著録袁去華《宣卿詞》、程大昌《文簡公詞》、馮取洽《雙溪詞》三種，注明爲《典雅詞》鈔本；又有毛氏汲古閣鈔本趙磻老《拙庵詞》、李好古《碎錦詞》、胡銓《澹庵詞》，以及勞權鈔本《撫掌詞》。除上述外，猶有精鈔本侯寘《嬾窟詞》、黄公度《知稼翁詞》、曹冠《燕喜詞》，明鈔本張輯《東澤綺語》，舊鈔本陳允平《西麓繼周集》（汪魚亭原藏本）。以上凡十一種。又據《中國古籍善本書目》著録，該館猶藏有清鈔本《典雅詞》十四種，子目與上引繆荃孫著録傳鈔汲古閣本相同。

　　綜合中國國家圖書館、南京圖書館、臺北"中央圖書館"及日本静嘉堂文庫所藏，除去重複，尚有二十家二十一種（張輯二種）。它們是：一，阮閲《巢令君阮户部詞》一卷；二，胡銓《澹庵長短句》一卷；三，曹冠《燕喜詞》一卷；四，趙磻老《拙庵詞》一卷；五，馮取洽《雙溪詞》一卷；六，程大昌《文簡詞》一卷；七，佚名《章華詞》一卷；八，劉子寰《篁嶺詞》一卷；九，黄公度《知稼翁詞》一卷；十，陳亮《龍川詞》一卷；十一，陳允平《西麓繼周集》一卷；十二，侯寘《嬾窟詞》一卷；十三，李好古《碎錦詞》一卷；十四，李綱《丞相李忠定公長短句》一卷；十五，歐良《撫掌詞》一卷；十六，張輯《東澤綺語》一卷；十七，張輯《清江漁歌》一卷；十八，袁去華《宣卿詞》一卷；十九，姚述堯《簫臺公詩餘》一卷；二十，倪稱《綺川詞》一卷；二十一，曹冠《燕喜詞》一卷（祝按：最後三種乃王兆鵬先生告知，其曰："此三種合訂，題爲《宋人詞三種》，有道光四年〔一八二四〕劉喜海手書題記，今藏臺北‘國家圖書館’。”王重民《中國善本書提要》認爲這三種是《典雅詞》的殘帙，詳見拙著《詞學史料學》第一〇四頁引録）。

　　至於《典雅詞》的編刊者，趙萬里《校輯宋金元人詞自序》曰：

　　　　以江陰繆氏藏本行款推之，半葉十行，行十八字，與汲古閣影宋陳氏書棚本趙以夫《虛齋樂府》、許棐《梅屋詩餘》、戴復古《石屏長短句》均合，平闕之式亦有同者，與毛氏影宋本《知稼翁詞》《和石湖詞》《辛稼軒詞》，亦無不合，殆均爲陳氏書棚所刻，其性質初與《群賢小集》無異。

以版式與陳氏書棚本其他詞集合，遂類推《典雅詞》亦是書棚本，雖直接的文獻依據尚嫌不足，但有一定説服力，故當代詞學研究者多從其説（如吳熊和《唐宋詞通論》）。本書姑從之。

十先生奧論十五卷後集十五卷續集十五卷

佚　名　編

　　是書無纂輯者名氏，又無舊本序跋，編刊情況不詳。考中華書局影印本《宋會要輯稿·刑法》二之一七二，載慶元二年（一一九六）六月十五日國子監奏其搜尋得僞書名件，請“書板當官劈毀”，其中有《七先生奧論》。疑所謂《十先生奧論》，即是在《七先生奧論》基礎上增編而成，蓋始刊於慶元黨禁之前，黨禁解後又增編後集、續集，殆宋末書坊所爲。

　　《宋史藝文志補》載：“《十先生奧論》四十卷，程、張、朱、吕以下共十五人。"然流傳至後世之宋本爲四十五卷,只是脱去五卷,故著録四十卷者,乃實有之數。《四庫總目》著録浙江范懋柱家天一閣藏本四十卷,《提要》曰:

> 不著編輯者名氏,亦無刊書年月,驗其版式,乃南宋建陽麻沙坊本也。書中集程子、張耒、楊時、朱子、張栻、吕祖謙、楊萬里、胡寅、方恬、陳傅良、葉適、劉穆元、戴溪、張震、陳武、鄭湜諸人所作之論,分類編之,加以注釋。據其原目,凡前集、後集、續集各十五卷。此本續集脱去前五卷,僅存十卷,而前集第七卷以上亦屬後人鈔補,其原注並佚去不存。所亡之卷,已無篇目可考,不知作者凡幾。此四十卷中,核其所作者已十六人,但題曰"十先生",所未詳也。……此書雖不出科舉之學,而殘編斷簡,得存於遺軼之餘,議論往往可觀,詞采亦一一可取,固網羅放失者所不廢也。

據《浙江采集遺書總目》,天一閣所藏乃宋槧本,今不見著録。四十卷中已有作者十六人,而題曰"十先生",《浙江采集遺書總目》以爲是"舉成數也"。然增編之可能更大:蓋其書原止七先生,慶元黨禁中被劈毀,弛禁後增爲十先生,而書坊射利,再行擴大編帙,於是增補爲十六先生以上,書名則仍沿用讀者熟稔之"十先生"。坊本書籍時有此類不規範現象。

　　《十先生奥論》前、後、續三集,藏書家極少著録,唯見明《脈望館書目》載有"宋板《十先生奥論》一本",已久佚。范氏宋槧失傳之後,今日所能見者,唯《四庫全書》本耳。

分門纂類唐宋時賢千家詩選
□□卷後集□□卷

劉克莊　編

　　是書舊題"後村先生編集"，無序跋。按：劉克莊（一一八七—一二六九），字潛夫，號後村，莆田（今屬福建）人。理宗時賜同進士出身，官至工部尚書兼侍講，著有《後村先生大全集》。《千家詩選》唯見明《濮陽蒲汀李先生家藏書目》著録："《唐宋時賢千家詩》，四本。"此所謂"本"，當即册。今國内所傳凡四種，日本藏有兩種（其中元刻殘本與國内藏本原爲一部，詳下），卷數多寡不盡相同。

　　國内藏本，一爲元刻殘本（舊以爲宋槧），二爲明鈔本，三爲康熙時楝亭曹氏（寅）刊本，四爲《宛委别藏》本。分別述之於次。

　　一、元刻殘本。原藏日本，今藏北京大學圖書館。有繆荃孫跋。傅氏《經眼録》卷一七著録道：

　　　　《分門纂類唐宋時賢千家詩選》十五卷《後集》五卷，宋刊本，十一行二十一字，黑口，左右雙闌。次行題"後村先生編集"，各類標目大字占兩行，上加黑蓋子。宋諱不避，殆宋末坊刻。

　　　　按：曹楝亭翻刻本行款正同，而詩題上陰文"唐賢"、"宋賢"、"時賢"諸字概行删去，詩題人名多失載，於是乙詩混入甲作者比比皆是。又一詩而數首者，於人名註明幾首，曹刻亦佚之。曹刻詩中闕字此本皆有之，卷中改正之字亦數百計。至《續集》五卷則楝亭所未見，因别鈔存之。雖殘帙寥寥，亦孤本秘笈矣。

　　此書銅山張君伯英得於端匋齋（方）家，有徐積餘（乃昌）藏印，疑開府江南得之餽遺者也。聞繆小山（荃孫）前輩言，積餘游東瀛時所獲。各卷均有補寫詩，亦日本舊學家手筆。鈐有“香山常住”墨記。（乙丑）

後來傅氏又作《分門纂類唐宋時賢千家詩選後集跋》，所跋乃繆荃孫借徐本影寫之本，僅《後集》五卷，並按曰：“宋刊原本楊惺吾（守敬）得之日本，故卷中多有日人點抹之迹，後歸之徐積餘。……其宋刊本，今已展轉入北京大學藏書樓中矣。”（《藏園群書題記》卷一八）所謂“宋本”，今北大圖書館著録爲元刻本，八册一匣，共存二十一卷（卷一至四、八至一五、一八至二〇，後集存卷二至四、八至一〇）。按原書中所謂“時賢”，多南宋後期人，如真德秀、戴復古、劉過、方岳、華岳等等。但卷二“清明”中又將陳與義（簡齋）列爲“時賢”，簡齋爲南宋初人，並不與劉克莊同時。“時賢”中又有劉克莊（“劉後村”），而書却題“後村先生編集”；且題劉後村之詩頗有贋品，如卷六《晝夜門·晚·江上晚》七絶二首，署劉克莊，實爲戴復古《江村晚眺二首》，見《石屏詩集》卷七；同卷《晝夜門·夜·春夜》“暝色千村静”列爲“唐賢”，署無名氏，而實爲劉克莊詩，見《後村居士詩》卷三。此類例子尚多，詳參李更、陳新先生《分門纂類唐宋時賢千家詩選校證》（此本詳下）之《點校説明》。諸多證據表明，此書絶非劉克莊編（本書姑依舊題），必出坊肆僞託無疑，故舛誤甚多。筆者觀北大圖書館藏本微縮膠卷，其刻工潦草，版面極不規整，在坊刻書中蓋亦屬於劣品。

　　二、明鈔本，凡二十五卷，今藏國家圖書館。前有無名氏（當是近人）讀書題記，曰：

　　《分門纂類唐宋時賢千家詩選》二十五卷。此鈔本頗古，似明初鈔本。據《郘亭書目》，只有曹棟亭刊本二十二卷，今取以相校，人品門多美女一卷，又多宴賞門一卷，又多性適門一卷，内容亦多不同。如卷八第六頁第一行"鳳州"，刻本作"揚州"；第二行"每逢"，刻本作"甘州"（祝按：即劉後村《海棠》第二首，原詩鈔本爲："鳳州宮柳昔曾攀，亦醉瓊花芍藥間。獨有海棠心未足，每逢多處必來看。"）。卷十一第三頁第九行刻本脱落"王荆公"三字。其他脱落人名很多，須細校對。惜此鈔本稍殘，是遺憾耳。

書中有"唐賢"、"宋賢"、"時賢"字樣。此本可略補元刻本之闕，雖鈔手不佳，且多殘缺漫漶（如卷一已殘損過半，末尾幾卷更是零落僅存），仍有不可替代之價值。

　　三、康熙棟亭曹氏刊本。是本乃清康熙四十五年（一七○六）曹寅輯、揚州詩局刊《棟亭藏書十二種》之一，爲《分門纂類唐宋時賢千家詩選》二十二卷，今存。民國十年（一九二一），上海古書流通處曾據揚州詩局本影印。

　　四、《宛委别藏》本，二十二卷。《四庫全書》未收是書，阮元嘗以二十二卷本進呈，進呈本即鈔曹刻本，今藏臺北"故宫博物院"，已影印入《宛委别藏》。阮氏《揅經室外集》卷一載《提要》道：

　　　　茲其（劉克莊）所選唐、宋、時賢之詩，題曰"後村先生編集"者，著其别號也。是書爲向來著錄家所未見，惟國朝兩淮鹽課御史曹寅曾刻入《棟亭叢書》中，前後亦無序跋。案《後村大全集》内有《唐五七言絶句選》及《本朝五七言絶句選》《中興五七言絶句選》三序，或鋟版於泉、於建陽、於臨安，則克莊在宋時固有選詩之目。此則疑當時輾轉傳刻，致失其緣起耳。書分時令、節候、氣候、晝夜、百花、竹林、天文、地理、宮室、器用、音樂、禽獸、昆蟲、人品十四門，每門附以子目，大致如趙孟奎《分類唐詩歌》，所選亦極雅正，多世所膾炙之什。唯中多錯誤，如杜甫、王維、趙嘏諸人傳誦七律，往往截去半首，改作絶句，甚至名姓不符。然考郭茂倩選古樂府，如"風勁角弓鳴"一律，截去上四句，題爲《戎渾》；"莫以今時寵"一絶加作八句，題爲《簇拍相府蓮》，則古人多有此例，不足以掩其瑜也。

所稱劉氏三序，乃依代編次，而此本分類，已不相符。且劉克莊所輯爲絶句，而此本却收有古詩（如卷一七《器用門·墨》載東坡二首"徂徠無老松"、"谿石琢馬肝"之類）。

繆荃孫跋謂"曹刻廿二卷，廿卷爲前集，與此均合；後集止存二卷，均人品門，爲此本所無，但不知當在何卷耳。……曹刻不知是刻是鈔，大約亦不全，爲書估强合，挖去前、後集字以充全帙，亦其長技"。傅增湘認同繆氏之説，亦以爲曹刻二十二卷本所據，當與上述元刻殘本爲同一版本，但亦非全本。他曾於一九四四年（甲申）作《校後村千家詩選跋》，分析其所以爲二十二卷，疑有二卷爲後集錯入。跋略曰：

> 此《詩選》爲曹棟亭刊本，凡二十二卷：一、二時令，三、四節候，五氣候，六晝夜，七、八、九、十百花，十一竹林，十二、十三天文，十四、十五地理，十六宮室，十七器用，十八音樂，十九禽獸，二十昆蟲，二十一、二十二人品。余假得宋刊本校之，宋本標題下有"前集"二字，曹本無之；宋本至卷二十止，目録存殘葉亦然，曹本乃有人品二卷。故藝風前輩謂原本前集實止二十卷，其人品二

卷乃後集錯入者。疑曹氏所得非全本，爲書估强合，挖去前、後集字，以充全帙。其説頗爲確當，然非得見宋本，又何從知其誤耶！（《藏園群書題記》卷一八）

以上爲國内藏本情況，以及前人研究諸本之結論。對於繆、傅二氏所謂棟亭本末二卷是"後集錯入"之説，將在下面討論。

再看日本藏本。日本藏本筆者未曾寓目，據李更、陳新《分門纂類唐宋時賢千家詩選校證》所附《〈分門纂類唐宋時賢千家詩選〉考述》（以下簡稱《考述》）介紹，日本現藏是集二種，一爲日本慶應義塾大學斯道文庫所藏元刻殘本，存前集卷五至七，後集目録、卷一、卷五至七，有"香山常住"墨記，當與上述北大圖書館藏元刻殘本爲一帙，流散之後被分别購存。在後集目録首葉，有牌記曰：

　　　　兩坊詩編充棟汗牛，獨是編，詩人莫不稱賞。今再
　　將　先生家藏所編善本並前集所未備門類、人所願見而
　　不可得者，臕作後集，一新刊行，伏希　　　　眼月。（祝按：空
　　格依原式）

據此牌記，以及對該本形式體例之考查，《考述》得出結論：《後集》部分"是這個版本新增的，刊刻面世較晚"，"這個部分並非《前集》的延續，而更像是另起爐竈的"，"與原編並非出於一人之手"，且與原編"存在一定的時間差距，甚至可能遲至元初"。

日本現存另一部《分門纂類唐宋時賢千家詩選》二十二卷（卷一三至一六鈔配），藏東京御茶之水女子圖書館成簣堂文庫，也是元刻本，《考述》作者亦未見。據《新編成簣堂文庫

善本書目》影印圖版，其卷首有牌記，曰："曾遍覽諸家詩集，大抵尚時賢而遺唐宋，遂使時人起美玉韞匵之譏，興玉石混淆之歎。今得後村先生集撰唐宋時賢五七言詩選，隨事分百有餘類，隨類分唐、宋、時賢三家，總是題詠，無一閒話，真詩中之無價寶也。不惟助騷人之唱和，亦可供童蒙之習讀，故名曰《千家詩選》。同輩有志於斯，爲之一覽，使余無抱璞之恨耳。幸鑒。"《考述》認爲，從圖版看，此本與上述元本在版式、行格及字體上都極爲相似，但經鑒別，二者之間仍存在一些細微差别，《斯道文庫貴重圖書蒐選》也認爲屬行格相同、字體接近的不同版本。

　　至此，再回頭討論曹氏棟亭本末二卷是否由"後集錯入"的問題。《考述》注意到，北大圖書館所藏元刻本殘存目録之末葉，内容爲卷一九目録之後半及卷二〇目録，其後標有"分門纂類唐宋時賢千家詩選目録終"字樣，無挖改痕迹，表明該本《前集》僅二十卷。從《後集》國内所存六卷、日本斯道文庫所藏四卷看，其中並無"人品"一門。這就是説，繆荃孫、傅增湘有關棟亭二十二卷本之末二卷"人品"是"書估强合，挖去前、後集字"，"乃後集錯入"之説不能成立。而上述國圖所藏明鈔本二十五卷，其卷二一、二二兩卷，與棟亭本内容相同，表明棟亭本之編卷是有淵源的。參以日本所藏元刊二十二卷本，很可能二十二卷本是是集的早期版本之一。

　　一九八六年，貴州人民出版社出版《後村千家詩校注》。校點者蓋限於條件，以問題很多的棟亭本爲底本，未利用元刻本和明鈔本，而又改變原書體例，按詩歌體裁重編，以致失去底本原貌。

　　二〇〇二年，人民文學出版社出版李更、陳新《分門纂類唐宋時賢千家詩選校證》。前集二十卷及後集十卷，以北大圖書館、日本斯道文庫所藏元刊本爲底本，元刊本所缺，則用明鈔本爲底本，原則上保持底本原貌，不輕易改動。正文分三部分：元刊本二十卷爲第一部分；明鈔本從卷二一開始（共五卷，又殘葉）爲第二部分；元刊本《後集》十卷爲第三部分。前兩部分除用棟亭本、明鈔本對校外，全書主要用《全唐詩》《全宋詩》爲校本，酌參有關類書、詩話等。後有附錄及索引等。本書用力勤，質量高，可謂古籍整理之範本。

　　後代俗傳之《千家詩》，或題後村先生輯，有明王相注本。又有題謝枋得輯，國內今存明觀成堂陳君美刻本《新刻草字千家詩》二卷，李贄書。然既稱“謝枋得輯”，竟將謝氏所自作之七言絕句《花影》誤署蘇軾，僞託之迹顯然，本書不另著錄。鳳凰出版社二〇一三年出版金程宇編《和刻本中國古逸書叢刊》，收有日本所刊《千家詩》二種：一爲《鼎鐫注釋解意懸鏡千家詩》，題宋謝枋得輯，明陳生高注釋，寬文時代覆明萬曆新安堂刊本；二爲《新訂京本增和釋義魁字千家詩選》，亦題宋謝枋得輯，明顧太初校閱，余幼山重訂。兩書國內已無著錄，其僞託與陳君美刻本同。

　　《千家詩》與上述《分門纂類唐宋時賢千家詩選》雖迥異，但又似乎略有淵源關係。《考述》認爲該書七言詩部分有明顯的承襲痕迹。除有約一半的作品見於《千家詩選》外，在作品排列上仍可以看到一些規律，如絕句部分大體按季節時令及相關景物組織編排等。俗傳本《千家詩》入選篇目淺顯易懂，宜爲啟蒙讀物，故流播特廣，姑不說明、清兩代，即以近年論，各出版社爭相印行，或爲“詳解”、“句解”，或作校注、今譯，名目繁多，是否劉克莊或謝枋得所編似乎已不重要，但徵文考獻，則宜當白别。

【附録】

分門纂類唐宋時賢千家詩選跋

（清）繆荃孫

《分門纂類唐宋時賢千家詩選》宋刻本，半葉十一行，行二十一字，積餘得自日本。檢曹棟亭刻本校之，行數、字數均合。尚存卷一、二、三、四、八、九、十、十一、十二、十三、十四、十五、十八、十九、二十爲前集，又卷三投獻門、四慶壽門、八餽送門、九謝惠門、十謝餽送爲後集。前集欠五、六、七、十六、十七五卷。後集欠一、二、五、六、七五卷，十卷以後不知有無缺逸。曹刻廿二卷，廿卷爲前集，與此均合；後集止存二卷，均人品門，爲此本所無，但不知當在何卷耳。又前集後留一葉，均係訪僧道詩，今亦無此門。

《後村大全集》所載唐賢詩選、唐賢詩續選、宋賢詩選、近賢詩後選，均與此不合，不必强爲附會。前集皆物類，後集皆人事類。曹刻不知是刻是鈔，大約亦不全，爲書估强合，挖去前、後集字以充全帙，亦其長技。曹本卷十一潘紫巖《松》詩末句“此物當爲伯仲行”，曹本“此物”下缺五字；趙循道《苔錢》詩“不比榆花鋪砌白”，曹本“不比”下缺五字。卷十四劉後村《登山》詩“捫蘿莫怪徐徐下”，曹本“徐徐”上缺四字。卷十八劉後村《聞笛》詩“何必謝公雙淚落”，曹本脱“淚落”二字；武元衡《角》詩“胡兒吹角漢城頭”，曹本脱“胡”字。均遜於此本。又此書止有曹刻，各書目均未見，阮文達《外集》亦未能悉其始末，賴此本尚存天壤，俾見是書真面目，雖零珠碎璧，亦可寶也。

光緒癸卯夏六月，江陰繆荃孫。（北京大學圖書館藏元刻本卷末）

分門纂類唐宋時賢千家詩選後集跋

傅增湘

影宋寫本，半葉十一行，行二十一字，黑口，左右雙闌，存後集卷三投獻門，卷四慶壽門，卷八餞送門，卷九謝惠門，卷十謝餞送門，凡五卷。每門標題用大字，占雙行，上加黑蓋子，門內分目亦大字，首尾標題下有陰文“後集”二字，詩題上標“唐賢”、“宋賢”、“時賢”三類，亦用白文，此亦閩坊相沿之舊習，它書常有之。

按：宋刊原本楊惺吾得之日本，故卷中多有日人點抹之迹，後歸之徐積餘。此帙乃繆筱珊前輩借徐本影寫者，跋語載於《藝風堂藏書記》中。筱珊没後，藏書星散，余於陳立炎肆中得之，影摹雖未爲精麗，然楮墨明净，猶具雅風，可資研玩。其宋刊本今已展轉入北京大學藏書樓中矣。

考曹氏所刻《後村千家詩》自時令至昆蟲凡二十二卷爲前集。此殘本五卷及曹本末二卷乃後集，余意曹氏授梓時未及見此，或以其殘缺不完而置之，故此後集自宋以後無刊本也。

甲申二月二十日，藏園志。（《藏園群書題記》卷一八）

校後村千家詩跋

傅增湘

此《詩選》爲曹棟亭刊本，凡二十二卷，一、二時令，三、四節候，五氣候，六畫夜，七、八、九、十百花，十一竹林，十二、十三天文，十四、十五地理，十六宮室，十七器用，十八音樂，十九禽獸，二十昆蟲，二十一、二十二人品。余假得宋刊本校之，宋本標題下有"前集"二字，曹本無之；宋本至卷二十止，目録存殘葉亦然，曹本乃有人品門二卷。故藝風前輩謂原本前集實止二十卷，其人品二卷乃後集錯入者，疑曹氏所得非全本，爲書估强合，挖去前、後集字，以充全帙。其説頗爲確當，然非得見宋本又何從知其誤耶！曹刻缺字據宋刻補完者五處，藝風已備述之，然各卷訛字賴以改訂，人名脱漏者賴以補正，其佳勝之處尚不能悉舉，惟闕佚者五卷無從訪求，殊足惜耳。

甲申二月二十三日，藏園識。（同上）

詩家鼎臠二卷

佚　名　編

是編未見舊刊本，亦不署編輯人姓名。今以陸心源《皕宋樓藏書志》卷一一五著録之朱彝尊舊藏鈔本爲古。該本有勞權校，並作題識二則，其二曰：

　　偶閲《類編花果卉木全芳備祖》，於前集第十九卷
“桐花類”見引《鼎臠集》詩。旋檢是編，則方士繇《崇安
分水道中》後二句也，始信此書出宋人所選，不必以未見
著録致疑矣。第不知選手姓名，意當有序引，而今脱佚，
尚翼異日考得之。

勞氏所舉例精彩，足證是書爲宋代舊籍。考《全芳備祖》編者
陳景沂爲理宗時人，則此書編纂當稍前。陸氏本今藏日本静
嘉堂文庫。

　　《四庫總目》著録汪如藻家藏本，《提要》曰：

　　　　不著編輯者名氏。卷首有題詞，署曰“倦叟”，亦不
知倦叟爲誰也。……方回《瀛奎律髓》稱慶元、嘉定以
來，有詩人爲謁客者，錢塘湖山，什伯爲群。阮梅峰秀
實、林可山洪、孫花翁季蕃、高菊磵九萬，往往雖黄士大
夫，口吻可畏。今考是書，阮秀實、林洪、孫季蕃、高九
萬諸人之詩並在選中，或即其時所刊，如陳起《江湖小
集》之類歟。上卷凡五十八人，下卷凡三十七人，每人
各著其里居字號，爲例不一。所存詩多者十餘首，少者
僅一二首，蓋取嘗鼎一臠之意，故以爲名。其間家數太
雜，時代亦多顛倒，編次頗爲無緒。然宋末佚篇，賴此
以存者頗多，亦未可以書肆刊本忽之矣。上卷首原脱
半頁，上卷末金沙夏某一人，名字詩篇均有闕佚，今亦姑
仍之云。

文淵閣《四庫全書》本，民國間曾影印入《四庫全書珍本初
集》。

　　《皕宋樓藏書志》除録上述朱彝尊舊藏鈔本外，又著録文

瀾閣傳鈔本。上引勞權題識，其第一則曰："此曝書亭鈔本。
頃以文瀾閣本相勘，首葉所缺正同，其作者姓氏每多脱漏。"
按傅增湘作此書跋（見附錄），謂"原本自朱竹垞家出，首佚去
半葉八行，各家傳本皆同，文淵閣著録亦因之"。今檢影印文
淵閣四庫本，卷上之末録容安王顯世子赤詩《烏駐道中》一
首，下行題"金沙夏"三字，原注"闕"。

　　傅增湘曾藏有是編寫本二部，一得之蘇州，一得之杭州，
杭州本録有勞權校字。其《雙鑒樓善本書目》卷四著録，並作
《詩家鼎臠跋》以詳之，稱勞權校"以閣本及《宋詩紀事》《詩林
廣記》《群賢小集》《宋詩拾遺》《後村千家詩》諸書參定字句異
同，其訛繆得以釐正，粗可觀覽"云云。又，今上海圖書館藏
有陸惠疇題跋之清鈔本。南京圖書館所藏丁氏書中，亦有清
鈔本，録有勞權校跋。

【附録】

詩家鼎臠序

倦　叟

　　宋季江湖詩派，以尤、楊、范、陸爲大家，兹選均不及，稍
推服紫芝、石屏、後村、儀卿，其餘人各一二詩止，隘矣。
　　疆事日蹙，如處漏舟，里巷之儒，猶刊詩卷相傳誦。且諸
人姓名有他書別無可考、獨見之此編者，存以徵晚宋故實也。
倦叟。（影印文淵閣《四庫全書》本《詩家鼎臠》卷首）

詩家鼎臠跋

傅增湘

　　此書不詳輯録人姓名,然大抵宋季人所選也。附有倦叟跋,《提要》以爲即曹倦圃,恐未必然。上卷凡五十八人,下卷三十七人,每人采綴一二首,多或十餘首,所取多近體,大率晚宋《江湖小集》諸家,其旨趣可見矣。原本自朱竹垞家出,首佚去半葉八行,各家傳本皆同,文淵閣著録亦因之。余所藏有二寫本,一得之吳門,一得於杭城。杭本録有勞權校字,乃以閣本及《宋詩紀事》《詩林廣記》《群賢小集》《宋詩拾遺》《後村千家詩》諸書參定字句異同,其訛繆得以釐正,粗可觀覽。惟文瀾閣本,據勞氏所校,卷中詩家姓氏標題乃奪至三十,則官書之不足據如此,殊出意表。勞氏原校本舊藏陸氏皕宋樓,今在日本静嘉文庫,余與典掌諸橋君有舊,異時若動丹鉛之興,可爲一瓻之借也。

　　倦叟題詞謂宋季"疆事日蹙,如處漏舟,里巷之儒,猶刊詩卷相傳誦"云云。嗚呼!今日事變益急,吾輩之所處乃益艱,觀倦叟之言,怵目驚心,未嘗不掩卷而增嘆也。戊寅八月既望識。(《藏園群書題記》卷一九)

宋人總集叙録卷第八

兩宋名賢小集三百八十卷

（舊題）陳　思　編、陳世隆　補

　　是書亦爲叢編，收兩宋詩人小集二百五十九家，每家少者四五首，多者達三四百首，其中包括舊題陳起所刊《江湖》諸集六十餘家。與《江湖》諸集相似，是書編者及流傳亦多難解之謎。《四庫全書》著録汪如藻家藏本三百八十卷，《提要》曰：

　　　　舊本題宋陳思編、元陳世隆補。……是編所録宋人詩集，始於楊億，終於潘音，凡一百五十七家，有紹定三年（一二三〇）魏了翁序及國朝朱彝尊二跋。考所載了翁序，與《寶刻叢編》（祝按：陳思所刻書）之序字句不易，惟更書名數字，其爲僞託無疑。彝尊跋中謂是書又稱爲《江湖集》，刻於寶慶、紹定間，史彌遠疑有謗己之言，牽連逮捕，思亦不免，詩版遂毀。案刊《江湖集》者乃陳起，非陳思，且《江湖集》所載皆南渡以後之人，而是書起自楊億、宋白，二書迥異，彝尊牽合爲一，紕繆殊甚。然考彝尊《曝書亭集》有《宋高菊磵遺稿序》，中述陳起罹禍之事甚悉，未嘗混及陳思，而集中亦不載此跋，當由近人依託爲之，未必真出彝尊手。又跋内稱陳世隆爲思從孫，於思所編六十餘家外，增輯百四十家，稿本散佚，曹溶復補綴之。今檢編中所録，率多漏略，如王應麟集雖不傳，其遺篇見於《四明文獻集》者尚多，而此編僅以五首爲一集，溶不應疏略若此。則謂曹溶補綴，亦不足信也。考王士禎《居易録》曰，竹垞輯宋人小集四十餘種，……是彝尊本有宋人小集四十餘種，或舊稿零落，後人得其殘本，更掇拾它集合爲一帙，又因其稿本出彝尊，遂嫁名僞撰二跋歟？然編詩之人雖出贗託，而所編之詩則非贗託，宋人遺稿，頗借是以薈粹，其蒐羅亦不謂無功，黎邱幻技，置之不論可矣。

四庫館臣之意，以爲是編之魏了翁序，乃其爲陳思所刻《寶刻叢編》而作，僅更改書名數字而已；而朱彝尊兩跋，既將陳思與刻《江湖集》的陳起合爲一人，又將此書與《江湖集》混爲一書，顯然矛盾，因斷其爲僞作。館臣又據朱彝尊曾輯有宋人小集四十餘種的記載，得出"或舊稿零落，後人得其殘本，更掇拾它集合爲一帙"的推測。

今按：舊説陳思乃刻《江湖》諸集的陳起（字宗之，號芸居）之子，葉德輝《書林清話》卷二已力辨其非。已故胡念貽先生曾作《南宋〈江湖前、後、續集〉的編纂和流傳》一文（載《文史》第十六輯），又續辨之，認爲陳思與陳起乃兩家人、彼此没有關係。此點學界已成共識，不必再討論。但麻煩的是，《兩宋名賢小集》是否如館臣所説乃僞託？上引胡文對"僞託"説即持異議，他認爲朱彝尊跋語是真實的，但有失誤，誤在他（朱彝尊）對陳起及所刻《江湖》諸集"没有作過認真的研究，甚至没有什麽瞭解"，因而館臣懷疑朱跋爲僞託的理由"不充分"，"朱彝尊曾見過此書，寫過題跋”。對於《兩宋名賢小集》中何以收有舊題陳起所刊《江湖》諸集六十餘家，胡念貽的解釋是：

> 這書確是陳思編和陳世隆增補的。書中收入了一些明清書目中未見著録的詩集，可見其由來已久。陳思是南宋的書商，他編選一部宋人詩集，其中可以收入陳起的《江湖》前、後、續集叢刊的一部分，這在宋代，不以爲嫌。陳起的《江湖集》就收入了一些同時人的刻本。

於是，僞抑或不僞，觀點針鋒相對，目前似以僞託説占優，但並未提供充足的理由以證僞。此問題似乎較複雜，尚看不見有徹底釐清的希望，學界既未能發掘出新的史料，自然也不可能出現更有力的論證，較多的是指出某些小集作品收録之失誤，暫無助於回答整體性的真贋問題。由於時代懸隔，史料匱乏，《兩宋名賢小集》蓋與舊題陳起《江湖》諸集一樣，目前離釐清原委尚遠，故本書仍依舊題著録，並將魏序、朱跋附録於後，以供研究。

在拙著初版本中，筆者對是書真僞未持明確立場，目前則更傾向於“僞託”説。兹提供二事，雖不能對整體證僞，或可管窺一斑。

一、《四部叢刊續編》影宋乾道本呂本中《東萊先生詩集》卷八之首，爲《問曹伯宇疾二首》，次爲《商村河決》一首，再次爲《新霜行》一首。影印文淵閣《四庫全書》本，詩題“問晁伯宇疾二首”之“疾二首”三字闕，兩首詩正文闕。其下《商村河決》闕。《新霜行》首四句闕。於是，《四庫全書》本遂以“問晁伯宇”爲題，與《新霜行》第五句“物生無榮賤”以下文字連爲一首，彌縫得毫無破綻。然而讀之者既不知詩闕三首零四句，且“問晁伯宇”一首題與詩意全不相屬，讀來不知所云。

而《兩宋名賢小集》卷一〇三《紫薇集》（二）之首亦爲《問晁伯宇》，其下與《四庫全書》本全同。由此可見，《名賢小集》本《紫薇集》，至少此處全同四庫本，知所用底本決非出於宋陳思、元陳世隆之手。

二、宋末詩人鄭清之，著有《安晚堂集》，曾由陳氏書籍鋪刊行。毛氏汲古閣影鈔宋本《南宋六十小集》收有殘本十二卷，但前五卷闕，實存卷六至一二，凡七卷。影印文淵閣《四庫全書》收大典本《江湖後集》二十四卷，其中卷五、卷六收有《安晚堂詩》二卷。用汲古閣影鈔七卷本與《江湖後集》二卷本相校，二卷本收詩多出八十餘首，其餘與汲古閣本同。這表明，明人編《永樂大典》時，安晚詩即便已有殘脱，但必不止七卷。又，《兩宋名賢小集》卷二三〇至二三五收《安晚堂集》六卷，較汲古閣本少一卷。但用兩本相較，前六卷收詩及編次大部相同，唯《名賢小集》本每卷末尾較汲古閣本多詩數首乃至十首。深考之，發現所多之詩全見於汲古閣本之卷七。也就是説，《小集》六卷本與汲古閣七卷本收詩數量相同。換言之，《兩宋名賢小集》亦源於七卷殘宋本。這可證明《兩宋名賢小集》所收詩，至少鄭清之《安晚堂集》決不出宋、元人之手。若循此逐集清理，或者能得出明晰的結論。

當然，清初至今年代不算太遠，到《四庫全書》開館時更近，若是“僞託”，竟未留下任何蛛絲馬跡，亦令人不解。要之，上引《四庫提要》所云“編書之人雖出贋託，所編之詩則非贋託”，“蒐羅亦不謂無功，黎邱幻技，置之不論可矣”，在未完全弄清真相之前，此乃通達之論。

《兩宋名賢小集》向無刻本，也無新印本。除《四庫全書》本外，僅有多部鈔帙傳世。現存以國家圖書館所藏清鈔本一部三百八十卷爲最早。該本乃《四庫全書》底本，當鈔錄於《四庫》未開館之前，是尚未謄正的初鈔稿本。卷中有多處批注，以規定謄寫格式。此本已影印入《宋集珍本叢刊》。南京大學圖書館、福建省圖書館分別藏有清鈔本，皆一百八卷。重慶圖書館庋藏清鈔三百六十六卷本，清孔繼涵補目，有《永樂大典》補詩不分卷。今臺北"中央圖書館"著錄舊鈔本一部，凡一百十一卷，二十四册，有近人鄧邦述過錄鮑廷博、勞權二家校語及跋，並手書題記。

【附錄】

兩宋名賢小集序

（宋）魏了翁

予無他嗜，惟書癖殆不可醫。臨安鬻書人陳思多爲予收攬散逸，扣其書顛末，輒對如響。一日，以其所梓《聖宋群賢小集》見寄，且求一言，蓋屢卻而請不已。發而視之，珠玉琳瑯，粲然在目。嗚呼，賈人闖書於世，而善其事如此，可以爲士而不如乎！撫卷太息，書而歸之。

紹定三年夏四月，鶴山魏了翁。（影印文淵閣《四庫全書》本《兩宋名賢小集》卷首）

兩宋名賢小集跋

（清）朱彝尊

按陳思所編《群賢小集》，當時藝流遊客多挾此以干謁時貴，稱爲“國寶新編”，又稱《江湖集》者是也。鏤本已屬希覯，近日海内藏書家間有鈔本，而現在著名之集，率皆不録，所以止有六十餘家不等。噫，假非陳思編輯之力，此六十餘家者保無有湮没勿傳者乎？宜一書賈而爲大儒所嘉嘆也。此外百四十家，係其從孫世隆所編。秀水後學朱彝尊書。

　　思所編《群賢小集》，皆其同時不甚顯貴之人，刻於宋寶慶、紹定間。史彌遠柄國，疑劉過集中有謗己之言，牽連逮捕，思亦不免，詩板遂毀。其從孫世隆當元至正之末，複合兩宋名人之詩選而梓之，甫完數家，復遭兵燹，其稿本流傳，日以散逸。吾鄉曹倦圃先生僅得其十之二三，率皆糜壞，乃補綴成編，復汰其近日盛行諸集，留得二百餘家，選宋詩者，當於此中求之。彝尊又記。（同上）

中興禪林風月集二卷

孔汝霖 編、蕭　澥 校正

　　是集原題“若洲孔汝霖編集，芸莊蕭澥校正”。孔汝霖，生平事跡待考。蕭澥，江西寧都人，淳祐六年丙午（一二四六）解試，次年張淵微榜特奏名。理宗紹定中嘗避亂隱居贛州金精山。爲江湖派詩人，陳起《江湖後集》卷一五收録其詩三十首，有傳云：“澥字汛之，自號金精山民，有《竹外蛩吟稿》。按，金精山在贛州寧都縣，《道書》三十五福地也，澥蓋贛之隱者。”吳澄《故縣尹蕭君墓誌銘》云：“蕭氏居贛寧都之小田，至於君五世矣。君之世父諱澥，能詩，有集曰《芸莊》，五試禮部，特奏授户曹。君之父諱立之，詩宗江西派，絕句有唐人風致，其集曰《冰厓》（按：今存《蕭冰崖詩集拾遺》三卷，拙著《宋人別集叙録》已著録）。登進士科，由鎮南軍節度推官班見，改籍田令，累官至通直。搶攘之際，擢爲道守，不及赴。"（《吴文正集》卷七六。詳參張如安、傅璇琮《日藏稀見漢籍〈中興禪林風月集〉及其文獻價值》，《文獻》二〇〇四年第四期）

　　是集本土久佚，不知何時傳至日本（上引張、傅二氏謂"原鈔大約出天永或文禄年間，與日本'鈔物'這類文獻的出現時代相吻合"，可資參考）。一九九九年下半年，傅璇琮先生到臺灣講學時，得韓國學者全文京所遺鈔本《中興禪林風月集》（其他版本或無"集"字）複印件，原本藏日本京都龍谷大學圖書館。該書凡三卷，作者六十三人，詩一百首，皆五七言絕句，并已據該本補輯《全宋詩》。張、傅兩先生之文，使中國讀者首次知道該書的存在。

　　北京大學許紅霞先生稱該書所收詩一百首中，有七絕八十首，五絕二十首。在六十三位作者中，除目前生平事跡不可考者外，既有北宋僧，也有北宋末南宋初僧，而以南宋中晚期詩僧爲多。又據她調查，是書日本公、私圖書館藏本衆多，有刊本，也有寫本，有漢文注釋本，也有日文注釋本，情況非常複雜。她以爲除日文鈔物資料外，共有八個版本，可分無注、有注兩類。無注本有三個：

　　一、日本内閣文庫藏江户寫本《中興禪林風月》，分上、中、下三卷，一册。每半葉九行，行二十字，左右雙邊，上下單邊，有界行。有"書籍館印"、"内閣文庫"、"日本政府圖書"、"淺草文庫"等印記。

　　二、日本京都大學圖書館平松文庫藏《中興禪林風月集》，分上、中、下三卷，一册。每半葉九行，行十五字，四周單邊，無版心、界行、頁碼。有“京都帝國圖書館之印”。

三、日本駒澤大學圖書館藏《中興禪林風月集》寫本一册，不分卷。正文半葉七行，行十五字。左右雙邊，上下單邊，有界，黑口。有“駒澤大學圖書館之印”印記。

有注本五個：

一、日本成簣堂文庫藏《中興禪林風月》三卷一册，室町時期鈔本，有“蘇峰學人”、“正受禪院”印記。卷首有序文（按：序文見本書附録）。序文、正文皆有注。每半葉九行，行二十字，注雙行小字。四周單邊，有界。序文、正文旁有日文假名訓讀。

二、駒澤大學圖書館藏《中興禪林風月集》，鈔本，分上、中、下三卷，一册。每半葉九行，行二十字。四周單邊，無版心。注文雙行小字。序文、詩歌正文、注文旁皆有日文假名旁訓。有“筒川方外藏書之印”、“曹洞宗大學林文庫”印記。

三、駒澤大學圖書館藏《中興禪林集》刻本，二册三卷。每半葉八行，行十六字，四周雙邊。無界，黑口，上下花魚尾。序及正文皆有注，注爲雙行小字。

四、名古屋市蓬佐文庫藏《禪林風月集》鈔本，分上、中、下三卷，一册。序文與詩歌正文格式相同，每半葉十行，行二十字，無板框、界行、版心。是本已影印入大塚光信所編《新鈔物資料集成》第一卷第一册（日本清文堂出版株式會社，二〇〇〇年）。

五、日本京都龍谷大學藏《中興禪林風月集》一册，三卷，室町時代鈔本。首爲序文，無注。序文、詩歌正文格式相同，每半葉九行，行十七字，四周單邊，無界行。版心空白，無魚尾。

　　許女史對是集版本用功甚深，於中國讀者了解該書情況極有幫助，故將所述無注、有注本全部摘要如上。詳見所著《珍本宋集五種·中興禪林風月》之《〈中興禪林風月〉整理研究》(北京大學出版社二〇一三年版，第二六一頁)。

　　前引張如安、傅璇琮二先生論該書注釋道："後來有日人喜愛此書，爲之作注，並附注日本假名。此書卷首有序云："孔汝霖編集之，蕭瀨校正之，未聽有注者，蓋有之未行於世歟？近代往往頗有注者，未聽出於名家，但道聽而塗說等類也。雖愚不敏，遂集諸家善説以注集之，猶何晏集解《論語》也。'此序没有落款，故不知其真正作者及作文年月，但可判斷序文乃出自爲此書作注之日本學人之手。卷中注釋很多地方頗顯稚拙，如注'芝'云：'芝者，仙藥也，蘭類也。'注'黄庭卷'云：'老子經歟？未詳也。'看來此人的漢學造詣並不很高。但他對富有禪趣妙悟的漢詩特別賞愛。"卞東波先生認爲該書注釋"是用日本室町時代的俗語，對《中興禪林風月集》加以注釋"(《〈宋人總集叙録〉補遺》，《圖書館雜志》二〇〇八年第一期)。許紅霞《〈中興禪林風月〉整理研究》"關於此書的注釋"一節(第四節)，更對該書的注釋體例、引書、注釋方法、失誤等諸多方面作了詳盡的分析，足資參考。

　　目前國内學者有兩個《中興禪林風月集》整理本。一是朱剛、陳珏編著之《宋代禪僧詩輯考》附録一《中興禪林風月集》，以鈔内閣文庫本爲底本，并用蓬佐文庫本校，解題稱"諸本異文較多"(復旦大學出版社二〇一二年版，第六八八頁)。二是《珍本宋集五種·中興禪林風月》本，亦用内閣文庫本爲底本，校以平松本、室町本、龍谷本等共七個版本。對所收詩歌作者的考辨，則以按語的形式，置於其詩歌之下。

【附録】

中興禪林風月集之序

（日本）佚　名

　　《中興禪林》之作者，皆禪者所述詩也。中興者何乎？中間起詩家之法謂也。禪林者何乎？禪者所述之稱也。錢塘英實存詩曰："詩必通禪。"又《毛詩序》曰："詩者，志之所之也。"所以至緇白貴賤，無不述者也。然則中興禪林者，誠是該六義三體，諧五音六律，當時之法則，後昆之龜鑒也。故讀之者得禪門之旨，學之者爲詩家之法。

　　自予少時而闚其戶牖，怪義奥詮者難會，屬略知其歸者也。孔汝霖編集之，蕭瀨校正之，未聽有注者，蓋有之未行於世歟。近代往往頗有注者，未聽出於名家，但道聽而塗説等類也。雖愚不敏，遂集諸家善説以注集之，猶何晏集解《論語》也。諸家異説繕寫不同也，或烏焉之誤，魚魯之差，雖尤多而强不可改正。所以者何？仲尼撰《春秋》，猶及史之闕文者闕之耳，然況於愚乎！但冀有智者更垂潤色。（日本京都龍谷大學圖書館藏注釋本《中興禪林風月集》卷首）

柴氏四隱集 三卷

柴復貞等　輯

　　柴望（一二一二—一二八〇），字仲山，號秋堂，又號歸田,江山(今屬浙江)人。嘗爲太學上舍生,除中書特奏名。淳祐中因上所著《丙丁龜鑒》下獄,尋放歸。景炎中授迪功郎、國史館編校。從弟隨亨,字瞻屺,寶祐四年(一二五六)登文天祥榜進士,歷知建昌軍事。元亨,字吉甫,與隨亨同舉進士,歷官朝散大夫、荆湖參制。元彪,字炳中,號澤臞居士,登咸淳四年(一二六六)進士,嘗官察推。宋亡,兄弟俱遁迹不仕,時稱"柴氏四隱"。四人原各有集,刻於元代,後俱散佚,明萬曆中後裔輯爲《柴氏四隱集》,其中《秋堂集》較完整,故又單行於世。依《四庫全書總目》例,在拙著《宋人別集叙録》中著録《秋堂集》,而將《柴氏四隱集》著録於本書,可參看。

《四庫提要》述之曰:

> (柴)望所著有《道州台衣集》《詠史詩》《涼州鼓吹》;元彪所著有《襪綫集》;隨亨、元亨著作散佚,其集名皆不可考。明萬曆中,其十一世孫復貞等蒐羅遺稿,元亨之作已無復存,因合望與隨亨、元彪詩文共爲一集,仍以"四隱"爲名,因舊稱也。世所行者僅望《秋堂》一集,而實非足本。錢塘吳允嘉始得刻本鈔傳之,又據《江山志》及《吳氏詩永》益以集外詩五首,遂爲完書。

館臣據鮑士恭家藏本著録,凡三卷,人各一卷。萬曆刻本今未見著録,而吳允嘉鈔本,經汪魚亭收藏,後爲丁氏所得,今藏南京圖書館,《善本書室藏書志》卷三八著録道:

> 《柴氏四隱集》三卷,……首有江山知縣張(祝按:原誤"李")斗序及萬曆戊子(十六年,一五八八)十一世孫復貞《四隱集序》,次至正四年(一三四四)楊仲弘撰《秋堂詩集序》,……十一世孫復貞撰《四隱後序》,十一世孫時秀

《刻四隱集跋》。吳志上允嘉手識云……有“汪魚亭藏閲
書”一印。

《藏書志》又著録吳氏瓶花齋鈔本，有吳焯題識，據《宋史》及
《咸淳臨安志》考四人仕歷，又録龔翔麟小記。此本今亦藏南
京圖書館。除上述外，今國内猶著録清鈔本數部，分卷或有
不同，如復旦大學圖書館藏清初鈔本，爲《柴四隱詩集》一卷、
《文集》二卷，而不作人各一卷。

【附録】

柴氏四隱集序

（明）張　斗

　　余綰墨綬而蒞江山，蓋嘗俯察民情，以需漸摩。聞有長
臺裏者，共城侯裔居之，是爲柴氏著名也，非著封也。代有賢
雋，奕葉相輝映，爲江之望族。時於公暇披邑乘稽之，以論其
世。道學則國史禹聲與兄禹功，待制中行；節義則銓部天錫、
水部德載，政事則殿中侍御史瑾、大理寺正衛、參議重，文學
則國史望、建昌守隨亨、制參元亨，神童則蒙亨，而隨亨、元亨
一乳所誕，俱以文學登文文山榜進士。非惟後先相望，踔武
雲霄，而家學淵源，貞規樹德，抑且流芳竹素矣。

　　萬曆己丑，余以賑貸飢民即其家在所，得四隱公集而讀
之，以考鏡其所由。即國史望、建昌守隨亨、制參元亨，其一
則察推元彪也。仕當革命之際，上疏直諫，忤權姦意，相繼斥
逐。未幾元氏混一，物色舊臣而下弓旌，公等守節西山，采薇

明志，遁遺迹於檞林九砌之巔，而《黍離》悠悠之懷，每形於伯仲賡詠間。如所謂"翠華海上知何似，白首山中空自驚"之句，雖流落不偶，而一飯之頃未嘗忘君，直與杜子美同一軌躅，使人讀之靡不慘怛凄婉，感慨欷歔。乃其感憤激烈之懷，則見於《寄謝疊山》二詩，慨然有淵明《詠荆軻》報强嬴之志，而直堅疊山以不仕之節。蓋詩之有關世教者，非徒覽物寫景以舒情愫，而爲章句絺繪者也。紀乘者不察，乃以文學而掩其節義，使本傳不列，其何以樹風教於不窮乎？餘爲之太息者久。

公十一世孫復貞乞言弁於篇首，以闡幽德，因索筆書此畀之，而復命公裔汝招、汝貴刊佈，永垂之不朽。

沛上紫坦張斗序。（影印文淵閣《四庫全書》本《柴氏四隱集》卷首）

柴氏四隱集序

（明）柴復貞

嘗聞截肪拱璧，不終韞於方流；照乘玄珠，豈久淪於赤水？蓋圓穹方祇之精粹，孕爲珍奇，以須人世，雖時有晦蝕，而靈光旁達，必有識者起而蒐索，爲之辨觬理而第甲乙。矧貞義在宇宙間，上扶天綱，下植人紀，樹德立言，足稱不朽，有不邁夫知音之賞者乎？是以波流雅調，慨嘆於鍾期；至德徽音，揄揚於吴札。神感神應之道，不以形骸曠遠而隔若此，又何疑於四隱公之遺集乎？

四隱公者，宋國史秋堂公、建昌大夫贍屺公、制參吉甫公、察推澤朧公也。四公仕當革命之際，鷤鴃悲鳴，衆芳萎歇，各抱杞國之憂，流涕陳列，而爲權奸所擯逐。乃相與遁跡林莽，嘆時

勢之已去，悲故宫之寂寞，《黍離》悠悠之懷，每形於伯仲賡詠，
人以是稱爲"柴氏四隱"云。已而舊社既非，新朝聿起，物色舊
臣，抱琵琶過別船者紛紛如焉。公等自以宋室遺黎，耻事二姓，
並不應徵辟，益深潛遠引於欙林九磜之巔，論者以爲得仲連義
不帝秦之心。

　　自宋迄今幾三百餘禩矣，而孤忠偉節有如綿葛。明興，
嘉靖年間，大司馬克齋李襄敏公守衢日，博稽故實，尚論一
方先哲，以光郡乘，未幾遷官去。邈想高義，躬揮史筆，以紀
其事。念菴羅太史書之，用勒於堅珉，其文載在郡志中。萬
曆丙戌，宗師紫溪蘇公按衢，當品藻俊髦之暇，諮訪鄉賢，以
樹風教，移文查取四公實行遺文，族衆各蒐之蠹簡中，得其
詩文若干首，而吉甫公集屢經兵燹，無復傳焉。繕寫成帙，
以備呈請。丁亥初秋，男日新復於試事畢後，具狀敦請於宗
師行臺，至蒙面命學師責取，通學勘結。而族之鏡者方援旌
傣室，不餘譴也，陰緯繡之，事遂寢焉。嗟嗟，夫以四公之内
美修能，不售於世，而侘傺無聊似屈大夫；雖遭擯逐，而愛君
憂國，念念不忘似杜少陵；却元氏物色，而避地守貞似陶彭
澤。故其發之詩歌，憤激烈，大都足以凄淚千古。真所謂節
義文章，宜與三公並傳矣。顧乃掩懸黎之夜色，韜垂棘之清
光，直與蘇、李二公始昭揭於突奥間。蓋雖未登俎豆，而一
經品題，亦不可不謂之知音之賞矣。

　　叔氏汝招、汝貴，蓋嘗真力於鄉賢之舉，冀孝思有所慰
也，而弗竣厥事。乃謀垂之於不朽，因捐貲命剞劂氏刻之，庶
幾後之賢而有力者遡祖德之幽光，而於鄉賢之祀或再舉焉，
則斯集也亦少爲之一助云。

　　萬曆戊子，十一世孫柴復貞序。（同上）

柴氏四隱集後序

（明）柴復貞

　　曩探漢乘，迄新莽竊據炎鼎也，徵聘之車軌接轂擊，當時貢符獻瑞者充溢於庭，惟龔勝以殺身明節，薛方以詭辭免禍。雖死生異狀，而舍迹諦心均之，皎皎不降不辱也。從而追惟祖德，若四隱公者，丁宋陽九，懷才抱德，彙征於讒諂蔽明之朝，編國史而觸象緯於幾先，守建昌而戒衣袽於保障。設授以指縱，委之干城，豈不能鞠躬王事，騁舟履險，折箸爲械，以當一面，而與張、陸、文山輩殞身厓海、喪首柴市也哉？乃《丙丁》之鑒一上，觸忤權姦，寘之於理，遂使鵷鶵之巢同毀於飆舉，鴻漸之羽高出於雲逵，已無官守之責矣。是以玉馬之奔，與剖心者殊轍，而孔父俱稱其仁，誠有以原其心也。四隱公抱杞國之憂，則忠犯主怒；傷禾黍之離，則悲形虜歌；戀舊君之懷，則橫集涕淚。庸人耻其獨割，欲漫之腥羶，而樽俎之志靡越。蓋放而不怨，非若知蘇臺游鹿而抉目以觀也；爇而莫逃，非若知智氏將亡而易姓以避也。遐想其高義，即武羅揚清於羿浞，元亮標潔於季奴，殆無以過矣。至於緒言遺什，有如蘭菊，不以幽僻不芳，而松柏雅節，足以希蹤張、陸，比之薛方，尤爲貞而不詭者。未有闡而揚之，故略其文不論，而論其大，俾千百載之後聞之者，皆因之以有立云爾。

　　萬曆戊子仲冬望日，十一世孫復貞書於萬卷樓中。（同上卷末）

柴氏四隱集後序

（明）柴時秀

　　夫守西山之節者，不挫飄杵之威；蹈東海之高者，豈怵吞海之勢？蓋志義修則生不知愛，死不知惡，奚啻銖視軒冕已耶！猗柴氏之有四隱公也，樹德臣鄰，繩規往哲，參之夷、連，異世同軌。顧故老之口已絶傳聞，而青簡之編復多殘缺，雲礽來昆，澤斬於服盡。遺言在系，昧者視爲菅蒯，達者比之絲麻，是以若没若存，斷而復續。餘爲此懼，用登之於副墨，庶幾幽德之光久而不泯，而儀刑之志，一觸目而如在矣。

　　萬曆戊子孟冬朔，十一世孫時秀書於清溪碧沼館中。（同上）

論學繩尺十卷

魏天應 編、林子長 注

　　魏天應，號梅墅，宋末鄉貢進士；林子長，號筆峰，京學教諭，皆閩（福建）人。魏氏所編《批點分格類意句解論學繩尺》十卷，乃供科場士子揣摩論體文文法之用。明游明（一四一三——一四七二）《論學繩尺序》曰：

　　　　《論學繩尺》，予初聞其名於太學，而後於鄉之宿儒袁氏家得其丁、癸二集，輒付子姪録之，以爲法程。及奉命至閩，以董學爲職，遍詢是集，無能知者。遂命諸生博訪於儒家，乃於福州得其丙、丁、戊三集，繼於興化得其

甲、己二集,然皆故弊脱略,而所抄多缺文。方以簡策散
逸、莫得其全爲恨。適侍御六安朱公從善來按閩,因得
謄其乙集,且資其丙、丁集以補遺。既而憲副四明余公
允清來抵任,復得抄其庚、辛二集,而賴其戊、己集以補
缺。壬集,則侍御莆田楊公朝重自吾西江采録以遺,以
予家舊所録癸集皆至焉。於是散者復合,缺者亦庶幾復
全矣。

是序作於明成化己丑(五年,一四六九)二月,據知《論學繩
尺》有舊刻本,當刊行於宋末,至明成化間已散佚,幸游明經
多方搜求,雖有殘缺,尚能大致拼合成完書。成化本游明序
後有方形牌記,文曰:"按舊本於己集則云:'前刊五集已盛行
於世,今再依前式續三集。'又於壬集則云:'前刊八集,天下
學者得之,胸中已有一定之繩尺,再續壬、癸。'是蓋三次編選
而後成也。今所采輯,則又倍之,故去其説而約其意於此。
幸鑒。"牌記文字,當是游明節録舊本跋尾轉述(即所謂"去其
説而約其意"),説明舊本分三次編刊,最後成十集(卷)。而
游序述其搜輯舊本情況,也是按"集"陸續得之,則舊本是否
嘗合十集刊爲一本? 不得而知。游序又曰:"顧今所輯録者
猶頗缺略,是以忘其愚鄙,妄以己意補其缺文;於其避諱,如
易'桓'爲'威'之類,悉改正之;於所釋之未切當者,略增損於
其間,又考諸經傳子史,以訂其訛誤。編成,其敢復私於家
哉? 必欲與四方學者共之,爰命書林鋟梓,以廣其傳。"則游
明刊本不僅經校字補缺,且對原注有所訂正,已非簡單的整
理,而是對原書進行加工,以提高質量。要之,成化五年本乃
游明輯校宋末刻本,再由書坊刊行。該本書名爲《批點分格
類意句解論學繩尺》,依舊本仍用干支分爲十集,附《諸先輩

論行文法》一卷。署“宋京學學諭筆峰林子長箋解，鄉貢進士梅墅魏天應編選，福建按察司僉事游明大昇重輯校正”。大黑口，四周雙邊。每半葉十一行，行二十二字，夾注小字雙行同。評列眉端或文旁。左耳有刻工姓名。今國家圖書館、北大圖書館、吉林省圖書館有藏本，日本静嘉堂文庫、内閣文庫亦有庋藏。

　　需要討論的是日本静嘉堂文庫藏本。該書乃陸心源舊藏，《皕宋樓藏書志》卷一一四著録爲“明刊本”，然静嘉堂自編之《静嘉堂漢籍目録》却著録爲“元刊本”。據浙江師大慈波先生介紹，該本書首有游萃“題辭”（即序言），末署“至元己丑二月丁未”。“至元己丑”爲元前至元二十六年（一二八九）。經慈波進一步考證，序中所提及之朱從善、余允清、楊朝重三人皆明成化時人，足證所謂游萃序乃僞造，而“至元己丑”四字及“游萃”之“萃”字，貼補痕跡依稀可辨，其實是將“成化己丑”改爲“至元己丑”，游明序改爲“游萃”序，也就是將明刊本改爲元刊本（詳見慈波《〈論學繩尺〉版本再探》）。作僞之目的，不言而喻是爲提高該本售價。所考證據確鑿，當可信。因此可以斷定，傳世之《論學繩尺》無所謂“元刊本”，今以成化五年本爲最古。

　　成化五年後，《論學繩尺》曾多次付梓。

　　一是刊本《校正重刊單篇批點論學繩尺》。今唯復旦大學圖書館庋藏一部，相關書目舊著録爲天順本，共十卷，一函十册。較之成化五年本，是本最明顯的特徵是改干支分集爲數字記卷。四周雙邊，大黑口，版心上刻“論學繩尺某卷”，下爲頁碼。每半葉十二行，行二十四字，注文小字雙行。眉批以框格形式刊於上方，版式與成化五年本不同。游明序前有何喬新(一四二七—一五○二)序，稱"予友僉憲司事游君大昇董學於閩，極力搜訪，始盡得之，正其訛，補其缺，然後此書復完。爰命工刻之，而屬予序諸首"云云。據嘉靖本(此本詳下)，何序作於成化五年歲在己丑夏□月朔，距上述成化五年本刊成時間很近。據慈波考證(文見上引)，成化五年本闕文，此本已全部補足，殘葉之外附刻了全文，缺葉已補齊，存目亦已補刻，文字略有差異，各有舉例説明(此略)。因此，慈波認爲，此本應是成化五年本之再版。關於書名中所謂"單篇批點"，王水照先生嘗致書於愚，認爲"此書收南宋科舉中式之文一百五十多篇，每篇詳予批點(如立格、出處、立説、批語等)，殆即'單篇批點'之意，以廣招徠"。

　　二是日本蓬左文庫藏本，乃慈波在日本時發現。該本卷首第一行或刻"重校大字單篇批點論學繩尺"，或刻"校正重刊單篇批點論學繩尺"。該本爲"駿河御讓"本，原屬德川家康所藏，分裝爲六册。書首爲何喬新序，署銜爲"成化五年歲在己丑夏□月朔，賜進士第、中順大夫、福建提刑按察司副使盰江何喬新書"。無游明序。何序下接《論訣》，然後爲目録、正文十卷。慈波將蓬左本與復旦本的版式、正文進行比對後，發現兩本完全相同，故認爲蓬左本乃成化重刻本(復旦本)的翻印本。但前者何序後有"正德十六年(一五二一)歲在春月校正重刊"字樣，各卷卷首較復旦本多出"福建按察司僉事游明大昇重輯校正"一行(復旦本此行爲空白)。書末有牌記，刊有"嘉靖癸未(二年，一五二三)季春月安正堂劉氏重刊"字樣。則蓬左文庫所藏乃嘉靖安正堂本，而安正堂本之前猶有正德本。正德本今未見著録，不知尚傳世否也。

　　何喬新《論學繩尺序》曰：

　　　　《論學繩尺》凡十卷，宋鄉貢進士魏天應編選南渡以
　　降場屋得雋之文，而筆峰林子長爲之箋釋，以遺後學者
　　也。……若此書所載，則皆南宋科舉之士所作者也。予
　　竊評之，其才氣俊逸，若青冥空曠，秋隼孤騫，而迫之以
　　風也；其體制古雅，若殷彝在庭，竹書出冢，雖不識者，亦
　　知其爲寶也；其文采縟麗，又如洛陽名園，而姚黄魏紫，
　　濃艷眩目也。於戲奇哉，其登薦書而甲俊造宜矣！

所評雖或溢美，然其所選乃場屋優秀之作，亦可無疑。全書
結構及意義，《四庫提要》述之曰：

　　　　是編輯當時場屋應試之論，冠以《論訣》一卷，所録之
　　文分爲十卷。凡甲集十二首，乙集至癸集俱十六首，每兩
　　首立爲一格，共七十八格（祝按：據引者統計，全書共收文一百
　　五十六篇，去重後共五十九格）。每題先標出處，次舉立説大
　　意，而綴以評語，又略以典故分注本文之下。蓋建陽書肆
　　所刊。歲久頗殘闕失次，明福建提學僉事游明訪得舊本，
　　重爲校補，又以原注多所訛誤，並爲考核增損，付書坊刊
　　行。……當日省試中選之文，多見於此，存之可以考一朝
　　之制度。且其破題、接題、小講、大講、入題、原題諸式，實
　　後來八比之濫觴，亦足以見制舉之文源流所自出焉。

建陽書肆所刊本（即游明所輯“舊本”）久已散亡，後世所傳實
只一本，即館臣所云游明輯校本，而此本明成化五年至嘉靖
二年間曾多次（上述凡四次）付梓。
　　《四庫總目》著録安徽巡撫採進本。據上引《提要》并核
以影印文淵閣四庫本，其干支分集、文字缺略皆同成化五年
游明本。文津閣四庫本卷首有游明序。

【附録】

論學繩尺序

（明）游　明

《論學繩尺》，予初聞其名於太學，而後於鄉之宿儒袁氏家得其丁、癸二集，輒付子姪録之，以爲法程。及奉命至閩，以董學爲職，遍詢是集，無能知者。遂命諸生博訪於儒家，乃於福州得其丙、丁、戊三集，繼於興化得其甲、己二集，然皆故弊脱略，而所抄多缺文。方以簡策散逸、莫得其全爲恨。適侍御六安朱公從善來按閩，因得謄其乙集，且資其丙、丁集以補遺。既而憲副四明余公允清來抵任，復得抄其庚、辛二集，而賴其戊、己集以補缺。壬集，則侍御莆田楊公朝重自吾西江采録以遺，以予家舊所録癸集皆至焉。於是散者復合，缺者亦庶幾復全矣。夫豈偶然之故哉？蓋物之聚散、文之顯晦所關也。

今觀是集，乃宋京學諭林先生子長與鄉貢進士魏先生天應，選古今諸儒論之尤者，萃爲一編，而命以是名。首之以名公論訣、總目，次之以作論行文要法。每集則分其格式，而爲之類意；每題則叙其出處，而爲之立説。且事爲之箋，句爲之解，而又標注於上，批點於旁，其用心亦勤矣，其加惠學者之意亦深矣，宜其盛行於世也。獨惜其所箋解者，或以孟子之言而誤爲《論語》，或以荀、楊之説而錯作老、莊，若此類者，皆其小失耳，何可以此短之邪？顧今所輯録者猶頗缺略，是以忘其愚鄙，妄以己意補其缺文；於其避諱，如易“桓”爲“威”之類，悉改正之；於所釋之未切當者，略增損於其間，又考諸經傳子史，以訂其訛誤。編成，其敢復私於家哉？必欲與四方學者共之，爰命書林鋟梓，以廣其傳。至有文亡而猶存其題者，庶同志之士録示以補之也。

　　且因是而有感焉。昔是論之散出於省監，人之得之者蓋鮮。及林、魏二先生爲之編選箋解，然後盛行於當時。由宋而元，以迄於今，歷世既久，板刻無存，是集之散在天下，幾泯絶矣。幸而殘編斷簡猶有存者，予復得以采輯成編，使初學之士皆有所矜式，則二先生之功不特及於當時而已，又將盛行於斯世，而傳誦於無窮也。得非物之散而聚者固有數，而文之晦而顯者亦有時與！是用述其梗槩，以翼名公鉅儒爲之序引于編首，俾學者知所自云。

　　成化己丑二月丁未，豐城游明謹識。（明成化五年刻本《批點分格類意句解論學繩尺》卷首。文字以復旦大學圖書館藏本爲底本，據慈波所録日本静嘉堂文庫、内閣文庫兩本校補）

論學繩尺序

（明）何喬新

　　《論學繩尺》凡十卷，宋鄉貢進士魏天應編選南渡以降場屋得雋之文，而筆峰林子長爲之箋釋，以遺後學者也。元取士以賦易論，於是士大夫家藏此書者蓋少。至國朝始復宋制，以論試士，而此書散逸多矣。予友僉憲司事游君大昇董學於閩，極力搜訪，始盡得之，正其訛，補其缺，然後此書復完。爰命工刻之，而屬予序諸首。序曰：

　　議論之文尚矣。禹、皋之都俞吁咈見於經，春秋卿大夫之辭命往來紀於史，其論之權輿乎。自漢以來，賈生之論《過秦》，班彪之論《王命》，而論之名始見。夏侯太初之論《樂毅》，劉孝

標之論《絕交》，而論之文益盛。唐、宋以詞章取士，論居其一
焉。唐人省試諸論，蓋不多見，其傳於今者，惟蘇廷碩之《夷齊
四皓孰優》、韓退之之《顏子不貳過》而已。若此書所載，則皆南
宋科舉之士所作者也。予竊評之，其才氣俊逸，若青冥空曠，秋
隼孤騫，而迫之以風也；其體制古雅，若殷彝在庭，竹書出冢，雖
不識者亦知其爲寶也；其文采縟麗，又如洛陽名園，而姚黄魏
紫，濃艷眩目也。於戲奇哉，其登薦書而甲俊造宜矣。

　　予少時從事舉子業，先公嘗訓之曰：“近時場屋論體卑弱，
當以歐、蘇諸論爲法，乃可以脱凡近而追古雅。”予因取歐、蘇諸
論熟讀之，間仿其體擬作一二，出示同舍生，莫不駭且笑之，雖
予亦不能自信。蓋當是時，科舉之士未見此書故也。今游君惓
惓於此，以嘉惠後學，其用心勤矣。是書一出，予知四方之士疾
讀而力追之，上下馳騁，不自踰於法度，如工之有繩尺焉，而場
屋之陋習爲之一變矣。凡世之學者，本之經史以培其根，參之
賈、班、夏、劉以暢其支，廓之蘇、韓以博其趣，旁求之歐、蘇諸論
以極其變，而其法度一本此書，庶乎華實相副，彬彬可觀，豈直
科舉之文哉！（影印文淵閣《四庫全書》本《椒邱文集》卷九）

精選皇宋策學繩尺　十卷

佚　名　編

　　是書今唯國家圖書館藏一清鈔本，傅增湘曾作《精選皇
宋策學繩尺跋》，道：

　　　　清鈔本，書凡十卷，舊寫本，八行二十一字，無格，不

知編輯者爲何人。凡録策十九篇。每篇先録策題，題後有總論，論後有主意，各數行，以下乃録對策之文。其兵、財、政治、儒術諸題，大抵多膚説迂論，少可取者。若問御書白鹿揭示，問四毋四勿，問二程、朱、張四先生言行，則爲當時理學風尚，所謂“垂髫挾卷者，非濂洛不談；決科射策者，非四書不讀”者也。至以錢神爲問，則尤近於諧戲矣。其書宋以後官私書目皆不載，蓋坊賈射利，取公私試魁選之作彙爲一編，備士人場屋之用，如《諸儒策學奧論》之屬。其人如翁合、陳栩、蔡德潤、史夢應、易辟英、高璿、陳炎龍、丁熙朝、曾公夔、徐霖、程申之、吴昂、吴揚祖、方頤孫、李慶子、戴鵬舉凡十餘人，皆不知名，（惟方頤孫三山人，爲太學篤信齋齋長，選有《百段錦》一書。）而文字尤不足論也。考《千頃堂書目》及《浙江采輯遺書總録》，載有魏天應《論學繩尺》一書，亦爲科舉漁獵而作，其標名與此書同，或即出其手耶？（《藏園群書題記》卷一九）

其稱“宋”爲“皇宋”，則書出宋人（或宋遺民）之手無疑。是書與《論學繩尺》顯屬同類，然是否即魏天應編，尚别無旁證。

新刊精選諸儒奥論策學統宗二十五卷

譚金孫 編

《四庫全書總目·集部·總集類存目一》著録《殘本諸儒

奥論策學統宗》二十卷，元譚金孫編，浙江巡撫採進本。《提
要》曰：

> 金孫，字叔金，號存理，自稱古雲人，不知古雲爲何
> 地也。是編雜選宋人議論之文，分類編輯，以備程試之
> 用。凡《後集》八卷、《續集》七卷、《别集》五卷，而闕其前
> 集，蓋不完之本。原本又以陳繹曾《文筌》、石桓《詩小
> 譜》冠於卷首，而總題曰《新刊諸儒奥論策學統宗》。增
> 入《文筌·詩譜》，文理冗贅，殆麻沙庸陋書賈所爲，今析
> 《文筌·詩譜》别入“詩文評類”，而此書亦復其本名，庶
> 不相淆焉。

後來阮元得該書正集，遂進呈，《揅經室外集》卷三《策學統宗
前編五卷提要》曰：

> 此書標題《新刊精選諸儒奥論策學統宗》，其下列名
> “心易談巽中叔剛校正、存理譚金孫叔金選次、桂山譚正叔
> 孫端訂定”。三譚皆冠以“古雲後學”。三人姓名既不經
> 見，“古雲”亦不知其何地。書中采輯劉子翬、吕祖謙、陳傅
> 良、楊萬里諸家之文，議論堯舜、三王、伊、周、孔、曾、顔、
> 孟、老、韓者，共三十三篇，爲前集五卷。《四庫全書提要》
> 載《後集》八卷、《續集》七卷、《别集》五卷，共二十卷，而闕
> 其前集，今從元板影録，以成完書。

據以上四庫館臣及阮元所述，知《策學統宗》凡四集二十五
卷，其編纂宗旨很明確，即科舉試策所用參考書。譚金孫等
三譚，事跡不詳。所謂“古雲”，疑即雲間，乃古代松江之别
稱，地在今上海松江區。就《後集》前冠陳繹曾《文筌·詩小
譜》看，麻沙刻本已入元很久（《文筌》有至順三年〔一三三二〕

七月作者自序，麻沙本尚在其後），當非《統宗》初刻本。三譚既熱心編科舉用書，其活動年代未必太晚，當在宋季，最晚也在入元之初。

　　阮元進呈本已影印入《宛委别藏》。《四庫全書存目叢書》據《宛委别藏》本題印。

文房四友除授集一卷

林希逸、胡謙厚　編

　　所謂"文房四友"，指管城子毛穎（筆）、石鄉侯石虚中（硯）、陳玄（墨）、楮知白（紙）。是集所收，皆擬人化制詔表疏之類，源於南朝宋袁淑《俳諧集》（該集久佚，《藝文類聚》卷九一、卷九四分别録有出自該書的《鷄九錫文》《勸進箋》《驢山公九錫文》，《初學記》卷二九録有《大蘭王九錫文》《常山王九命文》），唐韓愈《毛穎傳》、宋張耒《竹夫人傳》等皆嗣其響，然作者甚少，篇什無多。到南宋末造，此種文體方再興並轉盛，不僅居家學子，連朝廷公卿亦競爲之，所謂"以文爲戲"是也。

　　《文房四友除授集》今以《百川學海》（有咸淳本、影刊咸淳本及明弘治本）所收本爲早。《百川學海》本分三部分。第一部分收《中書令管城子毛穎進管城侯制》《代毛穎謝表》；《石鄉侯石虚中除翰林學士誥》《代石虚中謝表》；《陳玄除子墨客卿誥》《代陳玄謝啟》；《楮知白詔》《代楮知白謝表》。制、誥、詔四篇署"安晚先生"，乃鄭清之作；謝表、謝啟署"竹溪林史君”，即林希逸。第二部分收劉克莊通擬鄭氏、林氏各篇，共八首。第三部分題《擬彈駁四友除授集》，收胡謙厚所作《擬彈中書令管城侯毛穎疏》及駁奏凡四疏。前有理宗淳祐戊申（八年，一二四八）臘月權發遣興化軍林希逸所作《文房四友除授集序》，略曰：

> 淳祐丙午（六年），安晚先生（鄭清之）以少師領奉國節鉞，留侍經帷，……僕時備數校讎，官府閑無他職，頗得奉公從容。一日謂僕曰：“某嘗爲文房四友除授制誥，因官湖外而歸，舊稿蠹蝕不復存，今僅能追憶一二語。”僕因請聞其略，公曰：“容某思之。”又數日，公連以數則示教曰：“余因子之請，遂得追補成之。”僕讀而喜曰：“此前人文集所未有也。”然既有除授而無謝，可乎？遂各爲牽課表啟一首以呈，公大加稱賞。……今既得請補外，無復爭名求進之嫌，因取而刊之郡齋。

按：鄭清之（一一七六——一二五一），字德源，號安晚，鄞縣（今浙江寧波）人。嘉定十年（一二一七）進士，累官至右丞相，謚忠定。著有《安晚集》。林希逸（一一九三—？），字肅翁，一字淵翁，號竹溪，又號鬳齋，福清（今屬福建）人。端平二年（一二三五）進士，官終中書舍人。據林序，知其刊於郡齋之本，僅收鄭、林二人所撰“四友”除授制誥及謝恩表啟。

鄭、林之作後，有淳祐戊申（八年）季秋劉克莊跋，略曰：

> 右一制、一詔、二誥，今〔傳〕〔傳〕相越公安晚先生老筆；三表、一啟，公客竹溪林侯肅翁所作。……竹溪出牧於莆，以副墨示其友人劉克莊，亦公門下客也，雖老尚未廢卷，因拾公與竹溪棄遺，各擬一篇。

除此外，劉後村還作有兩跋。其一爲《方至文房四友除授四六跋》，略曰：“昔滎陽相（鄭清之）作四友除授制誥表啟，林直院蕭翁繼之，余嘗傚顰，而不得仿佛。”（《後村先生大全集》卷一〇六）其二爲《翀甫侄四友除授制跋》，略曰：

> 此題安晚倡之，竹溪和之，後余聯作，已覺隨人腳跟走矣。既而胡卿叔獻（謙厚）及倉部各出奇相誇，里中士友如林公掞、方至、黃牧，競求工未已，然至止有許多事用了又用，止有許多意説了又説，譬如廣場卷子，雖略改頭換面，大體雷同，文章家之大病也。有張端義者，獨爲四友貶制，自謂“反騷”，然材料少，邊幅窘，非善辭令者。翀甫侄此作，殿諸人之後，余覽之曰：“……四友特小除授爾，更有大典册在。”（同上卷一〇八）

知一時擬作者甚衆。兩跋未附於《除授集》中，蓋林公掞、方至、黃牧及其侄翀甫等人所作，皆未收入此集之内。

《擬彈駁四友除授集》後，有陳塏跋，署“寶祐景辰六月”。所謂“景辰”，“景”當爲“丙”字，蓋諱宋衛王趙昺。丙辰乃寶祐四年（一二五六）。陳跋略曰：

> 近年，青山鄭公發昌黎未盡之緼，托王命，出高爵，合文房四友，例有除授，訓辭甚美。代謝表啟，則有林竹溪；增廣八篇，則有劉後村。……新安胡氏子謙厚乃謂褒貶對立，褒不可以無貶，遂仿彈駁體作四疏。

最後爲胡謙厚所作《文房四友除授集跋》，略曰：

> 淳祐庚戌（十年）客京師，一日於市肆目《文房四友除授集》，制詔各一，誥二，乃青山鄭公代王命也；表三，啟一，乃竹溪林公代四友謝也。仿其體而異其辭者各

一，乃後村劉公鳩集隱微，以彰其博也。……予中表李幾復且作一奏三狀代辭免。吁，至是又窮矣。小子狂簡，輒爲彈文一、駁奏三，以附編末。

上引林希逸序，未言其所刻之本有劉克莊文，而胡氏此跋稱他在市肆所見本有劉作，則在林氏刻本之後，當有另一本，凡收鄭、林、劉三人。又，胡謙厚跋謂其中表李幾復作有《代辭免》一奏三狀，未載於集中。上已言陳增跋中之"景辰"即丙辰，然《百川學海》刊於度宗咸淳間，疑陳跋乃後來補刻。

《叢書集成初編》據《百川學海》本排印。

陸心源《皕宋樓藏書志》卷一一四著錄是集宋刊本，有林希逸、胡謙厚序。該本今藏日本静嘉堂文庫，未見，不知是否即《百川學海》本之零册？此外，今國家圖書館藏有清汪氏裘杼樓鈔本。

【附錄】

文房四友除授集序

（宋）林希逸

淳祐丙午，安晚先生以少師領奉國節鉞，留侍經帷，寓第湧金門外養魚莊，日有湖山之適。僕時備數校讎，官府閑無他職，頗得奉公從容。一日謂僕曰："某嘗爲文房四友除授制誥，因官湖外而歸，舊稿蠹蝕不復存，今僅能追憶一二語。"僕因請聞其略，公曰："容某思之。"又數日，公連以數則示教曰："余因子之請，遂得追補成之。"僕讀而喜曰："此前人文集所未有也。"然既有除授而無謝，可乎？遂各爲牽課表啟一首以呈，公大加稱賞，且曰："屢嘗以詞翰薦，兄信不辱所舉矣。"僅語之茸芷，而他人未之見也。

踰年，公再入相，僕謹閡不敢出。今既得請補外，無復爭名求進之嫌，因取而刊之郡齋，庶異日知希逸所以辱知於公，無他謬巧，又知公於友朋游聚，不過以文字爲樂，而位窮公相，嚴（祝按：疑"年"）德具崇，健筆雄詞不少减退，巧而不靳，雅而能華，亦非晚輩所可企望其萬一也。

淳祐戊申臘月，朝奉郎、直秘閣、權發遣興化軍兼管内勸農事林希逸序。（《皕宋樓藏書志》卷一一四）

文房四友除授集序

（宋）劉克莊

右一制、一詔、二誥，今（傳）〔傅〕相越公安晚先生老筆；三表、一啟，公客竹溪林侯肅翁所作。本朝元老大臣，多好文憐才。王魏公門無他客，惟楊大年至則倒屣；晏公尤厚小宋、歐陽九，居常相追逐倡和。於文墨議論之間，不待身居廊廟，手持衡尺，然後物色而用，蓋其劑量位置，固已定於平日矣。竹溪所以受公之知，有以也夫！竹溪出牧於莆，以副墨示其友人劉克莊，亦公門下客也，雖老，尚未廢卷，因拾公與竹溪棄遺，各擬一篇。公見之，必發呈武藝、舞拓枝之笑。

淳祐戊申季秋望日，克莊書。（《百川學海》本《文房四友除授集》鄭清之、林希逸卷後）

文房四友除授集跋

（宋）陳　塏

戲言出於思也，文可戲乎？譬之博弈，猶賢乎已。漢唐文儒之戲，曰客卿，曰解嘲，曰賓戲，子虚、烏有之問答，翰林、墨卿之應酬，至韓昌黎作《毛穎傳》，牽聯陳玄、陶泓、褚先生三人，得書大概，述穎出處獨詳，始嘉其强敏受任，終惜其老禿被棄。凡諸儒所爲文戲，抑揚開闔，同此一機，非善謔乎！

近年，青山鄭公發昌黎未盡之緼，托王命，出高爵，合文房四友，例有除授，訓辭甚美。代謝表啟，則有林竹溪；增廣八篇，則有劉後村。人爭傳誦，不容更措詞矣。新安胡氏子謙厚乃謂褒貶對立，褒不可以無貶，遂仿彈駁體作四疏。豈故立異耶？三年前已携示余，今持以求跋。余詰之曰：子以除授等作純乎褒，故設辭以貶之；安知好事者不咎子純乎貶，沿剥而不已，必復之義，又生一説見敵乎？昌黎大儒，無敢議者，只因傳穎，柳子厚笑其怪於文，而題其後。戲，終非作文正法也。且夫四友之在天下，匪但文章家所須，若貴若賤，皆不可以一日缺，雖不免爲人役，亦有時而不能徇人。人有遇否，友實隨之。其遇也，補造化、演絲綸以名世；否則交章布、資鉛槧以待時。其尊以官稱、親之爲友者，豈不謂能靈於人？子尚從場屋游，四友方納交，相與培子遠大之業，願無鄙夷，使得以指班超君苗藉口，將有驗於余言。遂爲題後。

寶祐丙辰六月朔，可齋老叟陳塏書。（同上本《擬彈駁四友除授集》後附）

文房四友除授集跋

（宋）胡謙厚

　　淳祐庚戌客京師，一日於市肆目《文房四友除授集》，制詔各一，誥二，乃青山鄭公代王命也；表三，啟一，乃竹溪林公代四友謝也。仿其體而異其辭者各一，乃後村劉公鳩集隱微，以彰其博也。

　　昔薛稷加四友以九錫，至玄香太守猶吐異氣，結樓台，以旌其善。況今文章宗工，遊戲炳蔚，四友有知，寧不潔澤焜燿乎。然旁搜博採，事證不遺，繼之者幾不能贊一辭。予中表李幾復且作一奏三狀代辭免。吁，至是又窮矣。小子狂簡，輒爲彈文一、駁奏三，以附編末。非曰仇四友而招其過也，進退之正，或者尚有取焉，則猶得與修竹彈甘蔗伍。言辭蹇拙，引接闊疏，極知僭踰，惟斯文之先覺鍼砭之。

　　紫陽後學胡謙厚謹序。（同上）

花庵絶妙詞選二十卷

黃　昇　編

　　黃昇，字叔暘，號玉林，又號花庵詞客，建安（今福建建甌）人。早棄科舉業，工詞，著有《散花庵詞》一卷，久佚。淳祐間編《絶妙詞選》，又稱《花庵絶妙詞選》（汲古閣《詞苑英華》本。本書著録采用此名，以易於與周密《絶妙好詞》相區別），或《花庵詞選》（《四庫全書》本），總二十卷，前十卷曰《唐宋諸賢絶妙詞選》，始於唐李白，終於北宋王昴（卷一至八），方外、閨秀各爲一卷（卷九、卷十）附焉；後十卷曰《中興以來絶妙詞選》，始於康與之，終於洪瑹，昇所自作詞三十八首附録於末。

　　淳祐己酉（九年，一二四九）編成時，胡德方嘗爲之序，稱"我朝鉅公勝士，娱戲文章，亦多及此（指詞）。然散在諸集，未易遍窺。玉林此選，博觀約取，發妙音於衆樂並奏之際，出至珍於萬寶畢陳之中，使人得一編，則可以盡見詞家之奇，厥功不亦茂乎"。黃氏自序道：

　　　　中興以來，作者繼出，及乎近世，人各有詞，詞各有體，知之而未見，見之而未盡者，不勝算也。暇日裒集，得數百家，名之曰《絶妙詞選》。佳詞豈能盡録，亦嘗鼎一臠而已。……親友劉誠甫謀刊諸梓，傳之好事者，此意善矣，又録予舊作數十首附於後。不無珠玉在側之愧，有愛我者其爲删之。

此兩序，今存宋本（宋本詳後）皆在《中興以來絶妙詞選》之首，後代傳本或以胡序冠《唐宋諸賢絶妙詞選》，恐非是。饒宗頤《詞集考》曰："今《四部叢刊》兩明本以胡序冠唐宋詞，以自序冠中興詞，而此本（指陶氏涉園景宋本《中興以來絶妙詞選》）則彙冠於中興詞。或疑此二序原皆在《中興以來》一選中，觀玉林自序言'中興以來作者繼出，及乎近世，人各有詞，詞各有體，豈能盡録'，似初以南渡爲限，後乃續爲唐宋諸賢，或另有自序亦未可知。"其説近是。

　　是書編選得失，張炎《詞源》卷下曰："近代詞人用功者多，如《陽春白雪》集，如《絶妙詞選》，亦自可觀，但所取不精一。"明茹天成《重刻絕妙詞選引》嘆其富，謂"得人二百三十，詞千三百五十。詞家之精英，可謂盡富盡美矣"。《四庫提要》評之曰：

> 觀昇自序，其意蓋欲以繼趙崇祚《花間集》、曾慥《樂府雅詞》之後，故蒐羅頗廣。其中如李後主《山花子》一首，本李璟之作，《南唐書》載馮延巳之對可證，亦未免小有疏舛。然昇本工詞，故精於持擇。自序稱暇日裒集得數百家，而所錄止於此數，去取亦特爲謹嚴，非《草堂詩餘》之類參雜俗格者可比。又每人名之下各注字號里貫，每篇題之下亦間附評語，俱足以資考核，在宋人詞選，要不失爲善本也。

上引黃氏自序，稱"親友劉誠甫謀刊諸梓，傳之好事者"。劉氏原刊本《中興以來絕妙詞選》傳之至今，傅增湘曾於戊午（一九一八）作閱後記曰：

> 《中興以來絕妙詞選》十卷，（宋黃昇輯，附錄黃叔暘詞三十八首。）宋刊本，半葉十三行，行二十三字，細黑口，左右雙闌。每卷第二行有"宋詞"二字，上加黑蓋子。詞家姓名低一格，大字占雙行，下注其人傳略。篇中涉宋帝空一格。目錄每半葉八行，每卷之幾上亦加黑蓋子。有淳祐己酉百（王）〔五〕玉林序。又淳祐己酉上巳前進士胡德芳季直序。卷尾有木記三行：
>
> > "玉林此編亦姑據家藏文集之所有，朋游聞見之所傳，詞之妙者固不止此，嗣有所得，當續刊之。若其序次，亦隨得本之先後，非固爲之高下也。其體製不同，無非英妙傑特之作，觀者其詳之。"

　　　每册鈐有"陳道複印"、"聖雨齋印",又"乾隆御覽之寶"、
　　"天禄琳琅"諸印璽。(《經眼録》卷一九)

此本現藏國家圖書館。今按:《天禄琳琅書目》及《後編》,未
著録是書宋刊本,然該本既有乾隆及天禄閣印璽,當爲石渠
舊物無疑。又《天禄後編》卷一一《元版集部》載有"《絶妙詞
選》一函五册",因未録藏書印記,故不詳是否即上種而誤定
爲元版。元刊本別無著録。

　　民國十三年(一九二四),武進陶氏涉園將宋本影印,陶
湘《景宋本中興以來絶妙詞選叙録》略曰:"近歲都下乃見宋
槧後十卷,每半葉十三行,行二十三字,是石渠寶笈故物,知
萬曆本雖摹存玉林諸印,而行款改易,非復原本之精妙。其
書轉徙南北,多方假獲,始爲景刊。中有訛脱,悉存舊
式。……惜未得前十卷并合摹傳耳。"

　　是編今知明人刊有四本:萬曆二年(一五七四)龍丘舒伯
明刻本;柏崑胡氏刊本;萬曆四十二年(一六一四)秦堪刻本;
毛氏汲古閣《詞苑英華》本。

　　舒伯明刻本,《讀書敏求記》卷四曾著録。瞿氏藏有其中
之《中興以來絶妙詞選》,《鐵琴銅劍樓藏書目録》卷二四謂:
"卷末有墨圖記云:'萬曆二年七月既望,龍丘桐源舒氏伯明
新雕,梁溪寓舍印行。'"卷首有"二知齋手澤"、"縶書堂印"二
朱記。每半葉十行,行二十字。版心有詞人姓氏。此本前人
稱爲"明翻宋本";《增訂四庫簡目標注》附録周星詒曰:"萬曆
本多缺字。"今上海圖書館藏有舒刻《唐宋》《中興》前後兩集,
有趙萬里等人題識。臺北"故宫博物院"亦有藏本,而臺北
"中央圖書館"藏有三部之多。國外,日本大倉文化財團藏有
兩集全帙,卷中有"明善堂覽書畫"印記(參《日藏漢籍善本書

錄》）。《四部叢刊初編》影印明胡氏刻本（此本詳下）《唐宋諸賢絕妙詞選》，原書板匡高五寸九分，寬四寸三分；同時影印無錫孫氏小綠天藏《中興以來絕妙詞選》，原書板匡高五寸八分，寬四寸三分，即萬曆二年本，卷末有"舒氏新雕"圖記。

柏崑胡氏本不詳刊於明代何時，繆荃孫曾藏前半即《唐宋諸賢絕妙詞選》十卷，其《藝風藏書續記》卷七著錄道："《花庵詞選》十卷，舊刻本，首行'唐宋諸賢絕妙詞選綱目'，大字，前有淳祐己酉胡德方序。"序後有"季直"小印，下有鐘形"柏崑胡氏"印。此本版式與萬曆二年本同，上述《四部叢刊初編》前十卷即影印此本。原刻本今未見著錄。

萬曆四十二年（一六一四）秦堨刻本，有茹天成《引》，稱"余友本嬰秦太學堨，夙好古雅，每見其鼻祖少游詞章，輒諷玩不休。今得是編，頗愜其向往之初心。既樂多詞之妙麗，又慨舊刻之舛訛，遂詳校而重梓之"。此本今國家圖書館、上海圖書館等共著錄九部（包括殘帙）。

毛氏汲古閣《詞苑英華》本，《汲古閣校刻書目·詞苑英華》道："《花庵詞選》十卷。"又"《中興以來絕妙詞選》十卷，二百五十三葉"。此本每半葉九行二十字，從胡刻本出。今大陸如國家圖書館、上海圖書館、北大圖書館等著錄《詞苑英華》完好者凡十五部（參《中國叢書綜錄》）。臺北"中央圖書館"藏一部。此外美國國會圖書館、日本京都大學文學部狩野文庫等亦藏有是本（狩野文庫只有前集十卷）。除原刻原印外，猶有乾隆十七年（一七五二）曲溪洪振珂重印本、上海書坊石印本。

除上述外，今國家圖書館藏有清初毛氏汲古閣影宋鈔本《唐宋諸賢絕妙詞選》三卷一冊，每卷各刪數人，存六十八家。

影寫極工整精妙。鈐有"毛晉"、"汲古閣"、"汪士鐘藏"、"皇二子"、"寒雲鑒賞之跡"、"涵芬樓"等印記近三十方。一九五三年入藏北京圖書館(今國圖)。

《四庫總目》著録内府藏本《花庵詞選》二十卷,亦爲《唐宋諸賢絕妙詞選》《中興以來絕妙詞選》兩種。據其書題,疑爲《詞苑英華》本。

一九五八年,中華書局上海編輯所出版《花庵詞選》,用《四部叢刊初編》本斷句排印。其後半個多世紀來,是書各種版本(包括注釋本)出版甚多,此不具録。

【附録】

唐宋諸賢絕妙詞選序

(宋)胡德方

古樂府不作,而後長短句出焉。我朝鉅公勝士,娱戲文章,亦多及此。然散在諸集,未易遍窺。玉林此選,博觀約取,發妙音於衆樂並奏之際,出至珍於萬寶畢陳之中,使人得一編,則可以盡見詞家之奇,厥功不亦茂乎。玉林早棄科舉,雅意讀書,間從吟咏自適。閣學受齋游公嘗稱其詩爲晴空冰柱,閩帥秋房樓公聞其與魏菊莊爲友,並以泉石清士目之。其人如此,其詞選可知矣。

淳祐己酉上巳,前進士胡德方季直序。(陶氏涉園影宋本《中興以來絕妙詞選》卷首)

絕妙詞選自序

（宋）黃　昇

　　長短句始於唐，盛於宋。唐詞具載《花間集》，宋詞多見於曾端伯所編，而《復雅》一集，又兼採唐、宋，迄於宣和之季，凡四千三百餘首，吁，亦備矣。況中興以來，作者繼出，及乎近世，人各有詞，詞各有體，知之而未見、見之而未盡者，不勝算也。暇日裒集，得數百家，名之曰《絕妙詞選》。佳詞豈能盡錄，亦嘗鼎一臠而已。然其盛麗如游金、張之堂，妖冶如攬嬙、施之袪，悲壯如三閭，豪俊如五陵。花前月底，舉杯清唱，合以紫簫，節以紅牙，飄飄然作騎鶴揚州之想，信可樂也。親友劉誠甫謀刊諸梓，傳之好事者，此意善矣，又錄予舊作數十首附於後，不無珠玉在側之愧，有愛我者其爲刪之。

　　淳祐己酉百五，玉林。（同上）

重刻絕妙詞選引

（明）茹天成

　　自漢武立樂府官采詩，以四方之聲，合八音之調，而樂府之名所由始。歷世以來，作者不乏。上追三代，下逮六朝，凡歌詞可以被之管絃者，通謂之樂府。至唐人作長短句詞，乃古樂府之濫觴也。太白倡之，仲初、樂天繼之。及宋之名流，益以詞爲尚。如東坡、少游輩，才情俊逸，籍籍人口，往往象題措語，不失樂府之遺意。然多散在各家之集，求其彙而傳之者，惟玉林黃叔暘所選爲備。自盛唐迄宋宣和間爲十卷，自宋中興以後，又爲十卷。凡七百餘年，得人二百三十，詞千三百五十。詞家之精英，可謂盡富盡美矣。蓋玉林乃泉石清士，尤長於詞，爲當時名家所賞。觀其附録三十八篇，雋語秀發，風流藴借，則其選可知矣。

余友本嬰秦太學塏，夙好古雅，每見其鼻祖少游詞章，輒諷玩不休。今得是編，頗愜其向往之初心。既樂多詞之妙麗，又慨舊刻之舛訛，遂詳校而重梓之。余重玉林之詞，嘉本嬰之志，因綴數語，以引其端。

萬曆歲在閼逢攝提格仲春上浣之吉，河内茹天成懋集甫書。（明萬曆秦塏刻本《絶妙詞選》卷首）

花庵詞選跋

（明）顧起綸

唐人作長短詞，乃古樂府之濫觴也。李太白首倡《憶秦娥》，凄婉流麗，頗臻其妙，爲千載詞家之祖。至王仲初《古調笑》，融情會景，猶不失題旨。白樂天始調轉頭，去題漸遠，揆之本來，詞體稍變矣。騷雅名流，雋語競爽，蘇長公輩才情各擅所長，其風流餘藴，藉藉人口。厥後元季樂府之盛，概又不出史邦卿蹊徑耳。於時家握靈蛇，非蚑伯巨臂儔能探其唅邪？

是編爲淳祐間黄叔暘所選，計若干卷，溯自盛唐，迄於南宋，凡七百年，詞家菁英盡於是乎，美哉富矣！猶夫不入楚宫，彌知細腰之多；不隃越海，莫測大貝之廣。昔之《玉樹》新聲，《花間》艷染，臨風一唱，遂翩翩有鵠背扶摇之想。假令我輩浮白倚瑟，解嘲度曲，固不可得而廢是編。

花源真隱顧起綸更生撰。（汲古閣刻《詞苑英華》本《花庵絶妙詞選》卷末）

花庵詞選跋

（明）毛　晉

據玉林序中稱"曾端伯所編"乃《樂府雅詞》，所謂"涉諧謔則去之"者也。又稱"《復雅》一集"，乃陳氏所謂鯛陽居士所編，不著姓名者也。二書惜未之見，而茲編獨存，歸然魯靈光矣。先輩云：《草堂》刻本多誤字及失名者，賴此可證。所選或一首，或數十首，多寡不倫。每一家綴數語紀其始末，銓次微寓軒輊，蓋可作詞史云。海隅毛晉識。

余向謂散花庵乃叔暘所居，玉林其號也。既讀其戲題玉林一詞，酷似余水村風景，不覺臥遊而願學焉。其詞曰："玉林何有，有一彎蓮沼，數間茅宇。斷塹疏籬聊補茸，那羨粉墙朱户。禾黍秋風，鷄豚曉日，活脱田家趣。客來茶罷，自挑野菜同煮。"又曰："長作溪山主，紫芝可採，更尋巖谷深處。"殆五柳先生一流人也。恨不能續玉林圖縣之研北，時讀《詞選》數過耳。晉又識。（同上）

選編省監新奇萬寶詩山三十八卷

葉景達　編

是書以明《文淵閣書目》著録最早，其卷九月字號第一厨

《詩詞》載"《萬寶詩山》一部十三册，闕"。錢謙益《絳雲樓書目》卷三亦著録"《萬寶詩山》二十三册"。錢氏本後來爲陸心源收得，其《皕宋樓藏書志》卷一一五《集部·總集類四》著録爲"宋書林葉氏廣勤堂刊本"，案曰："此宋書林葉氏廣勤堂刊本，每葉三十行，每行二十（五）〔三〕字，宋時兔園册也。王氏《慈孝堂書目》著録。"陸氏又作《宋麻沙本萬寶詩山跋》（《儀顧堂續跋》卷一四）詳述之曰：

> 《選編新奇萬寶詩山》三十八卷，次行空三行題"宋書林葉氏廣勤堂新刊"，前有雍作噩歲重九日余性初叙。宋省監（祝按：指尚書省禮部、國子監）皆試五言六韻詩，建陽書賈葉景逵彙爲此書，以備場屋之用。凡分四百數十類，約一萬六千餘首。每葉三十行，每行二十三字。

> 《四庫》未收，文達（阮元）亦未進呈，各家書目亦不著録。始見於《文淵閣書目》、延陵季氏《宋板書目》（祝按：《季滄葦藏書目》著録"《萬寶詩山》三十八卷，宋板"）、王氏《慈孝堂書目》爾。太歲在戊曰箸雍，在酉曰作噩，戊與酉不相值，非戊戌即己酉之訛，蓋理宗淳祐末年刊本也。

此本今藏日本静嘉堂文庫。静嘉堂除此本外，猶藏有另一殘本，僅二十卷，原爲中村敬宇舊藏，見嚴紹璗《日藏漢籍善本書録·集部·總集類》。

是書傳於後世者，尚不止上述二帙。莫友芝《宋元舊本書經眼録》卷一嘗著録"宋巾箱本"一部，述之曰：

> （是集）悉取宋代省監所試五言六韻詩分類編録，如今坊間《襃珍試律大觀》之比。每卷約五十葉，葉三十行，行二十三字。三行一詩，約四百六七十首。合三十

八卷計之，約詩萬六千餘首。宋人帖體，亦搜羅殆盡矣。其版廣五寸許，高三寸半，細行密字，寫刻亦精，惜不載作者姓名，遂無資於考核，徒成兔園册子而已。

近人羅振常嘗見一不全本，凡二十六卷，其《善本書所見録》卷三著録道：“宋葉景達編，……（此本不全，南海潘氏有之。）元刊袖珍本。板心高四寸，闊二寸四分，半葉十五行，每行二十三字。每一詩題下綴五言六韻詩一首，亦有同一題而有詩數首者，蓋備場屋應試用也。詩題唐詩句爲多。單框，雙魚尾。每卷書名及門類均大字跨兩行，第一卷書名後有‘書林葉氏廣勤堂新刊’一行，小黑口，雙魚尾。”所謂“南海潘氏”指潘宗周，其本《寶禮堂宋本書録（元本附）》未著録。吴縣潘氏滂喜齋曾藏一殘本，僅存卷三一、三二兩卷，爲怡府舊藏本，卷端鈐有“怡親王寶”，《滂喜齋藏書記》卷三著録爲“宋刻殘本”。潘景鄭嘗作《殘本萬寶詩山跋》（見《著硯齋書跋》），詳辨所謂葉氏廣勤堂刻本乃明覆本而非宋槧，其略曰：

　　　　郘亭《經眼録》載是書凡三十八卷，與此行款悉同。郘亭以爲天水精槧（祝按：莫友芝所記爲田耕舊藏本），誠未敢信。何以明之？宋本結體精勁，此則疏放，一也。遇宋諱無一缺筆，二也。字多俗寫，爲宋槧所未有之創例，三也。嘗見明悦生堂本《五經》，與此體意絶似，疑爲明人覆宋，四也。至紙墨氣息，可以神會，識者自能辨之，非筆墨所能達意者。然此書傳本絶尠，明以來未見重雕，雖未能希蹤天水，要亦下真跡一等耳。

今按：是書包括陸心源舊藏本在内，皆明刻而非宋槧，蓋可成定論。葉德輝《書林清話》卷四有《元建安葉氏刻書》一節，謂"建安余氏書業，衰於元末明初，繼之者有葉日增廣勤堂，自元至明，刻書最夥"，並列舉廣勤堂元、明兩代所刊諸書，其中有葉景達（葉氏誤"逵"，今據原本改，下同）明正統間所刊《鍼灸資生經》七卷等（陸氏《皕宋樓藏書續志》卷四記《鍼灸資生經》末有"三峰廣勤葉景達重刊"一行）。葉景達與葉日增蓋父子相繼。其下又專設《廣勤堂刻萬寶詩山》一節，略曰：

世傳錢謙益絳雲樓所稱宋板《萬寶詩山》，後歸湖州陸心源皕宋樓，前有□□□□□（此缺五字。）雍作噩重九日（蒲）〔莆〕陽余性初序云："書林三峰葉景達氏，掇拾類聚，繡梓以傳於世，目之曰《萬寶詩山》。"陸《續跋》以爲宋麻沙本，謂序著雍在戌，作噩在酉，"戌酉不相值，非戌戌即己酉之訛，蓋理宗淳祐末年刊本"。是書亦載《莫錄》，云宋巾箱本。日本島田翰作《皕宋樓藏書源流考》駁之，謂序所缺爲"宣德四年"（一四二九）四字，著雍作噩，當是屠維作噩之偶然筆誤，不免爲書估所愚。島田駁之甚是，不知"著雍"、"屠維"四字形近易誤，當刻書檢查時粗略致誤，非筆誤也。至所缺年號，即售於錢謙益時估人之所爲，非陸始受其愚。……《萬寶詩山》亦載胡爾榮《破鐵網》，云"宋板《監省選編萬寶詩山》三十八卷，季滄葦藏書，袖珍本，板心長約四寸，闊前後約六寸。首行大字所題即寫此名目，次行即云書林葉氏廣勤堂新梥，有目無序。每葉共三十行，行十五字（祝按：此當誤，應爲二十三字）。詩俱分類，自太極至蟲魚類止，似今帖括之詩。每詩一首，連題三行。不著編次人姓名，並不詳作詩者爲誰氏。係吳門五柳居陶氏所藏，聞已歸維揚鮑氏”。按此即絳雲樓故物，展轉歸於日本岩崎氏，島田翰所見即此。吾曾見景寫本，誠如胡氏所云。蓋當時坊估射利之所爲，不足與於大雅之列，自來收藏家不知鑒別，以爲真宋槧奇書；亦由其校刻甚精，可以砆碔亂玉也。

葉德輝考廣勤堂爲元、明間書坊，葉景達爲明人，並引島田翰“著雍作噩”爲“屠維作噩”（宣德四年）之誤，皆確不可移。向以爲宋元舊槧者，實皆明宣德間刊本也。

傅增湘曾見一本，即著錄爲明槧，其《經眼錄》卷一七記曰：“《萬寶詩山》三十八卷，（缺三卷。）明刊本，十五行二十三字。（盛昱遺書，號爲宋本，壬子景賢見示）”此本今不詳尚存世否。李盛鐸亦有此書，舊以爲宋刊巾箱本，《木犀軒藏書書錄》改著爲明本：

> 《選編省監新奇萬寶詩山》三十八卷，宋刊巾箱本（明刊本）。半葉十五行，行二十三字。黑綫口，左右雙邊。卷首題“選編省監新奇萬寶詩山卷之一”，作雙行大字，空一行，三行低十格題“葉氏廣勤堂”，空二格“新栞”。第四行低一格題“天文門”，五行低二格題“太極類”，均雙行大字。以下各門均同。

此本今藏北京大學圖書館。

今臺北“故宮博物院”亦藏一部，凡三十八卷四十册，其《善本舊籍總目》著錄爲“元方回編，元建陽書坊刊袖珍本”。書未見，署編者爲方回，乃前人所未發，不知何據；而所謂元建陽書坊本，文獻中是書未見有元槧記載，尚待證實，或真有方回元刊本傳世，或誤明爲元歟。

是書版本，舊誤明爲宋（或元），然書中所收乃宋人作品，對此似無異議。該本有余性初（明人）序，稱"宋以詞賦科取，故有省監之詩。……書林三峰葉景達氏掇拾類聚，繡梓以傳於世，目之曰《萬寶詩山》"。是書爲葉氏"掇拾類聚"，所"掇拾"者恐非日積月累，疑源自宋季官庫，獲於書林世家，方能有如許之多。詩爲五言六韻，又缺作者名，正爲宋代尚書省禮部試進士、國子監試舉子糊名謄録試卷之舊式。既如此，前人抱怨該書未録作者名，似不知宋代省監試卷不可能有作者署名。現傳之《萬寶詩山》雖是明刻，然作品及編帙却出宋人之手，至於其藝術價值如何，如葉德輝所謂"不足與於大雅之列"之類，宜當別論，至少其史料價值不可忽視。惜後人對如此衆多的宋人作品視若無睹，不屑一顧，《全宋詩》亦不收録，似有以質量高低論存否之嫌，非以總集保存文獻之道。故本書仍著於録，冀能引起學界關注。

【附録】

萬寶詩山序

（明）余性初

天下之寶多矣。夫有天下者以道德爲寶，有國家者以政事爲寶。文學之士所寶經書，豪富之家所寶珠玉。仁親以爲寶，惟善以爲寶，不貪以爲寶：此仁人賢士之寶也。若夫吟詠風月，繪畫烟雲，摘章摘句，以詩賦爲寶，此亦皆本夫性情之正，而達於政事之體也。蓋詩自虞廷賡歌，以至周召雅頌之什，皆古聖賢製作以淑人心而垂教法，雖閭巷俚俗之謡，聖人亦有取焉。

《三百篇》以降，作者非一。宋以詞賦科取士，故有省監之詩，而文人才子業於是者，未免淘金揀玉以用其心，詞語之華，篇章之粹，真希世之寶也。書林三峰葉景達氏掇拾類聚，繡梓以傳於世，目之曰《萬寶詩山》，俾後學者有所矜式，其用心亦弘矣。梓成，携以示余，因屬余叙。余惟夫子有言曰："小子何莫學夫詩？詩可以興，可以觀，至於事父事君，多識鳥獸草木之名。"則士君子誠意正心之要，進德修業之方，與夫薦郊廟、格神人，以鳴國家之盛者，皆由詩而致，務學之士，其可忽諸？余不敏，特以此叙其概云。

　　　　□□□□□雍作噩歲重九日，莆陽余性初叙。（《䀝宋樓藏書志》卷一一五）

名公書判清明集十四卷

佚　名　編

是書收宋人書判文，今存宋刊殘本，原爲陸心源舊物，現藏日本静嘉堂文庫。《䀝宋樓藏書志》卷一一四著録，凡二百三十二葉，並録幔亭□孫引，然其文字殘闕，多不可讀，曰："□科玉條中流出，久而□□□□□□也。方今文士□□以所□□□□見於□□書判者特易事，而余欲□重之，毋以雕琢教玉人耶。然人之有師，官之有□□□，又烏可曰姑舍是。景定歲酉日長至，幔亭□孫引。"中華書局校點本（此本詳下）《校點説明》認爲這是一篇殘缺的序言，只剩最後一頁，而且字跡模糊。"幔亭□孫"，"亭"後闕字符"□"，上引校點本《説明》作"曾",認爲應是福建崇安人(按:其人當姓虞,見本書下卷著録之《二十先生回瀾文鑑》)。末署"景定歲酉日長至",《說明》定爲理宗"景定辛酉歲",即景定二年(一二六一)。陸氏案曰:"此宋刊宋印本,每葉十八行,每行十六字,各家書目皆未著録,惟竹汀(錢大昕)日記(祝按:當指《竹汀先生日記鈔》)曾及之。"

傅增湘嘗到靜嘉堂檢視,《經眼録》卷一七記曰:

> 《名公書判清明集》不分卷,宋刊本,存户婚一門二十二類二百三十六葉(祝按:陸氏著録少四葉)。半葉九行,每行十六字,黑口,四周雙闌。

> 按:此爲海内孤本,諸家書目所不載,惟錢竹汀(大昕)曾見之。上海涵芬樓已攝取影本歸國,將付印以傳焉。(日本靜嘉堂文庫藏書,己巳十一月十三日閱)

民國間,上海中華學藝社有影印本,涵芬樓又將其影印入《續古逸叢書》。日本古典研究會亦有影印本。然此殘本僅有"户婚"一門,遠非其全。

除宋刊殘本外,今惟存明隆慶三年(一五六九)盛時選刻本,凡十四卷,國家圖書館藏有殘本,上海圖書館藏本完整。該本前有張四維序,知底本乃張氏從《永樂大典》中輯出。序略曰:

> 曩余校録《永樂大典》,於"清"字編見有《清明集》二卷者,皆宋以來明公書判,其原情定罰,比物引類,可謂曲盡矣,命吏録一帙藏之。迨後校"判"字編,則見所謂《清明集》者,篇帙穰浩,不止前所録,而前所録者亦在其中。……顧其始末,不著作者姓氏,其詳不可考,然益足

　　見古人用法權衡，真錙銖必慎哉，因並録置篋中。

隆慶三年，張氏門人盛時選出按遼左，遂將輯本付梓，並作《後序》。

　　《四庫總目》嘗著録《永樂大典》本十七卷於《子部·法家類存目》，《提要》曰：

　　　　不著撰人名氏。輯宋元人案牘判語，分類編次。皆署其人之別號，蓋用《文選》稱字之例，然名不甚顯者，其人遂不可知矣。其詞率以文采儷偶爲工，蓋當時之體如是云。

　　一九八七年，中華書局出版《名公書判清明集》校點本，由中國社科院歷史研究所宋遼金元史研究室校點。二〇〇二年重印，對個別錯字和標點有改正。《校點前言》以爲四庫著録本“共十七卷，‘輯宋元人案牘判語’，爲《永樂大典》本，即從《大典》中輯出，這個本子至今尚未發現”。又謂盛時選刻本“爲十四卷而非十七卷，只有宋人書判而無元人書判。看來，《清明集》自宋末編成後，在元代又曾增修過，而張四維只録了宋人書判”。因館臣所録本至今未見，其詳不可考。

　　校點本《名公書判清明集》以明本之分卷、門類及篇名排列，其中卷四、五、八、九以宋本爲底本，以明本參校，其餘以上海圖書館所藏盛時選刻本爲底本。《校點前言》稱“明刻本與宋刻本不同之處更多。宋刻本只有户婚門，明刻本還有官吏、賦役、文事、人倫、人品、懲惡等門；而且户婚門的内容也比宋刻本爲多，自第四卷至第九卷共六卷，宋本内容相當於明本的第四、五、八、九四卷。在這四卷中，明本有三條爲宋本所無，宋本有六條爲明本所無；宋本有五條有闕頁，其中四條可據明本補足；在文字上，兩本也各有短長”。校勘工作“主要是以宋明兩本對校，有所取捨或有異同，都在校記中説明”，並據《永樂大典》補入一條。同時，“劉克莊、真德秀等人的書判，凡文集中收入的，用文集校勘。判中引用了不少法律條文，也用《慶元條法事類》參校”。“宋明本兩本都只有類目而没有篇目，爲了讀者使用方便，我們編了一個篇目，置於卷首”。最後，校點者將劉克莊《後村先生大全集》卷一九二、一九三中爲《清明集》所没有收入的書判，黄榦《勉齋先生黄文肅公文集》卷三八至四〇、文天祥《文山先生全集》卷一二之判語、判文，黄震《黄氏日鈔》卷七八詞訴約束一篇，朱熹《朱文公文集》卷一百之約束榜一篇，一並作爲附録。校點本爲現存是編最佳善完整之本，爲研究宋代法律及社會生活提供了豐富的原始資料。唯如前人所指出的，原本皆署作者別號或官銜，很多名氣不甚大的，其姓氏現已不可考知。

【附録】

刻清明集序

（明）張四維

曩余校録《永樂大典》，於“清”字編見有《清明集》二卷者，皆宋以來明公書判，其原情定罰，比物引類，可謂曲盡矣，命吏録一帙藏之。迨後校“判”字編，則見所謂《清明集》者，篇帙穰浩，不止前所録，而前所録者亦在其中。未諗二卷先行，後纂者並收之耶？將原爲一書，或於其中撮録之耶？顧其始末，不著作者姓氏，其詳不可考，然益足見古人用法權衡，真錙銖必慎哉，因並録置篋中。

侍御盛君以仁將出按遼左，語政間偶及是編，取而閲之，謂讀律者必知此，庶幾讞擬不謬，遂携入遼，爲之校訂詮次，以鑱於梓。盛君，余壬戌所舉士，嘗司理岐鳳，以無害稱。今觀其加意是編，其明慎於法可知已。

隆慶己巳八月朔日，左春坊左諭德兼翰林院侍讀蒲坂張四維撰。（中華書局校點本《名公書判清明集》附録一。末"左春坊"銜名句，原在題下，今移於此）

清明集後序

（明）盛時選

《清明集》，乃宋以來諸公判案之書。自真文忠公申儆官吏，訖於懲惡，凡爲類十四，爲目百餘篇。笥藏中祕，世所希遘睹也。吾師鳳磐先生校《永樂大典》，自群集中表出之。歲戊辰，選奉命按遼左，辭謁先生，且乞教，乃手授是書。選避席卒業，拜以請曰："循是慎法，庶擬讞不謬，盍梓諸，嘉惠人人？"先生許可，已自序其端，選亦何敢以僭贅。

夫法以弼教，聖人之所慎也。孔子萬世儒學之宗，删《書》而載《吕刑》之篇，贊《易》而繫《噬》《嗑》《賁》《豐》諸卦之象。晚修《春秋》，説者爲孔氏刑書，使得君師之位，當必施諸行事矣。三代而下，九章起於蕭何，而論相業者輒以刀筆少之。世以刀筆少，何也？儒者罕言法律之學，而湯周、羅吉之徒乃接踵於漢唐，兹無辜之所以籲天也。

蓋天地以春生而止之於秋，然陽以生育長養爲事，陰則積於空虚不用，而一元生氣，無時不存，故天地之大德曰生。

君相者,體天地之好生以代理天下者也。明興,掃勝國之繁苛,著《大明令》以齊於前,復作《大明律》以申之後,每上一條,酌定惟謹,輕重比擬,克協厥中。自祖宗以至今日,聖君賢相,共相率循,不敢略有增損,可謂能體天地好生之德。而内外百執事,其役志於法律者尚鮮。《吕刑》曰:"明清於單辭。"説《書》謂明無一毫之蔽,清無一點之汙,然後能察其情,民受祥刑,斯爲哲人。《清明集》之作,義或肇於是乎。今觀集中於民詳於勸,於吏詳於規,大都略法而崇教,其忠厚好生,瀁然在目,不必履疆考政,當時之治,亦可想矣。

先生時詣著作之庭,内典多所裁訂,又日侍經筵,以資沃益。而乃於宋人判楮,手爲集列如此,則於當代法程可知也已。他日贊吾君以共體天地之好生,而佐海内於禔福者,如執券矣。斯世斯民,不謂幸歟! 時户曹丁君誠以軍儲餉遼,巡道劉君田以憲臬僉遼,皆爲先生所舉士,得相訂其訛,以付梓人。刻既成,不知先生爲然否,謹書以質之。

時皇明隆慶三載冬月之吉,賜進士第、山東道監察御史門人燕山盛時選頓首譔。(同上)

疊山先生批點文章軌範七卷

謝枋得 編

謝枋得(一二二六——一二八九),字君直,號疊山,信州弋陽(今江西弋陽)人。寶祐四年(一二五六)與文天祥同舉進士,除撫州司户參軍。後忤賈似道,謫居興國軍。宋季知信州，力拒元兵。國亡居閩中，福建行省參政魏天祐强之北行，至大都絶食死，門人私謚文節。著有《疊山集》，今存十六卷本，筆者已在拙著《宋人别集叙録》著録。所編選批點之《文章軌範》七卷，《四庫提要》述之曰：

> 是集所録漢、晉、唐、宋之文，凡六十九篇，而韓愈之文居三十一，柳宗元、歐陽脩之文各五，蘇洵之文四，蘇軾之文十二，其餘諸葛亮、陶潛、杜牧、范仲淹、王安石、李覯、李格非、辛棄疾人各一篇而已。前二卷題曰"放膽文"，後五卷題曰"小心文"，各有批注圈點。其六卷《岳陽樓記》一篇，七卷《祭田横文》《上梅直講書》《三槐堂銘》《表忠觀碑》《後赤壁賦》《阿房宫賦》《送李愿歸盤谷序》七篇，皆有圈點而無批注，蓋偶無獨見，即不填綴以塞白，猶古人淳實之意。其《前出師表》《歸去來辭》，乃並圈點亦無之，則似有所寓意。其門人王淵濟跋，謂漢丞相、晉處士之大義清節，乃枋得所深致意，非附會也。前有王守仁序，稱爲當時舉業而作；然凡所標舉，動中竅會。要之，古文之法亦不外此矣。

按：據書中各卷小序，所謂"放膽文"即"粗枝大葉"之文，卷一小序謂此種文能"放言高論，筆端不窘"。而"小心文"則是"文勢圓活而婉曲"，要"占理"、"謹嚴"等等，風格與"放膽文"不同。

是編今存元刊本數部。傅增湘曾藏有一部，其《經眼録》卷一七著録道：

> 《疊山先生批點文章軌範》七卷，宋謝枋得輯。元刊本，十行二十二字，黑口，左右雙闌。次行題"廣信疊山

先生謝枋得君直編次”。文中有注釋，有批評，皆小字旁
列，行間有圈、有點、有擲，每篇前後間有總評語，前低五
格，後低七格。卷一至三（祝按：“三”乃“二”之誤）爲“放膽
文”，四（祝按：“四”乃“三”誤）至七爲“小心文”，每卷揭“放
膽文”等，用大字占雙行，上加黑蓋子，用“侯”、“王”、
“將”、“相”、“有”、“種”、“乎”七字分記各卷。卷一標題
下注“侯字集”三字，以陰文別之，各卷同。

　　全書經錢牧齋（謙益）用硃筆評點。卷首鈐有“錢謙
益印”白文方印。有康熙五十一年（一七一二）許運昌
跋，録後（此略）。

此本今藏國家圖書館，因有錢謙益評點，彌足珍貴。

　　除上本外，今中國社科院文學研究所、上海博物館亦著
録有元刊本（上博本已殘）。據謝氏門人王淵濟跋（按：跋語
全文見後引《日本訪書志》），此本當即王氏所刊。

　　丁氏《善本書室藏書志》卷三八嘗著録元刊本，舊爲陳仲
魚（鱣）藏書，卷一至三配清鈔，有“陳仲魚手校”一印。該本
今藏南京圖書館，改録爲嘉靖十三年（一五三四）姜時和刻公
文紙印本。

　　明《文淵閣書目》卷一〇著録“《文章軌範》一部二册，完
全”，當是元槧。此外私家書如《晁氏寶文堂書目》卷上、《世
善堂藏書書目》卷下、《澹生堂藏書目》卷一二等多有著録，不
詳版本。

　　因王守仁謂是書乃謝氏“獨爲舉業者設”，而舉業亦可以
“達于伊、傅、周、召”，故明嘉靖以後及有清時期，國內各地及
海外如日本等域外國家刻本極爲繁夥，但都沿襲元槧七卷之
舊，版本價值不是太大，且限於條件，故只簡述之。《古今書

刻》卷上記明代懷慶府、西安府、建寧府書坊、廣信府皆刊有
《文章軌範》，實際上遠不止是。今存明槧有：

一、明初刻本。《皕宋樓藏書志》卷一一四載："《文章軌
範》七卷，明刊本。宋廣信疊山先生謝枋得君直批點。"有萬
曆己酉（三十七年，一六〇九）龍膺序、榮王序；又萬曆丙戌
（十四年，一五八六）龍膺序，萬曆乙卯（四十三年）榮王序，王
佐跋及又跋。此本今藏日本静嘉堂文庫，著録爲明初刊本，
共四册。未見，其定明初刻本理由不詳。

二、嘉靖四十年（一五六一）郭邦藩常静齋刊本《文章軌
範》七卷。瞿氏藏有此本，《鐵琴銅劍樓藏書目録》卷二三著
録道："《文章軌範》七卷，明刊本。題'疊山謝枋得君直批
點'，目録後有門人王淵濟跋，謂此集惟《送孟東野序》《前赤
壁賦》係先生親筆批點，其他篇僅有圈點而無批注，若《歸去
來辭》《出師表》並圈點亦無之。可知書有圈點，始於宋末也
（祝按：此説不確）。此明嘉靖辛酉（四十年）郭邦藩重刻本，後
附《論學統宗》一卷，乃邦藩以己意選宋人論數篇。前有正德
丙寅（元年，一五〇六）王守仁序。"此本今藏國家圖書館。

三、萬曆三十九年（一六一一）余氏新安堂刊本。是本書
名爲《新刊疊山先生批點文章軌範》，凡七卷。日本静嘉堂文
庫、早稻田大學圖書館有藏本。前者係陸心源十萬卷樓舊
本，共四册；後者爲服部南郭家服部文庫等舊藏本，凡七册。
見《日藏漢籍善本書録·集部·總集類》。

四、明末三畏堂映旭齋刻本《文章軌範》七卷，今曲阜師
範大學圖書館著録。

五、明劉氏刻本《文章軌範》七卷，今復旦大學圖書館
著録。

　　除上述外，猶有不詳年代、不詳刊刻人之明本，中央民族大學圖書館、南京圖書館、安徽省圖書館等有著録。上述明槧書題皆作“文章軌範”，與元刊本前綴“疊山先生”不同。清華大學圖書館著録一明刻本，書題爲《鼎雕謝疊山先生正選文章軌範》，又與衆不同，亦七卷。

　　是書清槧甚多，以順治十七年（一六六〇）蔣時機刻明顧充集評、茅坤訓注《石渠閣校刻庭訓百家評注文章軌範》七卷最早，今唯武漢圖書館著録一部。又康熙三十三年（一六九四）戴許光刻本《文章軌範》七卷，今南京圖書館、浙江圖書館等有藏本。又康熙五十七年（一七一八）澹成堂刊本，今清華大學圖書館、遼寧省圖書館、浙江圖書館著録。《四庫提要》曰：“舊本以‘王侯將相有種乎’七字分標七卷，近刻以‘九重春色醉仙桃’七字易之。觀第三卷批有‘先熟侯王兩集’之語，則此本爲枋得原題，近刻乃以意改竄之，雖無關大義，亦足見坊刻之好改古書，不可據爲典要也。”所謂“近刻”，當指澹成堂本。其後有乾隆中刊本、道光十二年（一八三二）銘慰刻本（此本書名前綴“疊山先生”）、咸豐二年（一八五二）溧陽萬氏刊本、同治楊氏刊本、同治三年（一八六四）望三益齋吳氏重刊元本、光緒九年（一八八三）豫章旅平同鄉劉春軒等刻本《謝疊山先生評注四種》叢刻本，等等。各本今皆傳世。

　　朝鮮、日本有《文章軌範》古刻本。楊守敬《日本訪書志》卷一三載：

　　　　《文章軌範》七卷，朝鮮國刊本。首無目録。本書款式略同前本（祝按：指明刊本《唐荆川批點文章正宗》），圈抹處亦悉合，唯篇幅較大，每半葉九行，行二十三字，批注皆雙行。其書校讎精審，相傳爲疊山原本。按此書每卷既無子目，則應有總目。若以爲原於王淵濟本，則不應刪其總目，且其中勝於王者不可勝數，諒非坊賈所能爲。豈此本原有目録，歷久而脱之與？日本文政元年（一八一八），其國學嘗據此本重刊，板燬於火，故傳本亦漸希云。按日本甚重此書，坊間翻刻，或意改，或重加批評，不可勝數。

又記日本翻元本道：

《文章軌範》七卷，翻元槧本。首有目録。本書首行題"疊山先生批點文章軌範卷之一"。行下陰文題"侯字集"。次行題"廣信疊山先生謝枋得君直編次"。第三行墨蓋下大書"放膽文"三字。每半葉十行，行二十二字，四周雙邊，批注字居行右。惟首篇"請自隗始"左引《史記》作雙行。目録《歸去來辭》後云："右（祝按：原誤"古"）此集惟《送孟東野序》《前赤壁賦》係先生親筆批點，其他篇僅有圈點而無批注。若夫《歸去來辭》，則與'種字集'《出師表》一同，並圈亦無之。蓋漢丞相、晉處士之大義清節，乃先生之所深致意者也。今不敢妄自增益，姑闕之，以俟來者。門人王淵濟謹識。"又柳子厚《箕子廟碑陰》首俱記云："此篇係節文，今一依元本刊行如左。"然則此本爲疊山門人王淵濟據謝氏手定之本入木，當爲最初刻本。《四庫提要》所載亦略與此同，唯彼前有王守仁序，蓋已爲明代重刻之本矣。但此書雕鏤雖精，脱謬頗多。日本嘉永壬子（五年，一八五二）松崎純儉以此本重刊，據朝鮮本及戴本多所訂正，庶幾善本云。

據嚴紹璗《日藏漢籍善本書録》記載，日本中御門天皇正

德五年(一七一五),京都武林新兵衛、植村藤右衛門等刊印
《文章軌範百家評林注釋》。此本正集七卷、續集七卷,正集
署"宋謝枋得批選,明李廷機評訓";續集署"明鄒守益批選,
焦竑評"。又光格天皇寬政四年(一七九二)天游館塾等及江
户時代亦嘗刊《評林注釋》本。寬政六年(一七九四)江户須
原屋茂兵衛、大坂河内屋源七郎等刊《增纂評注文章軌範》正
編七卷、續編七卷,正編署"宋謝枋得批選,明茅坤訓注、李廷
機評訓、松井暉晨(羅洲)校訂";續編署"明鄒守益批選"。其
後仁孝天皇、孝明天皇時尚刊有多本,此略,各本今皆傳世。
臺北"故宫博物院"著録日本嘉永六年(一八五三)覆元王淵
濟手訂本三册,即松崎純儉本。此本日本京都大學等亦有弆
藏,乃昌平坂學問所據元本重刊之本。

　　《四庫全書總目》著録兩江總督採進本《文章軌範》七卷,
前有正德丙寅(元年,一五〇六)仲秋既望餘姚王守仁序,其
底本疑爲嘉靖四十年(一五六一)郭邦藩刻本。《提要》言及
《歸去來辭》無圈點,並引王淵濟跋,然檢影印文淵閣四庫本,
其中無該文,不詳何故。

【附録】

文章軌範序

(明)王守仁

　　宋謝枋得氏取古文之有資於場屋者,自漢迄宋,凡六十
有九篇,標揭其篇章句字之法,名之曰《文章軌範》。蓋古文
之奧不止於是,是獨爲舉業者設耳。夫自百家之言興而後有

六經，自舉業之習起而後有所謂古文。古文之去六經遠矣，由古文而舉業，又加遠焉。士君子有志聖賢之學而專求之於舉業，何啻千里。然中世以是取士，士雖有聖賢之學，堯舜其君之志，不以是進，終不大行於天下。蓋士之始相見也必以贄，故舉業者，士君子求見於君之羔雉耳。羔雉之弗飾，是謂無禮，無禮，無所庸於交際矣。故夫求工於舉業，而不事於古作，弗可工也。弗工於舉業而求於幸進，是僞飾羔雉以罔其君也。雖然，羔雉飾矣，而無恭敬之實焉，其如羔雉何哉！是故飾羔雉者非以求媚於主，致吾誠焉耳；工舉業者非以要利於君，致吾誠焉耳。世徒見夫由科第而進者類多狥私媒利，無事君之實，而遂歸咎於舉業，不知方其業舉之時，惟欲釣聲利、弋身家之腴，以苟一旦之得，而初未嘗有其誠也。鄒孟子曰：“恭敬者，幣之未將者也。”伊川曰：“自灑埽應對，可以至聖人。”夫知恭敬之實在於飾羔雉之前，則知堯舜其君之心不在於習舉業之後矣；知灑埽應對之可以進於聖人，則知舉業之可以達於伊、傅、周、召矣。

　　正德丙寅仲秋既望，餘姚王守仁序。（嘉靖四十年郭邦藩常靜齋刊本《文章軌範》卷首）

吳都文粹　九卷

鄭虎臣　編

　　是編爲蘇州（古吳都）地方總集，宋末蓋有刊本單行，久已失傳。明人如《趙定宇書目》《脈望館書目》等皆嘗登録，不詳其版本。《結一廬書目》卷四載"《吳都文粹》十卷，宋鄭虎臣集，影寫宋刊本"。《四庫總目》著録浙江鮑士恭家藏本，僅九卷，《提要》曰：

> 案《蘇州府志》，虎臣字景兆，曾爲會稽尉。宋德祐初，自請監押賈似道，殺之於木棉庵者，即其人也。是書於吳郡遺文，綜緝頗富。其中若李壽朋之《刱補新軍》、汪應辰之《申奏許浦水軍》、趙肅之《三十六浦利害》、郊亶之《至和塘六得六失》諸篇，均有關兵農大計。其他輿地沿革，亦多有因文以著者。……蓋是書雖稱"文粹"，實與地志相表裏，東南文獻，借是有徵，與范成大《吳郡志》相輔而行，亦如驂有靳矣。

四庫底本今藏國家圖書館，凡六册。又《中國善本書提要》著録美國國會圖書館亦藏有四庫底本六册，每半葉十行二十字："按此《四庫全書》底本，鮑士恭所進呈也。面葉有戳記云：'乾隆三十八年（一七七三）十一月，浙江巡撫三寶進到鮑士恭家藏《吳都文粹》壹部，計書六本。'卷端鈐'翰林院印'大方印。……卷内有'教經堂錢氏章'、'犀盦藏本'兩印記。"

上引《四庫提要》謂是集"與地志相表裏"，而不知此書即從范成大《吳郡志》中鈔出。余氏《四庫提要辨證》卷二四曰：

> 明許德溥《吳乘竊筆》（一卷，《指海》本。）云："《吳都文粹》雖鄭公所粹，要皆取材於范文穆，絶無增減，亦見古人服善心虛，今人不及也。"孫星衍《平津館鑒藏記》卷三云："《吳都文粹》十卷，（舊寫本。）題蘇臺鄭虎臣集。前後無序跋。《四庫全書》本作九卷。此書全依《吳郡志》録寫詩文，疑是坊賈所作，非虎臣原書。"錢熙祚《吳郡志校

勘記序》云：“偶檢鄭虎臣《吳都文粹》，訝其篇目不出《范志》所録，因取以相校，删節處若合符節，乃知《文粹》全書並從范氏刺取。”《文粹》全出於《范志》，而《提要》乃謂其足與《范志》相輔，是未嘗取兩書對勘，而率爾言之也。

孫星衍疑傳本乃坊賈作僞，非鄭虎臣原書，證據確鑿，值得思考。是否鄭虎臣所編乃另一本，久已散佚，作僞者遂從《范志》鈔出以冒之？抑或從《范志》鈔出者實即鄭氏，原爲自我誦讀，非欲竊爲己編，後人誤會，遂另刻爲一書？似皆有可能，然別無文獻依據。本書姑依舊題。范成大《吳郡志》，現存宋紹定刊本。

康熙六十年（一七二一），婁東施氏用活字板印行，凡十卷，白口，每半葉九行二十一字。今國家圖書館藏二部，其一有章鈺校跋並録李希聖、錢枚、鄧邦述題識，凡十册；又一部有傅增湘校並録錢枚、李希聖跋。此外上海圖書館、南京圖書館等亦有藏本。就《吳都文粹》論，此爲現存之唯一刊印本。

《天禄琳琅書目後編》卷二〇著録明鈔本《吳都文粹》一函十册十卷，謂“詩文凡六百四十三首”。今國家圖書館藏明鈔本三册，凡三卷（卷六至八），不詳是否即天禄殘帙。該館還庋藏清王聞遠鈔本，有王聞遠校並跋，貝墉跋、趙光照題款。《涵芬樓燼餘書録》曾著録此本，謂凡五册，並録雍正三年（一七二五）王氏跋，稱“婁東宋蔚如（賓王）兄弟鈔惠一部，內行款多不齊，隨倩人另鈔，整齊完善，先後兩次細校”云云。記藏印有“吳松江上”、“王印聞遠”、“蓮涇”等共十方。《善本書室藏書志》卷三八載宋蔚如鈔校本，黃蕘圃（丕烈）藏書，今藏南京圖書館。《鐵琴銅劍樓藏書目録》卷二三著録舊鈔十卷本，亦稱是宋賓王舊藏，以宋本校過。《愛日精廬藏書志》卷三五著錄《吳都文粹》十卷，鎮洋錢氏（枚）東皋手鈔本，今藏臺北"中央圖書館"，有錢大昕手書題記，近人鄧邦述手校並跋，書中有錢枚鈔書序及《正訛》題識。該館猶有兩舊鈔本，其一有近人沈曾植手校並過錄王聞遠及貝墉題記。《皕宋樓藏書志》卷一一四載舊鈔本十卷，今藏日本静嘉堂文庫。傅氏《經眼錄》卷一八著錄舊寫本，鈐有"潘莍坡圖書印"，今存佚不詳。等等。現存及見於著錄的清鈔本，殆不下二十部。然此書實迻錄范成大《吳郡志》，而《吳郡志》有宋刊本傳世，故從版本學角度言，無論活字本或鈔本，價值皆不很大。

　　明錢穀輯《吳都文粹續集》五十六卷補遺一卷，乃後代賡續之編，今有傳本。

宋人總集叙録卷第九

三家四六_{三卷}四家四六_{四卷}

佚　名　編

　　宋末元初,建安書林嘗編刊四六文節選本系列書,共刊過多少家已不可考,後人各以所得命曰《三家四六》《四家四六》,甚至《五家四六》,述之於次。

　　一、《三家四六》

　　《三家四六》,收王子俊《格齋先生三松集》一卷、趙汝談《南塘先生四六》一卷、李劉《梅亭先生四六》一卷。三本同裝一函,今存宋槧,各書版本完全相同,均每半葉十行,行十九字,細黑口,左右雙邊。此書今藏臺北"中央圖書館",臺灣學者李志清《修訂本館善本書目解説——集部》(載《"中央圖書館"館刊》新二十卷第二期,一九八七年十二月),謂"三帙版式、行格、字體、雕法,以及紙質(絲紋間距亦皆爲三點五公分)、墨色皆同,當爲同時刻印者"。又曰"三帙當係南宋末期建安書坊(或私家)彙刻'四六文'之範文集"。此説甚當,蓋宋季所刊以"四六"爲名之叢編本,共刊多少種已不可詳,後人以其所得或三家、或四家原本,或鈔出五家聚爲一帙,初無定數也。

　　上述三家，王子俊字才臣，一字巨臣，號格齋，吉水（今屬江西）人。安丙帥蜀，嘗辟爲制置使屬官。《書録解題》卷一八著録其“《三松集》十八卷”，久佚。趙汝談，字履常，號南塘，太宗八世孫，寓餘杭（今浙江杭州）。淳熙十一年（一一八四）進士，理宗時權刑部尚書。其集編刊情況不詳。明《文淵閣書目》卷九著録“趙汝談《南塘文集》一部一册，全”，《内閣書目》卷三著録爲九卷，亦久佚。李劉字公甫，號梅亭，崇仁（今屬江西）人。嘉定元年（一二〇八）進士，仕至中書舍人、直學士院。長於四六文，著有《梅亭類稿》三十卷、《續類稿》三十卷，見羅逢吉《四六標準跋》、虞集《李梅亭續類稿序》（《道園學古録》卷三二），皆久佚，今存門人羅逢吉所輯《梅亭先生四六標準》四十卷。三人蓋原無關係，偶因各人之四六文選本傳於後世並同裝一函，無以爲名，遂成“三家”。

　　《三家四六》乃毛氏汲古閣舊物，曾藏北京圖書館，王重民疑其非宋刻，應爲選節本。《中國善本書提要》曰：

　　　　按《四庫全書》本、朱彝尊所跋本當並從此本出，朱氏謂所據爲宋刻，諸家亦均認此爲宋本。然卷内不避宋諱，且與南塘、梅亭同一版式，其爲宋、元間同時同地所刻無疑。當時凡刻若干家，今不可考，兹由此三家推之，均是選節之本，則無疑也。《提要》稱是書爲“《類稿》中之一種，散佚僅存者”，則由不知爲節本故也。余頗疑其選刻於元初，然無確據，故仍題爲宋本云。卷内有“虞山毛氏汲古閣收藏”、“虞山毛扆奏叔家圖書”、“毛扆之印”等印記。

同書著録《梅亭先生四六》時，亦謂“每類之中，所載不全，一表之内，字有删節，余故疑其爲選本、節本也”。按：謂爲選本、節本，是；宋刻與元初刻本，單據版式難以分別。

王重民所謂《四庫全書》本，指《格齋四六》《南塘四六》兩種，《四庫總目》嘗單獨著録。《格齋四六》爲鮑士恭家藏本，《提要》曰：

> （王子俊）所著有《史論》《師友緒言》《三松類稿》諸書（祝按：據陸心源《儀顧堂題跋》卷一二《格齋四六跋》，諸書之目見《西江人物志》），俱已不傳。此編原本題曰《格齋三松集》，疑即類稿中之一種，散佚僅存者。朱彝尊《曝書亭集》有是書跋（祝按：見卷五二），稱鈔得宋本《格齋四六》計一百二首。今檢勘其數，與所跋相同，當即彝尊所見之本。

《四庫總目》以浙江採進本《南塘四六》著録於“存目”，《提要》曰：

> 汝談在當時頗以詩名，歷掌制誥，亦以文章典雅見稱。其《嘉定賀玉璽表》有“函封遠致，不知何國之白環；琢刻孔彰，咸曰寧王之大寶”四語，王應麟《困學紀聞》極稱之，今全篇在集中。然他作不盡如是也。

近年新編《四庫全書存目叢書》，已據國家圖書館所藏清鈔《五家四六》本《南塘先生四六》影印。《四庫總目》因已著録李劉《四六標準》，故不再著録《梅亭四六》。

《三家四六》除上述宋槧函裝本外，《格齋先生三松集》（或題《格齋四六》）大陸各圖書館猶著録清鈔本九部。其中南京圖書館藏《格齋先生三松集》清鈔本，乃丁氏書，原爲王氏十萬卷樓藏本，《善本書室藏書志》卷三〇著録道：“卷首有‘嘉慶乙亥（二十年，一八一五）借汪蘇潭吏部本鈔出，己卯

（嘉慶二十四年）八月以開萬樓藏鈔本校過’晚聞手記，有‘宗炎’、‘宗炎校讀’、‘十萬卷樓藏書’諸印。”民國八年（一九一九），胡氏退廬據江南圖書館（今南京圖書館）藏鈔文瀾閣四庫本刊入《豫章叢書·九宋人集》，魏發將其分爲二卷，又删去各體名目及《薦舉表》二首。胡思敬頗不以爲然，於是補目錄於前，而刻《薦舉表》於後，有跋。

二、《四家四六》

除《三家四六》外，今國家圖書館猶藏有宋刊本《四家四六》四卷，凡六册，亦爲每半葉十行十九字，細黑口，左右雙邊。所謂“四家”，爲《壺山先生四六》一卷，《臞軒先生四六》一卷，《後村先生四六》一卷，《巽齋先生四六》一卷。因四家宋刻原不署撰人姓氏，而以別號名書，除“臞軒”爲王邁號、“後村”爲劉克莊號可確定外，另兩家皆被後人誤題：“壺山先生”誤題爲汪莘，“巽齋先生”或誤歐陽守道，或誤危昭德。

今人書目（如《中國叢書綜錄》等）題《壺山先生四六》爲汪莘撰。《壺山先生四六》即《四庫總目》所著錄之《壺山四六》，四庫底本（浙江鮑士恭家藏本）亦不著撰人名氏。館臣在《提要》中考其作者，疑爲方大琮。今按：作方大琮是，以爲汪莘，蓋因汪氏號“方壺”而誤也。

至於《巽齋先生四六》或署歐陽守道撰（如《北京圖書館古籍善本書目》等），或署危昭德撰（如北京大學圖書館藏清初鈔本、南京圖書館藏舊鈔本等）。又《四庫總目·別集類存目》著錄《巽齋四六》一卷，浙江鮑士恭家藏本，亦以爲危昭德撰，《提要》謂“昭德所著有《春山文集》，今已久佚。此本摘錄其駢體，僅四十九首，非完本也”云云。按：歐陽守道、危積皆號巽齋，危昭德字號不作“巽齋”，却無一本題危積。今考宋人文獻，如《翰苑新書續集》卷一四、卷一九、卷二一等，所載多篇四六文，與收入《巽齋先生四六》之文相同，皆題“危巽齋”，而無署“歐陽巽齋”者。細考危積生平，與集内所述内容合，而與歐陽守道不合。可以得出結論：所謂“危巽齋”即危積。舊題“歐陽巽齋”，蓋以兩人皆號“巽齋”混誤；而題“危昭德”者，則純以同姓而訛也（考詳見楊世文《宋刻本〈四家四六〉考》，《宋代文化研究》第七輯，巴蜀書社一九九八年版）。

三、《五家四六》

今國家圖書館藏有清鈔本《五家四六》五卷，五家爲格齋、南塘、壺山、朧軒、巽齋；换言之，即《三家四六》缺梅亭，《四家四六》缺後村。可以認爲，這五種當是從《三家》《四家》中鈔出另行之本。如果説所謂“三家”、“四家”之匯聚全出偶然的話，這五家似乎有所選擇，即後村（劉克莊）、梅亭（李劉）二人皆有别集傳世，故不録。

絶妙好詞 七卷

周　密　編

周密（一二三二——一二九八），字公謹，號草窗、蘋洲、四水潛夫、弁陽老人等。濟南（今屬山東）人，居吴興（今浙江湖州）。嘗爲義烏令，宋亡不仕。工詩詞，著述甚富，今存《草窗詞》《草窗韻語》《齊東野語》等。其所編選之《絶妙好詞》七卷，收南宋詞人一百三十二家，詞作三百八十二首，歷來頗受好評。張炎《詞源》卷下以“精粹”許之，曰：“近代詞人用功者多，如《陽春白雪》集，如《絕妙詞選》，亦自可觀，但所取不精一，豈若周草窗所選《絕妙好詞》之爲精粹。"錢曾《讀書敏求記》卷四曰："《弁陽老人絕妙詞選》七卷。……其選錄尤精，清言秀句，層見疊出，誠詞家之南董也。"朱彝尊《書絕妙好詞後》曰："周公謹《絕妙好詞》選本雖未全醇，然中多俊語，方諸《草堂》所錄，雅俗殊分。"（《曝書亭集》卷四三）又《四庫提要》亦評論道："密所編南宋歌詞，始於張孝祥，終於仇遠，凡一百三十二家。去取謹嚴，猶在曾慥《樂府雅詞》、黃昇《花庵詞選》之上。又宋人詞集，今多不傳，並作者姓名亦不盡見於世。零璣碎玉，皆賴此以存，於詞選中最爲善本。"不過也有人以爲其選詞未注意多種流派及風格，如清焦循《雕菰樓詞話》即曰："周密《絕妙好詞》所選，皆同於己者，一味輕柔潤膩而已。黃玉林《花庵絕妙詞選》不名一家，其中如劉克莊諸作，磊落抑塞，真氣百倍，非白石、玉田輩所能到。可知南宋人詞，不盡草窗一派也。"陳廷焯《白雨齋詞話》卷二道："草窗《絕妙好詞》之選，並不能強人意。當是局於一時聞見，即行採入，未窺各人全豹耳。不得以草窗所輯，一概尊之。（紀文達立論，好是古非今。《絕妙好詞》一編，歎爲篇篇皆善，未免以耳代目。）"又陳匪石《聲執》卷下也説："蓋周氏在宋末，與夢窗、碧山、玉田諸人皆以凄婉綿麗爲主，成一大派別。此書即宗風所在，不合者不錄。觀所選于湖、稼軒之詞，可以概見。"綜合兩派意見，其優缺點即已略具。不過選本以選者之審美標準擇錄作品，歷來如此，也只有這樣才能形成特色，故對所謂"同己"，似不必厚非。

是編不詳初刻於何時，元初時板木已散亡。《詞源》卷下曰："惜此板不存，恐墨本亦有好事者藏之。"明代似無覆刻本，後世所傳，未見舊椠。趙琦美《脈望館書目》著録"《絕妙好詞》一本"，《玄賞齋書目》卷七亦有登録，不詳爲何版本。

錢曾《述古堂書目》卷二著録"《弁陽老人絕妙詞選》七卷一本，鈔"。其《讀書敏求記》卷四亦著録是本，稱"此本又經前輩細勘批閲，姓氏下各朱標其出處里第，展玩之，心目了然"。所藏本乃絳雲樓故物。康熙二十四年（一六八五），錢氏族婿柯煜從錢曾家得其本，遂與其從父柯崇樸於小幔亭（柯氏室名）翻刻之，兩人都有序，柯煜序略曰：

> 昨歲甲子（康熙二十三年），訪戚虞山，叔丈遵王，招携永日。……觴詠之暇，籖軸斯陳。謝氏五車，未足方其名貴；田弘萬卷，猶當遜其珍奇。得此一編，如逢拱璧。不謂失傳已久，猶能藏弄至今。諷詠自深，剞劂有待。河北膠東之紙，傳此名篇；然脂弄墨之餘，成余素志。上諧諸父，俾我弟昆，共訂魯魚，重新梨棗。

錢氏鈔本爲後來各本之祖，而柯刻蓋爲是集宋以後第一刻。該本每半葉九行二十字，黑口，左右雙邊。封面題"嘉善柯南陔、緯昭重訂"、"小幔亭藏版"，卷首題下有"小幔亭重訂"五字。今國家圖書館、上海圖書館、四川省圖書館等皆藏有柯刻本，上海本有清陳撰批，四川本卷七配清鈔，有嚴元照批。

《汲古閣珍藏秘本書目》載"《絕妙好詞》二本，精鈔"。此本後經顧逸鶴、黄丕烈收藏，今藏國家圖書館，有朱祖謀跋。又章鈺曾跋此本，稱"與錢本均同，蓋影寫述古堂藏本者"。然其文字與柯刻本頗有異同，可校正柯本之誤。

康熙三十七年（一六九八），高士奇清吟堂有印本。經與小幔亭本對照，知此本實即用柯氏板重印，然却撤去柯崇樸序，而增入高氏序，稱"虞山錢氏秘藏鈔本，柯子南陔得之，與其從父寓匏舍人及余考校缺誤，繕刻以行”，並將每卷題下的“小幔亭重訂”改爲“清吟堂重訂”。但柯氏本無一處言及高士奇。今天津圖書館、北京大學圖書館藏有清吟堂本，北大本有焦循跋。

雍正三年（一七二五），項絪群玉書堂重刻柯本。此本較前兩本略有整理，其序曰：“長夏掩關無事，因繙繹故書，漫加搜討，遂已十得八九。至前人評品，與夫友朋談藝，其言有合及佚事可徵者，悉爲采録，係於本詞前後。”此本每半葉十一行二十一字，細黑口，左右單邊。詞作者名下增一小傳，部分詞後附録作者事跡、詞本事及評論等。每卷末有勘定人姓名。文字與柯氏本略有出入。此本今國家圖書館、南京圖書館等有藏本。南京圖書館藏有兩部，一部有清周星詒跋，另一部乃丁氏舊物，有清戴熙、徐楙校，丁丙跋，《善本書室藏書志》卷四〇著録爲戴鹿床（熙）手校本，稱“此爲項淡齋絪雕本，在查、厲合箋以前”。

二〇〇一年，遼寧教育出版社出版張麗娟校點本《絶妙好詞》，收入該社所編“新世紀萬有文庫”。該本以柯刻原本作底本，用項氏群玉書堂本、毛氏汲古閣鈔本參校，將項氏所作詞人小傳及附録文字，全部收録於校記之中。同時又收入羅濟平校點的鄭文焯《絶妙好詞校録》（據光緒刻本）。《校録》雖篇幅不長，却包括了鄭氏對宋詞音韻、樂律、格式、意旨和文字校勘的許多研究心得，頗有創見，也頗具參考價值。在《校録》最後一則中，鄭氏言及他所用的康熙小瓶廬刻本，以爲“蓋即當時坊間覆高刻本”。該校點本還收有國家圖書館所藏舊鈔本《絶妙好詞今輯》二卷（亦由張麗娟校點），原本無序跋及署名，疑是清人輯本。

是編清代以厲鶚、查爲仁同撰之《絕妙好詞箋》流傳最廣。陳匪石《聲執》卷下曰："清中葉前，（詞）以南宋爲依歸。樊榭（厲鶚號）作箋，以後翻印者不止一家，幾於家弦户誦，爲治宋詞者入手之書。風會所趨，直至清末而未已。"按厲鶚序曰：

> 津門查君蓮坡（爲仁），研精風雅，耽玩倚聲，披閲之暇，隨筆札記，輯有《詩餘紀事》若干卷。於是編尤所留意，特爲之箋，不獨諸人里居出處，十得八九，而詞中之本事，詞外之佚事，以及名篇秀句，零珠碎金，捃拾無遺。俾讀者展卷時，怳然如聆其笑語而共其遊歷也。予與蓮坡有同好，向嘗掇拾一二，每自矜創獲，會以衣食奔走，不克卒業。及來津門，見蓮坡所輯，頗有望洋之嘆，並舉以付之，次第增入焉。

箋注本有乾隆十五年（庚午，一七五〇）查氏淡宜書屋刻本，查爲仁其時已謝世，子善長、善和將稿本"急付剞劂，以副先志"，有跋。此本今國家圖書館、中國人民大學圖書館等有藏本，南京博物院藏本有清譚儀圈點並跋。

《四庫總目》著録紀昀家藏本，即厲、查箋注本。

周密當日編《絕妙好詞》之後，似乎餘興猶未盡，又往往在其衆多筆記中品評録存好詞。如《浩然齋雅談》卷下曰："雲窗張樞，字斗南，又號寄閑，忠烈循王（俊）五世孫也。筆墨蕭爽，人物醖借。善音律，嘗度《依聲集》百闋，音韻諧美，真承平佳公子也。予已選六闋於《絕妙詞》，今別見於此（以下録《戀繡衾》《清平樂》《木蘭花慢》三闋，略）。"如此之類不少。清乾隆間，余集主要從此書輯出《絕妙好詞》所未載之詞篇，編爲一卷。道光戊子（八年，一八二八），錢塘徐楙重刻箋注本，即以《續鈔》爲名，將余氏所輯附刻之，題“弁陽老人周密原本、仁和余集鈔撮”，而嫌所輯尚不完備，遂再從周氏諸書中搜採，輯爲《續鈔補》，題“弁陽老人周密原本、錢唐徐楙補録”，並作《絶妙好詞續鈔補跋》曰：

余氏秋室（集）《絶妙好詞續鈔》一卷，蓋繼草窗之志也。戊子夏，予有重録《詞箋》之舉，友人瞿子穎山將《續鈔》重爲編次，囑附於後。其詞大半從《浩然齋雅談》輯出，餘唯《志雅堂雜鈔》一闋，《癸辛雜識》《齊東野語》數闋，兼綴以詞話。今檢《武林舊事》，又鈔録當時供奉諸作，而《雅談》《雜識》《野語》中尚有未採者，亦有所勿棄。至若王邁、林樸、甄友龍諸人之詞，句既零星，詞涉諧謔，不復録矣。知不免掛漏，聊以補余氏《續鈔》之缺云爾。己丑（道光九年）秋八月十一日，向年道人徐楙識於秋聲舊館。

同治、光緒間，是書刊刻甚多，計有查氏淡宜書屋本、會稽章壽康式訓堂本、覆錢塘徐氏本，以及上海掃葉山房石印本、世界書局排印本等。《四部備要》用會稽章氏同治十一年（一八七二）重刻本校點。一九五七年，中華書局用《四部備要》本紙型校訂重印爲上、下二册，書口有“中華書局聚珍倣宋版印”二行。一九九二年，陝西人民出版社有排印本。二〇〇〇年十一月，江蘇古籍出版社用道光徐楙本重新編排、標點並編總目，蘭印爲綫裝本一函三册，每半葉十一行，雅致可賞。近年其他出版社亦相繼出版校點本。

【附錄】

重刻絶妙好詞序

（清）柯崇樸

　　往余與朱檢討竹垞有《詞綜》之選，摭拾散逸，采掇備至，所不得見者數種，周草窗《絶妙好詞》其一也。嗣聞虞山錢子遵王藏有寫本，余從子煜爲錢氏族婿，因得假歸。然傳寫多訛，迫再三參考，始釐然復歸於正，爰鏤板以行之，且爲之叙曰：

　　文章之盛衰，豈不因乎其時哉！夫詞始於唐，盛於宋，至南渡後，作者輩出，工之益衆。然多而無所統則散。草窗周密以騷雅領袖，評騭時賢，表章恐後，人不數首，用拔其尤，洵詞林之大觀矣。自有明三百年來，人競帖括，置此道勿講，即一二選韻諧聲者，率奉《草堂詩餘》爲指南，而兹編之棄擲滅漫於殘編斷簡中者，固已久也。聖朝鼎新，人文蔚起，靈珠荆璧，霞爛雲蒸，猶復四十餘年，始獲睹於今。豈非物之隱見各有其時，而時固難得若此歟？則幸得之者，可不爲之珍重而愛惜之歟？然徒珍重愛惜，而不與好學深思者樂得而共睹之，抑豈草窗編次之意歟？余所由付剞劂而公諸同好也。其或卷帙殘缺，都不可知，姑仍其舊爲七卷，凡一百三十二人，計詞三百八十二首，而述是書之本末如此。若其雅淡高潔，絶去淫哇塵腐之音，此在讀者自得之，不復贅云。

　　時康熙乙丑孟夏，嘉善柯崇樸寓鮑氏題於静寄軒。（柯氏小幔亭刊本《絶妙好詞》卷首）

絕妙好詞序

（清）柯　煜

　　粤稽詩降爲詞，六朝潛啟其意，而體創於李唐，五代繼隆其軌，而風暢於趙宋。柳屯田之“曉風殘月”，蘇學士之“亂石崩雲”，世所共稱，固無論已。建炎而後，作者斐然。數南渡之才人，無非妍手；詠西湖之麗景，盡是專家。薄醉尊前，按紅牙之小拍；清歌扇底，度白雪之新聲。況乎人間玉椀，闕下銅駝，不無荊棘之悲，用志黍離之感。文弦鼓其淒調，玉笛發其哀思。亦有登山臨水，勝情與豪素爭飛；惜別懷人，秀句共郵筒俱遠。凡斯體制，有待纂編。於是草窗周氏，彙次成書。山玉川珠，供其采擷；蜀羅趙錦，借彼翦裁。蔡家“幼婦”之碑，固應無媿；黃氏《散花》之集，詎可齊觀？秀遠爲前此所無，規矩實後來之式。

　　然而劍氣長埋，珠光易匿。五百年之星移物換，金石尚爾銷沉；一卷書之雲散波流，簡帙能無散佚？於今風雅，殆勝曩時。翡翠筆床，人宗石帚；琉璃硯匣，家擬梅溪。爰有好事之家，千金購其善本；嗜奇之士，古鼎質其秘書。

　　昨歲甲子，訪戚虞山，叔丈遵王，招携永日。都方回之游宴，久欽逸少門風；盧子諒之婚姻，夙附劉琨世戚。觴詠之暇，籤軸斯陳。謝氏五車，未足方其名貴；田弘萬卷，猶當遜其珍奇。得此一編，如逢拱璧。不謂失傳已久，猶能藏弆至今。諷詠自深，剞劂有待。河北膠東之紙，傳此名篇；然脂弄墨之餘，成余素志。上諧諸父，俾我弟昆，共訂魯魚，重新梨棗。從此光華不没，風景常新。非惟一日之賞心，允矣千秋之勝事。

武唐柯煜序，時康熙乙丑端陽日。（同上）

清吟堂本絕妙好詞序

（清）高士奇

　　草窗周公謹集選宋南渡以後諸人詩餘凡七卷，名之曰《絕妙好詞》。公謹生於宋末，以博雅名東南，所作音節淒清，情寄深遠，非徒以綺麗勝者。兹選披沙揀金，合百三十二人，爲詞不滿四百，亦云精矣。

　　余嘗論選家以今稽古，病在不親。《穀梁》所謂“聽遠音者，聞其疾而不聞其舒”也。若同時之人，徵搜該博，參互詳審，其去痍疵，正謬悠，較之後代，難易什伯。宋人選宋詞，如曾慥《樂府雅詞》，趙粹夫《陽春白雪》，以及《謫仙》《蘭畹》諸集，皆名存書逸，每爲可惜。草窗所選，乃虞山錢氏秘藏鈔本，柯子南陔得之，與其從父寓匏舍人及余考校缺誤，繕刻以行。

　　夫古書顯晦，各有其時。皇上聖學淵奧，凡經史子集以及類説稗乘，罔不搜討，宋元舊本，漸已畢出。彼曾、趙諸集，又豈無搜廢簏而弆之者？是書之出，其嚆矢夫！

　　康熙戊寅夏五，江村高士奇序於清吟堂。（清吟堂本《絕妙好詞》卷首）

書絕妙好詞後

（清）朱彝尊

　　詞人之作，自《草堂詩餘》盛行，屏去激楚陽阿，而巴人之唱齊進矣。周公謹《絕妙好詞》選本雖未全醇，然中多俊語，方諸《草堂》所録，雅俗殊分。顧流佈者少。從虞山錢氏鈔得，嘉善柯孝廉南陔重鋟之。作者百三十有二人，第七卷仇仁近詞殘闕，目亦無存，可惜也。

公謹自有《蘋山漁笛譜》，其詞足與陳仲、王聖與、方叔夏方駕。（《曝書亭集》卷四三）

群玉書堂重刻絕妙好詞序

（清）項　絪

宋人之選宋詞，有《樂府雅詞》《絕妙詞選》《絕妙好詞》諸本，而草窗所輯，悉皆南渡以後諸賢，裁鑒尤爲精審。近嘉善柯氏嘗從虞山錢氏鈔得藏本付梓。顧考錢氏《述古堂題辭》有云：“此本經前輩細看批閱，下各朱標其出處里第。”今嘉善本悉皆無之。長夏掩關無事，因繙繹故書，漫加搜討，遂已十得八九。至前人評品，與夫友朋談藝，其言有合及佚事可徵者，悉爲采録，係於本詞前後。唯七卷中山村詞無從補綴，猶憾蟾兔之缺爾。因重爲開雕，而識諸首簡。

雍正乙巳七月，淡齋項絪書於白沙之怡園。（群玉書堂刊本《絕妙好詞》卷首）

絕妙好詞箋序

（清）厲　鶚

《絕妙好詞》七卷，南宋弁陽老人周密公謹所輯。宋人選本朝詞，如曾端伯《樂府雅詞》、黄叔暘《花庵詞選》，皆讓其精粹,蓋詞家之準的也。所採多紹興迄德祐間人,自二三鉅公外,姓字多不著。夫士生隱約,不得樹立功業,炳焕天壤,僅以詞章垂標後世,而姓名猶在若滅若没間,無人爲從故紙堆中抉剔出之,豈非一大恨事耶?

津門查君蓮坡,研精風雅,耽玩倚聲,披閲之暇,隨筆札記,輯有《詩餘紀事》若干卷。於是編尤所留意,特爲之箋,不獨諸人里居出處,十得八九,而詞中之本事,詞外之佚事,以及名篇秀句,零珠碎金,捃拾無遺。俾讀者展卷時,怳然如聆其笑語而共其遊歷也。

予與蓮坡有同好,向嘗掇拾一二,每自矜創獲,會以衣食奔走,不克卒業。及來津門,見蓮坡所輯,頗有望洋之嘆,並舉以付之,次第增入焉。譬諸掇遺材以裨建章,投片瓊以厠懸圃,其爲用不已微乎!蓮坡通懷集益,猶不忘所自,必欲附賤名於簡端,辭不得已,因述其顛末如此云。(道光徐氏刊本《絶妙好詞箋》卷首)

絶妙好詞續鈔序

(清)余　集

詞至南宋而工,詞律亦至南宋而密,此《絶妙詞》之所以獨傳也。草窗編輯,原本七卷,人不求備,詞不求多,而蘊借雅飭,遠勝《草堂》《花庵》諸刻。又經樊榭箋疏,使詞中本事,詞外逸聞,歷歷可見,誠善本也。

向閲宋人説部,見有與集中可引證者,隨筆録出,用補樊榭之缺。惜不能重刻,以廣其傳。而草窗所録詞見於雜著者,多同時人所賦,爲《絶妙詞》之所未載,因別爲一卷,而其

人與事有可備采摭者,亦效樊榭之意,備録於篇,雖無當著述,要亦草窗之志也。秋室書。(同上)

絶妙好詞箋跋

(清)查善長、查善和

先君子究心詞學有年。是編因戊辰秋錢塘厲太鴻先生北來,假館於舍,先君子人事之暇,相與篝燈茗碗,商榷箋注,搜羅考訂,頗瘁心力。成書於己巳夏,即歿之前數日也。正欲授梓,不謂疾作,遽爾見背。今春檢閲遺稿,手迹宛然,讀之涕淚交並,因急付剞劂,用副先志焉。

乾隆庚午春三月上浣,男善長、善和謹識。(同上卷末)

二十先生回瀾文鑑二十卷
後集二十卷

虞祖南 評、虞　夔　箋注

是書原題"承奉郎連州簽書判官廳公事虞祖南承之評次、幔亭虞夔君舉箋注",輯録者當即虞祖南,所謂"評次",次,編次也。兩虞氏生平事跡無考,唯見釋紹嵩理宗紹定間所作《江浙紀行集句詩》嘗引虞祖南詩三句(聯),分别見卷三、卷五、卷八,當即其人。今存鈔配宋麻沙刊本前集十五卷、後集八卷,爲丁氏舊物,其《善本書室藏書志》卷三八著録,略曰:

是書目録後有"建安江仲達刊於群玉堂"長方木

記，後有《二十先生行實》一葉。每葉二十四行，行十九字。宋諱有缺有不缺，蓋麻沙坊刻也。《宋史·藝文志》不載，倪燦《補宋藝文志》有"《類編回瀾文選》十卷、《後集》二十卷、《別集》十卷"。范氏《天一閣書目》始著於錄，注"四十卷，藍絲格鈔本，缺首六卷，序目均佚"，疑與倪《補志》所載同即一書，合計之則四十卷，分言之則有前、後、別之異。書名微有不同者，坊賈之爲也。所採二十先生爲司馬溫公(光)、范文正公(仲淹)、孫明復(復)、王荆公(安石)、石徂徠(介)、汪龍溪(藻)、洪容齋(邁)、張南軒(栻)、朱文公(熹)、呂東萊(祖謙)、周益公(必大)、楊誠齋(萬里)、劉屏山(子翬)、鄭艮軒(湜)、林拙齋(之奇)、劉謙齋(穆元)、張晉庵(震)、方鑒軒(恬)、戴少望(溪)、陳順齋(公顯)之文，凡一百篇，略註音之反切，文之柱意起伏，事之來歷。每篇各有評論。……惜原書二十卷內缺第八至十四六卷，乃從天一閣假鈔。方謂范缺之首六卷此本已有，得以兩全，詎天一亦半毀於兵，僅鈔得"第八"一卷，另集之十三至二十凡八卷，既無全集可稽，序跋可核，事實可求。第十三卷所採者爲馬存，爲張耒，爲李覯；十四卷爲胡寅；十五卷撰名闕；十六卷爲陳傅良；十七卷爲陳亮；十九、二十卷爲葉適(祝按：丁氏闕記卷一八)。舊注凡一百二十篇，而七十三篇以上則不可知矣。有"溫陵張氏藏書"一印。

莫氏《邵亭知見傳本書目》卷一六、傅氏《經眼錄》卷一七皆著錄是本，傅氏記其爲"細黑口，左右雙闌，左闌外記篇名"。該本今藏南京圖書館。據入選作家看，是書明顯傾向於道學，其編刊時間當在南宋末造。就注文內容看，當仍是士子攻舉業讀物，故注所謂“柱意起伏”之類。

丁丙所謂范氏天一閣本，乃明鈔本。《新編天一閣書目·天一閣遺存書目》載：《二十先生回瀾文鑑》二十卷《後集》二十卷，明藍絲欄鈔本，存卷十三至二十，《後集》卷一至八、卷十五至二十。該本今藏天一閣圖書館。則原書分前、後二集，各二十卷，與倪燦《補宋史藝文志》分三集即前集十卷、後集二十卷、別集十卷不同，蓋二本分屬兩個不同的版本。上引丁氏稱乃坊賈所爲。

日本静嘉堂文庫亦藏有此書殘鈔本（非陸心源藏書），目録全存，全書共二十卷，存卷一五、一六、一八、一九、二〇凡五卷，參嚴紹璗《日本藏宋人文集善本鈎沉》。

新編諸儒批點古今文章正印十八卷後集十八卷續集二十卷別集二十卷

劉震孫 編

是書未見於宋、明書目，今僅著録於《天禄琳琅書目後編》，其卷七“宋版集部”載：

> 《古今文章正印》，（四函十六册，）宋劉震孫撰。震孫字東叟，號梅石，列銜通直郎、簽書武安軍節度判官廳公事。書分四集，前集十八卷，分書、記二門；後集十八卷，分序、説二門；續集二十卷，分論、銘、箴三門；別集二十卷，分傳、贊、頌、碑、圖、解、辨、原、辭九門。前有咸淳九年（一二七三）震孫自序，後有廖起山序。起山字伯高，號習庵，結銜迪功郎、饒州州學教授，與震孫同輯是書者也。

按：劉震孫，東平（今屬山東泰安）人，字長卿，號朔齋，又號東叟、梅石，劉摯元孫。景定中爲太常少卿兼直學士院，晚歲爲宗正少卿兼中書舍人（見《宋史·丁大全傳》、周密《齊東野語》卷二〇、袁桷《清容居士集》卷三三等）。據劉、廖序跋，是書當刊成於咸淳九年。

天禄琳琅所藏宋刊原本今尚傳世，藏臺北“故宫博物院”，該院所編《善本舊籍總目》著録，乃沈氏研易樓捐贈。劉震孫序稱其選文“上遡乎古，近採諸今，凡諸儒之著述，前輩之批點，莫不具備”；又謂“學者玩味，因批以求意之相關，因點以觀文字之造妙，則胸中洞融，筆下霶霈，擢棘闈，冠蘭省，魁楓陛，纍纍之印垂金，腰間之印如斗，皆從此正印中來矣”云云。則是書編纂目的，乃爲士子提供科舉用書，而所謂“正印”，特指理學淵源。其時國家危在旦夕，而士大夫仍在做“腰間之印如斗”的美夢，可睹宋季之世風、文風矣。

據日人阿部隆一《故宫博物院藏沈氏研易樓捐贈宋元版本志（下）》（魏美月譯自《增訂中國訪書志》一九八三年三月版，臺北《“中央圖書館”館刊》新二十卷第一期，一九八七年六月）介紹，該本爲建刻本，現仍裝爲六册，後補錦繡緞封面。第一册裱褙修補，餘爲夾襯紙改裝本，封面以黄綾題籤，題署“文章正印”。前有劉震孫序及“新編諸儒批點古今文章正印目録前集”（“前集”二字墨圍陰刻），末有廖起山序。正文卷首題“新編諸儒批點古今文章正印卷之一　前集”（“前集”墨圍陰刻）。後集以下每集之首有目録，卷首題之體式與前集同。左右雙邊，有界十三行，行廿四字。注小字雙行（譯者按：僅刻右行，左行則空白）。附有圈點傍綫。版心綫黑口，雙黑魚尾。貞、徵、桓、完、構、購、覯、溝、講、慎、敦諸字概皆闕筆，郭、廓等寧

宗以下之名不諱。前集卷一六第五、六葉，別集卷三第三葉
補寫。別集卷末有墨書“戊子歲陽月日置”之識語。有“五福
五代堂寶”、“八徵壽念之寶”、“太上皇帝之寶”、“天禄繼鑒”
（白文）、“乾隆御覽之寶”、“天禄琳琅”之印。

　　據照片，劉序末有“東叟”、“梅石”方形印，廖跋末有“伯
高”鼎形印、“習庵廖氏”方印，皆爲圖板。首爲目録，有“新編
諸儒批點古今文章正印目録（前集）”一行，低格有“通直郎簽
書武安軍節度判官廳公事劉震孫編”、“迪功郎新饒州州學教
授廖起山校正”二行。以下爲前集目録，卷一爲樂毅《報燕惠
王書》、吕相《絶秦書》、李斯《上秦皇書》等。

　　該書不知經何人、何時收藏而入清宫，乃世間孤本，極爲
珍貴。

【附録】

新編諸儒批點古今文章正印序

（宋）劉震孫

　　文以正印名，豈非以其駢花麗葉、雕琢之巧歟；抑取其嘲
風詠月、摸刻之工歟。吁，文則文矣，非印之正。然則印之正
者何在？自十六字之正印不傳，有考亭夫子以精察危微，一
繩渾融，著爲《中庸》之序，則堯舜之正印得所傳。自六五字
之正印不續，有康節先生以元會運世，演爲皇極之訓，則箕水
之正印有所屬。是之爲印，乃印之正，否則心不印乎古，文欲
耀乎今，猶輪轅飾而人弗庸，徒飾矣。故《太（元）〔玄〕》擬《易》
而不印乎《易》，五行論法疇而不印乎疇，文乎？文乎？其貴
於有正印也如此。古今之文固多，行於世者亦衆。有以“層

瀾”名者，未必皆倒峽障川之文；有以“奧論”名者，未必皆出幽入冥之語；又有以“崇古”名者，未必皆商盤周誥之作。文之正印如此。

夫是編上遡乎古，近採諸今，凡諸儒之著述，前輩之批點，莫不具備，誠可謂集古今之大成矣。學者玩味，因批以求意之相關，因點以觀文字之造妙，則胸中洞融，筆下霈霈，擢棘闈，冠蘭省，魁楓陛，纍纍之印垂金，腰間之印如斗，皆從此正印中來矣，顧不偉歟！

咸淳九年癸酉詔歲正月望日，通直郎、簽書武安軍節度判官廳公事、賜緋魚袋劉震孫東叟序。（臺北“故宮博物院”藏本《新編諸儒批點古今文章正印》卷首。蒙臺灣師範大學王基倫教授提供）

新編諸儒批點古今文章正印跋

（宋）廖起山

正印，亦未嘗刊磨也。至我朝關洛諸儒相與明道，及考亭而集厥大成，其視吾夫子之□〔金〕聲玉振者，同一符契。斯其正印之攸屬歟。

梅石劉君東叟類古今之文而成編，名之曰“文章正印”。余館其西塾，與纂集之意，因叙于卷端，爲知道告。君子正而不它，必有能傳千古之印者。

時咸淳癸酉二月朔，迪功郎、饒州州學教授廖起山伯高習庵序。（同上卷末。蒙臺灣師範大學王基倫教授提供）

詩苑衆芳一卷

劉　瑄　編

　　是編不見於宋、明書目，然黃丕烈嘗得宋本，顧廣圻《百宋一廛賦》所謂"劉《苑》詩而纔聞伯玉"，即指該本，黃氏注曰：

> 　　《詩苑衆芳》，每半葉九行，每行十五字，無序目卷數。凡詩廿四家，首長樂潘氏，終古汴吳氏，署云"吳郡梅谿劉瑄伯玉敬編"。亦各家書目所未載也。

此本後歸汪士鐘，載之於《藝芸書舍宋元本書目·宋板書目》。汪氏之後，不詳流轉何所，久無著録，恐已不存。編者劉瑄，除知其爲蘇州（吳郡）人、字伯玉外，別無可考。

　　《四庫全書》未收此書，阮元遂以影元本進呈，其《揅經室外集》卷三載《提要》曰：

> 　　此書影元鈔本。首題吳郡梅谿劉瑄伯玉編。所選諸家詩，潘牥、章康、黃簡、趙汝談、方萬里、鄭起潛、文天祥、李迪、鄭傅之、何宗斗、蔣恢、朱誡、魏近思、張榘、張紹文、張元道、吕江、蔣華子、陳鈞、蕭炎、沈規、吕勝之、江朝卿、吳龍起二十四人。一人之詩多不過十首，少或一二首，計僅八十二首。每人名著其字號、籍貫。所選之詩，近體較多，率皆清麗可誦，蓋《江湖小集》之流亞，而決擇精當，似取法於唐人之選唐詩也。

該本已影印入《宛委別藏》。阮氏進呈之影元鈔本，今藏臺北"故宫博物院"。書中既選有文天祥、吳龍起等宋末元初人詩，蓋編選已入元矣，前述黄氏所謂“宋刊本”者，疑元槧而遵宋式也。

陸心源曾藏有是編，《皕宋樓藏書志》卷一一五著録爲“影宋鈔本”，並録某氏跋曰：“丙辰春，余姻家樂潛陳氏購得宋槧本，因屬鈔胥録此册，忽已匝月。雨窗漫讀一過。寶研記。”此本今藏日本静嘉堂文庫。陸氏曾將其刊入《十萬卷樓叢書二編》，《叢書集成初編》據以排印。

除上述外，今南京圖書館、臺北“中央圖書館”猶藏有清鈔本。

一帆风一卷

（日本）南浦紹明　編

是書爲日本來華僧南浦紹明（一二三五——一三〇八）於宋度宗咸淳三年（一二六七）歸國時，雪竇山虚堂智愚等四十四位僧人所作送別詩，其墨跡被紹明攜往日本，後來合刊成集，命曰《一帆風》。前有苕霅慧明序，曰：

> 日本明禪師留大唐十年，山川勝處，遊覽殆遍。泊見知識，典賓于蕈寺，原其所由，如善竊者，間不容髮。無端於凌霄山頂披認來蹤，諸公雖巧爲遮藏，畢竟片帆已在滄波之外。咸淳三年冬，苕霅慧明題。

所謂“大唐”，代指宋。末有寬文四年（一六六四）即非如一（一六一六——一六七一）跋，曰：

　　南浦明禪師歷遍宋國也，是布袋囊灰，諸尊宿各贈一帆風，大似爲鯤裁翼，五百年後猶作濤聲。明眼觀來，寐語不少。寬文四年歲次甲辰孟秋吉旦，黃檗後學一即非合十題。

合編本日本有初刻本，收詩四十三首，首於惟俊，尾於可權。此本傳世甚罕，僅東京大學史料編纂所有藏本。

　　後來又有增補本，乃日僧輪峰道白得於京都古刹者，跋稱“凡六十有七首，首於惟俊，尾於修善”。這比初刻本多師仙至善修二十五人。增補本單邊無界，每半葉九行，每行十八字，版心題“一帆風”，今藏日本關西大學圖書館等處。又有大正時期據增刻本翻刊之活字本。但增補部分頗可疑，其詩雖亦屬送別之作，然如有學者所指，其與初刻本署名體例、詩歌內容等皆顯然有異，因此“增刻諸詩不可信”（侯體健《南宋禪僧詩集〈一帆風〉版本關係蠡測——向陳捷女史請教》，載《中國典籍與文化》二〇〇九年第四期）。此説有理，當可成立。事實上，輪峰道白跋承認其所補，時人“或不以爲然”。但無論如何，《一帆風》初刻部分可確信無疑，多可補《全宋詩》之闕，文獻價值很高。

　　金程宇已據日本所藏增刻本影印，編入《和刻本中國古逸書叢刊》。

【附録】

一帆風跋

（日本）輪峰道白

禪之與詩，無有二也。禪者何？詩之釀於心而已矣。詩者何？禪之形於言而已矣。所謂詩從心悟得字，字合宮商。抑有詩於禪林也尚矣，班班乎唐唱乎宋。宋僧詩卷行於世者甚多焉，就中《一颿風》者，南浦明禪師回檣之穊，一時髦英各聲詩送游，輯而顔是名也。余索之十餘最，或得而不過其一二爾。

甲辰夏，偶獲完軸於神京古刹，凡六十有七首，首於惟俊，尾於修善。然而似之時人，或不以爲然也。余雖於詩未窺斑，想其言之圓活奇絶，非巨禪碩師詎能若斯耶？於是乎質諸聖壽一和尚，並句言以爲證，繡梓而布播，上以備先覺之慧目，下以便可畏之時習。俾之果造古之哲人禪師。無二師友重道之域，不亦小補乎哉？冠以徑山付法偈者，令讀之人先知禪師之出自有據也。

輪峰道白敬識。(《和刻本中國古逸書叢刊》影印日本增刻本《一帆風》卷末)

詩　準四卷詩　翼四卷

何無適、倪希程　編

宋淳祐癸卯(三年，一二四三)，王柏爲此編作序，略曰：

昔紫陽夫子考詩之原委，嘗欲分作三等，別爲二端：自《書》傳所記虞夏以來，及經史所載韻語，下及《文選》漢魏古辭，以盡乎郭景純、陶淵明之所作，自爲一編，而附於《三百篇》《楚辭》之後，以爲詩之根本準則；又於其下二等，擇其近於古者各爲一編，以爲之羽翼輿衛。紫

陽之功，又有大於此者，未及爲也，每撫卷爲之太息。友
人何無適、倪希程前後相與編類，取之廣，擇之精，而又
放黜唐律，法度益嚴。予因合之，前曰《詩準》，後曰《詩
翼》，使觀者知詩之根原，知紫陽之所以教。

則是書之編纂思想來自朱熹（按朱熹語見《答鞏仲至》，《朱文公大
全集》卷六四），乃以理學家標準選詩，與稍後之《濂洛風雅》類
似。編者何無適、倪希程，舊稱里貫事無考。今按：何無適，
"諱欽，字無適，北山先生之嗣子也。天才不群，有晉、宋之遺
風焉"（王柏《魯齋集》卷一二《跋何無適帖》）。所稱北山先生即何
基，居金華之北山，學者尊爲"北山先生"。倪希程，俞文豹
《吹劍録外集》曰："婺女倪君澤普，淳祐十年（一二五〇）廷對
爲第三名。"知倪氏亦金華人，名澤普。又據王柏《送倪君澤
序》，倪澤普舊字希程，改字君澤。登進士高第後，嘗爲南康
幕職官（《魯齋集》卷四）。由知兩編者皆署其字而不題名，兹仍
依舊。又據王柏序，何無適蓋先編成《詩準》，然後倪希程又
編《詩翼》，而由王柏合爲一處，但仍各自獨立。王柏（一一九
七—一二七四）亦金華人，與二人爲友，故爲書作序。未述刊
於何時，恐已入元矣。

　　明葉盛《篆竹堂書目》卷四載"《唐宋詩翼》一册"，又"《唐
宋名賢詩準》一册"。按《詩翼》收詩上起杜甫，下迄陸游，稱
"唐宋"可；《詩準》則上起古謠歌詞，下迄南朝，而不可稱"唐
宋名賢"，蓋著録誤。又《千頃堂書目》卷三一著録"何無適、
倪希程《詩準》四卷"，又"《詩翼》四卷"，不詳其版本。

　　《詩準》今存宋刊不全本。傅氏《經眼録》卷一七著録道：

　　　《詩準》四卷，（宋何無適、倪希程輯，存二卷。）宋刊本，半
　　葉十一行，行十八字，白口，左右雙闌。版心上記字數及

刻工人名,有李林、王昭等字,魚尾下標"詩"一字。首行題"詩準卷之一",次行頂格陰文題"歌詩正體",(以下凡箴銘各類標題均用陰文。)三行低一格題"雅比"二字,加墨圈,(以下風雅頌等亦加墨圈以别之。)空一格,"《虞書》帝庸作歌曰"云云。鈐有"季振宜藏書"朱文小印。(己未)

此本今藏國家圖書館。又,該館猶藏有《詩翼》宋本二卷(亦卷一至二)。檢《季蒼葦藏書目》,著録有"《詩準》四卷、《詩翼》四卷",原注:"四本,宋板。"

今存除宋槧外,臺北"中央圖書館"著録明嘉靖甲申(三年,一五二四)郝梁刊本《詩準》四卷、《詩翼》四卷。

嘉靖本後,有萬曆甲申(十二年,一五八四)重刻郝梁本。傅增湘曾藏有此本,其《經眼録》著録明刊本《詩準》四卷、《詩翼》四卷,即萬曆本,並作《明本詩準詩翼跋》以詳述之,曰:

> 此書題"宋何無適、倪希程編類,明進士沈大忠附葺補注"。萬曆甲申重刻本。十行十八字,白口,雙闌,版心下方記刊工、字數。首載淳祐癸卯金華王柏仲會原序,次有新樂王序,署名爲"青社載璽信父",次青州守四明沈大忠序。蓋《詩準》卷二後有附録十七葉,乃大忠所增補,而青藩捐禄付梓者。《詩翼》後有嘉靖甲申龍渠山人郝梁跋,亦言刻傳此書。疑嘉靖時郝氏刻於先,至萬曆時新樂王見沈氏增葺本,又覆刻之耳。收藏有"雲間陶氏藏書之印"、"南村草堂校定"、"清風涇"、"陶松谷家藏本"、"南村草堂"、"陶氏家藏善本"、"風谿陶崇質家藏本"諸印。余別藏隆慶本《人物志》,亦有陶氏諸印,未審爲何時人,竢檢府縣志乘考之。

> 此書余曾見宋刊本,半葉十一行,行十八字,取此本

對勘，大體相符，字句微有脱誤。如韻語引《尚書》"儆戒無虞"一則，"罔咈百姓"下脱三句凡十九字。又，《詩準》卷二，明本自"韻語"起，宋本則自"湯盤銘"起，此其大異也。惟《詩翼》未及假校。宋本今存上海涵芬樓，惜只各存前二卷耳。（《藏園群書題記》卷一八）

傅氏本今未見著録，存佚不詳。

丁氏亦曾藏有萬曆本，其《善本書室藏書志》卷三八著録，原爲何夢華藏書，有"何元錫印"白文方印，今藏南京圖書館。又清華大學圖書館、上海圖書館、湖南省圖書館亦著録萬曆本。今人所編《四庫全書存目叢書》據清華大學圖書館藏本影印，著録爲明刻本，僅有王柏序，字迹多漫漶。

《四庫總目·總集類存目一》著録兩江總督採進本，《提要》曰：

> 舊本題宋何無適、倪希程同撰。其詩雜撮古謡歌詞一卷，又附録一卷，復掇漢、魏、晉、宋詩二卷，而以齊江淹一首終焉，命曰《詩準》；雜撮唐杜甫、李白、陳子昂、韋應物、韓愈、柳宗元、權德輿、劉禹錫、孟郊、宋蘇軾、黄庭堅、歐陽脩、王安石、陳師道、陳與義、秦觀、張耒、郭祥正、張孝祥詩爲四卷，而以陸游一首終焉，命曰《詩翼》。蓋影附朱子古詩分爲三等、别爲一編之説，而剽竊真德秀《文章正宗緒論》以爲之。龐雜無章，是非參差，又出陳仁子《文選補遺》下。疑爲明人所僞託。觀其《峋嶁山碑》全用楊慎釋文，而《大戴禮·几銘》並用鍾惺《詩歸》之誤本，其作僞之迹顯然也。

今既存宋刊本，葉氏篆竹堂年代亦早於楊慎、鍾惺，則館臣所謂“僞託”之説，可不攻自破。殆楊、鍾二氏轉用此書，而非相反也。

【附録】

詩準詩翼序

（宋）王　柏

詩者聲之文也，樂之本也。心有所感，不能不形之於辭，歌以伸之，律以和之，此樂之所由生也。五帝有樂，固有聲詩，世遠無傳焉。康衢之謡，其大章之遺聲乎！南風之歌，其簫韶之遺聲乎！昔者聖人定《書》，特取其賡歌警戒之辭，五子憂思之章，俎豆乎典謨之上下，此《三百五篇》之宗祖也。聖人在上，禮樂用於朝廷，下達於閭里，命之以官，典之以教，所以盪滌其念慮之邪，斟酌其氣質之偏，動盪其血脈，疏暢其精神，由是教化流行，天理昭著，使天下之人心明氣定，從容涵泳於道德仁義之澤，故感於心，發於聲，播於章句，平淡簡易，有自然之和，雖傷時嘆古，亦無非忠厚之至，可謂洋洋乎得性情之正矣。

聖賢不作，教化陵夷，謳吟於下者淫褻鄙俚，傷倫悖理，上之人殊不知懼，抑又揚其瀾而煽其烈，琢句鍊字，獵怪搜奇，按爲事業，資爲聲光，鑿之使深而益淺，抗之使高而益下，疲精勞神，雕心鏤肝，而終不足以鏗鏘於古者欨歈旄倪之側，尚何望其動天地、感鬼神，而有廣大深遠之功用乎？

昔紫陽夫子考詩之原委，嘗欲分作三等，別爲二端，自《書》傳所記虞夏以來，及經史所載韻語，下及《文選》漢魏古辭，以盡乎郭景純、陶淵明之所作，自爲一編，而附於《三百篇》《楚辭》之後，以爲詩之根本準則；又於其下二等，擇其近於古者各爲一編，以爲之羽翼輿衛。紫陽之功，又有大於此者，未及爲也，每撫卷爲之太息。

　　友人何無適、倪希程前後相與編類，取之廣，擇之精，而又放黜唐律，法度益嚴。予因合之，前曰《詩準》，後曰《詩翼》，使觀者知詩之根原，知紫陽之所以教。蓋其言曰：“不合於此者悉去之，不使接於吾之耳目而入於吾之胸次，要使方寸之中，無一字世俗言語意思。則其爲詩，不期於高遠而自高遠矣。”嗚呼，至哉言乎！於是序其本旨，冠於篇端云。

　　淳祐癸卯莫春望，金華處士王柏仲會父序。（明嘉靖郝梁刻本《詩準·詩翼》卷首）

瀛奎律髓四十九卷

方　回　編

　　方回（一二二七——一三〇七），字萬里，號虛谷，別號紫陽山人，徽州歙縣（今安徽歙縣）人。景定三年（一二六二）以別頭試登第，累官知嚴州。元兵至，迎降於三十里外，擢建德路總管，士類頗嗤其人品。其穢行略見周密《癸辛雜識別集上》，故紀昀謂“文人無行，至方虛谷而極矣”（《瀛奎律髓刊誤序》）。著有《桐江集》《桐江續集》等。所編《瀛奎律髓》四十九卷，自序釋其命題之意道：“‘瀛’者何？十八學士登瀛洲也；‘奎’者何？五星聚奎也；‘律’者何？五七言之近體也；‘髓’

者何？非得皮，得骨之謂也。”意思是説，“瀛”代指唐（唐太宗爲秦王時，曾開文學館，設十八學士，預選者謂之“登瀛洲”），“奎”代指宋（宋太祖乾德五年〔九六七〕三月，五星聚奎），“瀛奎律髓”，若換成較通俗的書名，可擬爲“唐宋律詩精華”。其書每卷爲一類（如卷一“登覽類”、卷二“朝省類”、卷三“懷古類”等等），每類有小引，略述該類命題大意，如卷一《登覽類》小引曰：“登高能賦，則爲大夫，於《傳》識之。名山大川，絶景極目，能言者衆矣。拔其尤者，以充隽永，且以爲諸詩之冠。”兼選唐、宋人五七言律詩，多有評語。自序稱“所選格也，所注詩話也，學者求之髓，由是可得也”。

由於方回編選《瀛奎律髓》時倡“一祖（杜甫）三宗（黄庭堅、陳師道、陳與義）”之説，稱他們“皆詩之正派”（《送俞唯道序》，《桐江集》卷一），故有爲“江西詩派”張目之嫌，後代學者遂分别以尊唐、宗宋爲分水嶺，對此書毁譽不齊。明龍遵叙《成化本瀛奎律髓後序》曰：“今觀其所選之精嚴，所評之當切，涵泳而隽永之，古人作詩之法，詎復有餘藴哉，誠所謂‘律髓’也。”清代宋詩派學者吴之振更爲推崇，其《瀛奎律髓序》曰：

聚六七百年之詩於一門一類間，以觀其意境之日拓，理趣之日生，所謂出而不匱，變而益新者，昭然於尺幅之間，則是編爲獨得已。若其學術之正，則不惑於金溪，而崇信考亭；其詮釋之善，則不濫於餖飣，而疏瀹隱僻；其論世則考其時地，逆其志意，使作者之心，千載猶見；其評詩則標點眼目，辨别體製，使風雅之軌，後學可尋。斯固詩林之指南，而藝圃之侯鯖也。然自元以來，學士家言及者，輒相訾謷，自是後人吹索之過，而其書固不可廢也。余嘗懸諸家塾以爲的，所謂去陳言而日新者，俾於此考驗焉。

明許學夷《詩源辯體》卷三六謂是書“每卷首多録陳、杜、沈、宋之詩，故多有可觀。中録晚唐，實無足取。後採宋人過半，讀之頗爲悶絶”；又謂“十三卷以後，議論愈謬。且以茶、酒、梅花、雪、月係於前，而以陵廟、邊塞、旅況、遷謫係於後，尤爲謬甚”。明末清初推崇晚唐的學者馮舒、馮班則更持徹底否定態度，馮班謂“方公之議論，全是執己見以强縛古人”云云（見本書卷一評）。至紀昀，亦大不以爲然，曾於乾隆辛卯（三十六年，一七七一）十二月作《瀛奎律髓刊誤序》，稱“其選詩之大弊有三：一曰矯語古淡，一曰標題句眼，一曰好尚生新”；又謂其“論詩之弊”亦有三，一曰黨援，一曰攀附，一曰矯激。“凡此數端，皆足以疑誤後生，瞀亂詩學。”在其所撰《四庫提要》中，紀氏亦持强烈批評態度，僅表其保存文獻之功而已，曰：

> 大旨排西崑而主江西，倡爲一祖三宗之説。……其説以生硬爲健筆，以粗豪爲老境，以鍊字爲句眼，頗不諧於中聲。其去取之間，如杜甫《秋興》惟選第四首之類，亦多不可解。然宋代諸集不盡傳於今者，頗賴以存，而當時遺聞舊事，亦往往多見於其注，故厲鶚作《宋詩紀事》所採最多，其議論可取者亦不一而足，故亦未能竟廢之。

是書編成後即有刊本。《增訂四庫簡目標注》卷一九《續録》稱有“元至元癸未（二十年，一二八三）刊巾箱本，其板至明天順間始廢”。方氏自序署“元癸未”，當即爲付刊而作。《結一廬書目》卷四嘗載“《瀛奎律髓》四十九卷，元方回編，元至元間刊本”。《天禄琳琅書目後編》卷一一《元版集部》亦著録“巾箱本”。至元本今惟首都圖書館庋藏一部，每半葉九行二十二字。評注文字略小，單行低一格，行二十一字。有界欄。白口，雙魚尾，四周雙欄。

傅氏《經眼録》卷一七著録傳是樓舊藏天順本，謂後有皆春居士（即龍遵叙）跋，然後幅被估人裁去以充元刊，據跋中有“天順甲申叨守新安”之語，故定爲天順本。然被裁去之跋文末原有署年，乃成化而非天順。上引《增訂四庫簡目標注·續録》稱元刊巾箱本“其板至明天順間始廢”，則天順前元板尚存，無重刊之必要。

明成化三年（一四六七），龍遵叙守新安，以所得諸鈔本會校付梓，作《後序》道：

> 予蚤年嘗聞是編，不獲一睹。天順甲申（八年，一四六四），叨守新安，實先生鄉郡，因搜訪得其傳録全本，間有舛訛，卒無善本校正之。續又得定宇陳先生手自鈔本，共十類。定宇自識云：“惟《節序類》得虛谷親校本鈔之，餘皆傳録本，疑誤甚多。雖間可是正，而不能盡，圈點悉謹依之。遂以其本與先所得本參對之，無大差異者，第惜不得全編通校之。於是又遍訪郡之儒者，因得各家所藏鈔本讀之，亦率多殘缺脱落，得此遺彼。遂會取諸本通參訂之，舛訛者是正，圈點一依先本爲定，然後是編始獲復全，而虛谷編選之志，亦庶幾其不終泯。”嗟夫，以定宇去虛谷時猶未遠，而是編已不可得其全矣。今一旦得之，又何其幸耶。……敬壽諸梓，以廣其傳。

此即所謂徽州紫陽書院刊本，爲後來各本之祖，每半葉十行，行二十一字，注雙行同，黑口，四周雙闌。今國家圖書館、上海圖書館等及臺北“中央圖書館”共藏有多部。

　　日本內閣文庫藏有明成化三年紫陽書院刊本凡三部。一部原係昌平坂學問所等舊藏，共二十冊；一部原係清人馮班舊藏，後歸昌平坂學問所，有修補葉，共六冊；一部乃楓山官庫等舊藏，卷內有後修補葉，共六冊。

　　朝鮮嘗重刊成化本。楊守敬《日本訪書志》卷一三即著錄該本：

> 　　首方回自序，序後有"成化三年仲春吉日紫陽書院刊行"木記。有圓（祝按：疑"圈"之訛）點，注文雙行。末有皆春居士跋，據其印章知爲龍遵叙。末又有成化十一年朝鮮府尹尹孝孫跋。蓋即據成化本翻雕者也。據龍叙，知虛谷此書以前未有刊本。此雖非成化三年原本，而款式毫無改換，較吳之振本之移龍叙於卷首，亦有間焉。

朝鮮重刻本，大陸唯浙江圖書館著錄一部。臺北"故宮博物院"藏有一部十冊，卷二十八至三十五凡八卷係鈔配。

　　據《日藏漢籍善本書錄》著錄，日本御茶之水圖書館藏有明嘉靖年間刊本《瀛奎律髓》殘本五卷（卷一三至一七），原德富蘇峰成簣堂等舊藏。稽之文獻，未見有嘉靖刊本，存疑待考。

　　成化本之後，《增訂四庫簡目標注》卷一九謂"建陽、新安俱有刻本"。今臺北"故宮博物院"著錄建陽劉氏慎獨齋刊巾箱本一部十冊。北京大學圖書館等著錄"明刻本"，殆即新安本。清陳士泰《瀛奎律髓序》稱"建陽本魯魚亥豕，層見疊出"，蓋非善本。又傅增湘《藏園訂補郘亭知見傳本書目》卷一六上補一明刊本，稱該本"小版心，九行二十二字，細黑口，四周雙闌。似明成化時風氣"。今未見著錄，疑亦爲坊刻本。

　　是書明人私家書目如《百川書志》卷一九、《萬卷堂書目》

卷四、《趙定宇書目》等皆有著錄，然皆不注版本。唯《會稽鈕氏世學樓珍藏圖書目》載有《瀛奎律髓》"國初刊本"。然明初本未見別家著錄，世無弆藏，未詳待考。

《四庫總目》著錄内府藏本，四庫本有成化龍氏序，當即成化本。

《四庫提要》述清初刊本道："此書世有二本，一爲石門吳之振所刊，注作夾行，而旁有圈點，前載龍遵〔叙〕（祝按：成化本跋下有"龍遵叙印"，館臣誤讀爲龍遵、"叙"），述傳授源流至詳。一爲蘇州陳士泰所刊，删其圈點，遂並注中所圈是句中眼等句删去，又以龍遵〔叙〕原序屢言圈點，亦並删之以滅蹟，校讎舛駁，尤不勝乙，之振切譏之，殆未可謂之已甚焉。"按：陳士泰本刊於康熙四十九年（一七一〇），有序曰："予因對勘兩本（祝按：指成化本及建陽本）異同，重付雕匠。又借何太史屺瞻（焯）先生所藏屚守居士閲本再加參校，而仍闕疑其漫漶者。"陳氏批評"建陽本魯魚亥豕"，然其自刊亦復如此，無怪乎《增訂四庫簡目標注》卷一九評之曰"劣"。此本今國家圖書館藏有二部，一部有佚名録馮舒、馮班評點，翁心存跋，另一部録有陸貽典及一無名氏評語。上海圖書館藏本録有二馮及查慎行評語，南京大學圖書館藏本録有二馮評語。此外天津圖書館、南京圖書館等亦有藏本。按：二馮評語無刊本，今僅有過録本。《拜經樓藏書題跋記》卷五著録馮舒、馮班評本，有二馮氏及陸貽典題識，不詳是否原評點本，久佚。

吳之振黃葉村莊本，乃其子吳寶芝所刊。據寶芝所作《重刻記言》，知經始於康熙五十年（辛卯，一七一一），次年刻成，所用底本即成化本。《重刻記言》又曰："詩中舛誤，尚可於各家集内校正十之六七。如張冠李戴之訛，已悉釐正。惟注語別無善本可讎勘，故疑訛間有，未及改正。他如‘送別類’之明皇《送知章歸四明》，全篇似係後人補入，非虛谷原本。又如‘感舊’之少五言，‘俠少’之無題序，並仍其舊，不敢妄有增删。”該本爲每半葉十行十九字，白口，左右雙闌。國家圖書館所藏此本有佚名録二馮、陸貽典評語。上海圖書館藏有三部，一部有清沈廷瑛録二馮及何焯評點，翁同龢跋；另一部録一無名氏評語；第三部録有查慎行評語。吉林省圖書館藏本録有二馮及錢湘靈評語。南京圖書館本亦録二馮評語，有沈巖跋。中央黨校圖書館本有清沈炯批校並跋。上述之外，浙江圖書館、四川圖書館等尚著録此本凡十餘部。在清人刊本中，吴氏本可稱善本。

嘉慶五年（一八〇〇），李光垣刊其師紀昀所作《瀛奎律髓刊誤》四十九卷。上已引述紀昀於乾隆三十六年所作《刊誤序》，以爲方回選詩、論詩皆有“三弊”，他接着寫道：

> 凡此數端，皆足以疑誤後生，瞀亂詩學，不可不亟加刊正。……惟海虞馮氏嘗有批本，曾於門人姚考工左垣家借閱。顧虛谷左袒江西，二馮又左袒晚唐，冰炭相激，負氣詬争，遂並其精確之論，無不深文以詆之。矯枉過正，亦未免轉惑後人。因於暇日，細爲點勘，别白是非，各於句下箋之，命曰《瀛奎律髓刊誤》。雖一知半解，未必遽窺作者之本源，且卷帙浩繁，牴牾亦難自保。而平心以論，無所愛贈於其間，方氏之僻，馮氏之激，或庶幾其免耳。

這就是説，紀氏雖對《律髓》不滿，然亦不以二馮氏徹底否定之偏激態度爲然，力求持中，“無所愛贈於其間”。李光垣撰《刊誤例言》十一條，第一條述所用底本，以爲吴寶芝刻本

“評注圈點悉照原本”，故“兹刻一依吳本，較坊間翻板自別”。其他各條，皆刊刻批語、圈點之版式技術處理細節。書末有李光雲、光垣兄弟跋語。此本今亦著録十餘部，其中華中師大圖書館藏本有清錢泰吉録馮舒、馮班及查慎行評語，福建省圖書館藏本録有謝章鋌跋。

光緒六年（一八八〇，庚辰），宋澤元將《刊誤》刊入《懺花盦叢書》，有序，略曰：“是書先爲約齋李氏（光垣）梓行，閲年既久，字多漫漶。余懼其久而就湮也，遂重付剞劂，以廣其傳。惟細字如蠅頭，而圈點復雙行並列，校讎數過，仍不免三豕之訛。”此外，《刊誤》猶有掃葉山房刊本及石印本。

據《日藏漢籍善本書録》，有清時期日本嘗刊有《瀛奎律髓》兩本。一是靈元天皇寬文十一年（一六七一）村上平樂寺翻刻明成化三年本，二是光格天皇文化二年（一八〇五）江户須原屋茂兵衛刊本。此外猶有文化五年（一八〇八）平安書肆翻刻本，有山本信有序，略曰：“平安書肆植村氏洞見時運，托朝川善庵以校訂，新鎸是書。巾箱其本，以便吟客易挾；省除其注，以從簡易，直取精選之美焉。”則其未刻方回評注。朝川鼎亦有序。書中刊有朝鮮人尹孝孫跋，知所用底本即前述朝鮮重刊成化本。此本國内唯華東師大圖書館庋藏一部。

除上述全本外，《澹生堂藏書目》卷一二嘗著録“《瀛奎律髓選》二册，八卷，張含、楊慎選”。此選本今未見著録。清嘉慶中，《鏡煙堂十種》刊有紀昀《删正瀛奎律髓》四卷，今中國科學院圖書館、上海圖書館著録，後者有清梁章鉅批。宣統三年（一九一一），《雲南叢書》刊許印芳《律髓輯要》七卷，等等。

一九八六年，上海古籍出版社出版李慶甲先生集評校點本《瀛奎律髓彙評》。校點者對國内外藏本預作廣泛調查，决定用成化本爲底本，以元至元本爲主要參校本，彙集方回及馮舒、馮班、錢湘靈、陸貽典、查慎行、何焯、紀昀等十餘家批語、評論，末有附録四種，最後爲《作者篇目彙檢》，使用極爲方便。《彙評》堪稱集歷代《瀛奎律髓》研究之大成。二○○五年，上海古籍出版社又出精裝新一版。

【附録】

瀛奎律髓序

（元）方　回

　　“瀛”者何？十八學士登瀛洲也；“奎”者何？五星聚奎也；“律”者何？五七言之近體也；“髓”者何？非得皮，得骨之謂也。斯登也，斯聚也，而後八代五季之文弊革也。文之精者爲詩，詩之精者爲律。所選詩格也，所注詩話也，學者求之髓，由是可得也。方回者誰？家於歙，嘗守睦，其字萬里也。

　　至元癸未良月旦日，紫陽虚谷居士方回撰。（影印文淵閣《四庫全書》本《桐江續集》卷三二。參見上海古籍出版社《瀛奎律髓彙評》卷首）

成化本瀛奎律髓後序

（明）龍遵叙

　　《瀛奎律髓》四十九卷，宋紫陽方虚谷先生之所編選。予蚤年嘗聞是編，不獲一睹。天順甲申，叨守新安，實先生鄉郡,因搜訪得其傳録全本,間有舛訛,卒無善本校正之。續又得定宇陳先生手自鈔本,共十類。定宇自識云:"惟'節序類'得虛谷親校本鈔之,餘皆傳録本,疑誤甚多,雖間可是正,而不能盡,圈點悉謹依之。遂以其本與先所得本參對之,無大差異者,第惜不得全編通校之。於是又遍訪郡之儒者,因得各家所藏鈔本讀之,亦率多殘缺脱落,得此遺彼。遂會取諸本通參訂之,舛訛者是正,圈點一依先本爲定,然後是編始獲復全,而虛谷編選之志,亦庶幾其不終泯。"嗟夫,以定宇去虛谷時猶未遠,而是編已不可得其全矣,今一旦得之,又何其幸耶!

先生自序謂"詩之精者爲律"。今觀其所選之精嚴,所評之當切,涵泳而雋永之,古人作詩之法,詎復有餘蘊哉! 誠所謂"律髓"也。故不敢私之於己,敬壽諸梓,以廣其傳。但卷帙浩繁,傳録之誤陶而陰、亥而豕者,不能無也。四方博學君子,幸共鑒而正之。

成化三年龍集丁亥六月下澣,皆春居士識。(明成化三年刊本《瀛奎律髓》卷末)

康熙刊本瀛奎律髓序

(清)陳士泰

宋季紫陽方虛谷先生鈔録唐、宋律詩,以類分編四十九卷,目曰《瀛奎律髓》,於詩法之源流正變,較如列眉,誠後學之津筏也。明成化間,有龍君遵叙者,訪於鄉之人,得鈔本而付之梓,後又再梓於建陽,書遂大行於世。流傳日久,初刻板本難得,建陽本魯魚亥豕,層見疊出,學者無從是正。予因對勘兩本異同,重付雕匠。又借何太史屺瞻先生所藏屏守居士閲本再加參校，而仍闕疑其漫漶者。其卷數悉依原本，惟編類前後，傳寫疑有紊次，兩刻遂承其訛。觀"梅花類"小序，自"着題"後五卷，銜尾相接，各有意義，則據本書改正焉。

噫！世之論詩者，宗唐則紬宋，尚宋則祧唐，不知先河後海，或委或源，其律法固無異也，所異者特一時格調及字法句法之相沿風會微判耳。觀乎虛谷之選，不可以知其概乎？或謂虛谷生於江湖詩衰之日，欲稍振之而不得其術，其派別遂專主江西，至以老杜與山谷、後山、簡齋並稱，謂之"一祖三宗"，則亦局於方隅之見也。此在明識者必有能辨之，予故無容贅云。

康熙庚寅七月，長洲後學陳士泰虞尊甫識。（康熙四十九年刊本《瀛奎律髓》卷首）

黃葉村莊本瀛奎律髓序

（清）吳之振

兩間之氣運，屢遷而益新；人之心靈意匠，亦日出而不匱。故文者，日變之道也，退之"陳言務去"之語，鹿門以字句之穿鑿生割當之，説者常譏其陋。然震川之所謂不切，南雷之所謂庸俗，亦未盡其旨也。夫學者之心，日進斯日變，日變斯日新，一息不進，即爲已陳之芻狗矣。故去陳言者，日新之謂也。

詩者，文之一也。律詩起於貞觀、永徽，逮乎祥興、景炎，蓋閲六百餘年矣。其間爲初、盛，爲中、晚，爲西崑，爲元祐，爲江西，最後而爲江湖，爲四靈。作者代生，各極其才而盡其變，於是詩之意境開展而不竭，詩之理趣發洩而無餘。蓋變而日新，人心與氣運所必至之數也。其間或一人而數變，或一代而數變，或變之而上，或變之而下，則又視乎世運之盛衰與人材之高下，而詩亦爲之升降於其間，此亦文章自然之運也。由是言之，時代雖有唐、宋之異，自詩觀之，總一統緒相條貫，如四序之成歲功，雖寒暄殊致，要屬一元之遞嬗爾。而固者遂畫爲鴻溝，判作限斷，或尊唐而黜宋，或尊宋而祧唐，此真方隅之見也。

紫陽方氏之編詩也，合二代而薈萃之，不分人以係詩，而別詩以從類。蓋譬之史家，彼則龍門之列傳，而此則涑水之編年，均之不可偏廢。然聚六七百年之詩於一門一類間，以觀其意境之日拓，理趣之日生，所謂出而不匱，變而益新者，昭然於尺幅之間，則是編爲獨得已。若其學術之正，則不惑於金溪，而崇信考亭；其詮釋之善，則不濫於餖飣，而疏瀹隱僻；其論世則考其時地，逆其志意，使作者之心，千載猶見；其評詩則標點眼目，辨別體製，使風雅之軌，後學可尋。斯固詩林之指南，而藝圃之侯鯖也。然自元以來，學士家言及者，輒相訾謷，自是後人吹索之過，而其書固不可廢也。余嘗懸諸家塾以爲的，所謂去陳言而日新者，俾於此考驗焉。兒子寶芝幼即好之，因苦其舛訛之多，流佈之寡，爲重加校勘，授之梓人。鋟既成，因識之簡端，以示兒輩，並願與世之讀是書者共揚扢商榷焉。若曰立乎四百餘年之下，以上爲虛谷作玄晏也，則吾豈敢。

康熙壬辰小春月吉，黄葉老人吴之振書於橙齋之西閣。
（嘉慶五年刊本《瀛奎律髓刊誤》卷首）

黄葉村莊重刻瀛奎律髓記言

(清)吴寶芝

　　芝自束髮入鄉校,正業之暇,輒從塾師受近體詩一首。迨成童以後,家大人始授《律髓》一書,謂其所講貫切實明顯,有塗軌可依尋,命時肄業,以爲退息之居學。當時頗鋭意好之,然方攻治制舉業,未能并心一意從事於此。又更數載,弱冠成人,則日揣摹場屋應制之文,以應有司之試。兼亦家事滋出,雖不至如子固之勞心困形,以役於事,然亦頗有涉世奔走之煩,此書遂庋閣者十餘年。客歲省闈報罷,料簡故書,因復卒業焉。第苦中多舛誤,且板刻漫漶。適見坊間新鐫本,謂可是正,而校對之下,舛誤乃更甚於前。因嘆是書舊本既流布未廣,新刻流行,恐遂因此踵訛襲謬,讀者永不復睹古人真面目。因出家藏善本,及(闕)曹叔則兩先生手鈔本互爲參校。尚有疑者,更從唐宋人集中讎對之,雖未能盡改正,然已得十之六七矣。讀是書者,自當辨之也。

　　詩文之有圈點,始於南宋之季,而盛於元。雖曰一人之嗜憎,未免有偏著,然當時評隲諸公皆作家巨子,各具手眼,其所圈識,如與作者面稽印可,能使其精神眉目軒豁呈露於行墨之間,非若近世坊刻勉强支綴者比。學者且當從此領會參入,而後漸次展拓,即古人全體之妙,不難盡得。而坊本將圈點削去,且因之竄改注語,不特評者之苦心因之埋没,即作者之矩矱畦逕,亦難窺尋矣。兹刻悉行載入,不敢妄加增減。

　　詩文分類,原始《文選》,而亦盛於宋、元。在古人則爲實學,欲便參考、資博洽也;今人徒以供獺祭、便剿販而已。然詩以類選，則有詩不甚佳而强取以充類者，亦有詩甚佳而類中已多，且有詩甚佳而無類可入，因之割愛者，是編所以有餘憾也。然學者且先致力乎此，歷其堂奥，而後漸及諸家之全，於詩學亦思過半矣。

“一祖三宗”之説，論詩家每用相詬病，謂其不應獨宗“江西”也。夫訾其爲偏，誠所難辭。然觀其論詩小序云：立志必高，讀書必多，用力必勤，師傅必真。四者不備，不可言詩。可知其於此事，煞費工夫來。蓋從三折九變之餘，而始奉此爲歸宿，其中甘苦得失之數，必有獨喻其微者，非漫然奉一先生之號，傍人門户以自標榜也。昔人積終身之功，晚年有得，乃始樹幟建宗，接引後學。今人少壯鋭氣已耗磨於括帖間，中年以後精已銷亡，乃以餘力爲之，而又於四者之功無一足恃，未嘗入古人之藩籬而造其堂，嚌其胾，乃徒吹索瘢疵，彈駁古人，或訾其全體，或摘其片言，甚或刺取稗官瑣語，用資訕笑。此徒爲大耳，朱子所謂外夸者中不足也。果能深歷“江西派”之閫奥，則從此推廣，旁通觸類，安在諸家之長不復可兼收並蓄耶？

是編之成，在元之前。至元癸未，距天順之末，裁百五六十年耳，然板刻已銷亡，遺書亦殘缺。觀龍君之叙，則其搜訪之勤，校勘之細，使是書得流傳至今，不致湮没者，皆其力也。其中疑誤脱落，悉仍其舊，不敢妄加竄改以欺後人，足見闕疑詳慎之意。嘗閲《丹鉛録》，謂蘇、杭坊刻作僞射利，始於嘉靖之際。如取王涯之詩以益右丞，割張籍之卷以入他集之類。蓋是時僞學已行，故人心之僞端亦啓，此亦氣運使然。此書之刻，尚在成化時，猶見古人誠朴無僞之風。故今刻悉因之，亦不敢妄有竄易也。

詩中舛誤，尚可於各家集内校正十之六七。如張冠李戴之訛，已悉釐正。惟注語別無善本可讎勘，故疑訛間有，未及改正。他如"送別類"之明皇《送知章歸四明》，全篇似係後人補入，非虛谷原本。又如"感舊"之少五言，"俠少"之無題序，並仍其舊，不敢妄有增删。至如"梅花"、"雪"、"月"、"晴雨"五類，宜次"著題"詩之後，雖本之虛谷題語，然原本之第目不爾，讀者知其説足矣，不必定易其次序也。若夫是書之編成於元時，而虛谷亦非終於宋，而仍標之以宋者，亦從原本之舊稱也。

岑參詩"龍堆接醋溝"，虛谷注云："醋溝，人所未知也。"楊升庵譏之曰："非惟人不知，方回亦不知，特爲此言以掩後人耳。"方南人，未知醋溝，誠亦有之。然楊以醋溝爲水名，且在中牟，則詩乃使北庭作，不應雜此，且"接"字亦無着落。又宋人送使遼詩用"紫濛"二字，虛谷注謂契丹館名，升庵駁之，謂係地名，且引《晉書·載記》爲據。然考《慕容廆傳》"邑於紫蒙之野"，乃"蒙"字，非"濛"字也。"紫蒙"二字於使遼誠切當，然"紫濛"之爲館，又安知非別有所出而遽詆虛谷爲隔壁妄猜耶？姑識此以質博識者。

是刻始於辛卯季秋，至今歲嘉平而始成。余兄弟小窗短檠，對牀風雨，苦心料簡者蓋一年餘。其讎校搜勘，則從兄奕亭是賴。而相助爲理，則仲兄武岡、中表兄勞嶧、雲姊子陳勉之與有力焉。皆於是書有功，不敢泯没，故附識於此。至《宋詩鈔》二集，家大人手定者已有五十餘種，正在付梓。緣部帙尚少，蒐羅未廣，故未能成書。海内藏書之家，凡有宋人文集未經流佈者，幸悉以見示，或勘假鈔録，或奉資繕寫，不獨成藝林之美事，亦以發潛德之幽光，使績學有德之緒言湮晦於當時者，一旦表彰於六百餘年之後，則作者之靈爽，實式憑焉。讀書好事之家，諒有同心，跂予望之。

康熙壬辰孟冬之望，語水後學吳寶芝瑞草識。（同上）

黄葉村莊本瀛奎律髓序

（清）沈邦貞

　　學不通經，則不得天地之靈秀，如人之形骸具而神氣不完，無他，無髓故也。況乎詩之爲道，原本性情，一人一日之心思筆墨，足以浹洽遍而洽幽微。其爲瀛奎也，在天地，而實在斯人乎哉！顧其法莫備乎律，以其全體六義而有温柔敦厚之遺焉。由是减之爲截句，增之爲古風，廣之爲排、爲歌行、爲樂府，皆不離乎律。得其髓而運之，參互錯綜，神而明之，存乎其人而已矣。

　　石門吳橙齋先生，道學風流，當代景仰。其言詩也，獨以方虚谷先生《瀛奎律髓》一選以爲有功於詩教，而知其學之通經者，亦即於其選中命名標意而知之。夫詩之有《三百》也，本乎《易》，合乎《禮》，用乎《樂》，而推乎《書》與《春秋》。自歷代相沿，詩之教彌廣，而詩之道彌晦。如髓之隱於形骸中，而能充其神氣，以發天地之靈秀者鮮矣。是選也，絜而明之，分卷爲四十九，取諸大衍數之用也。發端於“登覽”，庶乎與天地近焉。而論世知人，必曰詩祖，可謂知本乎。次之“朝省”而盡忠補過，“懷古”而取法垂戒，“風土”而考制正俗，至於“昇平”而富貴不淫，“仕宦”而驕諂皆忘，“風懷”而邪正必辨，“宴集”而惆愫必達，“老壽”而頌禱必誠。他如“春”、“夏”、“秋”、“冬”，順其序也；“晨朝”、“暮夜”，因其時也；“節序”、“晴雨”，異其宜也。飲以養陽，“茶”、“酒”可以雅俗共賞乎；氣以機先，“梅花”可以格物致知乎；變化無方，“雪”、“月”可以盪滌胸襟乎。而後乃“閒適”矣，雖施之“送別”而不與境遷也，極之“拗字”而文從理順也，證之“變體”而形與勢合也，歸於“著題”，所謂從心欲而不踰矩者近是。於是乎“朝陵”有肅肅之度，“旅況”無瑣瑣之譏，“邊塞”則存雄壯之風，“宮闈”則存幽閒之意，“忠憤”則存正直之氣。陟“山巖”而不厭其峻，臨“川泉”而不疑其深，安“庭宇”而不改其常，即古人之“論詩”，而大旨昭然耳。“技藝”雖小道，可以喻大。“遠外”不可忽，庶幾引而進之。要之“消遣”而物理見，世故明，人情當，斯天道全矣。最難得者“兄弟”，不能忘者“子息”，苟有“寄贈”，而辭以將志恭敬而有實也。以之處“遷謫”，而可以安命；以之處“疾病”，而可以娛憂紓怨。庶“感舊”而不致於傷，“俠少”而不比於匪，“釋梵”而不流於空，“仙逸”而不入於姦，“傷悼”而仍不失其和以正焉，則生人之能事畢矣。如是者，所謂比事屬辭而不亂，通於《春秋》也；疏通知遠而不誣，通於《書》也；廣博易良而不奢，通於《樂》也；絜靜精微而不賊，通於《易》也；恭儉莊敬而不煩，通於《禮》也；詎獨溫柔敦厚《三百篇》之遺教云爾哉！

　　康熙癸巳初夏，苕溪沈邦貞滄孺識。（康熙五十二年刊本《瀛奎律髓》卷首）

黃葉村莊本瀛奎律髓序

（清）宋　至

　　石門吳孟舉先生領袖詩壇，富於著述，所鈔宋詩，久風行天下。今年踰七十，猶左圖右史，日夕披閱不倦。此《瀛奎律髓》一編，則取皆春居士舊本訂正之，付其叔子瑞草刊行者也。

　　夫方虛谷熟精詩律，因博綜三唐、五代、南北宋諸名家所作，探其奧奧，立爲法程，而其成書乃取義於髓者，無他，禪家授受，首重得髓，髓既得，則一切皮毛俱屬可略。故三唐、五代、南北宋詩集不啻汗牛充棟，而其所掇拾代不數人，人不數篇，能照見古人精神血脈於千百載之上，而與之同堂品隲，其合者幾如拈花之笑，即不合者亦不至有背觸之疑，非冬瓜瓠子，漫爲印可者比也。惜近世流傳，絕無善本。今賴先生訂而刊之，非惟虛谷是編重開生面，而後之讀者心目軒豁，人人知去皮毛以求其髓之所在，其有功於詩學豈淺鮮哉！先生爲家君老友，顧平日論詩，不見鄙棄，瑞草來索序，欣然命筆，不敢以不文辭也。

　　時康熙五十二年歲次癸巳仲夏，商丘宋至撰。（同上）

瀛奎律髓刊誤序

（清）紀　昀

　　文人無行，至方虛谷而極矣。周草窗之所記，不忍卒讀之。而所選《瀛奎律髓》，乃至今猶傳其書，非盡無可取，而騁其私意，率臆成編。其選詩之大弊有三，一曰矯語古淡，一曰標題句眼，一曰好尚生新。夫古質無如漢氏，冲淡莫過陶公，然而抒寫性情，取裁風雅，樸而實綺，清而實腴。下逮王、孟、儲、韋，典型具在。虛谷乃以生硬爲高格，以枯槁爲老境，以鄙俚粗率爲雅音，名爲尊奉工部，而工部之精神面目迥相左也，是可以爲古淡乎？"朱華冒綠池"，始見子建；"悠然見南山"，亦曰淵明。響字之説，古人不廢。暨乎唐代，鍛鍊彌工，然其興象之深微，寄託之高遠，則固別有在也。虛谷置其本原，而拈其末節，每篇標舉一聯，每句標舉一字，將舉天下之人而致力於是，所謂溫柔敦厚之旨蔑如也，所謂文外曲致、思表纖旨亦茫如也。後人纖巧之學，非虛谷階之屬也耶？贊皇論文，謂譬如日月，終古常見，而光景常新。人生境遇不同，寄託各異，心靈澆發，其變無窮，初不必刻鏤瑣事以爲巧，捃摭僻字以爲異也。虛谷以長江、武功一派標爲寫景之宗，一蟲一魚，一草一木，規規然摹其性情，寫其形狀，務求爲前人所未道，而按以作詩之意，則不必相涉也。《騷》《雅》之本意果若是耶？是皆江西一派先入爲主，變本加厲，遂偏駁而不知返也。

　　至其論詩之弊，一曰黨援：堅持"一祖三宗"之説，一字一句，莫敢異議。雖茶山之粗野，居仁之淺滑，誠齋之頹唐，宗派苟同，無不祖庇；而晚唐、昆體、江湖、四靈之屬，則吹索不遺餘力。是門户之見，非是非之公也。一曰攀附：元祐之正人，洛、閩之道學，不論其詩之工拙，一概引之以自重。本爲詩品，置而論人，是依附名譽之私，非別裁僞體之道也。一曰矯激：鐘鼎山林，各隨所遇，亦各行所安。巢、由之遁不必定賢於皋、夔，沮、溺之耕不必果高於洙、泗。論人且爾，況於論詩？乃詞涉富貴，則排斥立加；語類幽棲，則吹噓備至。不問其人之賢否，並不計其語之真僞。是直詭托清高以自掩其穢行耳，又豈論詩之道耶？

　　凡此數端，皆足以疑誤後生，瞀亂詩學，不可不亟加刊正。然其書行世有年，村塾既奉爲典型，莫敢訾議，而知詩法者又往往不屑論之，謬種益蔓延而不已。惟海虞馮氏嘗有批本，曾於門人姚考工左垣家借閲。顧虛谷左袒江西，二馮又左袒晚唐，冰炭相激，負氣詬爭，遂並其精確之論，無不深文以詆之。矯枉過正,亦未免轉惑後人。因於暇日,細爲點勘,別白是非,各於句下箋之,命曰《瀛奎律髓刊誤》。雖一知半解,未必遽窺作者之本源,且卷帙浩繁,牴牾亦難自保。而平心以論,無所愛贈於其間,方氏之僻,馮氏之激,或庶乎其免耳。

乾隆辛卯十二月二十一日,觀弈道人紀昀記。(嘉慶五年刊本《瀛奎律髓刊誤》卷首)

瀛奎律髓刊誤跋

(清)紀　昀

余少時閱書,好評點,每歲恒得數十册,往往爲門人子姪携去,亦不復檢尋。此書乃乾隆辛卯之冬,自西域從軍歸,再入翰林時所閱,久失其稿。忽見李子約齋所錄本,恍然如見故人,李子可謂好事矣。惜余鹿鹿少暇,不能重爲李子點勘一過也。

乾隆戊申八月初五日,昀又記。(同上卷末)

瀛奎律髓刊誤跋

(清)李光雲

乾隆丁未夏,余以編修分校文源閣《四庫全書》,約齋弟與編摩事,代校《瀛奎律髓》,簽改最多。時紀曉嵐師爲總裁,覆勘稱善,諭曾批點此書,及付示,反覆尋繹,覺於風雅一道,頗有所進。師序云“細加點勘,別白是非”,悉平心之論,其實至公而至當也。弟手置一册,細爲鈔錄,赴丹陽簿時,出此册索書數語,爲志顛末,且志幸云。

乾隆戊申秋日，劍溪光雲謹記。（同上）

嘉慶刊瀛奎律髓刊誤跋

（清）李光垣

　　余長兄劍溪分校官書，每令編摩。乾隆丁未夏校勘《瀛
奎律髓》一部，是書原刻錯訛既多，而重見疊出與夫體例之不
畫一者，又不勝數，簽改頗煩。呈正紀曉嵐師，因語以向有手
定《瀛奎律髓刊誤》，與此次覆校簽改者大略相同。時向師借
讀，未即得也。既竣事，始出相示。蓋師於是書，自乾隆辛巳
至辛卯評閱至六、七次，細爲批釋，詳加塗抹，使讀者得所指
歸，不至疑誤。其諄諄啟發，豈淺鮮哉！

　　余向侍師京邸，戊申夏選得曲阿簿，辭師，即以此書面
呈，師以匆匆少暇，未及再爲覆勘，手筆數語簡端。緣簿書碌
碌，存爲枕秘者十餘哉。嘉慶己未，劍溪兄出都辭師，過余嘉
定丞署，述師以此書未刻爲念。回憶疇曩與編摩時，不能即
付棗梨，稽遲至今，有負吾師嘉惠後學之盛心爲滋愧也。兹
公諸同好，亦藝林盛事歟！

　　嘉慶庚申五月上弦，約齋李光垣謹記。（同上）

懺花盦叢書本瀛奎律髓刊誤跋

（清）宋澤元

　　紫陽方虛谷先生選唐、宋二代近體詩，加以評騭，名曰
《瀛奎律髓》。乾隆間詔求遺書，曾採入《四庫》，上邀宸賞。
於是海内傳布，奉爲典型。河間紀文達公以其專主“江西”，

流於偏駁，且舉其論詩三弊，曰黨援，曰攀附，曰矯激，皆足以疑誤後生，因爲之逐章批釋，別白是非，點勘加嚴，而持論至當，戞戞乎詩律之繩尺，後學之津梁也。

是書先爲約齋李氏梓行，閲年既久，字多漫漶。余懼其久而就湮也，遂重付剞劂，以廣其傳。惟細字如蠅頭，而圈點復雙行並列，校讎數過，仍不免三豕之訛。古以校書如掃落葉，有矣哉！是在讀者會心耳。

光緒庚辰秋九月，山陰宋澤元瀛士甫叙。(《懺花盦叢書》本《瀛奎律髓刊誤》卷末)

朝鮮刊本瀛奎律髓跋

(朝鮮)尹孝孫

吾東方遠，中國書籍罕到，學者病焉。歲甲午，僕謬承天恩，叨守完山，時監司李相克均囑余以《瀛奎律髓》，曰："此詩乃吾中朝所得，而鋟諸梓，上黨韓相公志也。"僕受而閲之，是乃瀛奎群英諸作中采摘其艷且華者，分門類聚，誠詩律之精髓，而東方所創見也。即鳩工繡梓。未幾，李相承召，今監司芮相承錫繼志成之，閲數月而功訖。嘗觀世之人，得一新書，必秘而私之，摘華摘艷，自以爲奇聞異見，夸耀於人。今李相公得此而不爲私藏，上黨公見此而欲廣其傳，其用心之公，固可書也。而爲國家讚揚詩教、嘉惠後學之意，尤不可泯也。不揆鄙陋，兹書顛末云。

成化紀元十有一年蒼龍乙未三月上澣，守府尹、通政大夫、南原尹孝孫有慶謹跋。(《瀛奎律髓彙評》附録一，原録自日本文化五年刊本《瀛奎律髓》)

日本刊本瀛奎律髓序

（日本）山本信有

　　唐、宋之詩，兄弟也。然俗士輩往往帝唐奴宋，是惑於胡元時謟於當世者貶黜其勝國之私言，而不知辨詩道真僞所在。長喙三尺縱搖之，非此是彼，一是一非，皆已殉私。故徒晷更僕，不能一定，遂至壯語大聲、後止者得勝也，真詩嘗爲此所昧。

　　方萬里雖元人，以其不昧心，知唐必難爲兄，宋亦難爲弟，不與時沈浮，並取唐、宋而精選其律詩，名曰《瀛奎律髓》，所謂“打破是非之私黄鐵槌”也。每詩著注解，明其意，迎其志，然非世間所常有説句説字之類，恰如郭象注《莊子》。謂詩注，注注、注詩可也，試使此注孤行，則亦一部名詩話也。有之，則發是書光輝，固也；雖無之，則未妨其精選之美也。

　　平安書肆植村氏洞見時運，托朝川善庵以校訂，新鐫是書。巾箱其本，以便吟客易挾；省除其注，以從簡易，直取精選之美焉。方今詩家，眼孔豁大，皆能知宋詩得唐之真，不偏優劣唐宋，則庶幾乎宋之真。爲先投脚於宋，然後可能遡唐之真。宇内明眼如斯，豈非時運乎！逐時者，良賈之事也。遠求序於余，乃書前言以充其求矣。

　　文化乙丑秋八月上亥日，北山山本信有撰。（同上）

日本刊本瀛奎律髓序

（日本）朝川鼎

古之教人，必先以詩。夫導達性靈，吟詠情志，天地之造化，古今之興替，微而昆蟲，幽及鬼神，上之朝廷之政教，下之田野之風俗，無事無物而不具焉。故其感人也深，其誘人也甚易入，使之不知手舞足蹈者，莫詩爲近。孔子曰“興於詩”，蓋亦謂此也。

《三百篇》以還，有《離騷》，有漢、魏，有六朝，有唐、宋，其推移與時上下，而不一其體。古也淳，今也緻；古有不盡之情，今無不寫之景。然則何必高古而卑今？是蓋其氣運使然，亦勢也。故曰：古之詩，猶今之詩也。今之詩者，謂近體也。近體詩以唐爲始，其能學唐者以宋爲最，故後之學詩者必以唐、宋爲水藍，固也。余之教人，必先以作詩。其作詩之法，所謂二四異，二六同，挾聲拗字之類，不一而足。初學或難之，因使其誦唐、宋之詩，然未嘗句解字釋，但優遊涵泳，使之自得也已。蓋其意謂詩可以至法，法不可以入詩也。而唐、宋詩人，各自爲集，非就焉而考究，不得盡識其蘊，是在初學爲最難矣。若求其簡而備者，莫《瀛奎律髓》若也。《瀛奎律髓》四十九卷，詩凡二千九百四首，其止於律而不及古、絶者，以所謂詩之精者爲律。則其精者既已通之，其它亦可推知也。今兹平安植村氏新刻是書，小其本，細其字，欲以便翻閱。債余校訂，三旬卒業，遂題其由於卷端以還之云。

文化乙丑長至日，善庵居士朝川鼎題於龍閑橋之樂我小

室。（同上）

日本刊本瀛奎律髓跋

（日本）大窪行

　　近體詩以律名，其法度之嚴可知已。然徒守死套，而不知靈通變化者，無足道也。余因示子弟曰：“學詩當以《瀛奎律髓》爲法。夫《律髓》之爲書，所選詩格也，所注詩話也。格以嚴其法度，話以極其變化，取路之法，可謂備矣。”頃者平安植村氏所鏤斯書，請跋於予。予曰：“不亦善乎！斯書一出，而世之學詩者見以爲法，取以爲進，果能得之髓，則其換骨而仙也必矣。宋陳無己曰：‘學詩如學仙。’誠然。”

　　文化乙丑仲秋日，詩佛大窪行書。（同上）

宋人總集叙録卷第一〇

月泉吟社一卷

吳　渭編

元初，宋遺民詩人紛紛立詩社，"月泉吟社"即其中之一。吟社以吳渭爲首。渭字清翁，號潛齋，浦江（今屬浙江）人。嘗爲義烏令，入元不仕，退居吳溪月泉（今浦江縣水晶路南）。主要成員有方鳳、謝翱、吳思齊等同鄉遺老。是編乃吟社私試詩之選集，其編選經過，明俞弁《逸老堂詩話》卷上述之曰：

> 浦陽吳清翁嘗結月泉吟社，延致鄉遺老方鳳、謝翱、吳思齊輩，主於家。至元丙戌（二十三年，一二八六）小春望日，以"春日田園雜興"爲題，豫以書告浙東西以詩鳴者，令各賦五七言律詩，至丁亥（至元二十四年）正月望日收卷。月終收得二千七百三十五卷，清翁乃屬方公輩品評之，選中二百八十人。三月三日揭榜，其第一名贈公服羅一，縑七，又筆五貼，墨五笏。第二名至五十名，贈送有差。清翁乃録其選中者之詩，自一人至六十人，總得詩七十二首，又摘出其餘諸人佳句，與其贈物回謝小啟，及其事之始末，爲一帙而板行之。

其書“首載社約、題意、誓文、詩評，次列六十人之詩，各爲評點，次爲摘句，次爲賞格及送賞啟，次爲諸人覆啟，亦皆節文”（《四庫提要》）。

　　關於《月泉吟社》所收詩，明李東陽《懷麓堂詩話》評曰：“所刻詩以和平溫厚爲主，無甚警拔，而卷中亦無能過之者，蓋一時所尚如此。”田汝籽爲正德本作《月泉吟社詩集叙》曰：“其詩多律五七言四韻近體，其詞婉微，其氣平淡，其音清翁，雖不逮唐制，若曰元初，夫自爲一代，有唐之遺風。”童承叙在所撰嘉靖本《月泉吟社詩集後序》中發其深蘊道：“茲社之舉，皆所以發欷歔於歌嘯，寄漣洳於比興，與黍離、麥秀之歌無異焉，豈直學龍圃老田園已。”《四庫提要》亦主是説：“其人大抵宋之遺老，故多寓遁世之意，及聽杜鵑、餐薇蕨語。王士禎《池北偶談》稱其清新尖刻，別自一家，而怪所品高下未當，爲移第六名子進爲第一，……然諸詩風格相近，無大優劣，士禎所移，與鳳等所定，均各隨一時之興，未見此之必是、彼之必非也。”

　　《月泉吟社》當時已板行，然元槧傳本久佚。明正統十年（一四四五）春，黄灝作《月泉吟社詩集序》，略曰：

　　　　此《月泉詩社》之集，（吴渭）具録成帙而板行之。……迨諸老淪謝，屢更兵燹，而此板亦不能存矣。……今其裔孫之尤賢者曰克文氏，……念欲重刊，久而未果。會金華錢公世淵以叔端鄭先生所編《聖朝文纂》募工鋟梓於家，而克文嘗與之，……世淵即歡然而索家藏舊本，鏤板而歸諸克文。

正統本今未見著録。

　　嘉靖二十二年（一五四三）孟冬，童承叙又作《月泉吟社詩集後序》曰：

母弟引禮舍人芳以是集來，余舊有之，而板本磨滅不可讀，得之甚慰。……時憲僉柯公、郡守王君見之皆韙焉，因付郡判解君梓之。

嘉靖重刻本，今僅臺北"中央圖書館"庋藏一部，原爲張鈞衡藏書，《適園藏書志》卷一五著録，謂有"席氏玉炤"朱文方印，"張金吾藏"白文方印，"丕烈"白文小印，"蕘圃"朱文小腰圓印，"蓉鏡珍藏"朱文方印，並有道光間古歙程恩澤觀款及合江陶廷杰假讀題識。

明人私家書目，如《萬卷堂書目》卷二、《玄賞齋書目》卷七、《百川書志》卷一八、《晁氏寶文堂書目》卷上、《徐氏家藏書目》卷五等皆載有是編，然俱未註明版本。

明天啟、崇禎間，毛氏汲古閣刊《詩詞雜俎》，收入是集，毛晉跋稱"亟合《谷音》付梨，以公同好"。《汲古閣校刻書目》記"《月泉吟社》，七十三葉"。卷首有田汝耔序。田序作於正德十年（一五一五），稱"石洲王子携至江右間以授予（按：指是集正統本）。……予切愛清翁、謝、吳三子同一時四方之士，凡所詠歌，秖引田園景跡，不及它物事，真雅趣哉，其殆加於世之沈淫紛華者已。且其板毁，曷再刻之？"既云"曷再刻之"，正德間蓋有翻刻正統本，毛氏所用底本，殆即正德本。首爲社約等，次爲第一名（羅公福）至第六十名（青山白雲人）之詩，附摘句；再次爲《送詩賞小札》《回送詩賞札》，皆節録；最後爲毛晉手書題識。中國科學院圖書館藏汲古閣本有繆荃孫跋。臺北"中央圖書館"藏本有毛晉手校並跋，清黃丕烈、蔣因培各題記手書，程恩澤等觀款。黃氏題記稱毛氏校補者，悉據明嘉靖覆本，故手校本摹有嘉靖本序文。收藏有"張金吾藏"白文方印，"丕烈"白文小印等，詳見上引《適園藏書志》。民國間所編《叢書集成初編》，即據《詩詞雜俎》本影印。

　　清順治甲午（十一年，一六五四），張燧刊方鳳《存雅堂遺稿》十三卷，其中卷七至十爲《月泉吟社詩》（卷七社約等，卷八、卷九爲詩評上、下，卷十札）。該本今國家圖書館等有藏本。康熙五十五年（一七一六），又有吳寶芝刻本，今唯見常熟市圖書館著錄一部，有宗廷輔批並錄明李詡校。清末刊有《粵雅堂叢書》本、《金華叢書》本。《增訂四庫簡目標注》稱有《續藝圃搜奇》本、慎德堂活字本，今未見著錄。

　　《四庫總目》著錄汪如藻家藏本。檢四庫本卷首有無名氏殘序，考其內容，即汲古閣本卷首之田汝耔序，而卷末無毛晉跋。則四庫底本當爲正德本或汲古閣本。

　　除上述刻本外，今國家圖書館藏有清樸學齋林佶鈔本二冊；又有清咸豐十年（一八六〇）韓應陛鈔本，有韓應陛、周叔弢跋，一冊；猶有另一清鈔本。北京大學圖書館藏有清康熙時金俊明鈔本（與《谷音》《河汾諸老詩》《中州集》同鈔），有金俊明、黃丕烈跋。南京圖書館藏有清小輞川鈔本，參《善本書室藏書志》卷三八。臺北"中央圖書館"亦藏有舊鈔本一部，有近人胡嗣瑗、余肇康觀款。

【附錄】

正統刊月泉吟社詩集序

（明）黃　灝

　　此月泉詩社之集。初，吳公渭以故宋義烏知縣解組，家食於吳溪之上，與從兄月泉書院堂錄謹延致鄉遺老方公鳳、

謝公翱、吳公思齊主於家，皆以詩鳴當代，遂樹月泉吟社。蓋
月泉乃浦江勝地，遠近之所知慕者。於是四方吟士水赴雲會
而競趨之，三先生悉加藻鑒而品評之，吳公據其報評之高下
揭賞，走使以歸之。其詩篇及盟誓考評之辭，具録成帙而板
行之。厥後從子元、集賢殿大學士直方與其子山長貞文公
萊，及諸孫元帥翁輩，皆相繼禪續，凡求是集者，莫不欣然畀
之。迨諸老淪謝，屢更兵燹，而此板亦不能存矣。

　　國初，貞文之門人翰林承旨宋公濂、教授胡公翰編類遺
文《淵穎文集》，刊於家塾，而此吟社之板失之刊行。今其裔
孫之尤賢者曰克文氏，高年隱德，而文學行義推重縉紳間，以
吟社之詩爲後學之所膽炙，念欲重刊，久而未果。會金華錢
公世淵以叔端鄭先生所編《聖朝文纂》募工鋟梓於家，而克文
嘗與之，胥會於麟溪，義門言及之，世淵即歡然而索家藏舊
本，鏤板而歸諸克文。吁！若世淵，不亦義士哉！然非克文
善於繼述，與其學行之取重於人者，又曷能起之若是耶？嗟
乎！前爲之美，而後傳其盛者，其吳氏之謂歟！自是又可以
應四方之求，於吾邑文獻有足徵也。凡詩社之詳，諸先達既
著之於前，而長史鄭公復識之於後，不在剿説也，姑述重刊之
由，以告夫士友云。

　　正統十年春，鄉貢進士、修職郎、韓府紀善同邑黃灝書。
（嘉靖刊本《月泉吟社》卷首）

正統刊月泉吟社詩集序

（明）李東陽

　　國初，東南人士重詩社，每以有力者爲主，聘詩人爲考

官,隔歲封題於諸郡之能詩者,期以明春集卷私試,開榜次名,仍刻其優者,略如科舉之法。今世所傳,惟浦江吳氏《月泉吟社》,謝翱爲考官,"春日田園雜興"爲題,取羅公福(今按:即連文鳳)爲首。其所刻詩,以和平溫厚爲主,無甚警拔,而卷中亦無能過之者,蓋一時所尚如此。聞此等集尚有存者,然未及見也。

長沙李東陽。(同上)

嘉靖刊月泉吟社詩集後序

(明)童承叙

內方子曰:嘉靖壬寅,余得告歸,上先壠日,憩郊藪,母弟引禮舍人芳以是集來,余舊有之,而板本磨滅不可讀,得之甚慰。因念中夏陸沉,遺民故老皆宋忠臣貞士,耻事蒙古,或削跡巖廊,或辟世丘壑,其窮愁孤憤,鬱塞無聊,往往播諸篇什,作嗚嗚聲,是可悲已。故兹社之舉,皆所以發欷歔於歌嘯,寄漣洳於比興,與黍離、麥秀之歌無異焉,豈直學龍圖老田園而已。時憲僉柯公、郡守王君見之皆韙焉,因付郡判解君梓之。夫余之感也,與諸君之韙也,豈擅絺繪、工雕鏤之是慕哉?

考詩者謝公翱,字皋羽;方公鳳,字韶卿;吳公思齊,字子善。主盟者吳公渭,字清翁。清翁行履,黃灝序大抵具焉。余復考三公之節概風致紀於名賢者附載之,重兹録且重兹刻云。

嘉靖二十二年癸卯孟冬朔旦,夏汭內方山人童承叙書於沱潛別墅之來巘亭。(同上卷末)

正德本月泉吟社詩集叙

（明）田汝耔

　　月泉吟社者，浦江吴子之所作也。吴子名渭，字清翁，其號潛齋。按重本有邑人黄灝首叙，叙渭故宋時嘗爲義烏令，元初退食於吴溪，延致鄉遺老方韶父與閩謝皋羽、括吴思齊主於家，始作月泉吟社，四方吟士從之，三子者乃爲其評較揭賞云。

　　據録，有刻本，殆從集賢學士直方並其子貞文公萊及諸孫元帥輩相嗣傳焉。中更兵燹，是本泯没，其裔孫克文會金華錢世淵獲舊所刻本，復重刻焉，蓋正統十年春月之日也。有長史義門鄭楷、教諭文江張用並叙諸末云。石洲王子携至江右間以授予。其詩多律五七言四韻近體，其詞婉微，其氣平淡，其音清翁，雖不逮唐制，若曰元初，夫自爲一代，有唐之遺風。石洲曰：夫言是也。西涯昔著詩話，亦稍取之。予切愛清翁、謝、吴三子同一時四方之士，凡所詠歌，祇引田園景跡，不及它物事，真雅趣哉，其殆加於世之沈淫紛華者已。且其板毁，曷再刻之？或以吴溪諸輩不親世，故競尚文辭，以約盟揭賞爲清談，弗矜廢時好事者。今考吴溪社士皆故宋人也，值元初季，其處心甘是，蓋智者識矣。

　　正德十年六月望日，水南田汝耔叙。（毛氏汲古閣《詩詞雜俎》本《月泉吟社》卷首）

跋月泉吟社

（明）毛　晉

至元丙戌、丁亥間，吴潛齋執牛耳，分雜興題，共得詩二千七百三十五卷，選中二百八十名。今兹集所載僅六十名，凡四韻詩七十有四首，又附摘句三十有三聯。雖虯尾一握，然其與義熙人相爾汝，情懷已足千秋矣。亟合《谷音》付梨，以公同好。

客曰："二集選調不倫，未云合璧。"予因借靖節句子作評，云："'君子死知己，提劍出燕京。'實獲伯顏之隱。'相見無雜言，但道桑麻長。'非即清翁借題石湖意耶？"客曰："善，何不附於屈、陶集後，以供痛飲時一快云。"

湖南毛晉識。（同上卷末）

粤雅堂叢書本月泉吟社盟詩跋

（清）伍崇曜

右《月泉吟社》一卷，宋吴渭編，《四庫提要》已著錄。案渭字清翁，號潛齋，浦江人，以故宋義烏令，入元不仕。厲樊榭等《南宋雜事詩注》記是書始末最詳，謂其間或有名或無名，大抵皆宋末遺老也。然第十八唐楚友，孤山白斑也，著有《湛淵集》，宋咸淳中已與仇遠同以詩名，入元後應薦爲儒官，坎坷不達，退老湖山。殆亦有不能概以汐社遺民例之者矣。又謂舊有黄顥序，今琴川毛氏重刊本佚之。

朱竹垞《静志居詩話》：宋季吴月泉主社，賦"春日田園雜興”，羅公福擅場。元季饒介之主席，賦《醉樵歌》，張仲簡擅場。崇禎初鄭超宗主會，賦《黄牡丹詩》，黎美周擅場，時稱“牡丹狀元”。三事本太平佳話，而皆出於百六之秋。公福肥遯。仲簡、遂初、美周授命虔州，三君子各自靖，尤爲美談。公福即連文鳳也。顧王漁洋《池北偶談》謂品題未允，因重爲移置，改文鳳爲第二十一，爲《提要》所糾。謂李西涯《懷麓堂詩話》云，公福詩無甚警拔，而卷中亦無能過之者云云。然《静志居詩話》亦謂張仲簡《醉樵歌》今載集中，殊不見好；黎美周《黄牡丹詩》亦未定爲《蓮鬚閣集》中壓卷也，而今古均艷稱之，流風餘韻，沾溉後人。

粤中詩社，羅元焕《粤臺徵雅録》記之特詳，謂悉倣吴清翁月泉吟社故事。以余所及見，道光癸未甲申，西園、南園兩詩社，《西園第一集》題《紅梅驛探梅》，徐太守鐵孫擅場；《第二集》題《水仙花》，徐茂才夢秋擅場。《南園第一集》題《羊城燈市》，葉廣文星曹擅場；《第二集》題《菩提紗》，鐵孫擅場。《西園第三集》題《玉山樓春望》，馮司馬子良擅場，而倡之者鍾孝廉鳳石先生也。迄今未三十年，墓木已拱，敦槃之盛，邈不可追，求一二閉門索句、性僻耽佳者，殆若晨星。即間有好事者，亦匆匆不暇作渭城之唱。明朱秉器《停雲小志》記青溪社集，謂“每月爲集，遇景命題，樂志忘形，間事校評，期臻雅道”。又云：“盛會不常，良朋星散，雲樹在望，黯爾銷魂。”何今昔有同慨也！又如歲丙午，吾邑橫沙鄉詩社，題《沈香浦懷古》《石門懷古》《蔞尾春》，譚廣文玉生擅場，然亦《蔞尾春》四詩神韻獨絶耳。故陳廣文蘭甫戲以“勺藥狀元”呼之，擬刻圖章以贈。今亦無此盛集矣。重刊是書成，偶憶舊游，而漫書數語於其後。

咸豐辛亥小除夕，南海伍崇曜謹跋。（《粵雅堂叢書》本《月泉吟社》卷末）

濂洛風雅七卷

金履祥 編

此書之編選，元人唐良瑞《濂洛風雅序》述之曰：

> 仁山金子吉翁館我齊芳書舍，暇日相與縱言，至於詩，因見其所編萃有曰《濂洛風雅》者。……但風雅有正有變，有小有大，雖頌亦有周、魯之異體，則今日風雅之編不可不以類分也。於是斷取詩、銘、箴、誡、贊、誄四言者爲風雅之正體，其楚辭、歌、操、樂府、韻語則風雅之變體，其五七言古風則風雅之再變，其絶句、律詩則又風雅之三變也。……因以私淑子姓，而朋友間見之，亦皆欲得之，因鋟諸梓，與同志共焉。

《四庫提要》以爲“蓋選録者履祥，排比條次者則良瑞也”，其説是。所謂“排比條次”，即唐氏序所謂分正體、變體、再變、三變是也；然後“類聚而觀之，條理明整，意味悠長”云云。盧文弨《濂洛風雅跋》（中華書局校點本《抱經堂文集》卷一四）曰：“首濂溪周子（敦頤），八傳而至王魯齋（柏），皆正傳，其餘源流所漸，凡三十五人。”《率祖堂叢書》本（此本詳下）於書前附《濂洛詩派圖》，以周敦頤爲祖，其下有二程、張載、邵雍，一直傳至宋末。

按：金履祥（一二三二——一三〇三），字吉父，學者稱仁山先生,婺州蘭谿(今浙江蘭谿)人。傳朱熹之學,絶意仕進。入元家居,著書講學以終。金氏乃理學家,故選詩以理學文學觀爲標準。潘府《弘治刊濂洛風雅序》評之曰:"其詩冲和純正,固皆道德英華之發見,而一編之中,師友淵源之統紀,正變大小之體例,又見金、唐二君子類萃之精,有非淺儒俗學所能到,真近古之遺音也。追視風雅之盛,其庶幾乎。"然至明末清初理學衰落之後,又多貶斥之言。盧文弨《濂洛風雅跋》謂其"所録皆有韻之作,凡箴銘祭文咸入焉,意主於闡明義理,裨益風化,初不於字句間求工也"。《四庫總目》將是書收入《存目》,《提要》曰:

> 昔朱子欲分古詩爲兩編而不果。朱子於詩學頗邃,殆深知文質之正變,裁取爲難。自真德秀《文章正宗》出,始别爲談理之詩。然其時助成其稿者爲劉克莊,德秀特因而删潤之,故所黜者或稍過,而所録者尚未離乎詩。自履祥是編出,而道學之詩與詩人之詩,千秋楚越矣。

是編之功用,如館臣所云,它在"道學之詩"與"詩人之詩"之間劃出一條鴻溝,從此"千秋楚越",涇渭分明。在金履祥等人看來,"道學之詩"才算"風雅",而事實正好相反,照他的路綫走下去,只能使"道學之詩"永遠與風雅絶緣。正如《四庫全書·仁山集提要》所説:"夫邵子(雍)以詩爲寄,非以詩立制。履祥乃執爲定法,選《濂洛風雅》一編,欲挽千古詩人歸此一轍,所謂華之學王,皆在形骸之外,去之愈遠。"就詩歌發展史論,是書影響並不好。

《濂洛風雅》之元刊本久無著録。現存以明弘治本爲古。潘府爲弘治本所作序曰:

至元、元貞間，《濂洛風雅》一編始出焉。……惜自元季泯没不傳者餘二百年矣。弘治庚申（十三年，一五〇〇）夏，予友董遵道屢歲薦來京師，間以遺稿示予，復圖鋟行於世。適同志彭濟物出守徽郡，遂以是屬焉，彭君不辭。

弘治本現已無完帙，僅浙江餘杭縣圖書館著録五卷（卷一至三、六至七）。

是書明人私家書目多有登載，唯《徐氏家藏書目》卷五著録爲二卷，不詳是何本。

是書清人多刊入叢書之中。盧文弨《濂洛風雅跋》曰：

> 本朝雍正年間，其（金履祥）裔孫律實始板行。今相距五十年，吾宗東源（衍仁）欲復爲開雕，請余爲正訛。余北上，携之行笈中。友人眉庵，北方之言學者也，就而正焉。其意以爲題曰“風雅”，即文不當在所録中；又劉屏山戲作十二辰屬詩一首，亦當去。其言良是，然出自前哲之手，毋寧仍之。“善戲謔兮”，亦風人所不禁也。

盧氏所謂“其裔孫律實始板行”，指金律於雍正、乾隆間所刊《率祖堂叢書》（光緒十三年〔一八八七〕鎮海謝駿德有補刊本），其中《濂洛風雅》六卷始刊於雍正九年（一七三一），據次年四月戴錡序，所用底本“乃先生（金履祥）親手鈔本，裔孫律藏之已久”。每卷書題爲“宋金仁山先生選輯濂洛風雅卷之幾”，下署“滇海後學趙元祚、檇李後學戴錡鑒定，金華後學黃廷元較，十八世孫律重梓，吳寧後學王崇炳、濼水後學章藜照參閱”。至於盧氏所謂“吾宗東源（衍仁）欲復爲開雕”，不詳刊行否，今未見著録。

《四庫總目·存目》著録浙江巡撫採進本《濂洛風雅》六卷,當是《率祖堂叢書》本。近年齊魯書社所編《四庫全書存目叢書》,亦據雍正本影印。《存目》又著録清張伯行編《濂洛風雅》九卷,《提要》謂"是編輯周子、二程子、邵子、張子、游酢、尹焞、楊時、羅中素、李侗、朱子、張栻、真德秀、許衡、薛瑄、胡居仁、羅洪先十七家之詩,乃其官福建巡撫時所刊。案金履祥先有《濂洛風雅》,伯行是書仍其舊名,而一字不及履祥,不可解也"。今按:此乃另一書,與金履祥所編《濂洛風雅》無涉。

民國補刊本《金華叢書》收有金履祥所編本,《叢書集成初編》據以排印。

除上述外,今國家圖書館藏有清鈔本一册。臺北"故宫博物院"藏有明鈔本一册。

清康熙間,朝鮮刊有是書活字本,朴世採重編,有戊午(康熙十七年,一六七八)朴氏序,稱"顧其所録頗廣,或有未暇盡正,而諷詠之切實猶多放軼,今皆續見於《性理群書》《大全》等書,似亦不可不爲之略加增删"。書前有弘治潘府序,知其用以增删之底本即弘治本。朝鮮活字本今臺北"中央圖書館"庋藏一部。

【附録】

濂洛風雅序

(元)唐良瑞

詩者,志之所之也。志有正有偏,有通有蔽,則詩有淳有駮，有晦有明。故偏滯之辭不若中正之發，而放曠悲愁之態不若和平冲淡之音。生於其心，則發於其言；發於其言，則作於其事，所關非細故也。

良瑞幼而好詩，然有激於其中，則必見於其外，是以好爲奇崛跳踉之句，發揚蹈厲之辭，間亦自覺其露，而未有以易之也。仁山金子吉翁館我齊芳書舍，暇日相與縱言，至於詩，因見其所編萃有曰《濂洛風雅》者，開卷徐展，但以師友淵源爲統紀，而未分類例，然皆涵暢道德之中，歆動風雩之意，淡平者有淳厚之趣，而浩壯者有義理自然之勇，言言有教，篇篇有感，異乎平昔之所聞，因相與紬繹之。

竊以爲今之詩非風雅之體，而濂洛淵源諸公之詩，則固風雅之意也。但風雅有正有變，有小有大，雖頌亦有周、魯之異體，則今日風雅之編不可不以類分也。於是斷取詩、銘、箴、誡、贊、誄四言者爲風雅之正體，其楚辭歌操、樂府韻語則風雅之變體，其五七言古風則風雅之再變，其絶句、律詩則又風雅之三變也。類聚而觀之，條理明整，意味悠長，因以私淑子姓，而朋友間見者，亦皆欲得之，因鋟諸梓，與同志共焉。若乎味其詩，泝其志，誦其辭而尋其學，窺其一二而求其全集，則又在乎自得之者如何耳。

嗚呼！龜山載道而南，伊洛宗派在中原者，自文公《淵源錄》已難盡考，又況百五十年之後乎？北方之學者必有得其傳者矣。近聞許魯齋師友傳授之盛，然其文章皆未之聞，雖文公諸門人文集亦多未出。嗣是倘有所得，又當續編云。

太歲丙申元貞二年四月既望，後學唐良瑞進之敬書於石泉精華舍。（清康熙間朝鮮活字本《濂洛風雅》卷首）

弘治刊濂洛風雅序

（明）潘　府

　　自古言詩者，皆以《風》《雅》爲宗祖，以陶靖節、杜子美諸家次之。至元元貞間，《濂洛風雅》一編始出焉，其詩冲和純正，固皆道德英華之發見，而一編之中，師友淵源之統紀，正變大小之體例，又見金、唐二君子類萃之精，有非淺儒俗學所能到，真近古之遺音也，追視《風》《雅》之盛，其庶幾乎！

　　惜自元季泯没不傳者餘二百年矣。弘治庚申夏，予友董遵道膺歲薦來京師，間以遺稿示予，復圖鋟行於世，適同志彭濟物出守徽郡，遂以是屬焉。彭君不辭，而竟謝教益之多。予知此編之行，不徒足慰董君崇好古作之意，亦足以爲彭君輩風化斯民之助也。昔韓文三百年後得歐陽子而始傳，議者以文之顯晦有數焉；則此編復出於今日，亦非偶然者矣。

　　弘治庚申秋八月望日，賜進士第、主刑曹事南山潘府謹書。（同上）

刊濂洛風雅序

（朝鮮）朴世採

　　古昔聖賢爲學之道，其大體可知矣。自治則成湯、武王之銘盤、席，以至衛武公之《抑戒》，仍有訓誦之諫，□御之箴，工師之誦；教人則夔之典樂，孔子之删《詩》正樂，以爲教於世，而邇之事父，遠之事君，又能使伶人樂師逾河入海以去亂，是則所謂耳之於樂、目之於禮，起居動息皆有所養者然也。蓋是二者，雖與小子大人之學規模少殊，而總其歸趣，亡非所以明天理，厚人倫，立事物之體，而致性情之正。內外交養，和順相發，以成其德者，三代之士率由是學。降及秦漢，遂廢不講，其存於人者，獨有所謂理義之養心耳。然且反復晦蝕，貿貿然莫知所之者，千有餘年。幸賴天祚吾道，濂洛之間，諸儒繼起，乃復述四子，修五經，以開萬世道學之淵源，而然於盤盂聲樂之實，卒莫之追復也。

仁山金先生生於宋季，上接紫陽四傳之緒，隱居著書，精深宏遠，固多可以羽翼聖經者。而惟此一編，尤有所補於古昔聖賢爲學之遺意。蓋亦從諸賢平日箴訓諷詠中表出而成書，其至者固已闡夫性命之奧，而關乎存省之密，下猶足以斥異端，塞利源，不迷於所向，使學者誦而玩之，感奮戒懼，不敢以毫髮有懈於其心，優遊涵泳，馴而至於手舞足蹈之域，而不能自已。以是揆之，雖古盤盂之大訓，聲樂之至教，其何以過此。嗚呼，盛哉！

顧其所錄頗廣，或有未暇盡正，而諷詠之切實猶多放軼，今皆續見於《性理群書》《大全》等書，似亦不可不爲之略加增刪。故敢釐輯繕寫，以備區區朝夕警戒之資，庶幾無負於先生之教者採之，不肖於此竊有所感焉。粵自聖學再明以來，其書盈架，至爲後人纂要揭微以畀之，意亦不淺矣。獨其學者因此而有所樹立者，訖未多聞。其病安在？特以撿防之不嚴，融會之不深焉耳。今之讀此編者，苟能於其箴訓之說惕然恐懼，無異疾痛之真切、淵冰之戰兢，而必以敬畏從事於其諷詠之辭，油然感發，自不覺胸次之灑落，鳶魚之流動，而要之和樂之意，未嘗不行於其中，以至成德。則是不惟可以毋褻於此編，抑將仰究乎三代禮樂之道，而無所礙也。願與同志者勉之。

歲在戊午閏三月壬子，潘陽朴世採書。時崇禎紀元之後五十有一年也。（同上）

率祖堂叢書本濂洛風雅序

（清）戴　錡

《濂洛風雅》者，仁山先生以風雅譜婺學也。吾婺之學宗文公，祖二程，濂溪則其所自出也。以龜山爲程門嫡嗣，而呂、謝、游、尹則支；以勉齋爲朱門嫡嗣，而西山、北溪、攝堂則支。由黃而何而王，則世嫡相傳，直接濂洛。程門之詩以共祖收，朱門之詩以同宗收，非是族也，則皆不録，恐亂宗也。詩名“風雅”，其實有頌，而變風變雅則不録。

夫惟聖人聲入心通，鳥鳴蟲語皆發天機而契性真，童歌牧唱皆風雅也。大賢以下，必慎所感。古之學者，絃繩之音不離於手，歌詠之聲不離於耳。胸中斯須不和不樂，則鄙詐之心入之；斯須不莊不敬，則慢易之心入之。陶練性情，涵養德器，莫善於詩。詩取其正，以風雅存濂洛，以濂洛廣教學，益慎所感也。夫詩有三體，曰賦、曰比、曰興。一句之中，皆有賓主。竊嘗隔舉文公之詩詠而玩之，如云“昨夜江邊春水生”，比也，“爲有源頭活水來”，亦比也，皆賓也。吾心中有生生不息之春水，活活而來之源泉，則賓中主也，而生之使人洗心滌慮，非勸則懲，扶道之功何大也！

兹編僅百餘頁，乃先生親手鈔本，裔孫律藏之已久，今附刻文集之後，屬爲序。當日采擇手録，寧簡毋濫之意，望海内見此書者，勿以掛一漏萬爲憾，則兹篇可當《三百篇》讀矣。

樵李後學戴錡書，時雍正十年夏四月六日。（《率祖堂叢書》本《濂洛風雅》卷首）

率祖堂叢書本濂洛風雅序

（清）王崇炳

濂洛，乃宋儒講學傳道之邦也。所言者道德，所存者仁義，安有風雅之名哉？不知人之生也，有性必有情，有體必有用。即聖門教人，依仁則遊藝，餘力則學文，未嘗離情以言性，舍用以言體也。但發而中節與否，則在人而不在天。

金仁山先生游何、王二先生之門，得上紹紫陽，傳勉齋之派，升堂入室，而道統賴以不墜。既著《大學疏義》《論孟考證》，慮後之學者徒知務本爲重，不知有玩物適情之義，未免偏而不全，執而鮮通，大失先賢垂訓之本意，是誰之過與。於是每讀遺編，見其中有韻語可以正人心，可以敦風俗，可以考古論世者，撮而録。有由生來，有由來則主中主也；能於賓中見主，於主中見主中主，則萬理一本，萬派同源，可於風雅中見濂洛，且可於自心中見周、程，而且使凡有心者之皆可爲周、程也。此仁山先生以風雅垂教意也。

東陽後學王崇炳撰。（同上）

《金華叢書》本濂洛風雅序

（清）胡鳳丹

《風》《騷》以降，詩人林立，大都雕刻花月，藻繪山川，求其藹如仁義之言，蔚然道德之氣，自杜、韓數子以降，十蓋不得一二。夫浴沂風雩，不廢吟詠；孺子滄浪，聖人有取。因物觀時，因時見道，謂講學家不嫻韻語，豈通論哉！

今讀仁山先生所輯濂洛諸子詩，率皆天籟自鳴，出入《風》《雅》，無一不根於仁義，發於道德，宣尼復起，其必採而錄之矣。余學詩未就，於諸子無能爲役，特以先哲遺書，懼墜其傳，爰重爲校梓，敬綴數語於簡首，用志嚮往之忱云爾。

光緒三年春三月，郡後學胡鳳丹月樵甫識於鄂垣之退補齋。（《金華叢書》本《濂洛風雅》卷首）

無象照公夢遊天台偈二卷

（日本）無象静照 編

《無象照公夢遊天台偈》，亦名《無象照公夢遊天台石橋頌軸》，爲宋末日本僧無象静照與南宋僧物初大觀等四十二人唱和詩軸，後來静照將其攜回日本，并整理成詩集稿本。釋静照（一二三四——一三〇六），號無象，俗姓平，日本相州鎌倉人。自幼出家，南宋理宗淳祐十二年（一二五二）渡海來華，登徑山參石溪心月禪師，五年辭去遊方，後爲慶元府育王山廣利禪寺知賓。時虚堂智愚移住育王，静照追隨左右，直至度宗咸淳元年（一二六五）歸國（參見許紅霞《〈無象照公夢遊天台偈〉整理研究》，載《珍本宋集五種》，北京大學出版社二〇一三年版；朱剛、陳玨著《宋代禪僧詩輯考》附錄三《無象照公夢遊天台石橋頌軸》解題，復旦大學出版社二〇一二年版）。

是書前有小序曰：

　　景定壬戌（三年，一二六二）重陽前五日，登石橋，作
尊者茶供。假榻橋邊，夢遊靈洞，所歷與覺時無異。忽
聞霜鐘，不知聲自何發。因綴小偈，以紀勝事云。

“作尊者供”，朱、陳録本作“作尊者茶供”。此乃唱和本事。
按：石橋，即石梁橋，在今浙江天台縣，爲五百羅漢道場所在。
静照所作偈二首曰：“崎嶇得得爲煎茶，五百聲聞出晚霞。三
拜起來開夢眼，方知法法總空花。”“瀑飛雙澗雷聲急，雲斂千
峰金殿開。尊者家風只如此，何須賺我海東來。”據許紅霞先
生考證，諸僧作詩唱和在景定四年至咸淳元年（一二六三——
一二六五）静照返日前期間。理宗寶祐二年（甲寅，一二五
四），宋僧大休正念（一二一五——一二八九，永嘉人）在徑山結
識静照，後來又在新昌（按：今浙江縣名，屬紹興市）大石佛首
座寮重會。咸淳五年（一二六九），正念東渡日本。文永甲戌
（十一年，一二七四），與静照重會於日本關東鐮倉建長寺，静
照出示當年頌稿一編，請正念作序，大休正念於是欣然命筆，
而爲之序。

　　大休正念所作序文墨跡原件，今藏日本五島美術館，而
當年唱和詩軸，今不詳所在，或已不存。綜合上引朱、陳、許
三氏，唱和詩日本現存有鈔本三種：一爲水戸彰考館文庫所
藏江戸中期寫本，外題《無象照公夢遊天台石橋頌軸》，内題
《無象照公夢遊天台偈附念大休序諸宿和》；二爲東京尊經閣
文庫所藏寫本；三爲瀧田英二所藏寫本。三本所録，除静照
原詩二首外，有宋僧四十一人和作各二首，總計八十四首。

　　是集日本現有整理本二種。一是瀧田英二將所藏寫本
《無象照公夢遊天台石橋頌軸》收入所編《禪宗叢書》卷首第
一番。二是玉村竹二用彰考館文庫藏本爲底本，校以瀧田英

二所藏本，整理爲《無象照公夢遊天台偈軸并序》，收入所編《五山文學新集》第六卷《無象静照集》（排印本）。瀧田英二本與彰考館文庫本最大差異，是卷末"梓州希革"詩僅一首，而第二首（"橋南個一隊癡呆"）署"此軒如芝"作。許紅霞引玉村竹二語，稱"此軒如芝"當是"此軒如足"之誤，其名寫在"梓州希革"第二首詩之後乃誤書，并謂現存頌軸可能是殘本，也許後面還有更多作者。

近年來，是集被東渡學者引入吾國，整理本亦有二種。一爲朱剛、陳玨著《宋代禪僧詩輯考》附錄三，題爲《無象照公夢遊天台石橋頌軸》，解題稱該本"即據彰考館文庫本鈔録，而以《禪宗叢書》本異文出校"。二爲許紅霞輯著《珍本宋集五種》之《無象照公夢遊天台偈》，乃以尊經閣文庫藏本爲底本，校以《五山文學新集》卷六所附文本，并參考玉村竹二所列瀧田英二所藏本及《全宋詩》異文（《全宋詩》僅收物初大觀等四人八首，其餘七十四首詩失載），於每一作者詩偈下加按語，作者考辨置於按語中。

【附録】

無象照公夢遊天台偈序

（宋）釋大休正念

唐寶祐甲寅，予在雙徑石溪先師座下，與無象照公聚首。先師歸寂後，寓越上新昌大石佛首座寮，重會。無象出示遊天台石橋夢登聖域自述伽陁，諸大老賡韻成什，予不揆，亦嘗贅語。別後聞便舸歸國，雲際濤空，音問相絕。豈料咸淳己巳，予泛杯東海，爲扶桑之遊，再瞻豐度於關東巨福。握手論舊，喜不勝情。未幾，無象龍天推轂，瑞世法源。

　　日本文永甲戌夏，忽過予，袖出頌薰一編，乃曰："此昔大唐遊天台之時。"予目之，相顧諮嗟，曰："此軸乃公青氈舊物，一別又二十年矣。今獲再觀，亦予之復見故人也。"捧讀不忍釋手。無象曰："公能爲我叙其始末於章首，十襲珍藏，貽後五日佳話，可乎？"予嘉其求舊不忘之意，因舉佛鑒禪師曰："先師節儉，一鉢囊、鞋袋，百綴千補，猶不忍棄之，嘗曰：'此二物相從出關，僅五十年，詎肯輕棄？'"以遠譬近，遂諾其請。

　　予乃曰："公昔之寓唐土，亦猶予今之寓日域，行雲谷神，動靜不以心，去來不以象，情隔則鯨波萬里，心同則彼我一如。所以道無邊刹境，自它不隔於毫端；十世古今，終始不離於當念。苟者一念子掗得破，那一步子踏得著，不妨朝離西天，莫歸東土。天台遊山，南嶽普請，高抳峨眉，平步五臺，手攀南辰，身藏北斗。大唐國裏打鼓，日本國裏作舞，田地穩密，神通遊戲，總不出這個時節，亦吾家本分事耳。"無象不覺點頭微笑，予於是命筆，題於卷首。

　　時文永甲戌初夏，住禪興宋大休正念拜手。（轉録自許紅霞《〈無象照公夢遊天犖偈〉整理研究》）

天地間集一卷

謝　翱　編

　　謝翱（一二四九——一二九五），字皐羽，自號晞髮子，長溪（今福建霞浦南）人，寓浦城。應舉未第，文天祥開府延平，傾家貲募鄉兵數百詣軍門，署諮議參軍。及兵敗，隻影行遊，卒於杭州。據説平生著書百餘卷，死後以文稿殉葬。方鳳《謝君皋羽行狀》稱："君遺稿，在時舊所爲悉棄去，今在者手鈔詩六卷、雜文五卷。"今存《晞髮集》十卷，拙著《宋人別集叙録》已著録。其所編詩歌總集《天地間集》，不詳當時是否刊板，黃虞稷《千頃堂書目》卷三一著録不全本："《天地間集》五卷，今僅存一卷。"一卷本附録於《晞髮集》。王士禎《居易録》卷四曰："《天地間集》一卷，宋謝翱皋父編。自文信國及家鉉翁、文及翁、謝疊山、鄭協、柴望、徐直方、何新之、王仲素、謝鑰、陸壑、何天定、王曼之、范協、吳子文、韓（闕名，號竹坡）、林景怡，凡十七人，詩僅二十首。按宋文憲公作皋羽傳，《天地間集》五卷，此太寥寥，即皋羽之友如吳思齊、翁登、仇遠之屬，皆無一字，當是不完之書也。"《晞髮集》附録《天地間集》一卷，《四庫提要》即引王氏説（唯林景怡誤爲林熙）。

　　一卷本《天地間集》除《晞髮集》附録外，清吳之振《宋詩鈔》之《晞髮近藁鈔》、陳焯《宋元詩會》卷五一皆附録之。《宋元詩會》載於江萬里《龍虎山》詩之後，編者按曰："宋末流傳此帙，合十七人，存詩二十首，專爲一集，題曰《天地間集》，或取詩卷長留之意耶？諸人行跡，無從盡考，然其篇什得附文、謝與則堂先生（按其下爲則堂家鉉翁詩）後，又經謝高士鑒定，則平日風尚諒皆可觀，故仍之。"

【附録】

天地間集晞髮道人近藁序

（明）只園居士

　　叔氏襄子得陸五湖先生手書《晞髮道人近藁》泊《天地間集》於松陵，余從遇五兄借觀。《近藁》軼世所行閩本、徽本，而《天地間集》則皋羽輯同時交契之詩也。宋亡，靦顔虜廷者固多，如文山一流人亦自不乏，其忠義之氣真足塞兩間，然非經皋羽鑒定，吾不能保其名之不與化而俱徂也。宋學士稱此集凡五卷，今僅僅止是。後之感今，益可知已。皋羽不肯事元之心，即昭諫不肯帝梁之心，兩世一揆，合劂有以。

　　五湖諱師道，字子傳，小楷入妙，乃第以字若號及符璽大夫篆識首尾云。

　　只園居士衢。（臺北“中央圖書館”藏明刊本《天地間集》卷首）

洞霄詩集十四卷

孟宗寶　編

　　孟宗寶，字集虛，宋末元初道士。嘗築室於苕溪之上，曰集虛書院。鄧牧《洞霄圖志》卷一《集虛書院》曰：“在餘杭縣東五里碧塘福地，有巨井一所，世傳葛仙翁錬丹於此。元貞丙申（二年，一二九六），道士孟宗寶建院爲游居講習之處。”

居九鎖山三年，積書至數千卷，與鄧牧相友善，爲詩文有法度。其所編《洞霄詩集》十四卷，明《文淵閣書目》卷一〇嘗著録，爲“一部四册，闕”。《四庫全書》未收，阮元嘗進呈，《揅經室外集》卷一《提要》謂“書中所載篇什，至元時元貞、大德之間，而於王思明則載入‘宋本山高道’類，因仿《四庫全書·伯牙琴》之例（祝按：《伯牙琴》，鄧牧著），歸諸宋人焉”。孟氏乃宋遺民，集中所收“國朝（元）名公”，既有遺民詩，也有當代大僚之作，故是集歸宋歸元皆可。然此編實孟宗寶據宋紹定刊本刪補而成（詳下），故本書歸諸宋。

阮元《提要》謂明代有高以謨刊本（詳後引），久無著録，不詳所據。現存以《知不足齋叢書》刻本爲早，民國時所刊《叢書集成初編》即據以排印。該本前有住山介石沈多福兩序及鄧牧序，末有孟宗寶後跋。所謂“洞霄”，即道士之洞霄宫，在今浙江餘杭縣，地處大滌、天柱兩山間。是集所收，乃唐至元初諸色人游山題詠之作。卷一“唐”，卷二至五“宋”，卷六“宋高道”，卷七“宋本山高道”，卷八“宋高僧”，卷九至十四“國朝名公”，末附本山道士集虚孟宗寶《洞天紀勝》四言詩十六首。雖稱“詩集”，而所收不全是詩，間亦有詞，如卷九即載陳思濟至元十七年（一二八〇）秋所作題琳宇之一庵的《木蘭花慢》詞，以及趙若秀、劉元之的和篇。又，集中雖有所謂“國朝（元）名公”之作，因編者孟宗寶及參與討論者如鄧牧等皆宋遺民，故於本書著録焉。

阮元所進呈者，乃從舊鈔過録之本，《提要》曰：

　　是本明有高以謨刊，近亦不可得見。此從舊鈔過録，中有殘缺處。宗寶後跋云：“宋紹定間，住山冲妙龔先生與道士王思明裒類大滌留題，刻版行世。迄今大德

壬寅（六年，一三〇二），且三十年，廢勿舉，名勝入山，咸
謂闕典。宗寶以介石沈公命，取舊集泊家藏詩，與本山
葉君、牧心鄧君暇日討論，刪定唐、宋賢及今名公題詠，
命工重刻，與好事者共之。"則其用力亦勤矣。

據是跋可知，早在紹定（一二二八——一二三三）間，即已有道
士龔氏與王思明同編之本傳世（按：宋紹定至元大德不止三
十年，疑是"七十"之誤），孟宗寶不過是增刪舊集而已。阮
氏進呈本已影印入《宛委別藏》。除上述三叢書本外，是集
今未見單刻著録。

【附録】

洞霄詩集叙

（宋）沈多福

山中距舊都會僅兩舍許，前□□□率多於□，少於出
□□□讀書琴弈齋□□精嚴，間從觴詠亦甚，率家法然也。
一時寓公貴客品題，蓋稱□泉石無恙□□□□鳴騶，例
□□□敞賦，待於二境營繕，住持之事繁矣。清虛恬退，寧
□□見於前。□命工重□□□□章，假寵靈以□□復傳之，
覽者庶幾愛屋及烏之意云。

大德六年十月日，住山介石沈多福炷香謹叙。（《知不足齋
叢書》本《洞霄詩集》卷首）

洞霄詩集序

（宋）鄧　牧

　　余聞《畫史》云：拳石勺水，無甚奇觀，落□□□意，或造其妙。往往意在筆外，氣足以勝之也。千巖萬壑，三江五湖，□雄偉浩汗，駭目動心，其氣已懾，安得模寫盡乎？維詩亦然。天下名山以罕得佳句，最陋之地或以詩傳，是已。

　　杭東南山□□□水之勝，莫如天目；天目之勝，未如大滌洞天。自唐、宋迄今，題詠不少，醇疵相半，□□□病。余獨謂不然。讀大滌洞天詩，當如閱泰山東海圖障，姑取其用意之難，勿以責備焉可也。孟君集虛聞而是之，因舊删定重刻之，牧故爲序。

　　大德六年十月，大滌隱人錢唐鄧牧書。（同上）

洞霄詩集序

（宋）沈多福

　　水以龍而靈，山以仙而名，然地亦有以人而重者。故先民嘗言：物之興廢有時。至天下勝處，終不可掩，必有賢人君子爲之品題。

　　大滌自漢元封爲投龍所，而靈始著；東晉後爲仙真所栖，而名益彰。及唐人作爲歌詠，至宋□陳諸公，妙語傑出，三四百年間，大篇短章交作。於是五洞九峰勝概，燦爛□□（鳥）之内，而地視昔爲益重矣。使不會粹成編，久或散失，則居是山者將無恧乎？謹裒古今名章，共十四卷，而鋟諸梓。

大德六年十月日，住山介石沈多福炷香謹序。（同上）

精選古今名賢叢話詩林廣記

十卷 後集 十卷

蔡正孫 編

蔡正孫（一二三九—？），字粹然，號蒙齋野逸，建安（今福建建甌）人（生年見馬婧《詩林廣記版本系統述略》，載《古籍整理研究學刊》二〇〇九年第六期），謝枋得門人。宋亡後棄舉子業，肆意於諸家之詩。所編《精選古今名賢叢話詩林廣記》前、後集各十卷，自序稱“暇日採晉、宋以來數大名家及其餘膾炙人口者，凡幾百篇，鈔之以課兒姪，並集前賢評話及有所援據摹擬者，冥搜旁引，而麗於各篇之次。凡出於諸老之所品題者，必在此選”。序末署“歲屠維赤奮若”，《四庫提要》曰：“蓋己丑年作。考黃庭堅寄蘇轍詩條引熊禾語（祝按：見《詩林廣記》後集卷五），則當爲元太祖至元二十六年（一二八九），時宋亡十年矣。”《四庫全書》將是書著錄於《集部·詩文評類》，《提要》又曰：

> 其書前集載陶潛至元微之共二十四人，而九卷附録薛能等三人，十卷附録薛道衡等五人。《後集》載歐陽脩至劉攽二十八人，止於北宋。其目録之末，稱“編選未盡者見於續集刊行”。今續集則未見焉。兩集皆以詩隸人，而以詩話隸詩，各載其全篇於前，而所引諸説則下詩二格，條列於後。體例在總集、詩話之間。

據統計，全書共選詩及附詩六百七十一首，引詩話等資料書一百七十餘種（見校點本常振國等《校點説明》）。就體例言，以作品爲主而附以詩話，略似彙評，《提要》稱“體例在總集、詩話之間”，是矣，然更接近總集。蔡氏亦自稱“選編”，詩話只是“麗”之而已，故本書著録之。丁丙《善本書室藏書志》卷三九以爲此書“與何谿汶《竹莊詩話》相似”。然《竹莊》首卷爲議論、品題，乃資料輯録，而末兩卷爲“警句”，究與此書有較大區別。

是集當刊於蔡氏作序時。近代有元刊殘本傳世。潘宗周《寶禮堂宋本書録》“元本附”著録道：

> 書名或曰“精選”，或曰“妙選”，或曰“古今名賢”，或曰“名賢古今”，蓋刊於坊肆之手，未及精校也。每卷書名次行題“蒙齋野逸蔡正孫粹然”，與《四庫提要》所稱同。是本前集存卷一之三，卷七之十，序目均佚。後集存卷一之八，又存目録，至卷八郭功甫止。原書不全，作僞者黏和目録第二三前後兩半葉冒爲完璧，實則後集起歐陽脩，迄劉攽，凡二十八人，郭功甫下尚有十五人，其姓名均被割棄矣。
>
> 版式：目録半葉七行，正文八行，行十六字。諸家評論低三格，每行亦十六字。標題均黑地白文，左右雙闌。版心闊黑口，雙魚尾。書名題寺幾，亦有僅題卷數者。後集題寺后幾，或后幾。

又見傅增湘《藏園訂補郘亭知見傳本書目》卷一六下（中華書局二〇〇八年校點本，第一五九四頁）。

是書元刻本，臺北《“中央圖書館”善本書目》亦著録一部，僅存《後集》十卷，凡十册。據臺北《“國家圖書館”善本書志初稿》（一九九九年版）著録，該本每半葉八行，行大字十六字，中字二十字。細黑口，左右雙邊，雙黑魚尾相對。首卷第

一葉首行頂格題“精選古今名賢叢話詩林廣記一卷”。除卷
五、卷一〇兩卷外，其他各卷尾題“叢話”皆作“佳話”（據馬婧
《詩林廣記版本系統述略》引）。則此本較上本更欠規范，或書坊
翻刻本。

　　嚴紹璗《日本藏宋人文集善本鈎沉》（杭州大學出版社一九
九六年版，第二七三頁）著録日本内閣文庫藏有《新刻名賢詩林
廣記前集》（殘本），存四卷，《後集》十卷，宋刊本（按：是書無
宋刊本，最早爲元槧），原係林氏大學頭家藏書。惜未記版
式，其《日藏漢籍善本書録》未著録，不詳内閣文庫是否藏有
元刻殘本，姑録以待考。

　　李盛鐸《木犀軒藏書題記及書録·詩文評類》著録蔡正
孫《精選古今名賢叢話詩林廣記》十卷、《後集》十卷（北京大學
出版社一九八五年版，第三七四葉），曰：

　　　　明初刻本，前集卷三有缺葉。或題“新刊名賢萬選
　　詩林廣記”，或題“精選古今名賢叢話詩林萬選”。標題
　　後有“蒙齋野逸蔡正孫粹然編集”。半葉九行，〔行〕十八
　　字。有元統十一年季春寧夏刊版序，謂予按撫臨西□，
　　公暇往參贊軍務，大理寺丞洛陽羅公尚綱出斯集見示。
　　予念寧夏僻在邊方，人罕得覩，遂捐廩給，命工（侵）〔鋟〕
　　梓，以廣其傳云。收藏有“聽雨樓查氏有圻珍賞圖書”白
　　文方印，“澹遠堂圖書”白文方印。

如是，則元代猶有“元統本”，李盛鐸當已發現其僞，故改題爲
明初本，該本今藏北京大學圖書館。所謂“元統十一年”，實
已爲元惠宗至正三年（一三四三）。黄裳嘗指出該書乃僞本，
謂寧夏本之祖本乃正統刻本，“半葉八行，行十六字，大黑口，
單闌。末有正統十一年（一四四六）龍集丙寅季春中旬日，奉

正大夫、陝西按察司僉事、陽平王瑛跋,有'秋烈霜日'印"。
又曰:"按木犀軒李氏有此書明初刊本,九行十八字,序文與
此跋略同,然非一刻也。其本有元統十一年序,以明刻而妄
題元順帝年號,十一年則仍而未改,是翻雕劣本無疑。"(《來燕
榭讀書記》第三七五葉,遼寧教育出版社二〇〇一年版)則寧夏刻本
乃翻刻明英宗正統十一年王瑛刻本,既改變版式,又改"正
統"爲"元統",冒充元刻本以射利(見馬婧《詩林廣記版本系統述
略》),世無所謂"元統本"。黃裳先生所稱正統十一年本,今未
見著録。

　　正統本之後,以明弘治十年(一四九七)刊本爲古。該本
有張蕭序,稱"第舊板磨滅,魯魚互出,因命子齊貢士較正重
刊,藏於家塾,與鄉黨學詩者共之。若金根之誤,在咏且然,
齊吾知其不能免矣"。所刻版式與上述潘宗周所得元刻本
同。南京圖書館藏有弘治本完帙,乃丁丙舊物,《善本書室藏
書志》卷三九著録,謂"此書槧格精工,仿彿南宋鋸本"。國家
圖書館藏本缺後集末三卷。臺北"中央圖書館"藏有兩部。
一九七三年,臺北廣文書局曾據其中一部影印。日本東北大
學、御茶之水圖書館亦有藏本,《日藏漢籍善本書録》著録,并
稱"版心留存(宋)〔元〕刊本刻工姓名"。此甚奇特,百思不得
其解。疑張蕭子齊翻刻時曾照刻底本原有之刻工姓名,日本
所藏爲初印本,故仍保存,後或以爲不妥,遂將其剷去歟?
又,傅增湘《經眼録》卷一九著録此書"明刊本"道:"八行十六
字,詩話低三格,亦行十六字,黑口雙闌,行間有擲。"又稱"此
書曾見一本,字體秀勁,鋒稜峭屬,當是宋刊。此本規格尚
存,而氣息屢薄,必爲明翻無疑"。傅氏所記凡宋刊、明刊兩
本。"宋刊"當指上述潘宗周本,"明刊"無疑爲弘治本系統之

本，但具體爲何本，不得而知。丁氏藏有弘治本，《善本書室藏書志》卷三九著録，今藏南京圖書館。上海圖書館亦有藏本。該本四周單邊，有格，每半葉十行，每行二十字。白口，白魚尾。又有《精選古今名賢叢話詩林廣記》前集十卷、後集十卷，“明大字刊本，袁澂六藏書”。謂“此本版式寬大，有‘古潭州袁臥雪廬收藏印’，‘温葆淳印’、‘閩中督學使者’兩印”。“明大字刊本”，不詳爲何本。弘治本後，又有正德十三年（一五一八）汪諒重刻本，八行十六字，細黑口，四周單邊。是書猶有不詳年代之明刻本，今國家圖書館等共著録十餘部。

隆慶二年（一五六八），上海人王圻重刻《詩林廣記》，首爲王圻於是年秋七月既望所作《詩林廣記序》，末爲劉子田於同年孟秋吉旦所作《跋刻詩林廣記後》。前述諸刻，《詩林廣記》皆爲前、後集各十卷，而王、劉二人將此書改編爲四卷付梓，不分前後集。每半葉十行，詩爲每行二十字，附録詩、詩評低二格，每行二十二字。萬曆間，各書坊翻刻王圻、劉子田重編四卷本成風，計有萬曆十六年（一五八八）吳萬化刻本，次年黄邦彦金閶十乘樓重刻本，萬曆四十年（一六一二）張肇林刻本，以及陳繼儒（眉公）刻本，不詳年代之明刻本等。兹擇要略述吳萬化、張肇林本。吳萬化本刻於萬曆十六年（一五八八），吳氏有序，稱“是編也業已盛行天下矣，但魚魯豕亥之訛不□無也，不佞重加校訂，以付剞劂，因漫言以弁其首”，未述所用底本，實即王圻本。序文後有“黄德時刻”四字。今上海圖書館等有藏本。張肇林本刻於萬曆四十年（一六一二），作《續刻詩林廣記叙》，略曰：“予邑洪洲王公，當穆陵時，分符五雲，政治聿修，尤加意於文事，曾梓《繩尺論》《詩林廣記》二編，以示邑人士。歲久漫漶，不可讀。予不敏，繼公後斤斤奉條畫唯謹,既續梓《繩尺論》,用範多士矣,復於故老處得兹編,吏治稍暇,籌鐙校讎,因重付剞劂,以永公澤云。"所稱"洪洲王公"即王圻,書首有王圻序、劉子田跋。白口,有格,每半葉八行,詩每行二十字,附録詩及詩評低二格,與隆慶本同。翻刻四卷本之風延續到清初,如仇兆鰲刻有所謂"鑒定"本,首行題"歷朝詩林廣記卷某",下署"學士仇滄柱先生鑒定",其下又署"蔡正孫粹然編集"、"後學黄邦彦校正"。翻刻四卷本目次,與前、後兩集二十卷本完全相同,版式與王圻本或同或異不等。

除大陸外,日本宫内廳書陵部藏有黄邦彦校《詩林廣記》四卷。臺北"中央圖書館"、日本御茶之水圖書館著録陳繼儒刻《精校古今詩林廣記》四卷一部。

日本靈元天皇寬文八年(一六六八,清康熙七年),中野道也、中野吉右衛門刊印蔡正孫《精選古今名賢叢話詩林廣記》前集十卷、後集十卷,前集由日人宇都宫由的訓點,後集由鵜飼真昌訓點,由洛陽五條書肆刻印。該書每半葉十行十九字,四周單闌,雙魚尾,蔡序末有"粹然"爐形牌記。前集卷十末有題記曰:"《詩林廣記》前集十卷,某加訓點。後集十卷,他人點之云。守拙齋由的書。"書末有題記曰:"寬文八年戊申春正月,鵜飼金平真昌訓點。中野吉右衛門繡梓。"見嚴紹璗《日本藏宋人文集善本鈎沉》(二七三頁)及《日藏漢籍善本書録·詩文評類》。

《四庫總目》著録紀昀家藏本,分前、後集,有張鼐序,乃弘治本。嚴紹璗《日本藏宋人文集善本鈎沉》著録紀昀藏本道:

> 《新刊名賢叢話詩林廣記》十卷《後集》十卷,(宋)蔡正孫編。明刊本,静嘉堂文庫藏,共六册。原紀文達

（昀）舊藏。按：是書前有蔡正孫粹然自序，并弘治丁巳
（一四九七）張霈序。卷中有“紀曉嵐”白文方印。

該本雖有紀氏印記，但是否即《四庫全書》底本，尚須檢核。

一九八二年，中華書局出版常振國、絳雲點校點本《詩林
廣記》。是書以弘治本爲底本，參校日本中野吉右衛門寬文
八年（一六六八）翻印張霈本及其他版本、有關詩話等。點校
者在《點校説明》中引録張宗泰《魯巖所學集》中《總跋詩林廣
記》《再跋詩林廣記》，以爲書中所録某些詩話不確當，可供參
考。又，《校點説明》稱所用底本即張霈弘治刻本，然僅“六
卷”，頗令人費解。弘治原本未聞有六卷者。校點本應與底
本一致，何至兩者完全不符？疑“六卷”乃校點者誤書。

【附録】

精選古今名賢叢話詩林廣記序

（宋）蔡正孫

甚矣，詩之難言也久矣。蓋自《國風》《雅》《騷》而下，以
迄於今，上下千數百年，其間騷人韻士嘐嘐然日詩云詩云者，
無慮數十百計，然求其爲大家數，則自陶、韋、李、杜、歐、蘇、
黄、陳而下，指蓋未易多屈。信矣，詩之不可以易易言也。

正孫自變亂焦灼之後，棄去舉子習，因得以肆意於諸家
之詩。暇日採晉、宋以來數大名家及其餘膾炙人口者，凡幾百
篇，鈔之以課兒姪，並集前賢評話及有所援據摹擬者，冥搜旁
引，而麗於各篇之次。凡出於諸老之所品題者，必在此選。正

孫固不敢以言詩自任，然亦自知詩之難言，有不可以一毫私意揣摩而臆度之也。梅邊松下，弄風吟月，時卷舒之，亦足以發其幽趣。尚恨山深林密，既無藏書之素，又無借書之便，所見不廣，所聞不多耳。增益其所未能，不無望於四方同志云。

歲屠維赤奮若、月昭陽作噩、日閼逢閹茂，蒙齋野逸人蔡正孫粹然序。（明弘治十年刊本《詩林廣記》卷首）

刊精選古今名賢叢話詩林廣記序

（明）張　鼐

龜山先生曰："作詩不知風雅之意，不可以作詩。詩尚諷諫，言之者無罪，聞之者足以戒，乃爲有補。"予嘗三復斯言，歷覽古人之詩，筆補造化、詞泣鬼神者有矣，究其寄諷諫於溫厚和平之中，不多見也。又其言散出於百氏之家，雖博雅君子，未易遍觀。惟宋蒙齋蔡先生《詩林廣記》，會萃晉、唐及本朝諸家之詩，長篇短章，衆體咸備，復取大儒故老佳話附錄各篇之下，單言隻句，品議無遺，誠詩學之指南也。中之所載朱文公《聞雷》詩："我願君王法天造，早施雄斷答群心。"歐陽公《溫成閣帖》："君王念舊憐遺族，長使無權保厥家。"諷諫當時君后勇奮乾綱、保全外戚之意深矣。李義山《詠賈誼》："可憐夜半虛前席，不問蒼生問鬼神。"盧玉川《上孟諫議》："便從諫議問蒼生，到頭合得蘇息否？"諷諫當時君相軫念黎元、培植邦本之意深矣。溫公"太上老君頭似雪，世人浪說駐紅顏"，山谷"藏書萬卷可教子，遺金滿籯常作災"之句，實求長年、積金玉之龜鑒。荆公"想應君出守，暫得免苞苴"，荀鶴"桑柘廢來猶納税，田園荒盡尚徵苗"之句，實尚奔競、玩民隱之藥石。

“莽恭拳拳，甫笑嬉嬉”，此後山之刺陰險潛毒之人也。其他譎諫，率多類此，聞之者得不惕然於中乎！其補於世也多矣。學詩者人挾一帙，沈潛覃索，因言求心，不獨聲律之妙造作者之堂，抑足以銷其邪心，養其正氣，端人善士之域，可馴致矣。

　　第舊板磨滅，魯魚互出，因命子齊貢士較正重刊，藏於家塾，與鄉黨學詩者共之。若金根之誤，在咏且然，齊吾知其不能免矣。

　　弘治丁巳春三月望日，賜進士、中憲大夫、河南提刑按察副使、奉敕保固河防兼督水利、前監察御史濟南張鼐書於黃陵之半閑堂。（同上）

隆慶二年刻本詩林廣記序

（明）王　圻

　　詩之爲教也，發乎性情，止乎禮義焉耳矣。聖人存詩三百篇，章不計長短，音韻不必押合，措注不論美刺，一切箴規憂喜、叫笑怒罵之詞，舉錄而不置，何耶？取其性情之發，而禮義之止也。

　　蒙齋蔡公集晉、唐、宋以來名公吟詠，附以歷來詞人墨士所評隲，彙爲若干帙，廣諸梓以加惠後學，余少讀而喜之，曰：是編所錄者雖長短不同章，音韻不同調，美刺不同體，箴規憂喜、叫笑怒罵不同意，而其舒性情之真，得禮義之正，則一也。惜乎校正未工，不免魯魚亥豕之疑，誦之者至不能以句。戊辰春，余以計事覲新天子，奉璽諭令之復任。於是辭燕山，泝汶濟，涉清淮，經吳會、武林而之江藩，上下數千餘里，悠游歷覽江山之勝，凡兩餘月。暇則坐風檣下展《廣記》一卷而讀焉。訛者訂之，失次者序之，入治境而繙閲周矣。博士弟子劉君子田多聞强記，蜚聲於時，昇之重加檢括，蓋至是而魯魚亥豕可十剗八九矣。劉君造而請曰：舊刻仍訛踵陋，今既兩經校正，庶幾其爲善本矣，弗寄諸木，奚普其傳？余因鳩工以梓之，而序次其始末如右云。

隆慶二年秋七月既望，上海王圻識。（萬曆四十年刻本卷首）

跋隆慶二年刻詩林廣記後

（明）劉子田

父母洪洲王公令邑之明年，以入覲上考歸治，舟中因閲蔡蒙齋所編《詩林廣記》，愛其得詩家精髓，欲鋟諸梓以貽知音，而坊本訛謬至甚，不可讀，乃手自校讎，命田與役。刻成，田敢僭數語於簡末，曰：

公以名進士起家，擢令清江，正疆均賦，勛績顯蔵，乃以卓異，更令余邑。不數月而政成，燁燁然稱賢令，放大江之右者，兩在而指不多屈。然其藴藉淵弘，沖淡不滓，慈祥愷悌，每溢於措注語告之外。殆有得乎温柔敦厚之本體，而性靈調燮，心源澄□，以是語詩，品識自不凡矣。觀其《入覲》《感別》諸作，典麗明秀，渾成大雅，宜其玩《廣記》諸話，觸目而萬境歸元，徹奥而群魔蕩跡，洞最上乘，具正法眼藏矣。冥會神境於話之外，其有以哉！

噫！詩難言也，經緯正變，準合矩矱，奇詭幻化，超入神真。作之者有意境外之意境，讀之者有滋味中之滋味。斯則遊戲三昧，而詩無餘矣。若夫磨切音韻，餖飣排比，品識斯下矣。敬脱此而又作詩必此詩，觀者又以形似論畫，則於我公茲刻之意，不其遠矣。故曰：神而明之，存乎其人。謹跋。

隆慶二年孟秋吉旦，門人五雲劉子田頓首拜書。（同上）

萬曆十六年刻本詩林廣記序

（明）吳萬化

夫詩之作何昉也？其始於虞廷之歌乎。蓋虞廷君臣合德，明良紀詠，而萬世之詩教始基之矣。自是夏、商、周迭興，代各有詩。或爲清廟明堂之章，或爲閭閻里巷之謠，或爲忠臣孝子之歌，或爲貞夫游女之詠，然皆發乎性情，止乎禮義，洋洋乎太始之徽音哉！故尼父删詩，而獨於三百篇有取也。

自雅詩亡而新聲代變矣。降是而先秦兩漢，去古未遠，其間修詞之士極力摹古，雖詞旨閎廓，而體終弱矣。由是而魏晉，而六朝，人宗清虛之理，俗尚華靡之致，故其詞多燿光鬻采，霞駿雲譎，令人眩目動心，而多失於浮矣。至唐人變爲近體，其先後鴻裁，哲匠操觚，登壇者無慮百家，然皆工於體格，富於才情，詠之而調合，韻之而芬發，即之而色蒼，命意則沉思重淵，造語則掇采繁露，庶幾哉《三百篇》之遺焉。故自三代以下，詩獨以唐爲盛也。其詩學大隆之會乎！迨宋人繼起，其諸名家固不能殫述，大要深於理學，薄於風雅，故其詞雖平正通達，不爲險怪，然實卑弱甚矣。此古今詩學之大較也。嗟乎！世運迭遷，人心迭變，則詩亦迭爲高下，作者欲由叔季而返之古始，不亦難哉！

蒙齋蔡先生編集《詩林廣記》，予觀其所記諸人，若晉之陶，唐之李、杜，宋之蘇、黄，尚以下此諸君子，皆一時彬彬文學之士，亦各有一得者。讀其所記諸篇，有煙霞物外之趣者，有臺閣冠裳之概者，有傷今思古之懷者，有忠君憂國之抱者，有託物寄興者，有因事諷規者，有贈遺惜別者，有寫悰鳴怨者，靡不擔載臚列，且也評品援據，宏詞佳話，即麗於各篇之下，譬之鄧林之材，梗楠杞梓，種種具備，學者於斯而諷誦焉，庶可窺詩學之全矣。由宋、唐、晉而上，寧能以一斑限也哉！

是編也業已盛行天下矣，但魚魯豕亥之訛不□無也，不佞重加校訂，以付剞劂，因漫言發弁其首。

萬曆戊子嘉平之月，新都吳萬化公弘甫譔。（萬曆十六年刻本卷首）

萬曆四十年續刻詩林廣記叙

（明）張肇林

予邑洪洲王公，當穆陵時，分符五雲，政治聿修，尤加意於文事，曾梓《繩尺論》《詩林廣記》二編，以示邑人士。歲久漫漶，不可讀。予不敏，繼公後斤斤奉條畫唯謹，既續梓《繩尺論》，用範多士矣，復於故老處得兹編，吏治稍暇，籌鐙校讎，因重付剞劂，以永公澤云。

予嘗概世之論詩者，類尊唐而黜宋，以爲詩道至宋如長夜之不曙。《廣記》兼收宋音，無乃疑蛇足乎？是不知詩之道原自廣也。夫詩本於性情，而性情在人，寧分時代，必唐是尊，而宋是黜，豈人至宋遂無性情乎？要以世所論者法耳，未嘗曠於法之外也。語曰：“以書御者不盡馬之情。”予亦曰：以世繩者不盡詩之變。何也？先有性情，後有音律，有音律而後有體裁，體裁工拙不必同，其於抒性暢情無古今一也。當王公時，而海內談詩者固已顯然尊唐而黜宋矣，公豈不知宋音無當於藝林，其所賞心《廣記》而梓之者，正欲以破世俗拘攣之習，使天下知詩之本原在性情間，不當以時代泥也。不然，齗齗然以法論詩，即三唐且邅六朝，六朝且邅漢魏，昔人談之詳，其豈王公刻此編意哉！

萬曆壬子孟冬望日，萬安令上海張肇林書。（萬曆四十年刻本卷首）

精選唐宋千家聯珠詩格二十卷

于　濟、蔡正孫　編

是書由于濟初編，原稱《詩格》，僅三卷；蔡正孫得稿後，嫌其“雜而未倫，略而未詳”，因爲之補編，擴爲二十卷，改題爲《精選唐宋千家聯珠詩格》，然後由其子彌高刻梓以傳。按：于濟，鄱陽（今屬江西）人，字德夫，號默齋。蔡正孫，已見前書《詩林廣記》小傳。蔡、于二人本不相識，由王淵濟介紹而神交之，見後附諸序。是編目的在明“詩格”，然以編選作品爲主，蔡正孫大德四年（庚子，一三〇〇）序稱“凡詩家之一字一意可以入格者，靡不備載，擇其尤者，凡三百類，千有餘篇，附以評釋”云云，故亦在詩話、總集之間。傅增湘《經眼録》將其著録於總集類，兹從之。

此書有元刻本，然國内久已失傳，日人佐藤坦曾藏一部，稱有蔡正孫評釋（見後附佐藤坦《刻聯珠詩格跋》），當是蔡氏子彌高所刊原本，惜該本今亦未見著録。今止存朝鮮古刻本及朝鮮、日本刻本。這部並不太被本土文人士大夫看重的書，曾在古朝鮮、日本廣爲流傳。日人山本北山説："《唐詩選》（按：托名李攀龍編），僞書也；《唐詩正聲》、《唐詩品彙》，妄書也；《唐詩鼓吹》、《唐三體詩》，謬書也；……特有宋義士蔡正孫編選之《聯珠詩格》，正書也。"（《孝經樓詩話》卷上，轉引自張伯偉《域外漢籍與中國文學研究》，《文學遺產》二〇〇三年第三期）日本書商慶元主人《聯珠詩格題識》曰：

> 宋蔡蒙齋《聯珠詩格》二十卷，我邦舊刻有三本焉：其一徐氏（居正）增註者，文煩事雜。其二皆無註者，併删蔡氏自評，惟存詩格，省略之過，當亦非其本意，則俱不如自評之簡且盡也。因今（日本文化元年，一八〇四）就自評元本紋之梓，不敢少加私，以復其舊。

所刻即金蘭閣本。北山信有《新刻唐宋聯珠詩格序》稱刊該書時，校訂者天民（大窪行）"乃衷愛日樓所藏元刻本、緑陰荼寮朝鮮本、平安翻刻元刻本、朝鮮版翻刻本、活字本、正德本、巾箱本、別版巾箱本"，可謂富矣。據卞東波先生介紹，日本除上述外，尚有五山版及多種翻刻本（《唐宋千家聯珠詩格校證》代前言《唐宋千家聯珠詩格的資料來源、文獻價值及其訛誤》，鳳凰出版社二〇〇七年版）。朝鮮徐居正（一四二〇——一四九二）作有增注，是現存最早的版本，即所謂朝鮮古刻本。

朝鮮古刻本《精選唐宋千家聯珠詩格》二十卷，楊守敬《日本訪書志》卷一三嘗著録：

> 按其書皆選七言絶句，唯前三卷爲絶句要格，以下皆拈詩中一二虚字以相比校，頗嫌繁碎，稍遠大雅。然其中逸篇秘句，爲諸家全集及選本之所不見者，往往而在，是固當與《瀛奎律髓》共珍也。其注，據後序爲明成化間朝鮮達城徐居正所撰，後朝鮮國王又命其臣安琛及

成倪、蔡壽權、健申、從漢就徐注重加補削，亦頗詳贍。於宋詩則多載逸聞逸事，尤有資於考證，而日本之重刻是書者皆失載後跋，遂不知增注爲何人。此本爲弘治壬戌（十五年，一五〇二）朝鮮刊本，前有弘前醫官澀江氏藏書印，又有森氏開萬册府之印。按澀江氏，森氏《經籍訪古志》不載此書，當以得此在成書之後也。

今北京大學圖書館藏有朝鮮古刻本一部（見《北京大學圖書館館藏古代朝鮮文獻解題》，北京大學出版社一九九七年版，第二四五頁）。

李盛鐸曾收藏一部朝鮮刻本，其《木犀軒藏書書録》著録道：

> 《精選唐宋千家聯珠詩格》二十卷，元于濟、蔡正孫輯。朝鮮刊本。標題後題“番陽默齋于濟德夫、建安蒙齋蔡正孫粹然編集”。半葉九行，行十七字。前有大德丁酉（元年，一二九七）于濟序，大德己亥（三年，一二九九）王淵濟序，庚子（大德四年）蔡正孫序。

傅氏《經眼録》卷一七亦著録此本，謂“選唐宋人七絶，摘其體格不同者分類次列，且加以評語及增注，皆爲初學肄習之用也”。李氏本今藏北京大學圖書館。又臺北“故宮博物院”亦著録一部，凡十册。

日本刻本大陸各圖書館未見著録，唯臺北“中央圖書館”藏有一部，其《善本書目》著録道：“《精選唐宋千家聯珠詩格》二十卷五册，宋于濟、蔡正孫同編，日本正保三年（一六四六）吉野屋權兵衛刊本。”

據卞東波考察，《聯珠詩格》與蔡正孫另一著作《詩林廣記》（上已著録）有一定繼承性。《廣記》選詩止於北宋，而《詩格》選有許多南宋詩人的作品。《詩格》中大量作品是直接從

《廣記》中來的，而且《詩格》之蔡氏自評，很多也來自《廣記》所引詩話。《詩格》所選詩保存了宋元時期文本的原貌，且不少原書已散佚，現成了該作品的唯一出處，故具有很高的校勘和輯佚價值。但其間張冠李戴、重出、割裂原作等訛誤亦夥。由於當時編著此書的目的是用於詩社及初學，故不能算是一部很嚴謹的學術著作（詳見《校證》本之"代前言"）。

二〇〇七年，江蘇鳳凰出版社出版卞東波《唐宋千家聯珠詩格校證》。是書以日本天保二年（一八三一）徐居正等增注本《聯珠詩格》爲底本，校以日本文化元年本、朝鮮古刻本殘卷、北大圖書館所藏李氏朝鮮本等。

【附録】

精選唐宋千家聯珠詩格序

（宋）蔡正孫

正孫自《詩林廣記》《陶蘇詩話》二書殺青之後，湖海吟社諸公辱不鄙而下問者益衆，不虞之譽，吾方懼焉。一日，番易于默齋遞所選《聯珠詩格》之卷，來書抵余，曰："此爲童習者設也，使其機栝既通，無往不可，亦學詩之活法歟！盍爲我傳之？"噫，吾老矣，且願學焉，豈特童子云乎哉！閱之終編，諷詠數四，得以見其用功之勞，而用心之仁也，然猶惜其雜而未倫、略而未詳也，於是逆其志而博採焉。故凡詩家之一字一意可以入格者，靡不備載，擇其尤者，凡三百類，千有餘篇，附以評釋，增爲二十卷，壽諸梓，與鯉庭學詩者共之。

正孫固不敢以言詩自任，而乃潛爲之增損者，特求無負于默齋之初志耳。夜雪茆齋，兒曹燈火，吾伊之聲，一倡之嘆，諒亦賢父兄之所樂聞也。默齋名濟，字德夫，志於爲詩，平山曾先生序其所謂《拙稿》者，拳拳然以高古期之，有“不天不止”之語，則可以知其學之所向矣。正孫於默齋未見顏色，千里神交，若合符契。今又獲儕姓名於文字間，豈非幸歟，豈非幸歟！

　　歲庚子春三月，蒙齋野逸叟蔡正孫粹然書於方寸地。（日本正保三年吉野屋權兵衛刊本《聯珠詩格》卷首）

精選唐宋千家聯珠詩格序

（元）王淵濟

　　文章，天下之公器也，是豈小智自私者所可得而語哉！淵濟於蒙翁生後二十年，辱翁之知，爲忘年交，凡言語文字，間有可以相爲評品者，無一不招誨於其下。一日，留方寸地，適有攜江左默齋於君之緘來，以《詩格》三卷與偕。披而視之，立意甚新，但惜其擇未精、採未廣耳。翁慨然欲成其美，於是旁搜博採，增爲二十卷，凡詩家之一字一意可以入格者，悉羅致之，視初本殆將十倍焉。命其子彌高鳩工而壽諸梓，欲以公天下之斯文也。

　　刻成，翁不自以爲功，乃大書于君姓名冠之篇端，而自附於其後。余於是作而言曰：公矣哉，翁之用心也！夫不祥之實蔽，賢者當之。貪天之功，掠人之美，天下事如此者不少。而能以一己之善而樂與人同，與人以名而使之得以軋乎己，吾獨於翁見之。公矣哉，翁之用心也！惟公則溥，吾知是書之必能盛行於世矣。若夫編摩之精，評品之當，人心之公，自有具眼，奚庸贅？

大德已亥花朝，玉淵王淵濟道了敬書於龍湖書堂。（同上）

精選唐宋千家聯珠詩格序

（元）于　濟

客有難余者曰："詩，天趣也，可以格而求之乎？"余應之曰："工書者字有格，摛詞者文有格，詩豈可以無格哉？苟得已成之法度而習之，是不難。"蓋嘗病時人采詩，混雜無統，觀者不識其有格。暇日拈出絶句中字眼合格者，類聚而群分之，綱舉目張，有條不紊。書成，以所集三卷，質之蒙齋翁。翁是之，乃復益其所未備者而備焉，且命其子彌高傳諸梓，錫之以"聯珠"之嘉名，讀者了悟如龍護珠，玩弄不釋，信乎無遺珠之憾矣。將見融會心胸，隨取隨足，詩之天趣，不求得而自得焉。客曰："子之言然，請書。"

德酉孟商，番昜默齋于濟德夫序。（同上）

精選唐宋千家聯珠詩格序

（日本）貫名海屋

《聯珠詩格》校本，非校本也，强命爲校本也。塾中課兒童，遇其不能發明本文，體貼註意，或註意未穩，義或不及，及有可考證、可辨明、可補苴者，輒隨登録此，以備遺忘，便查考。適書肆松柏堂來借此本，累旬後，復來告以情云："《聯珠詩格》古本贗久矣，其見存者日以加少，賴有江户近刻本，而惜乎刮去增註。增註雖有涉浮冗者，而疏本註，雜援以話，不但俾益後進，在今日則亦猶是古人面目。於是學者訪古本而不措，且今而不繼梓，古本始於亡。乃與同人相謀此舉，但無校本爲憾，乃以所借充校本也。業已付寫手，功了太半，願遂訂焉。”余乃赧然羞，將堅拒之，而喜務存古，枉聽其請了不起耳。臺其膚見，或標上頭，或係註尾，非不差別。講肄醻酢之際，未及反覆詳悉，漫下朱墨，唯穎奴所到，固非成體裁。寫手亦不相咨，直癡守原本，不敢更定爾，蓋是意余不肯先先借後請也。如其詩字句與各家集、諸選集及諸家筆記相異同者，不可屢數。其於音韻、聲律無礙，意趣互通而無害者，未暇標甄。偶一二互附見者，一時陟筆施及也。研磨此種，亦非窮搜博採，何以備？吾無此餘力，非素有意似人，況問大方乎？惟務存古，是在吾輩矣，覽者無深訝。

　　辛卯之歲中吕之月，須静主人識。（日本天保辛卯〔一八三一〕刻本，轉録自卞東波《唐宋千家聯珠詩格校證》卷首）

聯珠詩跋

（朝鮮）成汝信

　　詩者，性情之發而爲聲者也。人之心，主一身而統性情，聞善言則感發焉，見惡事則懲創之。其所以感發焉、懲創之者，無非性情之正也。是以吾夫子有見於此，而三始六義之删正也。正變俱存，善惡并録。詔後學則曰“興於詩”，戒過庭則曰“汝學詩乎”？學者之於詩，其可以忽夫哉！大朴一散，風氣日開。跡熄而詩亡，雅變而爲騷，騷又變焉，則委靡而至晉、魏，無足觀矣。唐人瑰麗之習，法六朝也，而韓愈氏痛正之。宋朝纖巧之態，襲西崑也，而歐陽子力攻之。然後絺繡之章，化而爲爾雅；靡曼之句，換而爲平淡。辭之真正者如束帛焉，意之温淳者如貫珠焉。於斯時也，詩可觀矣。

默、蒙二齋，歷選諸家，彙爲一帙，目之曰《聯珠詩格》。其爲聲也，諧格律，中律吕，理性情而追《三百》，祛淫哇而洗六朝。其於後學，豈曰小補之哉？余幸得是編於兵火灰燼之餘，抄而寫之，凡四百七十有五首。學之者苟能尋章而得其格，逐句而中其調，思出性情而參造化自然之機，吟行物理而模萬變無窮之趣，"興於"之訓、"學夫"之戒遵而勿失，則學者之初，庶有益矣。

余於是拭昏眸，揮秃毫，書以與之知思舍學徒。嗟爾學徒，受而學之。讀横渠《土牀》之詩，則安貧樂道、清寒蕭散之趣，可以得之；讀晦庵《觀書》之作，則活水澄澈、天雲共影之理，可以體之。非徒得之於詩，而必得之於心；非徒體之於詩，而必體之於心。聲出於心而其聲也正，如玄酒之淡淡然；詩著於聲而其詩也雅，若春雲之藹藹然。窮而在下，則吟哦暢叙而陶甄性情，有獨善無求之樂；達而在上，則賡歌太平而黼黻皇猷，得澤披生民之樂矣。若其學騷人月露之態，效墨客丹青之餚，徒爲吟詠之資而已，則非吾之所望於諸子者也。唯爾學徒，勉之哉！

萬曆四十年歲次壬子暮春上澣，伴鷗翁跋。（原載《韓國文集叢刊》第五十六册成汝信《浮查集》卷二，《唐宋千家聯珠詩格校證》附録一）

新刻唐宋聯珠詩格序

（日本）北山信有

詩格從古有之，其名書以白氏《金針詩格》、鄭谷《近體詩

格》爲始，嗣此有林越《少陵詩格》、好事者依託梅堯臣《續金
針詩格》等。然非有格而後有詩，有詩而後有格。既已有格，
則字有字格，句有句格，篇有篇格，體有體格。舉斯格措諸
詩，詩可以教焉，可以學焉。元大德中，蔡蒙齋廣於默齋藍
本，編選《唐宋聯珠詩格》二十卷，諸格皆有焉。世學詩者，能
從事於斯書，得其格，然後下筆，則變化自在。出格入格，格
不必拘拘，可以庶幾唐宋真詩矣。

　　國初文教文興之時，斯書盛用乎詩家，有印版數通，及後
來偽詩始行，而併書與版將幾廢。偶存者，經年之久，剝蝕朽
滅，今無完者矣。邇來江户書賈某某等七家相謀戮力，醵資
更新鏤版，託校訂於天民，求題詞於余。天民乃裒愛日樓所
藏元刻本、綠陰茶寮朝鮮本、平安翻刻元刻本、朝鮮版翻刻
本、活字本、正德本、巾箱本、別版巾箱本，及唐宋詩人本集、
總集、選集、別集數十百部，彼此校讐，誤者正之，訛者改之，
數閱月而竣功，乃爲善本。余作之序曰：

　　斯書不啻可存而列於藝文，其所以可必傳者有三焉。蒙齋
者，謝疊山門人也，見於《宋詩紀事》、疊山本集附載中。蓋宋社
既屋，疊山以死報國，不少屈於元，忠義凜凜，與文文山并稱焉。
千載之下聞其風者，莫不慷慨憤發義氣焉，況親炙若蔡者乎？
蔡能繼師志，終身不肯仕於元，寓微意於斯，題曰“唐宋”，入己
詩於宋人中，而明跡在元世，身乃是宋遺民也。併入一時交遊，
雖不甚有顯名，不立於元朝廷者之詩於卷中，於是《宋史》不
收，宋末節士待之可始知姓名字號者數十人矣。若受元爵、
食元粟者，雖夙譽乎宋代之士，不敢收一人。有美有刺，以一
小詩策之，大助名教，又益乎史學，是可必傳一矣。

　　斯書始出日，當時賣國乞降、愛祿貪權之徒，不得不惄恚

側目,借勢禁阻。是故元時早已逸亡,明清諸名家藏書目《菉竹堂》《絳雲樓》《也是園》等不得藏之,《續文獻通考》《國史經籍志》亦不收之,《四庫全書提要》載蒙齋著述《詩林廣記》,然不及斯書,可以知彼邦今猶無之。故元以降數百年間,博於文、深於詩者,亦皆不能見之。幸我邦相傳不失至於今,得無非天欲存不叛師、不負國、忠臣義士之名字,吟詠於東方君子國乎? 是可必傳二矣。

彼邦亡之已久矣。然物之隱顯必有時發,是書他日得良機,會有力君子能助天爲善,轉傳於彼邦,使宋遺民名與詩久隱滅無聞者再顯乎其所出地方,天神人鬼,亦當破顏。是可必傳三矣。

舊本有增註,不載作者姓名,世多不知爲何人作。及見朝鮮本始得之,其卷末有竹溪安琛跋云:"成化乙巳年間達城徐公居正增爲註解,頗詳密。後七年,我成宗大王命臣琛及成俔、蔡壽、權健、申從濩將徐註補削。"由是知初爲朝鮮人徐居正作。居正有史學,著《東國通鑑》五十六卷,《外紀》一卷。按《明詩綜》,居正,字剛中,議政府左參贊,著有《北征稿》云。

今省增註,復蔡原本,貴其真也。又書中"用老夫字格","用讀《周易》字格"等,是例字也,難以以格名,然格可以兼例,故蔡創意入格,勿以若夫《少陵》《金針》等,專守定格之書律也。嗚呼! 僞詩害於世教,不啻昧詩道,將併與可振起人節義若斯書者廢之。夫書賈者,市井人也,然能勇乎見義,而爲起此廢於今日文化之初,是亦助天爲善也。抑福善,天之道也,斯書不從是果大行,蓋無天也。儻或有黨僞詩、誹謗廢斥之者,其人必無節義之小人也。余與天民共與此助天之事,則亦不恥爲君子國之民云。

天民,名行,姓大窪,又字詩佛,江户人也。善詩名,今時莫出其右者。嘗著《聯珠詩格要名考》三卷,考證精確,亦可以補《宋史》遺漏矣。(日本文化元年〔一八〇四〕金蘭閣刊本,《唐宋千家聯珠詩格校證》附録一)

刻聯珠詩格跋

(日本)佐藤坦

宋于濟《聯珠詩格》,蔡正孫增訂而評釋之,王淵濟叙之。久傳於我,版亦非一,今行本有增註,不署譔者姓氏。近得朝鮮本閲之,有其邦人安琛跋云:“成化年間,徐居正增爲註解。”則知增註出韓人之手,而非原本也。余讀宋元而下説部數百種,未見一言及斯編者。因檢楊士奇《文淵閣書目》、王圻《經籍考》、焦竑《經籍志》及近時《四庫全書總目》,并不著録,旁搜葉、祁、二錢書目,亦不登載。頗疑其或於彼佚失矣。又考三子履歷,宋、元史并無傳,至於雜史諸書亦未見其名,但《謝疊山集》附録蔡、王次韻詩各一首,皆署稱“門人”。厲鶚《宋詩紀事》獨采其詩,《總目》“詩林廣記”條下亦謂蔡詩見於《疊山集》,并不及他事。據此則惟知蔡、王二子學出於疊山而已,于濟則竟無得而考也。

於是更思之,編内録蔡詩者不一而足,使斯編果存者,《四曾》之録,太鴻之撰,必不近捨斯編而遠求之謝集矣。余謂書籍之存亡,雖其間有幸不幸,而至於秘笈珍簡不可,關之典則,必不泯滅矣。其終於泯滅無存者,其書之佳否可概推耳。今斯編以格爲名,而其所舉以爲格者,字例居多焉。若夫“四句全對”、“趣聯平側對”,謂之格固可以概通;用虛字以爲格,則已涉煩碎,至於選詩,亦頗龐雜,其佚殆由此歟？雖然,斯編蓋爲童角學詩者設也,學詩之方必由字例而入,字例熟而詩格立。不由字例而求詩格,猶不由階而求上堂,必不可得矣。故夫字例者,詩格之階梯也。其於學詩之方,寧謂無裨益乎？況又宋季諸彥失其傳者,其詩往往散見,而其書今佚於彼而獨存於我,則如之何其不珍而秘哉？余藏元槧一部,有評釋,無增註,蓋當時原本。屬者大窪天民請余藏本校訂改寫,謀鋟之版,以廣其傳,因書所考實其首。

　　文化甲子歲孟夏月,江户一齋居士佐藤坦大道撰。（同上）

聯珠詩格題識

（日本）慶元主人

　　宋蔡蒙齋《聯珠詩格》二十卷。我邦舊刻有三本焉:其一徐氏增註者,文煩事雜;其二皆無註者,併删蔡氏自評,惟存詩格,省略之過,當亦非其本意,則俱不如自評之簡且盡也。因今就自評元本紋之梓,不敢少加私,以復其舊。惟格中詩重複者不一而足,唐宋豈無可別作格之詩乎？而不取者,蓋欲大著其忠於宋士之貞心義氣也。故新標再出字於各詩上,使人易觀,是吾輩微志也。蔡氏事跡,北山先生序已詳矣,今不復贅。先生嘗唱清新之真詩,海内風靡,吾輩亦應時運。所刻真詩書目如左（以下書目,略）。

　　文化二年乙丑春日,書商慶元主人述。（録自卞東波《唐宋千家聯珠詩格校證》卷首附日本文化元年刊本書影）

諸儒箋解古文真寶十卷後集十卷

黄　堅　編

　　黄堅，約生活於宋末元初（採熊禮匯説，見所著《〈古文真寶〉的編者、版本演變及其在韓國、日本的傳播》，載點校本《詳説古文真寶大全》卷首。熊先生又考其爲滁州麟峰人。關於《古文真寶》的編者姓氏及年代問題頗複雜，兹略其論證過程。今存元刊本有宋諱，乃是作者爲宋末元初人之力證），生平事跡不詳。所編詩文選集《古文真寶》前集十卷、後集十卷，收詩文作者上自屈原，下至宋末。是書在宋季及元代曾屢經刊刻，鄭本（字士文）於元至正二十六年（一三六七）跋稱“舊所刊行，率多删略”云云，除元刻兩種（包括鄭本跋本）今存殘帙（詳下）外，其餘“舊所刊行”之本，皆久已湮滅。

　　今尚傳世之元刊本之一，藏浙江紹興魯迅圖書館。該書題《魁本大字諸儒箋解古文真寶》，已殘，僅存前集五卷（卷六至一〇）、後集五卷（卷一至五）。前集收各體詩，後集收各體文（包括辭、賦）。據韓國留華學者姜贊洙調查，該殘本凡二册，黄竹紙印，有界欄，每半葉十三行，行二十一字。大黑口，字形大。版心有向下雙黑魚尾，四周雙邊。“恒”、“桓”、“匡”等字有闕筆，但避諱不嚴。書中大量使用簡體字。既避宋諱，該本當刻於宋末元初，早於鄭本作跋的元至正二十六年（以上見姜贊洙《紹興發現的現存最早的〈古文真寶〉》，《圖書館雜志》二〇〇六年第一期）。今存另一元刊殘本《批點諸儒箋注古文真寶》，僅存前集六卷，藏日本御茶之水圖書館，詳後文。至於該書注解即所謂"諸儒箋釋"（或"箋注"）爲何人所作的問題，熊禮匯先生不贊同日本學者藤堂明保以爲是他人所爲的觀點（見藤堂氏所作《〈古文真寶諺解大成〉記》），認爲黄堅既選原文、又輯諸儒評注，是南宋以降學者編總集、選本的通用做法。雖兩人皆無直接證據，但熊先生的説法更合乎南宋坊刻書的潮流，似更爲可信。

除元刊殘本外，國内今存明刊二種。一是不詳年代之明刻本《諸儒箋解古文真寶》前集十卷、後集十卷，中國科學院圖書館著録。二是明萬曆十一年（一五八三）司禮監刻本《諸儒箋解古文真寶》前集十卷、後集十卷，今北京大學圖書館、中央黨校圖書館、中央民族學院圖書館、上海圖書館、天津圖書館、吉林市圖書館、山東省圖書館、天一閣文物保管所及四川省圖書館著録。日本内閣文庫、東洋文庫亦藏有該本。北大圖書館藏司禮監本凡二函八册，每半葉八行，行二十字，注文雙行小字同。四周雙邊，雙黑對魚尾，大黑口，版心鐫"古文真寶前集卷幾"、"古文真寶後集卷幾"及葉碼。卷首有青藜齋《重刊古文真寶跋》，稱"永易黄堅氏所集《古文真寶》二十卷，載七國而下諸名家之作，凡二十有七體，三百十有二篇，蓋精選也。梓行已久，近日書肆中所傳者率多湮蝕，讀者患之。予偶得善本，撫巡之暇，略加點校，因命工重刊，以便後學"，時在弘治十五年（一五〇二）孟冬。青藜齋其人未詳，由知萬曆本底本乃弘治本。又有明神宗（朱翊鈞）《御製重刻古文真寶前序》及《後跋》。《前序》謂舊本選文"稍有闕軼，見于《古文精粹》者，復取而益之"；又曰"舊本凡三百十有二篇，今益以三十五篇。刻久漫漶，因重授梓，以便觀覽焉"。則明神宗對該書有所增益，增益之文取自《古文精粹》。《古文精粹》當是明人所編，黄氏《千頃堂書目》卷三一嘗著録，凡十卷。

　　明人又將《古文真寶》更名爲《古文大全》，仍題黄堅輯，校訂者爲宋伯貞（景泰時人，詳下）。《古文大全》國內未見著録，日本東京大學、御茶之水圖書館、內閣文庫等藏有元末明初、明中期及萬曆所刊多個《大全》版本，詳見嚴紹璗《日藏漢籍善本書録·集部·總集類》）。

　　除上述傳世之元、明刊本外，明代尚刊有如下數本。《天禄琳琅書目》卷一〇《明版集部》載：

　　　　《諸儒箋解古文真寶》，一函四册。黄堅輯，五卷。前明神宗序，後明孝宗跋。又一跋不著姓氏。黄堅不知爲何時人。觀孝宗跋語已有"命工梓之"之文，神宗作序又稱"舊本凡三百十有二篇，今益三十五篇，刻久漫漶，因重授梓"云云，是明時內府此書固有二板矣。其不著姓氏之跋，則稱"永陽黄堅氏所集《古文真寶》二十卷，梓行已久，率多湮蝕，偶得善本，命工重刊"云云。跋後題爲"弘治十五年青藜齋寓雲中有斐堂書"。觀此則內版之外，復有二刻，其刻於雲中者，與孝宗朝內版同出一時，皆爲重梓，而神宗所刊最居其後，係合孝宗、雲中兩刻而併校之，故皆載其跋也。至雲中之跋，稱二十卷，與此五卷之數不符，蓋由重刊時省併之故。第書中註釋，詞意淺陋，似非名人所作。

以上凡三本：明孝宗（年號弘治）跋本、青藜齋（不著名氏）跋弘治本、明神宗（年號萬曆）序本。一、三兩種爲內版書。萬曆本（神宗序、孝宗跋）至清代猶藏於天禄琳琅，後蓋燬於火。又，上引熊禮匯文稱"明代還有多種對《真寶》加工處理的本子，今日尚存或能知其名者"，共有五種。第一種爲景泰（一

四五〇——一四五六)初年宋白貞音釋、劉剡校正之《詳説古文
真寶大全》，該書在諸版本中收録原文最多，爲三百七十三
篇，其中後集收録古文達一百三十篇之多，且編次改按文體
排列爲按作品寫作時間順序排列。第二種爲萬曆元年(一五
七三)由張瑞圖校釋、劉龍田刻印之《新鋟臺閣校正注釋古文
大全》八卷。以上二種今美國哈佛大學有藏本，見沈津《美國
哈佛大學哈佛燕京圖書館中文善本書志》(上海辭書出版社一九
九九年版)。第三種爲萬曆三十六年(一六〇八)葉向高校、鄭
世容刻印的《京版新增注釋古文大全》，第四種爲同一年鄭雲
林所刻《京版新增注釋古文大全後集》，第五種爲萬曆年間余
文臺所刊《評林注釋要删古文大全後集》(十一卷)。熊禮匯
於是指出："元、明二代《古文真寶》不但版本衆多，而且彼此
差别很大。越到後來，新本與原編本距離越遠。"

　《古文真寶》在韓國、日本流傳極廣，曾是兩國家傳户誦
的漢文讀本，故版本極其複雜，乃是兩國學者之共識。前引
熊禮匯《〈古文真寶〉的編者、版本演變及其在韓國、日本的傳
播》之第二部分《〈古文真寶〉在韓國和日本的傳播》、第三部
分《今傳韓國版、日本版〈古文真寶〉之比較》，對此講得頗詳，
筆者據以略作介紹即可。熊先生根據韓國學者朴三洙《試論
韓國版〈古文真寶〉》、日本學者藤堂明保《〈古文真寶〉前言》
二文，認爲傳入韓國的《古文真寶》主要有兩種：一是高麗學
者田禄生赴華購入的本子，二是明代景泰初由翰林侍讀倪先
生贈送給韓國學者的本子(由陳櫟改編，篇目較前本倍增)。
前本在韓國流傳大約半世紀後，就爲後本所取代，在明、清兩
代翻刻極尠，而翻刻時又經加工處理，這集中在詩文注解上，
趨向是愈注愈詳。

藤堂先生在《〈古文眞寶〉前言》中特別介紹了《詳説古文眞寶大全》，其曰：

> 《詳説古文眞寶大全》（前集十二卷，後集十卷），明宋伯貞音釋，明劉剡校正。朝鮮隆慶元年（一五六七）銅活字印本。
>
> 此本系朝鮮翻刻的所謂朝鮮本。内閣文庫所藏的版本寫有隆慶元年六月内賜記，故可以認爲大致是此年刊行的銅活字印本。每半葉十行，每行十七字。前集卷一之首分三行題曰：“前進士宋伯貞音釋、後學劉剡校正，東陽進德詹氏刊行。”是本或即完全依據底本翻刻。也就是説，翻刻所用的底本爲明東陽（今浙江省東陽縣）詹進德刊本，題記言及的三人情況均不詳。是本在諸本中收録的篇數最多，爲三百七十三篇。前集卷七以前仍殘留魁本大字本的形影，而後集則一改編次，按照作品寫作年代順序排列。

至於《古文眞寶》在日本的傳播，熊先生徵引日本學者藤堂明保的《〈古文眞寶〉前言》，對此作了詳細論述，兹節要轉録於次：

> 《古文眞寶》（爲元版魁本大字本）在室町時代（一三三八—一五七三）傳入日本，自被視爲初學者的必讀書以後，在日本相當流行。
>
> 日本自奈良時代（七一〇—七八四）以來，漢文用四六駢體寫，而在室町時代，韓、蘇詩文集由五山僧侶攜歸後，創作漢文便使用古文。當此之際，《古文眞寶》的傳入，大大助長了古文的流行。
>
> 在五山僧院中，屢屢舉行《古文眞寶》的講授活動。

根據攜來的元版覆刻的所謂南北朝覆刻元刊本,成爲講授時使用的教科書,覆元刊本是在五山出版的,所以一般稱爲五山版。至今可以確認爲五山版的《真寶》有四種。另外尚有由桂林(德昌)、湖月(信鏡)、一元(光寅)、萬里(集九)諸禪僧注釋的多種注釋本,被稱爲"抄物"(鈔本),傳留至今。它們是……自長慶十四年(一六〇九)京都室町的本屋新七出版了《古文真寶》木活字印本(古活字)後,又於長慶十九年(一六一四)、寬永三年(一六二六)、寬永四年、寬永七年刊行是書,在僅僅二十四年間翻刻了七次。由此可以窺見是書的盛行情況。除了元和年間的古活字版,其他的刊本均僅出版了後集。由此觀之,日本閲讀後集重於前集的傾向,可以説在此時已經固定下來。

　　進入江户時代(一六〇三——一八六七)以後,《古文真寶》越來越流行,它不僅成爲讀書人的教養書,而且用作教育兒童的教科書。……江户時代《古文真寶》付梓甚多,無法一一列舉。長澤規矩也博士的《和刻本漢籍分類目録》及《和刻本漢籍分類目録補正》二書,載其費盡半生精力調查所得的刊本、重印本超過百種,頗能説明此書流行的盛況……

　　不單單是版本的刊刻重複進行,還出現了首書本(鼇頭本)、平假名旁訓本、片假名旁訓本、注釋本、無注本等各種各樣的本子。……《古文真寶》比較廣泛地收録了自先秦到南宋的詩文名篇,所以受人喜愛。

今按:上所稱元刊本,爲《批點諸儒箋注古文真寶》,僅存前集六卷,題黄堅編、林楨校輯,藏日本御茶之水圖書館,共一册，原德富蘇峰成簣堂等舊藏。每半葉有界十一行，行二十一字。左右雙邊或四周雙邊。前有元至正丙午（一三六六）鄭本士文序。文中附有句讀。卷中有五山版補葉，詳見嚴紹璗《日藏漢籍善本書録·集部·總集類》，此略。

　　二〇〇七年，湖南人民出版社出版熊禮匯點校本《詳說古文真寶大全》。該本以韓國《詳說古文真寶大全》爲底本（按：該書版本情況已見前述）。校點者以爲該本容納了日本流行的《魁本大字諸儒箋解古文真寶》的基本內容，保留了元、明以來的舊注。校點者又對所選詩文題目、作者作了必要的校注。

【附録】

古文真寶叙

（元）鄭　本

　　自六藝不講，而世之誨小學者，必以《語》《孟》，而次以古文，亦餘力學文之意也。《真寶》之編，首有勸學之作，終有《出師》《陳情》之表，豈不以勉之以勤，而誘之以忠孝乎！此編者之微意也。惜乎舊所刊行，率多删略，注釋不明，讀者憾焉。

　　有三山林以正先生者，授徒之暇，閱世而求書，未善者正之，繁者芟之，略者詳之，必歸於至當而後已。若此書者，撮大意於篇題之下，精明訓解於句讀之間，非惟使幼學之士得有所資，而挾兔園册、黨庠術序之間者，亦免箝口之譏矣。予寓書林六年，得一善士而與之友者，必先生之高弟也。來後去先，雖不及會，然觀其徒，則可以知其師矣。一日，有章余君語予曰：“《古文真寶》，先師用心之勤矣，猶未有以題其首，非缺與？盍請序之！”不獲辭，遂述其概，而爲之書。

至正丙午孟夏，旴江後學鄭本士文序。（北京大學圖書館藏日本寬永刊本《古文真寶》後集卷首）

重刊古文真寶跋

（明）青藜齋

永昜黄堅氏所集《古文真寶》二十卷，載七國而下諸名家之作，凡二十有七體，三百十有二篇，蓋精選也。梓行已久，近日書肆中所傳者率多漫蝕，讀者患之。予偶得善本，撫巡之暇，略加點校，因命工重刊，以便後學。

烏虖！三代而上，不可尚已。如此編所載，亦得例爲古文者，以其去古不遠，而古人之法程猶在也。自夫趨變愈下，遂使古人常立乎千仞之上，若不可企及者。是果古今人不可同哉？有志于復古者，曷于是而求之？爰書以識歲月云。

弘治十五年孟冬上澣日，青藜齋寓雲中有斐堂書。（萬曆十一年司禮監刊本《諸儒箋解古文真寶》卷首）

御製重刻古文真寶前序

（明）朱翊鈞（明神宗）

朕觀前代稽古好文之主，雖雍容燕閒，不廢簡册。非徒博覽洽聞，蓋亦定志養心之助也。朕自沖齡典學，緝熙有年，日御講帷，討論經史。每退居清燕，游意篇章，于《古文真寶》一編，時加披閲。其書自廟堂著述，下逮里巷歌謡，群言雜陳,諸體略備。其稍有闕軼,見于《古文精粹》者,復取而益之。旳類非增,篇什既富,譬開群玉之府,光采燁如,賞識惟人,靡不意愜。誠哉詞體之弘璧,藝苑之玄珠也。嗟乎! 玄瓚大圭,世稱重器;懸黎結綠,衆稱奇珎,豈如瑰章瑋詞,開卷有益! 益是編,敢謂仰摹作者,庶以動息存養,不悖于游藝博文之指云爾。

舊本凡三百十有二篇,今益以三十五篇。刻久漫漶,因重授梓,以便觀覽焉。

萬曆十一年夏四月吉日,司禮監奉旨重刊。(同上《前集》卷首)

御製古文真寶後跋

(明)朱翊鈞

《古文真寶》一書,朕既命工梓之成矣,時觀覽焉,皆犂然有當於心,因申數語末簡。

夫觀書貴要,考藝貴精。自非總質文而分其流,離古今而共其轍,則百代文詞,洋洋纚纚,漫衍無當,奚以採其微眇,究其指歸? 是書也,依經以立言,本雅以訓俗,其詞茂而典,其義婉而章。其條貫森然炳然,旳分井列,莫不可觀。誠九流之涉津,六藝之關鍵也!

夫言無論淺深,蘄於近理;文無論同異,蘄於適用。苟有裨益,雖芻蕘工瞽,且不得棄,而況總體質文、事沿今古若是書乎? 朕一切珎玩,悉屏勿御,而獨於是書諷詠不忘,將以發揮性靈,助登理道,不眇鮮也。夫寶得其寶若是書者,又何論珪璋琮璜之珎哉! (同上《後集》卷末)

詳説古文真寶大全跋

（朝鮮）金宗直

　　詩以《三百篇》爲祖，文以兩漢爲宗，聲律、偶儷興而文章病焉。梁蕭統以來，類編諸家者多矣，率皆誇富鬭博。咸池之與楚激，罍洗之與康瓠，隋珠之與魚目，俱收并擴，不厭其繁。文章之病，不暇論也。

　　惟《真寶》一書不然。其采輯頗得真西山《正宗》之遺法，往往齒以近體之文，亦不過三數篇，不能虧損其立義之萬一。前後三經人手，自流入東土，埜隱田先生首創於合浦，厥後繼刊於管城，二本互有增減。景泰初，翰林侍讀倪先生將今本以遺我東方，其若詩文，視舊倍姍，號爲“大全”。漢、晉、唐、宋，奇閑俊越之作，薈萃於是。而駢四儷六、排比聲律者，雖雕繪如錦繡，豪壯如鼓吹，亦有所不取。又且參之以濂溪關洛性命之説，使後之學爲文章者，知有所根柢焉。嗚呼！此其所以爲真寶也歟。

　　然而此書不能盛行於世，蓋鑄字隨印隨壞，非如板本一完之後，可恣意以印也。前監司李相公恕長嘗慨於兹，以傳家一帙，囑之晉陽。今監司吳相公伯昌繼督，牧使柳公良，判官崔侯榮，敬承二相之志，力調公費，未期月而訖功。將見是書之流布三韓，如菽粟布帛焉。家儲而人誦，竟爲之，則盛朝之文章法度，可以凌晉、唐、宋，而媲美周、漢矣。夫如是，則數君子規畫鋟梓之功，爲如何也。

　　成化八年壬辰四月上浣，奉正大夫、行咸陽郡守、晉州鎮兵馬同僉節度使金宗直謹跋。（録自湖南人民出版社版熊禮匯校

點本《詳説古文真寶大全》）

谷　音二卷

杜　本　編

　　是編杜本輯。本（一二七六——一三五〇）字伯原，其先京兆（今陝西西安）人，徙天台，又徙清江（今屬江西）。湛静寡欲，累詔不起，博學善屬文，著有《四經表義》《六書通編》《十原》等書，又有《清江碧嶂集》一卷，學者稱爲清碧先生。《元史》卷一九九有傳。《谷音》所收，皆宋末烈士及元初宋、金遺民之作，多悲歌慷慨之音。明高儒《百川書志》卷一九曰：“《谷音》二卷，元徵君京兆先生杜本伯原，早游江湖間，得於聞見，人著小序，録而成書。皆宋亡元初節士悲憤、幽人清詠之辭也。”《四庫提要》亦曰：

　　　　《谷音》二卷，元杜本編。……是集所録，乃皆古直悲凉，風格遒上，無宋末江湖齷齪之習。其人又皆仗節守義之士，足爲詩重。王士禎《論詩絶句》曰：“誰嗣《篋中》冰雪句，《谷音》一卷獨錚錚。”其品題當矣。

又清魯九皋《詩學源流考》曰：“《谷音》一集，多遺民逸士之作，足繼《篋中》之選。”朱庭珍《筱園詩話》卷四也説：“《谷音》二卷，所輯皆逸老詩，中多佳句，亦復可傳。”是書被後世讀者看重，可謂衆口一詞矣。

　　據張槊跋，杜本曾“刊（《谷音》）於平川懷友軒”，然久已亡佚。明代所傳，有一卷本、二卷本兩種。《國史經籍志》卷五著録"《谷音》二卷"。《萬卷堂書目》卷四著録"《谷音》一卷,杜本"。《徐氏家藏書目》卷五著録二卷本,而同書卷六又著録"杜本《谷音集》一卷"。《百川書志》卷一九曰:"並無名氏三十人,詩百首。"

《古今書刻》卷上謂有揚州府刊本,未見傳世。是集今以毛氏汲古閣刊《詩詞雜俎》本爲古。毛晉《跋月泉吟社》曰:"今兹集所載僅六十名,……呕合《谷音》付梨,以公同好。"所刻有蜀郡張榘跋,稱"先生之孫德基來從余,暇日輒出此編,俾録而歸之。……德基其廣傳之,毋爲篋笥故紙云"。則所據爲張榘從杜德基藏本過録之本,而張氏落款只稱"戊午",以時代推之,蓋明太祖洪武十一年(一三七八)也。毛晉又將所刻本收入《汲古閣合訂唐宋元詩五集》(今上海圖書館有藏本)。清宋顧樂《夢曉樓隨筆》以爲"此書毛氏汲古閣與《月泉吟社》合刻,最工"。

李盛鐸舊藏有何焯手校《詩詞雜俎》本。傅氏《經眼録》卷一八記曰:

> 《谷音》二卷,元杜本輯,明末毛氏汲古閣刊《詩詞雜俎》本。何義門(焯)據鈔本手校,並加評點。有跋録後:"康熙壬辰(五十一年,一七一二)十月,得葉文莊公(盛)所藏鈔本手校一過。所録諸人之詩,適當天下大亂,不暇多讀書,故氣調或失之淺促。然以小傳尋之,無不與其人相應者,庶幾爲得言志之本云。義門何焯記。"
>
> 鈐有小印,文曰"不事元後人"。(李木齋先生遺書。辛巳)

此本今藏北京大學圖書館,有傅增湘跋。國家圖書館所藏《詩詞雜俎》本,傅增湘録有何焯批校題識。

王士禎《池北偶談》卷一九曰:"《谷音》,吾友施愚山(閏章)爲湖西監司時,亦嘗刻於臨江。"所刻今未見著録。《讀書敏求記》卷四著録《谷音》二卷，有徐于王跋云：“杜本伯原所輯宋遺民之作。”又稱“此爲于皇所藏，牧翁（錢謙益）所校正者”。此本今也不見著録，當已久佚。除《詩詞雜俎》本外，今國家圖書館猶藏清鈔二卷本，有彭元瑞校。北大圖書館藏有康熙時金俊明鈔本（二卷，與《月泉吟社》《河汾諸老詩》《中州集》同鈔），有金俊明、黄丕烈跋。

《四庫總目》著録江蘇巡撫採進本，二卷，《提要》曰：

> 是編末有張榘跋，稱“右詩一卷，凡二十三人，無名者四人，共一百首”。明毛晉跋則稱“《谷音》二卷，宋末逸民詩也，凡二十有九人，詩百篇”。此本上卷凡十人，詩五十首；下卷凡十五人，無名者五人，詩五十一首。當爲三十人，詩一百一首，與二跋皆不合。其釐爲二卷，亦不知始自何人也。每人各載小傳，惟柯芝、柯茂謙父子共一傳，楊應登、楊零祖孫共一傳，凡小傳二十有八。其間如王澮、程自修、冉琇、元吉、孟鯁，皆金、元間人，張璜以牙兵戰没，汪涯以不草露布爲賈似道所殺。毛晉以爲皆宋逸民，亦約略大概言之耳。

咸豐元年（一八五一），伍崇曜於《粤雅堂叢書》第二集刊入《谷音》一卷。光緒十六年（一八九○），黄梅梅氏慎自愛軒刊《清芬堂叢書》，於集部收《谷音集》一卷。民國間所編《四部叢刊初編》，據舊鈔本（原藏印有“惠棟之印”等）影印，張榘跋後有都睦跋，曰：“此詩予得之建安楊中舍仕儆。觀張榘跋，謂爲京兆先生編。京兆先生者，杜徵君本字伯原，其行見《元史·隱逸傳》中。丙午，都睦記。”

中華書局一九五八至一九五九年排印本《金元總集》，收《谷音》二卷。

【附録】

谷音跋

(明)張　榘

右詩一卷,凡二十三人,無名者四人,共一百首,乃宋亡元初節士悲憤、幽人清詠之辭。京兆先生早游江湖,得於見聞,悉能成誦,因録爲一編,題曰《谷音》,若曰山谷之音,野史之類也。刊於平川懷友軒,以傳於世。今歷兵燹,板已不存。余幸藏此本,風晨月夕,寂寥之中,每一歌之,則想像其人,而愧不能仿彿其萬一也,未嘗不慨然久之。

今年,先生之孫德基來從余,暇日輒出此編,俾録而歸之,曰:"是爾祖手訂之文,且諸人小録皆其自述,言簡而備,是亦家傳之舊。子能誦而思之,亦繼紹之一端,未可以爲小書而忽之也。"因嘗論之:時危世變,臨難不避,與夫長往自潔者,不爲不少,惜不盡傳於世也。如此編數人,苟非先生記其詩而傳之,則泯没無聞矣。然則誦其詩者,非獨取其雄渾冲淡,而其心術之正,出處之大,可概見矣。德基其廣傳之,毋爲篋笥故紙云。

戊午重九日,蜀郡張榘書。(《詩詞雜俎》本《谷音》卷末)

谷音跋

(明)毛　晉

予初閲杜伯原《懷友軒記》,喜其孤往風標,脩然雲上,急覓本傳讀之,累徵不赴,隱廉於武夷九曲之間,殆古之栖逸者流，而以翰墨自放者也。

正謂其《四經表義》諸書湮没罕見，扼腕久之，月在從吴門來，携得《谷音》二卷，乃伯原所集宋末逸民詩也。凡二十有九人，各有小傳紀其大略，共詩百篇，諸體具備。韓昌黎云："其歌也有思，其哭也有懷。凡出乎口而爲聲者，其皆有弗平者乎！"宋室既傾，詩品都靡，獨數子者心懸萬里之外，九霄之上，或上書，或浮海，或仗劍沉淵，悲歌慷慨，令人讀其詩，想其人，有齊二客、魯兩生之思焉。不然，紀逡、唐林之節非不苦，韋莊、和凝之詩非不韻，一失身於新莽偽蜀之朝，恐未免爲後世嗤笑資耳。伯原斯編，意有不得其平，復有不忍鳴者，聊借他人章句，竊比靖節不書甲子之遺意歟。

湖南毛晉識。（同上）

樂府補題一卷

陳恕可 編

是編載《天香》《水龍吟》《摸魚兒》《齊天樂》《桂枝香》五調，同賦者十四人，皆宋遺民，共有詞三十七首，爲一卷。詞之内容含蓄隱秘，後人推測當有深意。清蔣敦復《芬陀利室詞話》卷三曰："碧山、草窗、玉潛、仁近諸遺民，《樂府補遺》中龍涎香、白蓮、蓴、蟹、蟬諸詠，皆寓其家國無窮之感，非區區賦物而已。"夏承燾《唐宋詞人年譜·周草窗年譜》附録二《樂府補題考》，有"考事"、"考人"、"考年"三題。《考事》引王樹榮跋曰："榮前讀周止庵《宋詞選》，於唐玉潛賦白蓮曰：'冰魂

猶在,翠輿難駐。'曰:'珠房淚濕,明當恨遠。'以爲當爲元僧
楊璉真伽發宋諸陵而作。"而"今讀此卷,依類求之,此意無不
可通"。又曰:"今按《補題》所賦凡五:曰龍涎香、曰白蓮、曰
蟬、曰蓴、曰蟹。依周、王之説而詳推之,大抵龍涎香、蓴、蟹
以指宋帝,蟬與白蓮則托喻后妃。"簡言之,即《補題》所載詞,
皆爲元人發宋六陵、唐珏等改殯宋帝遺骸事而作。《考人》謂
《補題》同賦者十四人,有王沂孫、周密、王易簡、馮應瑞、唐藝
孫、吕同老、李彭老、陳恕可、唐珏、趙汝鈉、李居仁、張炎、仇
遠,佚名一人,考之乃王英孫。元初月泉吟社諸人,多題隱
號,務畏人知,此亦相同。關於此書結集時間,《考年》考定發
陵在至元十五年戊寅(一二七八),諸詞人卒年可考者以王沂
孫爲最早,在至元二十八年辛卯(一二九一)之前,故"《補題》
諸詞,縱或不作於至元戊寅發陵之年,其結集在戊寅、辛卯之
間則無疑也"。

　　夏先生所考,研究者不盡認同。如肖鵬《〈樂府補題〉寄
託發疑—與夏承燾先生商榷》(載《文學遺産》一九八五年第一期),
即完全推翻夏説,認爲"《樂府補題》寄託發陵之説是不成立
的,不能成爲定論",但同時他"並不認爲《樂府補題》没有任
何寄託";宛委山房賦龍涎香八首,"很可能是寄託厓山之覆
滅";浮翠山房詠白蓮,"大抵以出污泥而不染的白蓮自喻,自
視高潔,自守節志,不願與元人合作";餘閒書院詠蟬的背景,
"應該是元朝統治者開始大量强徵南士赴召","他們以寒蟬
自喻,一方面描寫自己的悲慘境遇,一方面又自賞獨抱清高、
餐風飲露的品質,暗中表達了不願與統治者合作的思想";至
於詠蒓、詠蟹,"寄託何在,一時還難以肯定"。要之,《補題》
不可能無寄託,然其寄託究竟何在,却無任何文獻可據,後人

全憑推測，故無論"發覆"（包括肖鵬的分析）還是"發疑"，似都難令人完全信服，而各種臆測，今後也許仍將繼續下去。

是書原不載編者，夏承燾《樂府補題考》據陳旅《安雅堂集》之《陳行之恕可墓誌銘》，恕可遺著有《樂府補題》，"而倪燦、盧文弨《補遼金元藝文志》，則作'仇遠《樂府補題》一卷'，不知何據。意當時吟社諸人，以陳、仇年輩爲最少，輯録之責，或二人分任之，遂各據爲己編耳"。本書據此姑題陳恕可編。

《樂府補題》未見有明以前舊刊本著録，蓋清初鏤版後方傳於世。朱彝尊《樂府補題序》曰："《樂府補題》一卷，常熟吳氏鈔白本，休寧汪氏購之長興藏書家，予愛而亟録之，携之京師。宜興蔣京少好倚聲，爲長短句，讀之激賞不已，遂鏤板以傳。"《四庫總目》著録江蘇巡撫採進本，《提要》稱"不著編輯者名氏。皆宋末遺民唱和之作。……其書諸家皆不著録。前有朱彝尊序，稱爲常熟吳氏鈔本，休寧汪晉賢購之長興藏書家，而蔣景祁鏤板以傳云云，則康熙中始傳於世也"。則其底本即蔣氏刊本。

清初毛氏汲古閣有鈔本，今國家圖書館、南京圖書館俱著録。

鮑氏所刻《知不足齋叢書》收有是集，略有校語，後來《彊村叢書》據以付刊，《叢書集成初編》據以排印。又清佚名輯、道光二十年（一八四〇）仁和王氏刊本《漱六編》收《樂府補題》一卷，題陳恕可輯。一九一四年徐新六輯《天蘇閣叢刊》，第一集亦收是集，題陳恕可輯，有徐珂校。冒廣生嘗作《樂府補題校記》，收於上海古籍出版社一九九二年版《冒鶴亭詞曲論文集》。

【附録】

樂府補題序

（清）朱彝尊

《樂府補題》一卷，常熟吳氏鈔白本，休寧汪氏購之長興藏書家，予愛而亟録之，携之京師。宜興蔣京少好倚聲，爲長短句，讀之激賞不已，遂鏤板以傳。

按集中作者唐玉潛氏，以攢宫改瘞，義聲著聞。周公謹氏寓居西吳，自稱弁陽老人，而《武林遺事》題曰“泗水潛夫”者，《研北雜志》謂即公謹。仇近仁氏詩載《月泉吟社》中。張叔夏詞序謂鄭所南氏作王聖與氏，先叔夏卒，叔夏爲題集，繹其詞，殆嘗仕宋爲翰林。其餘雖無行事可考，大率皆宋末隱君子也。誦其詞，可以觀志意所存，雖有山林友朋之娛，而身世之感，别有凄然言外者，其騷人《橘頌》之遺音乎！

度諸君子在當日唱和之篇，必不止此，亦必有序以志歲月，惜今皆逸矣。幸而是編僅存，不爲蟫蝕鼠蠹，經四百年，借二子之功復流播於世，詞章之傳，蓋亦有數焉。（《四部叢刊初編》本《曝書亭集》卷三六）

樂府補題序

（清）陳其年

《樂府補題》倡和作者爲玉笥王沂孫聖與、蘋洲周密公謹、天柱王易簡理得、友竹馮應瑞祥父、瑶翠唐藝孫英發、紫雲吕同老和甫、箕房李彭老商隱、宛委（練）〔陳〕恕可行之、菊山唐珏玉潛、月洲趙汝鈉真卿、五松李居仁師吕、玉田張炎叔夏、山村仇遠仁近，共十三人，又無名氏二人。題爲《宛委山房賦龍涎香》《浮翠山房賦白蓮》《紫雲山房賦蕁》《餘閒書院賦蟬》《天柱山房賦蟹》，調則爲《天香》，爲《水龍吟》，爲《摸魚兒》《齊天樂》《桂枝香》，凡五，共詞三十七首爲一卷。

嗟乎，此皆趙宋遺民作也。粤自雲迷五國，橋讖啼鵑；潮歇三江，營荒夾馬。壽皇大去，已無南内之笙簫；賈相難歸，不見西湖之燈火。三聲石鼓，汪水雲之關塞含愁；一卷《金陀》，王昭儀之琵琶寫怨。皋亭雨黑，旗摇犀弩之城；葛嶺煙青，箭滿錦衣之巷。則有臨平故老，天水王孫，無聊而别署漫郎，有謂而竟成逋客。飄零執恤，自放於酒旗歌扇之間；惆悵疇依，相逢於僧寺倡樓之際。盤中燭她，間有狂言；帳底香焦，時而讕語。援微詞而通志，倚小令以成聲。此則飛卿麗句，不過開元宫女之閒談；至於崇祚新編，大都才老夢華之軼事也。

乃瓵間覆醬，偶剩殘縑；而市上懸金，從無雕本。蓋赤文緑字，幾經嬴政之灰餘；而玉軸牙籤，久患江陵之道盡。盈篇亥豕，既粉黦而鉛昏；滿幅烏焉，亦紙渝而墨敚。韭花已蝕，蕙尾長鬈。徒存鼎上之一臠，僅現雲中之寸爪。於是竹垞朱子，搜於里媪之筐；梧月蔣生，鋟以國門之板。頓成完好，足任流傳。譬之折釵出後，再鑄龍鳳之形；破鏡歸時，重鑄蛟螭之狀。雖或楮上闕文，間同夏五；行中脱簡，略類呼豶。古錢掘得，銅蚨則輪廓槎牙；斷碣捫來，石獸則觚稜闕齧。然而墙邊擫笛，猶能仿佛其聲；海上刺船，尚可低徊是曲。周公謹聞兹妍唱，定屬賞心；張子野聆此清歌，要爲撫掌云爾。（《儷體文集》卷七）

彊村叢書本樂府補題跋

（清）王樹榮

　　《樂府補題》一卷，《知不足齋叢書》本。《四庫提要》謂皆宋遺民詞。榮前讀周止庵《宋詞選》，於唐玉潛《賦白蓮》曰："冰魂猶在，翠輿難駐。"曰："珠房淚濕，明當恨遠。"以爲當爲元僧楊璉真伽發宋諸陵而作。又《賦蟬》曰："珮玉流空，綃衣剪霧。"曰："晚妝清鏡裏，猶記嬌鬌。"疑亦指其事。今讀此卷，依類求之，此意無不可通，殆即玉潛所謂"只有春風知此意，年年杜宇哭冬青"者也。作者十四人，一佚其名。《四庫提要》謂無姓名者二人，非也。宛委爲陳行之別號，而《宛委山房賦龍涎香》，陳不與焉。紫雲爲吕和甫別號，而《紫雲山房賦蓴》，吕不與焉。天柱爲王理得別號，而《天柱山房賦蟹》，王不與焉。《浮翠山房賦白蓮》，《餘閑書院賦蟬》，"浮翠"、"餘閑"，卷中未見，竊謂"浮翠"即唐英發之"瑶翠"而訛，以本卷例之，宋季遺民中如有以"餘閑"爲別號者，則所佚姓名，不難推測而知矣。

　　庚申六月，歸安王樹榮剛齋跋。（《彊村叢書》本《樂府補題》卷末）

忠義集七卷

趙景良　編

　　是編收劉壎、劉麟瑞父子詠宋季仗節死義者之詩。劉壎

（一二四〇——一三一九），字起潛，南豐（今屬江西）人，號水雲村。落落不偶，年五十五始署建昌路學正，七十時遷延平路學教授。著有《隱居通議》三十一卷、《水雲村稿》十五卷。事跡詳見《南豐劉君墓表》（《吳文正集》卷七一）。其次子劉麟瑞，號如村，生於宋末，入元蓋未嘗仕（所作《昭忠逸詠序》自稱"豐民"，岳天祐《昭忠逸詠序》謂其爲"逸士"）。

初，劉壎作《補史十忠詩》十首，自序稱"採清議，得忠義臣十人，史不書，各賦十韻，纂其實曰《補史詩》"。所謂"十忠"，一爲知潭州湖南安撫使李芾，二爲池州通判權州事趙卯發，以下爲文天祥、陸秀夫、江萬里及弟萬頃、密佑、李庭芝、陳文龍、張世傑、張玨。末跋曰：

> 右襄圍以來死忠者。不止此，然多所不知，知其詳且顯者，莫如此十公。故先賦此十詩，尚俟續書，以著大節。噫，十詩存即十忠不亡，十忠不亡，吾十詩亦永存矣。是未易與俗子言之，兒輩深藏之，非深於詩、精於理者，勿輕示之云。

其後，劉麟瑞亦以相同目的，作《昭忠逸詠》，於至治元年（一三二一）辛酉日自序道：

> 追維仗節死義之士，事日益遠，歲日益深，遺老日益凋謝，舊聞日益銷泯，其不與草木同腐者幾希。暇日搜討遺事，賦五十律，題曰《昭忠逸詠》。惜乎材疏筆弱，無能發揚，姑志其概，以彰節義，俾死封疆、死社稷者含笑九地，曰吾名不泯矣，寧不少慰忠魂於千載乎！寧不爲明時風化之一助乎！

將《補史十忠詩》《昭忠逸詠》合爲一編，並附遺民詩，總題曰《忠義集》，乃劉氏鄉人趙景良（字秉善）所爲。當時僅"私相傳録而已"，蓋既未分卷，也未付梓（參下引何喬新序）。景良生平事跡不詳，約略與劉麟瑞同時或稍後。

明人趙璣得趙景良本，於弘治間由浙江僉憲王廷光刻梓，何喬新爲之序，略曰：

> 南豐水村劉先生壎、如村劉先生麟瑞，生當宋元之際，懼忠臣烈士貞婦湮没而無傳也，水村作《十忠補史詩》，如村作《昭忠逸詠》，皆據其所見聞而録之，蓋野史之流也。其邑人趙秉善合二先生所作爲一編，附以汪水雲、方虛谷諸君子傷時悼事之什若干首，總謂之《忠義集》。當是時，元有天下，諱言宋事，諸儒於是集私相傳録而已。

> 歷世既久，遺老凋謝殆盡，後生不知前輩麥秀黍離之悲，而是集幾與塵埃蟲鼠共弊於敗篋之間。上舍生趙君璣，二先生之鄉人也，得是集於老農之家，讀而悲之，乃校補其訛缺，持以示予。予受而閲之，……因釐爲七卷，録而藏之。浙江僉憲王君廷光見之，嘆曰："此集所紀，多《宋史》所遺者，是不可使其無傳。"將刻諸梓，屬予序之。

末署"弘治五年歲在壬子（一四九二）"。所刻卷一《補史詩》，卷二至卷五《昭忠逸詠》，每詩前有解題，主要釋地名；詩後詳記其人事跡，有長達數千字者。卷六、卷七爲《附録諸公詩一》《附録諸公詩二》，爲宋遺民之作。

明季，毛晉嘗校刻《汲古閣合訂唐宋元詩五種》，其中收有《忠義集》七卷，題趙景良輯、何喬新訂定。底本當即王廷光刻本。《五種》今唯上海圖書館著録。

　　清張金吾嘗收藏一鈔本，有陸貽典（敕先）校並跋。《愛日精廬藏書志》卷三五著録道：

> 　　《昭忠逸詠》六卷《補史十忠詩》一卷，陸氏敕先校本。陸氏手跋：
>
> 　　　　糶季購得顧脩遠家藏鈔本，校過兩次，尚是此書原本。"忠義集"乃後人所加名也。甲寅九月十八日，敕先識。

此本今未見著録。後來瞿氏又得另一校本，乃陸貽典、毛扆用同上顧氏本校改毛氏家刻本《忠義集》（國家圖書館著録爲《津逮秘書》本，然《津逮》中未收《忠義集》，疑即《汲古閣合訂唐宋元詩五種》本），《鐵琴銅劍樓藏書目録》卷二三著録道：

> 　　《昭忠逸詠》六卷《補史十忠詩》一卷，校本。元劉麟瑞撰並序，又岳天祐、何喬新（祝按：原誤"孫"）序。《補史詩》，劉壎撰。趙景良嘗合編之，易名爲《忠義集》。此毛斧季以舊鈔本校改家刻，卷第字句皆與初刻異。後有陸敕先題識二行云："顧脩遠鈔本校，甲寅九月十六日。""是月十八日又校一過，續有是正處。"（卷首有"虞山毛扆手校"朱記。）

此本今藏國家圖書館。除將"忠義集"校改爲"昭忠逸詠"並改卷第等外，亦有文字校補。如《忠義集》卷二《西和知州陳公（寅）守將楊公（銳）》詩注："初，楊銳爲攦鋒統制，領千兵戍守，與陳寅率兵民憑城死戰，俘殺甚衆。"在"率兵民"後校補"三十七萬九千單八口"九字。舊鈔本蓋早於弘治本，頗具版本價值，與趙景良合編本體制不符，似不必回改。國家圖書館猶庋藏明鈔本《忠義集》七卷一部，有毛晉校。

　　是集傳本，除汲古閣本外，尚有清道光癸巳（十三年，一八三三)徐宗幹刊本,附《續録》三卷。

　　《四庫總目》著録汪如藻家藏本《忠義集》七卷,《提要》言"明弘治中,江右何喬新始序而梓之"云云,知其底本即弘治本。《提要》又謂"(何喬新)序言附録中有汪元量詩,然此本實無之,未詳其故。又方回背宋降元,爲世僇笑,其人最不足道,而景良列之忠義中,亦所未解也"。今檢四庫本,卷七"附録諸公詩二"中有"楚狂汪先生"詩一首(《感慈元殿》),"楚狂汪先生"即汪元量(該詩又見汪氏《湖山類稿》卷一)。館臣似未審"楚狂汪先生"其人之身份。又,卷六"附録諸公詩一"收方回《挽吕襄陽》《復見丁先生(開)》二首,實以所詠吕、丁二人爲忠義,並非將方氏"列之忠義中",館臣所云不確。

【附録】

補史十忠詩序

(宋)劉　壎

　　詩以厚倫美化爲本,如曰諧俗寄情而已,即千篇奚益。每思張、許、二顏同時死國,名芳唐史,與天長存。近代死節數公,何愧往昔。顧麥秀黍離,無繇倣柳州狀逸事上太史,庶幾不朽。竊以慨念更後幾年,遺老漸盡,舊聞消歇,將無復知有斯人者,悲乎哀哉!

　　死,臣子職分,古人常事爾。死矣,寧顧其傳不傳? 乃亦不可無傳者,爲其係彝倫,關風教,厲後代之臣子,媿前日之不如數公者也。採清議,得忠義臣十人,史不書,各賦十韻,纂其實曰《補史詩》。(《四庫全書》本《忠義集》卷一)

昭忠逸詠自序

（元）劉麟瑞

《禮》曰："謀人之軍，師敗則死之；謀人之邦，邑危則亡之。"其有媮生徇利者，豈禮也哉！子曰："志士仁人無求生以害仁，有殺身以成仁。"其是之謂乎！嘗讀卞侍中、顏平原暨張、許二公死節事，未嘗不潛心繙閱，若身處其間，雖歷千載，猶使人興起也。非志士仁人乎！

宋末革命，豈無繼踵者，顧湮鬱弗彰，殊可嘆也。欽惟太祖皇帝啟運朔方，肇興大業；世祖皇帝神聖英武，受天明命，混一區夏，兵威所鄉，罔不解甲投戈，以迎王師。亦復有不忍遽忘君父，背城借一戰者，豈違乎天命哉，爲臣死忠，古有明訓，則亦惟曰臣子職分爾。苟食禄避難，含恥易節，朝爲讎敵，暮爲妖臣，於義何在？《春秋》衮斧，何所逃乎！善乎，翰林侍讀學士元公明善志集賢直學士文公陸之墓，曰"宋死節臣少保右丞相兼樞密使信國公姓文氏嗣子某官某"，書法昭昭，則世之公論讎矣。

追維仗節死義之士，事日益遠，歲日益深，遺老日益凋謝，舊聞日益銷泯，其不與草木同腐者幾希。暇日搜討遺事，賦五十律，題曰《昭忠逸詠》。惜乎材疏筆弱，無能發揚，姑志其概，以彰節義，俾死封疆、死社稷者含笑九地，曰吾名不泯矣，寧不少慰忠魂於千載乎！寧不爲明時風化之一助乎！於是乎書。

至治元年辛酉日南至，豐民劉麟瑞稽首再拜，謹述。（同上卷二）

昭忠逸詠序

（元）岳天祐

士見危致命，此立身之大節。君子道窮之時，但當委致其命，以遂吾之志而已。功業係乎時，忠義存於我。於漢唐得諸葛公、狄梁公、郭令公，天下服之，社稷生民賴之，可爲委質事君之法。若時與道違，當效杲卿、真卿、張巡、許遠輩，庶幾君臣之義盡矣。

《宋史》未修，其季世仗節死義之臣將遂湮没，而勵賢善俗，士君子之所當爲也。南豐逸士劉如村作《昭忠逸詠》，兹以見示。觀其事跡具備，贊詠警策，誠有益於風教者焉。嘗聞劉後村有《詠史》三百首，游清獻公愛之，携入都堂。今如村之《逸詠》，實可備太史氏之採擇，非特游公之賞識而已。噫，五倫之道，五常之教，周浹維持於上下數千載之間者如一日，非人力之爲，皆天理之同然也。覽是篇者，亦克用勸。

文學掾、相台岳天祐書此以識所曾觀，至順壬申中元。
（同上）

忠義集序

（明）何喬新

宋有天下三百餘年，以仁厚立國，以詩書造士，以節義勵士大夫。故其士民觀感興起，皆知殺身成仁之爲美；及其遭罹變故，而且亡也，死宗廟者有之，死社稷者有之，死君上者有之，死城郭封疆者又有之。下至山谷之儒，里巷之婦，亦皆秉義抱節，矢死不辱。嗚呼，漢唐之末，曷嘗有是哉！

　　南豐水村劉先生壎、如村劉先生麟瑞，生當宋元之際，懼忠臣烈士貞婦湮没而無傳也，水村作《十忠補史詩》，如村作《昭忠逸詠》，皆據其所見聞而録之，蓋野史之流也。其邑人趙秉善合二先生所作爲一編，附以汪水雲、方虚谷諸君子傷時悼事之什若干首，總謂之《忠義集》。當是時，元有天下，諱言宋事，諸儒於是集私相傳録而已。

　　歷世既久，遺老凋謝殆盡，後生不知前輩麥秀黍離之悲，而是集幾與塵埃蟲鼠共弊於敗篋之間。上舍生趙君璽，二先生之鄉人也，得是集於老農之家，讀而悲之，乃校補其訛缺，持以示予。予受而閲之，觀文履善對博囉之語，謝君直復留夢炎之書，爲之慨然。觀吳楚材答録事之詰，朱浚語兵士之詞，毛髮洒然，恨不生同其時，助其怒罵也。觀劉鋭幼兒下拜受藥，與王士敏詩書於裾，以死自誓，又泫然淚落，而不能自已也。嗚呼！三百餘年樂育之效，可見於此矣。因釐爲七卷，録而藏之。浙江僉憲王君廷光見之，嘆曰：“此集所紀，多《宋史》所遺者，是不可使其無傳。”將刻諸梓，屬予序之。

　　嗟夫！忠義，人之大節也，根於天性，具於人心。凡立於天地之間而名爲人者，孰無是性、孰無是心哉，惟存養不失，則其氣浩然，一旦遭事之變，觸白刃、蹈鼎鑊而不懾，若此集所載諸君子是也。先正有言：讀《出師表》而不流淚者，其人必不忠；讀《陳情表》而不流淚者，其人必不孝。予謂讀是集而不咨嗟涕洟者，尚可謂之人哉？廷光佐外臺，風力凜然，惓惓欲刻是集而傳之，其所契者深矣。

　　弘治五年歲在壬子夏五月庚午朔，賜進士第、資政大夫、刑部尚書旴江何喬新書。（毛氏汲古閣刻本《忠義集》卷首）

文章善戲一卷

佚　名編

　　《文章善戲》一卷(即不分卷),舊題鄭持正(即鄭楷,見下)編,今存一本,原爲毛氏汲古閣舊物,《汲古閣珍藏秘本書目》著録道:"《文章善戲》一本,元人鈔本,影摹。世無其書。"清乾隆時敕編《續文獻通考》卷一八〇、《續通志》卷一六〇亦嘗著録,前者稱"持正始末無考"。此本後爲陸心源所得,《皕宋樓藏書志》卷一一五《集部·總集類四》著録爲"影寫宋刊本",現藏日本静嘉堂文庫,乃世間孤帙。筆者因無機緣登静嘉堂,故本書初版時只能就樊士寬序略窺其結構及内容。近年,南京大學金程宇先生曾數度往静嘉堂觀看,作《静嘉堂文庫所藏〈文章善戲〉及其價值》一文(載《域外漢籍研究集刊》第四輯,中華書局二〇〇八年版。後收入所著《稀見唐宋文獻叢考》,有所修訂,中華書局二〇〇九年版),宿憾得釋,十分欣慰,并感謝金先生的辛勞與貢獻。據金氏介紹,該本長二十八點三釐米,寬一十九點六釐米,版心書"文章善戲"并葉數,共五十六葉。半葉十行,行十七字。首葉首行爲"文章善戲綱目",行下鈐"毛晉私印"、"子晉"、"汲古主人"、"毛扆之印"、"季斧"印,左側五行處有"歸安陸樹聲藏書之印"方印,框廓右側有"静嘉堂珍藏"長方印。末葉有"趙文敏公書卷吾家業儒辛勤置書以遺子孫其志何如後人不讀將至於鬻頮其家聲不如禽犢若歸他室歸念斯言取非其有無寧舍旃"方印、"静嘉堂珍藏"長方印。

　　據金程宇所録目録,該書内容有如下六個板塊。一、《文房擬制表》,收《毛穎封管城子誥詞》等十二文,爲誥詞、辭免表、不允批答;辭免第二表、不允仍斷來章批答、謝上表。又《除管城子毛穎特授中書令餘如故制》,接下又辭免第一表、不允批答等,與上同。此十二文原未署作者名,金先生題作鄭持正,是(詳下)。二、《文房十八學士制》,作者題“翠寒宋無子虚”。按:宋無,字子虚,蘇州人,嘗舉茂材不就。今存所著《翠寒集》一卷,自序稱“甲子逾耳順,息交却掃,衰罷寢卧”云云。“甲子”爲元泰定元年(一三二四),則當生於宋理宗景定五年(一二六四)。翠寒,山名,乃以爲號,又爲詩集名。所謂“十八學士”,乃虚擬之“黄秘書”、“燕正言”等共十八人,各有制詞一首。三、《歲寒三友除授集》,署“臨川吳必大萬叔”。按:吳必大,字萬叔,臨川(今江西撫州)人,淳祐七年(一二四七)進士,嘗通判平江府。所謂“歲寒三友”,指松、竹、梅,分別擬爲喬松、林茂修、梅氏(女),共三道制、誥,以下爲喬、林辭免札子、不允詔、辭免不允批答、謝表。四、《無腸公子除授集》,亦爲吳必大作,擬郭索(蟹)謫官制、復官制、獎諭敕書,凡三篇(按:以上吳必大二種,另有單行本,筆者已在拙著《宋人别集叙録》著録)。五、《擬封花王册》一篇、《擬進芹表》等二表兩制,題“三山眉齋鄭楷”。鄭楷,字持正,宋寧宗時人,考證見下。六、前代遊戲文章十六篇,皆有作者名,上起晉人張敏,下至南宋楊萬里等。由上可見,《文章善戲》乃遊戲文章總集。

　　静嘉堂藏本有樊士寬序,末署“元統改元歲(一三三三)暮日,古雍後學樊士寬雪舟謹托姓名於卷末”,陸心源已刊入《皕宋樓藏書志》卷一一五。樊序稱集中有所謂毛中書、金法曹之類，原題《文房茶具圖讚》。"繼又得羅氏十夫八仙者，考之次第，則取於《茶具》，悉好事者因玉川先生而出，故亦列職，以爲是編，第欠其序引耳，所以失作者之姓名，俟博聞者訂而益之。"則所謂"羅氏十夫八仙"之類，蓋亦擬文房茶具"列職"爲文。《文房茶具圖讚》題鄭持正編（疑所謂"玉川先生"即鄭氏字號），樊氏又合繼所得而失作者姓名者"姑集爲一編，編簽曰《房闥群珍》"。然現存本題《文章善戲》，並不名《房闥群珍》。《四庫總目・子部・小說家類存目》著録馬裕家藏本《文章善戲》一卷，《提要》稱該書内容"與書名不相應，未詳何故也"。於是引出兩個疑難問題：一、《文章善戲》的編者究竟爲誰？二、《文章善戲》刊於何時？對此，上引金程宇先生文章都給出了準確而精彩的解答。

一、關於《文章善戲》的編者。是書原署作者爲"鄭持正"。上揭《善戲》收《擬封花王册》一文時，題"三山眉齋鄭楷"。則鄭楷爲三山（今福建福州）人，號眉齋。金程宇引南宋徐光溥《自號録》："眉（齋），鄭楷持正。"又引吳洪澤在《中國文學家大辭典》鄭楷小傳中所提供之傳記資料，謂其嘗與姚勉書信往來，孫德之《太白山齋遺稿》載有《鄭持正毛穎製表序》。檢該序文（按：見附録），稱"嘉定庚午（三年，一二一○），……三山鄭君持正與處幾年，一日以所擬制表等作見示，大抵假托以寓其言者也"。與上述《善戲》第一板塊《文房擬制表》合若符契，則鄭持正爲鄭楷無疑。鄭楷爲寧宗時人，其編書不可能收元人宋無作品明矣。要之，《善戲》編者絶不可能是鄭持正，舊題"鄭持正編"大誤，他僅是前述第一板塊即《文房擬制表》的作者，該書究竟爲誰氏所編，已不可考。

二、《文章善戲》刊於何時？該書既收有元人宋無作品，則必刊於元代或以後。上已言静嘉堂藏本《善戲》樊士寬後序與該書内容不符，金程宇因"疑爲書估妄加"。竊以爲該文既與書中内容明顯抵牾，若書估妄加，只能速其作僞敗露。序文所談乃編刊《房闈群珍》事，疑現存之《文章善戲》並非完本，原書或包括《房闈群珍》在内。後因脱逸，僅樊氏後序尚存，影寫者遂誤將其移爲全書序。這雖是猜度，但可解釋樊序存在的疑點。金氏以爲該書編刊可以樊序之元統元年（一三三三）爲上限，甚至不排除明人所編之可能。不過毛氏汲古閣著録既謂影摹元人鈔本，陸心源定爲"影寫宋刊本"，當有所據，疑其刊於元統間，老遺民刻書仍遵宋式也。至此，是書編刊雖已盡破舊説，令人耳目一新，然其編刊始末仍然未詳，只能存疑，編者不如題"佚名"爲愈。

　　宋末人喜借物擬制詔，稱"以文爲戲"，如本書卷八著録之《文房四友除授集》，鄭清之、林希逸、劉克莊等當代顯宦名士皆有作，可窺一時風氣。《文章善戲》亦爲此類文字。静嘉堂所藏《善戲》中可補《金宋文》《金元文》的佚文，金程宇已作整理，附於《稀見唐宋文獻叢考》之《静嘉堂文庫所藏〈文章善戲〉及其價值》一文之後。

【附録】

鄭持正毛穎製表序

（宋）孫德之

　　嘉定庚午，予侍先君子官中都，危逢吉、李公甫俱克詞章，間相過，戲草《淇國夫人竹氏進封制詞》，稱"股肱之寄"，或謂其失體,與傀儡勤勞王家、出入幕府之作不類。危則裂之,李稿今猶在集中也。夫文不難於工,而難於體制,不合則雖形容之工,屬對之巧,不足尚矣。

三山鄭君持正與處幾年,一日以新擬制表等作見示,大抵假托以寓其言也。其命意深隱,其造語精到,其文體則渾然不見斧鑿,雖昭宣王度可也。予讀之,不覺汗出,以爲君子操觚染翰,其妙乃至此。蓋君子高而覽重,又嘗歷淮甸,登羅浮,收攬秀氣,寄之毫端,故其文多奇氣,模仿之作足以動世人。使其當常、揚之任,揮燕、許之筆,則人之所睹,又豈止如是哉!雖然,韓昌黎傳毛穎,至復作《下邳侯傳》,則人厭之,政如善謔不以再出爲尚也。而君作之不已,至盈卷帙,此非有志爲爾也,游戲翰墨,造於三昧,則垒然四出,政不能自知爾。予以是論君,君笑而不答,書以爲序。(《太白山齋遺稿》卷上)

文章善戲序

(元)樊士寛

余自幼讀祖父書,未嘗輟卷,雖殘編斷集,亦不敢棄去。一日,偶閱得墨刻數紙,有曰毛中書、金法曹之類者在焉,初莫知爲何文也。去秋,友人起善王君見示一編,簽曰《文房茶具圖讚》,則知吾家所藏本即此是也,遂録而完之。既成,繼又得羅氏十夫八仙者,考之次第,則取於《茶具》,悉好事者因玉川先生而出,故亦列職,以爲是編,第欠其序引耳,所以失作者之姓名,俟博聞者訂而益之。姑集爲一卷,編簽曰《房闥群珍》,不亦可乎!刻梓於介然堂,或可助文房談塵之萬乙,庶亦知文章家之善戲謔者也。

元統改元歲暮日，古雍後學樊士寬雪舟謹托姓名於卷末。（《皕宋樓藏書志》卷一一五）

五老集二卷

佚　名　編

是集凡上、下二卷，編者不詳，亦無序跋，選録宋代五位作家之簡尺文，分別題《東坡先生小簡》《仲益尚書孫公小簡》《柳南先生盧公小簡》《秋崖先生方公小簡》《清曠先生趙公小簡》，以蘇、孫爲卷上，柳、方、趙爲卷下。東坡爲蘇軾（一〇三七——一一〇一）號，仲益爲孫覿（一〇八一——一一六九）號，秋崖爲方岳（一一九九——一二六二）號，三人皆有別集傳世，拙著《宋人別集叙録》已分別著録。而盧柳南、趙清曠兩人較生疏。按“盧柳南”爲盧方春，號柳南（《宋詩紀事》卷六五），永嘉（今屬浙江）人，南宋理宗嘉熙二年（一二三八）進士（雍正《浙江通志》卷一二八）。爲瑞州教授（《江湖後集》卷七《送盧五方春分教瑞州》）。善書，賈師憲客廖群玉嘗刻陳與義（簡齋）、姜白石、任斯庵、盧柳南四家書爲《世綵堂小帖》十卷（周密《癸辛雜識》後集“賈廖碑帖”）。《全宋詩》收其詩七首，《全宋詩訂補》存詩二首。趙清曠生平事跡史料罕見，僅知其亦爲永嘉人，與釋居簡（一一六四——一二四六）同時，見《北磵詩集》卷一《李燕公生華亭尉廳時有相公閣……永嘉趙清曠索同賦》。編有《啟箚錦繡》一卷（《永樂大典》本）。盧、趙二人，《全宋文》無載（以上參見《和刻本中国古逸书丛刊》影印本解題）。

《四庫全書總目》卷一四五《總集類存目二》著録《群公小簡》六卷，浙江范懋柱家天一閣藏本，《提要》曰：

> 不著編輯者名氏。前有成化乙未（十一年，一四七五）徐傳序，稱蘇文忠、方秋崖、趙清曠、盧柳南、孫仲益五先生之所著，而第六卷乃爲歐陽脩作。其第一卷題“五先生手簡”，自第二卷以下又題曰“六先生手簡”。後有成化二十年周信跋，稱“出醉翁帖一帙贈徐，徐亦以此書報贈”。又稱“捐俸命工，仍舊本重刊”。則末一卷爲信所增入，其改題“六先生”，亦信所爲也。蓋明代朝覲述職之官，例以一書一帕贈京中親故，其書皆潦草刊板，苟應故事，謂之書帕本，即此之類。其標題顚舛，固不足深詰矣。

成化本久已失傳。謂成化本“仍舊本重刊”，當是，由“五先生”改“六先生”，可知其故。而“舊本”編刊於何時，是成化前不久，抑或宋、元？則不可考。竊以爲宋末元初可能性較大。因爲盧方春、趙清曠二人生前文名不彰，到明代，其作品手迹或已湮滅，即或尚存，恐亦不會將他們與蘇軾、孫覿等名家并列，而尊之爲“老”，只有在時代接近時才有可能。故本書著之於録。

金程宇編《和刻本中国古逸书丛刊》據大英圖書館所藏古活字本（英國外交官薩道舊藏）影印，每半葉十行，行二十字，雙邊，白口，黑魚尾，上魚尾下題“五老集”。金氏撰解題述是書版本道：“日本最早刊本爲古活字本及慶安三年（一六五〇）正月京都村上平樂寺刻本，《倭版書籍考》著録。慶安本即據活字本刊刻。國立公文館内閣文庫、前田尊經閣文庫等處有藏，《和刻本漢籍文集》第二十輯載影印本。慶安本國内北京大學圖書館、華東師範大學圖書館有藏。北京大學藏慶安本兩部，其一爲周作人舊藏（有周氏跋）。周氏《夜讀抄·五老小簡》云：“方、盧、趙的尺牘專本惜未得見，今此書中還有一部分，窺豹一斑，亦是可喜。”解題又引光緒《永嘉縣志》卷二八《藝文志》五“盧柳南小簡一卷”，稱此書所收“皆瑣碎酬應書札，語多淺俗，蓋宋、元間書肆所編刻也”。謂該書爲宋、元間書肆編刻，鄙見與之適合，然評其“語多淺俗”恐非。蘇軾、孫覿乃簡尺大家，方岳亦當時詩文名宿，其小簡語言雅致，絶非“淺俗”。況盧、趙二人可補《全宋文》之闕，彌足珍貴。

宋詩拾遺 二十三卷

陳世隆 編

陳世隆，字彦高，錢塘（今浙江杭州）人。現存《北軒筆記》一卷，著録於《四庫全書·子部·雜家類》，卷首有《北軒筆記小傳》，其文曰：

> 陳彦高，名世隆，以字行，錢塘人。自其從祖思以書賈能詩，當宋之末，馳譽儒林，家名藏書。彦高與弟彦博下帷課誦，振起家聲，弟仕兄隱，各行其志。元至正間，兄弟并館於嘉興，值兵亂，彦高竟遇害。詩文集不傳，惟《宋詩補遺》八卷、《北軒筆記》一卷，彦博館主人陶氏有其鈔本云。

《四庫提要》謂“小傳不知何人所作”。據近人葉德輝研究，南宋末在臨安（杭州）開書肆及自刻所著書的陳思，與在臨安睦親坊棚北大街開書籍鋪的陳起沒有關係（辨詳《書林清話》卷二）。陳世隆沒於兵，時在元至正（一三四一——一三六六）中，享年不詳，若有六十餘歲，則有可能生於宋之末年，而是書所輯皆宋詩，故本書著於錄。

《宋詩拾遺》傳本爲二十三卷，而非上引《小傳》所說"八卷"。陸心源謂八卷非全書（見下）。該書不詳曾否付梓，今傳兩本皆鈔帙。一本爲丁丙藏書，《善本書室藏書志》卷三八著錄，稱其爲"舊鈔本"，今藏南京圖書館。另一本乃陸心源舊藏，著錄於《皕宋樓藏書志》卷一一五，謂該本"尚是明人鈔本，則《小傳》所云八卷，尚未見全書也"。陸氏書今藏日本靜嘉堂文庫，嚴紹璗《日藏漢籍善本書錄》著錄，亦稱爲明人寫本，凡四册。

二〇〇〇年，遼寧教育出版社出版《新世紀萬有文庫》，第四輯收徐敏霞校點本《宋詩拾遺》，凡二册。其《本書說明》謂校點本用南京圖書館所藏丁氏本爲底本。又言《宋詩拾遺》所收起自北宋初，下至南宋中後期，共有作者七百八十六人，詩歌作品一千四百七十六首，文獻價值不菲。詩人姓名下有小傳，載其字號、籍貫、仕歷、著作，部分詩人載其登進士第年份，乃研究宋科舉登第錄的寶貴材料。

【附錄】

宋詩拾遺跋

（清）陸心源

《宋詩拾遺》二十三卷，題曰錢唐陳世隆彥高選輯，舊鈔

本。有"鮑氏辛甫"白文方印，"俊逸齋長"白文方印，康熙詩
人鮑鉁舊藏也。《四庫》未著録，阮文達亦未進呈。《提要》云
《北軒筆記》前有小傳，不知何人所作，稱世隆字彦高，錢唐
人，宋末書賈陳氏之從孫。元至正中，館嘉興陶氏，没於兵。
所著詩文皆不傳，惟《宋詩補遺》八卷與筆記存於陶氏，今《宋
詩補遺》亦無傳本。據此，則傳本之稀，有如星鳳。屬樊榭輯
《宋詩紀事》，亦未見此書，其失收者不下百家也。（《儀顧堂題
跋》卷一三）

附録一　散佚宋人總集考

翰林酬唱集一卷　　王溥編

鄭樵《通志·藝文略八》(以下簡稱《通志》)："《翰林酬唱集》一卷。(宋朝王溥與李昉、湯悦、徐鉉等。)"按：王溥(九二二—九八二)，字齊物，并州祁縣(今山西祁縣)人。後漢乾祐進士。入周，仕至中書侍郎、平章事。入宋，進位司空，累遷太子太師。編《唐會要》《五代會要》，今存。有文集二十卷，久佚。《宋史》卷二四九有傳。李昉(九二五—九九六)，字明遠，仕後周爲翰林學士，入宋累官至同中書門下平章事。湯悦、徐鉉乃南唐降臣，故諸人酬唱必在宋太祖開寶八年(九七五)南唐滅亡，湯、徐二人入宋之後。

李昉唱和詩一卷　　李昉編

《通志》："《李昉唱和詩》一卷。(宋朝李昉等，興國中從駕至鎮陽(今河北饒陽)過舊居。)"按：李昉與李至之《二李唱和集》今存，本書前已著録。又嘗與王溥等酬唱，見上。考《宋史》卷二六五《李昉傳》："太宗即位，加昉户部侍郎。……從攻太原，車駕次常山，常山即昉之故里，因賜羊酒，俾召公侯相與宴飲盡歡，里中父老及嘗與遊從者咸預焉。七日而罷，人以爲榮。"太宗攻北漢，始於太平興國四年(九七九)二月。是集所收，當即此次宴會間之唱和詩。

君臣廣載集三十卷　　杜　鎬 編

《宋史》卷二〇九《藝文志八》"總集類"（以下簡稱《宋志》）："杜鎬《君臣廣載集》三十卷。"按：杜鎬（九三八——一〇一三），字文周，無錫（今屬江蘇）人。舉明經，太宗時累官直秘閣，真宗大中祥符中進秩禮部侍郎。《宋史》卷二九六有傳。按王應麟《玉海》卷二八《御集》："初，（大中）祥符五年（一〇一二）八月丁巳，龍圖學士陳彭年表上奉詔編錄《太宗御集》四十卷、《君臣廣載集》三十卷。"《君臣廣載集》蓋由杜鎬負責編輯，故《宋志》屬焉，蓋收錄宋真宗與群臣賡和詩什。

養閑亭詩一卷　　郭希朴 編

《宋志》："郭希朴《養閑亭詩》一卷。"按：郭希朴，號有道，成都（今屬四川）人。博極群書，精於《易》。卒，李畋作《知命錄》載其事。事跡略見《氏族譜·北郭氏》（《全蜀藝文志》卷五四引）、《宋元學案補遺》卷六。按程建用《求蘇東坡山亭記書》曰："中江於東蜀號爲劇邑，以衰拙臨之。始至若無暇，洎半年而滯獄清，期年而庶事稍就叙，乃謀葺亭臺池館之舊。則西園之勝，有環翠亭焉。亭面北而枕南，相傳以薛公田所建也。……亭前兩株桐，挺直無節目，高二丈餘，枝葉扶踈。亭後甃石爲山，傍植紅蕉。三面控掩以墻，墻間列詩碑，皆薛公與其子球任本路憲日，并歷政諸公之所作也。袤百有五十丈，曰養閑亭。"（《補續全蜀藝文志》卷一二）則《養閑亭詩》，當即錄中江縣詩碑之詩以成集也。

禁林宴會集一卷　　蘇易簡 編

《宋志》：“蘇易簡《禁林宴會集》一卷。”按：蘇易簡（九五八一九九七），字太簡，梓州桐山（今四川中江）人。太平興國五年（九八〇）進士甲科。歷翰林學士、中書舍人，累遷參知政事。《宋史》卷二六六有傳。釋文瑩《玉壺清話》卷八：“蘇内翰易簡在禁林八年，寵待之優，復出夷等。”又《宋史》本傳：“帝（太宗）嘗以輕綃飛白大書‘玉堂之署’四字，令易簡牓於廳額。易簡會韓佽、畢士安、李至等往觀。上聞，遣中使賜宴甚盛，（李）至等各賦詩紀其事，宰相李昉等亦作詩頌美之。”是集蓋即收禁林宴會中群臣所賦詩什。《崇文總目》卷一一著録“《翰林酬和集》一卷，闕”，疑即此書，蓋北宋中葉已散佚。

賜陳摶詩八卷　　佚 名 編

《宋志》：“《賜陳摶詩》八卷。”按：《澠水燕談録》卷四：“陳摶，周世宗嘗召見，賜號白雲先生。太平興國初召赴闕，太宗賜御詩云：‘曾向前朝出白雲，後來消息杳無聞。如今若肯隨徵召，總把三峰乞與君。’……久之，辭歸，進詩以見志云：‘草澤吾皇召，圖南摶姓陳。……乞全麋鹿性，何處不稱臣。’知不可留，賜宴便殿，宰相、兩禁傅坐，爲詩以寵其歸。”是集蓋收太宗賜詩及群臣所和，故有八卷之夥。

送張無夢歸山詩一卷　　佚 名 編

《宋志》：“《送張無夢歸山詩》一卷。”按：張無夢，字靈隱，號鴻蒙子。幼入華山，師事陳摶，與种放等游。後居天台瓊

臺峰。真宗嘗召對，並以長歌贈行，群臣皆有詩。事跡略見
《嘉定赤城志》卷三五，參見《宋詩紀事》卷九〇。《天台續集》
卷上載有送行詩多首（已輯入《全宋詩》），當出此集。

華林義門書堂詩集一卷　　胡仲容 編

　　《通志》：“《華林書堂詩》一卷。”又《宋志》：“《華林義門書
堂詩集》一卷。（王欽若、錢惟演等作。）”按：《宋史》卷四五六《孝
義·胡仲堯傳》：“胡仲堯，洪州奉新人。累世聚居，至數百
口。構學舍于華林山别墅，聚書萬卷，大設厨廩，以延四方游
學之士。南唐李煜時嘗授寺丞。（太宗）雍熙二年（九八五），
詔旌其門閭。……（淳化）五年（九九四），遣弟仲容來賀壽寧
節。召見仲容，特授試校書郎，賜袍笏犀帶，又以御書賜之。
公卿多賦詩稱美。……仲容字咸和，咸平三年（一〇〇〇）復
至闕貢土物，改大理評事，屢被賜賚。”則是集收當時公卿稱
美胡氏之詩。王禹偁作《諸朝賢寄題洪州義門胡氏華林書齋
序》，略曰：“今歲壽寧節，胡氏子有獻華封之祝者，上益嘉之，
制授試秘書省校書郎，面賜袍笏，勞而遣焉，且頒御書，以光
私第。由是有位於朝、有名於時者，校書皆刺謁之，且盛言其
别業有華林山齋，聚書萬卷，大設厨廩，以延生徒，樹石林泉，
豫章之甲也，願得詩什，夸大其事。自舊相司空而下，作者三
十有幾人，詮次縮紀，爛然成編。再拜授予，懇請爲序。……
時淳化五年十月十五日序。”（《小畜集》卷一九）則是集編者，當
即胡仲容。清宣統本《甘竹胡氏十修族譜》載有《題義門胡氏
華林書院》詩若干首（已輯入《全宋詩》），當即其逸詩，王欽若
詩在焉，錢惟演詩未見；又有宋真宗所作《贊胡家》，真宗時爲
壽王、開封尹。

宸章集二十五卷　　陳彭年 編

《宋志》：“陳彭年《宸章集》二十五卷。”按：宋敏求《春明退朝録》卷下：“真宗詔諸儒編君臣事跡一千卷曰《册府元龜》，不欲以后妃婦人等事厠其間，别纂《彤管懿範》七十卷。又命陳文僖公裒歷代帝王文章爲《宸章集》二十五卷，復集婦人文章爲十五卷，亦世不傳。”陳彭年（九六一——一〇一七），字永年，南城（今屬江西）人。雍熙二年（九八五）進士，累官兵部侍郎。著文集百卷，久佚。《宋史》卷二八七有傳，謂其嘗“奉詔同編《景德朝陵地里》《封禪》《汾陰》三記，……又受詔編御集及《宸章》，集歷代婦人文集”。依《册府元龜》例，疑《宸章集》不收宋帝之作，然原書久佚無可考，姑著録之。

名臣贊种隱君書啟一卷　　佚 名 編

《書録解題》卷一五：“《名臣贊种隱君書啟》一卷。祥符諸賢所與种放明逸書啟也。首篇張司空齊賢書，自述平生出處甚詳，可以見國初名臣氣象。”《通考》卷二四八同。按：种放（？——一〇一五），字明逸，號雲漢醉叟，洛陽（今屬河南）人。奉母隱終南山，以講習爲業。咸平中徵赴闕，累拜給事中，遷工部侍郎。後歸山。《宋史》卷四五七有傳。

大中祥符祀汾陰祥瑞贊五卷　　丁 謂 編

《宋志》：“丁謂《大中祥符祀汾陰祥瑞贊》五卷。”按：丁謂（九六六——一〇三七），字謂之，更字公言，長洲（今江蘇蘇州）人。淳化三年（九九二）進士。累官同中書門下平章事。仁宗立，貶崖州司户參軍，徙道州。《宋史》卷二八三有傳。真宗時與王欽若多言祥瑞事。《東軒筆録》卷二："丁晉公爲玉清昭應宫使，每遇醮祭，即奏有仙鶴盤舞於殿廡之上。及記真宗東封事，亦言宿奉高宫之夕，有仙鶴飛於宫上。及升中展事，而仙鶴迎舞前導者塞望，不知其數。……又以其令威之裔，而好言仙鶴，故但呼爲'鶴相'。"真宗祀汾陰（今山西萬榮西南），在大中祥符四年（一○一一）。又夏竦《文穆王公（旦）墓誌銘》："前後被旨撰《社首壇》《汾陰朝覲壇頌》《西京應天禪院》《太原資聖院碑銘》《天書祥瑞》《西祀瑞贊》。"（《名臣碑傳琬琰之集》上集卷二）是書蓋即收録如王旦所作《西祀瑞贊》之類，蓋亦被旨之作。

大中祥符封禪祥瑞贊五卷　　佚　名　編

《宋志》："《大中祥符封禪祥瑞贊》五卷。"按：《宋史》卷三○六《戚綸傳》："大中祥符元年（一○○八），掌吏部選事。……是冬，封泰山，命綸同計度發運事。……被詔，同編《東封祥瑞封禪記》。"《東封祥瑞封禪記》或是另一書，《祥瑞贊》蓋亦編於是時，編者不詳。

續西湖蓮社集一卷　　佚　名　編

《通志》除著録"《西湖蓮社詩》一卷"外，又載"《續西湖蓮社集》一卷"。《西湖蓮社詩》即今存殘宋本《錢唐西湖昭慶寺結净社集》，本書已在現存總集部分著録。《文淵閣書目》卷一○著録"宋《蓮社詩盟》一部一册，闕"。而葉盛《篆竹堂書目》則著録"宋《蓮社詩盟》四册"，"四册"蓋未闕佚前之卷數。所謂《蓮社詩盟》，疑即入净行社（白蓮社）所投詩歌之結集，言以詩爲入社盟誓也。既有四册，疑"蓮社詩盟"爲著録前、續兩集時之總稱。現存殘本《西湖結净社集》一卷（即不分卷），編成於真宗景德三年（一〇〇六），刊成於大中祥符二年（一〇〇九），而釋省常卒於真宗天禧四年（一〇二〇）。無論從編成或刊成計，下距省常離世尚有十餘年，他所結净行社仍在運轉，續投詩入社者必爲數不少。所謂《續西湖蓮社集》，蓋即收續入社者之作品。續集編纂人、刊刻時間均不詳。此雖爲推測之詞，或不致大謬，否則宋人著録已有續集，而續集又嘗流傳至明代，若非當年繼有編刊，便無以爲説，只是傳本久已散佚。

四釋聯唱詩集一卷　　佚名編

《宋志》："《四釋聯唱詩集》一卷。（丁謂序。）"四釋者有誰，今不可詳。《宋志》排在《九僧詩集》之後，疑皆宋人，編者當與丁謂同時且有交集，故請其爲序。

廬山遊覽集二十卷　　姜嶼編

《通志》："《廬山遊覽集》二十卷。（宋朝姜嶼集。）"按：據雍正《江西通志》卷四九《選舉》，姜嶼爲分寧（今江西修水）人，太宗端拱二年己丑（九八九）陳堯叟榜進士。真宗景德二年（一〇〇五）以直史館預纂《册府元龜》。著有《明越風物志》七卷（《郡齋讀書志》卷二下）。其編《廬山遊覽集》之始末未詳。《崇文總目》卷一一著録"《廬山遊覽集》二十卷，闕"。則是集北宋中葉已散佚。

明良集五百卷　　李虛己編

《通志》："《明良集》五百卷。（真宗御製及群臣進和詩。）"又

《宋志》:"李虛己《明良集》五百卷。"按:李虛己,字公受,建安
(今福建建甌)人,太平興國二年(九七七)進士。太宗時歷知
諸州,累遷兵部郎中。真宗時權御史中丞,出知洪、池二州,
卒。喜爲詩,有《雅正集》十卷,久佚。《宋史》卷三〇〇有傳。
《續資治通鑑長編》卷九二:天禧二年九月壬申:"龍圖閣待制
李虛己上奉詔編群臣所和御製詩爲《明良集》五百卷,詔賜
銀帛。"

内外雜編 十卷　　佚名編

《通志》:"《内外雜編》十卷。(五代至宋初制詔及祠祭之
文。)"按:《玉海》卷六四:"《兩朝藝文志·總集》有五代、國初
内制雜編十卷。"蓋同時猶有《外制雜編》,亦爲十卷。

建隆景德雜麻制 十五卷　　佚名編

《通志》:"《雜麻制》十五卷。(建隆至景德麻制。)"《玉海》卷
六四:《兩朝藝文志·總集》,有"《建隆景德雜麻制》十五卷"。
《宋志》著録同。

虢郡文齋集 五卷　　楊偉編

《宋志》:"楊偉《虢郡文齋集》五卷。"按:楊偉(九八四——
一〇五八),字子奇,建州浦城(今屬福建)人,楊億弟。天禧
初獻賦,召試賜進士。仁宗時累遷兵部員外郎,歷知制誥、翰
林學士,官終中書舍人。《宋史》卷三〇五有傳。又《隆平集》
卷一三《楊億傳》稱其有集"共一百九十四卷,又別出《西崑酬
唱》《虢郡文齋》《潁陰聯唱》《南陽釋苑》等集"。又見杜大珪
編《名臣碑傳琬琰之集》下卷七《楊文公億》。則似《虢郡文齋

集》乃楊億編。或兄弟二人合編歟？待考。

江湖堂詩集一卷　　元積中　編

《通考》卷二四九著録《江湖堂詩集》一卷，引《中興藝文志》："皇朝知洪州元積中詠其居，和者數十人。"又《宋志》："元積中《江湖堂詩集》一卷。"按：元積中，錢塘（今浙江杭州）人，景祐初爲黄巖令，累知福州、洪州，熙寧時官至司封郎中。參見《宋詩紀事》卷一三、《宋詩紀事小傳補正》卷一。

天聖賦苑十八卷　　李　祺　編

《宋志》："李祺《天聖賦苑》一十八卷。"按：李祺，仁宗慶曆間爲南劍州知州事。事跡略見嘉靖《延平府志》卷七、光緒《福建通志》卷九三。

應制賞花集十卷　　佚　名　編

《通志》："《應制賞花集》十卷。"《宋志》同，唯"集"作"詩"，蓋書寫之誤，實即一書。按：太宗、真宗、仁宗、神宗時宮中皆有賞花釣魚之事。《詩話總龜》前集卷四："太宗留意藝文，好篇詠。淳化中，春日苑中有賞花釣魚小宴。宰相至三館畢預坐，咸使賦詩，'中'字爲韻，上覽以第優劣。時姚鉉詩先成，曰：'上苑煙花迴不同，漢皇何必幸遼中。花枝冷濺昭陽雨，釣綫斜牽太液風。綺罻惹衣朱檻近，錦鱗隨手玉波空。小臣侍宴驚凡目，知是蓬萊第幾宮。'賜白金百兩，時輩榮之，以比奪袍賜花故事。"同上卷三六引《桂堂詩話》："真宗（當是太宗）末年嘗游禁中，見翰林學士王禹偁倚宮木若詠吟，命宮使巫探之，果預作《賞花釣魚詩》。明日百官赴宴，迨題出，乃《千葉石榴花》，百官皆失所擬。禹偁首進一絕云：
'王母庭中親見栽，張騫偷得下天來。誰家巧婦殘針綫，一撮
生紅熨不開。'上稱賞，謂真才。"又歐陽脩《歸田錄》卷二："真
宗朝歲歲賞花釣魚，群臣應制。嘗一歲，臨池久之，而御釣不
食。時丁晉公（謂）應制詩云：'鶯鶯鳳輦穿花去，魚畏龍顏上
釣遲。'真宗稱賞，群臣皆自以爲不及也。"類似記載，仁宗、神
宗朝亦有之。此《應制賞花詩》十卷，蓋輯諸臣應制之作，編
者及成集時間不詳。考《崇文總目》卷一一著錄"《應制賞花
集》十卷，闕"，則是書北宋中葉已散佚不傳。

静照堂詩一卷　　陸　經　編

《宋志》："陸經《静照堂詩》一卷。"按：陸經，姓或作陳，字
子履，越州（今浙江紹興）人。歷開封府推官，仁宗時官至集
賢殿修撰。工書。著《寓山集》，久佚。事跡略見《歐陽文忠
公集》卷六四、《臨川先生集》卷四九、《周文忠公集》卷五三、
《書史會要》卷六等。《至元嘉禾志》卷一〇"寺院"："招提院，
在郡治西二里。考證：唐光啟四年（八八八），曹刺史捨宅爲
院，賜名羅漢院。宋治平四年（一〇六七）改今名。寺有静照
堂，今廢。"同書卷二七"題詠"，收有蘇軾、王安石等三十餘人
所作《題招提院静照堂》詩，疑即有錄自《静照堂詩》者。

御製國子監兩廟贊一卷　　佚　名　編

《通志》："《兩廟贊文》一卷。（太宗、真宗御製文宣、武成王等
贊。）"又《宋志》："宋太祖、真宗《御製國子監兩廟贊》二卷。"卷
數不同，應即一書，若非版本異，則"一"、"二"有一訛。又《宋
志》之"太祖"，當是"太宗"之誤。按：《錦繡萬花谷·續集》卷

一載太宗《宣聖贊》,《金石萃編》卷一二七載真宗《元聖文宣王贊並序》等(見《全宋文》卷五二),當即其文。

送王周歸江陵詩二卷　　王周之子 編

《宋志》:"《送王周歸江陵詩》二卷(杜衍等所撰)。"按:楊時有《王卿送行詩序》,即爲是書刊板而作,略曰:"皇祐二年(一○五○),光禄卿、贈太尉王公謝事南歸,在庭公卿大夫設祖道供帳都門外,車數百輛,自祁公而下六十有六人,各賦詩以紀其行。……昔公之子通奉公嘗編集諸公送行詩爲上下二卷,欲鏤板以傳,未及而没。今其孫大夫始克成先志,不遠數千里,以書屬予爲序。"(《龜山先生文集》卷二五)王周,《宋史》無傳,當爲江陵(今屬湖北)人。據楊序,是集乃王周之子(名待考)所編,其孫所刊,約刊行於北宋末南宋初。《苕溪漁隱叢話・後集》卷二一《杜正獻》:"東坡云:'《王公送行詩》,凡六十有六人。慶曆、皇祐間,朝廷號稱多士,光禄卿王公因掛冠歸江陵,作詩紀行者多一時之傑。……'苕溪漁隱曰:送行詩,正獻(杜衍謚)有之,句法殊高古,今録入《叢話》,云:'早修天爵邀人爵,才近耆年更引年。出處對揚多稱職,始終操履衆推賢。鑒湖賀老非陳迹,荆渚朱公合比肩。此去優遊益吟詠,《枝江集》外别成編。'"今按:所引東坡語,見蘇軾《書王太尉送行詩後》,原文爲"《送行詩》上下二卷",《宋志》與之合。又《温國文正司馬公文集》卷八有《送光禄王卿周致仕歸荆南》詩,當曾收入此集。

典麗賦集六十四卷　　楊　翱 編

《崇文總目》卷一一:"《典麗賦集》六十四卷。"又《通志》:

“《典麗賦集》六十四卷。（宋朝楊翱集古今律賦。）”按：楊翱（九七六——一〇四二），字翰之，杭州錢塘（今浙江杭州）人。早年舉進士，嘗知婺州東陽縣，官至太常博士。事見王安石《太常博士楊君夫人金華縣君吳氏墓誌銘》（《臨川集》卷九九）。

内制集 六卷　　佚　名　編

《宋志》：“《内制》六卷（晏殊以下所撰）。”按：晏殊（九九一——一〇五五）編有《名賢集選》，本書前已著録。

岳陽樓詩 二卷　　滕宗諒 編

《通志》：“《岳陽樓詩》一卷。”又《宋志》：“滕宗諒《岳陽樓詩》二卷。”《通志》所録，或是另一本。滕宗諒原編本久佚，明胥文相重編本《岳陽樓詩》二卷，上卷爲元以前人題詠，下卷爲明人題詠，有萬曆鍾崇文刻本，今存。按：滕宗諒（九九一——一〇四七），字子京，真宗大中祥符八年（一〇一五）進士。仁宗慶曆中擢天章閣待制、環慶路經略安撫使，兼知慶州。以知涇州日擅用公庫錢獲罪，謫守岳州，遷知蘇州。在岳州任，嘗重修岳陽樓，集蓋編於是時。事跡詳范仲淹《滕子京墓誌》（《范文正公集》卷一三），《宋史》卷三〇三有傳。

笑臺詩 一卷　　佚　名　編

《宋志》：“晏殊、張士遜《笑臺詩》一卷。”按：張士遜（九六四——一〇四九），字順之，光化軍陰城（今湖北光化西北）人。淳化三年（九九二）進士，累官至中書門下平章事，封鄧國公。有文十集，久佚。事跡詳宋祁《張文懿公士遜舊德之碑》（《景文集》卷五七）、胡宿《鄧國公張公行狀》（《文恭集》卷四〇），《宋史》卷三一一有傳。宋庠《元憲集》卷二《寄題職方周員外廬山笑臺》詩，原注曰："員外九江人，嘗游憩于廬山之陽，自謂太平之民。樂道逢聖，造適輒笑，因以名臺。後爲二千石，過故里，鄉人葺其臺，且旌賢者之致。"是集蓋收錄晏殊、張士遜等人詠笑臺之作，編者不詳。祖無擇《龍學文集》卷四亦有《周成職方笑臺》詩，曰："賈生太息唐衢哭，感事傷時可奈何。爭似君當堯舜日，臺頭大笑樂天和。"知當時詠笑臺者不止晏、張二人。

元日唱和詩一卷　　曾公亮 編

《宋志》："曾公亮《元日唱和詩》一卷。"按：曾公亮（九九九——一〇七八），字明仲，晉江（今屬福建）人。天聖二年（一〇二四）進士。累官翰林學士，嘉祐初參知政事，六年（一〇六一）拜同平章事。以太傅致仕。事跡詳曾肇《曾太師公亮行狀》（《名臣碑傳琬琰之集》中集卷五二），《宋史》卷三一二有傳。《行狀》曰："公既（致仕）家居，日與賓客族人置酒弈碁爲樂，或使諸孫誦讀文章。間乘籃輿，惟興所適。每歲首，執政大臣連騎過公，飲酒賦詩，以爲故事。"是集蓋即收錄歲首與大臣唱和之什。

唐宋類詩二十卷　　羅　某、唐　某 編

《讀書志》卷二〇："《唐宋類詩》二十卷。右皇朝僧仁贊序稱羅、唐兩士所編，而不詳其名字。分類編次唐及本朝祥符（一〇〇八——一〇一六）已前名人詩。"《宋志》："羅、唐二茂才《重校唐宋類詩》二十卷。"又："僧仁贊《唐宋類稿》二十卷。"據《讀書志》，仁贊僅爲序，非其所編。《文苑英華》卷

三〇八劉禹錫《西塞山懷古》，刻本校語爲"一作"，注曰："一作皆《唐宋類詩》。"可知宋人頗看重是書。

宋文粹_{十五卷}　佚　名　編

《通志》："《宋文粹》十五卷。"按：《歐陽文忠公集》卷五九《考異》曰："慶曆四年（一〇四四），京師刊《宋文粹》十五卷，皆一時名公之古文，《正統論》七篇在焉。"

聖宋文粹_{三十卷}　佚　名　編

《讀書志》卷二〇："《聖宋文粹》三十卷。右不題撰人。輯慶曆間（一〇四一—一〇四八）群公詩文，劉牧、黃通之徒皆在其選。"《遂初堂書目・總集類》著録"《聖宋文粹》"，未注卷數。《通考》卷二四八、《宋志》皆著録爲三十卷。按：《通志》著録"《宋文粹》十五卷"時，又著録"《宋新文粹》三十卷"。疑所謂《宋新文粹》即《聖宋文粹》，蓋較十五卷本晚出，故謂之"新"也。蓋皆書坊編行之本。

蘇明允哀挽_{二卷}　佚　名　編

《通志》："《蘇明允哀挽》二卷。"按：蘇洵（一〇〇九—一〇六六），字明允，眉州眉山（今四川眉山）人。舉進士及茂材異等皆不中，嘉祐初携其二子軾、轍至京師，歐陽脩得其所著書二十二篇獻諸朝，除試秘書省校書郎。以文安縣主簿與姚闢同纂《太常因革禮》一百卷。書成，以疾卒於英宗治平三年四月。事跡詳歐陽脩《故霸州文安縣主簿蘇君墓誌銘》（《歐陽文忠公集》卷三四）、張方平《文安先生墓表》（《樂全先生文集》卷三九），《宋史》卷四四三有傳。是書蓋收洵卒後名公哀挽詩文,疑是其子軾、轍所編。

潼川唱和集一卷　　佚名編

《通志》:"《潼川唱和集》一卷。(張逸、楊諤。)"《宋志》:"張逸、楊諤《潼川唱和集》一卷。"按:《溫公續詩話》曰:"科場程試詩,國初以來,難得佳者。天聖中,梓州(今四川三臺)進士楊諤,始以詩著。其天聖八年(一○三○)省試《蒲車》詩云:'草不驚皇轍,山能護帝輿。'是歲,以策用清問字下第。景祐元年(一○三四),省試《宣室受釐》詩云:'願前明主席,一問洛陽人。'諤是年及第,未幾卒。"考張逸(? ——一○四○),字大隱,鄭州滎陽(今河南滎陽)人。進士及第,嘗入蜀知青神縣,提點益州路刑獄,以龍圖閣待制知梓州,後又以樞密直學士知益州,卒於官。《宋史》卷四二六有傳。"潼川"即梓州,兩人唱和,當在張逸知梓州時,集由誰編刊不詳。

梅江三孫集三十一卷　　佚名編

《宋志》:"《梅江三孫集》三十一卷(孫立節及子勰、孫何所著)。"按:孫立節,皇祐進士。師事李覯,與曾鞏友善。著有《春秋傳》。祝穆《方輿勝覽》卷二○:"孫立節,字介夫,寧都(今屬江西)人。天資剛鯁,不肯爲條例司屬官,東坡嘗作《剛說》以表其事。二子緦、勰,皆從軾遊。"崇寧間爲桂州節度判官。事跡略見《嘉定鎮江志》卷一六、吳澄《寧都州學孫氏五賢祠堂記》(《吳文正集》卷二二)、《宋元學案》卷三等。梅江,又稱寧都江,在今江西贛州東北部。

禮部唱和詩集三卷　　歐陽脩編

《通志》:"《嘉祐禮闈唱和集》三卷。"《宋志》:"歐陽脩《禮部唱和詩集》三卷。"按：歐陽脩（一〇〇七——一〇七二），字永叔，號醉翁，晚年又號六一居士，廬陵（今江西永豐）人。天聖八年（一〇三〇）進士，仕至參知政事，卒諡文忠。事跡詳吳充《歐陽脩行狀》（《歐陽文忠公集》附録）。其《禮部唱和詩序》曰：

> 嘉祐二年（一〇五七）春，予幸得從五人者於尚書禮部，考天下所貢士，凡六千五百人。蓋絶不通人者五十日，乃於其間時相與作爲古律長短歌詩雜言，庶幾所謂群居燕處言談之文，亦所以宣其底滯而忘其倦怠也。……於是次而録之，得一百七十三篇，以傳於六家。（《歐陽文忠公集》卷四三）

其《歸田録》卷二又曰：

> 嘉祐二年，余與端明韓子華（絳）、翰長王禹玉（珪）、侍讀范景仁（鎮）、龍圖梅公儀（摯）同知禮部貢舉，辟梅聖俞（堯臣）爲小試官。凡鎖院五十日，六人者相與唱和，爲古律歌詩一百七十餘篇，集爲三卷。

當日唱和詩，歐陽脩、梅堯臣之作今蓋全存（歐約三十二首，載《歐陽文忠公集》卷六、卷一二；梅約三十八首，載《梅堯臣集編年校注》卷二七）；王珪詩存者殆半（十八首，見大典本《華陽集》卷三）；范鎮僅存斷句一聯（見《苕溪漁隱叢話》後集卷二一引《蔡寬夫詩話》）。總計存詩，約有原集之半。

送僧符遊南昌集一卷　　佚名編

《宋志》："《送僧符遊南昌集》一卷（范鎮序）。"按：范鎮（一〇〇八——一〇八八），字景仁，華陽（今四川成都）人。登進士第，歷翰林學士，與王安石不合，遂致仕。有文集一百卷。事跡詳韓維《范公神道碑》（《南陽集》卷三〇）、蘇軾《范景仁墓誌銘》（《東坡集》卷三九），《宋史》卷三三七有傳。所作序已久佚。僧符事跡不詳。

閱古堂詩　一卷　　韓　琦　編

《宋志》：“韓琦《閱古堂詩》一卷。”按：韓琦（一〇〇八——一〇七五），字稚圭，相州安陽（今河南安陽）人。天聖五年（一〇二七）進士，官至同中書門下平章事，封魏國公。卒謚忠獻。事跡詳《忠獻韓公墓誌銘》（《鄴下冢墓遺文》卷下），《宋史》卷三一二有傳。閱古堂之創建，詳韓琦《定州閱古堂記》（《安陽集》卷二一）。又富弼《定州閱古堂詩序》亦述之甚詳：慶曆間韓琦知定州時，“念兵與民之急，宜無過者。剸臨要重之路，憂虞所繫，凡是經畫，不可以無法。乃擇取歷代賢守良將總若干人行事，創大屋以類相次，繪於周壁，榜之曰閱古堂。蓋欲閱古之人所爲，而爲之法也。……公郵問索詩，因粗述所致之旨，以志其始，而示於後”（《兩宋名賢小集》卷四九《富鄭公集》）。韓琦自作《閱古堂八詠》（《安陽集》卷六）。時諸名流如范仲淹、富弼、歐陽脩等皆有作，而所作嘗上石，韓琦有《次韻答侍讀張龍圖索閱古堂詩石本》詩（《安陽集》卷六），又有《答定帥仲儀龍圖寄示閱古堂詩刻》（同上卷九。“仲儀龍圖”乃王素），有曰：“昔慕先賢形藻繪，本同來哲作箴規。得公詩刻增光燄，定警偷風變俗漓。”《宋志》著錄之《閱古堂詩》，蓋即王素所刻。

送元絳詩集　一卷　　佚　名　編

《宋志》：“《送元絳詩集》一卷。”按：元絳（一〇〇八——

一〇八三），字厚之，錢塘（今浙江杭州）人。天聖二年（一〇
二四）進士。累遷至翰林學士，拜參知政事。卒，謚章簡。事
跡詳蘇頌《元章簡公神道碑》（《蘇魏公集》卷五二）、王安禮《元公
墓誌銘》（《王魏公集》卷二），《宋史》卷三四三有傳。今存王安石
《送元厚之待制知福州》（《臨川文集》卷九）、王珪《送元厚之待制
出守福唐》（《華陽集》卷四）、曾鞏《送元厚之資政致仕歸蘇》（《元
豐類稿》卷八）等，或在詩集中。

南犍唱和詩集三卷　　佚　名　編

《通志》：“《南犍唱和詩》三卷。”又《宋志》：“《南犍唱和詩
集》一卷（吳中復、吳秘、張谷等作）。”卷數異，蓋版本不同。按：
吳中復（一〇一一—一〇九八），字仲庶，永興（今屬湖南）人。
寶元元年（一〇三八）進士，歷知江寧府、成德軍、成都府、永
興軍等，《宋史》卷三二二有傳。南犍，即犍爲（今屬四川）。
三人唱和事未詳。

九老詩一卷　　佚　名　編

《通志》：“《九老詩》一卷。”按：《吳中紀聞》卷四：“徐師
閔，字聖徒，仕至朝議大夫，退老於家，日洽園亭，以文酒自娛
樂。時太子少保元公絳、正議大夫程公師孟、朝議大夫閭丘
公孝終亦以安車歸老，因相與繼會昌洛中故事，作九老會。
章岵爲郡守，大置酒合樂，會諸老於廣化寺，又有朝請大夫王
玩、承議郎通判蘇湜與焉。公賦詩爲倡，諸公皆屬而和之。”
米芾爲作《九隽老會序草》，謂“元豐間，章岵守郡，與郡之長
老從游，各飲酒賦詩”；又曰：“於是羽觴屢酬，雅章遞作，叙懷
感遇，樂時休明。……以芾倦遊四海，多與賓寮，刻繪既傳，

屬爲序引。"(《寶晉英光集》卷六)則米芾作序時,《九老詩》已刻成矣。

石聲編—卷　　趙師陟 編

《宋志》:"《石聲編》一卷趙師旦家編集。"按:趙師旦(一〇一一——一〇五二),字潛叔,山陽(今江蘇淮安)人。皇祐四年(一〇五二)知康州時,死於儂智高之難,賜光祿少卿。事見王安石《趙君墓誌銘》(《臨川集》卷九四),《宋史》卷四四六有傳。按:楊傑《石聲編序》曰:

> (趙師旦)有是三者之大節(祝按:指勇於義、固其守、忠於國),而爲教於天下,天下賢君子得不聞而稱之乎? 是以具於奏牘者二,狀其行事者二,銘表其墓者三,記於祠堂者二,形於聲詩者不可遽數,太守之弟殿中丞世弼集其所得詩以示傑,且以序見托。傑按《樂記》曰:"石聲磬,磬以立辨,辨以致死。君子聽磬聲,則思死封疆之臣。"請名其集曰《石聲編》,將使萬世君子見其詩,思其人,其猶聽石聲而思之云爾。(《無爲集》卷九)

則知是集乃收錄師旦殉難後時人悼唁歌詠之詩,編者乃師旦之弟世弼。據王安石《趙君墓誌銘》,世弼當名師陟,嘗爲潤州録事參軍,師旦死難後,遷大理寺丞、簽書泰州軍事判官廳公事。楊傑作序時,官已爲殿中丞矣。又郭祥正《題趙康州石聲編後》曰:"皎皎張巡傳(聖俞《表》),新新季子銘(荆公《誌》)。"(《青山集》卷二三)自注中"表"既與"誌"相對,當指梅堯臣嘗作墓表,今已佚。

六君子文集　□卷　　佚　名　編

明《内閣藏書目録》卷三：“《六君子文集》八册，不全。今止存宋陳襄集二十五卷，附《使遼録》，全。”按：陳襄（一〇一七——一〇八〇），字述古，侯官（今福建閩侯）人。慶曆二年（一〇四二）進士。神宗時爲侍御史，論青苗法不便，請貶斥王安石等，出知陳州，徙杭州，入判尚書都省。有《古靈集》二十五卷，今存。事跡詳葉祖洽《陳先生行狀》、孫覺《陳先生墓誌銘》（皆見《古靈集》附録），《宋史》卷三二一有傳。“六君子”之另五人不詳，疑爲黨争中人。陳襄《古靈集》既全部收入，蓋所謂《六君子文集》乃叢刻本，或刊行於宋代，然包括陳襄在内的“六君子”未見於宋人文獻，姑著録以俟考。

送文同詩　一卷　　佚　名　編

《宋志》：“《送文同詩》一卷鮮于侁序。”按：文同（一〇一八——一〇七九），字與可，世稱石室先生，梓州永泰（今四川鹽亭）人。皇祐元年（一〇四九）進士。歷知諸州，判登聞鼓院，卒於赴知湖州途中。著《丹淵集》四十卷，今存。事跡詳范百禄《文公墓誌銘》、家誠之《石室先生年譜》（皆見《丹淵集》附），《宋史》卷四四三有傳。鮮于侁（一〇一九——一〇八七），字子駿，閬州（今四川閬中）人，事跡詳秦觀《鮮于子駿行狀》（《淮海集》卷三六）。所謂《送文同詩》，疑收文同知湖州時之送行詩。文同於途中病故，蓋友朋哀之，哀而爲集，鮮于侁爲之作序。今存劉摯《送文與可同出守湖州》（《忠肅集》卷一五）、蘇轍《送文與可知湖州》（《欒城集》卷八）等，或曾收入集中。

荆溪唱和一卷　　姚　闢　編

《宋志》：“姚闢《荆溪唱和》一卷。”按：姚闢，字子張，金壇（今屬江蘇）人。皇祐元年（一○四九）進士。曾與蘇洵同修《太常因革禮》，後通判通州。事跡略見《京口耆舊傳》卷六。荆溪，水名，在今江蘇宜興市南，流入太湖。其唱和事不詳。

康簡公崇終集一卷　　佚　名　編

《宋志》：“孫永《康簡公崇終集》一卷。”按：孫永（一○一九—一○八六），字曼叔，趙州平棘（今河北趙縣）人。慶曆六年（一○四六）進士，神宗朝歷知州府，哲宗時拜工部尚書，遷吏部尚書。卒，謚康簡。事跡詳蘇頌《孫公墓誌銘》（《蘇魏公集》卷五三），《宋史》卷三四二有傳。集曰“崇終”，當收其卒後哀悼詩文，《宋志》題“孫永”，乃指“康簡公”其名，非是編者，編者蓋孫永子或門人之屬。

四家詩選十卷　　王安石　編

《書錄解題》卷一五：“《四家詩選》十卷，王安石所選杜、韓、歐、李詩。其置李於末而歐反在其上，或亦謂有所抑揚云。”《通考》卷二四八同。《宋志》：“《四家詩選》十卷。”按：《冷齋夜話》卷五曰：“舒王以李太白、杜少陵、韓退之、歐陽永叔詩編爲《四家詩集》，而以歐公居太白之上，世莫曉其意。舒王嘗言：‘太白詞語迅快，無疏脱處。然其識污下，詩詞十句九句言婦人、酒耳。歐公，今代詩人未有出其右者，但恨其不修《三國志》而修《五代史》耳。’如歐公詩曰‘行人仰頭飛鳥驚’之句，亦有佳趣，第人不解耳。”又《聞見近錄》：“黄魯直嘗問王荆公：‘世謂《四家詩選》，丞相以歐、韓高於李太白耶？’荆公曰：‘不然。陳和叔嘗問四家之詩，乘間籤示和叔。時書吏適先持杜集，而和叔遂以其所送先後編集，初無高下也。李、杜自昔齊名者也，何可下之。’魯直歸問和叔，和叔與荆公之説同。今人乃以太白下歐、韓，而不可破也。”李綱嘗作《讀四家詩選四首並序》，其序曰：“介甫選四家之詩，第其質文以爲先後之序。予謂子美詩閎深典麗，集諸家之大成；永叔詩温潤藻艷，有廊廟富貴之氣；退之詩雄厚雅健，毅然不可屈；太白詩豪邁清逸，飄然有凌雲之志，皆詩傑也。其先後固自有次第，誦其詩者，可以想見其爲人。乃知心聲之發，言志詠情，得於自然，不可勉強到也。”（《梁溪集》卷九）有關《四家詩選》之排列次序，後人猜測甚多，或謂有意，或謂無意，可參《苕溪漁隱叢話》前集卷六引《王直方詩話》及《遁齋閑覽》，同書卷一八引《蔡寬夫詩話》，以及《環溪詩話》卷中、《老學庵筆記》卷六、《捫蝨新話》上集卷二等。

建康酬唱詩一卷　　佚名編

《宋志》：“王安石《建康酬唱詩》一卷。”按：是書疑他人彙刻王安石居建康時與人唱和之作，非安石所編。

送朱壽昌詩三卷　　佚名編

《通志》著録“《贈朱少卿詩》三卷”，《通考》卷二四九則著録“《送朱壽昌詩》三卷”，書名略異，而引《中興藝文志》曰：“皇朝司農少卿朱壽昌生數歲而母嫁，五十年不相知。熙寧初棄官，於同州求得之，乃屈資求爲蒲中倅，士大夫作詩送之。”《宋志》：“《送朱壽昌詩》三卷。”按：《宋史》卷四五六本

傳：朱壽昌字康叔，揚州天長（今安徽天長）人。以父巽蔭守
將作監主簿，歷權知岳州，知閬州、廣德軍。著有《樂府集》十
卷（見《讀書附志》《宋志》）。“母劉氏，巽妾也。巽守京兆，劉氏
方娠而出。壽昌生數歲始歸父家，母子不相聞五十年。……
熙寧初，與家人辭訣，棄官入秦，曰：‘不見母，吾不反矣。’遂
得之於同州。劉時年七十餘矣，嫁讜氏有數子，悉迎以歸。
京兆錢明逸以其事聞，詔還就官，由是以孝聞天下。自王安
石、蘇頌、蘇軾以下，士大夫爭爲詩美之。”事又見文同《送朱
郎中詩序》（《丹淵集》卷二六）。《宋志》列是集於王安石條下，或
即安石所編歟。

曾公亮勳德集三卷　　蒲宗孟 編

《宋志》：“蒲宗孟《曾公亮勳德集》三卷。”按：曾公亮（九
九九——一〇七八），字明仲，晉江（今屬福建）人。天聖二年
（一〇二四）進士甲科，累官參知政事。嘉祐六年（一〇六一）
拜吏部侍郎、同中書門下平章事。《宋史》卷三一二有傳。蒲
宗孟，字傳正，新井（今四川南部）人。皇祐五年（一〇五三）
進士。神宗時助呂惠卿製手實法，擢翰林學士，拜尚書左丞。
罷知諸州。《宋史》卷三二八有傳。是集蓋衰輯曾公亮生前
身後告詞、讚頌、哀挽、碑銘之類，故稱“勳德”。

寶刻叢章三十卷　　宋敏求 編

《讀書志》卷二〇：“《寶刻叢章》三十卷。右皇朝宋敏求
次道編。次道聚天下古今詩歌石刻凡一千一百三十篇，以其
相附近者相從，又次以歲月先後。王益柔爲之序，云：‘文章
難能者莫如詩，則必其所自信爲佳句，或爲人所愛重者，故多

有清新嫣麗之語，覽者其深究焉。’”又《書録解題》卷一五：“《寶刻叢章》三十卷，宋敏求次道以四方碑刻詩文集爲此編，多有别集中所逸者。”《通考》卷二四八、《宋志》同。按：宋敏求（一〇一九——一〇七九），趙州平棘（今河北趙縣）人，賜進士第，官至右諫議大夫。事跡詳蘇頌《宋公神道碑》（《蘇魏公文集》卷五一），《宋史》卷二五一有傳。其父綬，嘗編《歲時雜詠》。

寶刻叢章拾遺 三十卷　　佚名編

《宋志》著録“宋敏求《寶刻叢章》三十卷”，其下又著録“《寶刻叢章拾遺》三十卷”，蓋續輯碑刻詩文。然蘇頌《宋公神道碑》（見上引）、范鎮《墓誌銘》（載《名臣碑傳琬琰之集》中卷一六），以及《讀書志》《書録解題》等在述《寶刻叢章》時，均未言及《拾遺》，故《拾遺》編者不詳是否仍是宋敏求，但當爲宋人。爲審慎，兹姑署佚名編。

江夏古今紀詠集 五卷　　王得臣編

《宋志》：“王得臣《江夏古今紀詠集》五卷。”按：王得臣，字彦輔，自號鳳亭子，安陸（今屬湖北）人。嘉祐四年（一〇五九）進士，官至司農少卿。著有《麈史》三卷，今存。參見《宋詩紀事補遺》卷一五。江夏，此當指漢代江夏郡，包括今安陸至武漢廣大地域（今武漢江夏區，即原武昌縣）。

高僧詩 一卷　　楊傑編

《宋志》：“楊傑《高僧詩》一卷。”按：楊傑，字次公，號無爲子，無爲（今屬安徽）人。嘉祐四年（一〇五九）進士，仕至禮部員外郎。平生喜談禪，著作亦多釋道文字。

考德集 三卷　　强　至　編

《書録解題》卷一五：“《考德集》三卷，强至所集韓魏公琦
薨後時賢祭文、挽詩。”《通考》卷二四九同。《宋志》著録“韓
忠彦《考德集》三卷”。蓋强至編定後，由琦長子忠彦刊行，故
著録爲“韓忠彦”。又《通志》：“《追榮考德集》六卷。”蓋合《追
榮集》（見下）著録。《考德集》既爲三卷，則《追榮集》亦當爲
三卷。按：强至（一〇二二——一〇七六），字幾聖，錢塘（今浙
江杭州）人。慶曆六年（一〇四六）進士，嘗爲韓琦幕吏，官至
祠部郎中。事跡見《咸淳臨安志》卷六六、清强汝詢《求益齋
文集》卷八《祠部公家傳》。

追榮集 一卷　　韓忠彦 編

《宋志》：“韓忠彦《追榮集》一卷。”按：忠彦（一〇三八—
一一〇九），字師朴，韓琦長子。徽宗即位，以吏部尚書召拜
門下侍郎，進左僕射。後入元祐黨籍。事跡詳畢仲游《丞相
儀國公行狀》（《西臺集》卷一五），《宋史》卷三一二有傳。元絳
《追榮集序》曰：

> 惟忠獻韓公以永興節度、司徒兼侍中薨於鄴，上震
> 悼置朝，變服制，以尚書令告於第，又以配英宗廟食告於
> 朝。……宸筆爲製文以詔神道，而篆其首曰“兩朝顧命
> 定策元勳之碑”。其孤忠彦侈上之賜，□以其御製碑銘，
> 及册謚遣奠等文，摹刻方牘，題曰《追榮集》，且來請序其
> 末。（《國朝二百家名賢文粹》卷一五八）

是書猶有三卷本，見上强至《考德集》。

成都古今詩集六卷　　章　粢　編

《宋志》：“章粢《成都古今詩集》六卷。”按：章粢（一〇二七——一一〇二），字質夫，建州浦城（今屬福建）人。治平二年（一〇六五）進士。嘗爲成都路轉運使，歷知諸州。徽宗建中靖國元年（一一〇一）拜同知樞密院事。《宋史》卷三二八有傳。

李定西行唱和詩三卷　　佚　名　編

《通志》：“《李定西行唱和詩》三卷。”按：李定（一〇二八——一〇八七），字資深，揚州（今屬江蘇）人。少學於王安石，登進士第。歷知制誥，累官御史中丞，遷翰林學士。哲宗時知青州，移江寧府。以劾蘇軾爲公論所惡。《宋史》卷三二九有傳。“西行”事不詳。

仕途必用集二十一卷　　陳材夫　編

《讀書志》卷二〇：“《仕途必用集》二十一卷，右皇朝祝熙載編本朝楊、劉以後諸公表啟爲一編。”又《書録解題》卷一五：“《仕途必用集》十卷，吳郡祝熙載序云陳君材夫所編，皆未詳何人。録景德以來人表牋雜文，亦有熙載所撰者，題爲祝著作，當是未改官制前人也。”《通考》卷二四八引陳氏，作“二十一卷”。《宋志》作“十卷”。據《解題》，則是集蓋陳材夫編，祝熙載爲之序，當有兩本，一本二十一卷，一本十卷。周必大校刻《歐陽文忠公集》，曾用此編參校。陳材夫事跡無考。祝熙載，字舜咨，三衢（今浙江衢州）人，嘗登進士第，爲金華主簿，歷朝奉郎、守秘書丞。略見胡宿《送祝熙載赴金華主簿》（《文恭集》卷三）、楊傑《祝先生詩集序》（《無爲集》卷九）。

抄齋唱和集一卷　　孫　頎編

《宋志》："孫頎《抄齋唱和集》一卷。"按：孫頎，字景修，長沙（今屬湖南）人，號拙齋，成象（九九一——一〇二三）（據劉摯《忠肅集》卷一四《孫公墓誌銘》）子。第進士，累遷湖北轉運使，終太常少卿。嘗撰《古今家誡》，蘇轍於元豐二年（一〇七九）四月三日作《古今家誡叙》（《欒城集》卷二五）。事跡略見《峴首題名》（《金石萃編》卷一三四）、《宋詩紀事補遺》卷五。

吳興詩一卷　　孫　覺編

《書録解題》卷一五："《吳興詩》一卷，熙寧中知湖州孫氏集，而不著名。以其時考之，孫覺莘老也。"《宋志》："孫氏《吳興詩》三卷（不知名）。"按：孫覺（一〇二八——一〇九〇），字莘老，高郵（今屬江蘇）人。登皇祐元年（一〇四九）進士第。熙寧二年（一〇六九）知審官院，因反對青苗法，出知廣德軍，徙湖州（即吳興）。元祐時累官至御史中丞。《宋史》卷三四四有傳。據清茆泮林《宋孫莘老先生年譜》（道光二十五年〔一八四五〕高郵甘雨亭刊本），孫覺由廣德軍徙知湖州，在熙寧四年（一〇七一）十二月，至熙寧六年春移知廬州。

荔枝唱和詩一卷　　孫　覺編

《宋志》："孫覺《荔枝唱和詩》一卷。"按：《詩人玉屑》卷一一《鷓鴣詩》："孫莘老知福州，有《荔枝》十絶句云：'兒童竊食不知禁，格磔山禽滿院飛。'蓋《譜》言荔枝未經人摘，百禽不敢近；或已經摘，飛鳥蜂蟻競來食之。或謂鷓鴣既不登木，又非庭院之禽，性又不嗜荔枝，夏月即非鷗鶄之時，語意雖工，亦詩之病也。”孫覺編是集，疑在知福州時。茆泮林《宋孫莘老先生年譜》：元豐二年（一○七九）七月，“坐蘇軾詩獄，徙知福州”。至元豐四年，徙知亳州、揚州，辭不赴，於是“徙知徐州”。則其編《荔枝唱和詩》，當在知福州的三年之内；所謂《荔枝》十絶句，或即在《唱和詩》中。

集賢院詩二卷　　雍子方、沈　括　編

《宋志》：“雍子方、沈括編《集賢院詩》二卷。”按：雍子方，事跡不詳，今僅知嘗官祠部員外郎（見鄭獬《太常博士秘閣校理雍子方可祠部員外郎制》，《鄖溪集》卷三）。沈括（一○三一—一○九五），字存中，錢塘（今浙江杭州）人。嘉祐八年（一○六三）進士，官至翰林學士。晚居潤州夢溪，著《夢溪筆談》，今存；又有《長興集》四十一卷（傳本僅存十九卷，收入《三沈先生文集》）。《宋史》卷三三一有傳。

古今名賢詩二卷　　鄭　雍　編

《宋志》：“鄭雍《古今名賢詩》二卷。”按：鄭雍（一○三一—一○九八），字公肅，襄邑（今河南睢縣）人。嘉祐二年（一○五七）進士甲科。元祐時拜尚書左丞，紹聖間累官中書舍人。坐元祐黨，罷知成都府。事跡詳綦崇禮《鄭公行狀》（《北海集》卷三四），《宋史》卷三四二有傳。

三蘇翰墨一卷　　佚　名　編

《宋志》：“《三蘇翰墨》一卷（蘇軾等書）。”蓋摹刊三蘇墨跡。

汝陰唱和集一卷　趙德麟 編

《書録解題》卷一五：“《汝陰唱和集》一卷。元祐中蘇軾子瞻守潁，與簽判趙令時德麟、教授陳師道無已唱和。晁説之以道爲之序，李廌方叔後序，二序皆爲德麟作也。”晁説之序，現傳《景迂生集》未收，已佚。李廌《汝陰倡和集後序》今存，略曰：

> 東坡先生再入翰林爲學士承旨，未閲歲，復請守郡，得汝陰（祝按：即潁州，今安徽阜陽），意甚喜之。……先生在汝陰，友人陳師道履常爲郡吏，廌雖無位於朝廷，欲挈婦携子受廛爲氓，往從之游。先生止之曰：“吾將上書乞梓州，欲過家上冢而去。潁雖樂土，非能久留。”廌遂不果行。……後於中書喬舍人家見《汝陰倡和》。……其後六年，廌適吳越，將道漢沔浮江而東，遇德麟於襄陽，慨然傾蓋如平生交。德麟出《汝陰倡和》，多嚮日所傳者三之二，粲然盈目，固足以使汝陰之人與夫他邦之人至汝陰者，自今時至於百世，皆懷慕想望以爲一段佳事，是必與歐陽子《思潁》諸詩俱傳於無窮。廌益恨於是時不得操紙執筆，從二三子後以奉觴詠之樂，亦附名於不朽也。今先生得罪，竄南海，異時門生故吏，孰肯顧恤。獨吾德麟之意不替平昔，又取此詩使廌叙之，其義甚高，非世俗所能爲也。（《濟南集》卷六）

考蘇軾知潁州在元祐六年（一○九一）八月，次年二月改知揚州，實只半年耳。當時參與唱和者，除陳師道、趙令時外，猶有歐陽脩之子歐陽棐、歐陽辨兄弟。據李廌序，《唱和集》當爲趙德麟編，在蘇軾南貶後尚未刊刻，行世蓋在南渡之後。

總戎集十卷　　顧　臨、梁　燾編

《宋志》：“顧臨、梁燾《總戎集》十卷。”按：顧臨，字子敦，會稽（今浙江紹興）人。歷同知禮院，元祐二年（一〇八七）擢給事中，拜河北路都轉運使。入爲翰林學士，後入元祐黨籍。喜論兵，神宗時嘗被詔編《武經要略》，因條十事以獻。《宋史》卷三四四有傳。梁燾（一〇三四——一〇九七），字况之，須城（今山東東平）人。第進士，元祐七年（一〇九二）拜尚書右丞，轉左丞，後入黨籍。《宋史》卷三四二有傳。是集蓋二人裒輯論兵之作，收録範圍不詳。

滁陽慶曆集十卷　　徐　徽編

《書録解題》卷一五：《滁陽慶曆集》十卷，“朝散郎滁人徐徽仲元集。斷自慶曆以來。曾肇子開紹聖中謫守，爲之序”。《通考》卷二四九同。《宋志》：“徐徽《滁陽慶曆集》十卷。”又重複著録“曾肇《滁陽慶曆集》十卷”。是書明代猶存，《秘閣書目》：“《滁陽慶曆集》。”又《内閣藏書目録》卷八：“《滁陽慶曆集》四册，全。宋紹聖間曾肇知滁陽時集其州詩文，斷自慶曆以前，故名。凡十卷。”《解題》作“斷自慶曆以來”，而此作“以前”。按：陳氏猶著録《慶曆後集》（詳後），謂是“續”《前集》，“末及紹興”；則此當作“斷自慶曆以前”爲是。按：徐徽，字仲元，滁州全椒（今安徽全椒）人，自號獨山居士。嘉祐四年（一〇五九）進士，嘗爲提舉利州路常平。參見《宋詩紀事》卷二二。

賜王韶手詔一卷　　佚　名編

《宋志》：“《賜王韶手詔》一卷。”按：王韶（一〇三〇——

一〇八一），字子純，江州德安（今屬江西）人。嘉祐二年（一〇五七）進士。熙寧元年（一〇六八）上《平戎策》三篇，神宗召問方略，以之爲管幹秦鳳經略司機宜文字。累官至觀文殿學士、禮部侍郎。卒，謚襄敏。《宋史》卷三二八有傳。是集蓋收録王韶言邊事方略及神宗賜詔文字，當爲其子或故吏編。

褒題集三十卷　　孫　洙　編

《宋志》：“孫洙《褒題集》三十卷。”按：孫洙（一〇三一—一〇七九），字巨源，廣陵（今江蘇揚州）人。未冠擢進士，又應制科。元豐初累官翰林學士，卒。事跡詳李清臣《孫公墓誌銘》（《名臣碑傳琬琰之集》中卷五二），《宋史》卷三二一有傳。

襄陽題詠二卷　　魏　泰　編

《宋志》：“魏泰《襄陽題詠》二卷。”按：魏泰，字道輔，晚號臨漢隱居，襄陽（今屬湖北）人。早年因毆考官未中進士，遂隱居。長於詩文，著有《臨漢隱居集》二十卷，久佚，現存《東軒筆録》十五卷、《臨漢隱居詩話》一卷。

清才集十卷　　劉禹卿　編

《讀書志》卷二〇：“《清才集》十卷。右皇朝劉禹卿編輯古今題劍門詩什銘賦，蒲逢爲之序。”《通考》卷二四八同。按：劉禹卿，元祐間人，康熙《岷州志》卷一九收其元祐二年（一〇八七）所作《和王純臣啟至大寨聞擒鬼章捷書上奏喜而爲詩》一首，岷州，今甘肅岷縣。餘未詳。

高麗詩三卷　　佚　名　編

《讀書志》卷二〇：“《高麗詩》三卷。右元豐中高麗遣崔思齊、李子威、高琥、康壽平、李穗入貢，上元宴之於東闕下。神宗製詩，賜館伴畢仲衍（祝按：原誤"行"，據《宋史》卷二八一《畢仲衍傳》改。下同），仲衍與五人者及兩府皆和進。其後，使人金梯、朴寅亮、裴某、李絳孫、盧柳、金花珍等塗中酬唱七十餘篇，自編之，爲《西上雜詠》。絳孫爲之序。"《通考》卷二四八同。則《高麗詩》乃宋君臣、高麗使者《西上雜詠》詩之合編本，疑即畢仲衍編。按：仲衍（一〇四〇—一〇八二），字夷仲，雲中（今山西大同）人，與弟仲游同舉進士，元豐間以秘閣校理同知太常禮院。卒，年四十三。事跡詳畢仲游《畢公夷仲行狀》（《西臺集》卷一六），《宋史》卷二八一有傳。

晁新詞一卷　　佚名編

《宋志》："《晁新詞》一卷（晁端禮、晁冲之所撰）。"按：晁端禮（一〇四六—一一一三），字次膺，鉅野（今屬山東）人。熙寧六年（一〇七三）進士，歷知平恩、莘縣等。工於詞，有《閑適集》十卷，久佚。事跡詳李昭玘《晁次膺墓誌銘》（《樂靜先生李公文集》卷四）、晁説之《晁公墓表》（《嵩山文集》卷一九）。晁冲之，字叔用，補之從弟，江西派詩人，紹聖初入黨籍，遂家於具茨山下，世稱具茨先生，今存《具茨先生詩集》一卷。參俞汝礪《具茨晁先生詩集序》（明嘉靖刻本《具茨晁先生詩集》卷首）、《宋詩紀事》卷三三等。

元祐館職詔策詞記一卷　　畢仲游編

《宋志》："畢仲游《元祐館職詔策詞記》一卷。"按：畢仲游（一〇四七—一一二一），字公叔，與兄仲衍同舉進士。元祐初爲軍器衛尉丞，召試學士院，蘇軾擢爲第一。加集賢校理、提點河東路刑獄。後入元祐黨籍。現存《西臺集》二十卷。事跡詳陳恬《畢公墓誌銘》（《永樂大典》卷二〇二〇五）。

揚州詩集三卷　　馬希孟 編

《書錄解題》卷一五："《揚州詩集》二卷，教授馬希孟編。元豐四年（一〇八一）秦觀作序。"《通考》卷二四九同。《宋志》："馬希孟《揚州集》三卷。"按：秦觀《與蘇先生簡》（《淮海集》卷三〇）曰："（鮮于）子駿（侁）以公言，顧遇甚厚，嘗令作《揚州集序》。"又《與邵彥瞻簡》（同上）："並《揚州集序》寄呈。……《揚州集序》雖鄙陋，然頗能道廢興遷徙之詳，如無他文，似不若實之於前，使觀者開卷便知作集之意也。望與使君議之，仍得其集一觀，幸甚幸甚。"又《揚州集序》（同上卷三九）略曰：

> 《揚州集》者，大夫鮮于公領州事之二年，始命教授馬君希孟採諸家之集而次之，又搜訪於境内簡編碑板亡缺之餘，凡得古律詩洎箴賦合二百二篇，勒爲三卷，號《揚州集》云。

據此，則上引《書錄解題》《通考》作"二卷"當誤，《宋志》是。馬希孟，除知其嘗爲揚州州學教授外，餘不詳。

麻姑山集三卷　　上官彝 編

《通志》："《麻姑山詩》三卷。"又《宋志》："上官彝《麻姑山集》三卷。"按：上官彝，邵武（今屬福建）人，熙寧九年（一〇七五）徐鐸榜進士。元豐中知巴陵縣，撰《淵德侯碑》（隆慶《岳州府志》卷三）；紹聖中爲建昌軍教授（《輿地紀勝》卷三五）。事跡略見嘉靖《邵武府志》卷八、道光《福建通志》卷一四七。又按：建昌軍治南城縣，麻姑山在焉，是集當編於紹聖中。

元祐榮觀集五卷　　汪浹編

《書録解題》卷五：“《元祐榮觀集》五卷，左朝奉大夫、權太學正汪浹撰。記元祐六年（一〇八三）視學本末，并群臣所上詩、賦、頌、表之類。張舜民芸叟爲之序。”《通考》同。《宋志》：“汪浹《元祐榮觀集》五卷。”按：張舜民序已佚。汪浹，德興（今屬江西）人，嘉祐二年（一〇五七）章衡榜進士（見雍正《江西通志》卷四九）。元祐間爲左朝奉大夫、權太學正。後因上書得罪（見陳次升《讜論集》卷一紹聖三年〔一〇九六〕所作《上哲宗論敕牓當取信天下札子》）。

干越題詠三卷　　佚名編

《宋志》：“《干越題詠》三卷（李并序）。”按：李并，南城（今屬江西）人。紹聖元年（一〇九四）進士，嘗爲知州。事跡略見正德《建昌府志》卷一五。序已久佚，故編者不詳。

建中治本書一卷　　任諒編

《宋志》：“任諒《建中治本書》一卷。”按：任諒，字子諒，眉山（今屬四川）人。紹聖四年（一〇九七）進士。累官徽猷閣待制、知京兆府，徙渭州，以憂去。言郭藥師必反，徽宗不聽，後果如其言，乃復起爲京兆，未幾卒。《宋史》卷三五六有傳。是集疑編於徽宗建中靖國（一一〇一）間或稍後，故名。

宣城集三卷　　劉珵編

《書録解題》卷一五：“《宣城集》三卷，知宣州安平劉珵。元符三年（一一〇〇）序。”《通考》卷二四九同。《宋志》：“劉理《宣城集》三卷。"是集明代猶存，葉盛《篆竹堂書目》卷三著録《宣城集》一册"，後佚。按：是書編者，《解題》作劉涇，《宋志》作劉珵。考劉涇，字巨濟，號前溪，簡州陽安（今四川簡陽西）人，熙寧六年（一〇七三）進士，嘗知處、虢、真、坊四州，《宋史》卷四四三有傳。劉珵，字純父，嘗知滑、蘇、明州，而不知其籍里。《解題》謂"安平劉涇"，考唐有安平縣，後並入博昌縣，故地在今山東臨淄縣東；深州亦有安平縣，即今河北深縣。則劉涇非安平人，疑作劉珵是。

政和文選二十卷　　佚　名　編

《讀書志》（袁本）卷四下："《政和文選》二十卷。右政和中或編元豐以後人詩文千餘篇，徐禧、席旦，其知者也。"

止戈堂詩一卷　　佚　名　編

《宋志》："程邁《止戈堂詩》一卷。"按《淳熙三山志》卷七《府治》：

> 止戈堂，今〔福州〕安撫廳後架閣庫之北，舊甲仗庫，置大廳東廂（見《治平圖》。上有凝翠樓，慶曆初，王祠部達有詩，今樓存）。嘉祐四年（一〇五九），燕司封度增置甲仗庫於安民堂東（見《熙寧圖》，今燕堂東）。自慶曆後，設廳之北惟日新堂而止。元豐四年（一〇八一）十一月，劉待制瑾始創架閣庫於堂北（舊架閣庫在使院之東），前作大門，謹啟闈之時（見《熙寧圖》。紹興間以門東西兩間爲安撫司錢庫）。復闢庫後爲堂曰"武備"，東西北列甲仗庫，又爲大門其南，而旁爲便門二，扃鐍嚴固。於是舊甲仗二庫皆廢（大廳東廂庫今樓下便路，燕堂東庫今爲廊屋矣）。建炎四年（一一

三〇），建寇猖獗，程待制邁乞師於朝，乃出禁旅，命孟參政庾、韓少師世忠討之。紹興二年（一一三二）賊平，遂更名堂曰"止戈"（有秦檜、李綱、孫近、汪藻、許份、張致遠、李彌遜、辛炳、張嵲、洪炎、鄧肅、李芘、朱松等詩，詠程公之功，今爲《止戈堂集》）。

據此，則是集乃蔡京、李綱等人作詩歌詠程邁平寇之功，當刊於紹興間。按：程邁（一〇六八——一一四五），字進道，黟（今安徽黟縣）人。元符三年（一一〇〇）進士，嘗知福州，仕至顯謨閣直學士。事跡詳《程氏家傳》（《程氏貽範乙集》卷八、《新安文獻志》卷八四）、《顯謨閣學士程邁傳》（《新安文粹》卷七）。程邁乃歌頌對象，當非是書編者，今改署"佚名"。

世綵集三卷　　廖　剛　編

《通考》卷二四九著録《世綵集》三卷，引《中興藝文志》曰："政和中，廖剛曾祖母與祖母享年最高，皆及見五世孫，剛作堂名'世綵'以奉之，士大夫爲作詩。"《宋志》："廖剛《世綵集》三卷。"所謂"世綵"，當用老萊子事。《藝文類聚》卷二〇《孝》引《列女傳》曰："老萊子孝養二親，行年七十，嬰兒自娛，著五色采衣。嘗取漿上堂跌仆，因臥地爲小兒啼。或弄烏鳥於親側。"按：廖剛（一〇七〇——一一四三），字用中，號高峰，南劍州順昌（今福建順昌）人。崇寧五年（一一〇六）進士，官至御史中丞。事跡詳張栻《工部尚書廖公墓誌》（《南軒集》卷三八），《宋史》卷三七四有傳。《墓誌》亦記編集事："公之曾大母享年九十有三，大父享年八十有八，皆及見耳孫，餘亦多壽考，累世以華髮奉養。公舊嘗名堂曰'世綵'，諫議陳公播之聲歌，士大夫從而爲詩者甚衆，緝之盈編。……宰相忠簡趙公（鼎）方務推廣上孝愛之志，遂以《世綵集》進奏，……其書至今人間樂傳之。"按趙鼎《進廖剛世綵堂集札》曰："臣今早進呈廖剛乞以一官回授封贈祖父，已得旨依所乞施行。竊惟陛下以孝治天下，故凡人子欲褒顯其親者，莫不曲留聖意，俯遂其請。臣愚固知陛下孝養之心未嘗少忘，今復覽廖氏事跡，聖懷不無感歎，所有廖剛所編《世綵堂集》，謹具進入。"（《忠正德文集》卷三）今存許景衡《橫塘集》卷五《世綵堂》、呂本中《東萊詩集》卷一七《廖用中世綵堂》、李光《莊簡集》卷四《世綵堂》等，疑皆《世綵堂集》中之逸詩。

艮岳集一卷　　佚名編

《書錄解題》卷一五："《艮岳集》一卷，不知集者。其首則（徽宗）御製序文也。"《通考》卷二四九同。按：艮岳乃徽宗政和七年（一一一七）於開封龍景山側所築土山，以象餘杭之鳳凰山，窮極花石之麗。因山在都城之艮方（東北方），故稱。是集蓋裒輯一時詠頌艮岳之作，當刊行於靖康之前。

長樂集十四卷　　俞向編

《書錄解題》卷一五："《長樂集》十四卷，福建提刑吳興俞向集。宣和三年（一一二一）序。"《通考》卷二四九卷數同，編者作"俞尚"。《宋志》作"俞向"。按：俞向，丹徒（今江蘇鎮江）人，累官朝請大夫、秘閣修撰，見《京口耆舊傳》卷二《俞康直傳》。則《通考》作"俞尚"當誤。長樂，縣名，今屬福建。

太平盛典二十三卷　　佚名編

《讀書志》卷二〇："《太平盛典》二十三卷。右或編政和間制誥、表章，多有可觀者。”《通考》卷二四八同。

神哲徽三朝制誥_{三卷}　佚名編

《宋志》：“《神哲徽三朝制誥》三卷。”按：是集既收有徽宗朝制誥，最早當刊於紹興間。

漢南酬唱集_{一卷}　許份編

《遂初堂書目》著録《漢南酬唱》，未録編者及卷數。《宋志》：“許份《漢南酬唱集》一卷。”按：許份（一〇七九——一一三三），字子大，閩縣（今福建閩侯）人。崇寧二年（一一〇三）擢甲科，知鄧州。官至龍圖閣學士。有文集四十卷，久佚。事跡詳李綱《許公神道碑》（《梁溪集》卷一六六）。《氏族大全》卷一四《百花洲》：“許份，字子大，宋崇寧中擢甲科。知鄧州，政尚寬。郡有百花洲，建堂其上，與民同樂。”所謂酬唱，蓋即裒輯在百花洲“與民同樂”時所作詩什。

南海集_{三十卷}　林安宅編

《宋志》：“林安宅《南海集》三十卷。”按：林安宅（一〇九九——一一八一），字居仁，侯官（今福建閩侯）人。建炎二年（一一二八）進士。乾道二年（一一六六）同知樞密院事兼權參知政事，淳熙七年（一一八〇）加端明殿學士致仕。事跡略見《乾道臨安志》卷三、《淳熙三山志》卷二八、《咸淳臨安志》卷四七等。南海，秦、漢郡名，治番禺（今廣州）。據雍正《廣東通志》卷二四，林安宅於紹興二十四年（一一五四）任廣東轉運使，其編《南海集》殆在是時，蓋搜輯廣州地區古今文獻。又雍正《福建通志》卷六八《藝文·福州府》亦著録“林安宅

《南海集》三十卷”，當以鄉里故也。

小有天後集—卷　鄧植編

《宋志》：“鄧植《小有天後集》一卷。”按：鄧植，甌寧（今福建建甌）人。政和二年（一一一二）進士。事跡略見嘉靖《建寧府志》卷一五。小有天，乃山西陽城縣西南王屋山之山洞，道家所謂十六洞天之一。

五制集—卷　朱翌編

《宋志》：“朱翌《五制集》一卷。”按：朱翌（一〇九七——一一六七），字新仲，自號灊山居士，桐鄉（今屬浙江）人。政和八年（一一一八）進士。紹興中爲中書舍人，忤秦檜，謫居韶州十九年。孝宗初，官至敷文閣待制、左朝議大夫。原有文集四十卷，後失傳，今存《永樂大典》本《灊山集》三卷。《宋史翼》卷二七有傳。五制，蓋選五人所作制誥文，當在爲中書舍人時所編。

松江集—卷　石處道編

《宋志》：“石處道《松江集》一卷。”按雍正《廣東通志》卷四四：“石處道，字元叟，德慶人。自幼聰敏，築室讀書，鄉人因名其所居之村及水皆曰書堂。登元豐五年（一〇八二）進士。知松江縣，以清白稱。政暇發爲詩詞，有《松江集》。官至朝奉郎。”其知松江縣在徽宗元符至建中靖國年間（一〇九八——一一〇一），見《吳都文粹續集》卷一五《三高祠記》及卷一六《昭靈侯廟碑》、《本朝春秋二祀祝文》等。吳曾《能改齋漫録》卷五《鱸魚鄉》，稱“仁宗朝治平丙午（三年，一〇六六）

所編《松江集》"云云。王象之《輿地碑記目》卷一《平江府碑記》："《松江詩集》,何按撰;《松江詩後集》,胡份序,《重廣松江集》,石處道序。"則石氏所編當名《重廣松江集》,蓋前、後兩詩集之補編。松江縣,宋代屬平江府(今江蘇蘇州市),一九五八年劃歸上海市,今爲上海松江區。

劍津集十卷　　胡舜舉 編

《宋志》："胡舜舉《劍津集》十卷。"按:胡舜舉,字汝士,績溪(今屬安徽)人。建炎二年(一一二八)進士。紹興中知建昌軍(今江西南城)。著有《旴江志》。據雍正《福建通志》卷二四,胡氏又嘗於紹興間知劍州(今福建南平市),其編《劍津集》當在是時。

椿桂堂詩一卷　　莫　琮編

《宋志》："莫琮《椿桂堂詩》一卷。"按:《至元嘉禾志》卷一三《崇德縣》："宋莫琮,字叔方,杭州仁和(今浙江杭州)人。其先隱德不仕。徽宗崇、觀中,三舍法行,琮以貢首入京師,肄業辟雍。復兩預薦書,屢陞優舍。高宗建炎初,避地於是邑,因家焉。晚以特科一等入仕,歷曹娥鹽場、四明、三山幕職、南嶽祠吏,通直郎致仕。涖官行己,皆有可紀。有子五人:元忠、若晦、似之、若拙、若冲,俱登儒科,皆袁氏出。琮累贈中大夫,袁氏封大令人。袁氏壽康,兄弟無故迎侍禄養,縉紳榮之,邑宰朱軾即所居立五桂坊。家有椿桂堂,士大夫多賦詩。"喻良能《香山集》卷一六《椿桂堂》、范成大《石湖詩集》卷二六《寄題莫氏椿桂堂》(原注:莫氏五子皆登科,居崇德縣)、葉適《水心集》卷六《題椿桂堂》、陳造《江湖長翁集》卷一六《題椿桂堂四首爲莫倅作》等，疑皆《椿桂堂詩》之逸篇。

岳陽唱和三卷　　廖伯憲 編

《宋志》：“廖伯憲《岳陽唱和》三卷。”按：廖伯憲，順昌（今屬福建）人。紹興八年（一一三八）進士。事跡略見嘉靖《延平府志》卷一四。

樵川集十卷　　廖遲 編

《宋志》：“廖遲《樵川集》十卷。”按：廖遲，順昌（今屬福建）人，剛（一○七○——一一四三）長子。廖剛編《世綵集》，前已著録。父子皆以信義聞。事跡略見《宋史新編》卷一三八、《南宋書》卷二三。

中興六臣進策十二卷　　佚 名 編

《讀書附志》卷下：“《中興六臣進策》十二卷。右紹興五年（一一三五），前宰執呂頤浩、李綱、汪伯彥、李邴、張守、王綯、韓肖冑答詔旨所問戰守方略之策也。”以上共七人，而云“六臣”，不詳其故。

聖紹堯章集十卷　　李文友 編

袁本《讀書志》卷四下：“《聖紹堯章集》十卷。右皇朝李文友編靖康末至紹興十年（一一四○）敕書詔旨。”李文友事跡不詳。

桂林集十二卷　　張脩 編

《宋志》：“張脩《桂林集》十二卷。”按：胡寅《桂陽監學記》

（《斐然集》卷二○）稱“紹興十二年（一一四二）五月，制詔郡邑崇復庠序，知桂陽監、左朝奉大夫無棣張侯脩以書抵某曰”云云，知張脩爲無棣（今屬山東）人，嘗以左朝奉大夫知桂陽監（今湖南郴州）。然編是集者是否即此人，別無可考。

和陶集十卷　　佚名編、傅共注

《書録解題》卷一五：“《和陶集》一卷，蘇氏兄弟追和，傅共注。”《通考》卷二四八同。按：傅共，字洪甫，號竹溪散人，仙溪（疑今福建德化）人。紹興二年（一一三二）進士，文詞秀拔。其侄傅幹，有《注坡詞》傳世（轉引自劉尚榮《傅幹注坡詞》代前言《注坡詞考辨》引中華書局藏珍重閣手寫本《注坡詞》卷首徐乃昌《考訂》，巴蜀書社一九九三年版）。

輶軒唱和集三卷　　洪皓編

《書録解題》卷一五：“《輶軒集》一卷，鄱陽洪皓、歷陽張邵、新安朱弁使金得歸，道間唱酬。邵爲之序。”《通考》卷二四九同。按洪适《題輶軒唱和集》曰：“右《輶軒唱和集》三卷。紹興癸亥（十三年，一一四三）六月庚戌，先君（洪皓）及張公邵、朱公弁自燕還，途中相唱酬者。中興以來，出疆者幾三十輩，或留或亡，得生渡盧溝而南者，三人而已。……先君字光弼，饒州人。張公字才彥，和州人。朱公字少章，徽州人。”（《盤洲文集》卷六二）《三朝北盟會編》卷二二二引《禮部尚書奉使金國待制張公（邵）行實》：“歲在（紹興）癸亥二月初六日，金人忽召公詣尚書省，說諭放還，遣使館伴。俾就館，且使與洪公皓、朱公弁會于燕山，同塗而歸。時紹興十三年也。四月十四日，自會于同塗，而洪公先在焉。五月，朱公自雲中

至。六月庚戌，三人俱發軔于永平館，途中以詩唱和，目之曰
《輶軒唱和集》。"又胡次焱《跋輶軒唱和詩集》曰："六飛南渡，
使金者幾三十輩，其得生渡盧溝而南者，番易洪公皓、新安朱
公弁、歷陽張公邵，纔三人耳。洪公、張公十五年，朱公十七
年，其歸皆以紹興癸亥（十三年，一一四三）秋八月，此集蓋三
公歸途吟卷也。"（《梅巖文集》卷七）《宋志》作"《輶軒唱和集》三
卷"。蓋三卷爲原編本，陳氏所錄一卷本晚出。按朱熹《奉使
直秘閣朱公（弁）行狀》曰："紹興癸亥，和約已定，公乃與洪忠
宣公及歷陽張公邵皆得歸，其事見洪公家書《輶軒集》，今行
於世。"既稱《輶軒集》爲"洪公家書"，則最後統編者當是洪
皓，蓋歸朝後稿本由皓保存也。按朱弁卒於紹興十四年（一
一四四），朱熹《行狀》既言該集"今行於世"，則《唱和集》在三
人歸宋之次年、朱弁尚在世時已刊行矣。

單題詩十二卷　　戴　覺、李　丁編

《宋志》："戴覺、李丁《單題詩》十二卷。"按：戴覺，龍溪
（今福建龍海）人，紹興五年（一一三五）進士，爲汀州教授。
事跡略見嘉靖《龍溪縣志》卷七。李丁事跡不詳。

膾炙集一卷　　嚴　煥編

《書錄解題》卷一五："《膾炙集》一卷，朝請郎嚴煥刻於江
陰，韓吏部而下雜文二十餘篇。"《通考》卷二四九、《宋志》同。
按：嚴煥，字子文，常熟（今屬江蘇）人，紹興十二年（一一四
二）進士，孝宗時嘗通判建康府，遷知江陰軍。入爲太常丞，
出監福建市舶。見《景定建康志》卷二四、《琴川志》卷八、《宋
會要輯稿·職官》七二之一。

戛玉前集四十九卷後集五十卷　　楊存亮 編

《讀書附志》卷下：“《戛玉前集》四十九卷、《後集》五十卷，右紹興壬戌（十二年，一一四二），楊存亮元明編近世諸公舉業雜文，類而次之。”

羅浮寓公集三卷　　佚　名 編

《宋志》：“《羅浮寓公集》三卷。”按：鄭康佐於紹興二十一年（一一五一）作《唐眉山先生文集跋》曰：“康佐承乏惠陽，暇日閲《寓公集》，蓋東坡先生與唐公（庚）謫居時著述也，唐公之文凡十有二首，詩賦一百十有一首。”鄭氏所閲《寓公集》，疑即《羅浮寓公集》，以羅浮山在惠州故也，蓋紹興時好事者輯刊蘇、唐二人貶惠州時所作詩文。

滁陽慶曆後集十卷　　吳　鈺、張康朝、王言恭 編

《書録解題》卷一五著録《滁陽慶曆集》十卷（本書前已著録），又著録《後集》十卷：“《後集》則吳玨、張康朝、王言恭所續，宣和四年（一一二二）唐恪欽叟序之，末及紹興，蓋又後人續入之爾。”《通考》卷二四九同。《宋志》：“吳玨《滁陽慶曆後集》十卷。”按：《滁陽慶曆集》“斷自慶曆以前”（考見前），則《後集》應起於慶曆之後。又按：作序之唐恪（？——一一二七），字欽叟，錢塘（今浙江杭州）人。以蔭登第，累官中書侍郎。金要割三鎮，恪從之以求退兵；及金兵薄城，始悔，遂罷相。次年汴京陷，金逼百官推戴張邦昌，恪既書名，仰藥死。《宋史》卷三五二有傳。據《解題》，陳氏所見本下迄紹興間，蓋宣和時嘗刊板，到紹興時吳玨等三人（三人事跡待考）續之

而重刊也。

綸言集一百卷　　佚名編

衢本《讀書志》卷二〇："《綸言集》一百卷。右或編國朝制册、詔誥成此書。以其皆王言也，故以爲名。"《通考》卷二四八同。袁本《附志》亦有著録。據晁公武年代，是書當是宋孝宗淳熙以前人所編。

四學士文集五卷　　佚名編

《宋志》："《四學士文集》五卷（黄庭堅、晁補之、張耒、秦觀所著）。"按：此四人文集，徽宗時嘗毀板嚴禁，是集當爲紹興時所刊。

游山唱和一卷　　陳天麟編

《宋志》："陳天麟《游山唱和》一卷。"按：陳天麟（一一一六一？），宣城（今屬安徽）人。紹興十八年（一一四八）進士。歷知饒、襄、贛州，遷集英殿修撰，卒。事跡略見《紹興十八年同年小録》《宋中興東宫官僚題名》，參《宋詩紀事》卷四七。

謝家詩集一卷　　李燾編

《宋志》："李燾《謝家詩集》一卷。"按：李燾（一一一五——一八四），字仁甫，一字子真，丹稜（今屬四川）人。紹興八年（一一三八）進士。歷知榮州，累遷秘書少監兼權起居舍人，尋兼實録院檢討。官終敷文閣待制，起知遂寧府。著作極豐，今存名著《續資治通鑑長編》。事跡詳周必大《李文簡公神道碑》（《周文忠公文集》卷六六），《宋史》卷三八八有傳。輯詩稱“謝家”，所指未詳。

荊門惠泉詩集 二卷　洪　适　編

《宋志》：“洪适《荊門惠泉詩集》二卷。”按：周必大《洪公神道碑銘》曰：“秦（檜）薨（在紹興二十五年，一一五五），忠宣（洪皓，适父）北歸亦道卒，服闋，起知荊門軍。”洪适《荊門集序》略曰：

> 荊門之西，泉出山下，播爲雙寶。南泉方五尺許，膏渟乳積，來不見狀；復行地中，去亦叵測。石崖有唐人留墨。北泉即山剡洞，混混清沘，宇以夏屋，神龍所潛，累甓如橋，導之東出，貯爲修塘。……二沼皆有蓮，驚流濺沫，束爲曲澗，然後吐爲長溪，舊曰蒙泉，今日惠泉。……前題後詠，碑板相照。絶阻水，歷當陽，抵玉泉，則關氏血食之地，有唐人詩，鋟木於崇寧，刻石於政和，歷未滿百，兵革跶藉，木石俱焚。冥搜殘編，厪有存者，因摩拂斷裂，芟翦輔益，地無藏書家，裒稡不能備，具圖泉石之狀於卷端，使展齒未及者可以想見梗概。銘記數十篇，得諸煨燼之末，弃之固可惜。……紹興戊辰（十八年，一一四八），王公來自賢關，贈言祖道，光熖頎然，其首章則今丞相所作也。一字之襃，榮今陋古，百有餘年，堅珉並峙，公卿名氏，星斗彪列，使地有九鼎大呂之重，足以張大斯文，編之所宜先。癸亥（紹興十三年，一一四三）之秋，予自道山歸耕，棲遲半世，與田夫樵子爲群，一旦起徒中，佩印組，所得同宗一逢掖之詩爾，輒復青蠅附驥，知我者當爲解頤，自鄶蓋無譏焉。（《盤洲文集》卷三四）

則《荆門集》當即《荆門惠泉詩集》，乃洪适所輯惠泉附近自唐至宋之詩歌、銘記，包括洪氏自作。洪适（一一一七—一一八四），字景伯，一字景温，號盤洲，鄱陽（今屬江西）人。孝宗乾道初累拜尚書左僕射、同中書門下平章事兼樞密使。著有《盤洲文集》，今存。事跡詳許及之《洪公行狀》、周必大《洪公神道碑銘》（俱見《盤洲文集》附録）。《宋史》卷三七三有傳。其知荆門軍，始於紹興二十八年（一一五八）四月。惠泉，在今湖北荆門市象山風景區東麓，乃温泉。

盤洲編二卷　　佚　名　編

《書録解題》卷一五：“《盤洲編》二卷，洪丞相适兄弟子姪所賦園池詩也。”《通考》卷二四九同。洪适爲相在孝宗時，是集當編於是時或稍後，編者乃其兄弟子姪，具體由何人總其事不詳。

瓊野録一卷　　佚　名　編

《書録解題》卷一五：“《瓊野録》一卷，學士洪邁園池記述題詠。其曰‘瓊野’者，從維揚得瓊花，植之而生，遂以名圃。”《通考》卷二四九同。按：洪邁（一一二三—一二〇二），字景廬，號容齋，适、遵弟。紹興十五年（一一四五）中詞科。歷知贛州、婺州，以端明殿學士致仕。有《野處類稿》，久佚，今存《容齋五筆》《夷堅志》等。《宋史》卷三七三有傳。是書編者，當爲洪邁子姪故吏。

謫仙集十卷　　勾龍震　編

《宋志》：“《謫仙集》十卷（勾龍震集古今人詞，以李白爲首）。”

按：勾龍震（一一一八一？），字元度，小名佛喜，小字喜佛，成都府成都縣（今四川成都）人。紹興十八年（一一四八）進士。見《紹興十八年同年小録》。

豫章類集_{十卷}　　鮑喬編

《宋志》：“鮑喬《豫章類集》十卷。”按：鮑喬（一一一九一？），字仲遷，處州龍泉（今浙江龍泉）人，紹興十八年（一一四八）進士。見《紹興十八年同年小録》。

中興以來玉堂制草_{三十四卷}　　洪遵編

《宋志》：“洪遵《中興以來玉堂制草》三十四卷。”按：洪遵（一一二〇一一一七四），字景嚴，适弟。紹興十二年（一一四二）中詞科，歷館閣，累進資政殿學士。《宋史》卷三七三有傳。周必大乾道八年（一一七二）作《續中興制草序》_{（見《周文忠公集》卷二〇）}，稱“近歲，承旨洪遵起建炎中興，迄紹興内禪，三紀之間，得制草六十四卷，序而藏之”，即指此書，然卷數較《宋志》多三十卷，其故不詳。

復雅歌詞_{五十卷}　　鯛陽居士 編

《書録解題》卷二一：“《復雅歌詞》五十卷，題鯛陽居士序，不著姓名_{（祝按：鯛陽乃古縣名，故治在今安徽阜陽市臨泉縣鯛城鎮）}。末卷言宮調音律頗詳，然多有調而無曲。”按：祝穆《古今事文類聚・續集》卷二四載鯛陽居士《復雅歌詞序略》，末曰：“屬靖康之變，天下不聞和樂之音者一十有六年。紹興壬戌，誕敷詔音，弛天下樂禁。”“紹興壬戌”爲紹興十二年（一一四二），則書當編成於是時。《校輯宋金元人詞》趙萬里《復雅歌詞輯本題記》：“陳振孫云……（略，已見上），是直齋已不詳此書爲何時何人所著（徐光溥《自號錄》亦無銅陽之名）。明刻《重校北西厢記》引李邴《調笑令》，云出《復雅歌詞後集》，知其書又分前、後集。觀陳元靚《歲時廣記》所引，知其體例與《本事曲子集》、《古今詞話》及《本事詞》《侍詞紀事》相類似，同可視爲最古之‘詞林記事’。”然《書錄解題》著錄於《樂府雅詞》《草堂詩餘》之間，當是詞總集，而非“記事”，蓋收詞時附有記事、詞話之類歟。

清暉閣詩—卷　　史正志 編

《書錄解題》卷一五：“《清暉閣詩》一卷，史正志創閣於金陵，僚屬皆賦詩。”《通考》卷二四九同。《宋志》著錄，編者爲“史正心”。疑“志”字形殘，遂訛爲“心”。按：史正志，字志道，丹陽（今江蘇鎮江）人。紹興二十一年（一一五一）進士。歷樞密院編修。孝宗時爲右文殿修撰、知靖江府。晚歸姑蘇以終老，號吳門老圃，卒年六十。著有《建康志》等。事跡略見《嘉定鎮江志》卷一八、《景定建康志》卷二五，參《宋詩紀事》卷五〇。

郢州白雪樓詩—卷　　佚 名 編

《宋志》：“《郢州白雪樓詩》一卷（蕭德藻序）。”按：蕭德藻，字東夫，自號千巖老人，閩清（今屬福建）人。紹興二十一年（一一五一）進士。嘗宰烏程，因家焉。長於詩，與陸游、楊萬里等齊名。《宋史翼》卷二八有傳。是集蓋輯錄歌詠郢州白雪樓之詩，編者不詳。祝穆《方輿勝覽》卷三三《郢州》，謂白雪樓之名源於宋玉問客有歌於郢中者，“其始曰《下里》《巴人》，國中屬而和之者数千人；其爲《陽春》《白雪》，屬而和者不過数十人"云云；又曰："今在郡治，謝諤重建，《樓記》曰：楚地諸州皆有樓觀收攬奇秀，而郢之白雪尤雄勝。"按：古郢州白雪樓，在今湖北鐘祥市。

南州集十卷後集八卷　　林　桷　編

《書録解題》卷一五："《南州集》十卷，太平州教授林桷子長集。"《通考》卷二四九同。《宋志》："楊佽《南州集》十卷。"是書明代猶傳世，《秘閣書目》著録"《南州集》"；《内閣藏書目録》卷八曰："《南州集》六册，全。宋淳熙間姑孰守楊公命郡教授林桷編集晉、宋以來姑孰山川名賢題詠也。前集十卷，後集八卷。姑孰（按：今蘇州）在六朝稱南州，故云。"又："《南州前集》四册，全。又四册，全。"則《解題》未著録《後集》，而據《内閣藏書目録》，《後集》當亦是林桷編。按：林桷，字景實，長溪（今福建霞浦南）人，秦熺婿，紹興二十一年（一一五一）進士，官至右司郎中。除編《南州集》外，猶著有《横堂小集》十卷、《姑熟志》五卷。見《淳熙三山志》卷二八、《宋詩紀事》卷五〇。

桂林文集二十卷　　江文叔　編

《宋志》："江文叔《桂林文集》二十卷。"按：江文叔（一一二八——一一九四），字清卿，福州侯官（今福建閩侯）人。紹興二十七年（一一五七）進士，爲南雄州學、靖江府學教授，以左從事郎移鬱林州教授，通判建寧府。事跡詳周必大《江公文叔墓誌銘》（《周文忠公集》卷七二）。鬱林州，今廣西玉林縣，即秦桂林郡地（見《元豐九域志》卷九）。

溪堂師友尺牘六卷　　佚名編

《宋志》：“謝逸《溪堂師友尺牘》六卷。”按：謝逸（一〇六八——一一一三），字無逸，號溪堂，臨川（今江西撫州）人。學於呂希哲。舉進士不第，遂不仕。著有《溪堂集》十卷。是書當收謝逸之師友尺牘，且非謝逸所編。謝逸《溪堂集》及其弟謝薖《竹友集》（又稱《謝幼槃文集》），今俱存，皆紹興二十一年（一一五一）趙士鵬所刊，苗昌言作刊板跋曰：“聞之鄉老，無逸之交遊，無非天下名士，其後幼槃（謝薖）聲聞寖廣，與之並驅而爭先。既没之後，爲之傳序、爲之哀詞、祭文者甚衆。”當時所刊止二謝詩文，而所藏生前交遊之名士尺牘，蓋後來有人編刊別行，即是集也。

皇宋百家詩選五十七卷　　曾慥編

曾慥（？——一一五五）所編《樂府雅詞》今存，本書前已著録。又嘗編《皇宋百家詩選》，《讀書志》卷二〇著録道：

> 《皇宋詩選》五十七卷。右皇朝曾慥編。慥，魯公（曾易占）裔孫，守贛川、帥荆渚日，選本朝自寇萊公以次至僧璡二百餘家。詩序云：“博採旁搜，拔尤取穎，悉表而出焉。”

《通考》卷二四八同。今本《書録解題》卷一五作“一百卷”，然《通考》引陳氏，未言卷數異。《玉海》卷五九稱“凡五十卷”，“又《續選》二十卷”。《宋志》即著録“《宋百家詩選》五十卷、又《續選》二十卷”（按：《續選》編者乃鄭景龍，詳後）。周煇《清波雜志》卷八記曾慥編《皇宋百家詩選》事，原注曰：“曾帥江陵日，叔祖爲參議官，親見亟欲《詩選》成，僅得數篇，即撰小序以刊行，旋悟疏略，欲删去而不及。"則原編乃曾氏在江陵自刊。又陳造《題宋百家詩》稱"是書二十一册，六十一卷，蜀本也，魏提幹南伯見惠"（《江湖長翁集》卷三一）。知蜀本卷數又異。蓋各地以所得刊板，故多寡不同。是書明初猶殘存，《文淵閣書目》卷一〇載："《皇宋百家詩選》，一部二十九册，殘闕。"後全佚。王利器撰《曾慥〈百家詩選〉鈎沉》（載《文學遺産增刊》十四輯），輯録《詩選》佚文，又作《跋尾》，以爲五十七卷、六十一卷爲一本，即蜀本，五十卷爲贛本（按：據上引《清波雜志》，應爲江陵本，守贛川時尚未付梓），論據似欠充分，尚待研究。曾氏此編，當時毁譽參半。《解題》著録時，評之曰："編此所以續荆公之《詩選》（祝按：指王安石《唐百家詩選》），而識鑒不高，去取無法，爲小傳略無義類，議論亦凡鄙。陸放翁以比《中興間氣集》，謂相甲乙，非虛語也。其言歐、王、蘇、黄不入選，以擬荆公不及李、杜、韓之意。荆公前《選》實不然，余固言之矣。"雖衆口難調，選本類難免於評彈；然急於求成，所刊自不能精當。

續百家詩選 二十卷　　　鄭景龍 編

《書録解題》卷一五："《續百家詩選》二十卷，三衢鄭景龍伯允集，以續曾慥前《選》。凡慥所遺及在後者皆取之，然其率略尤甚。"《通考》卷二四九、《玉海》卷五九、《宋志》著録卷數皆同。鄭景龍，字伯允，寧宗時衢州（今屬浙江）人，殆爲書商，事跡略見時少章《三槐詩集序》（元吳師道編《敬鄉録》卷一一）。

楚東唱酬集 一卷　　　王十朋 編

《宋志》："王十朋《楚東唱酬集》一卷。"按：王十朋（一一一二一一一七一),字龜齡,號梅溪,溫州樂清(今浙江樂清)人。紹興二十七年(一一五七)進士第一。孝宗時歷國史院編修、起居舍人、侍御史等。事跡詳汪應辰《王公墓誌銘》(《梅溪後集》附録,又《文定集》卷三三)。所謂"楚東"指饒州(今江西上饒)。孝宗隆興二年(一一六四)七月,王十朋知饒州到任,與陳之茂、洪邁、王秬、何麒五人結"楚東詩社",編《楚東唱酬集》。是年七月,十朋得旨移夔州。九月,於舟中作《讀〈楚東倡酬集〉寄洪景廬(邁)王嘉叟(秬)》(《梅溪後集》卷一一)詩,稱"預恐吾儕有別離,急忙刊得倡酬詩"。又作《再讀〈楚東集〉用前韻寄景廬嘉叟》:"待將後集從前刻,直到番陽送別時。"則十朋在饒州時,已刊成《楚東集》(前集),而欲將離別饒州時之送行詩刻爲後集。後又作《安國讀〈酬唱集〉有平生我亦詩成癖却悔来遲不與編之句今欲編後集得佳作數篇爲楚東詩社之光復用前韻》(同上)詩曰:"六逸中無李謫仙(前集恨不得公詩爲六),詩筒忽得舊臨川(舍人前治臨川,乃鄰郡也)。枝芳又類燕山桂(何卿往矣,今集又得五人)。馬立欣瞻刺史天(五人二帥三守)。"由知前集中無張孝祥(安國),因何麒過世,故孝祥繼入社。然計劃中的後集刊刻否,未見著録,今不詳。

續中興玉堂制草三十卷　　周必大　編

《通考》卷二四八:"《續中興制草》三十卷,丞相益公周必大集。自爲序……"《宋志》:"周必大《續中興玉堂制草》三十卷。"按:周必大(一一二六一一二〇四),字子充,又字弘道,自號平園老叟、省齋居士,吉州廬陵(今江西吉安)人。紹興二十一年(一一五一)進士。淳熙中拜右丞相,光宗時封益國公,卒諡文忠。有文集二百卷,今存。事跡詳樓鑰《周公神道碑》（《攻媿集》卷九四），《宋史》卷三九一有傳。按周必大《續中興制草序》略曰：

> ……近歲，承旨洪遵起建炎中興迄紹興內禪，三紀之間，得制草六十四卷，序而藏之，復十年於茲矣。往者初上太上皇帝、太上皇后尊號，乃希世之潤典，聖朝所未行，有司失于稽考，不以表而以議，且玉冊中有"嗣皇帝臣某"之文。識者非之。逮乾道六年（一一七〇）郊祀慶成，再行盛禮，而臣適以訣聞寓鑾坡之直，因援唐主制，請主上率群臣詣德壽宮上表陳請。越十一月庚寅，有旨恭依。又按顏真卿闢雀器之議，舊錄載順宗之冊，凡表箋冊文止當稱"皇帝臣某"，然後一代之制稍應古誼。所謂文書繫朝廷大事者，其孰加于此乎？乃命院吏哀隆興以來舊藁繼（洪）遵所編，而以尊號表文爲之首，其餘制詔等各從其類，復增召試館職策問，合三十卷。繼今隨事附益，則卷秩將千萬而未止，在乎後之人不倦以續之而已。（乾道）八年歲在壬辰（一一七二）上元日。（《周文忠公集》卷二〇）

則是編乃周必大組織院吏所編，收隆興以來舊藁，以續洪遵所編《中興以來玉堂制草》。

南紀集 五卷　于霆、施士衡 編

《書錄解題》卷一五："《南紀集》五卷，知漢陽軍于霆、教授施士衡編。"《通考》卷二四九同。《宋志》："于霆《南紀集》五卷。"按：于霆除嘗知漢陽軍（今湖北武漢市漢陽區）外，紹興二十七年（一一五七）九月被命知漢州（見《建炎以來繫年要錄》卷一七七），其餘事跡不詳。施士衡，字德求，湖州（今屬浙江）人。嘗爲宣州簽幕，著有《同庵集》。《錦繡萬花谷》曾收其《挽張于湖》詩（見《宋詩紀事》卷五七），則其人當與張孝祥（一一三二——一一六九）大致同時且友善。《詩經·小雅·四月》："滔滔江漢，南國之紀。"鄭玄箋："江也，漢也，南國之大水紀理衆川，使不壅滯。"後以"南紀"指武漢地區，故是集當編於于霆知漢陽軍時。

另，鞏豐猶編有《南紀集》之《後集》三卷，本書另著録（見後）。

續橫浦集十二卷　　方崧卿　編

《宋志》："方松（崧）卿《續橫浦集》十二卷。"按：方崧卿（一一三五——一一九四），字季申，莆田（今屬福建）人。隆興元年（一一六三）進士。嘗知信州上饒縣，通判明州，知南安軍，擢知吉州，官終京西轉運判官。家藏書四萬卷，嘗校《韓昌黎集》，作《韓集舉正》十五卷。事跡詳葉適《方公神道碑》（《水心文集》卷一九），稱"公學極原本，無不通習。……《續橫浦集》《補襄陽志》，皆釐糾昔謬"。又詳周必大《方君崧卿墓誌銘》（《周文忠公集》卷七一），謂其"在南安，《續橫浦集》；至京西，《補襄陽志》，正譌謬甚多。詩文辯麗，略無陳言，二子類爲家集二十卷"。考張九成嘗謫居南安軍十四年，其文集爲《橫浦集》。《宋志》既將方氏此書著録於"總集類"，似與張九成文集無關，疑南安軍舊有地方文獻總集《橫浦集》，方氏所編爲續集。

後典麗賦四十卷　　唐仲友　編

《書録解題》卷一五："《後典麗賦》四十卷，金華唐仲友與政編。仲友以辭賦稱於時。此集自唐末以及本朝盛時，名公所作皆在焉，止於紹興間。先有王戊集《典麗賦》九十三卷，故此名《後典麗賦》。王氏集未見。"《通考》卷二四九同。按：《宋志》著録"王咸《典麗賦》九十三卷"。王戊、王咸，不詳孰是，事跡無考。唐仲友（一一三六—一一八八），字與政，號悦齋，金華（今屬浙江）人。紹興二十一年（一一五一）進士，紹興三十年（一一六〇）再中宏詞科，通判建康府。後擢江西提刑。

岳陽别集二卷　　翁忱 編

《宋志》："翁忱《岳陽别集》二卷。"按：翁忱（一一三七——二〇五），字誠之，樂清（今屬浙江）人。舉進士，歷明州慈谿尉，遷邵州邵陽令，知岳州巴陵縣，通判彬州。累官至朝奉郎。事跡詳葉適《翁誠之墓誌銘》（《水心文集》卷一五）。是集當是翁氏知岳州巴陵縣時所編。

東萊集詩二卷　　吕祖謙 編

《宋志》："吕祖謙《東萊集詩》二卷。"按：舊署吕祖謙編《麗澤集詩》，前已著録，又有《麗澤集文》，見下。此《東萊集詩》情況不詳，或出祖謙之手，而《麗澤集詩》及《集文》，疑是麗澤書院托名。

麗澤集文二十卷　　吕祖謙 編

現存《麗澤集詩》三十五卷，前人以爲吕祖謙編，本書前已著録。又有《麗澤集文》，明至清初尚傳。明《文淵閣書目》卷一〇著録"《麗澤集文》一部，八册"。《脈望館書目》有"《麗澤集》八本",蓋亦是《集文》。《季滄葦藏書目》載:"宋刻《古文麗澤》二十卷,八本。"知是書爲二十卷,後散佚。然該書是否呂祖謙編存疑,或爲麗澤書院托名,參前《麗澤集詩》叙録。

國朝名臣奏議 十卷　　呂祖謙 編

《書録解題》卷一五:"《國朝名臣奏議》十卷,呂祖謙集,凡二百篇。"《通考》卷二四九、《宋志》同。此書明末清初尚傳世,《絳雲樓書目》卷三著録"宋板《宋名臣奏議》",陳景雲注:"十卷,凡二百篇。呂成公編。"後蓋燬於火,遂失傳。

擢犀策 一百九十六卷 擢象策
一百六十八卷　　佚 名 編

《書録解題》卷一五:"《擢犀策》一百九十六卷、《擢象策》一百六十八卷。《擢犀》者,元祐、宣、政以及建、紹初年時文也,《擢象》則紹興末。大抵衍舉場屋之文,每降愈下,後生亦不復識前輩之舊作,姑存之以觀世變。"《通考》卷二四九同。按:《宋會要輯稿・選舉》五之二一:慶元五年(一一九九)正月十七日,禮部郎官陳讜上言,謂"舉子詞賦,固不敢望如《三都》,得如《三元元祐賦》足矣;論不敢望如《過秦》,得如《紹興前後論粹》足矣;策不敢望如晁、董,得如頃時《擢犀》《拔象策》足矣;義不敢望如張庭堅,得如周葵、陳宋霖《禮記義》、徐履《書義》足矣。……乞今後士子須以前輩文字爲法"云云。既而禮部尚書黄由等言:"竊見向來臣僚奏請,凡書坊雕印時文,必須經監學官看詳。比年所刊,醇疵相半,未足盡爲楷則。策復拘於近制,不許刊行。乞將今來省試前二十名三場程文並送國子監校定,如詞采議論委皆純正,可爲矜式,即付板行。仍乞檢會陳讜所奏，將《三元元祐衡鑒賦》《紹興前後論粹》《攉犀》《拔象策》同加參訂，拔其尤者，並付刊行，使四方學者知所適從，由是追還古風，咸資時用。從之。”則《解題》所錄《攉象策》，“攉”又作“拔”，不詳孰是（古代文獻中“攉”、“拔”互用）；而《攉犀策》《攉象策》兩書，蓋皆書坊所編，慶元前已有刊本，至是又由官府選刊（所謂“拔其尤者”）也。

西江酬唱一卷　　陳　讜　編

《宋志》：“陳讜《西江酬唱》一卷。”按：陳讜，字正仲，一字仲甫，仙遊（今屬福建）人。隆興元年（一一六三）進士。慶元中爲殿中侍御史，禮部郎官，開禧中官敷文閣待制。工書法。事跡略見陳宓《祭仙遊陳侍郎文》（《復齋先生陳公文集》卷一八）、《宋會要輯稿·選舉》五之二一、《書史會要》卷六、《慶元黨禁》等，參《宋詩紀事》卷五三。其在西江酬唱事未詳。

廬陵集一卷　　趙師擇　編

是書未見宋人著錄，而其書明代猶存。葉盛《菉竹堂書目》卷三載：“《廬陵集》二册。”又《內閣藏書目錄》卷八：“《廬陵集》二册，宋淳熙間趙師擇編次，皆廬陵古今名人詩文。”按：趙師擇，宗室子，見《宋史》卷二二〇《宗室世系表六》。

永嘉集三卷　　黃仁榮　編

《書錄解題》卷一五：“《永嘉集》三卷，亦不知何人集。”《通考》卷二四九同。《宋志》著錄“黃仁榮《永嘉集》三卷”，又“李知己《永嘉集》三卷”。按黃仁榮，字釋之，號堅叟，邵武（今屬福建）人。嘗知金溪縣。紹興二十五年（一一五五）知

盧州,歷兩浙轉運副使。紹興三十年(一一六○)、隆興元年
(一一六三)兩知臨安府。移知贛州,卒。事跡略見《乾道臨
安志》卷三、《咸淳臨安志》卷四七、《南宋制撫年表》卷上等。
李知己事跡無考。以上凡三本,《解題》與《通考》當指一書。
黄仁榮、李知己所編與陳氏所録是否同一本,不可考。兹姑
著録於黄氏名下。

京口詩集十卷續二卷　　熊　克　編

《書録解題》卷一五:"《京口詩集》十卷、《續》二卷,鎮江
教授熊克集開寶以來詩文。本二十卷,止刻其詩。續又得二
卷,自南唐而上曾所遺者,補八十餘篇。"《通考》卷二四九同。
《宋志》唯著録"熊克《京口詩集》十卷",無續集。京口,古丹
徒縣,今爲江蘇鎮江市轄區。按:熊克,字子復,建寧建陽(今
福建建陽)人。紹興二十七年(一一五七)進士,知紹興府諸
暨縣。入爲提轄文思院。除起居郎兼直學士院,以言者出知
台州。博聞强記,自少至老,著述外無他嗜,尤淹習宋朝典
故。著有《九朝通略》一百六十八卷,《中興小曆》四十一卷,
《四六類稿》三十卷。又嘗編《鎮江志》十卷,蓋與編《京口詩
集》同時。《宋史》卷四四五有傳。

館學喜雪唱和詩二卷　　熊　克　編

《宋志》:"熊克《館學喜雪唱和詩》二卷。"按:《南宋館閣
續録》卷八"校書郎":"熊克(淳熙)七年(一一八○)三月除,
九年六月爲秘書郎。"又同書卷九"國史院編修官":"熊克(淳
熙)七年十月以校書郎兼,九年六月爲秘書郎,仍兼。"則其編
是集,當在館閣任職的數年間。

郴江前集十卷後集五卷郴江續集
九卷　　丁　逢　編

　　《宋志》：“丁逢《郴江前集》十卷，又《後集》五卷，《郴江續集》九卷。”按：丁逢，字端叔，晉陵（今江蘇常州）人。乾道二年（一一六六）進士，累遷知安豐、盱眙二軍，終寶謨閣待制知郴州。著有《南征集》，久佚。事跡略見《咸淳毗陵志》卷一七、《咸淳臨安志》卷四八、《渭南文集》卷二〇、《止齋文集》卷四〇等，參見《宋詩紀事》卷五四。郴江，郴州河名，此代指郴州，今爲湖南市名。丁氏編《郴江》三集，當在晚年知郴州時。

清漳集三十卷　　趙不敵　編

　　《書録解題》卷一五：“《清漳集》三十卷，通判漳州趙不敵編。”《通考》卷二四九同。《宋志》：“趙不敵《清漳集》三十卷。”是集明代尚傳世，《秘閣書目》載：“《清漳集》。”又《內閣藏書目録》卷八：“《清漳集》四册，全。宋乾道間通守趙不敵編集清漳名賢詩文也。”按：趙不敵，宗室子，孝宗隆興間起通判漳州，後爲福建轉運司判官，乾道九年（一一七三）以左朝散大夫知宗正司事。見《淳熙三山志》卷二五、乾隆《福建通志》卷二一、卷二四。則此所謂“清漳”指漳州（按：另有清漳縣，在河北，不在南宋版圖內），今爲福建省漳州市。

載德集四卷　　葛　郛　編

　　《宋志》：“葛郛《載德集》四卷。”按：葛郛，丹陽（今江蘇鎮江）人，徙吳興（今浙江湖州）。立方子。乾道八年（一一七二）以奉議郎知江寧縣，歷判鎮江。參見《宋詩紀事》卷五六、

《宋詩紀事小傳補正》卷三。所謂"載德"，疑收録其父卒後時賢之祭文、挽詩等。

指南賦箋五十五卷指南賦經八卷

佚 名 編

《書録解題》卷一五："《指南賦箋》五十五卷、《指南賦經》八卷，皆書坊編輯時文。止於紹興以前。"《通考》卷二四九同。

選青賦箋十卷十卷　佚 名 編

《天禄琳瑯書目》卷三《宋版集部》："《選青賦箋》十卷，無撰人姓氏。《宋史·經籍志》及《文獻通考·經籍考》皆不載。是書卷中所録，盡當時省試之作，目録後有'建安王懋甫刻梓於桂堂'木記。乃書賈所輯以版行者，如陳振孫《書録解題》'《指南賦箋》五十卷、《指南賦經》八卷，皆書坊編集'，即係此類。小版細書，作巾箱本，其製甚精，亦宋時佳槧，足供秘玩者也。"

指南論十六卷　佚 名 編

《書録解題》卷一五："《指南論》十六卷。又本前後二集四十六卷，淳熙以前時文。"《通考》卷二四九同。則此書有兩本，一本十六卷，另一本分前、後二集，凡四十六卷。不詳兩本內容之異同。

桂林續集十二卷　劉褒編

《宋志》著録江文叔《桂林文集》二十卷（本書前已著録）後，又著録"劉褒《續集》十二卷"。按：劉褒，字伯寵，一字春卿,崇安(今屬福建)人。淳熙五年(一一七八)進士,除司門郎中。歷知西全州(今屬廣西桂林市)。嘉定六年(一二一三)監尚書六部門,罷。見《全宋詞》。《全宋詞》收其《水龍吟》,題"桂林元夕呈帥座";又有《六州歌頭》,題"上廣西張帥",蓋皆知西全州時作。是集亦當編於此時。

南紀後集三卷　　鞏豐編

《書録解題》卷一五著録于霆、施士衡編《南紀集》五卷(本書前已著録),同時著録《後集》三卷,謂"其《後集》則教授鞏豐也"。《通考》卷二四九同。按:鞏豐(一一四八—一二一七),字仲至,號栗齋,婺州武義(今浙江武義)人。淳熙十一年(一一八四)以上舍對策第進士,教授漢陽軍。歷知臨安縣、提轄左藏庫。尤工詩,有《東平集》二十七卷,久佚。事跡詳葉適《鞏仲至墓誌銘》(《水心文集》卷二二)。其編《南紀後集》,當在爲漢陽軍教授時。

桃花源集二卷　　姚孳、趙彦琇編

《書録解題》卷一五:"《桃花源集》二卷,又二卷。紹聖丙子(三年,一〇九六)四明田孳序。淳熙庚子(七年,一一八〇)縣令趙彦琇重編合爲一卷,下卷則淳熙以後所續。"《通考》卷二四九同。則陳氏所録,當是紹聖、淳熙兩本。紹聖本二卷有田孳序(編者爲姚孳,見下);淳熙本則合紹聖本二卷爲一卷,下卷乃趙氏續輯,仍爲二卷。按:趙彦琇,宗室子,見《宋史》卷二三六《宗室世系表二二》。紹聖本明初猶存,並採入《永樂大典》,清四庫館臣曾從《大典》中輯出,編爲一卷,已非舊觀。《四庫總目·總集類存目一》著録"《桃花源集》一卷，《永樂大典》本"，《提要》曰："宋姚鞏編，四明人。元祐辛未(六年，一○九一)補武陵令，因道士龔元正所輯古石刻文及諸家題詠輯爲是編(祝按：《宋志》嘗著録"道士龔元正《桃花源集》二卷")，前有自序，稱沅水去牂柯西，流貫武陵，東會洞庭，而桃源枕其涯，異人逸士多寓焉。故録嘉祐以前諸公詩文，綴爲一卷云。"姚鞏，疑與《解題》之"田鞏"爲一人，不詳"姚"、"田"二字孰是。惜大典本未收入《四庫全書》，後亡佚。

清湘泮水酬和一卷　　莫若冲 編

《宋志》："莫若冲《清湘泮水酬和》一卷。"按：莫若冲，字子謙，仁和(今浙江杭州)人。其父琮編有《椿桂堂詩》，前已著録。淳熙十一年(一一八四)進士，爲司農簿。出知岳州、全州，除大理丞。著有《浯溪文集》，久佚。事跡略見《萬姓統譜》卷一二○，參見《宋詩紀事》卷五五。泮水，古代代指學校。所謂"清湘泮水"似指岳州州學。

會稽紀詠六卷　　洪 璞 編

《書録解題》卷一五："《會稽紀詠》六卷，汪綱仲舉帥越，多所修創。嚴陵洪璞每事爲一絶，廣者四人，曰張淏、王栐、程震龍、馮大章。又有諸葛興爲古詩二十篇。"《通考》卷二四九同。則是集當爲洪璞編。明凌迪知《萬姓統譜》卷一："洪璞，字叔玉，淳安人。仕爲鎮東節度推官，陳《備邊八策》。楊慈湖薦之曰：'守官數十年，而無屋可居；舉家三百指，而無田可養。'其廉介如此。兄琰，亦有學行稱。"紹熙元年(一一九○)，兄弟同登進士第。雍正《浙江通志》卷一九一《介節》補充道：洪璞"爲鎮東節度推官，遷邵武通判"。楊簡薦其"節操方正，可備獻納科”，然“未報而卒。所著有《省堂文集》”。

中興諸臣奏議四百五十卷　　李　壁　編

《宋志》：“李壁《中興諸臣奏議》四百五十卷。”按：李壁（一一五九—一二二二），字季章，眉山丹稜（今四川丹稜）人，燾子。累官至參知政事，仕終端明殿學士、知遂寧府。事跡詳真德秀《故資政殿學士李公神道碑》（《真文忠公集》卷四一），《宋史》卷三九八有傳。《神道碑》曰：“初，趙忠定（汝愚）鎮蜀，輯《國朝奏議》爲若干卷，公與討論。晚又編《中興奏議》若干卷。”

臨江集三十四卷　　楊　恕　編

《宋志》：“楊恕《臨江集》三十四卷。”按：楊恕（一一六二—一二二五），字可及，丹徒（今江蘇鎮江）人。歷知新城、淳安縣，通判慶元府，權知湖州，改臨江軍。官終朝散大夫。事跡詳劉宰《楊大夫壙志》（《漫塘文集》卷三二）。太宗淳化三年（九九二），析清江、新淦、新喻三縣置臨江軍，治所清江（今江西樟樹市臨江鎮）。所謂《臨江集》，殆楊恕知臨江軍時組織編纂的臨江軍地方文集。

蕭秋詩集一卷　　趙汝談　編

《書錄解題》卷一五：“《蕭秋詩集》一卷。玉山徐文卿斯遠作《蕭秋詩》，四言九章、章四句，趙蕃昌甫而下，和者十三人，紹熙辛亥（二年，一一九一）也，趙汝談履常亦與焉。後三十三年，嘉定癸未（十六年，一二二三），乃序而刻之。文卿晚第進士，未授官而死，有詩見《江湖集》。”《通考》卷二四九同。

按：趙汝談，字履常，號南塘，太宗八世孫，寓餘杭（今浙江杭州）。淳熙十一年（一一八四）進士，理宗時權刑部尚書。

括蒼集三卷後集五卷別集四卷續一卷

詹　淵、陳百朋、柳大雅、吳飛英　編

《書録解題》卷一五："《括蒼集》三卷、《後集》五卷、《別集》四卷、《續》一卷，郡人吳飛英、陳百朋相繼纂輯。"前三種，《通考》卷二四九著録同，而無《續集》一卷。《宋志》："詹淵《括蒼集》三卷，陳百朋《續括蒼集》五卷，柳大雅《括蒼別集》四卷。"《宋志》所録《續括蒼集》五卷，當即《解題》之《後集》，乃陳天錫（字百朋，詳下）編。按：詹淵（一一六八——一二二五），字景憲，崇安（今屬福建）人。慶元五年（一一九九）進士。爲臨江户曹掾，終監車轄院。事跡詳真德秀《詹君墓誌銘》（《真文忠公集》卷四五）。陳百朋（一一一四——一一九九），名天錫，字百朋，享年八十有六（見陳傅良《陳百朋壙誌》，《止齋集》卷五○）。嘗撰《括蒼志續》一卷，《書録解題》卷八著録。柳大雅，《至元嘉禾志》卷一五載紹興三十年（一一六○）梁克家榜進士名録中有之，注曰："嘉興（今屬浙江）人。"雍正《浙江通志》卷一二五同。編《括蒼別集》四卷，餘未詳。至於《括蒼續集》一卷，當即吳飛英編。《南宋館閣録》卷七："吳飛英，字德華，括蒼人。王十朋榜進士及第，治詩賦。（淳熙）元年（一一七四）十二月除，二年二月爲將作少監。"雍正《浙江通志》卷一二五載紹興二十七年丁丑王十朋榜進士名録中有之，注曰："龍泉（今屬浙江）人。"淳熙八年新任提舉浙西常平，數十日未到官，周必大嘗論奏之（見《周文忠公集》卷一四四《論吳飛英赴官遷延》）。按：括蒼，古縣名，今浙江麗水。

吳興分類詩集三十卷　　倪祖義 編

《書録解題》卷一五：“《吳興分類詩集》三十卷，霅川倪祖義子由編。大抵以孫氏所集（祝按：指孫覺所編《吳興詩》，前已著録）大略而增廣之，且並及近時諸公之作。然亦病於太詳。祖義，齊齋之子，少聰俊，仕未達，得年五十以死。”《通考》卷二四九同。按：倪祖義，字子由，倪思（一一七四——一二二〇）子，湖州歸安（今屬浙江）人。

三老奏議七卷　　　程九萬 編

《宋志》：“程九萬《三老奏議》七卷。”按：程九萬，字鵬飛，青陽（今屬安徽）人。紹熙元年（一一九〇）進士。歷太府丞，充兩淮鹽鐵使，安撫襄陽。事跡略見李曾伯《跋程制幹九萬詩軸》（《可齋續稿》卷五）、《宋詩紀事》卷五六、《南宋制撫年表》等。所謂“三老”未詳。

盛山唱和集一卷　　佚 名 編

《通志》：“《盛山唱和集》一卷。”考盛山在開州（今重慶開縣，古稱盛山郡）。馮山《安岳集》卷一一有詩，其題曰《往時與今錢唐蒲資政傳正（宗孟）、修史鄧内翰温伯（潤甫）同和唐韋考功（處厚）、張水部（籍）〈盛山十二詠〉，畀開江吳令使榜於宿雲亭。二十三年矣，因緣登覽，感慨疇昔，復爲短篇，以紀故事》，下署“元祐二年（一〇八七）正月二十八日，安岳馮允南”。以此推之，唱和當在英宗治平二年（一〇六五）。詩曰：“曾繼唐賢舊唱酬，宿雲亭傳爲遲留。韋温石上尋遺跡。蒲鄧天邊憶俊遊。亭樹寂爲閒處所，溪山清帶古風流。神交冥漠相知遠，重把狂吟此暗投。”又同上書卷一有《開州盛山十二題》，應即馮山當年參與唱和之作，十二題爲：《宿雲亭》《梅嶺》《茶嶺》《流杯渠》《隱月岫》《盤石磴》《胡盧沼》《琵琶亭》《桃塢》《繡衣石榻》《上士泉瓶》《竹岩》。韋驤《錢塘集》卷七亦有《和唐韋相國盛山十二詠》。韋氏嘗爲夔路提刑，時間不詳，疑亦嘗預唱和。唐韋處厚開江唱和事，見韓愈《開州韋侍講盛山十二詩序》，權德輿嘗編爲《盛山倡和集》。此蓋不詳名氏者踵其事（《宋志》著録“商佶《盛山集》一卷”，《盛山集》是否即《盛山唱和集》，難以斷定），纂輯開江吳令當年榜於宿雲亭之唱和篇什，都爲一集刊之也。

又乙集一卷　　黃學行 編

《宋志》：“黃學行《又乙集》一卷。”按：黃學行，字上甫，惠安（今屬福建）人。嘉定元年（一二〇八）進士，爲全州教授。歷通判建寧府，知循州。著有《坦齋類稿》，久佚。事跡略見嘉靖《惠州府志》卷三、嘉靖《建寧府志》卷五、嘉靖《惠安縣志》卷一二等。

夷陵集六卷　　黃　環 編

明葉盛《篠竹堂書目》卷三載：“《夷陵集》一册。”又《内閣藏書目録》卷八：“《夷陵集》三册，全，嘉泰間（一二〇一——一二〇四）郡守黃環纂集夷陵名賢詩文題詠，凡六卷。”據正德《袁州府志》卷六，黃環於淳熙十四年（一一八七）知袁州，其餘事跡不詳，或嘗官夷陵。夷陵，今湖北宜昌。

艇齋師友尺牘二卷　　曾　滐 編

《書録解題》卷一五：“《艇齋師友尺牘》二卷，南豐曾季貍裘父之師友往復書簡,其子濰輯而刻之。自吕居仁、徐師川以降,下至淳熙、乾道諸賢咸在焉。裘父蕭然布衣,而名流敬愛之若此,足以知其人之賢,而亦以見當時風俗之美也。"《通考》卷二四九同。按:曾季貍著有《艇齋詩話》,今存。陳氏《解題》卷一七著録《元豐類稿》時,謂"開禧乙丑(元年,一二〇五),建昌趙汝礪、丞陳東得(《元豐類稿》)於其族孫(曾)濰者,校而刊之,因碑傳之舊,定著爲四十卷"。知曾季貍、曾濰父子爲曾鞏族裔。

宏辭總類四十一卷後集三十五卷第三集十卷第四集九卷　陸時雍 等編

《書録解題》卷一五:"《宏辭總類》四十一卷、《後集》三十五卷、第三集十卷、第四集九卷。起紹興乙亥(二十五年,一一五五),迄嘉定戊辰(元年,一二〇八)。皆刻於建昌軍學。相傳紹興中太守陸時雍所刻前集也,餘皆後人續之。戊辰以後,時相不喜此科,主司務以艱僻之題困試者,縱有記憶不遺,文采可觀,輒復推求小疵,以故久無中選者。初,紹聖設科,但曰宏辭,不試製、誥,止於表、檄、露布、誡諭、箴、銘、頌、記、序九種,亦不用古題。及大觀,改曰詞學兼茂,去誡諭及檄,而益以制、誥,亦爲九種四題,而二題以歷代故事。及紹興,始名博學宏辭,復益以誥、贊、檄,爲十一種,三日試六題各一今一古,遂爲定制。"《通考》卷二四九同。《宋志》:"陸時雍《宏詞總類》前後集七十六卷。"則所録爲《前集》《後集》,而統題爲"陸時雍",失妥。按:陸時雍(一〇九三——一一五五),字堯夫,嚴州淳安(今浙江淳安)人。上舍賜第,歷秘書丞,通判湖州、襄陽府,終知建昌軍。事跡詳曾協《陸公行狀》(《雲莊集》卷五）。方回《讀宏詞總類跋》曰：“紹興二十三年癸酉（一一五三），釣臺陸時雍守建昌軍，刊《宏詞總類》，以秦檜之文冠其首，作序諛之。……自紹聖創學（祝按：指設宏詞科）以至靖康之亂，凡有司之命題，與試者之作文，無非力詆元祐，以媚時相，四六率是愈工，而祖宗時正氣掃地。”（《宛委別藏》本《桐江集》卷三）則陳氏《解題》所謂“起紹興乙亥，迄嘉定戊辰”，蓋指《後集》及第三、第四集，陸氏刻書在紹興癸酉，卒於乙亥，前集固不可能起於乙亥。《後集》以後不詳爲誰氏編。

呂氏家塾增注三蘇文選二十七卷

呂祖謙 編、蔡文子 注

傅增湘《經眼錄》卷一八：

《呂氏家塾增注三蘇文選》二十七卷，（宋蘇洵、蘇軾、蘇轍撰，存卷一至八。）卷首題“東萊先生呂祖謙伯恭遴選”，“建安蔡文子行之增注”。

全書二十七卷，選書策史論爲多，以備士子帖括之用。合三蘇選一百二十餘篇。

宋刊本，半葉十四行，行二十五字，注雙行，細黑口，左右雙闌。宋諱不避，遇宋帝空格。版心題“文一”等字。前有嘉定乙亥（八年，一二一五）重午日武夷隱吏序，疑即當時所刊。鈐有“毛晉”（朱）、“郭申堂庚寅年收書印”（白）等印。（丁巳）

按明楊士奇《書三蘇文選後》曰：“《三蘇文選》一册十二卷，東萊所選，建安蔡文子爲之注。皆取其論治體而便於科舉之用，雖不能皆純，而讀之可以啟益胸次，動盪筆端，未必無助也。”（《東里集》卷一〇）楊氏書後之本，當即《呂氏家塾增注三蘇文選》，舊題呂祖謙編，然未見歷代書目著録，是否僞託不詳。
傅氏所見本今無著録，或已失傳。

釣臺新集六卷續集十卷　　王　敷　編

《書録解題》卷一五："《釣臺新集》六卷、《續集》十卷，郡
人王敷集。"《通考》卷二四九同。按：《新集》明代猶存，《內閣
藏書目録》卷八載："《釣臺新集》二册，宋開禧（一二〇五——一
二〇七）間舒城王敷編集釣臺形勝題詠、碑文。"王敷事跡不
詳。又，此稱"新集"、"續集"，宋人當另刊有《釣臺集》，葉茵
（一一九一—?）有《讀〈釣臺集〉》詩可證（見《順適堂吟稿甲集》），
久已失傳。又《景定嚴州續志》卷四《書籍》載《釣臺詩》《釣臺
續集》《釣臺別集》，皆未録卷數，不詳《續集》是否即上引《解
題》著録之王敷本？而《別集》更不知誰氏所編，要之皆久佚
不傳。今傳《釣臺集》，乃明人編刊。

章貢集十卷　　黃師參　編

明《內閣藏書目録》卷八："《章貢集》五册，全。宋寶慶
（一二二五——一二二七）間贛州守聶公命教授黃師參采集境
内名勝古今題詠及記、碣、雜文，凡設施之本末，營繕之先後，
邦人之去思，皆以類聚。十卷。"按：黃師參，字子魯，號魯庵，
福州閩清（今屬福建）人。嘉定十三年（一二二〇）進士，嘗爲
國子學正，添差通判南劍州。見《淳熙三山志》卷三二、《宋詩
紀事》卷七〇、《宋詩紀事小傳補正》卷八。

宗藩文類六十卷　　趙鏞夫　編

《讀書附志》卷下："《宗藩文類》六十卷。右魏邸鏞夫銓

次也。三祖而下，各以昭穆編叙之。凡朝廷之所褒嘉者，爲詔、爲制二十五卷；凡名公鉅卿相與讚述者，爲表奏、爲記序、爲賦類、爲詩歌與夫碑銘、祭文等，作三十五卷。魏了翁爲之序。端平己亥（祝按：端平無己亥，己亥乃嘉熙三年，一二三九）鑰夫自蜀來訪，扣未盡之書，希弁嘗以一二補其闕。渠深惜太祖派下文字獨少，既而欲以燕王、秦王初除防禦使達之，而未能也。"魏了翁《宗藩文類序》曰：

> （國朝）至裕陵以後，（對宗室）又增爲教育、選舉之法，文武彦彬彬輩出，其冠進士、擢詞學、舉童子者，是猶以詞藝稱。……諸王孫鑰夫謂不可無傳，乃取累朝所以敬親重本、士大夫所以鋪休揚美者梓成鉅編，名以《宗藩文類》，而屬某叙所以作。雖編次容有闕遺，而其大者具於此，用不敢辭。（《鶴山先生大全文集》卷五四）

按：趙鑰夫，名見於《宋史》卷二三七《宗室世系表二三》，事跡不詳，當與魏了翁（一一七八——一二三七）同時。

三洪制藁六十二卷　　洪偲編

《宋志》："《三洪制藁》六十二卷，洪适、遵、邁撰。"按：魏了翁《三洪制藁序》曰：

> 洪氏之孫偲將以其三祖制藁刻諸犍爲郡齋（按：今四川樂山），而屬了翁爲之序。竊惟三先生之言行有銘有誄，有（祝按：疑"其"之誤）家有恤章，有奉常之諡，有史氏之策，藐然陋儒，敢贅有稱述？用對揚高皇之丕顯休命，以推本其忠孝之傳，爲萬世訓。文惠公（洪适）内外制凡十四卷，文安公（洪遵）二十卷，文敏公（洪邁）二十八卷。

（《鶴山先生大全文集》卷五一）

洪偲乃洪适之孫，嘗在蜀中刻其祖适所著《盤洲文集》八十卷，原刻本今存，"廓"、"敦"皆爲字不成，當刻於寧宗時（參見《宋人別集叙録》卷一九《盤洲文集》叙録）。《三洪制藁》必同時所刻。魏了翁《中大夫秘閣修撰致仕楊公墓誌銘》（《鶴山先生大全文集》卷七四），作於理宗紹定元年（一二二八），墓主楊子謨死於寶慶二年（一二二六）九月。《墓誌銘》述楊氏最後歷官事跡道："被命兼權嘉定府（祝按：犍爲乃樂山古地名，宋代爲嘉州。《宋史·寧宗紀一》：慶元元年〔一一九五〕冬十一月，"（升）嘉州爲嘉定府"。）……嘉定守洪偲報罷，公再兼府事。偲竊用府緡，公督還其半，鯨竄其嬖吏，以其狀上之，一郡稱快。然自是得請以去，不復出矣。"誌文未記年月，以宋代官制推之，知嘉定府洪偲報罷當在寧宗嘉定（一二〇八——一二二四）後期，其刻《三洪制藁》必在此期間内。

四家胡笳—卷　　　佚名編

《書録解題》卷一五："《四家胡笳詞》一卷，蔡琰、劉商、王安石、李元白也。"《通考》卷二四九同。按：劉商，字子夏，彭城人，唐貞元中爲比部郎中。工詩、畫，有詩十卷行於世，見《唐詩品彙·姓氏爵里詳節》。李元白，字景平，號三江，奉化（今屬浙江）人。嘉定十年（一二一七）進士，累官國子博士。深於詩。事跡略見《宋元學案》卷七六、《宋詩紀事》卷六二。則是集當刊於宋季。

壯觀類編—卷　　　佚名編

《宋志》："《壯觀類編》一卷，劉燾、楊萬里、米芾等作。"按：劉燾,字無言,長興(今屬浙江)人。元祐三年(一○八八)蘇軾知貢舉,稱其文章典麗,遂中甲科。仕致秘閣修撰。善書,筆勢遒勁,嘗召修閣帖。著有《見南山集》五十卷,久佚。事跡略見《嘉泰吳興志》卷一七、《皇宋書録》卷中、《宋詩紀事》卷三二。楊萬里(一一二七——一二○六),南宋著名詩人。米芾(一○五一——一一○七),北宋書法家、詩人。是集題以"壯觀",所舉三人之中,有二人皆以書法名家,楊萬里亦工書(見《書史會要》卷六),疑是諸家真跡摹刻本。

古文正宗前集二十二卷後集十二卷　　佚名編

《讀書附志》卷下:"《古文正宗》前集二十二卷、《後集》十二卷。右集諸儒評論先秦、兩漢、三國、二晉、六朝、唐及我宋諸公之文也。"

諸儒性理文錦八卷　　常挺編

《四庫總目・總集類存目一》:"《諸儒性理文錦》八卷,內府藏本。舊本題兵部尚書常珽編,不著時代。考《萬姓統譜》:'常珽字方叔,連江(今屬福建)人,宋嘉祐進士,累官吏部尚書,參知政事。'似乎即此常珽,惟吏部字不同,疑二書當有一誤,或編此書時適官兵部耶。其書全録宋儒性理之文,間亦上及韓愈、柳宗元等。分六十四類,文以類附。蓋專爲科舉之用。前有吳登甲、翁以孫序,據序所言,蓋登甲又有所補輯,非原本矣。"今按:常珽,當是"常挺"之誤。挺(一二○五——一二六八)字方叔,號東軒,福州人,嘉熙二年(一二三八)進士,累官權兵部尚書兼侍讀,權禮部尚書,遷吏部尚書,咸淳三年（一二六七）授同知樞密院事兼權參知政事。《宋史》卷四二一有傳。則所引《萬姓統譜》之“嘉祐進士”，“祐”字誤。是集今未見著録。

宋賢體要集十三卷　　佚　名　編

《讀書附志》卷下：“《宋賢體要集》十三卷。右集曾鞏、歐陽脩、王安石、王令、王安國、吳子經、周羕父、王雱、陳之方、蘇軾、蘇轍、孫洙、杜植、曾宰、鄭獬、范鎮、唐介、姚闢所作也。”作者皆北宋人，不詳何人編刊於何時。

玄真子漁歌碑傳集録一卷　　佚　名　編

《書録解題》卷一五：“玄真子漁歌，世止傳誦其‘西塞山前’一章而已。嘗得其一時倡和諸賢之辭各五章，及南卓、柳宗元所賦，通爲若干章。因以顔魯公《碑述》、《唐書》本傳以至近世用其詞入樂府者，集爲一編，以備吳興故事。”《通考》卷二四九同。編者及年代不詳，蓋刊於吳興（今浙江湖州）。

三家宮詞三卷　　佚　名　編

《書録解題》卷一五：“《三家宮詞》三卷，唐王建、蜀花蕊夫人、本朝丞相王珪所著。”《通考》卷二四八同。後有《五家宮詞》（見下），不收上述三家之作。

五家宮詞五卷　　佚　名　編

《書録解題》卷一五：“《五家宮詞》五卷，石晉宰相和凝、本朝學士宋白、中大夫張公庠、直秘閣周彦直及王仲修，共五人，各百首。仲修當是王珪之子。”《通考》卷二四八引陳氏同。明《玄賞齋書目》卷七著錄"《五家宮詞》"。今存《十家宮詞》(本書已著錄)，當即增編《五家宮詞》而成。上面《三家宮詞》及此《五家宮詞》，宋代曾獨自成書，雖八家作品已保存到《十家宮詞》中，但作爲曾經統傳過的總集編刊本則已佚，故仍著錄焉。

大全賦會五十卷　　佚 名 編

《四庫總目·總集類存目一》："《大全賦會》五十卷，《永樂大典》本。不著編輯者名氏，皆南宋程試之文。"大典本後亡佚。按：清曠趙先生，永嘉(今屬浙江)人，清曠疑是其字號，名未詳。與釋居簡(一一六四——二四六)同時。參見本書卷一〇《五老集》叙錄。

啟札錦繡一卷　　趙清曠 編

《四庫總目·總集類存目一》："《啟札錦繡》一卷，《永樂大典》本。舊本題清曠趙先生編，不著其名。所錄皆南宋人啟札，而不題作者之姓名。蓋當時盛行此體，書賈采輯刊版，備掃撍之用耳，不足以言文章也。"大典本後亡佚。按：清曠趙先生，永嘉(今屬浙江)人，清曠疑是其字號，名未詳。與釋居簡(一一六四——二四六)同時。參見本書卷一〇《五老集》叙錄。

發蒙宏綱三卷　　羅黃裳 編

《四庫總目·總集類存目一》："《發蒙宏綱》三卷，《永樂大典》本，宋羅黃裳編。黃裳池州(今安徽貴池)人，咸淳中曾爲番禺守。明《內閣書目》曰：'《發蒙宏綱》，宋咸淳間羅黃裳

撰五言詩十二篇，又擇古文凡有關於蒙養者三十篇以訓蒙.’
今考所錄，皆鄉塾習誦之文，無所鑒別，亦無所發明，殊無一
長可取，不知何以流傳於後也。”大典本後亡佚。

群公四六續集十卷　　佚　名　編

《四庫總目·總集類存目一》：“《群公四六續集》十卷，浙
江范懋柱家天一閣藏本。不著編輯者名氏，凡自甲至癸十
卷。皆南宋人通候之啟，其正集今未之見，此其續集也。所
錄無非應酬泛語，無足採錄。如方雲翼、葛謙白等賀秦太師
諸啟，尤穢簡牘也。”是集近代猶存，傅增湘《經眼錄》卷一八
所記，當即《續集》：

> 《群公四六》十集，明棉紙紅格寫本，十一行二十字。
> 不著撰輯人，所採皆南宋啟劄之文，分甲至癸十集，每卷
> 前各有目，附記如下。……（涵芬樓藏書，己巳元月見。）

《涵芬樓燼餘書錄》未著錄，當已燬於日寇戰火。

聖宋名臣獻壽文集十二卷　　佚　名　編

《四庫總目·總集類存目一》：“《宋名臣獻壽集》十二卷，
兩淮馬裕家藏本。所載皆南宋祝壽之文，編次既無義例，稱
名亦無體式，蓋其時書肆所爲也。”是書近代猶存殘本，傅增
湘《經眼錄》卷一八著錄道：

> 《聖宋名臣獻壽文集》十二卷，（存卷一至五，計五卷。）
> 明寫本，十行十九字，注雙行同。鈐有“竹泉珍藏”、“詖
> 聞齋”二印，蓋上海顧氏藏書也。存卷一至五，兹錄其目
> 如下：卷一（賦），卷二（頌），卷三（記），卷四（四言詩），卷五

（五言律），卷六（七言絶句），卷七、八（七言律），卷九（七言律），卷十（七言律），卷十一（七言律），卷十二（七言律）。

　　按：此書各家未經著録，其篇中撰人有署官職者，有題別號者，有題書名者，（如《道山集》《南游集》之類。）有題字而不著姓者，雖四六酬酢詩文，然其中多罕見之人，當爲録副本存之，以補各家佚文。（己巳正月初三日沅叔記。涵芬樓藏。）

《涵芬樓燼餘書録》未著録，當已燬於日寇戰火。

詩林萬選十八卷　　何新之 編

　　《萬姓統譜》卷三四：“何新之，西安（今浙江衢州）人，仕至樞密院編修官。嘗採唐宋詩爲《詩林萬選》行世。後知忠安軍，死節。”黄虞稷《千頃堂書目》卷三一著録爲十八卷。謝翱《天地間集》載其詩一首，小傳稱“字仲德，號横舟”。其戰死事，詳《宋史》卷四五〇《唐震傳》。厲鶚編《宋詩紀事》，共引《詩林萬選》中詩歌七十八首。（卞東波《〈宋人總集叙録〉補遺》，《圖書館雜志》二〇〇八年第一期）

古今詩統六卷　　劉辰翁 編

　　黄虞稷《千頃堂書目》卷三一著録：“劉會孟《古今詩統》六卷。”劉辰翁（一二三二——一二九七），字會孟，號須溪，吉州廬陵（今江西吉安）人。宋末元初詩人兼評點家。《古今詩統》乃辰翁所選唐宋詩合集本，原書已佚，賴殘本《永樂大典》存其佚文多則：項斯《寄流人》、崔櫓《春晚泊船江村》、于濆《山村曉思》、聶夷中《勸酒》四位唐代詩人四首，以及吴原可《送彭丙翁胡復初采詩》、甘泳《小絶》、崔鷗《絶句》、陳杰《東

湖晚步》、宋彭《來西湖》、劉弇《夜泊玉湖口》、蕭德藻《古梅》
二首、宋庠《赴鄭出國門詩》、劉辰翁《里門高》、徐寶之《水西
村》、曹翰《内宴奉詔作》等十一位宋代詩人作品。《大典》卷
八九九載該書所選佚名《讀坡公次子由詩有感》二首、佚名失
題詩二首。楊慎《升庵詩話》卷七曰："劉須溪所選《古今詩
統》，亡其辛集一册，諸藏書家皆然。予於滇南偶得其全集，
然其所選多不愜人意，可傳者止十之一耳。辛集中皆宋人
詩，無足采取，獨司馬才仲《洛春謡》，曹元寵《夜歸曲》，尚有
長吉、義山之遺意，今録於此（下略）。"（同上）

附錄二　宋人總集館藏目録

九僧詩集

九僧詩一卷　陳充等編　清初毛氏汲古閣影宋鈔本　清毛扆
跋　　國家圖書館　北京大學圖書館

九僧詩一卷　陳充等編　清乾隆四十一年張德榮鈔本　清吳
翌鳳、黃丕烈校並跋　　國家圖書館

九僧詩一卷　陳充等編　清嘉慶五年吳嘉泰鈔本　清丁丙跋
南京圖書館

九僧詩一卷　陳充等編　清師竹友蘭堂鈔本　清光緒間鄒存
淦手跋　　臺北"中央圖書館"

九僧詩一卷　陳充等編　清鈔本　　國家圖書館　中國社科
院文學研究所　上海圖書館　浙江圖書館　湖北省圖書館
臺北"中央圖書館"（二部）

西崑酬唱集

西崑酬唱集二卷　楊億編　明嘉靖十六年張綖玩珠堂刻本
國家圖書館

西崑酬唱集二卷　楊億編　明鈔本　清丁丙跋　　南京圖書館

西崑酬唱集二卷　楊億編　明末馮班鈔本　清馮班跋　清葉
萬、何煌、顧廣圻校並跋　　國家圖書館

西崑酬唱集二卷　楊億編　清初毛氏汲古閣鈔本　　國家圖

書館

西崑酬唱集二卷　楊億編　影宋本　　臺北"故宫博物院"

西崑酬唱集二卷　楊億編　清康熙四十七年辨義堂刻本
北京大學圖書館　上海師大圖書館　山西師大圖書館　湖北
省圖書館

西崑酬唱集二卷　楊億編　清康熙四十七年辨義堂刻聽香樓
印本　莫棠校　　上海圖書館

西崑酬唱集二卷　楊億編　清光緒徐偊刻邵武徐氏叢書本
傅增湘校並跋　　國家圖書館

名賢集選

名賢集選二百卷　晏殊編　明鈔本　存二十四卷（一七至二
四、三二至三五、六二至七一、八二至八三）　　中國人民大學
圖書館

新刊古今歲時雜詠

新刊古今歲時雜詠四十六卷　宋綬、蒲積中編　明石城書室
鈔本　　國家圖書館

新刊古今歲時雜詠四十六卷　宋綬、蒲積中編　明鈔本
國家圖書館

新刊古今歲時雜詠四十六卷　宋綬、蒲積中編　明鈔本　清
何焯、黃丕烈跋　　上海圖書館

新刊古今歲時雜詠四十六卷　宋綬、蒲積中編　明鈔本　存
二十八卷（一九至四六）　　國家圖書館

新刊古今歲時雜詠四十六卷　宋綬、蒲積中編　清初鈔本
清陳唐校　　上海圖書館

新刊古今歲時雜詠四十六卷　宋綬、蒲積中編　清鈔本

國家圖書館　安徽師大圖書館　臺北"中央圖書館"

新刊古今歲時雜詠四十六卷　宋綬、蒲積中編　清鈔本　清
丁丙跋　　南京圖書館

新刊古今歲時雜詠四十六卷　宋綬、蒲積中編　清鈔本　清
彭元瑞跋　　上海圖書館

新刊古今歲時雜詠四十六卷　宋綬、蒲積中編　舊鈔本　葉
石君手跋　　日本靜嘉堂文庫

古今歲時雜詠四十六卷　宋綬、蒲積中編　清鈔本　　上海
圖書館　重慶圖書館

會稽掇英總集　續集

會稽掇英總集二十卷　孔延之編　明山陰祁氏澹生堂鈔本
清四庫館臣墨校　　臺北"中央圖書館"

會稽掇英總集二十卷　孔延之編　校正會稽掇英總集雜
記一卷　清杜丙杰撰　清道光元年杜氏浣花宗塾刻本　清徐
時棟批校並跋　　國家圖書館

會稽掇英總集二十卷續集五卷　孔延之、黃康弼編　錢偲手
鈔本　　日本靜嘉堂文庫

續會稽掇英集五卷　黃康弼編　清鈔本　　中國科學院圖書
館　浙江圖書館

續會稽掇英集五卷　黃康弼編　影鈔明隆慶二年錢偲手寫本
臺北"中央圖書館"

續會稽掇英集五卷　黃康弼編　清鈔本　清丁丙跋　　南京
圖書館

聖宋文選全集

聖宋文選全集三十二卷　宋乾道間刊巾箱本　清嘉慶八年黃

　　丕烈手跋　　臺北"中央圖書館"

聖宋文選全集三十二卷　宋乾道間刊鈔補本　清黄丕烈及近
　　人繆荃孫各手跋　　臺北"中央圖書館"

聖宋文選全集三十二卷　宋刻本（卷一至二二、二七至三二配
　　清影宋鈔本）　清丁丙跋　　南京圖書館

聖宋文選全集三十二卷　宋刻本（卷七至九配清影宋鈔本）
　　存五卷（一至二、七至九）　　國家圖書館

聖宋文選全集三十二卷　清嘉慶間吴縣黄氏百宋一廛覆宋刊
　　本　　臺北"故宫博物院"

聖宋文選全集三十二卷　清末鈔本　　國家圖書館

聖宋文選全集三十二卷　影寫宋刊本　吴騫手識　　日本静
　　嘉堂文庫

古今絶句

古今絶句三卷　吴説編　宋刻本（卷中配清鈔本）　　國家圖
　　書館

群賢梅苑

群賢梅苑十卷　黄大輿編　毛氏汲古閣影宋本　　日本静嘉
　　堂文庫

嚴陵集

嚴陵集九卷　董棻編　清鈔本　佚名校　　上海圖書館

嚴陵集九卷　董棻編　文瀾閣傳鈔本　　日本静嘉堂文庫

嚴陵集九卷　董棻編　舊鈔本　鮑廷博手跋　　日本静嘉堂
　　文庫

宋朝大詔令集

宋朝大詔令集二百四十卷　　宋綬家子孫編　清鈔本　存一
百九十六卷（一至七〇、九四至一〇五、一一六至一六六、一七
八至二四〇）　　國家圖書館

宋朝大詔令集二百四十卷　　宋綬家子孫編　清鈔本（存卷二
五至三二、九四至一〇五、一一六至一二五、二〇三至二一二）
北京大學圖書館

宋朝大詔令集二百四十卷　　宋綬家子孫編　舊鈔本（闕卷七
一至九三、一〇六至一一五、一六七至一七七，又闕目録卷一至
一一五）　　日本静嘉堂文庫

樂府雅詞

樂府雅詞三卷拾遺二卷　　曾慥編　清顧肇聲家鈔本　葉景葵
校　　上海圖書館

樂府雅詞三卷拾遺二卷　　曾慥編　舊鈔本（三部，其中一部有
朱校）　　臺北“中央圖書館”

樂府雅詞三卷拾遺二卷　　曾慥編　清嘉慶秦氏石研齋鈔本
清秦恩復校並跋　清翁同書跋並録清秦恩復題識　　南京圖
書館

樂府雅詞三卷拾遺二卷　　舊鈔本　　日本静嘉堂文庫

重廣眉山三蘇先生文集

重廣眉山三蘇先生文集八十卷　　宋紹興三十年饒州德興縣
銀山莊豁董應夢集古堂刻本　存七十卷（一至四、一五至二二、
二四至八〇）　　北京大學圖書館

重廣眉山三蘇先生文集　　宋紹興間饒州董氏集古堂刻本

存三卷（東坡先生御試制科策一卷、評史一卷、書一卷）
臺北"中央圖書館"

三蘇先生文粹

三蘇先生文粹七十卷　宋婺州吴宅桂堂刻本　　國家圖書館
（殘）　上海圖書館

三蘇先生文粹七十卷　宋婺州吴宅桂堂刻王宅桂堂修補印本
國家圖書館

三蘇先生文粹七十卷　宋蜀刻大字本　　日本静嘉堂文庫

三蘇先生文粹七十卷　明嘉靖十年金鰲刻本　　浙江圖書館
日本内閣文庫

三蘇先生文粹七十卷　明刻本　　國家圖書館　北京大學圖
書館　北京師大圖書館　首都師大圖書館　中國社科院文學
研究所　北京市文物局　上海圖書館　復旦大學圖書館　華
東師大圖書館　中科院上海圖書館　天津圖書館　南開大學
圖書館　山西師大圖書館　遼寧大學圖書館　吉林市圖書館
西北師大圖書館　青海醫學院圖書館　山東省圖書館　煙
臺市圖書館　南京圖書館　天一閣文管所　浙江大學圖書館
安徽省圖書館　江西省圖書館　江西省博物館　武漢圖書
館　武漢大學圖書館　湖南省圖書館（殘）　廣西桂林圖書館
四川省圖書館　四川師大圖書館　眉山三蘇博物館　重慶
博物館　雲南大學圖書館　臺北"中央圖書館"（四部）

三蘇先生文粹七十卷　明覆宋刊本　清朱學勤手跋　　臺北
"中央圖書館"

標題三蘇文

標題三蘇文六十二卷　游孝恭編　宋刻本　存三十四卷（二九至
六二）　國家圖書館

重廣分門三蘇先生文粹（百卷本）

重廣分門三蘇先生文粹一百卷　宋刻本　　日本宮内廳書
陵部

重廣分門三蘇先生文粹（七十卷本）

重廣分門三蘇先生文粹一百卷　宋刻本　存十一卷（一三至
一五、二七至三〇、三七、四二、五〇、五一，其中一三至一五、
五〇配宋婺州吳宅桂堂刻本）　清翁同龢、韓德鈞跋　　上海
圖書館

新雕聖宋文海

新雕聖宋文海一百二十卷　江鈿編　宋刻本　存六卷（四至
九）　國家圖書館

南嶽酬唱集

南嶽酬唱集一卷　明弘治刻本　　國家圖書館

南嶽酬唱集一卷　附録一卷　清鈔本　清丁丙跋　　南京圖
書館

南嶽酬唱集一卷　鈔本　　日本静嘉堂文庫

重廣草木魚蟲雜詠詩集

重廣草木魚蟲雜詠詩集□卷　明刊本　存十卷（六、七、一一
至一八）　國家圖書館

皇朝文鑑

皇朝文鑑一百五十卷目録三卷　呂祖謙編　宋麻沙劉將仕

宅刻本（有配鈔及明刻本配補）　　北京大學圖書館

皇朝文鑑一百五十卷目録三卷　呂祖謙編　宋嘉泰四年新
安郡齋刻本（序、目録下、卷一至三、二八、四八至六八、七五至
七七、一〇五至一三五、一四二至一五〇配清張蓉鏡鈔本）　清
邵淵耀、錢天樹、方若蘅跋，清孫雲鴻、程恩澤、徐康題款　國
家圖書館

皇朝文鑑一百五十卷目録三卷　呂祖謙編　宋嘉泰四年新
安郡齋刻本　存十卷（二三至二九、七七至七九）　　山東省博
物館

皇朝文鑑一百五十卷　呂祖謙編　宋嘉泰四年新安郡齋刻本
存六卷（一八至二三）　　臺北“中央圖書館”

皇朝文鑑一百五十卷　呂祖謙編　宋嘉泰四年新安郡齋刻本
端平間重修本　存六十一卷（一、七四、七五、七八至九三、九八
至一〇一、一〇六至一一五、一二〇至一四五、一四九、一五〇）
　　臺北“中央圖書館”

皇朝文鑑一百五十卷目録三卷　呂祖謙編　宋嘉泰四年新
安郡齋刻宋元遞修本　存二十四卷（一七至一九、三三至三五、
四一、四三、四八至四九、六五至七〇、七六、八七至九三）
國家圖書館

皇朝文鑑一百五十卷目録三卷　呂祖謙編　宋嘉泰四年新
安郡齋刻宋元遞修本　存六十九卷（目録中、二至九、一四至一
六、三〇至三五、三九至四一、五五、六八至一二四、一三四至一
四三、一四六至一四八）　國家圖書館

端平重修皇朝文鑑一百五十卷　呂祖謙編　宋刊大字本
　　日本靜嘉堂文庫

新雕皇朝文鑑一百五十卷　呂祖謙編　宋刊明修本　　日
本靜嘉堂文庫

皇朝文鑑一百五十卷目録三卷　呂祖謙編　明鈔本　清顧

之遴、黄丕烈跋　　國家圖書館

新雕宋朝文鑑一百五十卷目録三卷　呂祖謙编　明天順八年嚴州府刻本　　中國社科院歷史研究所　中共北京市委圖書館（殘）　上海圖書館（殘）　復旦大學圖書館　四川大學圖書館　臺北"中央圖書館"（殘）　臺北"故宫博物院"　美國國會圖書館

新雕宋朝文鑑一百五十卷　呂祖謙编　明天順八年嚴州府刻本　清蔣光煦手校　　臺北"中央圖書館"

新雕宋朝文鑑一百五十卷目録三卷　呂祖謙编　明天順八年嚴州府刻本　清丁丙跋　　南京圖書館

新雕宋朝文鑑一百五十卷目録三卷　呂祖謙编　明天順八年嚴州府刻弘治十七年胡韶重修本　　北京大學圖書館（殘）　上海圖書館　吉林省圖書館　吉林大學圖書館　山東省圖書館　煙臺市圖書館　南京博物院　浙江圖書館　安徽省圖書館（殘）　武漢圖書館（殘）　武漢大學圖書館　重慶圖書館　雲南大學圖書館　臺北"中央圖書館"　臺北"故宫博物院"　日本静嘉堂文庫　蓬佐文庫

新雕宋朝文鑑一百五十卷目録三卷　呂祖謙编　明天順八年嚴州府刻弘治十七年胡韶重修本　清沈欽韓校　　上海圖書館

新雕宋朝文鑑一百五十卷目録三卷　呂祖謙编　明天順八年嚴州府刻弘治十七年胡韶重修本（目録下卷八○至八五、一○二至一○四、一一二配清鈔本）　清丁丙跋　　南京圖書館

大宋文鑑一百五十卷目録三卷　呂祖謙编　明正德十三年慎獨齋刻本　　北京師大圖書館　天津圖書館　内蒙古社科院　蘇州市圖書館　南京大學圖書館　浙江圖書館　天一閣文管所（殘）　江西省圖書館（殘）　雲南省圖書館　臺北"中央

圖書館"（二部）　臺北"故宮博物院"　日本內閣文庫　京都大
學文學部　大倉文化財團

大宋文鑑一百五十卷目録三卷　呂祖謙編　明正德十三年
慎獨齋刻本　清陸僎跋　存一百五十二卷（文鑑全，目録上、
下）　　國家圖書館

宋文鑑一百五十卷目録三卷　呂祖謙編　明嘉靖五年晉藩
至道堂刊本　　臺北"中央圖書館"（五部）　臺北"故宮博物
院"（三部）

宋文鑑一百五十卷目録三卷　呂祖謙編　明嘉靖五年晉藩
養德書院刻本　　國家圖書館　北京大學圖書館　中國人民
大學圖書館　中共中央黨校圖書館　中央民族大學圖書館
中國社科院文學研究所　中醫研究院　中共北京市委圖書館
　上海圖書館　上海辭書出版社　天津圖書館　河北大學圖
書館　山西師大圖書館　遼寧省圖書館　大連市圖書館（殘）
　遼寧大學圖書館　東北師大圖書館　哈爾濱市圖書館　黑
龍江省社科院　寧夏圖書館　山東省圖書館（殘）　煙臺市圖
書館（殘）　浙江大學圖書館　江西省圖書館（殘）　河南省圖
書館　許昌市圖書館　南陽市圖書館（殘）　湖北省圖書館
湖北省委宣傳部　湖南省圖書館　湖南師大圖書館　廣東省
圖書館　中山大學圖書館（殘）　四川省圖書館　重慶圖書館
　雲南省圖書館　臺北"故宮博物院"　日本宮內廳書陵部
內閣文庫

宋文鑑一百五十卷目録三卷　呂祖謙編　明嘉靖五年晉藩
養德書院刻本　清丁丙跋　　南京圖書館

宋文鑑一百五十卷目録三卷　呂祖謙編　明嘉靖五年晉藩
養德書院刻本　康有爲跋　　上海圖書館

宋文鑑一百五十卷目録三卷　呂祖謙編　明刻本　　北京
大學圖書館　中國社科院歷史研究所　北京市文物局　甘肅

省圖書館　湖南師大圖書館

校正重刊官板宋朝文鑑一百五十卷目録三卷　呂祖謙編

明刻本　首都圖書館　首都師大圖書館　中央民族大學圖書館　故宮博物院圖書館　山西省圖書館　遼寧省圖書館　漢中師院圖書館　新疆民族研究所　山東省圖書館　青島市博物館(殘)　天一閣文管所　上虞縣圖書館　蕪湖市圖書館　安徽師大圖書館　福建省圖書館(殘)　湖南省圖書館　高州縣圖書館　廣西桂林圖書館　四川省圖書館　重慶圖書館　臺北"中央圖書館"

校正重刊官板宋朝文鑑一百五十卷目録三卷　呂祖謙編

明刻金陵唐錦池印本　復旦大學圖書館　温州市圖書館　河南省圖書館(殘)　河南大學圖書館　湖北省圖書館　武漢圖書館　臺北"中央圖書館"

校正重刊官板宋朝文鑑一百五十卷目録三卷　呂祖謙編　明

文林閣刻本　北京大學圖書館　上海圖書館　延安大學圖書館　西南師大圖書館　日本尊經閣文庫　古義堂

校正重刊官板宋朝文鑑一百五十卷目録三卷　呂祖謙編　明

五經堂刻本　復旦大學圖書館

校正重刊官板宋朝文鑑一百五十卷目録三卷　呂祖謙編

明五經堂刻本　傅增湘校　國家圖書館

經進三蘇文集事略

經進東坡文集事略六十卷　郎曄編注　宋刊本(按:原書一

百卷,今僅殘存東坡文)　存三十二卷(一至二五、三四至三九、四六)　田焌跋並録島田重禮題識　國家圖書館

經進東坡文集事略六十卷　郎曄編注　宋刊本　存四十卷

(一至四○),卷四六至末鈔補　近人袁克文、日本内藤虎各手書題記,羅振玉觀款　臺北"中央圖書館"

　　按：羅振常輯《經進三蘇文集事略》共八十四卷，其中除有《經進東坡文集事略》六十卷外，尚有《郎晦之注老泉文集》十二卷、《經進欒城文集事略》一卷等，民國時上海蟫隱廬本，《中國叢書綜錄》已著錄，此不列入。

東萊先生古文關鍵

東萊先生古文關鍵二卷　　呂祖謙編　　明嘉靖十一年李成刻本
　　國家圖書館　　北京師大圖書館

東萊先生古文關鍵二卷　　呂祖謙編　　明嘉靖十九年楚府崇本
書院刻本　　華中師大圖書館

東萊先生古文關鍵二卷　　呂祖謙編　　明刻本　　　國家圖書館
　　北京大學圖書館　　天津圖書館　　暨南大學圖書館　　日本静
嘉堂文庫

東萊先生古文關鍵二卷　　呂祖謙編　　明刻本　　清勒方錡、潘
遵祁、李鴻裔、顧文彬、彭慰高、潘增瑋、沈秉成題款　　　中共中
央黨校圖書館

增注東萊呂成公古文關鍵二十卷　　呂祖謙編　　宋蔡文子注
　　宋刻本　　國家圖書館

東萊先生古文關鍵二卷　　呂祖謙編　　宋蔡文子注　　清徐樹屏
考異　　清冠山堂刻本　　北京師大圖書館　　天津師大圖書館

東萊先生古文關鍵二卷　　呂祖謙編　　宋蔡文子注　　清徐樹屏
考異　　清華綺刻本　　山東省圖書館

東萊先生古文關鍵二卷　　呂祖謙編　　蔡文子注　　徐樹屏考異
　　清乾隆十八年浙西顧氏讀畫齋刊本　　臺北“故宫博物院”

東萊標注三蘇文集

東萊標注三蘇文集五十九卷　　呂祖謙編　　宋刻本　　存五十

一卷(老泉先生文集十一卷全,東坡先生文集一至二五,潁濱先
生文集一至一五)　　國家圖書館

麗澤集詩

麗澤集詩□□卷　存三十五卷(詩一至三五)　宋刻本　　國
家圖書館

東萊集注類編觀瀾文集

東萊集注類編觀瀾文集甲集二十五卷乙集二十五卷　林
之奇編、呂祖謙集注　宋刻本　存三十二卷(甲集全,乙集一至
七)　　國家圖書館

東萊集注類編觀瀾文集丙集二十卷　　林之奇編　呂祖謙
集注　宋刻本　存八卷(一至八)　　國家圖書館

觀瀾文集甲集二十五卷乙集七卷　林之奇編　呂祖謙集注
清嘉慶間阮元進呈影宋舊鈔本　　臺北“故宮博物院”

東萊集注類編觀瀾文集甲集二十五卷乙集二十五卷丙
集二十卷　林之奇編　呂祖謙集注　清光緒十年巴陵方氏
碧琳琅館刻本　　浙江義烏圖書館

聲畫集

聲畫集八卷　孫紹遠編　明鈔本　　上海圖書館

聲畫集八卷　孫紹遠編　清初鈔本　清朱彝尊校　清王士禎
跋　　上海圖書館

聲畫集八卷　孫紹遠編　清康熙間鈔本　　臺北“中央圖書館”

天台集

天台前集三卷　李庚、林師蒧編　前集別編一卷拾遺一卷

　　林表民編　　續集三卷　　李庚編　　續集拾遺一卷　　林師
蔵增編　　續集別編六卷　　林表民編　　明刻本　　　中國社科
院文學研究所（殘）

天台前集三卷別編一卷續集三卷續集別編六卷　　李庚、
林師蔵等增補　　舊鈔本　　臺北"中央圖書館"

天台前集三卷　　李庚編、林師蔵增編　　前集別編一卷拾遺
一卷　　林表民編　　續集三卷　　李庚編　　續集拾遺一卷
林師蔵等編　　續集別編六卷　　林表民編　　清鈔本　　上海
圖書館

天台前集三卷　　李庚編、林師蔵增編　　前集別編一卷拾遺
一卷　　林表民編　　續集三卷　　李庚編　　續集拾遺一卷
林師蔵等編　　續集別編六卷　　林表民編　　清鈔本　　清丁丙
跋　　　南京圖書館

天台續集三卷　　李庚編　　續集拾遺一卷　　林師蔵等編　　明
正德二年刻本　　　上海圖書館

天台續集三卷　　李庚編　　續集拾遺一卷　　林師蔵等編　　續
集別編六卷　　林表民編　　清鈔本　　王舟瑶批校　　　海鹽縣
博物館

蘇門六君子文粹

蘇門六君子文粹七十卷　　明崇禎六年胡潛刻本　　　首都圖書
館　　北京大學圖書館　　北京師大圖書館　　中國科學院圖書
館　　中國社科院文學研究所　　中國社科院歷史研究所　　故宮
博物院圖書館　　北京市文物局　　上海圖書館　　天津師大圖書
館　　遼寧省圖書館　　吉林省圖書館　　吉林大學圖書館　　南京
圖書館　　揚州市圖書館　　浙江圖書館（殘）　　江西省圖書館
（殘）　　福建省圖書館　　湖北省圖書館　　湖南省圖書館（殘）

廣西民族學院圖書館　臺北"中央圖書館"（二部）　日本內閣
文庫　尊經閣文庫　愛知大學簡齋文庫　靜嘉堂文庫　美國
國會圖書館

蘇門六君子文粹七十卷　明崇禎六年胡潛刻本　清丁丙跋
　　南京圖書館

蘇門六君子文粹七十卷　明鈔本　　北京大學圖書館

國朝諸臣奏議

國朝諸臣奏議一百五十卷　趙汝愚編　宋刻元印本　　日
本靜嘉堂文庫　美國國會圖書館

國朝諸臣奏議一百五十卷　趙汝愚編　宋淳祐十年史季溫
福州刻元修本（卷一、一○九、一四四至一五○配清鈔本）　瞿
熙邦校並跋　　國家圖書館

國朝諸臣奏議一百五十卷　趙汝愚編　宋淳祐十年史季溫
福州刻元修本　存五十五卷（三二至三七、四○、五八、六二至
六八、七一、七二、七四至七六、七八、八九、九八至一○四、一
一○至一一一、一二八至一三○、一三三至一四一）　　國家圖
書館（殘）　北京大學圖書館（殘）　中國科學院圖書館（殘）
　上海圖書館（殘）　吉林省圖書館（殘）　哈爾濱市圖書館（殘）
　日本京都大學

國朝諸臣奏議一百五十卷　趙汝愚編　宋淳祐十年史季溫
福州刻元明遞修本　　國家圖書館（殘）　北京市文物局（殘）
　上海圖書館　黑龍江省圖書館（殘）

國朝諸臣奏議一百五十卷　趙汝愚編　宋淳祐十年史季溫
福州刻元明遞修公文紙印本　存四十七卷（五四至六○、六七
至七四、一一一至一一六、一二三至一四四，目錄全）　　天一
閣文管所

會通館印正宋諸臣奏議一百五十卷　趙汝愚編　明弘治三

年華燧會通館銅活字印本　清邵恩多校並跋　　國家圖書館

會通館印正宋諸臣奏議一百五十卷　趙汝愚編　明弘治三
年華燧會通館銅活字印本　存六十七卷（一至六七）　　中國
科學院圖書館（殘）　中國社科院文學研究所（殘）　上海圖書
館（殘）　天津圖書館

新刊名臣碑傳琬琰之集

新刊名臣碑傳琬琰之集上集二十七卷中集五十五卷下
集二十五卷　杜大珪編　宋刻本（中集卷六至一二、二九至
三六，下集一至六、二〇至二五配明鈔）　四庫底本　清俞樾題
款　　浙江圖書館

新刊名臣碑傳琬琰之集上集二十七卷中集五十五卷下
集二十五卷　杜大珪編　宋刻本　　日本静嘉堂文庫

新刊名臣碑傳琬琰之集上集二十七卷中集五十五卷下
集二十五卷　杜大珪編　宋刻本　　國家圖書館（殘）　華
東師大圖書館　遼寧省圖書館（殘）　天一閣文管所

新刊名臣碑傳琬琰之集上集二十七卷中集五十五卷下
集二十五卷　杜大珪編　宋刻本　存八十三卷（上集卷
一〇、一三至二七，中集一一至二四，下集全）　曹元忠跋
上海博物館

新刊名臣碑傳琬琰之集上集二十七卷中集五十五卷下
集二十五卷　杜大珪編　宋刻元明遞修本　　國家圖書
館　上海圖書館　南京圖書館（殘）　湖南省圖書館　四川省
圖書館

新刊名臣碑傳琬琰之集上集二十七卷中集五十五卷下
集二十五卷　杜大珪編　明鈔本　　天津圖書館

新刊名臣碑傳琬琰之集上集二十七卷中集五十五卷下

集二十五卷　杜大珪編　清經鉏堂鈔本　　國家圖書館
中央民族大學圖書館　南京圖書館　臺北"中央圖書館"
新刊名臣碑傳琬琰之集上集二十七卷中集五十五卷下集
二十五卷　杜大珪編　清鈔本　清丁丙跋　　南京圖書館

坡門酬唱集

坡門酬唱二十三卷　邵浩編　宋紹熙元年豫章原刊本　　臺
北"中央圖書館"
坡門酬唱二十三卷　邵浩編　清影宋鈔本　　國家圖書館
坡門酬唱二十三卷　邵浩編　影鈔宋紹熙元年豫章刊本　清
光緒間惲毓鼎手書題記　　臺北"中央圖書館"
坡門酬唱二十三卷　邵浩編　清鈔本　　國家圖書館

成都文類

成都文類五十卷　袁説友編　明初刊黑口十行本　　臺北"故
宮博物院"
成都文類五十卷　袁説友編　明刻本　　日本靜嘉堂文庫
成都文類五十卷　袁説友編　明刻本　存三卷（一六至一
八）　國家圖書館
成都文類五十卷　袁説友編　清初鈔本　　上海圖書館
成都文類五十卷　袁説友編　鈔本　　四川省圖書館

崑山雜詠

崑山雜詠三卷　龔昱編　宋開禧三年崑山縣齋刻本　　國家
圖書館
崑山雜詠六卷　龔昱編　明王理之補輯　明嘉靖二十年孟紹
曾刻本　清陸梅圈點並跋　　中國人民大學圖書館

崑山雜詠六卷　　龔昱編　　明王理之補輯　　明嘉靖二十年孟紹
曾刻本　　北京師大圖書館　　湖北省圖書館

草堂詩餘

增修箋注妙選羣英草堂詩餘前集二卷後集二卷　　何士信
增修箋注　　明洪武二十五年遵正書堂刻本　　北京大學圖書
館　　上海圖書館

增修箋注妙選羣英草堂詩餘前集二卷後集二卷　　何士信
增修箋注　　明成化刻本　　國家圖書館　　臺北"中央圖書館"

增修箋注妙選羣英草堂詩餘前集二卷後集二卷　　何士信
增修箋注　　明荆聚刻本　　上海圖書館　　山西省文物局(殘)

草堂詩餘前集二卷後集二卷　　何士信增修箋注　　明嘉靖三
十三年楊金刻本　　國家圖書館　　南京圖書館

草堂詩餘前集二卷後集二卷　　何士信增修箋注　　明嘉靖三
十三年楊金刻本　　清江藩跋　　國家圖書館

草堂詩餘四卷　　明顧從敬改編　　明刻本　　貴州大學圖書館

類編草堂詩餘四卷　　明顧從敬改編　　明嘉靖二十九年顧從敬
刻本　　國家圖書館　北京大學圖書館　上海圖書館　南京
博物院　　天一閣文管所　　安徽省圖書館　湖北省圖書館

類編草堂詩餘四卷　　明顧從敬改編　　明嘉靖二十九年顧從敬
刻本　　清丁丙跋　　南京圖書館　　日本静嘉堂文庫

類編草堂詩餘三卷　　明顧從敬改編、明胡桂芳重編　　明萬曆
三十五年黄作霖等刻本　　國家圖書館

類編草堂詩餘四卷　　明顧從敬改編、明昆石山人校編　　明刻
本　　文化部文學藝術研究院　　北京市文物局　　天津圖書
館　　天津師大圖書館　河北大學圖書館　　山西師大圖書館
遼寧省圖書館　福建省圖書館　　四川大學圖書館

類編草堂詩餘四卷　　明顧從敬改編、明昆石山人校編　　明刻

本　葉景葵跋　　上海圖書館

類編草堂詩餘四卷　明顧從敬改編、明昆石山人校編　明刻
致和堂印本　　北京市文物局　山西省文物局

類編草堂詩餘四卷　明顧從敬改編　續四卷　明一真子編
明末刻本　　山東省圖書館

類編草堂詩餘四卷　明顧從敬改編、明韓俞臣校正　明博雅
堂刻本　　上海圖書館　遼寧省圖書館

類編草堂詩餘四卷　題明唐順之解注、明田一雋編　明萬曆
十二年書林張東川刻本　　國家圖書館　上海圖書館

草堂詩餘五卷　明楊慎評點　明閔映璧刻朱墨套印本　　國
家圖書館　北京師大圖書館　中國科學院圖書館　中國社科
院文學研究所　故宮博物院圖書館　羣衆出版社　上海圖書
館　復旦大學圖書館　上海辭書出版社　天津圖書館　遼寧
省圖書館　錦州鐵路局圖書館　吉林省圖書館　吉林大學圖
書館　東北師大圖書館　哈爾濱市圖書館　陝西省圖書館
山東省圖書館　濟南市圖書館　南京圖書館　徐州市圖書
館　揚州市圖書館　南京大學圖書館　浙江圖書館　河南省
圖書館　武漢圖書館　湖南省圖書館　廣東省圖書館　四川
省圖書館　四川大學圖書館　重慶圖書館　西南師大圖書
館　貴州省圖書館　臺北"中央圖書館"(二部)

草堂詩餘五卷　明楊慎評點　明刻本　　羣衆出版社(殘)
上海圖書館

重刻類編草堂詩餘評林六卷　題明唐順之解注、明田一雋
編　明李廷機評　明萬曆十六年書林詹聖學刻本　　南京圖
書館　中山大學圖書館

新刻題評名賢詞話草堂詩餘六卷　明李攀龍補遺　明陳繼
儒校正　明萬曆四十三年書林余文杰刻本　　國家圖書館
上海圖書館　河南省圖書館

類選箋釋草堂詩餘六卷　明顧從敬改編　續選草堂詩餘
二卷　明錢允治箋釋　類編箋釋國朝詩餘五卷　明錢允
治編　明陳仁錫釋　明萬曆四十二年刻本　　國家圖書館
首都圖書館　北京大學圖書館　清華大學圖書館　羣眾出版
社　上海圖書館　上海師大圖書館　遼寧省圖書館　吉林省
圖書館　甘肅省圖書館（殘）　山東大學圖書館　青島市博物
館　南京圖書館　蘇州市圖書館　泰州市博物館　浙江圖書
館　溫州市圖書館　安徽省圖書館　福建師大圖書館（殘）
鄭州市圖書館　廣西民族學院圖書館　四川師大圖書館　貴
州省圖書館（殘）　臺北"中央圖書館"

新刻注釋草堂詩餘評林六卷　題明李廷機批評　明翁正春
校正　明萬曆二十三年書林鄭世豪宗文書堂刻本　　國家圖
書館（殘）　中國人民大學圖書館　上海圖書館　安徽省博物
館　江西省圖書館

新刻分類評釋草堂詩餘六卷　明李廷機評釋　新刻分類
評釋續草堂詩餘二卷　明陳仁錫評釋　明李良臣東壁軒刻
本　　華東師大圖書館　天津圖書館（殘）　遼寧省圖書館

新刻帒批注釋草堂詩餘評林四卷　明李廷機評注　明天啟
五年周文耀刻朱墨套印本　　羣眾出版社　安徽省圖書館

新鋟訂正評注便覽草堂詩餘七卷　明董其昌評訂、明曾六
德參釋　明萬曆三十年喬山書舍刻本　　國家圖書館　安徽
省博物館（殘）

新刻李於麟先生批評注釋草堂詩餘雋四卷　明吳從先
編　明書林蕭少衢師儉堂刻本　　上海圖書館　西北師大圖
書館　南京圖書館

古香岑草堂詩餘正集六卷　明顧從敬改編、明沈際飛評　草
堂詩餘續集二卷　題明長湖外史編、明沈際飛評　草堂詩
餘別集四卷　明沈際飛編並評　草堂詩餘新集五卷　明

錢允治編、明沈際飛評　明末刻本　　中國科學院圖書館　北京市文物局　上海圖書館　復旦大學圖書館　南開大學圖書館　天津師大圖書館　長治市圖書館（殘）　遼寧省博物館（殘）　西安市文管會　青海民族學院圖書館　山東省圖書館　南通市圖書館　南京師大圖書館　蘇州大學圖書館　鎮江市博物館　溫州市圖書館（殘）　紹興魯迅圖書館（殘）　安徽省圖書館　安慶市圖書館（殘）　安徽省博物館　福建省圖書館　建甌縣圖書館　河南省圖書館　華中師大圖書館　暨南大學圖書館　四川省圖書館　重慶圖書館　四川大學圖書館　雲南大學圖書館

古香岑草堂詩餘四集十七卷　明末刻翁少麓印本　　天津圖書館　濟南市圖書館　山東省博物館　南京圖書館　南京大學圖書館（殘）　浙江圖書館　安徽省博物館　廣西桂林圖書館　西南師大圖書館　臺北“中央圖書館”

古香岑草堂詩餘四集十七卷　明末刻童湧泉印本　　中共中央黨校圖書館　天津師大圖書館　遼寧省圖書館　山東大學圖書館　南京圖書館　南京大學圖書館　浙江圖書館　天一閣文管所（殘）　安徽師大圖書館　河南省圖書館　河南大學圖書館　武漢圖書館　西南師大圖書館

新刊古今名賢草堂詩餘六卷　明李謹編　明嘉靖十六年劉時濟刻本　　南京圖書館　天一閣文管所

精選名賢詞話草堂詩餘二卷　明陳鍾秀刻本　　國家圖書館

聖宋名賢五百家播芳大全文粹

聖宋名賢五百家播芳大全文粹□□卷目録□卷　魏齊賢、葉棻編　宋刻本　存一百七卷（文粹一百卷、目録七卷，卷次多經剜改）　國家圖書館

聖宋名賢五百家播芳大全文粹□□卷目録□卷　魏齊

賢、葉棻編　宋刻本　存四卷（二八至三一）　　　北京大學圖
書館

聖宋名賢五百家播芳大全文粹□□卷目録□卷　魏齊
賢、葉棻編　宋刻本　存二卷（三二、三三）　　　上海圖書館

聖宋名賢五百家播芳大全文粹□□卷目録□卷　魏齊賢、
葉棻編　朝鮮古活字本　存四卷（一至四）　　北京大學圖書館

聖宋名賢五百家播芳大全文粹一百卷目録七卷　魏齊
賢、葉棻編　明鈔本　存一百六卷（一至一九、二一至一〇〇，
目録全）　國家圖書館

聖宋名賢五百家播芳大全文粹一百十卷　魏齊賢、葉棻編
明藍格鈔本　存一百八卷（缺卷二、三）　　臺北“中央圖書館”

聖宋名賢五百家播芳大全文粹一百十卷　魏齊賢、葉棻編
明鈔本　　北京大學圖書館

聖宋名賢五百家播芳大全文粹一百十卷目録七卷　魏齊
賢、葉棻編　清鈔本　　浙江圖書館

聖宋名賢五百家播芳大全文粹一百十卷　魏齊賢、葉棻編
紫格舊鈔本　　臺北“中央圖書館”

聖宋名賢五百家播芳大全文粹一百十卷　魏齊賢、葉棻編
清孔氏岳雪樓鈔本　傅增湘校補並跋　　國家圖書館

聖宋名賢五百家播芳大全文粹一百二十六卷　魏齊賢、葉
棻編　舊鈔本　清王宗炎校　　日本靜嘉堂文庫

聖宋名賢五百家播芳大全文粹一百二十六卷　魏齊賢、葉
棻編　明鈔本　　日本靜嘉堂文庫

聖宋名賢五百家播芳大全文粹一百五十卷目録七卷
魏齊賢、葉棻編　清鈔本　清孫均、姚椿、丁國鈞跋　　國家
圖書館

新刊國朝二百家名賢文粹

新刊國朝二百家名賢文粹三百卷　宋慶元三年書隱齋刻本

存一九七卷（一至一九七，卷次俱經剜改）　　國家圖書館

新刊國朝二百家名賢文粹三百卷　宋慶元三年書隱齋刻本
　　存四十一卷（一五、一八至二〇、九〇至九三、一六四至一六
　　八、一七〇至一七六、一八四至一九〇、二〇五至二〇八、二七
　　二至二七七、二八五至二八六）　　國家圖書館

新刊國朝二百家名賢文粹三百卷　宋慶元三年書隱齋刻本
　　存十卷（二〇、二〇六、二〇七、二七二至二七七、二八五）
　　上海圖書館

新刊國朝二百家名賢文粹三百卷　宋慶元三年書隱齋刻本
　　存六卷（一三五至一四〇）　　北京大學圖書館

新刊國朝二百家名賢文粹三百卷　宋慶元三年書隱齋刻本
　　袁克文跋　存十九卷（六八至七二、一六五至一六八、一七〇
　　至一七六、一八八至一九〇）　　國家圖書館

新刊國朝二百家名賢文粹三百卷　宋慶元三年書隱齋刻本
　　存一卷（零簡）　臺北“中央圖書館”

迂齋標注諸家文集

迂齋標注諸家文集五卷　存三卷（未標卷次）　樓昉編　宋刻
　本　　國家圖書館

迂齋先生標注崇古文訣

迂齋先生標注崇古文訣二十卷　樓昉編　宋刻本　存十卷
　（四至一一、一九、二〇）　鄧邦述跋　　國家圖書館

迂齋先生標注崇古文訣二十卷　樓昉編　宋刻本　黃丕烈
　手跋　　日本静嘉堂文庫

迂齋先生標注崇古文訣二十卷　樓昉編　元刻本　　國家
　圖書館

迂齋先生標注崇古文訣二十卷　樓昉編　元刻巾箱本　存

八卷（總目，卷三、四、八至一三）　　臺北"中央圖書館"

迂齋先生標注崇古文訣二十卷　樓昉編　元刻明修本　存十七卷（一至一七）　　國家圖書館

迂齋先生標注崇古文訣三十五卷　樓昉編　明正德二年姚鏌刻本　　上海圖書館

迂齋先生標注崇古文訣三十五卷　樓昉編　明嘉靖十二年王鴻漸刻本　　北京師大圖書館　天津圖書館　吉林省圖書館　山東省圖書館　南京圖書館　浙江圖書館　江西省圖書館　湖南師大圖書館（殘）　中山大學圖書館　重慶圖書館　臺北"中央圖書館"（二部）

新刊迂齋先生標注崇古文訣三十五卷　樓昉編　明松陵吳邦楨等校刊本　　臺北"故宮博物院"　日本静嘉堂文庫　美國國會圖書館

新刊迂齋先生標注崇古文訣三十五卷　樓昉編　明松陵吳邦楨等校刊本　明萬曆間毛肇明手書題記　　臺北"中央圖書館"

迂齋先生標注崇古文訣三十五卷　樓昉編　明刻本　　國家圖書館　首都圖書館　北京大學圖書館　清華大學圖書館　中國社科院文學研究所　上海圖書館　復旦大學圖書館　南開大學圖書館　吉林省圖書館　吉林市圖書館　東北師大圖書館　甘肅省圖書館　山東省圖書館　南京圖書館　蘇州市圖書館　無錫市圖書館　南京市博物館　天一閣文管所　河南大學圖書館　湖南省圖書館　重慶圖書館

迂齋先生標注崇古文訣三十五卷　樓昉編　明刻本　清丁丙跋　　南京圖書館

回文類聚

回文類聚四卷　桑世昌編、明張之象補　明萬曆四十四年刻本　　國家圖書館

回文類聚四卷續編十卷織錦回文圖一卷　桑世昌編　續
編、織錦回文圖　明張之象補　清麟玉堂刊本　日本京都
大學

文章正宗　續文章正宗

西山先生文章正宗　真德秀編　南宋末年刊本　存六卷（一
五、一九至二二、二四），又目録一卷　清汪泰基手書題記
臺北"中央圖書館"

真文忠公續文章正宗二十卷　宋咸淳間刊本　真德秀編
臺北"中央圖書館"

真文忠公續文章正宗二十卷　宋咸淳間刊弘治十七年南京
國子監修補本　真德秀編　臺北"中央圖書館"

文章正宗二十四卷　真德秀編　宋刻本　存四卷（四、一〇、
一三、一五）　美國國會圖書館

文章正宗二十四卷　真德秀編　元刊本　日本靜嘉堂文庫

文章正宗二十四卷　真德秀編　元至正元年高仲文刻明修本
國家圖書館　上海圖書館　吉林大學圖書館　山東省博
物館（殘）　揚州市圖書館（殘）　南京博物院（殘）　成都杜甫
草堂（殘）

文章正宗二十四卷　真德秀編　元至正元年高仲文刻明修本
存一卷（三）　沈增植、羅振常跋　上海圖書館

文章正宗二十四卷　真德秀編　元刻本　國家圖書館（殘）
清華大學圖書館（殘）　中國社科院文學研究所（殘）

西山先生真文忠公文章正宗二十四卷　真德秀編　元刻本
臺北"中央圖書館"

西山先生真文忠公文章正宗二十四卷　真德秀編　元末明
初刻本　臺北"故宮博物院"（一部二十四册，一部二十六册）

西山先生真文忠公文章正宗二十四卷　真德秀編　明初刻
本　　國家圖書館（另一部殘）　北京大學圖書館　音樂研究
所　首都圖書館（殘）　上海圖書館　遼寧省圖書館　山東省
博物館　河南省社科院（殘）　浙江大學圖書館　江西省圖書
館（殘）　臺北“故宮博物院”（殘）

西山先生真文忠公文章正宗二十四卷　真德秀編　明正德
十五年馬卿刻本　　首都圖書館　上海圖書館　天津圖書館
　遼寧省圖書館　南京博物院　浙江圖書館　天一閣文管所
（殘）　河南大學圖書館（殘）　湖南省圖書館　暨南大學圖書
館　臺北“中央圖書館”（二部）

西山先生真文忠公文章正宗二十四卷　真德秀編　明正德
十五年馬卿刻本　清丁丙跋　　南京圖書館

西山先生真文忠公文章正宗二十四卷　真德秀編　明覆刊
正德十五年馬卿刻本　　臺北“中央圖書館”

西山先生真文忠公文章正宗二十四卷　真德秀編　明安正
書堂刻本　　首都圖書館　中國科學院圖書館（殘）

西山先生真文忠公文章正宗二十四卷　真德秀編　明嘉靖十
五年朱鴻刻本　　復旦大學圖書館　浙江圖書館（殘）　臺北“故
宮博物院”

西山先生真文忠公文章正宗二十四卷　真德秀編　明嘉靖
十五年朱鴻刻本　清葉夢龍跋　　廣東省圖書館

西山先生真文忠公文章正宗二十四卷　真德秀編　明嘉靖
四十三年李豸、李磐刻本　　北京大學圖書館　清華大學圖書
館　中共中央黨校圖書館　首都師大圖書館　故宮博物院圖
書館　中國歷史博物館　中共北京市委圖書館　上海圖書館
　復旦大學圖書館　上海辭書出版社　天津師大圖書館　保
定市圖書館　大連市圖書館　吉林省圖書館　吉林市圖書館
　吉林大學圖書館　山東省圖書館　南京圖書館　溫州市圖

書館　安徽省圖書館（殘）　安徽師大圖書館（殘）　江西省圖
書館　福建省圖書館　福建師大圖書館　河南省圖書館（殘）
開封市圖書館（殘）　河南大學圖書館　湖北省圖書館　中
山大學圖書館　廣西圖書館　桂林市圖書館　四川大學圖書
館　四川師大圖書館　雲南省圖書館

西山先生真文忠公文章正宗二十四卷續二十卷　真德秀

編　明嘉靖四十三年蔣氏家塾刻本　　國家圖書館　首都圖
書館　北京大學圖書館　清華大學圖書館（殘）　中國人民大
學圖書館（殘）　北京師大圖書館（殘）　中國社科院文學研究
所　羣衆出版社（殘）　北京市文物局　上海圖書館（殘）　天
津圖書館　南開大學圖書館（殘）　天津師大圖書館（殘）　山
西省圖書館　吉林省圖書館（殘）　寧夏大學圖書館　青海民
族學院圖書館　新疆大學圖書館　山東師大圖書館（殘）　青
島市博物館（殘）　南京圖書館　浙江圖書館　天一閣文管所
（殘）　江西省圖書館（殘）　福建省圖書館　廣東省圖書館
（殘）　中山大學圖書館（殘）　重慶圖書館　臺北"中央圖書
館"（五部）

真文忠公續文章正宗二十卷　真德秀編　宋刻本　存四卷

（五至八）　　遼寧省圖書館

真文忠公續文章正宗二十卷　真德秀編　宋刻元大德七年

處州路儒學馮德秀重修本　　國家圖書館（殘）　中國科學
院圖書館（殘）

真文忠公續文章正宗二十卷　真德秀編　明嘉靖二十一年

晉藩刻本　　國家圖書館　山西師大圖書館　黑龍江省圖書
館　山東省圖書館　揚州大學圖書館　浙江圖書館　杭州市
圖書館　福建省圖書館　四川省圖書館

西山先生真文忠公文章正宗二十四卷續二十卷　真德秀

編　明嘉靖四十四年鍾沂刻本　　上海辭書出版社（殘）　山

東省圖書館（殘）　南京師大圖書館　浙江圖書館（殘）　四川
省圖書館（殘）　重慶圖書館（殘）

西山先生真文忠公文章正宗二十四卷續二十卷　真德秀

編　明末刻本　　清華大學圖書館（殘）　中國人民大學圖書
館（殘）　復旦大學圖書館（殘）　山東省圖書館　河南省圖書
館（殘）　湖南省圖書館（殘）　湖南省社科院（殘）

集録真西山文章正宗三十卷　真德秀編　明嘉靖二十三年

孔天胤刻本　　中國人民大學圖書館　故宮博物院圖書館
羣衆出版社　上海圖書館　山西省圖書館　山西師大圖書館
遼寧省圖書館　青海民族學院圖書館　南京圖書館　浙江
圖書館　杭州市圖書館　安徽大學圖書館　福建省圖書館
（殘）　河南省圖書館（殘）　臺北"中央圖書館"（有配補）　美
國國會圖書館

集録真西山文章正宗三十卷　真德秀編　明嘉靖二十三年

孔天胤刻三十九年范惟一重修本　　華東師大圖書館（殘）
南開大學圖書館　遼寧省圖書館　吉林省圖書館　東北師大
圖書館　甘肅省圖書館　西北師大圖書館　湖南省圖書館
重慶圖書館　臺北"中央圖書館"（二部）

集録真西山文章正宗三十卷　真德秀編　明刻本　　北京大

學圖書館　長春市圖書館　湖南省圖書館　美國國會圖書館

西山先生真文忠公文章正宗二十六卷　真德秀編　明唐順

之批點　明歸仁齋刻本　　北京師大圖書館　復旦大學圖書
館　山東省圖書館　山東大學圖書館　浙江圖書館　浙江大
學圖書館

西山先生真文忠公文章正宗二十六卷　真德秀編　明唐順

之批點　明嘉隆間刊本　楊守敬手書題識　　臺北"故宮博物
院"

集古評釋西山真先生文章正宗二十四卷　真德秀編　明

唐順之批點　明俞思冲補訂　明萬曆四十六年野計齋刻本

嘉興市圖書館　湖南省圖書館　廣東省社科院

集古評釋西山真先生文章正宗二十四卷　真德秀編　明

唐順之批點　明俞思冲補訂　明容與堂刻本　　天一閣文管

所　安徽省博物館　華僑大學圖書館

西山先生真文忠公文章正宗二十四卷續集二十卷　真德

秀編　明萬曆間刊本　續集缺卷二〇　　臺北"故宮博物院"

西山先生真文忠公續文章正宗二十卷　　真德秀編　明

萬曆間刊本　　臺北"故宮博物院"

文章正宗鈔四卷　明胡汝嘉編　明萬曆三年懷慶府刻本

吉林省圖書館　吉林市圖書館　甘肅省圖書館　曲阜師大圖

書館　美國國會圖書館

文章正宗鈔四卷　明胡汝嘉編　明萬曆三年懷慶府刻本　清

柴用欀跋　　吉林省社科院

文章正宗鈔四卷　明連標編　明萬曆十八年刻本　　上海辭

書出版社　興縣關向應圖書館　湖南省圖書館

文章正宗選要四卷　明李時成編　明萬曆七年刻本　　南開

大學圖書館　甘肅省圖書館　南京圖書館

新刻諸儒批點古文集成

新刻諸儒批點古文集成前集七十八卷　王霆震編　宋刻本

（甲集卷六、乙集卷一、丁集卷九配清鈔本，四庫底本）　存七十

六卷（甲集六卷，乙集八卷，丙集七卷，丁集九卷，戊集八卷，己

集八卷，庚集一至六，辛集七卷，壬集八卷，癸集九卷）　沈增植

跋　　國家圖書館

分門纂類唐宋時賢千家詩選

分門纂類唐宋時賢千家詩選前集□□卷後集□□卷　劉

克莊編　元刻本　繆荃孫跋　存二十一卷（前集卷一至四、八至一五、一八至二〇，後集卷二至四、八至一〇）　北京大學圖書館

分門纂類唐宋時賢千家詩選前集□□卷後集□□卷　劉克莊編　元刻本　存前集卷五至七，後集目録、卷一、卷五至七
　日本慶應義塾大學斯道文庫

分門纂類唐宋時賢千家詩選二十二卷　劉克莊編　元刻本
　日本御茶之水女子圖書館成簣堂文庫

分門纂類唐宋時賢千家詩選二十五卷　劉克莊編　明鈔本
　國家圖書館

分門纂類唐宋時賢千家詩選二十二卷　劉克莊編　清嘉慶間阮元進呈鈔本　臺北“故宮博物院”

文　髓

文髓九卷附録一卷　周應龍註　明宣德三年周岐鳳刻本
　江西省圖書館　臺北“中央圖書館”　臺北“故宮博物院”

江湖風月集

江湖風月集二卷　（日本）松坡宗憩編　五山版　東洋文庫
江湖風月集二卷　（日本）松坡宗憩編　蓬左文庫

妙絶古今文選

東澗先生妙絶古今文選四卷　湯漢編　元刻本　國家圖書館

妙絶古今四卷　湯漢編　明嘉靖三十四年蕭蘭刻本　重慶圖書館　日本静嘉堂文庫

妙絶古今不分卷　湯漢編　明嘉靖四十二年衢州府刻本
　國家圖書館　北京師大圖書館

妙絶古今不分卷　湯漢編　明蕭氏古翰樓刻本　　首都圖書館　臺北"中央圖書館"（四部）

妙絶古今不分卷　湯漢編　明顧氏英賢堂刻本　　湖北省圖書館

妙絶古今不分卷　湯漢編　明刻本　首都圖書館　北京大學圖書館　中國人民大學圖書館　中共中央黨校圖書館　中國社科院文學研究所　羣衆出版社　上海圖書館　復旦大學圖書館　河北大學圖書館　遼寧省圖書館　大連市圖書館　吉林省圖書館　吉林大學圖書館　山東師大圖書館　天一閣文管所　福建師大圖書館　四川省圖書館　臺北"故宮博物院"

妙絶古今不分卷　湯漢編　明刻本　清許乃普跋　　金華圖書館

妙絶古今不分卷　湯漢編　明大雅堂刻本　　羣衆出版社

陽春白雪

陽春白雪□□卷　明刻本　存一卷（一）　國家圖書館

陽春白雪八卷外集一卷　趙聞禮編　清鮑氏知不足齋鈔本　清鮑廷博、戈載校並跋　上海圖書館

陽春白雪八卷外集一卷　趙聞禮編　清鈔本（卷一至四配清黃氏士禮居鈔本）　清黃丕烈校並跋　國家圖書館

陽春白雪八卷外集一卷　趙聞禮編　清嘉慶間阮元進呈影舊鈔本　臺北"故宮博物院"

陽春白雪八卷外集一卷　趙聞禮編　考異一卷　清瞿世瑛撰　清道光十年瞿氏清吟閣刻本　國家圖書館　北京市文物局

陽春白雪八卷外集一卷　趙聞禮編　清道光十九年邊浴禮鈔本　清邊浴禮跋　國家圖書館

陽春白雪八卷外集一卷　趙聞禮編　舊鈔本　清浣花氏朱校
並跋　徐榮墨校並跋　　臺北"中央圖書館"

赤城集

赤城集十八卷　林表民編　明弘治十年謝鐸刻本　　國家圖
書館

赤城集十八卷　林表民編　安樂堂舊鈔本　　日本静嘉堂文
庫

赤城集十八卷　林表民編　清鈔本　北京大學圖書館

赤城集十八卷　林表民編　清鈔本　清丁丙跋　　南京圖書
館

圈點龍川水心二先生文粹

圈點龍川水心二先生文粹四十一卷　饒輝編　宋嘉定間刊
本　清趙穉農手校　　臺北"中央圖書館"

江湖集　江湖前集　江湖後集 江湖續集　中興江湖集

南宋羣賢小集九十五卷　陳起編　宋嘉定至景定間臨安府陳
解元宅書籍鋪刊本　　臺北"中央圖書館"

南宋羣賢小集九十一卷　陳起編　清鈔本　清周春批校　清
丁丙跋　　南京圖書館

南宋羣賢小集九十六卷　陳起編　清趙氏小山堂鈔本（汶陽
端平詩雋配清金氏文瑞樓鈔本）　北京大學圖書館

南宋六十家小集九十七卷　陳起編　清初毛氏汲古閣影宋
鈔本　　上海圖書館

宋名家小集九十九卷　陳起編　舊鈔本　清乾隆四十五年查岐

昌手書題記　　臺北"中央圖書館"

六十家名賢小集七十八卷　陳起編　清冰邁閣鈔本　清彭
元瑞校補並跋　　國家圖書館

宋人小集七十卷　陳起編　舊鈔本　　臺北"中央圖書館"

江湖小集九十六卷　陳起編　舊鈔本　清四庫館臣墨筆校訂
　　臺北"中央圖書館"

江湖小集六十五卷　陳起編　清初鈔本　清彭元瑞校補並跋
　　北京大學圖書館

江湖後集二十四卷　陳起編　清乾隆四十七年鮑氏知不足齋
鈔本　清鮑廷博校並跋　李盛鐸跋　　北京大學圖書館

羣公吟稿戊集

羣公吟稿戊集七卷　陳起編　宋刻本　清戈宙襄、黃丕烈跋
　　天津圖書館

中興羣公吟稿戊集七卷　陳起編　清鈔本　　國家圖書館

中興羣公吟稿戊集七卷　陳起編　舊鈔本　陸心源手識
　　日本静嘉堂文庫

十家宮詞

十家宮詞十二卷　宋刻本　存六卷　　國家圖書館

十家宮詞十二卷　清初毛氏汲古閣影宋鈔本　清金嘉採跋
　　國家圖書館

十家宮詞十二卷　清康熙二十八年胡介祉貞曜堂刻本　　北
京大學圖書館　清華大學圖書館

十家宮詞十二卷　清康熙二十八年胡介祉貞曜堂刻乾隆八年
史開基重修本　　南京圖書館

十家宮詞十二卷　清康熙二十八年胡介祉貞曜堂刻乾隆八年

史開基重修本　傅增湘校並跋　　國家圖書館

十家宮詞十二卷　清康熙三十四年胡介祉谷園刻本　　南京
圖書館

十家宮詞十二卷　清孔氏藤梧館鈔本　清孔繼涵跋　　山東
省博物館

增廣聖宋高僧詩選

增廣聖宋高僧詩選前集一卷後集三卷續集一卷　陳起編
清初毛氏汲古閣影宋鈔本　　國家圖書館（二部）

增廣聖宋高僧詩選前集一卷後集三卷續集一卷　陳起編
清趙氏亦有生齋鈔本　　國家圖書館

增廣聖宋高僧詩選前集一卷後集三卷續集一卷　陳起編
清鈔本　清黃丕烈跋並題詩　　國家圖書館

增廣聖宋高僧詩選前集一卷後集三卷續集一卷　陳起編
清鈔本　清丁丙跋　　南京圖書館

增廣聖宋高僧詩選前集一卷後集三卷續集一卷　陳起編
清張德榮鈔本　清黃丕烈校並跋　　國家圖書館

增廣聖宋高僧詩選前集一卷　陳起編　清道光二十年孫靈
琳家鈔本　清孫靈琳跋　　上海圖書館

聖宋高僧詩選三卷後集三卷續集一卷　陳起編　宋僧詩
選補三卷　元陳世隆編　清鈔本　清丁丙跋　　南京圖
書館

兩宋名賢小集

兩宋名賢小集一百八卷　清鈔本　　南京大學圖書館　福建
省圖書館

兩宋名賢小集一百十一卷　舊鈔本　鄧邦述過録鮑廷博、勞權二家校語及跋，並手書題記 臺北"中央圖書館"

兩宋名賢小集三百六十六卷 清鈔本 清孔繼涵補目 永樂大典補詩不分卷 重慶圖書館

中興禪林風月集

中興禪林風月二卷 孔汝霖編 鈔五山版 日本内閣文庫

中興禪林風月集三卷 孔汝霖編 室町時期鈔本 有注 成簣堂文庫

中興禪林風月三集卷 孔汝霖編 鈔本 有注 駒澤大學圖書館

中興禪林風月三卷集 孔汝霖編 刻本 有注 駒澤大學圖書館

中興禪林風月集三卷 孔汝霖編 鈔本 有注 蓬佐文庫

中興禪林風月集三卷 孔汝霖編 江户時期寫本 京都大學圖書館平松文庫

中興禪林風月集三卷 孔汝霖編 室町時代鈔本 京都龍谷大學

詩家鼎臠

詩家鼎臠二卷 舊鈔本 清勞權手跋 日本静嘉堂文庫

詩家鼎臠二卷 清鈔本 山西省文物局

詩家鼎臠二卷 清鈔本 佚名録 清勞權校跋 清丁丙跋 南京圖書館

詩家鼎臠二卷 文瀾閣傳鈔本 日本静嘉堂文庫

詩家鼎臠二卷 清鈔本 清陸惠疇跋 上海圖書館

文房四友除授集

文房四友除授集一卷 林希逸、胡謙厚編 宋刊本 日本

　　静嘉堂文庫

文房四友除授集一卷　林希逸、胡謙厚編　清汪氏裘杅樓鈔
本　　國家圖書館

文章善戲

文章善戲不分卷　鄭持正編　影寫宋刊本　　日本静嘉堂文庫

花庵絶妙詞選

唐宋諸賢絶妙詞選三卷　黄升編　清初毛氏汲古閣影宋鈔本
　　國家圖書館

中興以來絶妙詞選十卷　黄升編　宋淳祐九年劉誠甫刻本
　　國家圖書館

唐宋諸賢絶妙詞選十卷中興以來絶妙詞選十卷　黄升編
　　明萬曆四年舒伯明刻本　吳湖帆、趙萬里、蔣偲孫跋　　上
　海圖書館

唐宋諸賢絶妙詞選十卷中興以來絶妙詞選十卷　黄升編
　　明萬曆四年舒伯明刻本　　臺北“故宫博物院”

中興以來絶妙詞選十卷　黄升編　明萬曆四年舒伯明刻本
　　臺北“中央圖書館”（三部）

唐宋諸賢絶妙詞選十卷中興以來絶妙詞選十卷　黄升編
　　明萬曆四十二年秦堣刻本　　國家圖書館　北京大學圖書
　館（殘）　遼寧省圖書館（殘）　吉林大學圖書館（殘）　青島市
　博物館（殘）　南京大學圖書館（殘）　湖北省圖書館（殘）　湖
　南省圖書館

唐宋諸賢絶妙詞選十卷中興以來絶妙詞選十卷　黄升編
　　明萬曆四十二年秦堣刻本　清顧禹中跋　　上海圖書館

花庵絶妙詞選十卷中興以來絶妙詞選十卷　黄升編　明
　末毛氏汲古閣刻詞苑英華本　清許廷鑅校並跋　　上海圖

書館

論學繩尺

校正重刊單篇批點論學繩尺十卷　　魏天應編　林子長箋解
　明天順游明刻本　　　復旦大學圖書館

批點分格類意句解論學繩尺十卷諸先輩論行文法一卷
　　魏天應編　林子長箋解　明成化五年游明刻本　　　北京大
　學圖書館　吉林省圖書館　日本静嘉堂文庫

精選皇宋策學繩尺

精選皇宋策學繩尺十卷　清鈔本　　　國家圖書館

新刊精選諸儒奥論策學統宗

新刊精選諸儒奥論策學統宗二十五卷　　　譚金孫編　宛委
　別藏本　　　臺北"故宮博物院"

名公書判清明集

名公書判清明集不分卷　宋刻宋印本　　　日本静嘉堂文庫

名公書判清明集十四卷　明隆慶三年盛時選刻本　　　國家圖
　書館(殘)　上海圖書館

選編省監新奇萬寶詩山

選編省監新奇萬寶詩山三十八卷　葉景達重編　書林葉氏
　廣勤堂刊本　　　日本静嘉堂文庫

選編省監新奇萬寶詩山三十八卷　葉景達重編　明刊本
　　北京大學圖書館

選編省監新奇萬寶詩山三十八卷　方回編　元建陽書坊刊

袖珍本　　臺北"故宮博物院"

疊山先生批點文章軌範

疊山先生批點文章軌範七卷　謝枋得編　元刻本　　中國
社科院文學研究所　上海博物館(殘)

疊山先生批點文章軌範七卷　謝枋得編　元刻本　清錢謙
益批點　清許運昌跋　　國家圖書館

疊山先生批點文章軌範七卷　謝枋得編　元刻本(卷一至三
配清鈔本)　清丁丙跋　　南京圖書館

鼎雕謝疊山先生正選文章軌範七卷　謝枋得編　明刻本
　　清華大學圖書館

疊山謝先生文章軌範七卷　謝枋得編　清道光十二年銘恩
刻本　清高延第批　清吳其稷跋　　上海圖書館

疊山謝先生文章軌範七卷　謝枋得編　清鈔本　清龐鍾璐
跋　　南京圖書館

文章軌範七卷　謝枋得編　明嘉靖十三年姜時和刻公文紙印
本(卷一至三配清鈔本)　南京圖書館

文章軌範七卷　謝枋得編　論學統宗一卷　明郭邦藩編
明嘉靖四十年郭邦藩常靜齋刻本　　國家圖書館

文章軌範七卷　謝枋得編　明劉氏刻本　復旦大學圖書館

文章軌範七卷　謝枋得編　明刻本　　中央民族大學圖書館
　　南京圖書館　安徽省圖書館　日本靜嘉堂文庫

文章軌範七卷　謝枋得編　明末三畏堂映旭齋刻本　　曲阜
師大圖書館

文章軌範七卷　謝枋得編　清康熙三十三年戴許光刻本
　南京圖書館　浙江圖書館　海鹽縣博物館

文章軌範七卷　謝枋得編　清康熙五十七年澹成堂刻本

清華大學圖書館　遼寧省圖書館

文章軌範七卷　謝枋得編　清康熙五十七年澹成堂刻本　清
羅以智批校　浙江圖書館

石渠閣校刻庭訓百家評注文章軌範七卷　謝枋得編　明
顧充集評　明茅坤訓注　清順治十七年蔣時機刻本　武漢
圖書館

疊山謝先生文章軌範七卷　謝枋得編　日本嘉永六年覆元
王淵濟手訂本　臺北"故宫博物院"

吴都文粹

吴都文粹十卷　鄭虎臣編　清活字印本　清貝墉跋　復旦
大學圖書館

吴都文粹十卷　鄭虎臣編　清活字印本　清華湛恩校並跋
湖北省圖書館

吴都文粹十卷　鄭虎臣編　清活字印本　清季錫疇録清宋賓
王校跋　南京圖書館

吴都文粹十卷　鄭虎臣編　清活字印本　清葉德輝校　上
海圖書館

吴都文粹十卷　鄭虎臣編　清活字印本　章鈺校跋並録清錢
枚、李希聖跋　國家圖書館

吴都文粹十卷　鄭虎臣編　清活字印本　傅增湘校跋並録清
錢枚、李希聖跋　國家圖書館

吴都文粹十卷　鄭虎臣編　明鈔本　存三卷(六至八)　國
家圖書館

吴都文粹十卷　鄭虎臣編　清王聞遠家鈔本　清王聞遠校並
跋,清貝墉跋,清趙光照題款　國家圖書館

吴都文粹十卷　鄭虎臣編　清康熙錢枚鈔本　清宋賓王、黄丕
烈校並跋,清丁丙跋　南京圖書館

吴都文粹十卷　鄭虎臣編　清乾隆十九年鎮陽錢枚手鈔本　清
　　錢大昕手書題識　近人鄧邦述手校並跋　　臺北“中央圖書館”

吴都文粹十卷　鄭虎臣編　近人沈增植手校並過録王聞遠及
　　貝鏞題記　　臺北“中央圖書館”

吴都文粹十卷　鄭虎臣編　清雍正十年謝浦泰鈔本　清謝浦
　　泰、宋賓王校並跋，清黄丕烈跋　　南京圖書館

吴都文粹十卷　鄭虎臣編　清乾隆五十年陸湛鈔本　清陸湛録
　　清宋賓王校　　中山大學圖書館

吴都文粹十卷　鄭虎臣編　清鈔本（四庫底本）　　國家圖書
　　館　美國國會圖書館

吴都文粹十卷　鄭虎臣編　清鈔本　　國家圖書館　中國科
　　學院圖書館　上海圖書館（二部）　東北師大圖書館　南京圖
　　書館　鎮江市博物館　浙江圖書館　湖南師大圖書館　廣東
　　省圖書館　臺北“中央圖書館”　日本静嘉堂文庫

絶妙好詞

絶妙好詞七卷　周密編　清初毛氏汲古閣鈔本　朱孝臧跋
　　國家圖書館

絶妙好詞七卷　周密編　清康熙二十四年柯崇樸小幔亭刻本
　　國家圖書館

絶妙好詞七卷　周密編　清康熙二十四年柯崇樸小幔亭刻本
　　清陳撰批　　上海圖書館

絶妙好詞七卷　周密編　清康熙二十四年柯崇樸小幔亭刻本
　　（卷七配清鈔本）　清嚴元照批　　四川省圖書館

絶妙好詞七卷　周密編　清康熙三十七年高氏清吟堂刻本
　　天津圖書館

絶妙好詞七卷　周密編　清康熙三十七年高氏清吟堂刻本
　　清焦循跋　　北京大學圖書館

絶妙好詞七卷　周密編　清雍正三年項綱羣玉堂刻本　　國
家圖書館　華東師大圖書館　吉林大學圖書館　南京圖書館
四川省圖書館　臺北"故宮博物院"

絶妙好詞七卷　周密編　清雍正三年項綱羣玉堂刻本　清戴
熙、徐楙校　清丁丙跋　　南京圖書館

絶妙好詞七卷　周密編　清雍正三年項綱羣玉堂刻本　清周
星詒跋　　南京圖書館

絶妙好詞箋七卷　周密編　清查爲仁、厲鶚箋　清乾隆十五年
查氏淡宜書屋刻本　　國家圖書館　中國人民大學圖書館
北京市文物局　復旦大學圖書館　上海師大圖書館　天津圖
書館　南開大學圖書館　浙江大學圖書館

絶妙好詞箋七卷　周密編　清查爲仁、厲鶚箋　清乾隆十五年
查氏淡宜書屋刻本　清譚儀圈點並跋　　南京博物院

絶妙好詞箋七卷　周密編　清查爲仁、厲鶚箋　續鈔一卷
清餘集編　清同治十一年章壽康刻本　清李慈銘評注並跋
國家圖書館

詩苑衆芳

詩苑衆芳一卷　劉瑄編　清鈔本　　南京圖書館

詩苑衆芳一卷　劉瑄編　清嘉慶間阮元進呈影元鈔本　　臺
北"故宮博物院"

詩苑衆芳一卷　劉瑄編　傳鈔宋刊本　　臺北"中央圖書館"

詩苑衆芳一卷　劉瑄編　影宋鈔本　　日本静嘉堂文庫

一帆風

一帆風一卷　（日本）南浦紹明編　鈔本　　東京大學史料編
纂所　關西大學圖書館

四家四六

四家四六四卷　宋刻本　　國家圖書館

三家四六

三家四六三卷　宋刻本　　臺北"中央圖書館"

二十先生回瀾文鑑

二十先生回瀾文鑑二十卷後集二十卷　虞祖南編、虞夔注
　　宋江仲達羣玉堂刻本（前集一三至二〇、後集卷八配清鈔本）
　　清陸心源、丁丙跋　存二十三卷（前集一三至二〇，後集一至
八、一四至二〇）　南京圖書館

二十先生回瀾文鑑二十卷後集二十卷　虞祖南編、虞夔注
　　明鈔本　存二十二卷（前集一三至二〇，後集一至八、一五至
二〇）　天一閣文管所

二十先生回瀾文鑑二十卷後集二十卷　虞祖南編、虞夔注
　　摹寫宋刊本　存五卷（一五、一六、一八、一九、二〇）　　日
本静嘉堂文庫

詩　準　詩　翼

詩準四卷詩翼四卷　何無適、倪希程編　宋刻本　存四卷（詩
　　準一至二、詩翼一至二）　國家圖書館

詩準四卷詩翼四卷　何無適、倪希程編　明刻本　　清華大
　　學圖書館　上海圖書館　湖南省圖書館

詩準四卷詩翼四卷　何無適、倪希程編　明刻本　清丁丙跋
　　南京圖書館

詩準四卷詩翼四卷　何無適、倪希程編　明嘉靖三年郝梁刊

本　臺北"中央圖書館"

月泉吟社

月泉吟社二卷　吳渭編　明嘉靖二十二年刊本　　臺北"中央圖書館"

月泉吟社一卷　吳渭編　明天啓崇禎間毛氏汲古閣刻詩詞雜俎本　繆荃孫跋　中國科學院圖書館

月泉吟社一卷　吳渭編　明天啓崇禎間毛氏汲古閣刻詩詞雜俎本　明毛晉手校並跋　清黃丕烈、蔣因培各題記　程恩澤等手書觀款　臺北"中央圖書館"

月泉吟社一卷　吳渭編　清康熙五十五年吳寶芝刻本　清宗廷輔批並録明李詡校　常熟市圖書館

月泉吟社一卷　吳渭編　清樸學齋林佶鈔本　國家圖書館

月泉吟社一卷　吳渭編　清康熙金俊明鈔本（與谷音、河汾諸老詩、中州集同鈔）　清金俊明、黃丕烈跋　北京大學圖書館

月泉吟社一卷　吳渭編　清咸豐十年韓應陛鈔本　清韓應陛跋　周叔弢跋　國家圖書館

月泉吟社一卷　吳渭編　舊鈔本　近人胡嗣瑗、余肇康觀款　臺北"中央圖書館"

月泉吟社一卷　吳渭編　清小輞川鈔本　清丁丙跋　南京圖書館

月泉吟社一卷　吳渭編　清鈔本　國家圖書館

新編諸儒批點古今文章正印

新編諸儒批點古今文章正印十八卷後集十八卷別集二十卷　劉震孫編　宋咸淳間刊本　臺北"故宮博物院"

瀛奎律髓

瀛奎律髓四十九卷　　方回編　　元至元癸未刻巾箱本　　　　首都
圖書館

瀛奎律髓四十九卷　　方回編　　明成化三年紫陽書院刻本
國家圖書館　　北京大學圖書館（殘）　　吉林省圖書館　　南京圖
書館（殘）　　天一閣文管所　　臺北"中央圖書館"（二部）

瀛奎律髓四十九卷　　方回編　　明成化三年紫陽書院刻本　　朱
墨合批　　臺北"中央圖書館"

瀛奎律髓四十九卷　　缺卷五至八　　方回編　　明成化三年紫陽
書院刻本　　清馮班手批　　錢興祖手跋　　　臺北"中央圖書館"

瀛奎律髓四十九卷　　方回編　　明刻本　　　首都圖書館　　北京
大學圖書館　　南京圖書館

瀛奎律髓四十九卷　　方回編　　明建陽劉氏慎獨齋刊巾箱本
臺北"故宮博物院"

瀛奎律髓四十九卷　　方回編　　明成化十一年朝鮮覆成化三年
徽州紫陽書院本（卷二八至三五鈔配）　　　浙江圖書館　　臺北
"故宮博物院"

紫陽先生瀛奎律髓四十九卷　　方回編　　清康熙四十九年陳
士泰刻本　　佚名録明馮舒、清馮班評點並跋　　　國家圖書館

紫陽先生瀛奎律髓四十九卷　　方回編　　清康熙四十九年陳
士泰刻本　　佚名録明馮舒、清馮班評點　　清翁心存跋　　　國家
圖書館

紫陽先生瀛奎律髓四十九卷　　方回編　　清康熙四十九年陳
士泰刻本　　佚名録明馮舒、清馮班、清查慎行評點　　　上海圖
書館

紫陽先生瀛奎律髓四十九卷　　方回編　　清康熙四十九年陳
士泰刻本　　佚名録明馮舒、清馮班評點　　南京大學圖書館

紫陽先生瀛奎律髓四十九卷　方回編　清康熙四十九年陳
士泰刻本　　天津圖書館　山東大學圖書館　南京圖書館
浙江圖書館(殘)

瀛奎律髓四十九卷　方回編　清康熙五十一年吳寶芝刻本
佚名録明馮舒、清馮班、陸貽典評點　清馬思贊、沈廷芳跋
國家圖書館

瀛奎律髓四十九卷　方回編　清康熙五十一年吳寶芝刻本　清
沈炯批校並跋　　中共中央黨校圖書館

瀛奎律髓四十九卷　方回編　清康熙五十一年吳寶芝刻本
佚名録明馮舒、清馮班批　清沈巖跋　　南京圖書館

瀛奎律髓四十九卷　方回編　清康熙五十一年吳寶芝刻本
清沈廷瑛録明馮舒、清馮班、何焯、查慎行評點　清翁同龢跋
上海圖書館

瀛奎律髓四十九卷　方回編　清康熙五十一年吳寶芝刻本
清許士模録明馮舒、清查慎行評點　　上海圖書館

瀛奎律髓四十九卷　方回編　清康熙五十一年吳寶芝刻本
佚名録明馮舒、清馮班、錢湘靈評點　　吉林省圖書館

瀛奎律髓四十九卷　方回編　清康熙五十一年吳寶芝刻本
佚名録清查慎行評　　吉林大學圖書館

瀛奎律髓四十九卷　方回編　清康熙五十一年吳寶芝刻本
浙江圖書館　南京大學圖書館　安徽省圖書館　湖北省圖
書館　廣東省圖書館　中山大學圖書館　四川省圖書館　雲
南省圖書館　雲南大學圖書館　貴州省圖書館

删正方虛谷瀛奎律髓四卷　清紀昀編　清嘉慶刻本　清梁
章鉅批　　上海圖書館

瀛奎律髓刊誤四十九卷　方回編　清紀昀批點　清嘉慶五年
雙桂堂刻本　清錢泰吉録明馮舒、清馮班、查慎行評　　華中
師大圖書館

瀛奎律髓刊誤四十九卷　方回編　清紀昀批點　清嘉慶五年雙桂堂刻本　清謝章鋌跋　福建省圖書館

瀛奎律髓刊誤四十九卷　方回編　清紀昀批點　清嘉慶五年雙桂堂刻本　北京大學圖書館　中國科學院圖書館　天津圖書館　復旦大學圖書館　遼寧省圖書館　山東大學圖書館　南京大學圖書館　浙江圖書館　浙江大學圖書館　廣州市圖書館　四川省圖書館　雲南省圖書館　貴州省圖書館

濂洛風雅

濂洛風雅七卷　金履祥編　明弘治十五年刻本　存五卷（一至三、六至七）　餘杭縣圖書館

濂洛風雅七卷　金履祥編　明鈔本　臺北“故宮博物院”

濂洛風雅七卷　金履祥編、朝鮮朴世采重編　清康熙間朝鮮刊本　臺北“中央圖書館”

濂洛風雅七卷　金履祥編　清鈔本　國家圖書館

無象照公夢遊天台偈

無象照公夢遊天台偈二卷　（日本）無象靜照編　江户中期寫本　水户彰考館文庫

無象照公夢遊天台偈二卷　（日本）無象靜照編　手寫本　尊經閣文庫　瀧田英二

精選古今名賢叢話詩林廣記

精選古今名賢叢話詩林廣記十卷後集十卷　蔡正孫編　明弘治十年張鼐刻本　存十七卷（前集全，後集一至七）　國家圖書館

精選古今名賢叢話詩林廣記十卷後集十卷　蔡正孫編

明弘治十年張霈刻本　清丁丙跋　　南京圖書館

精選古今名賢叢話詩林廣記十卷後集十卷　蔡正孫編　明正
德十三年刻本　　上海圖書館　廣東省社科院

精選古今名賢叢話詩林廣記十卷後集十卷　　蔡正孫編
明刻本　　國家圖書館　北京大學圖書館　中央民族大學圖
書館　中國科學院圖書館　中國社科院文學研究所　上海圖
書館　華東師大圖書館　江西省圖書館　山東即墨縣圖書館
無錫市圖書館　天一閣文管所　重慶圖書館(殘)

精選古今名賢叢話詩林廣記十卷後集十卷　　蔡正孫編　明刻
本　清丁丙跋　　南京圖書館

精選詩林廣記四卷　　蔡正孫編　明隆慶二年王圻、劉子田刻
本　　北京大學圖書館　湖南省圖書館

精選詩林廣記四卷　　蔡正孫編　明萬曆十六年吳萬化刻本
中國人民大學圖書館　上海圖書館

精選詩林廣記四卷　　蔡正孫編　明萬曆十七年黃邦彥刻本
首都圖書館　東北師大圖書館　四川省圖書館　重慶圖書
館

精選詩林廣記四卷　　蔡正孫編　明刻本　　上海辭書出版社
南京圖書館　浙江圖書館

精選詩林廣記四卷　　蔡正孫編　明金閶十乘樓刻本　　北京
師大圖書館　中國科學院圖書館　湖北省圖書館

詩林廣記四卷　蔡正孫編　明萬曆四十年刻本　　上海圖書
館

精選唐宋千家聯珠詩格

精選唐宋千家聯珠詩格二十卷　於濟、蔡正孫編　朝鮮刊本
北京大學圖書館　臺北"故宮博物院"

精選唐宋千家聯珠詩格二十卷　於濟、蔡正孫編　日本正保

三年刊本　　臺北“中央圖書館”

谷　音

谷音二卷　杜本編　明天啟崇禎間毛氏汲古閣刻詩詞雜俎本
清何焯校並跋　傅增湘跋　　北京大學圖書館

谷音二卷　杜本編　清康熙金俊明鈔本（與《月泉吟社》《河汾諸
老詩》《中州集》同鈔）　清金俊明、黃丕烈跋　　北京大學圖
書館

谷音二卷　杜本編　清鈔本　清彭元瑞校　　國家圖書館

諸儒箋解古文真寶

魁本大字諸儒箋解古文真寶前集十卷後集十卷　黃堅編
元刻本　　浙江紹興魯迅博物館　　日本內閣文庫

魁本大字諸儒箋解古文真寶前集十卷後集十卷　黃堅編
明刻本　　中國科學院圖書館

魁本大字諸儒箋解古文真寶前集十卷後集十卷　黃堅編
萬曆十一年司禮監刻本　　北京大學圖書館　　中央黨校圖書館
　中央民族大學圖書館　　上海圖書館　　天津圖書館　　山東圖書
館　　四川圖書館　　天一閣文物保管所　　美國國會圖書館

樂府補題

樂府補題一卷　陳恕可編　清初毛氏汲古閣鈔本　　國家圖
書館　　南京圖書館

忠義集

忠義集七卷　趙景良編　明鈔本　明毛晉校　　國家圖書館

忠義集七卷　趙景良編　明末毛氏汲古閣刻本　　清陸貽典

毛扆校並跋　　國家圖書館

五老集

五老集二卷　　佚名編　古活字本　　大英圖書館

五老集二卷　　佚名編　日本慶安刻本　　日本内閣文庫　尊
經閣文庫　北京大學圖書館　華東師範大學圖書館

宋詩拾遺

宋詩拾遺二十三卷　　陳世隆編　　南京圖書館　日本静嘉堂
文庫

後　記

　　《宋人總集叙録》，是筆者繼拙著《宋人別集叙録》之後出版的關於現存宋人詩文集版本清理的另一部著作，中華書局於二〇〇四年五月初版，這是初版本的增訂本。本書作法，與《別集叙録》大體相似，但根據總集的特點，又作了若干調整，詳見本書《前言》及《凡例》，此不贅。所謂"增訂"，包括增補和訂正。對初版本的訂正，包括對內容的修正、補充和文字修潤三方面，這些散見於全書各處。至於增補，則可分兩類。一是對國内藏本的補充，凡七種：《增注東萊吕成公古文關鍵》（蔡文子注）、《柴氏四隱集》（柴復貞等輯）、《新刊精選諸儒奥論策學統宗》（譚全孫編）、《天地間集》（謝翱編）、《諸儒箋解古文真寶》（黄堅編）、《五老集》（佚名編）、《宋詩拾遺》（陳世隆編）。二是與《別集叙録》相似，近年來國内學者從域外引回故土的宋人詩文總集凡五種，成爲增補中最可欣喜的收穫。它們是：《錢唐西湖昭慶寺結净社集》（丁謂編）、《江湖風月集》（〔日本〕松坡宗憩編）、《中興禪林風月集》（孔汝霖編）、《一帆風》（〔日本〕南浦紹明編）、《無象照公夢遊天台偈》（〔日本〕無象静照編）。

　　增訂本責任編輯樊玉蘭女史，對本書修訂認真負責，綴缺正訛，用力甚多，在此表示衷心感謝！本次修訂，雖改正了以往的一些疏誤，但紕謬恐仍難免，祈專家、讀者不吝賜教。

祝尚書

二〇一九年五月十二日,寫於成都江安河畔

《宋人總集叙録》
四角號碼索引

例　言

一、本索引收録《宋人總集叙録》正文部分及附録一《散佚宋人總集考》著録之所有總集書名，編者、注者姓名，已附録的序跋作者姓名，以及附録二《宋人總集館藏目録》著録的總集書名。

二、《宋人總集館藏目録》著録的總集書名，指每種書著録在最前面的常用名。每種書所録各種不同版本之間，書名或略有差異，或很不相同，皆不入索引。讀者只要查到該總集常用名在本書中的頁碼，即可依次找到各種版本的館藏情況。

三、每條之下所列數碼，《叙録》正文部分，斜綫前爲卷數，其後爲本書頁數。附録部分，斜綫前爲"考"者，表示在本書附録一《散佚宋人總集考》；斜綫前爲"目"者，表示在本書附録二《宋人總集館藏目録》。

四、一條數見者，分別注明卷、頁或考、目。如：

李昉

　　1/1

　　1/4

　　考/583

　　表示"李昉"凡三見，一見第一卷第一頁（正文著録的總集書名），二見第一卷第四頁（序作者），三見《散佚宋人總集考》，在本書第五八三頁。又如：

皇朝文鑑

　　　3/123

　　　目/667

　　表示"皇朝文鑑"凡兩見，一見第三卷第一二三頁，二見《宋人總集館藏目録》，在本書第六六七頁。

　　五、本索引採用四角號碼檢字法編排。首先出以每條第一字之四角號碼，例如"李昉"，先列"李"的四角號碼："4040₇"，然後取第二個字上兩角的號碼排列在條目之前："60李昉"。若第二個字上兩角的號碼相同，則暗取第三角爲序。其餘以此類推。

0010₄ 童	0022₂ 廖	0022₇ 方
17 童承叙	26 廖伯憲	22 方崧卿
10/500	考/623	考/637
0021₂ 廬	37 廖遲	60 方回
22 廬山遊覽集	考/623	9/470
考/589	47 廖起山	9/478
74 廬陵集	9/461	77 方鵬
考/640	72 廖剛	5/255
	考/618	**0022₇ 商**
		57 商輅

3/138

0022₇ 高

11 高麗詩

考/613

28 高僧詩

考/606

40 高士奇

9/453

0023₀ 卞

44 卞榮

2/105

0023₁ 應

22 應制賞花集

考/591

0023₂ 康

88 康簡公崇終集

考/603

0024₇ 慶

10 慶元主人

10/545

0026₅ 唐

25 唐仲友

考/637

30 唐良瑞

10/507

唐宋類詩

考/595

44 唐某

考/595

0029₄ 麻

44 麻姑山集

考/615

0040₀ 文

00 文章正宗、續文章

正宗

6/281

目/685

文章善戲

10/573

目/696

30 文房四友除授集

8/404

目/695

74 文髓

6/319

目/690

0040₆ 章

10 章貢集

考/652

37 章粢

考/608

0062₇ 謫

22 謫仙集

考/629

0071₄ 雍

17 雍子方

考/610

0073₂ 玄

40 玄真子漁歌碑傳

集録

考/656

0073₂ 褒

61 褒題集

考/613

考/626

1060₀ 石

21 石處道
考/621
47 石聲編
考/601

1060₀ 百

30 百家詞
4/169

1060₃ 雷

47 雷朝宗
2/81

1060₄ 西

22 西崑酬唱集
1/15
目/661
31 西江酬唱
考/640

1080₄ 天

16 天聖賦苑
考/591

23 天台集
目/673
天台集、天台集別
編、天台續集、天
台續集別編
4/171
44 天地間集
10/516

1111₀ 北

22 北山信有
10/541

1118₆ 項

26 項綱
9/454

1120₇ 琴

47 琴趣外篇
6/307

1121₂ 麗

36 麗澤集文
考/638
麗澤集詩
3/157

目/673

1123₂ 張

00 張康朝
考/626
10 張雲章
3/148
17 張鼐
10/529
22 張綖
1/28
27 張脩
考/623
張叔椿
4/195
34 張斗
8/390
38 張肇林
10/533
43 張栻
3/116
60 張四維
8/427
81 張榘
10/559

考/647

2731₂ 鮑

12 鮑廷博
　7/349
20 鮑喬
　考/630

2732₀ 銅

76 銅陽居士
　考/630

2760₀ 名

71 名臣碑傳琬琰之
　集
　4/207
　名臣贊种隱君書
　啓
　考/587
77 名賢集選
　1/35
　目/662
80 名公書判清明集
　8/424
　目/697

2772₀ 勾

01 勾龍震
　考/629

2791₇ 紀

67 紀昀
　9/487
　9/489

2791₇ 絶

49 絶妙好詞
　9/445
　目/700

2792₂ 繆

44 繆荃孫
　7/373

2824₇ 復

70 復雅歌詞
　考/630

2829₄ 徐

28 徐徽
　考/612

44 徐楙
　7/329
　徐樹屏
　3/149
52 徐挺之
　5/255

2892₇ 綸

00 綸言集
　考/627

2921₂ 倦

77 倦叟
　7/377

3010₆ 宣

43 宣城集
　考/616

3011₄ 潼

22 潼川唱和集
　考/597

3011₇ 瀛

40 瀛奎律髓
　9/470

考/628

4241₃ 姚

18 姚珤
　5/266
77 姚闢
　考/603
80 姚犖
　考/644
84 姚鏌
　5/268

4291₃ 桃

44 桃花源集
　考/644

4355₀ 載

24 載德集
　考/642

4385₀ 戴

77 戴覺
　考/625
84 戴錡
　10/511

4390₀ 朴

44 朴世採
　10/509

4410₄ 董

44 董棻
　2/70
　2/72

4411₂ 范

30 范之柔
　5/254
90 范惟一
　6/306

4412₇ 蒲

25 蒲積中
　1/38
30 蒲宗孟
　考/605

4414₇ 坡

77 坡門酬唱集
　4/192
　目/677

4420₇ 考

24 考德集
　考/607

4421₄ 花

00 花庵絕妙詞選
　8/410
　目/696

4422₇ 蕭

29 蕭秋詩集
　考/646
37 蕭澥
　8/384

4439₄ 蘇

60 蘇易簡
　考/585
67 蘇明允哀挽
　考/596
77 蘇門六君子文粹
　4/177
　目/674

4440₆ 草

90 草堂詩餘

10/537

4490₄ 葉

30 葉適

　7/332

44 葉棻

　4/196

60 葉景達

　8/418

4491₀ 杜

40 杜大珪

　4/207

50 杜本

　10/556

80 杜鎬

　考/584

4491₄ 桂

44 桂林文集

　考/632

桂林集

　考/623

桂林續集

　考/643

4499₀ 林

17 林子長

　8/394

21 林師蒇

　4/171

30 林之奇

　3/154

林安宅

　考/620

40 林希逸

　8/404

　8/407

47 林桷

　考/632

50 林表民

　4/171

　4/217

60 林果

　3/109

　3/119

4594₄ 樓

60 樓昉

　5/257

　5/259

4596₃ 椿

44 椿桂堂詩

　考/622

4792₀ 柳

40 柳大雅

　考/647

4692₇ 楊

20 楊億

　1/15

24 楊德周

　3/121

楊偉

　考/590

25 楊傑

　考/606

27 楊翱

　考/593

40 楊存亮

　考/626

42 楊彭齡

　7/346

44 楊萬里

　2/85

考/640

趙師陟

考/601

24 趙德麟

考/611

30 趙汸

6/314

34 趙汝談

考/646

趙汝愚

4/182

4/188

趙汝騰

6/314

35 趙清曠

考/657

40 趙希澝

4/189

60 趙景良

10/565

77 趙聞禮

7/325

88 趙鑰夫

考/652

5000₆ 中

77 中興六臣進策

考/623

中興諸臣奏議

考/646

中興群公吟稿戊

集

7/352

中興以來玉堂制

草

考/630

中興禪林風月集

8/384

目/695

5000₆ 史

10 史正志

考/631

20 史季溫

4/190

5003₂ 夷

74 夷陵集

考/649

5022₇ 青

44 青藜齋

10/553

5033₆ 忠

80 忠義集

10/565

目/708

5060₁ 書

72 書隱齋

5/233

5090₄ 秦

40 秦士奇

5/246

60 秦恩復

2/80

7/329

5090₆ 東

44 東萊集詩

考/638

東萊集注類編觀

瀾文集

3/154

目/673

東萊先生古文關

鍵

6015₃ 國

47 國朝諸臣奏議

4/182

目/675

國朝名臣奏議

考/639

6021₂ 四

10 四靈詩

7/332

26 四釋聯唱詩集

考/589

30 四家詩選

考/603

四家胡笳

考/654

四家四六

9/441

目/702

77 四學士文集

考/627

6040₀ 田

34 田汝秄

10/501

6040₄ 晏

15 晏殊

1/35

6043₀ 吳

08 吳説

2/65

12 吳飛英

考/647

17 吳子良

4/220

30 吳之振

9/480

吳寶芝

9/482

36 吳渭

10/495

44 吳萬化

10/532

47 吳都文粹

8/436

目/699

77 吳興詩

考/609

吳興分類詩集

考/648

81 吳鈺

考/626

91 吳焯

7/348

6050₄ 畢

25 畢仲游

考/614

6060₀ 回

00 回文類聚

5/223

目/684

6060₂ 吕

37 吕祖謙

3/123

3/141

3/150

3/151

3/154

3/157

考/638

考/639

考/651